Coleção
**Oriente
Médio**

A Indústria de Mentiras

A MÍDIA, A ACADEMIA, E O CONFLITO ÁRABE-ISRAELENSE

Ben-Dror Yemini

TRADUÇÃO **Rodrigo Maltez Novaes**

2ª impressão
São Paulo · 2020

Copyright © 2020 Ben-Dror Yemini
Copyright desta edição © 2020 É Realizações
Título original: *Industry of Lies: Media, Academia and the Israeli-Arab Conflict*

Publicado pela primeira vez em hebraico por Yedioth Sfarim em 2014

EDITOR Edson Manoel de Oliveira Filho
PRODUÇÃO EDITORIAL É Realizações Editora
CURADOR Jorge Feffer
CAPA E PROJETO GRÁFICO Angelo Bottino
DIAGRAMAÇÃO Nine Design Gráfico / Mauricio Nisi Gonçalves
PREPARAÇÃO DE TEXTO Mariana Cardoso
REVISÃO Juliana de Araújo Rodrigues

Reservados todos os direitos desta obra. Proibida toda e qualquer reprodução desta edição por qualquer meio ou forma, seja ela eletrônica ou mecânica, fotocópia, gravação ou qualquer outro meio de reprodução, sem permissão expressa do editor.

CIP-BRASIL. CATALOGAÇÃO NA PUBLICAÇÃO
SINDICATO NACIONAL DOS EDITORES DE LIVROS, RJ

Y46i

Yemini, Ben-Dror, 1954-
  A indústria de mentiras : a mídia, a academia, e o conflito árabe-israelense / Ben-Dror Yemini ; tradução Rodrigo Maltez Novaes. - 1. ed. - São Paulo : É Realizações, 2020.
  488 p. ; 23 cm. (Oriente Médio)

  Tradução de: Industry of lies : media, academia and the israeli-arab conflict
  Inclui bibliografia
  ISBN 978-85-8033-398-5

  1. Conflito árabe-israelense - Comunicação de massa e conflito. 2. Intelectuais - Atitudes em relação a Israel. 3. Propaganda anti-israelense. I. Novaes, Rodrigo Maltez. II. Título. III. Série.

20-62420
CDD: 956.94
CDU: 94(569.4)

Meri Gleice Rodrigues de Souza - Bibliotecária CRB-7/6439
16/01/2020 21/01/2020

É Realizações Editora, Livraria e Distribuidora Ltda.
Rua França Pinto, 498 · São Paulo SP · 04016-002
Telefone: (5511) 5572 5363
atendimento@erealizacoes.com.br · www.erealizacoes.com.br

Este livro foi impresso pela Paym Gráfica e Editora em março de 2024.
Os tipos são das famílias Dala Floda, FF Spinoza e National.
O papel do miolo é o Lux Cream LD 70 g., e o da capa, cartão Ningbo C2S 300 g.

NESSE NOVO MUNDO de "notícias falsas", "fatos alternativos" e "pós-verdade", o livro *A Indústria de Mentiras* é uma leitura obrigatória para leitores de mente independente. Ben-Dror Yemini é um escritor brilhante e criativo, um estudioso realista de alta integridade que acredita na solução de dois estados. No seu livro, ele expõe a falsideliberada da indústria de propaganda anti-Israel. Através da distorção de fatos, com manipulação e repetição de informações, tenta-se incutir uma narrativa antissionista na mente dos estudantes que buscam a verdade, e também dos profissionais de mídia. Isso complica, ainda mais, a já exigente tarefa de alcançar a paz no Oriente Médio.

—

Ehud Barak
EX-PRIMEIRO-MINISTRO DE ISRAEL

EM UM MUNDO onde estamos tentando descobrir a verdade, os fatos esquecidos que Ben-Dror Yemini reuniu devem ser conhecidos por todos aqueles que tentam resolver o conflito entre Israel e Palestina no futuro.

—

Robert Bernstein
EX-PRESIDENTE DA RANDOM HOUSE E FUNDADOR
DO OBSERVATÓRIO DE DIRETOS HUMANOS

ESTE LIVRO É IMPORTANTE e merece um grande número de leitores. É importante porque revela e explica as grandes e pequenas mentiras que sustentam o discurso contemporâneo antissionista e anti-israelense. O próprio Yemini é um crítico da atual política israelense e acredita em uma solução de dois Estados. Mas afirma que as distorções apresentadas nos *campi* universitários ocidentais e na mídia Ocidental sobre Israel e a história do conflito árabe-israelense são, na verdade, um impedimento à paz entre árabes e israelenses.

—

Professor Benny Morris
AUTOR E HISTORIADOR

BEN-DROR YEMINI pertence a um grupo singular de acadêmicos e jornalistas israelenses. Ele critica a política de colonização de Israel e defende uma reaproximação com os palestinos através da solução de dois estados. No entanto, vai à luta contra rede de mentiras anti-Israel, com sua virulenta propaganda, expondo todo o seu discurso de ódio que distila seu veneno tão familiar contra o estado judaico e a ideia sionista. Enfim, este livro deve ser lido por todas as pessoas que buscam a verdade.

—

Professor Amnon Rubinstein
EX-MINISTRO DA EDUCAÇÃO DE ISRAEL PELO PARTIDO MERETZ

VOU FAZER ALGO não convencional: recomendar um livro que me acusa. Ben-Dror Yemini e eu temos algumas diferenças fundamentais de opinião. E, no entanto, acho que seu novo livro sobre a ascensão global da propaganda anti-israelense é importante, completo e instigante. Por muito tempo, muitas pessoas bem-intencionadas foram influenciadas pela campanha derrisória que descreve o Estado judeu-democrático de uma maneira distorcida e perniciosa. *A Indústria de Mentiras* oferece uma refutação robusta à esta campanha. A obra enfraquece os argumentos básicos dos apoiadores do BDS [Boicote, Desinvestimento, Sanções] e daqueles que veem o sionismo como monstruoso. Yemini abre a porta para uma discussão muito necessária, equilibrada e justa das realizações e dos fracassos de Israel.

—

Ari Shavit
JORNALISTA E AUTOR DE *MINHA TERRA PROMETIDA*

ESTE LIVRO É DEDICADO a Roger Waters, Noam Chomsky, Norman Finkelstein, Naomi Klein, Judith Butler, John Mearsheimer e muitos outros acadêmicos e estudantes, jornalistas e ativistas, da Jewish Voice for Peace (JVP) e outras ONGs, que intencionalmente ou não disseminam mentiras sobre Israel. Escrevi este livro em parte para eles e espero que eles o leiam com a mente aberta.

SUMÁRIO

	AGRADECIMENTOS	11
	INTRODUÇÃO	15
CAPÍTULO 1	Um Guia de Mentiras	29
CAPÍTULO 2	A Norma da Homogeneização e a *Nakba*	43
CAPÍTULO 3	Apoio à Transferência	59
CAPÍTULO 4	Características Únicas do Conflito Árabe-Israelense	71
CAPÍTULO 5	Reescrevendo a História	87
CAPÍTULO 6	Malícia e Padrões Duplos	93
CAPÍTULO 7	A Escala de Gravidade	99
CAPÍTULO 8	Existe um Direito de Retorno?	107
CAPÍTULO 9	O Genocídio que Não Era o Tal	121
CAPÍTULO 10	A "*Nakba* Judaica"	145
CAPÍTULO 11	O Apartheid Árabe	173
CAPÍTULO 12	O Mito de Auschwitz	189
CAPÍTULO 13	Os Árabes Israelenses	203
CAPÍTULO 14	A Calúnia do Apartheid	227
CAPÍTULO 15	Direitos Humanos	239
CAPÍTULO 16	Os Matadores de Crianças	257
CAPÍTULO 17	A Paz e Seus Descontentes	271
CAPÍTULO 18	Autismo Intelectual	313
CAPÍTULO 19	A Coalizão Vermelho-Verde	329
CAPÍTULO 20	Plataforma de Incitação	353
CAPÍTULO 21	O Estado-Nação do Povo Judeu	383
CAPÍTULO 22	As Megacelebridades	401
	POSFÁCIO	409
	BIBLIOGRAFIA	423
	NOTAS	435

AGRADECIMENTOS

"A MANHÃ, UM ARTIGO meu será publicado no *The New York Times* e, na verdade, é devido a algo que você escreveu." Fiquei surpreso. Um homem alto, impressionante, idoso me pegou de surpresa ao final de uma palestra que eu acabara de dar em Manhattan, na noite de 18 de outubro de 2009. Como que algo escrito por mim o levou a escrever um artigo para o *The New York Times*? Pedi cordialmente ao estranho que se identificasse. Ele se apresentou como Robert Bernstein e acrescentou: "Mas me chame de Bob". Ele então sugeriu um almoço.

O nome não me soou estranho. Ele foi o fundador do Observatório dos Direitos Humanos (ODH), a maior organização de direitos humanos do mundo. No ano anterior, publiquei vários artigos criticando algumas das publicações e distorções dessa organização. A princípio, achei que Bernstein queria me desafiar e confrontar com fatos que, segundo ele, refutariam minhas alegações de que o ODH havia deturpado a situação em Israel.

No dia seguinte, corri para uma banca de jornal próxima para comprar uma cópia do jornal *The New York Times* e ler seu artigo.[1] Mais uma vez, fiquei surpreso. Ele havia escrito uma crítica incisiva da própria organização que havia fundado. Foi um artigo marcante. Durante o almoço do dia seguinte, ele explicou: "Quando li suas alegações de que a ODH estava distorcendo a realidade, esperava que você estivesse enganado. Depois de uma análise, ficou claro para mim que suas críticas estavam corretas. Essa é uma das razões pelas quais publiquei meu artigo. Eu queria conhecê-lo porque sinto que você deve escrever um livro". Isso não foi apenas uma surpresa, mas foi também um elogio. Bernstein foi, durante várias décadas, presidente da Random House, uma das mais prestigiadas editoras dos Estados Unidos.

Não demorou muito para me convencer. Eu estava sendo encorajado a escrever um livro pela pessoa a quem tantos escritores tinham, ao longo dos anos, enviado manuscritos. Eu tinha algumas reservas sobre se meus artigos de jornal, e especialmente meus textos de pesquisa, poderiam constituir a base para um livro. Bernstein foi decisivo: "Sua escrita", ele disse, "é tanto polêmica quanto bem pesquisada. Se você me convenceu a escrever contra a organização que montei com minhas próprias mãos, então sua mensagem deve alcançar muito mais pessoas".

Portanto, meu primeiro e mais importante agradecimento é a Robert Bernstein. Nós ainda mantemos contato. Eu não queria me apressar a publicar até ter coletado mais material e ampliado minha pesquisa. O livro que você está lendo agora é resultado direto daquele encontro em Manhattan.

Quero expressar meu agradecimento ao professor Amnon Rubinstein, ex-ministro da Educação de Israel, como membro do partido de esquerda Meretz. Nos últimos anos, ele me pressionou várias vezes para escrever. Rubinstein é uma das minhas fontes de inspiração. Humanista e liberal, ele exibe uma rara combinação de conhecimento, pensamento original e bom senso. Pertence ao verdadeiro campo da paz e está tão decepcionado quanto eu com as maneiras pelas quais muitos que proclamam sua devoção à paz se desviaram da verdade.

Há outros que compartilham sua sensibilidade, a quem desejo agradecer: a professora Ruth Gavison, o professor Shlomo Avineri, o professor Emmanuel Sivan, o professor Alexander Yakobson, o professor Yossi Shain, o doutor Gadi Taub e o doutor Liav Orgad. Todos eles me inspiraram. Sou grato ao falecido historiador britânico sir Martin Gilbert; como consequência de um diálogo entre nós, descobri que ele me agradeceu em seu recente livro sobre judeus em países muçulmanos.[2]

Gostaria de expressar meu agradecimento aos professores Benny Morris e Yossi Shain por seus comentários dos capítulos que eles leram. Um elogio especial a Guy Maayan, um homem da Renascença, por sua ajuda na pesquisa, seu *feedback* útil e sua contribuição para tornar esta publicação mais acadêmica. Agradecimentos também a Daniella Ashkenazy, por sua habilidosa edição da versão final, não apenas por polir o inglês da tradução e adicionar notas de rodapé explicativas para os leitores não israelenses, mas também pelos aprimoramentos sugeridos por ela como jornalista, que contribuíram para a apresentação dos meus pensamentos e pesquisa. Obrigado também a Adi Schwartz, que leu, comentou e editou. Aprecio os amigos, tanto aqueles que simpatizam com minhas ideias quanto aqueles que são adversários, que encorajaram, ajudaram, leram e comentaram. Desejo agradecer à ISEF Foundation e à pessoa especial que comanda a fundação, Nina Weiner, que me ajudou a pleitear uma bolsa para escrever e editar minha pesquisa.

Aqueles que menciono aqui, individualmente e juntos, compartilham o desejo de preservar valores humanistas e liberais, e defender a ideia de um Estado do povo judeu. A combinação entre democracia e um Estado judeu é possível e correta. Essa combinação tão somente não é o problema, mas é também a pré-condição para uma futura paz árabe-israelense.

De fato, os acontecimentos nas décadas passadas no mundo muçulmano, incluindo aqueles que têm o título de "Primavera Árabe", reforçam a afirmação de que, em algumas partes do mundo, uma maioria étnica tem maior probabilidade de exibir estabilidade, enquanto a multietnicidade é uma receita quase certa para a instabilidade, o conflito e o derramamento de sangue.

Acredito que não preciso dizer que assumo total responsabilidade por tudo o que está escrito aqui. Os agradecimentos e o reconhecimento não implicam, de maneira alguma, concordância com o que escrevo no livro. Construí uma reputação de polemista e recebi críticas muito estridentes e incisivas, às vezes justificadas; quem quiser atirar flechas em minha direção é bem-vindo a fazê-lo. A responsabilidade por este livro é somente minha.

Grande parte do livro foi escrita em Boston quando acompanhei minha esposa Lisa, que estava em um período sabático lá. Naturalmente, quero agradecer-lhe por sua paciência e tolerância, por me apontar várias pesquisas, por seu ouvido amigo, e por seu *feedback* crítico. Aos meus filhos, Shira, Adam e Naya, devo uma desculpa por lhes dar menos tempo do que o devido, enquanto estava preocupado com essa outra "criança" minha.

Agradeço aos muitos entrevistados anônimos que comentaram e enviaram observações sobre artigos que escrevi no passado. Meus agradecimentos vão para aqueles que me apoiaram, bem como para aqueles que fizeram críticas afiadas a mim. Todos eles ajudaram a melhorar este trabalho, pois estou longe de ser perfeito. Alguns desses críticos fizeram reivindicações legítimas e encontraram erros no meu trabalho. Presumo que eles também encontrem erros aqui e ali neste livro. Quaisquer comentários, *feedback* e exposição de erros serão bem-vindos. Estes me ajudarão no esclarecimento de problemas e na redação de trabalhos futuros.

INTRODUÇÃO

A**LGUNS ANOS ATRÁS,** participei de um evento em Boston relacionado a Israel. Quando me aproximei do prédio, vi duas jovens afáveis carregando cartazes protestando contra o "genocídio" perpetrado por Israel contra os palestinos. Fui até elas e uma conversa amigável se seguiu. Perguntei-lhes o que me pareceu uma pergunta direta: "Quantos palestinos foram mortos no genocídio?". Elas se entreolharam. Uma delas tentou a sorte, sugerindo que eram "milhões".

"Milhões?", perguntei. "De onde vem esse número?"

Elas então disseram alguns nomes de estudiosos que escreveram sobre o "genocídio" contra os palestinos. A conversa continuou. Elas compartilharam comigo a crença de que Israel comete crimes contra a humanidade mais ou menos em uma base diária e, novamente, citaram trabalhos acadêmicos para respaldar essas crenças. Ambas as jovens, deve-se notar, faziam parte de uma organização chamada Jewish Voice for Peace (JVP). Eram jovens impulsionadas por uma clara sensibilidade política e humanitária e um desejo de tornar o mundo um lugar melhor. Elas não pareciam nem um pouco antissemitas.

Embora a tentação de discutir com elas fosse forte, vi-me mais curioso do que combativo. Como que estudantes bem-intencionadas e cultas passaram a acreditar em falsidades sobre um conflito com o qual pareciam se importar? Elas se envolviam em atividade política porque acreditavam em direitos humanos e no importante conceito judaico de *Tikkun Olam* [reparação do mundo]. E disseram que a atividade delas foi o que as levara a descobrir as "atrocidades" que Israel comete.

Uma delas tinha uma avó sobrevivente do Holocausto. Seus pais eram ativistas sionistas. Ela lhes perguntou sobre as coisas terríveis que Israel supostamente faz: limpeza étnica, genocídio e apartheid. "Eu falei aos meus pais", ela disse, "que se eles amam Israel, que não pode ser amor cego". Seus pais não deram respostas satisfatórias. Com o tempo, ela se tornou mais e mais ativa na causa.

Quanto à outra jovem, seu professor — um diretor de departamento, na verdade — havia apresentado a seus alunos a "série de crimes de Israel". Ela também se tornou ativista devido à preocupação de que sua identidade judaica havia sido comprometida e dominada por aquilo que seu professor descreveu como "fascismo" israelense.

Enquanto a verdade é muitas vezes uma vítima de debates políticos acalorados, o que torna as distorções sobre Israel incomuns é o extenso envolvimento de estudiosos acadêmicos, trazendo consigo uma presunção de objetividade e o prestígio de suas instituições para injetar reivindicações no debate público que são facilmente demonstradas como falsas.

Israel é acusado, com vários graus de explicitação, de genocídio, limpeza étnica, colonialismo, apartheid e crimes de guerra. Também é acusado, através de representantes em países ocidentais e especialmente nos Estados Unidos, de sequestrar as decisões de política externa de outros países para promover sua agenda nefasta. Para muitos dos escritores que fazem tais alegações, Israel não é objeto de estudo, mas um inimigo, e eles construíram uma indústria de mentiras para garantir a derrota do inimigo.

Israel representado por esses estudiosos praticamente não tem nenhuma relação com o Israel real ou sua história, intenções, ou influência. Esses acadêmicos confiam, sempre que podem, em fontes inventadas ou desacreditadas, em fatos verdadeiros, grotescamente fora de contexto, e em narrativas que não servem para a verdade nem para a paz. Eles construíram uma teia de pseudoerudição, uma trilha de papel que permite a cada escritor citar as obras de outros do círculo, compartilhando um propósito unificado que é mais político que acadêmico: desacreditar um país e mobilizar tropas para esse fim.

Provavelmente, o exemplo mais falado nos últimos anos é o *The Israel Lobby and US Foreign Policy*, um livro escrito pelos renomados estudiosos John J. Mearsheimer, da Universidade de Chicago, e Stephen M. Walt, de Harvard. Publicado em 2007, *The Israel Lobby* alegou que "uma coleção dispersa de indivíduos e organizações que ativamente trabalham para mudar a política dos Estados Unidos em uma direção pró-Israel" foi responsável por distorcer radicalmente as decisões de sucessivos governos e do Congresso.

O apoio inabalável dos Estados Unidos a Israel, argumentaram eles, foi contra os interesses óbvios dos Estados Unidos no Oriente Médio, encorajou o terrorismo e alienou aliados mais naturais. "Agora que a Guerra Fria acabou", escreveram eles, "Israel tornou-se uma responsabilidade estratégica para os Estados Unidos. No entanto, nenhum político aspirante jamais dirá isso em público ou até mesmo levantará a possibilidade".[3]

Ninguém jamais negou a existência de grupos pró-Israel como o AIPAC, tentando influenciar a política em Washington, mas o *The Israel Lobby* inflou radicalmente a influência desses grupos, ou seja, pegou uma perspectiva marginal sobre os interesses americanos e assumiu que essa visão era central. Em seguida, passou a culpar o lobby pró-Israel por tudo, desde o declínio do prestígio americano em todo o mundo até a guerra do Iraque.

O sucesso do *The Israel Lobby* – que foi um best-seller nacional e continua a ser visto como um marco no debate sobre a política externa dos Estados Unidos – se deu apesar das falhas intelectuais óbvias do livro. Escrevendo no *The New York Times*, Leslie H. Gelb chamou o livro de "majoritariamente errado e perigosamente enganoso".[4] De fato, o livro era transparentemente problemático para qualquer pessoa familiarizada com a política americana.

Da mesma forma, ignorar o fato de que muito mais dinheiro é investido para influenciar Washington por governos estrangeiros que formam um "lobby anti-Israel" muito maior significa distorcer conscientemente a imagem. Basta mencionar as infusões de dinheiro da Arábia Saudita e do Qatar diretamente aos meios de comunicação, *think tanks*, departamentos de políticas públicas e lobby direto.

Respondendo a um ensaio sobre o mesmo assunto que Mearsheimer e Walt publicaram na *London Review of Books* em 2006, Christopher Hitchens, que nunca poderia ser considerado um ardente defensor das políticas de Israel, disse o seguinte sobre a tese: "O desejo levou-os a descaracterizar seriamente as origens do problema e a produzir um artigo que é redimido do completo tédio e mediocridade apenas por ser ligeiramente, mas inconfundivelmente, fedorento".[5]

Mas Walt e Mearsheimer estavam se baseando a partir de um movimento que já estava em desenvolvimento há décadas. Um campo muito maior de estudiosos, menos conhecido nos Estados Unidos, construiu carreiras inteiras baseadas em fabricações ainda mais evidentes sobre Israel.

—

Há pouco mais de uma década, depois de muitos anos como ativista da paz, mas ainda me firmando como jornalista, deparei-me com um pequeno artigo bizarro de um estudioso da Universidade de Haifa chamado

Ilan Pappé, publicado no amplamente lido semanário egípcio *Al-Ahram Weekly*.⁶ Pappé contava a seus leitores egípcios sobre as atitudes israelenses em relação ao conceito de transferência [*transfer*] — abreviação israelense, emprestada do inglês, para significar a expulsão forçada de palestinos da Cisjordânia e da Faixa de Gaza. Essa ideia tinha sido cogitada ao longo dos anos por um pequeno número de ativistas barulhentos, mas marginais de extrema-direita — mais notavelmente pelo partido Kach, que foi banido, liderado por Meir Kahana, e mais tarde, em uma versão menos radical, pelo partido Moledet da extrema-direita, liderado por Rehavam Ze'evi.

Segundo Pappé, no entanto, transferência era tudo menos uma ideia marginal em Israel. Em sua versão, falar sobre transferência não era apenas aceitável em público; refletia a visão dominante no Estado judeu: "Ministros de alto nível do Partido Trabalhista submeteram ao governo uma proposta sobre transferência", disse ele a seus leitores. Pior: havia, como ele disse, "professores e pessoas da mídia que abertamente recomendam a transferência", e uma "instituição acadêmica tornou, oficial e moralmente, a transferência a opção preferida da instituição". De fato, ele concluiu, "poucos em Israel ousam se opor à transferência".

Sem dúvida, nada disso era verdade, mas Ilan Pappé continuou a fazer carreira argumentando que Israel não tem o direito de existir e introduzindo a calúnia do "genocídio" na descrição de políticas israelenses, apesar da notável ausência de genocídio real. Ao longo de décadas de carreira que inclui a publicação de livros com títulos como *The Ethnic Cleansing of Palestine* (2006) — e finalmente ocupando uma posição na Universidade de Exeter, alinhada com seu apoio ao boicote de universidades israelenses — sua influência cresceu em grande parte devido ao poder de sua escrita prolífica, que se entrega à falsificações, distorções e leituras seletivas. "Na melhor das hipóteses, Ilan Pappé deve ser um dos historiadores mais preguiçosos do mundo", escreveu Benny Morris, especialista em Estudos do Oriente Médio. "Na pior das hipóteses, um dos mais desonestos."⁷

Mas Pappé definitivamente não está sozinho. Artigos do tipo que ele escreveu para o *Al-Ahram Weekly* em 2002 se multiplicaram na última década, dando assim uma pátina acadêmica ao que é essencialmente um libelo de sangue moderno, ajudando a inserir falsidades sobre Israel no mainstream Ocidental, muito além das costumeiras arenas marginais de extremistas anti-Israel e teóricos da conspiração.

Outros estudiosos também se agregaram, abandonando qualquer senso de análise desapaixonada, para atribuir motivos e ações demoníacas a Israel e ao movimento sionista que o criou. Assim, por exemplo, o mesmo Mearsheimer argumentou vigorosamente que "o que aconteceu com o povo palestino desde 1948 é um dos grandes crimes da história moderna".[8] Ele também adquiriu o hábito de rotular apoiadores de Israel nos Estados Unidos como "os novos *Afrikaners*", uma referência ao regime de apartheid da África do Sul.[9] Outro acadêmico proeminente, Juan Cole, da Universidade de Maryland, argumenta que as ações de Israel em Gaza "são o pior resultado do colonialismo Ocidental em qualquer parte do mundo além do Congo Belga".[10]

Nenhum desses professores é marginal. Ambos são líderes acadêmicos com números significativos de seguidores dentro e fora da academia. Eles incorporam a teia da falsidade que está dominando o estudo do conflito árabe-israelense, e estão fornecendo o combustível para um ímpeto muito maior de demonizar Israel e, por fim, isolar e destruir o país.

Você não tem que ser mal-intencionado para cair nas mentiras — você só precisa ser um pouco preguiçoso e, por uma razão ou outra, convencido de que não quer estar totalmente do lado de Israel. Uma vez que você se encontra nessa posição, toda uma bateria de livros, artigos e figuras públicas eloquentes catalogando os grandes males do Estado judaico está instantaneamente ali para apoiar, enriquecer e aprofundar sua raiva.

Se fico particularmente aborrecido com este tipo de escrita, não é só porque sou um israelense convencido de que tais afirmações são obviamente absurdas para qualquer pessoa com um pouco de conhecimento e um olhar honesto e crítico. É também por causa da minha devoção à paz e da minha preocupação com reconciliação.

—

Durante muitos anos, acreditei que essas mentiras acadêmicas não eram importantes o suficiente para merecer minha atenção. Embora o mundo seja cheio de inimigos, antissemitas e loucos, eu acreditava que, nas áreas de política avançada e discurso civilizado, seria sempre possível, para pessoas sérias de ambos os lados, reconhecer os benefícios da paz por meio de um acordo criativo e da concordância com os fatos básicos da história. Em outras palavras, o principal obstáculo para a paz era a teimosia, não a calúnia.

Com o passar do tempo, ficou claro que eu estava errado. Nas últimas décadas, o debate público sobre Israel em todo o mundo Ocidental mudou, notadamente, de uma conversa sobre a possibilidade de chegar a um acordo de paz abrangente, para uma conversa sobre se Israel deveria ou não ser boicotado e condenado, às vezes como um regime maligno semelhante à Alemanha nazista ou à África do Sul na era do apartheid.

As mentiras tornaram-se agora a questão central. Ao longo de uma geração, afirmações como as de Pappé, Mearsheimer e Cole se espalharam muito além de suas próprias disciplinas. Tal como Martin Kramer — cientista político israelense-americano que ocupou cargos na Universidade de Tel Aviv, na Universidade de Harvard e no *Washington Institute for Near East Peace* [Instituto de Paz do Oriente Próximo de Washington] — documentou, a *Middle East Studies Association* (MESA) [Associação de Estudos do Oriente Médio] tem se configurado no centro desse mar de mudanças, votando esmagadoramente em 2015 para iniciar um processo de consideração de um possível boicote acadêmico em grande escala.[11]

Nos últimos anos, o campo antinormalização tornou-se também uma força motriz em todo o mundo Ocidental. Seu foco principal, conhecido como BDS (Boicote, Desinvestimento, Sanções), é modelado explicitamente no movimento antiapartheid dos anos 1980 que levou ao isolamento internacional da África do Sul e contribuiu para a queda do regime do apartheid. O BDS conseguiu cativar as mentes de ativistas culturais autointitulados, inclusive com grandes artistas como Roger Waters, Elvis Costello e Lauryn Hill se recusando publicamente a se apresentar em Israel. Em centenas de *campi* universitários americanos, os manifestantes estudantis anti-Israel têm procurado boicotar cada vez mais produtos israelenses, como o Sabra Hummus e as máquinas de refrigerante SodaStream, de fabricação israelense, ou aprovar resoluções pedindo o desinvestimento de Israel.

Os defensores do BDS rejeitaram explicitamente a solução de dois Estados para o conflito israelo-palestino — o que significa que eles não têm interesse em diálogo, reconciliação, resolução pacífica ou qualquer coisa que o campo da paz tradicionalmente defenda. Associações acadêmicas, como a *American Studies Association* (ASA) [Associação de Estudos Americanos] estão constantemente debatendo se proibiriam o contato com acadêmicos de universidades israelenses — fechando efetivamente a possibilidade de carreiras para jovens acadêmicos israelenses — enquanto grupos religiosos, como a Igreja Presbiteriana, debatem o desinvestimento de Israel.

Tudo isso sob o argumento de que Israel supostamente comete "genocídio", "limpeza étnica" e "crimes contra a humanidade".

A indústria de mentiras se aplica a uma ampla variedade de níveis intelectuais e emocionais. Nos Estados Unidos, por exemplo, ela se entrelaçou nos debates sobre raça e tratamento de afro-americanos pela polícia local — com ativistas pró-palestinos juntando-se e injetando combustível a protestos em Ferguson e Baltimore, chegando a afirmar que táticas policiais usadas contra minorias são influenciadas pelo treinamento que receberam da polícia israelense.[12]

—

Na Europa, um sentimento pós-nacional prevalecente tornou excepcionalmente fácil para as pessoas identificarem o sionismo com todos os males do nacionalismo militante que eles veem como a principal causa do Holocausto, e, no processo, traçar um paralelo fácil entre Israel e a Alemanha nazista. Quando um importante tabloide sueco, o *Aftonbladet*, alegou, em 2009, que as Forças de Defesa de Israel (FDI) estavam colhendo os órgãos de prisioneiros palestinos que haviam morrido sob custódia; nenhum pedido de desculpas ou retratação foi feito, apesar das objeções estridentes de todo o mundo e apesar de uma completa falta de evidências verificáveis para apoiar a afirmação. Os oficiais de alto escalão do país defenderam o artigo como parte de uma imprensa livre operando.

É desnecessário dizer que é inteiramente legítimo, e até necessário, criticar Israel. Propagadores de mentiras dirão que os defensores de Israel insistem que o Estado judeu "não pode errar". Essa é outra falsidade; na verdade, seria difícil encontrar pessoas na Terra tão sinceras e compulsivamente autocríticas quanto os israelenses. Mas as críticas não justificam o abandono dos padrões básicos de integridade intelectual. Isso não justifica as mentiras. No conflito árabe-israelense, as mentiras se tornaram a essência, o objetivo. Elas escondem a verdadeira imagem.

Tampouco é de surpreender que alguns dos defensores mais veementes da indústria de mentiras, como Pappé, sejam eles próprios israelenses, desfrutando de cargos permanentes em universidades proeminentes e escrevendo artigos tendenciosos nos jornais israelenses de maior prestígio. Israel é uma democracia, e seu debate público é livre e barulhento. Toda democracia permite espaço para as elites privilegiadas que, por uma razão ou outra, acham adequado criticar publicamente as fundações da sociedade em nome da liberdade acadêmica. A diferença é que, com Israel, existe um movimento global que se deleita em promover essas exceções, financiando suas viagens para promover livros e tornando-os celebridades.

—

Um dos resultados mais significativos dessa indústria de mentiras é que ela inflou o conflito israelo-palestino muito além de sua real importância comparativa no mundo. Parece que todos concordam que o conflito israelo-palestino tem sido o conflito mais divulgado do mundo há anos.

De fato, o veterano jornalista Matti Friedman, que passou meia década no escritório da *Associated Press* (AP) em Jerusalém, recentemente apontou: "Quando eu era correspondente da AP, a agência tinha mais de quarenta funcionários cobrindo a região Israel-Palestina. Isso significava mais profissionais do jornalismo que a AP tinha na China, na Rússia ou na Índia, ou em todos os cinquenta países da África subsaariana ao todo. A quantia era maior do que o número total de profissionais do jornalismo em todos os países onde as revoltas da 'Primavera Árabe' eventualmente eclodiram".[13]

Pelo fato de a indústria de mentiras ser tão poderosa, resultando em uma quantidade radicalmente desproporcional de discussão pública, há também grandes esforços para resolvê-la. Por exemplo, o secretário de Estado dos Estados Unidos, John Kerry, visitou Israel nove vezes ao longo de 2013 (e mais vezes em 2014). Em 2013, dezenas de milhares de pessoas foram mortas em dezenas de outras zonas de conflito ao redor do mundo – incluindo mais de 30 mil apenas na Síria. No decorrer desse ano, 36 palestinos foram mortos. Sim, 36 é demais, mas menor que a média diária de outros conflitos que receberam muito menos atenção.

Os esforços de paz devem ser elogiados. No entanto, com muita frequência, tais esforços diplomáticos decorrem de uma crença, por vezes implícita, mas muitas vezes abertamente declarada, de que o conflito israelo-palestino é, na verdade, o problema mais importante e a principal fonte de violência não só no Oriente Médio, mas em todo o mundo. Este erro foi considerado axiomático por um grande número de pessoas altamente influentes. No entanto, a crença, que o ex-diplomata americano Elliott Abrams chamou de "teoria do epicentro" e outros apelidaram de "mito da centralidade", não tem base na realidade.[14] Israel não tem e nunca teve uma conexão com quaisquer das guerras mais sangrentas que foram travadas desde o seu início.

Israel não teve conexão com a Guerra da Coreia, a sangrenta Revolução Cultural Chinesa, o genocídio em Ruanda, os campos de extermínio do Vietnã, Camboja, Congo, da Chechênia e dezenas de outros epicentros de violência. Nenhum traço de conexão pode ser descoberto entre Israel e os mais severos conflitos africanos no Sudão, na Somália, na Nigéria, no Congo ou na República Centro-Africana.

Milhares são mortos nesses conflitos todos os meses, e dezenas de milhares, todos os anos, mas a mídia mundial mal os cobre. Os institutos de pesquisa ou as cátedras universitárias sequer tocam no assunto. Mas o conflito árabe-israelense, cuja contribuição relativa à violência e ao número de refugiados no mundo é marginal, misteriosamente se tornou "o conflito mais perigoso para a paz mundial". O foco nele é nada menos que obsessivo.

—

Costuma-se dizer que o impasse israelo-palestino está no epicentro da causa de conflitos no mundo árabe ou muçulmano e também atiça as chamas da fúria nas comunidades muçulmanas ao redor do mundo, galvanizando o terrorismo global. Quando perguntado por Jon Stewart sobre os reais motivos por trás do assassinato em 2015 dos cartunistas e editores no semanário satírico francês *Charlie Hebdo*, as primeiras palavras do ex-presidente Jimmy Carter foram: "Bem, uma das origens para isso é o problema palestino".

Durante uma geração, os principais conselheiros políticos em Washington, afiliados a ambos os principais partidos políticos, têm afirmado que a abordagem da questão palestina é a chave não apenas para a estabilidade em todo o Oriente Médio, mas também para restaurar a posição dos Estados Unidos em todo o mundo. Até o ex-presidente americano Bill Clinton, que não podia ser razoavelmente acusado de ser anti-Israel, expressou um argumento nesse sentido. Para resolver o conflito, disse ele, "será necessário cerca de metade do ímpeto em todo o mundo – não apenas na região, no mundo inteiro – para o terror desaparecer. [...] Isso teria mais impacto do que qualquer outra coisa que pudesse ser feita".[15]

Essa linha de pensamento, como diz Abrams, "sempre foi um absurdo". Apesar de muita retórica contrária, Israel não teve nenhuma conexão significativa com os conflitos mais sangrentos no mundo árabe-muçulmano que, se reunidos, destruíram as vidas de muitos milhões na última década: Iraque, Síria, Líbia, Iêmen, Paquistão, Afeganistão, Sudão e Somália. Nem o surgimento repentino de grupos terroristas islâmicos radicais como a al-Qaeda, o Boko Haram, o Estado Islâmico, o al-Nousra, o al-Shabaab, o Lashkar e-Taiba ou a Irmandade Muçulmana no Sudão (ou os principais ataques terroristas cometidos por esses grupos em Nova York e Washington, Londres e Madri, Paris e Bruxelas, ou Mumbai e Mogadíscio) estão remotamente conectados a Israel, independentemente da retórica que possam empregar.

Com o passar do tempo, mais e mais conflitos emergiram, brutais e cruéis, na Nigéria, em Mali, na Ucrânia, Chechênia e no Daguestão. Mais uma vez, nenhum deles tem qualquer ligação com o conflito árabe-israelense. As várias denominações guerreiras foram construídas e fortalecidas, e seus inimigos visados, sem qualquer conexão com Israel. O mesmo é verdade para a Irmandade Muçulmana, o movimento mais forte de todos no islamismo sunita, que foi fundado bem antes de Israel existir, reuniu forças e se espalhou sem qualquer conexão com Israel.

Esses fenômenos são causados, principalmente, por desenvolvimentos internos no mundo muçulmano – incluindo, entre outras coisas, a enorme riqueza do petróleo e gás natural que foi despejada nos centros de estudo e *madrassas* (escolas muçulmanas) em lugares como o Paquistão, Afeganistão e, subsequentemente, em outros países, incluindo centros muçulmanos no Ocidente. Essa riqueza também financia o armamento e o treinamento de grupos terroristas que procuram matar "infiéis" – em sua maioria outros muçulmanos – que são sempre descritos como estando secretamente a serviço de Israel ou dos Estados Unidos.[16] Israel não tem conexão real com nenhum deles. Tornou-se o bode expiatório, no entanto, acusado de estar conectado e, portanto, culpado por tudo.

—

Sim, o conflito árabe-israelense deve ser resolvido, pois todos os conflitos devem ser resolvidos. Mas não há necessidade de ilusões. Resolver o conflito árabe-israelense não reduzirá o derramamento de sangue ao redor do mundo e também não diminuirá o nível de fúria islâmica radical contra o Ocidente. Mesmo quando proferidas com a melhor das intenções, afirmações como essas são uma parte significativa da vasta rede de afirmações falsas ou distorcidas feitas sobre Israel e Palestina, que continuam a ser distorcidas por uma indústria inteira que visa mudar a maneira como os ocidentais enxergam o Estado judaico, erodindo, portanto, seu apoio internacional.

Lidar com essa dissonância não é uma tarefa simples. O número de ativistas políticos, estudiosos, repórteres e artistas que foram recrutados é enorme, e a maioria deles cita fontes externas, supostamente objetivas, para apoiá-los. Todo jornalista aponta para dois historiadores, todo historiador aponta para dois políticos e cada político aponta para dois jornalistas. Uma imensa câmara de eco foi construída e a linha é sempre a mesma: Israel não pode ser visto como um país como qualquer outro, um país comum, como os Estados Unidos ou a França, que às vezes comete crimes ou até atrocidades, mas que é basicamente julgado em uma escala humana racional e proporcional. Em vez disso, Israel é mau em seu âmago, nascido em pecado, e deve ser combatido e destruído, em vez de ser tratado de uma forma esclarecida.

O sionismo é um movimento cuja única reivindicação é que os judeus têm direito a seu próprio Estado-nação soberano como qualquer outro povo. No entanto, nos dias de hoje, Israel foi relegado de uma entidade real a um epíteto de indignação – marcado como uma "desgraça" e uma "abominação" indigna de qualquer espaço próprio ou consideração como uma comunidade política – e o sionismo foi despojado de sua autenticidade como movimento legítimo de autoemancipação.

Não há como negar que o conflito árabe-israelense causou muito sofrimento a todos os lados, inclusive entre os árabes palestinos que foram deslocados ou perderam suas vidas. Não há dúvida de que a experiência de ser desarraigado, de ser refugiado de uma catástrofe – de uma *Nakba* – é a experiência formativa do conflito do ponto de vista palestino.

O sionismo também é o produto de muitos séculos de exílio e perseguição judaica, de falta de moradia, de *pogroms* e, em última análise, de genocídio. Mas quando as narrativas subjetivas se chocam de forma irreconciliável, é imperativo que as pessoas comuns que desejam ver a paz chegar mantenham o controle dos fatos históricos objetivos.

Podemos dizer honestamente que houve alguma diferença real entre os refugiados palestinos e as dezenas de milhões de outros que foram forçados a deixar suas terras natais durante o mesmo período de tempo? Israel perpetrou um "crime" vasto e irreconciliável, ou estamos falando de um dos muitos intercâmbios populacionais em meio a uma luta armada; do tipo que ocorreu em muitos outros lugares nos anos pós-Segunda Guerra Mundial e a um custo muito maior em vidas do que o que aconteceu com os palestinos?

Não há necessidade de esconder ou minimizar os verdadeiros eventos trágicos — incluindo uma série de atrocidades que precisam ser levadas em conta — que atingiram os palestinos nas mãos dos sionistas e, mais tarde, das forças israelenses nas últimas sete décadas. Ao mesmo tempo, cabe a nós separar as alegações historicamente precisas de má conduta daquelas que não resistam à análise e colocar as coisas em contexto e proporção.

Israel nunca perpetrou genocídio nem teve intenção de fazê-lo. O número de baixas do conflito árabe-israelense em geral, e especificamente do conflito israelense-palestino, está entre os mais baixos da história desses conflitos. Israel nunca instituiu o apartheid, e nada desse tipo existiu. "Evidência do apartheid" é principalmente o produto da propagação de mentiras.

O controle de Israel sobre a Cisjordânia e Gaza não impediu o caminho da prosperidade palestina. De acordo com todas as medidas objetivas, apenas acelerou a taxa de desenvolvimento nessas áreas — apesar, e não como o resultado, dos melhores esforços do movimento nacional palestino.

—

A indústria de mentiras criou uma das maiores fraudes das últimas décadas — uma fraude de proporções históricas, até mesmo épicas. No entanto, a fraude não foi criada por propagandistas profissionais. O que é arrepiante é que não se origina de pessoas de relações públicas, mas de membros da academia, da mídia e de organizações de direitos humanos. Muitos deles são pessoas corretas, decentes e bem-intencionadas. Querem um mundo melhor, mas isso não diminui a gravidade da fraude; só aumenta nossa dificuldade em lidar com ela.

A mentira é vitoriosa. Essa fraude transformou o Estado de Israel em um dos países considerados mais perigosos para a paz mundial nas pesquisas de opinião em todo o mundo.[17] A grande fraude do Ocidente — consagrada não apenas no jornalismo e na academia, mas também em importantes instituições globais, como o Conselho de Direitos Humanos da ONU — opera em conjunção e paralela a uma campanha de incitação e inimizade contra judeus e Israel no mundo muçulmano. Assim, uma coalizão de forças emergiu – uma coalizão aterrorizante e perigosa que não tem relação com os direitos humanos e nenhuma relação com *Tikun Olam*.

O resultado é que Israel se tornou o diabo encarnado aos olhos de muitas pessoas decentes e razoáveis – pessoas que genuinamente querem ver a paz, mas inadvertidamente contribuem para a criação de um monstro. A tragédia é que elas não estão ajudando os palestinos. Elas não estão promovendo acordo ou reconciliação. Legitimam as reivindicações mais falaciosas dos ativistas mais extremos, capacitando não os moderados, mas os piores dos radicais que não têm interesse em alcançar a paz.

Houve um grupo da paz poderoso em Israel e no exterior que defendia "dois Estados para dois povos". Hoje eles estão sendo abafados por um grupo que diz "boicote a Israel". O grupo do boicote está, sistemática e metodicamente, transformando Israel em um anátema. Não se faz paz com um anátema.

Expor as mentiras contribuirá para *Tikun Olam* e para alcançar a paz. Quando a indústria de mentiras for encerrada, quando Israel for visto como um país normal, com conquistas e erros, pontos fortes e fracos, como qualquer outra comunidade política – somente então as chances de paz serão aumentadas para o benefício de muçulmanos e judeus, palestinos e israelenses.

CAPÍTULO 1
Um Guia de Mentiras

Existem muitos tipos de mentiras. Cada um deles contribui separadamente, e às vezes em conjunto, com a indústria de mentiras contra Israel. Discutiremos alguns deles: falsidades flagrantes, declarações enganosas, eventos relatados fora de proporção e mentiras no discurso acadêmico.

A **INDÚSTRIA DE MENTIRAS** é um dos mais retumbantes sucessos na distorção do mercado de ideias nas últimas décadas. Esse sucesso é assustador. Não nasceu de uma conspiração centralizada. Na verdade, começou com boas intenções, a partir da autoidentificação com o lado do mais fraco: os árabes e palestinos. Os estudantes no Ocidente que começaram a vestir um *keffiyeh* de estilo árabe em seus pescoços não eram motivados pelo antissemitismo. Em vez disso, eles o fizeram por identificação com aqueles que eles viam como vítimas, como os desfavorecidos, como parte do Terceiro Mundo. Mas ao longo do caminho algo deu terrivelmente errado. Boas intenções degeneraram em intenções não tão boas. As críticas legítimas se tornaram críticas não tão legítimas, que se transformaram em distorções da verdade, declarações enganosas e mentiras descaradas.

Israel tornou-se um símbolo de opressão, um país que põe em perigo a paz mundial. Foi transformado, na mente das pessoas, em um Estado que viola os direitos humanos em grande escala, uma nação que, se não é um estado de apartheid, está certamente no caminho para se tornar um. Israel foi descrito como um regime que perpetra o assassinato em massa de seus inimigos, descrito pelos mais exagerados como genocídio. Foi retratado como um Estado cuja existência inteira é baseada no horrível crime de limpeza étnica e cujos crimes continuam implacavelmente.

Israel merece críticas em muitas áreas. Este livro não se preocupa com críticas legítimas a questões como assentamentos, falhas na condução do processo político ou declarações tolas de políticos ou figuras públicas. Este livro é sobre a indústria de mentiras que apresenta Israel como uma monstruosidade ou como o diabo encarnado.

A produção de mentiras depende de um fluxo metódico, constante e desenfreado de mentiras que aparecem em formas infinitas. A seguir há uma descrição das principais categorias dessas mentiras.

FALSIDADES FLAGRANTES

Várias publicações relataram que "Israel causou um aumento na mortalidade infantil entre bebês palestinos", que "Netanyahu pede a expulsão dos árabes israelenses de Israel", que "soldados das FDI atam palestinos a jumentos para arrastá-los até a morte" e que "a maioria dos professores em Israel apoia a transferência".

Essas declarações de jornal são mentiras, pura e simplesmente. Estranhamente, acadêmicos e jornalistas são a principal fonte de mentiras desse tipo. Essas declarações podem ser fácil e rapidamente desmentidas. Mas desaprová-las geralmente é ineficaz, porque são amplamente divulgadas, às vezes até aparecem como manchetes de notícias. Em contrapartida, a refutação geralmente aparece em lugares mais obscuros – em *websites* ou como retratação nas páginas de jornal.

A maioria dos leitores, ouvintes e espectadores não sabe que são mentiras. Eles não sabem que, ao lado de algumas migalhas de informações precisas, palestrantes e jornalistas de um certo tipo implantam grandes quantidades de informações imprecisas e tóxicas nas mentes dos consumidores de mídia. Não há como os consumidores saberem que essas declarações são falsas. Quando essas falsidades circulam numa atmosfera antagônica a Israel, criada como resultado de mentiras semelhantes feitas por outros professores e jornalistas, as mentiras se tornam verdade. Teoricamente, seria muito fácil expor essas mentiras, mas, na verdade, essas fabricações às vezes são aceitas como a pura verdade.

MENTIRAS TRAIÇOEIRAS

Vários anos atrás, Peter Beinart, um intelectual judeu-americano, publicou um artigo na prestigiada *New York Review of Books* sobre o fracasso da liderança judaica nos Estados Unidos. Este artigo criou uma grande agitação.[18] Beinart tentou, entre outras coisas, retratar os líderes judeus americanos como cegos em relação às políticas supostamente repugnantes do primeiro-ministro israelense Benjamin Netanyahu.

Para este fim, ele citou a edição em inglês de um livro de autoria de Netanyahu, *A Place Among the Nations*,[19] no qual Netanyahu rejeita o conceito de um Estado palestino. A citação é exata, mas o artigo de Beinart foi escrito em 2010, e *A Place Among the Nations* foi lançado em 1993. Naquele ano, a opinião de Netanyahu era compartilhada pela maioria dos membros de alto escalão da administração americana e pela maioria da esquerda israelense, incluindo Yitzhak Rabin, que serviu como primeiro-ministro na época.

Posteriormente à publicação do livro, vários eventos importantes ocorreram. Houve a cúpula de Camp David, seguida pelos parâmetros de Clinton (aceitos pelo Estado de Israel, mas rejeitados por Arafat), seguidos pela retirada de Israel da Faixa de Gaza, que até Netanyahu apoiou, apesar de má vontade, e outra proposta de Ehud Olmert de um Estado palestino que foi rejeitada pelo sucessor de Arafat, Mahmoud Abbas. Mas, principalmente, o próprio Netanyahu mudou sua postura dramaticamente em seu discurso histórico na Universidade Bar-Ilan em junho de 2009, no qual ele reconheceu a necessidade do princípio dos dois Estados. Esse foi um distanciamento radical de sua posição de 1993.[20]

Há muitas razões para críticas construtivas a Israel. Mas Beinart escolheu enganar, usando as posições de Netanyahu em 1993 para atacar Israel em 2010. Este é um fenômeno interessante porque é exatamente como a direita radical de Israel trata os palestinos. Apresenta posições dos anos 1960 ou 1970 para criar a impressão de que nada mudou. Isso pode ser comparado ao retratar a oposição de Ronald Reagan ou do Partido Republicano a um Estado palestino em 1980[21] como a política da atual administração americana ou mesmo a administração de George W. Bush.

As deturpações mais difundidas na mídia mundial são o resultado de relatórios incompletos que não têm contexto. Tomemos, por exemplo, relatórios sobre "bombardeios israelenses em Gaza". Os relatos são precisos, mas o problema é que ou não há relatos de foguetes e morteiros do Hamas contra israelenses vivendo adjacentes a Gaza algumas horas antes dos bombardeios, ou então essas informações estão enterradas em relatórios sobre a retaliação de Israel. O ponto é que a manchete retrata Israel como o agressor não provocado. Esse tipo de deturpação se tornou uma característica regular em tudo relacionado à cobertura do conflito.

Ocasionalmente, pesquisas são feitas para medir a opinião pública israelense sobre uma variedade de questões, como a alegada oposição à igualdade para os cidadãos árabes de Israel, o apoio público à transferência de cidadãos árabes para outros lugares, e muito mais. Aqui encontramos deturpações ao quadrado. Primeiro, parece que, para cada pesquisa encomendada por um órgão político, há uma pesquisa profissional mais séria, mostrando dados totalmente contraditórios. Em segundo lugar, em contraste a todas as pesquisas não confiáveis sobre apoio à transferência, há a "pesquisa mãe": as eleições.

Houve no passado apenas um único partido que apoiou a transferência, e esse partido ganhou no máximo três de 120 cadeiras no Knesset. Nas eleições de 2013, havia apenas um candidato em um partido de direita que era a favor da transferência. Este partido nem sequer conseguiu superar a clausula de barreira eleitoral. O mesmo aconteceu nas eleições de 2015, quando esse partido de direita não obteve votos suficientes para conseguir uma única cadeira. No parlamento israelense, não há nenhum membro que apoie a ideia de forçar os árabes a saírem de suas casas (mas muitos que apoiam forçar os judeus a sair dos assentamentos), e ainda assim encontramos muitas "pesquisas" que provam o contrário.

MENTIRAS DE PROPORÇÃO

O conflito israelo-palestino gera inúmeras publicações por organizações de direitos humanos, das Nações Unidas, do Conselho de Direitos Humanos da ONU, de outros organismos internacionais, institutos de pesquisa e universidades. Essas publicações tratam das violações dos direitos humanos, e muitas delas lidam com violações reais dos direitos humanos. Até pessoas inocentes são prejudicadas.

Sim, há um lugar, na verdade um lugar vital, para divulgar fatos e fazer críticas. O problema reside em manter um senso de proporção. Quando o termo carregado de opróbrio "apartheid" é regularmente associado a casos de discriminação, quando os vários órgãos das Nações Unidas condenam Israel mais do que qualquer outro Estado no mundo, quando a Anistia Internacional e outros órgãos se voltam contra Israel mais do que a qualquer outro país, o resultado é uma distorção total.

Por exemplo, em 2012, a Assembleia Geral da ONU aprovou 22 resoluções contra Israel, em contraste a quatro contra o resto do mundo.[22] Em 2015, a Assembleia Geral adotou vinte resoluções destacando Israel em críticas — e apenas três resoluções em relação ao resto do mundo em conjunto.[23] A partir de 2010, desde a sua criação em 2006, o Conselho de Direitos Humanos da ONU adotou 33 resoluções contra países específicos, dos quais 27 foram contra Israel.[24] Em 2013, o Conselho adotou 25 resoluções, quatro para todos os outros países do mundo e vinte e uma contra Israel.[25] Centenas de milhares de pessoas em todo o mundo foram vítimas de regimes tirânicos, e incontáveis massacres e pogroms foram cometidos. Israel não cometeu nem mesmo uma fração desses delitos, mas foi condenado mais do que qualquer outro país, talvez mais do que todos os outros países juntos.

O argumento não é contra o próprio fato da publicação, e eu não argumento que Israel deveria estar isento de críticas. Nem eu afirmo que "uma vez que outras nações violam os direitos humanos e prejudicam os inocentes, a Israel também é permitido fazê-lo". Dois erros não fazem um acerto; a injustiça de um lado não é uma licença para mais uma injustiça.

O problema das "mentiras de proporção" é totalmente diferente. A mentira está na representação muito exagerada e monstruosa do Estado de Israel, enquanto outros conflitos ao redor do mundo são ignorados. Isso é análogo ao caso de um policial branco no Sul dos Estados Unidos que vê dez carros dirigindo acima do limite de velocidade de 65 milhas por hora. Nove motoristas brancos estão dirigindo entre 80 e 150 quilômetros por hora, mas o policial apenas prende o afro-americano que está dirigindo a 135 quilômetros por hora, enquanto deixa os outros motoristas passarem incólumes. Este fenômeno se repete. Existem dezenas de policiais nas estradas, mas, por algum motivo, apenas os motoristas afro-americanos estão sendo presos, repetidamente. Estamos falando de uma aplicação estrita do estado de direito ou será preconceito racial?

Como podemos quantificar a lavagem cerebral? Como que um país pode ser transformado em uma monstruosidade? Estamos falando da combinação de um tipo de cobertura midiática que é quase sempre hostil e totalmente desproporcional razoável à uma quantidade de cobertura que vai além do erro honesto. Assim, por exemplo, em 2011, o *The Guardian*, um jornal diário britânico, mencionou Israel 1.008 vezes,[26] (em média três vezes por edição). Naquele ano, 115 palestinos foram mortos, a maioria dos quais envolvidos com terrorismo.[27] O Iraque, por outro lado, onde 4.059 civis iraquianos foram assassinados, foi mencionado apenas 504 vezes. No Afeganistão, 3.021 civis foram mortos, dos quais pelo menos 410 por forças que incluíam soldados britânicos.[28] No mesmo ano, 46 soldados britânicos foram mortos no Afeganistão.[29] Embora milhares de civis tenham sido mortos no Iraque e no Afeganistão, houve muito menos relatos sobre mortes envolvendo forças britânicas — tanto como matadores quanto mortos — do que sobre Israel.

Naquele ano, nada de especial aconteceu no conflito árabe-israelense, porque esse foi o ano da "Primavera Árabe" (que pode mais precisamente ser descrita como o "banho de sangue árabe"). Dezenas de milhares foram mortos na Síria. O Egito tremeu com a turbulência. Mas o *The Guardian* ainda estava preocupado com Israel. A obsessão quantitativa é também uma obsessão anti-israelense. Depois de tal cobertura, não é de se admirar que os acadêmicos britânicos defendam um boicote a Israel e não à Grã-Bretanha. Quando adicionamos a isso o *conteúdo* da cobertura midiática — tocaremos nesse problema mais tarde — a imagem se escurece ainda mais.

Peter Beinart argumenta que há críticas a Israel porque Israel é um Estado democrático, não porque é um Estado judeu. No entanto, a Grã-Bretanha é também um Estado democrático. Seus soldados estão estacionados em solo iraquiano e afegão. Eles matam e são mortos. Mas o principal jornal da Grã-Bretanha, que se orgulha de ser uma "vanguarda do progresso", está preocupado com Israel. Beinart, claro, errou. A obsessão não é porque Israel é democrático. Mas é porque é judeu?

MENTIRAS BASEADAS EM CASOS VERÍDICOS

Há relatos de que os rabinos em Israel veem os árabes como criaturas inferiores, que os judeus tentaram incendiar uma mesquita, que os soldados das FDI machucaram um grupo de mulheres palestinas que avançaram em sua direção, que soldados israelenses prenderam uma criança palestina de cinco anos de idade por duas horas e as câmeras o mostraram chorando amargamente, que judeus ultraortodoxos cuspiram em padres na Cidade Velha, que jovens no sul de Tel Aviv destruíram um jardim de infância de famílias em busca de asilo e que membros do Knesset de partidos de direita propuseram um projeto de lei que limitaria a liberdade de expressão e os direitos das minorias. Todos esses relatos estão corretos. Podemos adicionar mais do mesmo. Israel possui um espectro amplo de visões e organizações. Há racistas em Israel. Há também membros do parlamento e rabinos com uma variedade de visões de mundo, alguns racistas por natureza.

Não é difícil compor um longo livro acadêmico baseado inteiramente em casos verdadeiros que retratam Israel como um Estado pária. Cada caso, por si só, faz parte do mosaico israelense. Mas se nos concentrarmos unicamente nas ações ou declarações de alguns membros da direita radical ou membros desequilibrados do setor ultraortodoxo e transformá-los em um artigo ou livro, o resultado não seria representativo da sociedade israelense ou do Estado de Israel. Seria apenas uma sequência de eventos que poderiam se aplicar a qualquer país europeu que contenha membros da direita radical, jovens neonazistas, racistas com formação religiosa, ou xenofóbicos.

Como podemos provar que essas publicações são deturpações em massa? Colocando as reivindicações através do teste de significância estatística. A publicação, livro ou artigo em questão fornece informações estatísticas ou comparativas ou apenas apresenta um fenômeno marginal que foi inflado artificialmente ao reunir eventos isolados?[30]

Muitos escritores do tipo que atacam Israel o retratam como se fosse um verdadeiro retrato de Israel, embora o vandalismo exista em todas as sociedades democráticas. Os Estados Unidos não são um país racista por causa da Ku Klux Klan ou pessoas como David Duke (que é um suprematista branco e um antissemita). A Noruega não é um país fascista porque Anders Breivik matou dezenas de jovens devido à xenofobia. A Alemanha contemporânea não é um país nazista porque jovens skinheads incendiaram um albergue que abrigava trabalhadores turcos. A Suécia não é um Estado fascista apenas por causa de uma "onda de ataques não resolvidos em centros de asilo"[31] ou uma marcha de centenas de neonazistas.[32]

A direita radical de Israel é fraca, ao oposto de afirmações do contrário que aparecem em muitas publicações. De fato, sua direita radical é talvez ainda mais fraca do que na maioria dos países europeus. Nas eleições de 2013 e 2015, o único partido de direita radical concorrendo não ultrapassou o limiar eleitoral (2% em 2013, 2,97% em 2015).[33] Por outro lado, a tolerância e o pluralismo da grande maioria dos israelenses estão refletidos em seus programas populares de TV.

Israel – como outros países – exibe *reality shows* de TV, que são populares principalmente entre os membros das classes média e baixa. Os telespectadores escolhem o competidor que, aos seus olhos, é o melhor cantor, a personalidade mais interessante ou o melhor cozinheiro. No espaço de poucos anos (2013-2015), os israelenses escolheram os seguintes concorrentes vencedores em quatro de cinco shows populares: um árabe israelense no *Master Chef*, uma mulher judia etíope no *Big Brother*, um trabalhador estrangeiro das Filipinas no *X- Factor*, e outro árabe israelense como o melhor cantor do *The Voice*. Esta não é uma característica distintiva de uma sociedade racista, mas sim de uma sociedade aberta e pluralista. No entanto, nenhuma publicação acadêmica lida com essa faceta da sociedade israelense, enquanto existem inúmeros artigos sobre fenômenos marginais que não têm significância estatística em que Israel é apresentado como um país racista.

MENTIRAS ACADÊMICAS

Em dezembro de 2013, o assessor especial do Conselho de Direitos Humanos da ONU, o professor Richard Falk, argumentou que Israel estava atacando os palestinos com "intenção genocida".[34] Essa mentira pode ser refutada facilmente. À época da qual Falk falou – do início do ano até meados de dezembro – trinta palestinos haviam sido mortos, a maioria dos quais eram ativistas terroristas.[35] Isso estava muito distante do número de mortes diárias em lugares como Iraque, Síria e Somália, bem como no Paquistão e no Afeganistão, durante a mesma época. Podemos condenar a morte de trinta palestinos por ano. Nós também podemos censurar Israel. Mas o uso da palavra "genocídio" é uma grave distorção. Infelizmente, Falk não é o único. Membros da *intelligentsia* e da academia, muitos dos quais são de primeira linha em suas respectivas profissões, acusam Israel de uma longa lista de crimes contra a humanidade enquanto lançam acusações de intenção maliciosa. Eles comparam Israel aos nazistas, alegam que Israel perpetrou alguns dos crimes mais severos da história moderna, eles sustentam que as ações de Israel se assemelham ao que a Bélgica fez no Congo e repetidamente usam a palavra "genocídio".

A "retórica do apartheid" também atrai vários acadêmicos que às vezes adotam dispositivos sofisticados. Por exemplo, eles descrevem Israel como "etnocrático" e, em seguida, imediatamente aplicam o epíteto de "apartheid". O fato é que a maioria dos países do mundo são Estados-nação que contêm grupos minoritários. A discriminação contra as minorias étnicas existe em todos os países até certo ponto, e isso inclui Israel. Mas como vou elucidar a seguir através de dados confiáveis, existe menos em Israel do que em outros países ocidentais. Não existem outros países que são alvo de "festivais de ódio" em campi universitários, como a "Semana Israelense do Apartheid". E não há nenhum outro país ao qual os acadêmicos atribuam esse apelido tão liberalmente.

Em cursos dedicados ao conflito árabe-israelense, programas inteiros estão abarrotados de livros e artigos de professores ou jornalistas que pertencem à mesma escola de pensamento, geralmente a do "pós-colonialismo". Quando assinam seus nomes em petições contra Israel ou participam de sua demonização, eles não apenas fornecem um selo de credibilidade às mentiras: seu profissionalismo acadêmico torna-se poluído com lavagem cerebral que soletra a sentença de morte para a liberdade acadêmica.[36] Esse fenômeno é especialmente proeminente em órgãos como a *Middle East Studies Association* (MESA) uma federação de professores sobre estudos do Oriente Médio nos Estados Unidos. Muitos de seus membros estão infectados com preconceitos políticos que transformam os campi universitários em centros de propaganda anti-Israel.[37]

Mentiras vindas de ilustres acadêmicos são as mais perigosas de todas, porque se beneficiam não apenas da proteção da liberdade acadêmica, mas também das armadilhas do prestígio da torre de marfim. Aqueles que ousam criticar a deturpação dos "fatos" na academia encontram um sólido muro de resistência que rebate qualquer desaprovação.

Na verdade, essas deturpações formam apenas uma introdução aos eventos iniciados em 2001. A tese política de Martin Kramer, publicada como livro, sobre deturpações fatuais na academia — *Ivory Towers on Sand: The Failure of Middle Eastern Studies in America* — foi publicado antes do tsunami de publicações atacando Israel alegando "genocídio" contra palestinos e "crimes contra a humanidade", que começou com a seguinte cadeia de eventos no segundo semestre de 2001: o início da Segunda Intifada (que causou uma onda de atentados suicidas), a Conferência Mundial Contra o Racismo em Durban, África do Sul (que se transformou em uma orgia anti-Israel) e os ataques de 11 de setembro nos Estados Unidos.[38] As fabricações que surgiram na sequência desses eventos podem ser descritas como "megamentiras" ou "mentiras fundantes". Uma atenção extensiva é dedicada a essas questões nos primeiros capítulos deste livro, na tentativa de refutar as mentiras relevantes.

A GRANDE MENTIRA

A guerra de propaganda do regime nazista contra os judeus precedeu o empreendimento de aniquilação. O regime nazista sabia que, para mobilizar as massas, ele precisava de uma "Grande Mentira".[39] Ele precisava de uma mentira tão absurda e tão infundada que as massas achassem difícil resistir, porque as pessoas "não acreditavam que outras pudessem ter a imprudência de distorcer a verdade tão descaradamente", para citar *Mein Kampf*.

A Grande Mentira tentou transformar o judaísmo internacional no arqui-inimigo do Terceiro Reich. De acordo com essa falsidade, os judeus controlavam a União Soviética, a Grã-Bretanha e os Estados Unidos e conspiravam para travar uma "guerra de extermínio" contra a Alemanha.[40] Esta Grande Mentira criou uma inversão da realidade. Assim, um soldado da *Wehrmacht* que lutava na frente russa pôde escrever para sua família em 1941 sobre as "atrocidades inacreditáveis perpetradas pelos judeus".[41] Evidentemente, ele acreditava no que escreveu. Mas a mentira não terminou por aí e não se limitou aos soldados que sofreram lavagem cerebral.

A versão contemporânea da Grande Mentira transforma Israel, um país que fere menos inocentes do que qualquer outro envolvido em um conflito de proporções semelhantes, em um Estado que realiza um genocídio. Enquanto isso, terroristas e membros do Hamas, que anunciam publicamente suas intenções de exterminar os judeus, tornam-se "combatentes da liberdade".

Mentiras deste tipo são defendidas por ativistas de extrema-esquerda e propagandistas islâmicos e anti-israelenses, bem como por acadêmicos radicais. Os novos antissemitas afirmam que "o sionismo internacional governa em Londres, Moscou e Washington". Os mais refinados apenas dizem que "Israel é a principal causa de violência no mundo" ou que "a cultura de violência de Israel e dos judeus acabará por destruir a humanidade". Os antigos antissemitas falavam sobre "judeus internacionais", enquanto os novos antissemitas falam sobre "sionismo internacional" ou "Israel". A mensagem é exatamente a mesma. A propaganda nazista afirmava que "o judeu é o maior perigo para a humanidade", e isso é exatamente o que é repetido hoje sobre Israel, sobre o sionismo e, às vezes, sobre os judeus como um todo.

É importante enfatizar que estas são as expressões de elementos antissemíticos marginais; muito poucos se rebaixam a este nível de fanatismo. Mas ainda mais grave é o fato de que, ironicamente, a era democrática que defende e apoia o fluxo livre de ideias – mesmo as mais desprezíveis e indignas – na verdade nutre, amplifica e permite que essas falsidades prevaleçam. Pesquisas em países ocidentais mostram que quase 40% dos entrevistados acreditam que Israel põe em perigo a paz mundial.[42] É imperativo expor a última encarnação da Grande Mentira, porque já estamos familiarizados com suas terríveis consequências.

A questão complicada da ligação entre o antissemitismo e o antissionismo é relevante aqui, mas está além dos parâmetros deste livro. Mas uma coisa é certa: a propaganda antissionista e anti-israelense segue exatamente os mesmos padrões da propaganda nazista antissemita. As Grandes Mentiras daquele período voltaram a ocupar o palco quase da mesma forma e estão desfrutando de um ressurgimento aterrorizante.

—

Algumas mentiras que aparecem na mídia global pertencem exclusivamente à narrativa israelense. Em 2013, por exemplo, o *The Independent* publicou um artigo sobre cristãos no mundo muçulmano. Esta é realmente uma questão digna de ampla discussão. Em todo o mundo muçulmano, centenas de milhares de cristãos estão sendo perseguidos e centenas foram assassinados. Israel é o único lugar no Oriente Médio onde a comunidade cristã está prosperando. No entanto, o artigo inteiro foi dedicado à situação dos cristãos em Israel, retratando-os como perseguidos. O jornal chegou a acrescentar uma manchete exigindo que o príncipe Charles interviesse em seu favor.[43] O artigo incluiu tantas mentiras e declarações enganosas que foi objeto de uma forte réplica.[44]

Mentiras deste tipo, que são uma ocorrência cotidiana, realmente merecem seu próprio livro, mas este volume vai se concentrar nelas menos porque já há uma série de websites que se concentram especificamente em refutar tais acusações (como *CAMERA*, *Honest Reporting* e *Elder of Ziyon* nos Estados Unidos, *Presspectiva* em Israel, e *BBCwatch* e *CIFwatch* na Inglaterra).[45] Estes *websites* revelam as mentiras, mas o problema é que centenas de milhares ou mesmo milhões de pessoas leram os artigos originais, enquanto apenas alguns milhares leem as refutações.

Em 2014, o *The Independent* também relatou que "o Estado de Israel mantém prisioneiros, crianças palestinas, em gaiolas abertas durante o inverno".[46] Esta parece ser uma prática muito sádica que coloca Israel em pé de igualdade com o nazismo (ao mesmo tempo em que conjura imagens de prisioneiros mantidos pelo ISIS em gaiolas). A verdade, no entanto, é que isso tinha pouco a ver com prisioneiros palestinos, quanto mais crianças, passando vários meses em gaiolas ao ar livre. Em vez disso, tratava-se da prática de manter presos em celas ao ar livre por várias horas em uma prisão em Israel enquanto aguardavam transferência para audiências em tribunais. E o órgão que reclamou desse procedimento foi o Gabinete de Defensoria Pública Israelense do Ministério da Justiça, que oferece assistência jurídica gratuita aos necessitados.[47]

A ONG de direitos humanos que publicou a matéria alterou completamente o relatório original, e o editor do jornal acrescentou mais mudanças, resultando em acusações de "sadismo" israelense. O processo de espera na prisão já havia sido revisado devido a críticas dentro de Israel, mas o *The Independent* não publicou uma correção ou uma retração. E assim, no próximo artigo escrito por um ativista, jornalista ou acadêmico anti-Israel, o autor poderá citar mais um artigo detalhando os procedimentos "sádicos" de Israel contra as crianças palestinas.

Este ciclo se repete continuamente. O caso mencionado é apenas um exemplo do que aconteceu com o discurso de direitos humanos, dominado por um discurso de mentiras. Esse discurso não tem nada a ver com a salvaguarda dos direitos humanos; em vez disso, ele se concentra em demonizar um país cuja conduta certamente infringe os direitos humanos de vez em quando, mas muito menos do que outras nações que estão sujeitas a circunstâncias semelhantes.

Todos os conflitos nas últimas décadas envolveram mortes de inocentes, e todos os conflitos modernos envolvem violações dos direitos humanos, mas apenas Israel é continuamente destacado. Em 2009, o *Relatório da Missão de Descoberta de Fatos das Nações Unidas* sobre o Conflito de Gaza, também conhecido como *Relatório Goldstone*, argumentou que, embora Israel tivesse o direito de responder a ataques a seus cidadãos, sua resposta foi "desproporcional". Na verdade, o oposto é verdadeiro. A resposta de Israel foi completamente proporcional (ver Capítulo 15), enquanto a enxurrada de publicações difamando Israel foi um claro exemplo de desproporcionalidade.

—

Um dos argumentos frequentemente ouvidos no discurso público é que os defensores de Israel "transformam todas as críticas contra Israel em acusações de antissemitismo". O jornalista que escreveu o artigo enganoso sobre a perseguição cristã em Israel também levantou esse argumento. O ex-primeiro-ministro da Malásia, Mahathir Mohamad, fez a mesma acusação vazia após crítica de seus comentários antissemitas em um discurso na sessão de abertura da Organização da Conferência Islâmica (OCI, agora Organização para a Cooperação Islâmica) em 2003.[48]

É importante enfatizar que o problema não tem nada a ver com as críticas. O problema é todo relacionado às mentiras. Na verdade, o artigo do *The Independent* e as declarações de Mahathir são excelentes exemplos do problema real: a disseminação de mentiras e libelos antissemitas e antissionistas sob a bandeira da liberdade de expressão e "crítica legítima".

Os tipos de mentiras apresentados não constituem uma lista exaustiva, e sua classificação não é definitiva. Existem muitas mentiras que pertencem a mais de uma categoria e muitas outras que exigem novas categorias. O resultado cumulativo, no entanto, é uma das maiores fraudes intelectuais das últimas décadas. Quando se trata de Israel, a mentira se tornou a verdade, e a verdade se tornou uma mentira.

CAPÍTULO 2
A Norma da Homogeneização e a *Nakba*
—

Deslocamentos populacionais, tanto consensuais como forçados, fazem parte da história humana. A era moderna viu uma nova onda de expulsões e intercâmbios populacionais, desta vez a fim de abrir caminho para novos Estados-nação, herdeiros dos impérios em colapso e desintegração. As transferências de populações aconteceram durante essas lutas ou no final delas. O conflito árabe-israelense, no qual judeus e árabes se tornaram refugiados, não é diferente.

U MA ALUNA VESTINDO um hijabe levantou-se, pegou o microfone e me fez uma pergunta: "Na sua palestra", ela disse, "você disse que os Estados árabes se opunham ao Plano de Partilha da ONU. Imagine que você mora em um apartamento de dois quartos, alguém entra, invade um quarto e diz: 'vamos fazer uma partilha'. Você concordaria?".

"Sua descrição é interessante", eu disse a ela. "Essa é uma analogia frequentemente empregada ao apresentar a história do conflito árabe-israelense, mas você está ignorando uma coisa. Vamos chamá-la de 'norma de homogeneização' para nossos propósitos. Dezenas de milhões de pessoas", disse eu, "foram forçadas a deixar partes de sua terra natal para dar espaço a outras comunidades, a outros Estados e a outras nações. O conto do apartamento de dois quartos, no qual os judeus invadiram e depois exigiram a divisão, é difundido em muitos círculos para justificar a rejeição árabe ao Plano de Partilha. É um maravilhoso exemplo de um argumento que tem um núcleo de verdade, mas ignora completamente o pano de fundo, a realidade histórica e muitos, muitos precedentes." "A propósito", eu disse a ela, "os judeus dos Estados árabes evacuaram, ou foram forçados a evacuar, um espaço muito maior do que aquele que eles chegaram a ocupar."

"De qualquer forma", acrescentei, "não tínhamos visão de uma nacionalidade palestina, muito menos de um Estado palestino, antes do despertar do movimento sionista." Na verdade, o termo *Nakba* (catástrofe)⁴⁹ nasceu em 1920 como um protesto contra a divisão colonial sob a qual o Sul da Síria se tornou a Palestina, sob o domínio britânico, e o resto da Síria foi para os franceses.⁵⁰ Esses foram os dias em que os impérios governavam a região — primeiro os otomanos e depois os britânicos. Seu colapso levou a uma enorme onda de trocas populacionais. "Os judeus", lembrei a aluna, "estavam entre os que fugiram ou foram expulsos. Eles não foram apenas perseguidos na Europa. Eles também foram perseguidos em países muçulmanos. Como muitos outros povos naqueles anos, eles queriam um lugar seguro. Eles queriam um lar nacional. A maioria dos Estados-nação estabelecidos no século anterior envolveu o desenraizamento de populações de sua terra natal."

O presente capítulo é dedicado ao contexto histórico mais amplo das dezenas de milhões de pessoas que foram arrancadas de suas terras natais, geralmente à força, geralmente durante ou após uma guerra, e geralmente para solidificar o estabelecimento de novos Estados-nação. Foi o que aconteceu com os palestinos. Isso não deve ser negado. Isto também foi o que aconteceu com os judeus contra o pano de fundo do mesmo conflito. Isso também não deve ser negado.

—

Comecemos com uma história. Em um país bem conhecido, uma vez sob o domínio otomano, há uma grande minoria muçulmana. A maioria e a minoria não gostam uma da outra, para se dizer o mínimo. Na verdade, eles têm uma triste história de hostilidade e violência mútua. A um certo ponto, a maioria força grande parte da minoria a se mudar para um Estado vizinho no qual a minoria é na verdade uma maioria no sentido religioso, étnico e nacional. Estou me referindo, é claro, à minoria muçulmana na Bulgária.

Isso não aconteceu no passado distante, mas na década de 1980, quando 300 mil muçulmanos foram forçados a deixar a Bulgária, não exatamente por transferência forçada, mas também não por emigração voluntária. Esta não foi a primeira transferência de muçulmanos de suas casas, nem foi a última. Foi uma das muitas ondas de emigração de muçulmanos que varreu os Bálcãs durante os séculos XIX e XX.⁵¹

O que aconteceu com esses refugiados? O mundo já ouviu falar de organizações que cuidam deles regularmente? As universidades ocidentais conduzem seminários sobre o "direito de retorno" desses refugiados muçulmanos búlgaros? Há hostilidades entre a Turquia, que absorveu os refugiados, e a Bulgária, que os forçou a sair? Os refugiados estabeleceram organizações terroristas? Existe uma indústria inteira de publicações jornalísticas e acadêmicas explicando e justificando o dito terrorismo muçulmano por causa do "crime contra a humanidade" cometido contra eles? Há um Dia da *Nakba* muçulmana búlgara? Existem dezenas de decisões da ONU condenando a Bulgária? Ainda há campos de refugiados que abrigam muçulmanos búlgaros? Existe uma agência de assistência social da ONU especificamente dedicada a servi-los? A União Europeia ou os Estados europeus individualmente apoiam entidades que celebram o Estado de vítima muçulmana búlgara?

Nós sabemos a resposta para todas essas perguntas. A mídia mundial raramente menciona esse evento ou o assédio sofrido pelos muçulmanos búlgaros antes de sua emigração. Não há conferências acadêmicas comemorando isso. Não há prateleiras e prateleiras de livros sobre limpeza étnica e crimes contra a humanidade cometidos na Bulgária. Eles foram todos esquecidos.

É indiscutível que, para a maioria búlgara, os muçulmanos eram uma minoria indesejada. É também indiscutível que os últimos foram obrigados a sair. Há outras semelhanças entre os muçulmanos búlgaros e os árabes do Mandato da Palestina (que só mais tarde vieram a ser conhecidos como palestinos). Em 1878, os muçulmanos formavam grande parte da população da Bulgária. Eles eram a maioria em todas as províncias dos Bálcãs otomanos. Uma longa série de assédios, conversões forçadas e expulsões os transformaram em minoria.[52] Vale a pena notar que o governo búlgaro denunciou formalmente a expulsão da década de 1980 e descreveu-a como "limpeza étnica",[53] mas não convidou os muçulmanos expulsos de volta ao país. De fato, apesar da sua igualdade formal, os muçulmanos na Bulgária continuam a sofrer assédio e discriminação.

Não há nada de especial sobre a expulsão da Bulgária. Essa era a norma. De acordo com uma estimativa, cerca de 5 milhões de muçulmanos foram expulsos da Europa entre 1821 e 1922, principalmente para a Turquia, e outros 5 milhões morreram de fome e doenças após essas expulsões.[54]

Estas foram ocorrências aceitas no século XIX e início do século XX. Elas continuaram na década de 1940, quando o mundo testemunhou uma enorme onda de intercâmbios populacionais que envolveram dezenas de milhões de pessoas que foram arrancadas de suas casas e pátrias.

Discutir intercâmbios históricos de população e deslocamentos em geral exigiria um livro em si. Neste capítulo, vamos nos concentrar em alguns grandes intercâmbios populacionais que ocorreram durante o século XX. A visão geral a seguir sobre limpeza étnica, transferência e intercâmbios de população depende de definições aceitas e vários estudos acadêmicos.[55] A pesquisa se concentra em casos que têm semelhanças com os dos israelenses e palestinos — intercâmbios que combinavam expulsão, fuga e transferência voluntária de ambos os lados.

DESLOCAMENTOS NOS BÁLCÃS

Não é coincidência que iniciamos esta discussão com os Bálcãs. Em uma área com densidade populacional semelhante à da França — mas 15% menor em tamanho — doze povos vivem lado a lado: albaneses, búlgaros, bósnios, húngaros, gregos, montenegrinos, macedônios, eslovenos, sérvios, kosovares, croatas, romenos e turcos. A isso, podemos acrescentar também austríacos, italianos, alemães e mongóis, que estiveram ali presentes desde a Idade Média até a Segunda Guerra Mundial.

Não é surpresa que, na Era do Nacionalismo, a área se tornou um caldeirão de conflitos étnicos incessantes, disputas sangrentas e guerras religiosas. Essas hostilidades legaram a palavra "balcanização" à língua inglesa, um termo que denota a fragmentação contínua da sociedade em grupos cada vez menores, que constantemente lutam entre si e não conseguem encontrar um terreno comum para uma coexistência pacífica.

Esse processo começou quando o Império Otomano foi forçado a se retirar de boa parte dos Bálcãs ao longo do século XIX e início do século XX. As transferências populacionais que ocorreram na região durante este período talvez mereçam outro termo descritivo: um "campo continental de experimentos étnicos". O resultado foi a expulsão em massa, transferência e fuga após conflitos como as Guerras dos Bálcãs de 1912-1913 e a mais recente Guerra do Kosovo em 1999.

Sejamos claros. Esses deslocamentos em massa incluíram atrocidades. Milhões foram mortos em massacres por todos os lados. No entanto, a comunidade internacional apoiou esses deslocamentos forçados. Quando o conceito de deslocamento populacional em massa surgiu como solução no final da Segunda Guerra Mundial, todas as grandes potências o apoiaram.

Elas acreditavam que a homogeneidade étnica resultante ajudaria a garantir a paz entre os países.[56]

Quando a Turquia e a Grécia trocaram populações no final de uma sangrenta e prolongada guerra que terminou em 1922, Lord Curzon, então ministro britânico das Relações Exteriores, chegou mesmo a empurrar os lados para realizar a transferência porque o tempo era curto. Posteriormente, ele afirmou que a transferência forçada poderia causar grandes dificuldades para as populações envolvidas, mas que seria menos do que os danos que resultariam sem tais deslocamentos. Mais tarde, ele se queixaria de que a minoria armênia na Turquia não recebeu tratamento semelhante e, como resultado, "foi abandonada ao seu destino".[57]

Após o colapso da Iugoslávia nos anos 1990, à medida que o país mergulhava cada vez mais no conflito interétnico, centenas de milhares de pessoas perderam suas casas e tiveram que se deslocar e se mudar para outra parte do mesmo país (primariamente Bósnia-Herzegovina) ou outro local. Estimativas aproximadas variam de 2,2 a 3,7 milhões de pessoas sendo desenraizadas durante as guerras.[58] Aqueles que foram expulsos de áreas onde formava a maioria voltaram ao final das hostilidades; outros não puderam fazê-lo. Atrocidades cometidas durante esses deslocamentos ajudaram a catapultar o termo "limpeza étnica" tanto no discurso público como no acadêmico.[59]

O custo humano foi o mais alto da Europa desde a Segunda Guerra Mundial. O número de vítimas em ambos os lados chegou a 100 mil. Somente em Srebrenica, a milícia sérvio-bósnia massacrou 7 mil homens e meninos muçulmanos bósnios. Dezenas de milhares de mulheres e meninas foram estupradas.[60] Milhões se tornaram refugiados. O presidente da Sérvia na época, Slobodan Milosevic, morreu depois, enquanto era julgado por crimes de guerra em Haia. Seu comandante militar também foi levado a julgamento.

A descrição anterior não chega perto de abranger todos os deslocamentos populacionais nesta região, que afetaram um total de cerca de 7 a 10 milhões de pessoas.[61] Às vezes foi o resultado de limpeza étnica ou genocídio (como no caso dos armênios turcos); às vezes, as transferências foram consensuais (como no caso do Tratado de Lausanne); e às vezes houve "encorajamento" após tensão étnica (como no caso dos muçulmanos búlgaros). A transferência de população nos Bálcãs como um todo criou a "homogeneização como norma".

──────────────── POLÔNIA E UCRÂNIA

Mesmo antes do fim da Segunda Guerra Mundial, os Aliados sentiam que era hora de forjar uma "Nova Ordem" permanente na Europa. Um problema crucial ao fazê-lo foi a composição multinacional de muitos países da Europa Central e Oriental, o que dificultou a definição de fronteiras étnicas claras que assegurariam uma relativa homogeneidade. As Grandes Potências decidiram que a situação atual já havia levado a muitos conflitos sangrentos e precisavam ser resolvidos através de transferências forçadas da população.[62]

Tal potencial de conflito étnico existia na fronteira oriental da Polônia, e Stalin pretendia resolvê-lo com a "Linha Curzon". Já em 1919, o primeiro-ministro britânico Lloyd George propôs tal linha entre áreas povoadas em grande parte por poloneses de um lado, e os povos eslavos do Leste, do outro.[63]

As transferências entre a Polônia e a Ucrânia foram realizadas de 1944 a 1949, em uma campanha conhecida como Operação Vístula. Ao final, 1,75 milhão de pessoas foram expulsas em ambas as direções. O número daqueles que morreram no processo é desconhecido, mas um estudo recente publicado na Polônia o estima em 150 mil de ambos os lados.[64] Hoje, existe uma ampla cooperação entre os países, apesar das sombras do passado. Em vez de exigir um "direito de retorno", a Polônia e a Ucrânia apenas debatem a questão da responsabilidade histórica, bem como os números envolvidos.[65]

──────────────── OS ALEMÃES ÉTNICOS DA EUROPA ORIENTAL

A próxima grande expulsão que precisa ser mencionada foi estabelecida na Conferência de Potsdam[66] no final da Segunda Guerra Mundial e envolveu a diáspora étnica alemã. Os alemães étnicos tinham vivido na Europa Oriental, no Sul da Rússia e nos Bálcãs desde a Idade Média como cruzados, sacerdotes, mercadores e proprietários de terras.[67] No final da Segunda Guerra Mundial, essas comunidades foram acusadas de apoiar o nazismo e exacerbar os conflitos nacionais.

Essa acusação tinha um núcleo de verdade. A maioria dos alemães dos Sudetos apoiava Hitler e suas demandas territoriais na Tchecoslováquia. De fato, alguns alemães étnicos apoiaram o partido nazista e até se alistaram na *Wehrmacht* ou na SS, onde participaram de atrocidades nazistas ou se beneficiaram delas. No entanto, milhões de alemães na Romênia, Hungria e Polônia não apoiaram Hitler. Eles sofreram sob os nazistas, sendo nada mais do que peões em sua reorganização étnica insana do continente.[68]

Apesar disso, como no caso dos Bálcãs e da Polônia Oriental, a estabilização da Europa no pós-guerra exigiu não apenas a mudança das fronteiras políticas, mas também (e alguns diriam *principalmente*) o deslocamento das populações para os Estados-nação onde eram maioria. Os Aliados discutiam o deslocamento forçado da população alemã antes mesmo do desembarque na Normandia.[69]

Um grande número de alemães étnicos fugiu antes do fim da guerra — espontaneamente ou por evacuação da *Wehrmacht* — da Europa Oriental, Dinamarca e até mesmo lugares que estavam sob soberania alemã antes da guerra, como a Prússia Oriental e o território a Leste da linha Oder-Neisse. As atrocidades cometidas pelo Exército Vermelho contra os alemães étnicos obrigaram-nos, sem dúvida, a fugir para a Alemanha.[70]

Mesmo depois dessa fuga, ainda havia milhões de alemães étnicos na Europa Oriental, e seu status foi determinado em Potsdam. Eles deveriam ser transferidos "de maneira ordenada e humana" de volta para a Alemanha. Esta frase é objeto de debate furioso entre os estudiosos,[71] apesar do fato de que mesmo os alemães admitem que não há espaço para comparar a humanidade da expulsão deles para a Alemanha com a deportação de judeus e outros indesejáveis sociais levada a cabo pelos nazistas.[72]

A transferência em massa de alemães decidida em Potsdam é considerada por alguns como o maior deslocamento populacional forçado da história humana.[73] Por iniciativa da URSS, do Império Britânico e dos Estados Unidos, um grande número de alemães vivendo na Tchecoslováquia, Hungria e Polônia (com suas novas fronteiras), bem como em outras áreas da Rússia, na bacia do Danúbio, e nos Bálcãs, foram marcados para expulsão. Falantes de alemão de áreas previamente não consideradas também foram incluídos. A transferência foi realizada com qualquer transporte disponível, e às vezes mesmo sem. Com pouca ironia, os estudiosos falam de condições desumanas e até mesmo de pessoas transportadas em "vagões de gado" em condições insalubres.[74]

Estima-se que entre 12 e 16 milhões foram expulsos devido ao "Acordo de Potsdam". Todos eles foram absorvidos e receberam cidadania, seja na

Alemanha Oriental ou Ocidental. Uma disputa muito mais aguda se acirra sobre o número daqueles que morreram ou foram assassinados durante a transferência. Novos historiadores confiam em estimativas feitas por países ocidentais que colocam o número em 2 milhões. Mesmo que isso seja exagerado, o número é claramente muito alto. Não é necessário dizer que o retorno nem sequer era considerado uma possibilidade.

ÍNDIA-PAQUISTÃO

Durante muitos anos, os indianos de todas as religiões trabalharam unidos para remover a ocupação britânica de muitas décadas. Quanto mais força o movimento de independência ganhava, mais as tensões entre hindus e muçulmanos cresciam, atingindo finalmente o ponto de ruptura. A ideia de um país muçulmano independente foi do filósofo Mohammad Iqbal. Na década de 1930, Mohammad Ali Jinnah, então membro do Congresso Nacional Indiano e até então defensor de uma Índia unida, uniu-se à demanda por um Estado muçulmano independente, acabando por se tornar o pai do Paquistão moderno.[75]

Ficou claro desde o início que esta não era uma população homogênea. As linhas de falha eram muitas e a linha religiosa — principalmente entre muçulmanos e hindus — era apenas uma delas e dificilmente a mais importante. O líder indiscutível da luta pela independência da Índia, Mahatma Gandhi, fez tudo o que pôde para garantir o surgimento de uma Índia unificada que incluiria sikhs, hindus e muçulmanos. Ele não teve sucesso nessa meta e foi até assassinado por um radical hindu, indignado com suas concessões aos muçulmanos.

Em agosto de 1947, com o fim do domínio colonial britânico e tendo como pano de fundo o crescimento da violência inter-religiosa, dois Estados foram fundados: a Índia e o Paquistão (incluindo o atual Bangladesh). A declaração levou a um deslocamento em massa de pessoas em mão dupla. Nos próximos quatro anos, cerca de 14,5 milhões de pessoas abandonaram suas casas. De acordo com estimativas oficiais, o número decompõe-se igualmente entre hindus e sikhs que se deslocaram das áreas muçulmanas para o Estado hindu, e os muçulmanos foram na direção oposta. Segundo outras estimativas, o número varia de 12 a 17 milhões, com fatalidades estimadas entre 400 mil e 1 milhão.[76] Um estudo colocou o número em 17,9 milhões, com 3,4 milhões nunca chegando ao seu destino — a maioria deles assassinados ou morrendo de fome e doença. Uma minoria se salvou emigrando para outros países.[77]

O Paquistão continua sendo em grande parte muçulmano. Na Índia de hoje, com mais de 1 bilhão de pessoas, 14,2% são muçulmanos. A principal fonte de tensão entre os dois países, uma fonte de tensão e guerra, é o controle da parte da região da Caxemira na Índia, que é, em grande parte, muçulmana. A absorção de refugiados de ambos os lados não foi fácil, mas hoje não há hindus ou muçulmanos que sejam definidos como "refugiados". Ambos os grupos foram absorvidos com sucesso em seus novos países, e alguns até chegaram aos mais altos cargos.[78]

ARMÊNIA-AZERBAIJÃO

O colapso da União Soviética em vários novos Estados-nação, baseado nos limites anteriormente atribuídos a eles como repúblicas administrativas soviéticas, criou novos problemas étnicos e nacionais. As fronteiras entre as repúblicas, desenhadas principalmente por conveniência soviética, nem sempre alinhavam-se com as fronteiras étnicas reais. Além disso, sob o domínio soviético, muitas mudanças políticas e étnicas ocorreram dentro da URSS, incluindo deslocamentos em massa da população. Essas questões, que vieram à tona — especialmente durante a *Glasnost* — moldaram significativamente os movimentos nacionais nas quinze novas repúblicas e reacenderam antigos conflitos, alguns deles de séculos de idade, que o governo central não conseguiu resolver.

Quando a URSS entrou em colapso, esses conflitos se tornaram territoriais, nacionais e até religiosos — às vezes entre Estados, às vezes entre Estados e minorias separatistas.[79] Assim, sob Stalin, muitos dos muçulmanos da Chechênia foram expulsos para outras áreas da URSS. Mais tarde, eles voltaram para a Chechênia e para a guerra que estava acontecendo lá, que eventualmente assumiu o caráter de uma *jihad*.[80]

A zona de conflito relevante para os nossos propósitos é a região de Nagorno-Karabakh. Setenta e cinco por cento das pessoas nessa região eram armênio-cristãos, mas sob a administração da URSS, Nagorno-Karabakh foi deixada como uma região autônoma dentro do Azerbaijão muçulmano-xiita. Esta é uma luta antiga, que deflagrou novamente no final do domínio soviético, quando a população da região aspirava a ser anexada à Armênia. A tensão étnica rapidamente se deteriorou em um banho de sangue, incluindo uma guerra e massacres em ambos os lados. Em 1994, a guerra terminou com os armênios triunfantes, conquistando a maior parte da região, bem como áreas adjacentes no Azerbaijão.[81]

O conflito custou entre 17 mil e 25 mil vidas.[82] O número de refugiados é estimado entre 800 mil a 1,5 milhão.[83] Um relatório da ONU falou de 850 mil azeris e 372 mil armênios desenraizados desde o início do conflito em 1988.[84] A Armênia trabalhou com organizações internacionais para reabilitar os refugiados, concedeu-lhes cidadania e apenas uma pequena minoria ainda vive em habitações temporárias.[85] Alguns dos refugiados azeris foram alojados em antigas casas armênias,[86] mas 500 mil muçulmanos ainda vivem em acampamentos temporários.[87] Sem planos do governo para reabilitá-los, muitos desses refugiados estão condenados a uma vida de pobreza e crime. O Azerbaijão insiste que eles sejam devolvidos à sua terra natal, mas a Armênia se recusa a permitir qualquer "direito de retorno".[88]

ABECÁSIA-GEÓRGIA

Na época do estabelecimento da República da Geórgia, antigas fronteiras soviéticas deixaram regiões povoadas por não georgianos dentro de suas fronteiras. A maior delas era a região da Abecásia, que havia sido uma república soviética independente até 1925, quando foi anexada à Geórgia. Abecásios compunham cerca de 18% das 537 mil pessoas que residiam na região quando a URSS entrou em colapso, enquanto 44% eram georgianos. Tendências separatistas cresceram na região a partir do final da década de 1980. Em agosto de 1990, o Soviete Supremo Abecásio declarou sua independência e dois anos depois restaurou a constituição de uma Abecásia independente desde 1925. Depois que o governo central da Geórgia em Tbilisi enviou forças policiais para a região, os abecásios se rebelaram com a ajuda de forças russas regulares em seu território, bem como combatentes chechenos.[89]

A Geórgia, que estava envolvida na época em uma guerra civil e em uma campanha na Ossétia do Sul, foi incapaz de se manter firme contra os abecásios e seus aliados. A coalizão abecásia conquistou a região e expulsou os georgianos e armênios para a Geórgia, cerca de 300 mil ao todo.

Cinquenta mil abecásioss também foram desenraizados durante os combates, muitos dos quais se estabeleceram em casas georgianas abandonadas. As fatalidades estimadas variam de alguns milhares a 15 mil. Como a comunidade internacional não reconhece a Abecásia como uma entidade independente, os refugiados abecásios são considerados "pessoas deslocadas internamente" (PDI).[90]

Um acordo de cessar-fogo e retirada de forças foi assinado em Moscou em maio de 1994. Na sequência do acordo, dezenas de milhares retornaram ao distrito desmilitarizado de Gali, no Sul da Abecásia. O acordo não impediu que os abecásios continuassem a assediar os georgianos nesta área rica e fértil, cujo resultado foi uma segunda série de batalhas na Abecásia em 1998. Hoje, o número de refugiados georgianos é estimado em 200 mil.[91] Em maio de 2008, a Assembleia Geral da ONU aprovou uma resolução reconhecendo o "direito de retorno" dos refugiados da Abecásia após a limpeza étnica na região,[92] mas até o momento nada aconteceu.

SUDÃO

Quando se trata do Sudão, não se trata de transferência de população, violenta, pacífica ou não. Este é um caso de um Estado patrocinando a limpeza étnica e o assassinato de seus próprios cidadãos, através de milícias Janjawid leais ao governo e às forças regulares do exército.[93] Desde a ascensão ao poder do movimento islâmico no Sudão, os casos de limpeza étnica e religiosa estão em ascensão — e não apenas na relativamente bem conhecida província de Darfur. Atrocidades apoiadas pelo regime levaram a uma enxurrada de refugiados. Alguns deles são definidos como pessoas deslocadas internamente e outras, como refugiados em Estados vizinhos.

Os dados das Nações Unidas e ONGs que operam na área não são claros e, muitas vezes, contraditórios, e alguns observadores no Ocidente acreditam que os números são muito baixos.[94] Não há praticamente nenhuma disputa de que a guerra travada noSul do Sudão contra seus habitantes cristãos e pagãos transformou 4,6 milhões de pessoas em refugiados e matou outros 2 milhões. Cerca de metade dos refugiados do Sudão do Sul foram reassentados após o acordo de cessar-fogo alcançado em 2005.[95] No entanto, a limpeza étnica não cessou em Darfur desde o início dos combates, em 2003. No auge dos combates, em 2009, o número de pessoas desenraizadas chegou a 3 milhões.[96]

A brutalidade do Sudão não levou a manifestações em massa no mundo árabe. De fato, o Sudão agiu sem impedimentos por muitos anos. O país impediu o auxílio internacional, perseguiu jornalistas e pessoal de auxílio, e atrasou o envio de forças de manutenção da paz patrocinadas pela ONU, continuando a limpeza étnica durante todo o tempo. Somente em 2012, as Nações Unidas declararam em publicações oficiais que meio milhão de refugiados havia sido adicionado à enxurrada de pessoas desenraizadas.[97] O número de deslocados de Darfur é de 1,4 milhão; o número total de refugiados sudaneses é estimado em 2,1 milhões.[98] De acordo com dados cumulativos, a soma total de refugiados do Sudão nos últimos vinte anos é de 5,8 milhões.[99]

CHIPRE

O caso de Chipre é particularmente interessante. Chipre é 80% grega e 20% turca, tendo este segundo grupo colonizado a ilha quando foi governada pelo Império Otomano. Em 1974, a Turquia invadiu Chipre na sequência de um golpe que ameaçava unir a ilha à Grécia. A invasão dividiu Chipre em dois: uma parte grega e uma parte turca. Cento e sessenta a 200 mil gregos foram forçados a se mudar para a parte grega da ilha, e cerca de 50 mil a 60 mil muçulmanos tiveram que se mudar para o lado turco. Houve uma limpeza étnica total, sem possibilidade de retorno, barrando um acordo final.[100]

ISRAEL

Em 1947, a ONU adotou um plano para a partilha da Terra de Israel (por exemplo, a área do Mandato da Palestina – a Oeste do rio Jordão) em um Estado judeu e um Estado árabe. Essa decisão foi uma extensão (embora uma séria alteração) da Declaração Balfour de 1917 e da decisão da Liga das Nações de 1922 para designar os britânicos como o poder administrativo sobre o Mandato para a Palestina, destinado a concretizar os objetivos da Declaração Balfour em favor do estabelecimento na Palestina de um "lar nacional para o povo judeu".[101]

Deve-se enfatizar que nunca houve uma entidade política independente — árabe ou muçulmana — chamada Palestina ou qualquer variação dela. Havia um território administrativo britânico mandatário chamado Palestina. O termo "Palestina" era de origem grega, imposta pelo Império Romano após a queda do Segundo Templo Judaico como um símbolo da hegemonia de Roma, subsequentemente empregada pelos cristãos, mas eventualmente reduzida a uma designação puramente administrativa sob domínio árabe dos séculos VII ao XIII (que posteriormente se tornou uma designação geográfica universalmente aceita).[102] O termo aparece na literatura histórica e geográfica islâmica medieval, e há ecos desse uso no século XIX.[103] Até mesmo o jornal *Falastin*, que apareceu pela primeira vez em 1911 e ostensivamente atestou uma identidade nacional palestina, foi publicado por árabes cristãos e defendia uma linha pan-árabe.[104]

Desde o início, todo o Mandato da Palestina deveria servir como um "lar nacional para o povo judeu". Quando as Nações Unidas votaram pela divisão em 1947, todos os países árabes empreenderam uma campanha diplomática para impedir a aprovação da recomendação da Assembleia Geral e votou contra ela em *bloco*. Imediatamente após a adoção do Plano de Partilha, os árabes iniciaram hostilidades contra a comunidade judaica na Palestina (a partir de então, *Yishuv*, como é chamado em hebraico), auxiliados por voluntários dos Estados árabes vizinhos.

Quando se tornou evidente que sua luta estava causando muito mais mal do que bem à população árabe local, a liderança árabe palestina — incluindo, antes de mais nada, Haj Amin al-Husseini — recusou-se a declarar seu próprio Estado, lado a lado com um judeu. Em vez disso, eles continuaram seus esforços de guerra para aniquilar o Estado judeu, paralelamente à aquisição árabe de áreas destinadas ao Estado árabe-palestino independente. Muitos dos árabes da Palestina fugiram antes de 15 de maio de 1948, data do término do Mandato Britânico. Muitos outros fugiram depois também. Sua recusa em aceitar o Plano de Partilha levou os palestinos a resistir irresponsavelmente à sua implementação à força com uma Guerra Santa contra a comunidade judaica no Mandato da Palestina, embora este objetivo (e os subsequentes combates entre as forças judaicas e árabes) levassem centenas de milhares a se tornarem refugiados. Com base em várias fontes, Efraim Karsh somou o número de refugiados palestinos entre 583 mil a 609 mil pessoas.[105] No entanto, vamos aceitar o número estabelecido pelas Nações Unidas, cerca de 711 mil.[106]

É importante esclarecer um ponto importante sobre os refugiados palestinos que é frequentemente ignorado. A maioria deles permaneceu em territórios destinados ao Estado árabe de acordo com o Plano de Partilha — a Faixa de Gaza e a Cisjordânia — os mesmos territórios que a maior parte do mundo visualiza como o local para um futuro estado palestino. Nesse sentido, eles eram "pessoas internamente deslocadas". O território destinado a eles estava em suas mãos, e eles poderiam ter estabelecido seu próprio Estado ali no final da Guerra de 1948. Quem os impediu de estabelecer um Estado independente não foi Israel, mas os Estados árabes.

Contra o pano de fundo do mesmo conflito, um grupo maior de judeus — mais de 800 mil — foi forçado a fugir dos Estados árabes e emigrar principalmente para Israel. A maioria daqueles que chegaram a Israel foram obrigados pelas circunstâncias a viver em campos temporários de trânsito em condições terríveis até que pudessem ser absorvidos, com diferentes graus de sucesso, à população existente. Eles deixaram de ser refugiados indefesos em alguns anos.

—

Os exemplos anteriores são dificilmente abrangentes, havendo muito mais exemplos de deslocamentos populacionais durante os séculos XIX e XX. Os deslocamentos das populações na URSS sozinhos são estimados em 65 milhões de pessoas.[107] Nós não cobrimos os 480 mil finlandeses expulsos depois que a URSS tomou a maior parte da Carélia.[108] Não mencionamos a transferência otomana de 700 mil curdos, metade dos quais morreram.[109] Também não falamos da evacuação forçada e cruel de 3 mil aldeias curdas durante o conflito entre a Turquia e a organização rebelde curda PKK durante os anos 1980 e 1990. As estimativas do grau desta evacuação variam de 400 mil a 2 milhões.[110]

Da mesma forma, não há discussão sobre a onda de iraquianos fugindo de constantes violências étnicas e religiosas — cerca de 40% deles são cristãos de um número estimado de 2,2 milhões de refugiados[111] — assim como não mencionamos o êxodo dos coptas egípcios, minoria perseguida em um país de maioria muçulmana.[112] Há centenas de milhares de cristãos que fogem de outros países muçulmanos também. As chances de qualquer uma dessas pessoas retornar à sua terra natal são nulas. Outros 9 milhões fugiram de suas casas após a Guerra Civil Síria — metade deles fugindo para o exterior.[113] Não é claro quantos deles voltarão para casa quando as hostilidades cessarem.

Outros centros de conflito, por exemplo na África, como as intermináveis guerras civis no Congo e na Somália, criaram milhões de refugiados que vivem em acampamentos e buscam uma maneira de emigrar para países mais prósperos, principalmente na Europa. Muitos recebem pouco ou nenhum auxílio externo – sua situação é muito mais terrível do que a de seus colegas palestinos. Eles certamente não têm uma agência especial da ONU dedicada exclusivamente a suprir suas necessidades. Eles gostariam de ser tratados como os palestinos – com orçamentos para escolas, saúde e outros serviços sociais, em vez de rações e serviços –, mas o mundo os mede por critérios diferentes.

O número de publicações sobre refugiados não palestinos e o escopo de interesse e orçamento internacional para eles – todos sob a égide de uma agência da ONU – são várias ordens de magnitude menores do que os alocados para refugiados palestinos. Em termos de futuro, os refugiados não palestinos também seguem uma trajetória diferente. Enquanto a maioria das populações de refugiados encolhe todos os anos à medida que os refugiados avançam e seguem suas vidas da melhor forma possível, a população palestina cresce, pois também permite que os filhos, netos e bisnetos dos refugiados originais reivindiquem o status de refugiados sem nenhuma data limite como em outros lugares.

Dos Bálcãs aos Montes Tauro, do subcontinente indiano até a Europa Oriental, cerca de 50 a 60 milhões de pessoas foram deslocadas. E esses são apenas os deslocamentos que resultaram na homogeneização de populações em todo o mundo, como parte do processo de forjar Estados-nação – acompanhado por dezenas de milhões de pessoas fugindo, se movendo e sendo expulsas. Este é o pano de fundo global para o conflito israelo-palestino.

CAPÍTULO 3
Apoio à Transferência
—

Na primeira metade do século XX, a troca de população era uma norma internacional aceita. A ideia teve apoio global, inclusive no contexto árabe-judaico. Entre os adeptos entusiastas da transferência estavam não apenas os líderes ocidentais, mas também estadistas árabes do Egito, Iraque, Síria e Jordânia.

HÁ CERCA DE oitenta anos, seis senhores honrados elaboraram um plano de divisão de um território entre dois povos, para evitar que a maioria matasse a minoria e vice-versa. Os seis imaginaram duas unidades territoriais etnicamente homogêneas, incluindo transferências de população entre elas. Os senhores preferiram que a transferência fosse voluntária, mantendo a opção de "transferência forçada" aberta apenas como último recurso.

Crédito pela ideia de Estados homogêneos e transferência populacional foi indiretamente atribuído ao líder da maioria naquele território. Quando perguntado se o país poderia "digerir" a população minoritária atual, ele simplesmente respondeu "Não". Quando perguntado se uma transferência da minoria seria necessária, talvez até pela força, o líder simplesmente respondeu que a questão teria que ser deixada para o futuro.

Quem foi esse líder? Ninguém menos que o líder palestino Mufti Hajj Amin al-Husseini, testemunhando perante a Comissão Peel em 1937.[114]

A Comissão Peel, conhecida formalmente como a Comissão Real da Palestina, foi estabelecida na sequência da revolta árabe travada contra os interesses britânicos e judeus na Palestina em 1936-1939. Produziu um proeminente plano de partilha que os árabes rejeitaram enfaticamente.[115] É difícil entender a enormidade da importância da Comissão como um ponto de virada no conflito árabe-judaico.

Os membros da Comissão foram meticulosos no seu trabalho.[116] Eles coletaram resmas de documentação, entrevistaram centenas de judeus, árabes e britânicos, e realizaram visitas a várias partes do país. O denso relatório de 404 páginas que prepararam é um documento importante não apenas por suas recomendações e conclusões históricas, mas também graças a suas seções com informações básicas. Estas incluem uma história detalhada da Terra de Israel, a relação entre judeus e árabes, e a história de seu conflito, bem como ampla cobertura sobre o funcionamento da administração do Mandato Britânico. Mesmo os mais cínicos dos observadores, como o pós-sionista e jornalista-historiador israelense Tom Segev, admitiram que os membros da Comissão Peel fizeram um trabalho sério.[117]

O Plano Peel não foi a primeira proposta de partilha. Ideias e iniciativas para a divisão haviam sido feitas antes – tanto por palestinos como por judeus – para criar um lar nacional judaico homogêneo, ou como a proposta dizia "sem os árabes", mesmo que isso significasse "uma certa quantidade de transferência de população e propriedade".[118]

O que tornou o Relatório Peel único foi sua percepção de que o conflito entre as duas comunidades nacionais no Mandato da Palestina era "inevitável".[119] O que o tornou um documento histórico do conflito árabe-israelense foi o status oficial da Comissão e sua recomendação de dividir a Terra de Israel/Mandato da Palestina em dois Estados etnicamente homogêneos: árabe e judeu.

O OBJETIVO: IMPEDIR O ABATE EM MASSA

A percepção étnica da Comissão sobre o conflito árabe-judaico e suas recomendações baseadas nessa compreensão foram um produto de seu tempo. Eles assumiram que dois povos, cada um com sua própria consciência nacional distinta, não poderiam viver juntos em um único país. Qualquer tentativa de forçá-los a um Estado compartilhado terminaria em um desastre humanitário, pois o conflito até então só piorara e se tornara cada vez mais violento com o passar do tempo.

O testemunho do Mufti, recusando abertamente se comprometer a garantir a segurança das vidas e propriedades dos judeus, era de particular importância. Tom Segev, não exatamente um grande admirador do sionismo, interpreta essa recusa como um presságio do que estava por vir: "O Mufti disse que não há chance de coexistência entre duas nações que são tão diferentes, e qualquer tentativa de fazer isso acontecer só prejudicaria ambos".[120]

O relatório afirmou:

> *Não estamos questionando a sinceridade ou a humanidade das intenções do Mufti e das dos seus colegas; mas não podemos esquecer o que aconteceu recentemente, apesar das disposições do tratado e das garantias explícitas, à minoria assíria no Iraque; nem podemos esquecer que o ódio do político árabe pelo Lar Nacional nunca foi velado e que agora permeou a população árabe como um todo.*[121]

Diante de um ambiente tão tóxico, a recomendação de criar dois Estados homogêneos parecia a opção mais moral se se quisesse evitar um massacre de judeus em larga escala. Isto já estava claro para a Comissão em 1937; declarações posteriores de líderes árabes, que incluíam ameaças abertas de aniquilação, só tornaram a divisão mais justificada e mais necessária do que antes — especialmente à luz da onda de homogeneização étnica que varreu a Europa e outros lugares (e se repetiria depois da Segunda Guerra Mundial).

Depois de perceber que a partilha era inevitável, a Comissão recomendou a criação de uma homogeneidade étnica no Mandato da Palestina através de transferências mútuas de população através das fronteiras propostas. A seção 10 de seu relatório afirmava o seguinte:

> *Intercâmbio de Terra e População: Para a Partilha ser eficaz na promoção de um acordo final, ela deve significar mais do que traçar uma fronteira e estabelecer dois Estados. Mais cedo ou mais tarde, deve haver uma transferência de terra e, na medida do possível, uma troca de população.*[122]

O historiador Benny Morris acredita que isso era necessário para impedir que uma minoria árabe irredentista se formasse no Estado judeu e para fornecer espaço para futuros imigrantes judeus.[123] Um dos membros da Comissão considerou a transferência como a "solução ideal", apontando para a transferência da população greco-turca, que supostamente resultou em uma "relação entre Turquia e Grécia mais amistosa do que nunca". O intercâmbio seria moral porque todas as dificuldades implícitas "seriam equilibradas pela imposição da paz e da amizade".[124] De fato, no relatório em si, o precedente turco aparece como um exemplo de homogeneização bem-sucedida e uma solução moral.[125]

A Comissão Peel não foi a primeira a endossar a homogeneidade como uma solução moral e aceita. Em 1934, vários anos antes de Lord Peel pisar na Terra Santa, o secretário da Comissão da Minoria da Liga das Nações, Carlile Macartney, publicara um amplo volume intitulado *Estados Nacionais e Minorias Nacionais*.[126] O autor compreendeu o potencial destrutivo do conflito inter-étnico dentro dos territórios nacionais, que, de fato, estava destinado a atingir um nível febril em menos de uma década. Macartney enfatizou que "um Estado-nação e as minorias nacionais são incompatíveis".[127] Em tal situação, é preciso redesenhar as fronteiras de tal forma que elas se alinhem com as divisões étnicas, resolvam o problema via imigração e transferência de população, ou mudem o próprio Estado, de modo que deixe de ser um Estado-nação. Ele acreditava que uma dessas três opções deve ser escolhida para evitar a quarta e mais horrível opção — a aniquilação física de um dos grupos.[128]

A primeira metade do século XX foi o período em que a ideia de homogeneidade étnico-cultural estava cada vez mais na moda. Entre os seus apoiantes estava Fridtjof Nansen, pesquisador do Polo Norte e ganhador do Nobel da Paz. Nansen foi um dos que iniciaram o acordo entre a Grécia e a Turquia para uma transferência de população. Embora, de fato houvesse transferência de população anteriormente nos Bálcãs, a cobertura internacional da legitimidade dada à transferência turco-grega é o que a tornou um precedente nos assuntos internacionais e no discurso acadêmico, bem como para o conflito árabe-judaico no Mandato da Palestina.

APOIO JUDICIAL PARA TRANSFERÊNCIA

Não foram apenas os políticos que apoiaram a transferência de população. O conceito também foi apoiado pelo mais alto órgão judicial do mundo na época. Em 1930, o Tribunal Permanente de Justiça Internacional apresentou um parecer consultivo interpretando o acordo de transferência de população entre a Grécia e a Bulgária, afirmando:

> *O propósito geral do presente instrumento é portanto, por medida tão ampla quanto possível de emigração recíproca, eliminar ou reduzir nos Bálcãs os centros de agitação irredentista que foram revelados pela história dos períodos precedentes como tendo sido a causa de lamentáveis incidentes ou conflitos graves, e tornar mais eficaz do que no passado o processo de pacificação nos países da Europa Oriental.*[129]

Sete anos depois, essa ideia foi formalmente reconhecida pela Comissão Peel.

―――――――――― APOIO ÁRABE À TRANSFERÊNCIA

O movimento nacional árabe-palestino também teve líderes que apoiaram a ideia de dividir o país em dois Estados homogêneos. Um dos primeiros foi Musa al-Alami, membro do Comitê Superior Árabe e representante palestino na Liga Árabe.[130] Alami adotou a ideia de separação étnica no Plano de Cantão que apresentou em 1933, em que deixou claro que apoiava a ideia de que o território judeu seria um "cantão independente sem nenhum árabe".[131] O território designado para os judeus se estendia de Tel Aviv a Atlit ao longo da costa, uma área que antes de 1948 incluía dezenas de aldeias árabes. Alami não explicou como a área acabaria "sem os árabes", mas a resposta é óbvia.

O que Alami insinuou, Dr. Ahmad Samih Khalidi (pai do historiador palestino Walid al-Khalidi)[132] articulou em voz alta. Seu plano detalhado chegou até a completa separação política (não apenas "cantões" supervisionados por uma autoridade política mais elevada), estabelecendo um Estado judaico que incluiria o litoral, o Vale do Jezreel, o Vale de Kinrot (ou seja, a Mar da Galileia) e o Dedo da Galileia, seguindo a linha Tel Aviv-Haifa-Bet She'an-Tiberíades-Metula. A fim de garantir a total separação étnica, o dr. al-Khalidi propôs que houvesse alguma transferência de população e território.[133] A Revolta Árabe, na qual os nacionalistas radicais detiveram o poder, usaram a intimidação e o terrorismo para silenciar as vozes moderadas no campo árabe-palestino (alguns fugiram, enquanto outros foram assassinados). Isso teve um efeito assustador que durou anos — ou por muito tempo.

Os anos que se passaram — e especialmente os eventos da Segunda Guerra Mundial — afetaram a visão sobre o conflito árabe-judaico. Líderes árabes começaram a se entusiasmar com a ideia de separação, o Estado-nação e a homogeneidade de *facto*. Assim, Nuri al-Sa'id, um dos líderes proeminentes do mundo árabe nas décadas de 1930 e 1940, um primeiro-ministro pan-arabista declarado e catorze vezes primeiro-ministro do Iraque, endossou a ideia.[134] Já em dezembro de 1944, conversando com um diplomata britânico, al-Sa'id apoiou a divisão da Palestina, e até mesmo a "necessidade de remover os árabes do Estado judeu, e achou que poderia ser feito por transferência".¹³⁵

Nuri repetiu sua posição como parte de uma abordagem geral das relações árabe-judaicas, que se baseava em evitar a criação de um "dilema de segurança" pan-árabe que poderia arrastar toda a região para a guerra. Ao falar com o Residente Britânico na Transjordânia, Sir Alec Kirkbride, ele insistiu na importância de criar a homogeneidade étnica para conter o que ele chamou de "perigo sionista", criando um Estado judeu povoado por judeus.¹³⁶

Arshad al-Umari, um renomado arquiteto de profissão que serviu como primeiro-ministro do Iraque por seis meses em 1946 (depois de servir como parlamentar e em uma série de outros cargos ministeriais, incluindo assuntos estrangeiros), expressou sentimentos semelhantes.¹³⁷ Isso ocorreu não apenas no Iraque. De acordo com um relatório do ministro residente britânico no Oriente Médio, Lord Moyne, os primeiros-ministros do Egito e da Jordânia também apoiaram a divisão étnica da Palestina, embora possam não ter "dito isso abertamente".¹³⁸

Houve também apoio à homogeneidade étnica na Jordânia. O rei Abdullah I foi o único líder árabe a apoiar abertamente o Plano Peel de 1937, e foi duramente criticado por outros líderes.¹³⁹ Documentos de arquivo britânicos revelam que sua posição em favor da homogeneidade permaneceu em vigor após a Segunda Guerra Mundial. Em um telegrama enviado por Kirkbride ao seu governo em 1946, o Residente Britânico declarou que o rei e seu primeiro-ministro apoiaram a partilha e a transferência de população como a única solução prática para a Palestina.¹⁴⁰

Quatro dias depois, Kirkbride relatou novamente que Amã apoiava fortemente a partilha e a transferência de população. Juntamente com o rei Abdullah, Samir al-Rifai, um político jordaniano de origem palestina e seis vezes primeiro-ministro jordaniano, também apoiou a transferência.¹⁴¹ Como veremos a seguir, Sa'id e Rifai estiveram envolvidos em outra iniciativa de transferência.

O primeiro-ministro da Jordânia, Ibrahim Hashem, que era descendente de palestinos, também apoiou fortemente a transferência de população. Em julho daquele ano, Kirkbride relatou uma conversa entre eles que revelou uma abordagem que reconhece a necessidade de reduzir o atrito étnico, criando estruturas homogêneas. Em uma profecia autorrealizável, Hashem disse: "a única solução justa e permanente estava na divisão absoluta com uma troca de populações; deixar judeus em um Estado àrabe ou árabes em um Estado judeu levaria inevitavelmente a mais problemas". Hashem admitiu que não poderia dizer isso em público por medo de ser acusado de traição, e assumiu que líderes árabes de alto escalão "estariam divididos entre pessoas como ele mesmo que não ousavam expressar suas verdadeiras opiniões e extremistas que simplesmente exigiam o impossível".[142]

Naturalmente, a confiabilidade dessas declarações em favor da partilha e da transferência é questionável. Al-Sa'id – conhecido como "a velha raposa" – era muitas vezes desonesto e não era amante de Sião. Abdullah I, também foi um grande intrigante, um especialista em discurso ambíguo, e ações que muitos no mundo árabe viam como traição.[143] Os hashemitas, em geral, eram conhecidos por serem especialmente astutos, muitas vezes dizendo a seus mestres britânicos o que eles queriam ouvir. Mas o ponto-chave permanece: o apoio à partilha e transferência foi pensado para ser uma possível solução que vale a pena mencionar, mesmo que apenas como moeda de barganha entre os altos líderes árabes, tanto palestinos quanto não palestinos.

A Comissão Peel não apenas permitiu que o movimento sionista discutisse a transferência de população;[144] também garantiu legitimidade para os líderes árabes endossarem a homogeneidade étnica. Tais ideias foram discutidas pelos líderes árabes a portas fechadas, confiando em seus interlocutores britânicos para manter a discrição.

A posição em si era clara. A Transjordânia fez apelos em favor de tais ideias três vezes em um único mês! Sa'id tentou promover a ideia de uma transferência de população seis vezes durante 1949. Em uma série de reuniões com diplomatas ocidentais, ele propôs a transferência de centenas de milhares de judeus do mundo árabe para Israel em troca de um número similar de refugiados palestinos. Ele disse a seus interlocutores que a presença de uma grande comunidade judaica em seu país poderia gerar instabilidade, pois havia forças em seu país que queriam puni-los pela derrota árabe nas mãos de Israel. Ele disse a um diplomata norte-americano que desejava realizar "o intercâmbio voluntário em base proporcional dos judeus iraquianos pelos árabes palestinos". Ele explicou que isso se devia ao medo de que "os iraquianos incitadores pudessem resolver o problema por [suas] próprias mãos e causar miséria incontável a milhares de pessoas inocentes".[145]

Sentimentos semelhantes foram expressos na Síria. Durante as negociações do armistício com Israel em abril de 1949, Husni al-Zaim, o chefe militar da Síria na época, sugeriu uma proposta interessante para reassentar 300 mil refugiados palestinos na Síria como parte de um acordo de paz entre os dois países.[146] Esta oferta tem sido uma questão controversa entre os historiadores, alguns dos quais acusam Israel de perder a chance de garantir a paz com a Síria.[147] Enquanto debate legítimo em si, esquece-se de que Zaim considerou a ideia da transferência *de facto* dos palestinos para o território sírio no interesse da paz. Já havia 100 mil palestinos em campos na Síria, presumivelmente um adicional de 200 mil seria adicionado a esse total e estes seriam empregados no desenvolvimento de um país desesperadamente atrasado. A própria iniciativa, vinda de um líder árabe, mostra que a ideia tinha legitimidade entre os líderes árabes — mesmo após a Segunda Guerra Mundial e a derrota árabe humilhante de 1948.

AS RAZÕES PARA O APOIO ÁRABE À TRANSFERÊNCIA DE POPULAÇÕES

Quando ele se tornou mais uma vez primeiro-ministro iraquiano no final de 1950, Sa'id promoveu energicamente três planos de transferência para os judeus do Iraque. O primeiro envolveu um enorme transporte aéreo usando aviões da British Airways. O segundo envolveu o envio dos judeus de seu país para Israel por via terrestre, via Jordânia. O terceiro, enviá-los para campos no deserto do Iraque.[148] Ele explicou seu raciocínio ao historiador palestino Arif al-Arif:

> *Os judeus sempre foram uma fonte de mal e dano ao Iraque. Eles são espiões. Eles venderam suas propriedades no Iraque; eles não têm terra entre nós que possam cultivar. Como, portanto, eles podem viver? O que eles farão se permanecerem no Iraque? Não, não meu amigo, é melhor nos livrarmos deles enquanto pudermos.*[149]

A verdade é que os judeus do Iraque não eram espiões — apenas um pequeno número era sionista — e o governo havia nacionalizado suas propriedades; não haviam sido vendidas livremente. Arif tinha reservas quanto à transferência, não tanto em termos morais quanto no desejo de "transformar os judeus iraquianos e suas propriedades em garantia" por um ano ou dois, a fim de pressionar Israel a resolver o problema palestino.

O primeiro-ministro da Jordânia, Samir al-Rifai, historicamente um defensor da transferência, recusou-se a mover os judeus através do território jordaniano por medo de que tal medida enfurecesse os refugiados palestinos na Jordânia. O debate entre os dois sobre este ponto, de acordo com o embaixador britânico em Amã, quase chegou a um golpe. No final, o primeiro plano de Sa'id foi realizado, com o consentimento silencioso dos jordanianos de que os judeus seriam transportados sobrevoando em seu espaço aéreo.[150]

Assim, Sa'id apoiou a transferência de palestinos na década de 1930, um intercâmbio populacional na década de 1940 e a transferência de judeus para fora do Iraque na década de 1950. É difícil explicar sua obsessão por essas ideias. O que é importante, do ponto de vista deste livro, é que ele considerou a ideia de transferência como legítima, e aqueles que se opuseram a seus planos específicos não o fizeram em princípio, culminando no consentimento silencioso do governo jordaniano, concedendo aos iraquianos permissão para atravessar seu espaço aéreo.

Desde que o Relatório Peel foi publicado em 1937, a transferência foi considerada o menor de dois males, que, a despeito de seus inconvenientes, a longo prazo salvaria vidas humanas e permitiria uma realização mais suave dos direitos nacionais de ambos os lados. Estes argumentos são o que garantiu o apoio internacional amplamente difundido do Plano Peel.[151] Membros do parlamento britânico o elogiaram como "um dos documentos mais importantes do século XX". O Gabinete Britânico também apoiou o plano, embora tenha posteriormente retirado seu apoio em face da oposição do Ministério das Relações Exteriores.[152]

O historiador Benny Morris, que desenterrou o escopo de apoio à ideia de transferência entre judeus e árabes, acredita que os líderes árabes apoiavam seriamente a ideia, explicando que eles estavam motivados pelo cálculo de que somente através da partilha se poderia encontrar uma saída do labirinto da Palestina — um caminho que era suficientemente sábio, praticável e justo. A partilha como um arranjo só poderia durar se fosse baseada em Estados-nação etnicamente homogêneos. Uma grande e ressentida minoria árabe no Estado judeu era uma receita para a futura instabilidade, se não um desastre.[153] Da mesma forma, a presença de grandes minorias judaicas em países árabes poderia ameaçar os regimes existentes, seja apresentando um alvo fácil para grupos nacionalistas (como de fato aconteceu) ou temores de que os judeus se tornassem uma "quinta coluna" dentro de seus países de residência. Considerando que essas soluções internacionalmente sancionadas foram realizadas – muitas vezes sem piedade – na Europa Oriental e na Ásia (Índia e Paquistão), o apoio de Sa'id e outros à transferência foi simplesmente um caso de concordância com o pensamento atual e as normas globais da época.

─────────── APOIO OCIDENTAL, HESITAÇÃO SIONISTA

No início dos anos 1940, o Partido Trabalhista Britânico apoiou a transferência como a solução mais apropriada para a questão do Mandato da Palestina. Ideias semelhantes foram apoiadas por Roosevelt, Herbert Hoover, o presidente da Tchecoslováquia Edvard Beneš, estadistas britânicos como Leopold Amery e Arthur Wauchope (ambos administradores de alto nível coloniais, este último como Alto Comissário na Palestina), políticos americanos como o senador Claude Pepper e o embaixador americano em Moscou, William Christian Bullitt, e escritores e intelectuais, como o filósofo britânico e crítico social Bertrand Russell.

A lista de apoiadores também inclui o intelectual britânico Norman Angell, um oponente estridente do nazismo e do fascismo, que recebeu o Prêmio Nobel da Paz no início da década de 1930 em reconhecimento de seus escritos como ativista pela paz, particularmente suas ideias sobre a futilidade da guerra em tempos modernos (apresentados em um tomo de 1910 como antiquados e economicamente irracionais). Angell defendeu a transferência dos árabes da área do Mandato para regiões menos desenvolvidas no mundo árabe, para permitir o estabelecimento de um Estado judeu que poderia então absorver milhões de judeus de todo o mundo.

Ele não foi o único vencedor do Prêmio Nobel da Paz a fazê-lo. Christian Lange, um representante norueguês na Liga das Nações e o co-ganhador do Prêmio Nobel da Paz de 1921 por estabelecer as bases históricas para a Liga das Nações, também apoiou a transferência. Lange, no entanto, acreditava que as fronteiras de Peel eram insuficiente para um Estado judeu viável, que também deveria receber o deserto de Neguev. Para garantir isso, a população beduína teria que ser transferida, e Lange acreditava que o custo monetário de fazer isso seria bem pequeno.[154]

Paralelamente à hesitação no lado sionista, a ideia de transferência começou a ganhar adeptos no Ocidente. Esse apoio não veio de pessoas marginalizadas, mas de figuras poderosas e influentes. Foi a posição em 1943 do ex-presidente dos Estados Unidos, Herbert Hoover, por exemplo, que argumentou: "Deve-se levar em conta até mesmo o heroico remédio de transferência de populações [...] a dificuldade de se mudar é grande, mas é menor que o constante sofrimento das minorias e a constante recorrência da guerra".[155]

Hoover mais tarde esclareceu, repetidamente, que essa era a solução para o conflito árabe-israelense e propôs a mudança dos árabes da Palestina para o Iraque. Um ano depois, o primeiro-ministro Winston Churchill propôs uma posição idêntica, declarando de forma mais enfática:

> *Expulsão é o método que, na medida em que pudemos ver, será o mais satisfatório e duradouro. Não haverá mistura de populações para causar problemas sem fim [...] uma varredura limpa será feita. Não me assusto com essas transferências, que são mais possíveis nas condições modernas.*[156]

Mais tarde, a ideia recebeu sanção internacional com o Acordo de Potsdam, que formalmente confirmou a decisão de expulsar os alemães étnicos da Europa Oriental e Central, uma expulsão que, de fato, começou antes da decisão ser adotada.

E o campo sionista?

Para ser claro, havia líderes sionistas, como Israel Zangwill e Arthur Ruppin, que brincavam com a ideia de transferência,[157] mas o apoio sionista à ideia nunca foi tão claro, entusiástico ou inequívoco como nos anos 1930 e 1940 na Europa. Nenhum partido sionista incorporou a transferência como parte de sua plataforma política, e mesmo aqueles que a apoiavam o fizeram apenas com o entendimento de que os britânicos a apoiariam – ou até mesmo a realizariam – e, se não, não haveria transferência. A ideia foi considerada impraticável e irrealista. Mesmo que o movimento sionista quisesse realizá-lo, ele não tinha o poder para fazê-lo.[158]

É interessante notar que, mais tarde, a direita revisionista e a esquerda antissionista cruzaram-se, com ambas usando citações muito marginais de líderes sionistas – incluindo as do próprio Theodor Herzl – para provar apoio generalizado à transferência. Nada disso muda o fato de que essas eram ruminações esporádicas e episódicas, e não uma política ou plano mestre ou algo próximo disso. Benny Morris conclui: "A transferência nunca se tornou uma política sionista geral ou declarada".[159] O movimento sionista até tentou fazer com que o Partido Trabalhista na Grã-Bretanha mudasse sua plataforma pró-transferência. Os trabalhistas os ignoravam, ao admitir que a transferência não seria coercitiva.[160]

Esta, então, é a verdadeira imagem. A comunidade internacional apoiou a transferência. A Corte Internacional de Justiça forneceu justificativas legais para isso. Quase todos os líderes árabes apoiaram a ideia de uma forma ou de outra. A transferência foi uma ideia levada a cabo na Europa após as duas guerras mundiais e numa escala muito maior do que o problema dos refugiados palestinos — tanto geograficamente como em termos do tamanho da população envolvida.

A verdadeira surpresa é o apoio mínimo que a ideia acumulou dentro do movimento sionista. Isso não impediu que historiadores com uma "agenda" — e não apenas Pappé — deturpassem os fatos, alegando que expressões esporádicas de apoio e referências passageiras equivaliam a um endosso total. Essa manipulação dos fatos foi usada para promover um grande libelo histórico contra o movimento sionista, ou seja, que estava alinhado com os defensores da transferência na comunidade internacional da época.

CAPÍTULO 4
Características Únicas do Conflito Árabe-Israelense

> Comparações com outros conflitos nem sempre são úteis, porque o conflito árabe-israelense tem certas características únicas, como a completa recusa do lado árabe, ameaças de aniquilação, o uso de judeus em terras árabes como reféns, a traição da liderança, e a objeção dos árabes ao retorno dos refugiados por medo de que isso levasse ao reconhecimento de Israel.

Nos **CAPÍTULOS ANTERIORES,** vimos como a ideia de transferências populacionais recebeu apoio de políticos experientes, tratados políticos formais e direito internacional. Contra o pano de fundo do amplo apoio político e jurídico à transferência de população, e à luz do fato de que quase todos os conflitos no século XX resultaram nas transferências de população, os argumentos dirigidos contra Israel como sendo um caso único são um dos maiores exemplos de hipocrisia e mentiras nos tempos modernos.

Mas a perspectiva comparativa, embora útil, não conta toda a história, já que o conflito árabe-israelense tem suas próprias características únicas. Não apenas a liderança judaica se opõe à transferência durante a maior parte dos estágios do conflito, mas há outros fatores que tornam essa acusação ainda mais ridícula.

PRIMEIRO: RECUSA ABSOLUTA À CONCESSÃO

Foram os Estados árabes e os árabes da Palestina que se opuseram a dividir o Mandato da Palestina em dois Estados — árabe e judeu — em 1947. Depois que as Nações Unidas aprovaram a resolução da Partilha pela maioria necessária de dois terços, representantes árabes deixaram o local, declarando que para eles a decisão foi nula e sem efeito.[161]

De fato, os palestinos rejeitaram todos os planos propostos para resolver a questão do Mandato da Palestina. A lista desses planos é longa, incluindo o Plano Peel (1937), o Plano Woodhead (1938, que propôs um Estado judeu ainda menor do que o Plano Peel), o White Paper (1939) e o Plano Morrison-Grady (1946), o Plano Bevin (1947) e a recomendação da minoria das Nações Unidas sobre o Plano de Partilha – os três últimos propuseram uma solução federal.

Quando os britânicos declararam, em fevereiro de 1947, que desejavam evacuar o território do mandato, as Nações Unidas estabeleceram a Comissão Especial para a Palestina (UNSCOP) para propor sua própria solução. Os árabes, fiel à forma, boicotaram os procedimentos da UNSCOP.[162] O Mufti não estava disposto a permitir qualquer presença judaica na área. Ele não foi o único. Como secretário-geral da Liga Árabe Abd al-Rahman Azzam Pasha explicou:

Os árabes se ressentiam com a presença judaica, como um organismo alienígena, que chegara sem o seu consentimento [...] e que os árabes nunca aceitariam os judeus.[163]

Em geral, os palestinos continuaram em silêncio sobre como pretendiam lidar com os sionistas. No entanto, Jamal al-Husseini, primo do Mufti e representante do Alto Comitê Árabe para as Nações Unidas, falou abertamente. Ele concordou em aceitar os judeus que viviam na área antes do estabelecimento do Mandato; o restante seria simplesmente expulso.[164]

O Mufti, como a maioria dos líderes árabes, não mudou seu tom depois que as Nações Unidas aprovaram o Plano de Partilha. Sua posição intransigente de "tudo ou nada" não apenas provocou o desastre de 1948, mas também os forçou a agir contra o estabelecimento de seu próprio Estado.

SEGUNDO: AMEAÇAS DE ANIQUILAÇÃO

Os dois líderes árabes mais proeminentes que lideraram a luta no início da Guerra de 1948 contra a partilha e o Estado judeu foram o Mufti e Fawzi al-Qawuqji. Ambos eram colaboradores declarados dos nazistas, tendo passado a Segunda Guerra Mundial na Alemanha. O Mufti foi ainda mais longe ao enfatizar a extensão de sua colaboração:

> *Nossa condição fundamental para cooperar com a Alemanha era uma liberdade para erradicar todo e qualquer judeu da Palestina e do mundo árabe. Pedi a Hitler um compromisso explícito que nos permitisse resolver o problema judeu de maneira condizente com nossas aspirações nacionais e raciais e de acordo com os métodos científicos inovados pela Alemanha no manejo de seus judeus. A resposta que recebi foi: "Os judeus são seus".*[165]

Outros indivíduos proeminentes adotaram uma visão semelhante. Estas não foram declarações sussurradas em privado, mas proferidas abertamente em fóruns internacionais respeitáveis. O representante dos árabes da Palestina nas Nações Unidas, Jamal al-Husseini, explicou diante do mundo que: "A luta continuaria, como nas Cruzadas, até que a injustiça fosse completamente removida". E para aqueles que não têm certeza de como exatamente isso seria realizado, ele não mediu suas palavras: a Palestina "seria palco para um banho de sangue" após o Plano de Partilha. Quando um dos presentes na reunião notou que a fronteira do Plano de Partilha deveria ser de paz, ele replicou que a fronteira "não passará de uma linha de fogo e sangue".[166]

O general Ismail Safwat serviu como "comandante geral das forças [árabes] que lutavam na Palestina" até maio de 1948. Sua tarefa era coordenar as várias forças árabes operando na Palestina contra os judeus no período entre a adoção do Plano de Partilha até a Invasão árabe – verdadeiramente uma posição de alto escalão. Os objetivos de Safwat foram definidos em um telegrama enviado ao Secretariado da Liga Árabe: "a aniquilação dos judeus da Palestina e a limpeza completa do Estado deles" e "apertar o laço da batalha no pescoço dos judeus e obrigá-los à força armada para aceitar os termos árabes". Um terceiro objetivo era desestabilizar a situação na Palestina a tal ponto que minaria o próprio Plano de Partilha.[167]

Por razões que não tinham nada a ver com moralidade, a Liga Árabe recusou-se a confirmar quaisquer objetivos concretos de guerra. Mas o secretário-geral da Liga Árabe Abd al-Rahman Azzam pessoalmente prometeu a Safwat que os objetivos da guerra eram os dois primeiros que ele mencionou.[168] Azzam tinha posições firmes sobre a necessidade de aniquilar o Estado judeu nascente. Ele apresentou os meios necessários para destruir o inimigo sionista a um jornal egípcio:

> *Esta será uma guerra de extermínio e massacre momentoso que ficará famosa como o massacre do Tártaro ou as guerras dos Cruzados. Acredito que o número*

de voluntários de fora da Palestina será maior do que a população árabe da Palestina, pois sei que os voluntários chegarão até nós da Índia, do Afeganistão e da China para ganhar a honra do martírio pela causa da Palestina [...] Você talvez se surpreenda ao saber que centenas de ingleses expressaram seu desejo de voluntariar-se nos exércitos árabes para combater os judeus.[169]

Azzam não foi o primeiro a fazer uma ameaça tão abertamente genocida. Dois anos antes dele, o fundador e então líder da Irmandade Muçulmana Imam Hassan al-Banna declarou que, se os sionistas ousassem se armar e se preparar para a guerra, seu destino seria terrível:

Há milhões de egípcios e árabes e muçulmanos de todas as partes que se curvam a Alá implorando que Ele os aceite para morrerem como mártires [...] e se a Inglaterra e os Estados Unidos e os judeus e os sionistas se decidissem a oprimir os árabes e roubar à força sua terra, então aqueles milhões reconhecerão o campo de batalha desejado e avançarão em direção a ele, agradecidos pela oportunidade que surgiu em seu caminho.[170]

Al-Banna não se limitou apenas a palavras, mobilizou milhares de Irmãos Muçulmanos que se ofereceram para lutar na Palestina. Quando o exército egípcio invadiu, em maio de 1948, uma unidade de Irmãos Muçulmanos avançou em direção a Jerusalém, alcançando Ramat Rachel ao Sul da cidade, onde se travou uma luta sangrenta e amarga.[171]

As declarações de uma luta até a morte não terminaram após a adoção do Plano de Partilha, em 29 de novembro de 1947. Três dias depois, o chefe do Conselho de Estudiosos Sênior Al-Azhar, a autoridade suprema do islamismo sunita, expressou sua opinião sobre o assunto. Em uma *fatwa* (decisão religiosa) publicada por sua própria mão, o Conselho pediu uma "*jihad* global para defender a Falastin".[172] A maioria das lideranças religiosas no mundo árabe divulgou opiniões semelhantes após a *fatwa al-Azhar*.[173] O exército palestino que lutou contra os judeus foi chamado Jaish al-Jihad al-Muqaddas (Exército da Santa Jihad).[174]

Em 15 de maio de 1948, o reitor da al-Azhar interpretou a *jihad* como significando que centenas de muçulmanos poderiam derrotar milhares de hereges, e deixou claro que os combatentes tinham uma recompensa garantida no Céu.[175] Os resultados práticos desta *jihad* foram melhor expressos pelo chefe da "Associação das Mulheres Árabes", um adjunto do Comitê

Superior Árabe, o órgão político central dos árabes palestinos: "Quando a *Jihad* for declarada, não há chance de que o Estado judeu sobreviverá. Todos os judeus serão destruídos eventualmente".[176] O próprio Mufti declarou em março de 1948 que os árabes não seriam suficientes para impedir a partilha, mas "continuariam lutando até que os sionistas fossem aniquilados e toda a Palestina se tornasse um Estado puramente árabe".[177]

Outras figuras públicas restringiram-se a analogias históricas insinuando o resultado final. O presidente sírio e o primeiro-ministro libanês compararam o fim dos sionistas ao destino de outros invasores da Palestina. Sua remoção aconteceria, mesmo que demorasse centenas de anos, como aconteceu com os cruzados de outrora.[178]

O rei da Arábia Saudita também comparou os sionistas aos cruzados. Em uma carta que enviou ao presidente Truman, ele ameaçou que a Palestina se tornaria um "banho de sangue", e mesmo se os judeus conseguissem estabelecer um Estado minúsculo "através de medidas opressivas e tirânicas e com a ajuda de seu dinheiro", o caminho dos ímpios não teria sucesso. "Os árabes vão isolar esse Estado do resto do mundo, colocá-lo sob cerco até que ele morra de fome."[179]

Era uma estranha ironia, então, que a insistência na *jihad* a todo custo levasse ao próprio colapso do esforço de guerra. Em 7 de abril de 1948, Jamal Husseini recusou o pedido de Moshe Sharett para um cessar-fogo em Jerusalém, mesmo que isso significasse a suspensão da imigração judaica para o país. Nas negociações conduzidas e mediadas através dos canais da ONU (já que os árabes se recusaram a negociar diretamente com os sionistas), al-Husseini concordou com um cessar-fogo condicionado a um completo abandono da partilha.[180]

O preço que os árabes pagaram por essa intransigência foi enorme. Um dia depois, Abd al-Qadir al-Husayni — o carismático comandante das forças palestinas na área de Jerusalém — foi morto na Batalha de Castel. Sua morte foi um golpe mortal para o esforço de guerra árabe, fragmentando o *Jaish al-Jihad al-Muqqadas* e derrubando a determinação dos árabes.[181]

TERCEIRO: A *NAKBA* JUDAICA

Foi a Liga Árabe que criou uma conexão entre o conflito palestino e os judeus nos países árabes, antes mesmo de o Plano de Partilha ser aprovado.

Esta conexão existia em vários níveis. Começaremos com a legal. O Congresso Mundial Judaico chamou a atenção das Nações Unidas para um projeto de lei que havia sido aprovado pelo Conselho da Liga Árabe para privar todos os judeus das terras árabes. A proposta afirma que "todos os judeus que são cidadãos dos países árabes serão considerados parte da minoria [judia] na Palestina". Suas contas bancárias seriam congeladas, seu dinheiro seria usado para financiar o esforço de guerra árabe, e os judeus suspeitos de atividade sionista seriam considerados presos políticos e seus bens seriam confiscados.[182]

Em outras palavras, a Liga Árabe planejava separar seus cidadãos judeus de todos os outros cidadãos em seus países, negando-lhes direitos básicos como liberdade de expressão e propriedade privada e destinados a terem seu dinheiro roubado.[183] Os governos árabes, de fato, seguiram essa política e aumentaram esses maus-tratos, apreendendo cada vez mais ativos e aumentando sua perseguição a seus cidadãos judeus.[184]

Havia também a face declarativa da frente de batalha. Mesmo antes de o Plano de Partilha ter sido aprovado, os políticos árabes em Lake Success, onde deliberações sobre o Plano de Partilha estavam sendo realizadas, advertiram:

> [...] era inútil pensar que a criação de um Estado judeu não provocaria uma insurreição geral no mundo árabe, e deve ser lembrado que havia tantos judeus no mundo árabe quanto na Palestina, cujas posições podem se tornar muito precárias, embora os Estados árabes tenham feito o melhor para protegê-los.[185]

Jamal al-Husseini advertiu que havia judeus em países árabes cuja posição era muito frágil. O chefe da delegação egípcia, Mohammad Husayn Haykal, insinuou que o estabelecimento de um Estado judeu levaria a um segundo Holocausto, afirmando que o Plano de Partilha poderia incitar uma onda de antissemitismo "do tipo que os Aliados estão tentando erradicar na Alemanha". Haykal chegou a responsabilizar a ONU por tal eventualidade. Ele advertiu que as vidas de 1 milhão de judeus seriam colocadas em perigo se um Estado judeu fosse estabelecido e que os tumultos que irromperiam na Palestina "poderiam se transformar em uma guerra entre as duas raças".[186]

Ao mesmo tempo, o Conselho de Estudiosos Sênior Al-Azhar publicou uma *fatwa* proibindo qualquer interação comercial com os judeus. A mais alta autoridade do islamismo sunita alertou que qualquer um que violasse esta *fatwa* é "um pecador e um criminoso, que deve ser visto como alguém que abandonou o Islã".[187] (Deve-se ter em mente que, aos olhos da lei muçulmana, um muçulmano que abandona sua fé e recusa se redimir é punido com a morte.)[188]

Os judeus nos países árabes, cuja situação já era sensível — e até precária — antes da aprovação do Plano de Partilha, tornaram-se efetivamente reféns nas mãos de seus próprios governos. Suas vidas e propriedades estavam à mercê de líderes políticos e religiosos, e funcionários que, por sua vez, estavam sujeitos à pressão da extrema e volátil "rua árabe". Mas a ligação mais direta entre os judeus dos Estados árabes e sionistas foi criada pelo Comitê Político da Liga Árabe. Em fevereiro de 1948, o Comitê adotou uma resolução secreta na qual ameaçava devastar as comunidades judaicas sob seu controle se e quando a luta sionista continuasse:

Observando a tempestade nos países árabes e com o objetivo de garantir a segurança dos cidadãos judeus e suas propriedades — sugere-se que chame a atenção da comunidade [judaica] e avise-os de que qualquer ataque terrorista sionista poderia desencadear um holocausto à toda a comunidade judaica [ênfase minha]. Por isso, eles devem ajudar a preservar a paz e a segurança.[189]

Como consideravam qualquer atividade militar sionista um ato de "terrorismo", a decisão ligou diretamente (em proporção inversa) a luta militar sionista pela independência ao bem-estar dos judeus nos países árabes. O bispo católico grego da Galileia, George Hakim, afirmou claramente em um discurso que foi transmitido na Rádio do Cairo em 28 de julho de 1948: "Os governos árabes estão atualmente examinando a possibilidade de usar o dinheiro dos judeus do Oriente Médio para o benefício dos refugiados [palestinos]". (Os países árabes certamente colocaram em prática a primeira afirmação, mas é altamente improvável que tenham colocado a segunda.)[190]

─────── QUARTO: A TRAIÇÃO DA LIDERANÇA PALESTINA

No debate em curso sobre a criação do problema dos refugiados palestinos, muitos palestinos têm apontado para o papel desempenhado pela liderança palestina — direta e indiretamente. Entre eles, destaca-se o estudioso palestino Mustafa Kabha, da Universidade Aberta de Israel, que ataca a tendência palestina de se engajar em teorias conspiratórias e perpetuar a imagem da vítima, impedindo os palestinos de se libertarem de narrativas subjetivas e emocionais.[191] Kabha coloca a culpa pela *Nakba* nos ombros do Mufti, por causa de sua conduta, sua incapacidade de romper com os modos rígidos de pensar e sua teimosia. Segundo Kabha, "o povo palestino, após as decisões de uma liderança de visão míope, foi forçado a pagar um preço insuportável".[192]

O jornalista Nazier Magally compartilha essa visão, chamando a decisão da liderança palestina de se opor à partilha e resistir à força "um erro tolo".[193] Semelhante a Magally, há aqueles que adotam uma abordagem crítica em relação à sociedade palestina e enfatizam o impacto das tensões e divisões internas (como a diferença rural-urbana, a tensão de classe, e a luta política) e a falta de instituições cívicas fortes durante o colapso palestino, no momento da verdade.

Particularmente interessante é a abordagem do historiador palestino-americano Rashid Khalidi, da Universidade Columbia, e não apenas porque ele é considerado um dos palestinos mais influentes do mundo.[194] Seu livro, *The Iron Cage*, rejeita enfaticamente qualquer abordagem que coloque a responsabilidade exclusiva das *Nakbas* de um lado e argumenta que a questão palestina é mais complicada do que isso. Ele critica a liderança palestina de 1948 por não se elevar acima de seus estreitos interesses sectários e apresentar uma frente unida, bem como o apoio de Haj Amin aos nazistas, seu desprezo geral pelo sionismo e sua falha em avaliar o efeito do Holocausto no desenvolvimento do sionismo.[195]

Outros escritores palestinos e árabes se recusam a sucumbir à tentação fácil de teorias conspiratórias engendradas por gente como Ilan Pappé. De fato, eles seguem a tradição de historiadores, pensadores e políticos palestinos árabes que conduziram um diálogo fascinante e mais complexo com o passado.[196] A maioria deles ainda fala de uma conspiração sionista-imperialista-árabe para expropriar os palestinos, mas alguns fazem isso apenas da boca pra fora ou apresentam essa acusação como parte de uma complexa realidade na qual o palestino tinha livre arbítrio e poderia ter tomado direções menos trágicas.

O mais proeminente desses foi o historiador palestino Arif al-Arif, que na década de 1950 publicou uma impressionante história de cinco volumes intitulada simplesmente *al-Nakba*. Assim como o fundador e primeiro presidente da OLP Ahmed Shuqeiri, Arif coloca algumas das responsabilidades no Comitê Superior Árabe por divulgar e até exagerar as atrocidades sobre o massacre de Deir Yassin. Em vez de levar os palestinos a se manterem firmes e a lutar com mais afinco, como esperado, essa tática se transformou em um boato que só aumentou o pânico e acelerou a fuga.[197] Outros criticaram a liderança palestina por decidir permanecer fora da terra natal neste momento crítico, um padrão seguido pela maioria dos membros das elites palestinas – incluindo as classes altas que foram as primeiras a sair para portos seguros através da fronteira a fim de colocar suas famílias em segurança, deixando as massas palestinas efetivamente sem liderança.[198] As descobertas de Arif são fascinantes. Ele argumenta que as circunstâncias do desenraizamento dos palestinos variaram de lugar para lugar e de período para período, e eram geralmente um resultado da vitória militar israelense e o subsequente avanço de suas forças.

A Comissão Parlamentar Iraquiana de Inquérito para os Eventos de 1948 aponta para o papel da Liga Árabe em incentivar os palestinos a deixarem suas casas. Já em setembro de 1947, o Comitê Político da Liga Árabe reunindo-se na cidade libanesa de Zufr, na costa do Mediterrâneo, não muito longe da fronteira Norte com o Mandato da Palestina, recomendou que os países árabes "abram seus portões para absorver bebês, mulheres e idosos árabes da Palestina e que cuidem deles – caso ocorram eventos na Palestina, que exijam isso".[199]

A ideia de evacuar não combatentes para uma área segura não era estranha aos árabes da Palestina; já em 1946, o Comitê Superior Árabe declarou sua intenção de evacuar mulheres e crianças em preparação para uma rebelião geral contra as autoridades britânicas.[200] Desta vez, o plano foi realmente executado e os palestinos começaram a implementar a resolução da Liga Árabe quando surgiu a oportunidade.

A esse respeito, atenção especial deve ser dada à contribuição do acadêmico pesquisador israelense de Estudos do Oriente Médio, Avraham Sela, da Universidade Hebraica, e suas observações sobre como a dinâmica humana desse chamado de evacuação aconteceu. Em uma sociedade tradicional que santifica a importância da honra da mulher e a família, é duvidoso que o homem possa ficar para trás enquanto os membros de sua casa foram mandados embora. Como resultado, a decisão da Liga Árabe levou à fuga de famílias inteiras e, em alguns casos, até ao esvaziamento de aldeias inteiras.[201]

Muitos pesquisadores continuam a negar que a liderança árabe deu ordens de evacuação, mas não se pode ignorar os contra-testemunhos. Uma delas é da palestina Ghada Karmi, uma médica, estudiosa, escritora e palestrante sobre questões palestinas, nascida no bairro de Katamon, em Jerusalém, em 1939, que forneceu um testemunho pessoal de eventos nos meses seguintes à votação da Partilha nas Nações Unidas quando o conflito entre judeus e árabes em Jerusalém estava em andamento. Nos estágios iniciais, o Comitê Superior Árabe (CSA) realmente ordenou que os moradores permanecessem em suas casas. Mais tarde, em março de 1948, o CSA ordenou a evacuação de todas as mulheres, crianças e idosos. Ela relata que mulheres e crianças foram as primeiras a sair, mas logo foram seguidas pela maioria dos homens, e eventualmente a maioria dos moradores do bairro de Katamon deixou Jerusalém. Karmi culpa a liderança por isso, especialmente membros do CSA e membros do comitê local que abandonaram a cidade e deixaram o resto sem outra opção a não ser seguir o exemplo. Ela escreve:

> "Para eles é fácil falar, mas quem se importará quando nossos filhos forem mortos?", elas disseram quando se despediram de nós. "Mas não será por muito tempo. Apenas até que os problemas se acalmem."[202]

Karmi não é uma defensora de Israel; ela se opõe aos Acordos de Oslo e à solução de dois Estados e apoia o "direito de retorno". Ela certamente não tem qualquer interesse em fabricar coisas que possam servir à causa sionista, como todos aqueles que negam as ordens de evacuação reivindicam. Ela está ciente do debate vocal sobre esta questão, mas, no entanto, afirmou claramente que o CSA deu a ordem de evacuação.

O estudo minucioso de Benny Morris sobre o problema dos refugiados (especialmente seu relato atualizado e revisado *The Birth of the Palestinian Refugee Problem Revisited*, lançado em 2004) mostra que houve muitos casos em que os residentes foram ordenados pelo alto escalão à evacuação.[203] O caso mais proeminente ocorreu em 22 de abril de 1948, quando o "Comitê Nacional" de Jerusalém, contando com um memorando preparado pelo CSA datado de 8 de março, ordenou que os bairros de Musrara, Katamon, Xeique Jarrá e outras concentrações palestinas na grande Jerusalém fossem evacuados de suas mulheres, crianças e idosos "para lugares mais distantes, longe dos perigos". O Comitê advertiu que a violação dessa ordem constituía "um obstáculo à Guerra Santa [...] e prejudicaria suas ações nesses bairros".[204] Contra este pano de fundo, o Comitê Político da Liga Árabe aprovou uma decisão adicional, declarando explicitamente que homens que poderiam portar armas fossem enviados de volta,[205] aparentemente para conter o fenômeno de homens fugindo com suas famílias.

Meios de comunicação árabes publicaram apelos a mulheres, crianças e idosos para evacuarem, inclusive mencionando a assistência que os exércitos árabes estavam providenciando para a evacuação, enquanto os meios de comunicação judaicos pediam a eles que ficassem. Assim, por exemplo, a estação de rádio *al-Inqadh* disse aos residentes de Haifa em 23 de abril de 1948 que "ninguém permanecerá para concordar com os termos de rendição dos judeus".[206] No dia seguinte, a estação de rádio mudou o tom, mas já era tarde demais – a esmagadora maioria dos moradores de Haifa tinha ido embora. Os serviços de inteligência sionistas informaram que "as cúpulas mais altas dizem que receberam ordens explícitas para limpar Haifa dos árabes. O propósito desta ordem é insuficientemente claro para nós".[207] O abandono de Haifa pode ser explicado pelo medo de permanecer sob o domínio judaico. Um testemunho palestino explicou isso como um medo de "atividades hostis das *instituições nacionais árabes* [ênfase minha]".[208] Em outras palavras, medo de retaliação por não seguir ordens.

Figuras árabes de alto escalão fora da Palestina também pediram aos palestinos que deixassem suas casas até que a tempestade passasse. Por exemplo, o ex-primeiro-ministro sírio Khaled al-Azm admitiu em suas memórias:

> *Desde 1948 somos nós que exigimos o regresso dos refugiados [...] enquanto somos nós que os obrigamos a sair [...] Causamos o desastre para os refugiados árabes, convidando-os e pressionando-os a partir. Nós os tornamos despojados [...] Nós os acostumamos a implorar [...] Nós participamos na redução de seu nível moral e social [...] Então nós os exploramos na execução de crimes de assassinato, incêndio criminoso e bombas [...] homens, mulheres e crianças – tudo isso a serviço de propósitos políticos.*[209]

O ex-primeiro-ministro iraquiano Nuri al-Sa'id e Jamal Husseini também declararam que os países árabes pediram aos palestinos que partissem. Pode-se encontrar muitas afirmações de confiabilidade variável por figuras palestinas e jornalistas árabes que falam de ordens de evacuação.[210] Mesmo o atual presidente da Autoridade Palestina, Mahmoud Abbas, admitiu isso em um artigo que publicou em 1976, no qual escreve: "os exércitos árabes entraram para proteger o povo palestino da tirania dos sionistas e, assim, fizeram com que ele emigrasse e o expulsou de sua terra".[211]

Muitos testemunhos adicionais foram coletados pelo estudioso britânico-israelense Efraim Karsh, do King's College de Londres, que examinou atentamente a conduta da liderança árabe e palestina naqueles dias.[212] O destino era deles para escolher. Eles ficaram hipnotizados pela ilusão de uma rápida vitória sobre a emergente entidade sionista. Para ser justo, tanto os Estados Unidos quanto a Grã-Bretanha também pensaram que isso aconteceria. A liderança árabe poderia ter seguido um caminho diferente. Mais do que qualquer outro fator, a responsabilidade pelo problema dos refugiados recai sobre eles.

QUINTA: OPOSIÇÃO AO RETORNO

O caso Haifa levanta outro ponto que os apologistas dos palestinos se recusam a reconhecer, a saber, que a liderança palestina se opôs ao retorno dos palestinos a Israel depois de 1948.

Em 18 de agosto de 1949, Haj Amin assinou um memorando em nome da ACA que atacou a intenção dos Estados árabes de devolver os refugiados ao Estado de Israel. O líder político e religioso palestino tinha várias razões para fazê-lo: em primeiro lugar, o reconhecimento de fato de Israel que tal retorno implicava, já que envolvia negociações formais sobre arranjos. O Mufti também temia que aqueles que voltassem ficassem à mercê dos judeus; pode até haver aqueles que aceitariam seu governo, permitindo assim o controle dos judeus sobre as áreas econômicas árabes.[213] O braço direito do Mufti, Emil Ghouri, disse o mesmo em um artigo no jornal *Telegraph*, de Beirute. Ghouri também rejeitou enfaticamente o retorno dos refugiados a Israel, pelas mesmas razões mencionadas pelo Mufti, e argumentou que eles deveriam ser instalados em áreas ainda não capturadas pelas FDI no Neguev e na Galileia. Aos olhos de Ghouri, o retorno só poderia vir através da *jihad* e garantindo que eles tivessem que "plantar hostilidade aos judeus no coração de todo árabe".[214]

Isto foi confirmado durante as negociações do armistício entre Israel e a Síria na primavera de 1949. Um grupo de refugiados palestinos se aproximou do delegado britânico exigindo que a Síria recebesse a Galileia

Ocidental, que havia sido destinada ao Estado árabe no Plano de Partilha original de 1947. A principal razão para essa demanda foi levar muitos refugiados a essa área e reabilitá-los, já que o Estado de Israel não apoiava o retorno em massa.[215]

Os refugiados palestinos estavam relutantes – até mesmo resistentes – a retornar a um Israel ainda existente, e isso estava claramente registrado em sua resposta a uma oferta limitada de Israel. Durante 1949, Israel anunciou sua prontidão para absorver 25 mil refugiados que possuíam terras férteis e outros no âmbito da unificação familiar. O anúncio foi publicado na mídia árabe na Cisjordânia, e o ministro das Relações Exteriores, Moshe Sharett, até anunciou o plano no Knesset. No entanto, de julho de 1949 até abril de 1950, apenas 4 mil pedidos formais foram feitos.[216]

Os Estados árabes (com exceção da Jordânia) tendiam a apoiar o retorno de refugiados palestinos a Israel. Os refugiados eram um fardo econômico, social e político sobre esses regimes e até ameaçavam sua existência, mas a posição do Mufti era decisiva. Por causa do Mufti, nos meses críticos que se seguiram ao fim da guerra, a questão dos refugiados foi colocada na parte inferior da agenda em termos de prioridades.

O principal esforço internacional para lidar com o problema, refletido na Resolução 194 da Assembleia Geral da ONU, foi rejeitado unanimemente pelos Estados árabes. Mantendo a abordagem do "tudo ou nada", os palestinos consideraram essa resolução ilegítima porque reconhecia Israel. Representantes palestinos na ONU continuaram rejeitando a ideia de retorno pelo menos até 1966.

—

Em resumo, o conflito árabe-israelense realmente tem características únicas.

Não houve conspiração sionista em apoio à transferência premeditada. Embora as transferências e trocas de população fossem uma norma internacional aceita, a maioria dos líderes judeus se opunha a tal política. As acusações modernas de que Israel realizou "limpeza étnica" em massa e tinha intenções genocidas são irônicas, para dizer o mínimo, especialmente tendo em vista a própria retórica e ações dos árabes durante a Guerra de 1948, que merece ser abordada brevemente em conclusão.

Não há como negar que houve expulsões realizadas pelas forças judaicas, particularmente depois da invasão de cinco exércitos vizinhos que mudou o jogo. Houve também um número muito pequeno de massacres, bem como casos de pilhagem, estupro e roubo. Estes foram eventos excepcionais. No entanto, os palestinos inflaram essas atrocidades, semeando o pânico e minando a moral, que já era instável. (A deturpação de tais casos foi às vezes auxiliada e carregada por relatórios de batalha exagerados dos *apparatchiks* do Haganá projetados para difamar as forças rivais Etzel e Lehi que estiveram envolvidas em tais ações.) A disseminação de histórias de horror desmoralizou muito o campo palestino, que já era inseguro e em estado de desordem devido ao seu vácuo de liderança, a falta de preparação e coordenação das forças palestinas locais (e, após 15 de maio, o surgimento de falhas semelhantes dentro dos exércitos árabes regulares) e a desintegração da infraestrutura civil devido à guerra e outras fraquezas estruturais na sociedade palestina.

A liderança árabe, incluindo a liderança árabe-palestina, se esforçou para aniquilar a comunidade judaica ou pelo menos feri-la mortalmente. Como prova dessa intenção, todos os locais de assentamento judaicos que caíram em mãos dos exércitos árabes em 1948 foram saqueados e totalmente destruídos; alguns até foram incendiados e demolidos. O mesmo padrão se repetiu em assentamentos agrícolas judeus rurais situados nas bordas orientais do Mandato da Palestina (Mishmar Hayarden, Massada, Sha'ar Hagolan e Beit Haarava), em comunidades judaicas periféricas ao redor de Jerusalém (Atarot, Neve Yaakov, Hartuv e Kibbutz Gezer), bem como no Bloco Etzion e no Bairro Judeu da Cidade Velha de Jerusalém, e nos kibutzim na planície costeira do Sul, na rota da coluna egípcia em avanço, que foi invadida pelas forças árabes. Ficou proibido retornar a essas comunidades judaicas enquanto permaneciam sob controle árabe. Essa foi a norma. Essa foi a natureza da guerra que os árabes iniciaram. Esta foi a norma em outros conflitos do período.

Ficou claro para todos os lados que isso era uma luta até a morte, mas a promessa de aniquilação do inimigo não era recíproca.

Em novembro de 1947, os líderes sionistas declararam publicamente que o Estado judeu concederia direitos iguais a todos os seus cidadãos, incluindo o direito de votar e de ser eleito para cargos públicos, e que o árabe seria o segundo idioma oficial do Estado judeu.[217] A Declaração de Independência de Israel, o documento de fundação do país, afirma:

> *Apelamos — em meio ao massacre lançado contra nós que dura meses — aos habitantes árabes do Estado de Israel para preservar a paz e participar da edificação do Estado com base na cidadania plena e igualitária e na devida representação em todos as suas instituições provisórias e permanentes.*[218]

A resposta dos árabes e palestinos foi tentar jogar os judeus no mar.

O problema dos refugiados *não* teria sido criado sem a ampla rejeição árabe ao Plano de Partilha, em 1947. O problema dos refugiados não teria piorado se não fosse pela invasão árabe em maio de 1948, acompanhada de ameaças de aniquilação contra os judeus. Poderíamos fornecer muitos outros exemplos para sustentar essa conclusão, mas tais fatos elementares frequentemente encontram uma parede de resistência. O cerne do problema é que muitos dos que ensinam nos programas de Estudos do Oriente Médio e em outros departamentos acadêmicos relevantes ignoram completamente esses fatos fundamentais. Mesmo que os estudantes sejam expostos ao quadro real, eles ainda são informados de que Israel expulsou os palestinos e expandiu suas fronteiras com base em um plano premeditado, mesmo antes do início das hostilidades. Existem poucos episódios na história que foram tão distorcidos quanto este período.

CAPÍTULO 5
Reescrevendo a História
—

> Mesmo quando a ideia de transferência era uma norma globalmente aceita, os líderes sionistas expressaram oposição à ideia na maioria dos estágios do conflito. O problema é que a pesquisa acadêmica sobre o conflito árabe-israelense transformou um livro cheio de distorções e falsidades, no texto canônico da área. Este capítulo examina a mentira fundadora que tenta difamar o sionismo com o mais alto pecado de "limpeza étnica".

A **MEMÓRIA NACIONAL** da guerra de 1948 passou por uma enorme mudança em Israel. A "antiga narrativa" era clara, pintada de preto e branco. Não mais. Documentos foram descobertos em arquivos, novos métodos de pesquisa tornaram-se disponíveis e a própria sociedade israelense se tornou mais aberta. O resultado foi uma compreensão mais complexa de eventos e versões do passado.

Há quem veja este pluralismo como perigoso. Para ser mais preciso, essas pessoas são a favor de uma pluralidade de opiniões, desde que as opiniões correspondam às suas. Elas existem em ambas as extremidades do espectro. Apesar de estarem divididos por uma enorme diferença ideológica, os extremos têm, ironicamente, uma agenda comum: estabelecer um Estado unitário em todo o antigo Mandato da Palestina "do rio até o mar". Um lado o chama de Grande Israel; o outro chama isso de Grande Palestina. O primeiro sustenta o retorno dos judeus a Nablus, Gaza e Belém, enquanto o segundo anseia por um retorno palestino a Jafa, Ramle e Acre. Ambos contam com um argumento baseado em "direitos naturais" — para sustentar um retorno à terra de seus antepassados judeus ou palestinos. Eles se apegam ao passado, ignoram o presente e planejam o futuro. Todos os meios são justificados para trazer a utopia messiânica que eles imaginam — pois ambos os grupos não têm conexões com democracia, pluralismo ou tolerância.

Um dos mais proeminentes desses messianistas é o historiador israelense-britânico Ilan Pappé, da Universidade de Exeter, um dos pilares do pós-sionismo. Pappé é um "relativista" que nega a existência da verdade histórica ou de "fatos" em favor de estudo pós-moderno de "narrativas" concorrentes. Em seu livro *A Limpeza Étnica da Palestina*,[219] Pappé opta por apresentar um diagnóstico monolítico e exclusivo, segundo o qual o próprio estabelecimento do Estado de Israel foi um crime, não apenas contra a Palestina mas contra toda a humanidade. Ele se opõe ao argumento de que o problema dos refugiados palestinos foi criado no curso da guerra, em vez disso, alegando que este foi criado por um plano malicioso e premeditado para expulsá-los em massa, um crime que perde apenas para os crimes dos nazistas. Pappé conclui que o sionismo conduziu uma das maiores expulsões forçadas da história.

Outros seguiram o rastro de Pappé e o citam como uma autoridade. Mas dado o que já mencionamos – as dezenas de milhões que foram expulsos em condições muito piores do que as dos palestinos – seria mesmo possível qualquer outro estudioso sério realmente montar um argumento contra o sionismo tão singularmente digno de condenação como o de Pappé?

A solução política proposta por Pappé é óbvia, feita por muitos radicais antissionistas: o "retorno" a Israel de todos os refugiados palestinos de 1948 – mais de 5 milhões de pessoas de acordo com as definições atualmente aceitas. Aqui vemos o motivo ideológico por trás dos libelos acadêmicos: inventar uma narrativa de horror sobre o passado do sionismo para justificar a destruição do futuro do sionismo.

Examinemos a alegação de Pappé de que os sionistas conspiraram para expulsar os palestinos antes mesmo que houvesse uma guerra. Começaremos com o líder sionista identificado como o mais militante – Ze'ev Jabotinsky. Acontece que Jabotinsky reconheceu que havia um conflito entre judeus e árabes, circunstâncias que o levaram a escrever seu ensaio seminal "O Muro de Ferro". Jabotinsky deixou claro neste ensaio de 1923 que:

> *Considero absolutamente impossível expulsar os árabes da Palestina. Sempre haverá duas nações na Palestina [...] Estou preparado para prestar juramento a nós mesmos e a nossos descendentes de que nunca faremos nada contrário ao princípio da igualdade de direitos, e que nunca tentaremos expulsar ninguém.*[220]

Jabotinsky enfatizou essa posição diversas vezes – seja perante uma audiência judaica em Varsóvia ou deputados britânicos – quando expressou sua oposição à transferência de populações recomendada no Plano Peel. Os judeus queriam um lar nacional, eles também queriam ser uma maioria demográfica, mas não às custas dos direitos dos árabes. Jabotinsky chegou a realizar cálculos de densidade populacional para mostrar que havia espaço para as duas nações no país.[221]

David Ben-Gurion se declarou contra expulsar os árabes já em 1918, afirmando que era "uma miragem perigosa e utópica". Alguns anos depois, ele disse que "somente um louco poderia atribuir desejos de expulsão aos judeus da Palestina. A Palestina pertencerá à nação árabe e à nação judaica". Ele repetiu sua posição inequívoca em um discurso em agosto de 1937, dizendo: "Existe uma lei para todos os residentes da terra: justiça, a moralidade que nos acompanha há muitas gerações". Esta não foi apenas uma posição que ele adotou publicamente. Ben-Gurion escreveu de maneira semelhante em uma carta pessoal para seu filho Amós: "Nós não queremos e não temos que expulsar os árabes. Há espaço tanto para eles como para nós".[222]

Esta foi também a posição de Haim Arlozorov, um dos líderes sênior do *Yishuv*, no período que se seguiu aos terríveis tumultos palestinos de 1929. A posição oficial do Congresso Sionista, repetida com frequência, preferia respeitar a posição árabe no país à expulsão ou transferência em larga escala.[223] A liderança sionista também honrou sua palavra. Durante todo esse período, Ben-Gurion tentou chegar a um *modus vivendi* com a comunidade árabe na Palestina, mas sem sucesso.

Houve um punhado de declarações a favor da separação das duas populações, incluindo de Ben-Gurion e Jabotinsky, influenciadas pela norma internacional de transferência, e que aumentaram após o Plano Peel e em face da recalcitrância árabe. Mas mesmo quando Ben-Gurion concordou relutantemente com o Plano Peel, ele acrescentou uma advertência crítica:

Não poderíamos concordar com a transferência – mesmo que ela seja proposta e executada pelos ingleses [...] se a transferência envolver a espoliação, isto é, a destruição da existência econômica dos transferidos. Mas mesmo [...] a partir de uma posição moral maximalista, não é possível se opor a uma transferência, que garanta aos transferidos condições materiais suficientes e também segurança nacional máxima, como exige a transferência proposta pela Comissão [Peel].[224]

Houve também discussões sobre transferência, e Ben-Gurion às vezes expressou uma opinião favorável sobre isso. A Agência Judaica estabeleceu uma comissão especial para examinar a questão; eles completaram seu trabalho sem fazer nenhuma recomendação prática, mas concordaram que não havia possibilidade para uma transferência forçada.[225]

De qualquer forma, não havia um plano mestre sionista. As condições mudaram com o passar dos anos, incluindo as trocas de população nos Bálcãs, o massacre dos assírios no Iraque, o Plano Peel e, mais tarde, os deslocamentos étnicos em massa após a Segunda Guerra Mundial. Com tudo isso acontecendo ao seu redor – e com a aparente concordância das potências ocidentais, não menos do que pelas ditaduras – seria irracional assumir que os sionistas não discutiriam o assunto. Mas quem quiser saber toda a história com todas as suas complexidades não a terá de pessoas como Pappé, cujas publicações ocupam um lugar central nos currículos de muitos cursos acadêmicos. Em contraste, a pesquisa do colega historiador israelense-britânico Efraim Karsh, do King's College de Londres, cujos cuidadosos estudos não foram refutados, é largamente ignorada. O resultado não é um debate bem fundamentado ou liberdade acadêmica, mas uma doutrinação unilateral. Em seu livro, Pappé menciona a única citação de Jabotinsky a favor da transferência, mas ignora seu artigo mais importante, "O Muro de Ferro", que argumenta contra a transferência.

──────── ENTRE A PREGUIÇA E O CHARLATANISMO

Historiadores respeitáveis e reconhecidos – incluindo pessoas que têm a mesma orientação ideológica de Pappé – mostraram o quanto ele distorceu o registro histórico. Antes de apresentarmos alguns deles, devemos salientar que até mesmo Pappé entendia a necessidade de explicar a multiplicidade de distorções em seu trabalho. Em seu livro de 2004, *A History of Modern Palestine: One Land, Two Peoples*, ele escreveu o seguinte:

> *Meu viés é aparente, apesar do desejo de meus colegas de que eu me atenha aos fatos e à "verdade" ao reconstruir realidades passadas. Eu vejo qualquer construção como vaidosa e presunçosa. Este livro é escrito por alguém que admite compaixão pelo colonizado e não pelo colonizador; que simpatiza com os ocupados não os ocupantes.*[226]

Parte integrante de sua orientação acadêmica e perspectiva, Pappé expressou a mesma opinião em uma entrevista em 1999 no *Le Soir*, onde declarou:

Um colega me disse que eu arruinei nossa causa admitindo minha plataforma ideológica. Por quê? Todos em Israel e na Palestina têm uma plataforma ideológica. De fato, a luta é sobre ideologia, não sobre fatos. Quem sabe o que são fatos? Tentamos convencer o maior número de pessoas possível de que nossa interpretação dos fatos é correta, e o fazemos por razões ideológicas, não porque somos caçadores da verdade.[227]

Muitos estudiosos pós-sionistas e antissionistas confiam parcial e seletivamente no trabalho inovador do "novo historiador" israelense Benny Morris, da Universidade Ben-Gurion. Morris foi um dos estudiosos que descobriu em sua pesquisa evidências de expulsões, bem como casos isolados de massacres, e foi recebido com uma torrente de críticas de ambos os lados. No entanto, foi Morris quem escreveu uma crítica devastadora de Pappé, cujo título fala por si: "O mentiroso como herói".[228] Morris mostra que erros, distorções e manipulações aparecem em todas as páginas do livro. Pappé distorce as fontes de acordo com sua visão de mundo, inventa referências que não existem e até "conserta" sua própria biografia para se apresentar como vítima da academia sionista macarthista. De acordo com Morris, "na melhor das hipóteses, Ilan Pappé deve ser um dos historiadores mais preguiçosos do mundo; na pior das hipóteses, um dos mais desonestos. Na verdade, ele provavelmente merece um posto em algum lugar entre os dois".[229] Morris também recebeu críticas severas de seus trabalhos anteriores. Deve-se dizer, para seu crédito, que em publicações posteriores ele foi honesto o suficiente para se corrigir.

Morris não foi o único que viu Pappé como charlatão ou duvidou de seus motivos.[230] Parece que a versão quase distorcida da história de Pappé — unilateral, hipócrita, e preto & branco — não chega a ser minimamente criticada por outros críticos ferozes de Israel. No entanto, seria um erro sumariamente rejeitar os argumentos de Pappé como discursos irrelevantes de uma figura marginal. Pappé e sua comitiva ideológica antissionista e antissemita não estão mais na margem lunática da política e da academia. Infelizmente, Pappé é considerado, em muitos lugares, uma autoridade profissional sobre Israel e os palestinos.[231] Há uma conexão entre o padrão de mentiras que Pappé atribui à liderança sionista desde seu início e o tema de conspirações sinistras com as quais ele atribui à liderança israelense da geração atual. Afinal, este é o mesmo Pappé que publicou um artigo no *Al-Ahram* em que ele disse que os intelectuais israelenses têm medo de se manifestar contra a transferência. Aos olhos de Pappé, o sionismo equivale automaticamente à transferência e à limpeza étnica – os fatos que se danem.

Um último comentário para concluir. A teia de mentiras de Pappé gira, ironicamente, acompanhada de padrões de racismo (Pappé não está sozinho nisso). Ele trata os árabes como criancinhas. Ele concede-lhes isenção de responsabilidade por suas próprias ações. Embora em muitos aspectos o *A Limpeza Étnica da Palestina* pareça uma continuação dos *Protocolos dos Sábios de Sião*, é imperativo refutar os argumentos de Pappé com toda a seriedade, começando com o que deveria ser elementar, até mesmo axiomático. Que em algum momento, aqueles profundamente simpáticos à situação dos palestinos precisam reconhecer que os palestinos, como todos os outros árabes, como o resto da humanidade, são seres humanos adultos capazes de decidir seu destino – para o bem ou para o mal. Em segundo lugar, aqueles profundamente simpáticos à situação dos palestinos precisam ser honestos em suas críticas, reconhecendo que a saga do refúgio e desenraizamento dos palestinos, com toda a justiça, merece ser examinada em seu contexto histórico mais amplo, incluindo o global e legal, e sem ignorar fatos inconvenientes como o apoio árabe à transferência e apoio marginal – e mesmo a oposição – à ideia do lado judaico.

CAPÍTULO 6
Malícia e Padrões Duplos

> A imaginação hiperativa de certos acadêmicos transforma Israel em um monstro aterrorizante. Eles atribuem malícia e tramas sombrias ao movimento sionista antes do estabelecimento do Estado de Israel e atribuem a mesma malevolência ao Israel das gerações recentes.

QUANDO O CONFLITO árabe-israelense é comparado a outros conflitos, os padrões duplos parecem estar trabalhando em hora extra. O acadêmico John Mearsheimer é um exemplo proeminente dessa abordagem. Mearsheimer tem muitas faces. Ele apoia a transferência e depois se opõe a ela. Quando ele lida com o que Israel fez aos palestinos, ele chama a criação da *Nakba* de "um dos grandes crimes da história moderna".[232] Então, quando se trata da Europa, ele exige que o mesmo "crime" seja cometido em nome da manutenção da paz.

Em 2003, uma petição foi publicada, assinada por oitocentos professores americanos, alertando sobre uma trama israelense maliciosa para aproveitar a guerra no Iraque e realocar os palestinos.[233] Mearsheimer — ele próprio um defensor da extensa limpeza étnica em outras circunstâncias — estava entre os signatários. Não há dúvida de que esses professores têm uma imaginação muito fértil (mas, novamente, petições e argumentos contra Israel nunca tiveram que ser comprovados ou fundamentados na realidade). De fato, há um certo tipo de estudioso que não precisa de fatos. Com Mearsheimer, no entanto, o resultado é uma ruptura perfeita da sua personalidade. Mearsheimer I repetidamente recomenda transferências em massa, mesmo que a prática tenha caído fora de moda internacionalmente, enquanto Mearsheimer II argumenta que a transferência é um crime grave. Mearsheimer não está sozinho. Entre os signatários da petição estava Stephen Van Evera, um cientista político do MIT que foi coautor de nada menos que três artigos com Mearsheimer apoiando entusiasticamente a separação dos povos. Em um deles, os dois clamaram por "uma transferência de populações remanescentes atrás de novas fronteiras nacionais [que] seria organizada e subsidiada pelas grandes potências" na ex-Iugoslávia.[234]

As expressões "crime contra a humanidade" e "crime de guerra" são comuns no discurso acadêmico e da mídia quando se trata da Nakba palestina. O acadêmico Michael Mann, um sociólogo da Universidade da Califórnia em Los Angeles, escreveu um livro impressionante sobre a limpeza étnica intitulado *The Dark Side of Democracy: Explaining Ethnic Cleansing*.[235] Publicado pela editora da Universidade de Cambridge em 2005, o autor exibe dados numéricos para cada caso que ele apresenta, da Armênia à Alemanha nazista, do Sudão à Ruanda e da Iugoslávia à URSS. Ele analisa muitos casos com grande habilidade, explica processos em profundidade e faz uso de pesquisas de alta qualidade. Mas, quando Mann aborda o caso árabe-israelense entre parênteses (não é o assunto de um dos capítulos de seu livro), ele fala, nem mais nem menos, do que "limpeza étnica ao longo de meio século"! Mann prossegue argumentando que no final da década de 1940 ocorreu uma limpeza "mais assassina". "Assassina"? Onde estão os números? Quantos foram "assassinados"? Em relação a qualquer outro conflito, os números são insignificantes, certamente comparados aos seus outros exemplos. Mas aqui, repetitivamente, os acadêmicos proferem declarações extravagantes que eles não conseguem fundamentar.

Há um sistema aqui. Quando políticos, jornalistas e acadêmicos querem demonstrar o quanto são esclarecidos ou o quanto aderem ao pós-colonialismo, procuram um bode expiatório e sempre encontram um em Israel. Para o islamismo radical, Israel é o "Pequeno Satã" (*Shaytan-e Kuchak*, em árabe). Para os antissionistas, é o sionismo. As descrições são semelhantes. Todos eles retratam Israel como uma entidade cruel, sanguinária, desequilibrada e incontrolável. Eles atacam sem piedade os monstros imaginários que eles criaram, raiva justificada que os leva a ignorar/negar fatos e até mesmo esquecer coisas que eles mesmos escreveram ou disseram antes dos obrigatórios "Dois Minutos de Ódio".

Em seu livro *The Israel Lobby and U.S. Foreign Policy*, Mearsheimer e Stephen Walt explicam que os sionistas sempre conspiraram para expulsar os palestinos. Se Ilan Pappé fosse seu mentor, o resultado seria previsível. Eles também fazem uso das obras de Benny Morris para provar que a expulsão dos palestinos era um objetivo central do sionismo.[236] Mas o uso de Morris é seletivo e tendencioso. Eles ignoram a afirmação de Morris de que "a transferência nunca se tornou uma política sionista geral ou declarada".[237] Ben-Gurion tinha reservas morais sobre o assunto e durante a maior parte dos estágios da guerra Israel não tinha um plano geral para expulsão. A atitude em relação à expulsão só enrijeceu depois da invasão árabe que mudou o jogo.[238]

A acusação de Mearsheimer de que os palestinos foram vítimas de uma campanha de expulsão deliberada e maliciosa é uma mentira. O problema dos refugiados nasceu de uma combinação complexa de fatores que mudaram de período para período e de lugar para lugar. Havia aqueles que já fugiram antes de novembro de 1947, antes mesmo que a comunidade judaica da Palestina, o *Yishuv*, começasse a responder à onda de violência lançada contra ela pelos vizinhos árabes dos judeus. Em muitos lugares, uma pequena faísca foi suficiente para convencer os moradores dos bairros de fronteira, especialmente o setor urbano, a deixar suas casas.

A grande ofensiva judaica de abril-maio para reforçar as linhas defensivas em antecipação à invasão causou grande pânico entre os árabes da Palestina. A liderança abandonou a Palestina, as atrocidades cometidas pelos judeus foram relatadas desproporcionalmente e, em vez de fazer com que os árabes palestinos se reunissem em torno da bandeira, tal propaganda árabe espalhou o pânico. Os palestinos temiam que, se os judeus ganhassem, eles os tratariam da mesma maneira que os árabes teriam tratado o *Yishuv* se as circunstâncias fossem revertidas, como fizeram aos últimos defensores de Kfar Etzion no bloco Etzion em 12 de maio, depois que se renderam, bem como em ocasiões anteriores, como em Safed e Hebron em 1929. De fato, até junho, o *Yishuv* não tinha nenhum plano concreto sobre o que fazer com os árabes. As expulsões que ocorreram foram um subproduto do avanço das forças judaicas e da estratégia de represálias ferozes, mas locais, contra as aldeias árabes suspeitas de ajudar os combatentes árabes.

Mearsheimer e Walt não param por aí. Eles atribuem aos sionistas projetos para ocupar toda a Palestina Ocidental — do rio ao mar —, rejeitando assim o Plano de Partilha e impedindo o estabelecimento de um Estado palestino. Eles apagam os fatos em sua ânsia de envolver o lado judeu em uma rede de tramas e intenções maliciosas. Eles argumentam, por exemplo, que o movimento sionista conspirou com o rei da Jordânia para dividir a Terra de Israel entre eles, com apoio britânico. Isso não faz sentido. Os sionistas preferiram, em primeiro lugar, conversar com a liderança local. O próprio Ben-Gurion reuniu-se com muitos líderes, assim como membros da Divisão Política da Agência Judaica, incluindo Haim Arlozorov e

Moshe Sharett. Essas reuniões não concluíram nada por uma única razão: a liderança árabe recusou-se a aceitar qualquer compromisso que envolvesse reconhecer publicamente direitos políticos judaicos – não como parte de uma federação, nem dentro de um Estado nacional, e certamente não através de partilha.[239]

Na realidade, Israel, que nunca reconheceu a anexação da Cisjordânia pela Jordânia, temia que o território (que se projeta para dentro do território israelense como um punho cerrado) se tornasse um trampolim ofensivo contra Israel caso uma "frente Oriental" se estabelecesse em uma guerra futura. Os formuladores de políticas de Israel, incluindo primeiramente o ministro das Relações Exteriores, Moshe Sharett, preferiram a opção palestina à opção jordaniana de anexação da Cisjordânia e da Faixa de Gaza por um Estado árabe.

O próprio Sharett sempre argumentou que os árabes da Palestina tinham direitos nacionais legítimos, e ele favorecia a sua completa realização. No início de 1948, ele apoiou um Estado palestino – até mesmo um liderado pelo Mufti. No início de 1949, em um fórum fechado, Sharett explicou que via o estabelecimento de um Estado palestino como um objetivo importante e expressou sua esperança de que as FDI conquistariam toda a Terra de Israel a fim de estabelecer uma entidade política separada nas áreas árabes. Um dos principais arabistas do Ministério de Relações Exteriores israelense explicou a recusa em apoiar a anexação da Cisjordânia à Jordânia por uma questão de preferências – "deixar aberta a possibilidade de estabelecer uma entidade árabe-palestina separada".[240]

De fato, o "conluio" que Mearsheimer menciona com base nas alegações feitas pelo acadêmico israelense-britânico Avi Shlaim da Universidade de Oxford,[241] foi de fato um frágil entendimento de que o rei Abdullah recuou em maio de 1948, ou pelo menos colocou em armazenamento profundo para aguardar o resultado da invasão árabe pendente.[242] Falar do patrocínio britânico ao "plano" israelense-jordaniano é, na melhor das hipóteses, o produto de uma imaginação fértil... ou de uma leitura completamente errada das preocupações de Israel. Israel temia a Grã-Bretanha mais do que Israel temia os árabes. Todos os membros da liderança política e militar judaica estavam certos de que a Grã-Bretanha estava planejando todos os tipos de coisas contra eles, que seu objetivo era impedir o estabelecimento de um Estado judeu e que usariam a Legião Árabe, treinada pelos britânicos e liderada por oficiais britânicos, para sabotar o projeto sionista.[243] Durante anos, Jerusalém teve dificuldade em se libertar desse "complexo britânico" e viu as impressões digitais de Londres em todo o problema que enfrentava.[244] Quando Israel concordou em conspirar com a Grã-Bretanha contra o Nasser do Egito durante a Campanha do Sinai em 1956 (uma conspiração real em que os britânicos tentaram capturar a Zona do Canal para defender seus interesses estratégicos e Israel tentou acabar com as incursões na fronteira de guerrilhas palestinas apoiadas pelo Egito), Israel o fez sob pressão de sua aliada França em uma "aliança" repleta de suspeitas que beiram a paranoia em relação à Grã-Bretanha.[245]

Estes são apenas alguns exemplos. Poder-se-ia continuar e mostrar como Mearsheimer e Walt, dois respeitados estudiosos em seus verdadeiros campos de especialização, acabaram criando uma obra de propaganda alimentada pelo ódio. Mas deixemos de lado por um momento sua falta de compreensão histórica básica e sua manipulação de fontes. O que é verdadeiramente inaceitável é a lógica distorcida pela qual Mearsheimer e Walt chamam os próprios alicerces de Israel de um crime – uma acusação caluniosa por si só – enquanto exortam os países que cometem o mesmo "crime" na Europa. A expulsão é uma estratégia terrível e controversa no caso de Israel, argumenta Mearsheimer, mas as grandes potências deveriam organizar transferência de população na Iugoslávia.[246] Quando alguém encontra um acadêmico respeitado de uma instituição de prestígio que apoia a ideia de transferência, mas atribui sem fundamento essas intenções ao Estado judeu e depois o condena por tê-las, é bastante assustador. Seria este um caso de malícia ou dois pesos duas medidas? De qualquer maneira, o fedor é muito familiar.

CAPÍTULO 7
A Escala de Gravidade
―

> Todos os casos históricos de intercâmbio populacional envolveram massacres e crimes de guerra (muitas vezes em ambos os lados). O conflito árabe-israelense não é diferente. No entanto, uma longa lista de acadêmicos, propagandistas e jornalistas está vendendo ao mundo uma história na qual o êxodo palestino se tornou um ato de limpeza étnica que se eleva ao nível de "crime contra a humanidade". Em alguns casos, o número de pessoas prejudicadas durante a fuga e a expulsão dos palestinos foi comparativamente o menor.

DE TODAS AS partes do best-seller de Ari Shavit, *My Promised Land*, o capítulo que recebeu mais atenção foi o que argumentou que Israel cometeu massacres e expulsões nas cidades de Lydia e Ramala em julho de 1948.[247] Os argumentos de Shavit sofrem de muitas falhas,[248] incluindo sua insinuação de que o sionismo tentou esconder o que aparentemente aconteceu.[249] Na verdade, os principais historiadores israelenses não esconderam nada sobre os eventos de 1948, e, mais importante, apresentaram um quadro mais complexo do que o relato unilateral de Shavit.[250]

Duas coisas são dignas de menção aqui. Primeiro, não se pode ignorar o fato de que houve casos de expulsão e atos isolados de massacre durante a Guerra de 1948. Em segundo lugar, e não menos importante para julgar corretamente Israel, esses incidentes devem ser vistos no contexto da ameaça de aniquilação, que Shavit omite, bem como a conduta de diferentes partes em conflitos semelhantes durante o mesmo período.

Ao inspecionar transferências forçadas, limpeza étnica e trocas de população, deve-se introduzir outra métrica que classifique esses eventos em termos de sua gravidade histórica, pano de fundo, e circunstâncias. Isto significa cobrir uma ampla gama de eventos, por exemplo, a limpeza étnica que se torna genocídio, como no caso dos armênios; a limpeza étnica unilateral que envolve muitos massacres, como a "dês-germanização" da Europa Oriental e Central depois da Segunda Guerra Mundial; e a violência pós-guerra e/ou trocas populacionais do tipo que ocorreu entre a Polônia e a Ucrânia ou entre a Índia e o Paquistão.

Para determinar a gravidade, podemos usar vários parâmetros, incluindo os seguintes pontos de referência: A transferência ocorreu durante a guerra? A expulsão foi unilateral ou bidirecional? Qual lado começou a guerra – o que expulsou ou o expulsado? Ambos os lados cometeram outras expulsões ou atrocidades durante os eventos em questão? Um lado ameaçou aniquilar o outro? Existem resoluções internacionais sobre o conflito no mesmo momento ou próximo aos eventos? Os dois lados agiram contra ou desafiaram essas resoluções?

De acordo com qualquer métrica objetiva, as ações de Israel durante a guerra que criaram o problema dos refugiados palestinos e o subsequente problema dos refugiados judeus das terras árabes foram as menos severas na escala. O primeiro lugar vai para a limpeza étnica que se tornou genocídio cometido pelos turcos contra os armênios durante a Primeira Guerra Mundial e ações semelhantes cometidas contra sudaneses negros não árabes na região de Darfur, no Sul do Sudão. Esses são dois eventos em que o massacre em larga escala se transformou em genocídio.

As transferências entre a Turquia e a Grécia – ostensivamente realizadas seguindo um acordo concluído em Lausanne – também são altas na escala de gravidade. Formalmente, os intercâmbios eram consensuais, mas, na prática, a maioria dos cristãos (particularmente de Antalya) sofreu duras perseguições nos anos anteriores à assinatura do acordo. Eles foram forçados a sair em meio a massacres em grande escala que causaram a morte de cerca de 1,5 milhão de gregos entre 1914 e 1923.[251] O mediador norueguês Fridtjof Nansen só entrou em cena mais tarde, enquanto as negociações em Lausanne ainda estavam em andamento, o que lhe valeu o Prêmio Nobel da Paz por seus esforços. Os curdos também foram submetidos a uma violenta expulsão, com metade dos que foram expulsos morrendo a caminho de seu destino.

A expulsão de alemães da Europa Oriental e Central também está no topo da lista. As estimativas variam de 600 mil a 2 milhões de pessoas mortas em atos de vingança antes, durante e depois da decisão de Potsdam, que deveria garantir que as expulsões fossem realizadas de maneira "ordenada e humana". Václav Havel, que serviu como presidente da Tchecoslováquia após a queda da URSS, admitiu que graves massacres de alemães sudetos ocorreram durante sua expulsão de seu país.

Os intercâmbios populacionais entre a Índia e o Paquistão, que englobaram cerca de 14 a 17 milhões de pessoas, envolveram incidentes semelhantes. Os massacres foram tão generalizados que alguns estimam o número total de pessoas assassinadas em impressionantes 3,4 milhões. Os intercâmbios populacionais entre a Polônia e a Ucrânia são muito debatidos, especialmente no que diz respeito ao número de pessoas assassinadas em ambos os lados. As estimativas variam muito, mas algumas colocam o número em 500 mil. Não obstante a dificuldade de separar os incidentes de guerra das expulsões do pós-guerra, a estimativa mínima absoluta aponta para a expulsão de 1,4 milhão de pessoas, levando à morte ou ao assassinato de pelo menos 100 mil pessoas.[252]

À primeira vista, parece que podemos colocar as transferências que ocorreram com base em consenso em uma categoria especial: trocas populacionais baseadas em decisões internacionais. A transferência de cerca de 300 mil búlgaros para a Bulgária sob o acordo de Neuilly,[253] que foi assinado entre os membros da Tríplice Entente e a Bulgária no final da Primeira Guerra Mundial, também parece se encaixar nesta categoria, mas era raro uma transferência não ser acompanhada de violência em larga escala e grande perda de vidas. Exceto para este caso, não houve um único caso de transferência, troca de população ou limpeza étnica que não envolvesse atrocidades. A expulsão dos chechenos na era de Stalin também levou à morte instantânea ou por outras causas de um grande número de pessoas.[254]

A gravidade dessas ações difere de conflito para conflito. Vamos, portanto, concentrar os dados apresentados neste e nos capítulos anteriores em uma série de gráficos e tabelas, a fim de colocar em relevo as reivindicações de estudiosos como Mearsheimer e Walt sobre a suposta singularidade dos "crimes" cometidos por Israel durante a guerra de 1948. Como não há uma métrica aceita, usaremos o número de mortos do total de pessoas expelidas como referência:

Tabela 7.1 Proporção de expulsos mortos durante a transferência, troca de população ou limpeza étnica

	Nº de expulsos (em milhões)	Nº de expulsos mortos (em milhões)	% de expulsos mortos
Chipre	0.25	0.002	0.8%
Israel: Palestinos	0.711	0.013	1.8%
Polônia-Ucrânia	1.4	0.15	7%
Iugoslávia	3	0.3	10%
Abecásia: Georgianos	0.35	0.03	12%
Europa: Alemães	14	2.2	13%
Índia-Paquistão	17.9	3.4	15%
URSS: Chechenos	0.7	0.2	27%
Sudão	4.6	2	40%
Turquia: Curdos	0.7	0.32	50%
Turquia: Gregos	2.5	1.5	60%
Turquia: Armênios	1.7	1.5	90%

Esclarecimentos e qualificações sobre os dados na Tabela 7.1:

1 Como há estimativas diferentes para cada caso, esses números devem ser considerados como representando uma média e não um número exato.
2 O Holocausto não foi incluído, pois é um caso especial. Seu objetivo era a aniquilação total da população-alvo desde o início, não a expulsão ou a limpeza étnica.[255]
3 Embora a expulsão armênia tenha se tornado um genocídio, muitos estudiosos acreditam que a intenção original era a limpeza étnica, sendo o genocídio o resultado secundário.
4 Em muitos casos, é difícil diferenciar entre vítimas civis como danos colaterais da guerra e vítimas de massacres ou expulsões. Como resultado, nem todos os eventos foram incluídos, embora esteja claro que o número de expulsos assassinados é muito alto.
5 Nas guerras que se seguiram à desintegração da Iugoslávia, a criação de Estados etnicamente homogêneos era o objetivo primário das partes, e não um efeito colateral das hostilidades.

6 A porcentagem de pessoas assassinadas durante a expulsão ou fuga é apenas uma das muitas métricas possíveis. No entanto, é um parâmetro útil para ilustrar essa questão complexa.

Não há métrica para um "crime". No entanto, "crimes contra a humanidade" devem ser determinados com base no contexto, pano de fundo, e normas da comunidade internacional, explícitas e implícitas naquele momento. Uma coisa que não devemos fazer é destacar o conflito árabe-israelense do contexto, das circunstâncias e das normas do período. Não se pode ignorar o fato de que dezenas de milhões de pessoas foram expulsas de sua terra natal durante esses anos. Também não se pode ignorar o fato de que as transferências populacionais – sejam elas premeditadas ou pós-fato – formaram parte integrante dos conflitos daquele momento. Também não se pode negar que tais transferências gozavam de legitimidade internacional explícita durante o período.

Não se pode negar que o nascimento e a Declaração de Independência de Israel, embora em última instância defendidos pelas forças armadas (como na maioria dos casos da história humana), receberam o selo de aprovação e foram acionados por resoluções internacionais rejeitadas pelos árabes. Além disso, a Declaração de Independência de Israel continha apelos à paz e coexistência, enquanto a resposta dos árabes foi guerra e gritos pela aniquilação do país. Este foi o pano de fundo para todos os eventos subsequentes. Esses são os fatos. Qualquer levantamento histórico adicional apenas reforçará o impacto dos números mencionados. Embora o conflito árabe-israelense tenha envolvido casos de massacre, expulsão e troca de população *de facto*, é um dos casos menos graves deste tipo na história mundial. Não chega nem perto de ser um dos piores crimes da história.

Isso vale a pena repetir. Houve casos isolados de crimes de guerra durante a Guerra da Independência de Israel. Eles não devem ser ignorados. Todo estudante em Israel sabe sobre Deir Yassin. Incidentes em Dawayma e Safsaf também foram reconhecidos. Já na década de 1970, após um acirrado debate público, a televisão estatal israelense exibiu o filme *Hirbet Hizeh*, um retrato fictício da expulsão de uma aldeia árabe pelas forças israelenses durante a guerra, com base em uma história publicada pelo escritor israelense S. Yizhar em 1949. Acontecimentos semelhantes aos da história de Yizhar realmente aconteceram, mas não eram comuns nem normativos.

Curiosamente, embora a *Nakba* resida no epicentro de sua identidade nacional, os palestinos não têm um número acordado de fatalidades palestinas durante 1948. No caso de Deir Yassin, temos uma situação bastante curiosa em que pesquisadores israelenses afirmam que 200 aldeões foram mortos, enquanto os pesquisadores palestinos afirmam um número mais perto de 100. Na década de 1950, Arif al-Arif afirmou 91.[256] Quando se trata do número total de mortes causadas pela guerra (incluindo combatentes), mesmo os pesquisadores palestinos não falam de centenas de milhares, mas de 13 mil ao todo, sem diferenciar entre combatentes e vítimas civis.[257] Mesmo que esta seja a estimativa mais alta possível, ela é incluída na Tabela 7.1 para ressaltar o quão baixo ela é em termos relativos.

É importante lembrar que os judeus também foram forçados a sair, despossuídos, e expulsos — e não apenas dos países árabes. Nenhum judeu permaneceu no lado árabe da linha de cessar-fogo (a Linha Verde) no final da Guerra de 1948. Muitos deles, como os defensores do sitiado conclave judeu em Gush Etzion, foram simplesmente assassinados após a queda do bloco Etzion. Promessas de aniquilação não foram apenas retórica vazia, como provaram as forças guerrilheiras palestinas locais, as forças do Exército de Libertação Árabe,[258] os exércitos árabes regulares invadindo a Palestina (com a exceção parcial da Legião Árabe da Transjordânia) e massas palestinas sedentas de sangue sempre que tiveram a oportunidade.

Esse problema também pode ser examinado de outra perspectiva. O principal argumento de que a *Nakba* foi um exemplo de limpeza étnica premeditada é baseado no *Tochnit Dalet* (Plan Dalet) do Haganá.[259] Mas, ao contrário das reivindicações dos historiadores palestinos ou pró-palestinos, o plano não estava focado na limpeza étnica. Foi um plano operacional de abril de 1948 para mover o Haganá de uma posição defensiva à ofensiva para defender contra uma invasão árabe, garantir a liberdade de movimento dos judeus, impedir o estabelecimento de bases avançadas para forças externas hostis por uma quinta coluna palestina atrás das fileiras judaicas, manter a pressão econômica para acabar com a atividade do inimigo e limitar a capacidade do inimigo de conduzir atividades de guerrilha ou tomar prédios governamentais estratégicos. Como Benny Morris mostrou, as forças do Haganá foram instruídas a destruir e esvaziar apenas as aldeias ou bairros árabes que ofereciam resistência armada ativa. De acordo com Morris, "o Plano D não era um projeto político de expulsão".[260]

Para entender o quão grande é o engano do "crime da *Nakba*" em publicações acadêmicas e não acadêmicas, basta referir-se a fatos óbvios e abertamente disponíveis. As Nações Unidas adotaram uma resolução recomendando a divisão da Palestina Ocidental em um Estado judeu e um Estado árabe, os árabes rejeitaram o plano, e os palestinos lançaram uma guerra em dezembro de 1947 para evitar que isso acontecesse. Seus irmãos árabes também começaram uma campanha de violência e pogroms, perseguição e desapropriação contra os judeus nos países árabes. No final da guerra, cerca de 600 mil a 700 mil habitantes árabes do Mandato da Palestina haviam se tornado refugiados, e mais de 800 mil judeus de países árabes fugiram ou foram expulsos.

Mesmo contra este pano de fundo, de acordo com qualquer métrica justa, ou em qualquer escala comparando a transferência, limpeza étnica e trocas de população na história moderna, o conflito árabe-israelense estaria na parte inferior da lista em termos de magnitude. Mesmo de acordo com o historiador palestino Arif al-Arif, que era tão distante quanto possível de ser pró-sionista, o número de fatalidades aponta não para o genocídio, mas para o extremo inferior do que se esperaria em um conflito como este, semelhante a uma guerra civil. Pode-se e deve-se condenar Israel pelas atrocidades cometidas durante a guerra. Mas, dadas as condições em que lutou — numericamente inferior, desarmado desde o início e enfrentando uma ameaça real de aniquilação — Israel era muito menos brutal ou letal do que qualquer outro combatente do sangrento século XX.

Esses são os fatos, mas dificilmente são evidentes quando se consulta estudiosos contemporâneos ou a mídia — muito pelo contrário. Em *My Promised Land*, Ari Shavit involuntariamente contribui para essa propaganda enganosa, embora esteja longe dessa conspiração de mentiras. Na verdade, a mentira está ganhando. É uma das mentiras mais bem-sucedidas do século XX, aceita como evangelho nos meios acadêmicos de todo o mundo. No entanto, é importante lembrar que a liderança palestina e os militantes não eram apenas observadores inocentes, mas também os arquitetos de seu próprio destino, criando as condições que levaram à sua derrota. Deve-se sempre lembrar esse fato, especialmente quando os propagandistas anti-israelenses lançam os judeus como opressores genocidas e os palestinos como vítimas infelizes. Finalmente, ao julgar Israel, não se deve perder de vista a "escala de gravidade", o que prova que outras populações sofreram muito mais dificuldades do que os palestinos durante o mesmo período.

CAPÍTULO 8
Existe um Direito de Retorno?
—

Se o direito de retorno reivindicado pelos palestinos fosse concedido a todas as dezenas de milhões de pessoas que foram desenraizadas durante o século XX, a estabilidade global entraria em colapso. É por isso que tal direito não foi concedido na sequência do estabelecimento de Estados-nação. Os tribunais internacionais também deixaram claro que esse direito não existe.

DEZENAS DE MILHÕES sofreram a dolorosa experiência de serem desenraizados durante o século XX. No entanto, se o mundo os tratasse da mesma forma que trata os palestinos — continuando a defini-los como refugiados, estabelecendo inúmeras organizações para preservar e perpetuar seu status de refugiado, e legitimando suas reivindicações a um "direito de retorno" — seríamos testemunhas de uma guerra mundial literal. Milhões de hindus ainda seriam "refugiados" e seus descendentes exigiriam que voltassem ao Paquistão. Os Bálcãs testemunhariam uma enorme redistribuição de povos, recriando a complicada situação étnica que levou a todas as guerras e massacres em primeiro lugar. Inúmeros conflitos, há muito resolvidos, seriam reanimados.

Ninguém acha que essa ideia é praticável. Ninguém acredita que milhões de muçulmanos devam, possam ou precisem voltar à Grécia ou à Bulgária, que milhões de cristãos deveriam retornar à Turquia ou que milhões de alemães deveriam retornar à República Tcheca ou à Polônia. Se um "direito de retorno" fosse realmente realizado globalmente, muitos Estados entrariam em colapso e/ou retornariam ao derramamento de sangue sem parar. Felizmente, nosso mundo contemporâneo é racional, com dois pés firmemente plantados no chão, pelo menos quando se trata do "direito de retorno". Não pretende fazer demandas que resultariam em caos global e o colapso de Estados em nome de um conceito utópico de justiça em um mundo imperfeito. O mundo é são, até chegar ao conflito árabe-israelense.

Aqui, de repente, o mundo muda de tom. O preto torna-se branco, o branco torna-se preto e a separação de dois movimentos rivais de libertação nacional torna-se o apartheid. O que é verdade de qualquer outro conflito na terra, de repente se torna falso quando se trata dos judeus. O que era verdade para a Bulgária, Turquia e Grécia, ex-Tchecoslováquia, Índia e Paquistão, Europa Central, os Bálcãs e muitos outros lugares ao redor do globo não é de alguma forma "verdade" para Israel. Deve ser mantido em padrões diferentes do resto da humanidade – padrões opostos, na verdade.

Há também um coro de organizações internacionais que se concentra exclusivamente na propaganda mundial, que intensifica e perpetua o problema dos refugiados palestinos. Para outros órgãos, o objetivo é ainda mais claro, a saber, forçar Israel – e somente Israel – a aceitar o "direito de retorno" que explodirá a Terra Santa. Há aqueles que apoiam esta solução por ignorância e ingenuidade. Há aqueles que a apoiam porque isso os posiciona como parte do "discurso sobre direitos" em voga nos círculos intelectuais globais. Isso é mentira, claro. Os principais defensores desta ideia não apoiam os direitos humanos e, certamente, não são favoráveis a uma solução pacífica. Seu objetivo é criar um caldeirão. Ou, como um dos conselheiros de Arafat, Sakher Habash, disse certa vez: "O Direito de Retorno é a carta vencedora, que significa a destruição de Israel".[261] Ele não é o único que pensa assim.

Como muitos casos de limpeza étnica, transferência e intercâmbio populacional ocorreram antes, durante e depois da década de 1940, é preciso examinar de perto e de forma crítica – tanto do ponto de vista prático quanto jurídico – se existe uma base para a existência de um "direito de retorno". Os defensores do direito de retorno baseiam suas reivindicações na Resolução 194 da Assembleia Geral da ONU e cinco documentos adicionais que refletem a vontade da comunidade internacional e supostamente fornecem uma base legal para o repatriamento dos palestinos que o demandam a Israel:[262]

- A Declaração Universal dos Direitos Humanos, Artigo 13 (2): "Toda pessoa tem o direito de sair de qualquer país, inclusive o seu, e retornar ao seu país".[263]
- O Pacto Internacional sobre Direitos Civis e Políticos, Artigo 12 (2): "Todos serão livres para deixar qualquer país, inclusive o seu próprio".[264]

Segundo a interpretação palestina, mesmo aqueles que nasceram fora de seu país e nunca viveram lá têm permissão para retornar, contanto que eles mantenham uma conexão efetiva com o país e que essa nunca foi cortada.

- A Convenção Internacional sobre a Eliminação de Todas as Formas de Discriminação Racial, Artigo 5 (d) (ii), referente a "O direito de sair de qualquer país, incluindo o seu, e retornar ao mesmo".[265]
- Convenção sobre o Estatuto dos Refugiados, de 1951, Artigo 1 (C), que fala do retorno dos refugiados e de sua condição de cidadãos em seus países de origem.[266]
- O direito de retorno é um princípio geral do direito internacional, conforme confirmado pelas Convenções Americana e Europeia de Direitos Humanos, pela União Europeia e pelo Tribunal Europeu de Direitos Humanos, relativo a Chipre, Bósnia, Croácia, Kosovo, Uganda e vários lugares da Europa Central e Oriental.

A Anistia Internacional publicou uma declaração em apoio ao direito de retorno,[267] que parece ter saído diretamente do manual de propaganda da Palestina. A declaração é baseada no que é rotulado no jargão atual do "discurso sobre direitos". Ironicamente, a Anistia não fez nenhuma declaração sobre qualquer outro grupo de refugiados da década de 1940.

Esses argumentos realmente estabelecem um direito de retorno? Os juristas já estabeleceram que as convenções citadas não estabelecem um direito pessoal, político ou legal de retorno.[268] No entanto, os defensores do direito de retorno palestino argumentam que as convenções mencionadas não são meras declarações, mas têm fundamentação em decisões judiciais. Se assim for, como é que as dezenas de milhões desenraizadas nos anos 1940 não receberam o direito de retorno com base nesses argumentos? Por que não se aplicam aos alemães sudetos expulsos da então Tchecoslováquia, aos muçulmanos expulsos da Bulgária ou aos gregos expulsos da Turquia ou do Norte de Chipre? Você não receberá uma resposta a esta questão dos vários acadêmicos, ativistas e jornalistas clamando por repatriamento palestino a Israel.

A base fundamental de tais demandas encontra-se no artigo 11 da resolução 194 da Assembleia Geral da ONU, adotada em dezembro de 1948, que afirma o seguinte:

> *Resolve que os refugiados que desejem voltar para suas casas e viver em paz com seus vizinhos devem ter permissão para fazê-lo na data mais próxima possível, e que a indenização deve ser paga pela propriedade dos que escolherem não retornar e pela perda ou dano a propriedade que, sob os princípios do direito internacional ou da equidade, deve ser reparada pelos governos ou autoridades responsáveis.*[269]

Em primeiro lugar, essa resolução também foi examinada por juristas, e é claro que, de acordo com o direito internacional, a Resolução 194 não estabelece um direito de retorno. Além disso, deve-se ter em mente que se trata de uma resolução da Assembleia Geral, não do Conselho de Segurança. É apenas uma recomendação, não uma resolução vinculante como no caso de certas resoluções do Conselho de Segurança. Segundo, todos os Estados árabes rejeitaram a resolução quando ela chegou a uma votação porque incluía o reconhecimento do Estado de Israel como o Estado-nação do povo judeu.[270] Terceiro, a resolução refere-se apenas àqueles que "desejam viver em paz com seus vizinhos". É difícil imaginar um refugiado palestino que deseje imigrar para Israel a fim de viver em paz com a "entidade sionista" — especialmente depois de décadas de lavagem cerebral anti-Israel. Quarto, a Resolução 194 é apenas uma de uma série de resoluções sobre refugiados que claramente não se referem ao repatriamento, mas sim à integração dos deslocados no atual país de residência dos refugiados.

As Resoluções 393[271] e 394[272] de 1950 da Assembleia Geral lidam não apenas com o retorno, mas também com a integração nos países anfitriões, com o objetivo de acabar com a dependência da Agência das Nações Unidas de Assistência aos Refugiados Palestinos (UNRWA), que foi estabelecida exclusivamente para os palestinos. A Resolução 513 exige que os países da região assumam a responsabilidade de cuidar dos refugiados.[273] Não é necessário dizer que os Estados árabes ignoraram essas resoluções. Os refugiados palestinos e seus descendentes eram e continuam a ser tratados muito mal em seus países de acolhimento, com a discriminação limítrofe do apartheid real. Um capítulo inteiro deste livro é dedicado ao fenômeno do apartheid árabe.

Deve-se notar que Israel nunca expressou qualquer intenção de recuperar todos os refugiados. Na prática, nenhum conflito étnico foi resolvido via retorno. A maioria das posições árabes apresentadas na época rejeitou o retorno — incluindo a oferta de Israel na conferência de Lausanne de aceitar

100 mil refugiados — porque isso significaria reconhecer Israel.[274] Em vez de trabalhar para resolver o problema através da integração e reabilitação, os Estados árabes usaram os refugiados como peões políticos contra Israel.

O ministro das Relações Exteriores do Egito, Mohammad Saleh a-Din, deixou claro que:

> [...] com a demanda de retorno dos refugiados palestinos, os árabes pretendem retornar como senhores, não como escravos, e de uma forma mais clara — a intenção aqui é a destruição do Estado de Israel.[275]

A Conferência dos Refugiados de 1957 em Homs, na Síria, afirmou que:

> Qualquer discussão que vise uma solução do problema da Palestina, que não se baseie em assumir o direito dos refugiados de aniquilar Israel, será considerada uma profanação do povo árabe e um ato de traição.[276]

A Resolução 1547 da Liga Árabe, adotada em 1959, afirma que "[A Liga] é a favor da concessão de oportunidades de emprego aos refugiados palestinos que residem nos Estados membros da Liga, enquanto preserva sua cidadania palestina como um princípio geral".[277] Em uma entrevista de 1961 a um jornal suíço, o presidente egípcio Gamal Abdel Nasser declarou que "se os refugiados retornarem a Israel, Israel deixará de existir".[278] Não há dúvida de que isso era exato. Os próprios refugiados deixaram claro que a implementação da Resolução 194 não era para que eles pudessem "viver em paz com seus vizinhos", muito pelo contrário. O objetivo era reverter o relógio e garantir a vingança e a reversão dos acontecimentos de 1948.[279]

PRECEDENTES INTERNACIONAIS

A maneira pela qual outros países anfitriões com refugiados não convidados responderam no passado é instrutiva.

ALEMÃES ÉTNICOS A expulsão dos alemães étnicos ocorreu quase ao mesmo tempo que a criação do problema dos refugiados palestinos. Poucos anos depois dessa expulsão em massa para a Alemanha devastada pela guerra, nem um alemão permaneceu em um campo de refugiados, e a questão de sua expulsão e sofrimento tornou-se cada vez mais identificada com a direita alemã.

Tudo o que resta agora são algumas organizações que defendem a discussão dos expulsados e seus direitos, como o *Bund der Vertriebenen* (BdV), que tem um membro no *Bundestag*, Erika Steinbach. Existem alguns grupos individuais que tentam obter compensação por meios legais. Um grupo, o *Prussian Trust*, também lida com reclamações relativas a propriedades abandonadas pelos expelidos quando eles saíram ou se apossaram durante a grande fuga. O *Prussian Trust* é uma organização patentemente marginal que nem sequer desfruta do apoio do BdV. Não obstante, suas reivindicações causam medo real na Polônia, e os poloneses deixaram claro que, para cada alegação feita, farão reivindicações muito maiores por danos relacionados à Segunda Guerra Mundial. Em qualquer caso, uma reivindicação feita por alemães expulsos dos territórios poloneses foi sumariamente rejeitada pelo Tribunal Europeu dos Direitos Humanos em 2008.[280] Além disso, a esmagadora maioria na Alemanha rejeita a ideia de retorno ou compensação.[281]

A expulsão de 2,5 milhões de alemães sudetos iniciou uma discussão na República Tcheca sobre o passado que ainda está em curso. Os chamados "Decretos Beneš" permitiram a expulsão dos alemães e o confisco de seus bens sem indenização. Foi uma combinação de vingança e punição. Václav Havel, líder da Tchecoslováquia após a queda da URSS, admitiu que os alemães sofreram uma terrível injustiça,[282] embora essa admissão não tenha impacto real sobre o público tcheco em geral. Os alemães expulsos certamente sofreram uma injustiça. Milhares foram provavelmente mortos durante a expulsão, e muitos morreram após. Entre os expulsos estavam também ativistas antinazistas cujo único crime era ser etnicamente alemão.

No entanto, as relações entre os dois países são normais. Os alemães são recebidos como visitantes. Sob as regras da UE relativas à livre circulação, os cidadãos alemães individuais têm o direito de viver onde quiserem, inclusive em áreas de onde foram expulsos. Mas tudo isso não muda um ponto crucial. Nem a referida admissão de culpa nem a normalização das relações levaram à revogação dos decretos Beneš, e a compensação e o retorno não são contemplados.

IUGOSLÁVIA Depois do colapso da Iugoslávia e das guerras étnicas entre 1991 e 1995, chegou-se a um acordo que permitia que os refugiados voltassem para suas casas – principalmente o retorno de 200 mil sérvios à Croácia. De acordo com vários relatórios das Nações Unidas, esse retorno está acontecendo, mas a maioria dos que retornam está indo para áreas onde eles são maioria. Quando o problema maior dos refugiados foi criado, um porta-voz sênior da comissão que lidava com a reabilitação de refugiados explicou que havia uma clara preferência em se estabelecer refugiados onde eles seriam maioria e não onde formavam uma minoria.[283]

CROÁCIA A Croácia é um caso especial porque, assim como o conflito árabe-israelense, envolve o retorno de uma minoria a um país onde outro grupo étnico é a maioria.[284] A história de ambos os grupos étnicos, os croatas e os sérvios, atesta a hostilidade que é difícil de superar. Na Segunda Guerra Mundial, os croatas que colaboraram com os alemães assassinaram entre 300 mil e 500 mil sérvios. Ambos os lados também cometeram atrocidades entre si nos anos 1990. Os croatas foram expulsos de partes da Croácia e os sérvios foram expulsos depois. Apesar disso, a partir de hoje, os sérvios não desejam a destruição da Croácia e não há uma campanha de propaganda nacionalista ou religiosa para varrer a Croácia do mapa.

Um relatório de 2006 do Observatório dos Direitos Humanos explicou que Zagreb está dificultando a reintegração dos servo-croatas,[285] o que está acontecendo apenas lentamente. A partir de 2017, havia 200 mil sérvios que viviam na Croácia, representando menos de 5% da população.[286] Em contraste com um retorno palestino a Israel, um retorno total dos sérvios à Croácia não perturbaria seu status de Estado-nação, e o princípio da homogeneidade étnica e religiosa permaneceria em vigor. Este não é o caso com a demanda palestina pelo retorno, que é demograficamente capaz de anular a própria existência de Israel como um Estado-nação do povo judeu com uma sólida maioria judaica.

CHIPRE Em 1974, um golpe militar ocorreu na Ilha de Chipre, apoiada pela junta grega que governava a Grécia. Os turcos responderam invadindo. Ambas as partes cometeram graves violações do direito internacional, incluindo massacres. Estes eventos incluíram a expulsão de cerca de 200 mil gregos do extremo Norte da ilha conquistada pelos turcos e uma transferência acordada de 51 mil turcos do lado grego. A invasão turca criou uma entidade política turca, a República Turca do Norte de Chipre (RTNC), que não é reconhecida pelo resto do mundo. Os turcos também realocaram 150 mil colonos da Turquia para a ilha, além de uma força militar de dezenas de milhares de soldados, que mantêm um regime militar no país.[287]

A questão dos refugiados cipriotas é mais relevante para o caso palestino do que outros casos, porque a maioria deles não está na agenda do mundo e aqueles que tentam chamar a atenção para eles são vistos como provocadores. A questão dos refugiados cipriotas, em contraste, tem sido amplamente discutida na arena internacional, com o objetivo de conseguir um acordo que reunifique a ilha. Além disso, a questão dos refugiados, a sua compensação e o seu retorno suscitaram extensas discussões jurídicas na sequência dos apelos dos expulsos gregos ao Tribunal Europeu de Direitos Humanos.

Em um referendo realizado em Chipre, os gregos rejeitaram o acordo proposto pelo ex-secretário-geral da ONU, Kofi Annan. No entanto, o que é mais pertinente em relação à questão dos refugiados palestinos são as orientações para resolver o problema de refugiados, que foram reconhecidas pela União Europeia e pela comunidade internacional em relação a Chipre.

O acordo contém os seguintes pontos. Primeiro, reconhece a singularidade demográfica da ilha, que inclui elementos gregos e turcos, incluindo a situação criada após a invasão turca. Em segundo lugar, não há reconhecimento do direito dos gregos de retornar às suas antigas casas, certamente não de maneira generalizada. O Artigo 2 do Capítulo 6 limita o número de retornados a 21% de qualquer área, e somente depois de duas décadas durante as quais as limitações serão muito mais severas. O Artigo 4 outorga o direito de retorno somente àqueles com 65 anos ou mais, com apenas um cônjuge ou membro da família. Terceiro, os retornados só podem ganhar direitos de cidadãos após sete anos.[288]

Devemos começar dizendo que, assumindo que os mesmos princípios internacionais devem guiar a resolução de todos esses casos, Israel deve ser obrigado a adotar diretrizes similares. Pode-se argumentar que é assim que deve ser, a menos que existam circunstâncias únicas que exijam desvio. Assumindo que Israel aceite tal acordo, ele realmente precisaria "exportar" palestinos para países vizinhos e parar de aceitar novos, já que já passou dos 21% de corte demográfico para os habitantes das minorias citados no acordo de Chipre.

Em certos momentos, os palestinos argumentaram que o precedente de Chipre mostra que eles também têm o direito de retorno. Eles confiaram, entre outras coisas, em uma decisão do Tribunal Europeu dos Direitos

Humanos, que reconheceu o direito de retorno e restituição de propriedade aos refugiados gregos do lado turco de Chipre.

Em 1996, no caso histórico de *Loizidou v. Turquia*,[289] a Corte Europeia de Direitos Humanos estabeleceu um precedente ao reconhecer o direito de retorno e o direito à indenização de gregos étnicos expulsos do lado Norte de Chipre controlado pela Turquia. Em 2009, no entanto, essa decisão foi derrubada por *Demopoulos e Outros v. Turquia*.[290] Houve uma mudança nas circunstâncias no ínterim. O regime turco estabeleceu uma comissão de reclamações chamada Comissão da Propriedade Imóvel (CPI). Os expelidos gregos não confiaram na Comissão, mas o Tribunal o fez. Os pormenores da decisão do Tribunal merecem uma atenção especial.

Em primeiro lugar, a Corte determinou que, 35 anos após a expulsão, depois que "gerações se passaram", e após vários intercâmbios populacionais, este caso sofre um sério fardo de complexidade política, histórica e fatual e requer uma solução política.[291]

Em segundo lugar, a Corte determinou que seria impraticável forçar a restituição integral da propriedade sobre o Estado, sem referência ao uso atual dessa propriedade, seja pelo próprio Estado ou particular.[292] Mais importante ainda, a Corte disse que não forçaria a evacuação compulsiva em massa de homens, mulheres e crianças para outro Estado a fim de assentar outros em seu lugar, mesmo que esses outros também tenham sido alvos de uma injustiça. E, de qualquer modo, a reparação de uma injustiça não deve levar a outra.[293] Além disso, não há precedente legal para o Tribunal que obrigue a restituição da propriedade sem referência a terceiros.[294]

Em terceiro lugar, a Corte determinou que a troca de propriedade é uma forma aceita de compensação.[295]

Em quarto lugar, a Corte decidiu que os argumentos "casa" e "conexão familiar" são irrelevantes se os queixosos nunca houvessem realmente vivido na propriedade em questão ou estivessem desconectados dela por muitos anos.[296]

Fica claro a partir do exposto, não apenas de forma prática mas também legal, que defender um direito especial de retorno para os palestinos é uma invenção que sustenta muitas ONGs, acadêmicos e ativistas anti-Israel. Existem, é claro, várias diferenças entre os eventos em Chipre e aqueles que ocorreram durante a Guerra de 1948. No último caso, por exemplo, os árabes rejeitaram várias resoluções da ONU, iniciaram a guerra e ameaçaram empurrar os judeus ao mar.

Em resumo, dezenas de milhões de refugiados em todo o mundo foram desenraizados e reassentados em outros lugares durante o século XX. Apenas 700 mil refugiados palestinos continuam sendo um "problema" perpetuado pelas Nações Unidas, a comunidade internacional e o mundo árabe — apoiado por um coro de líderes de torcida na academia e na mídia que escreve literalmente milhares de artigos e livros que escondem as circunstâncias específicas por trás da situação dos refugiados palestinos e do contexto comparativo. De todas as dezenas de milhões de refugiados que foram criados durante esses anos, apenas um grupo recebe tratamento diferenciado e especial, apenas um grupo tem sua própria agência da ONU, apenas um grupo transformou sua situação de refugiado e vitimização em sua principal razão de ser, e apenas um grupo recebe tratamento especial nas mãos de inúmeros acadêmicos e jornalistas. Nenhum outro povo permaneceu como refugiado pobre e indefeso por tanto tempo.

HIPOCRISIA INTERNACIONAL

A hipocrisia começa, mas não termina, com o fato de que existem duas agências das Nações Unidas que lidam com os refugiados. A primeira — o escritório do Alto Comissariado das Nações Unidas para os Refugiados (ACNUR) — trata dos refugiados em todo o mundo, enquanto a segunda — a Agência das Nações Unidas de Assistência aos Refugiados Palestinos (UNRWA) — é dedicada exclusivamente aos palestinos, de acordo com a Resolução 302 da Assembleia Geral da ONU de 1949.[297] O objetivo do ACNUR é ajudar os refugiados a começar uma nova vida e acabar com seu status de refugiado; o objetivo da UNRWA é o oposto — perpetuá-lo.

Dezenas de milhões de refugiados deixaram de ser refugiados com a ajuda das Nações Unidas, mas, ao longo de quase setenta anos, nenhum refugiado palestino perdeu seu status de "refugiado". Pelo contrário, graças ao acréscimo de uma segunda e terceira geração, o número de refugiados palestinos cresceu para mais de 5 milhões, muito além dos 700 mil originais que fugiram.[298]

As duas agências também têm definições diferentes de quem é um "refugiado". Quando se trata de palestinos, a definição é "pessoas cujo local de residência habitual era a Palestina durante o período de 1º de junho de 1946 a 15 de maio de 1948". até mesmo alguém que entrou no país no início de 1946 do exterior, atraído por oportunidades de trabalho no Mandato da Palestina, se tornou automaticamente um refugiado palestino — mesmo que esses fossem egípcios, jordanianos, sírios ou libaneses que vieram como trabalhadores temporários. A residência de apenas dois anos concede a uma pessoa e a todos os seus descendentes o direito a auxílio da UNRWA em perpetuidade. Este não é o caso para os refugiados comuns em qualquer outro lugar, que precisam satisfazer uma série de condições para obter auxílio do ACNUR. Mais tarde, a UNRWA até mudou sua definição para ampliar o número de refugiados.[299]

Além disso, de acordo com a definição do ACNUR, um refugiado que se estabeleceu em outro país e se tornou um cidadão ativo não é mais um refugiado. Não é assim para os palestinos. A Jordânia concedeu a cidadania a centenas de milhares de árabes palestinos, alguns dos quais até serviram como ministros do governo, mas de acordo com seu status estranho e único sob a UNRWA eles ainda são "refugiados". Outra diferença importante é que, no caso de refugiados, somente a própria pessoa é um refugiado — não seus parentes e certamente não seus descendentes. É precisamente o oposto para os palestinos. O status de refugiado é agora uma herança — para ser transmitida de geração em geração — mesmo que seus bisnetos nunca tenham visto a Palestina. O mesmo é verdade em termos de status econômico. Um refugiado comum que escapa da pobreza ou da dependência não é mais elegível para o status de refugiado. Os palestinos, no entanto, permanecem refugiados, mesmo que se tornem milionários.[300]

De fato, a Resolução 302 da Assembleia Geral da ONU, que tratava do início do trabalho da UNRWA, declarou que a UNRWA deveria "consultar os governos do Oriente Próximo interessados sobre as medidas a serem tomadas por eles como preparatórias para o momento em que a assistência internacional para projetos de assistência e obras não fosse mais disponível".[301] Essa Resolução, como a maioria das Resoluções sobre os refugiados palestinos, nunca foi cumprida. Assim, sob os auspícios da ONU, o problema dos refugiados palestinos tornou-se um elemento permanente. O número de refugiados continua a crescer de ano a ano, criando um problema de proporções tão épicas que impede a resolução do conflito israelo-palestino.

Um exemplo notável das diferenças entre as duas agências pode ser visto em um caso recente em que 117 refugiados palestinos do Iraque foram transferidos para o Chile. Felizmente, a UNRWA não opera no Chile, então seus casos foram tratados pela ACNUR. A agência lidou com eles como sempre acontece. Encontrou-lhes um novo lar, deu-lhes pequenas somas de dinheiro e ajudou a reabilitá-los.[302] Em contraste, se eles tivessem acabado nas mãos da UNRWA, eles estariam vivendo em condições miseráveis, contando com vales-refeição e a generosidade de estranhos, até o dia de hoje.

De acordo com qualquer critério internacional aceito, o "problema dos refugiados" palestinos já deveria ter terminado. O número de palestinos que deixaram o que se tornou o Estado de Israel é menor do que o número de judeus que deixaram os países árabes e reconstruíram suas vidas.

Israel está longe de ser o único lugar que passou por um intercâmbio populacional após um conflito nacional ou religioso. E esse fenômeno nem acabou. De fato, os países árabes e muçulmanos criaram o maior número de refugiados do mundo. Hoje, a Síria e o Afeganistão estão no topo da lista.[303] A limpeza étnica no Oriente Médio, que muitas vezes atravessa a linha do genocídio, criou milhões de refugiados e centenas de milhares de mortes. Todos os dias, 28.300 pessoas no mundo *são deslocadas à força, a maioria por causa de conflitos intra-muçulmanos.*

Quando crimes são cometidos por um regime árabe, o mundo árabe cai em silêncio. Em 2009, o Tribunal Penal Internacional emitiu um mandado de prisão por crimes de guerra contra o presidente Omar al-Bashir, do Sudão.[304] Como os Estados árabes reagiram? Em uma reunião da Liga Árabe em 2009, eles emitiram uma declaração de apoio e identificação com Bashir.[305] Os horrores continuam por toda a região, com o acordo declarado e silencioso de todo o mundo árabe. Na Síria, Iraque, Líbia e outros países, a limpeza étnica brutal de comunidades religiosas ou raciais é realizada com impunidade, mas apenas uma minoria interessa os árabes, pelo menos retoricamente – os palestinos. Isso não é realmente uma evidência de preocupação genuína, já que os Estados árabes na verdade tratam os palestinos muito pior do que os israelenses fizeram depois de 1967.

Os palestinos são de fato vítimas – de suas próprias escolhas, de sua liderança, dos Estados árabes que os exploraram e da ingênua comunidade internacional que perpetua seu estado lastimável.[306] A solução para o problema dos descendentes dos refugiados palestinos é a mesma que em qualquer outro lugar: integração em seu novo país de residência. A UNRWA precisa ser transformada em um corpo de integração e reabilitação em vez de uma que perpetue a miséria na esperança de um retorno parcial a um Estado palestino – se e quando os palestinos estiverem realmente prontos para uma solução de dois Estados para dois povos. Por último, não se deve perder de vista que qualquer solução para o problema dos refugiados palestinos deve também abordar a questão da compensação para refugiados judeus de países árabes que foram desenraizados durante o mesmo conflito.

A abordagem internacionalmente aceita dos refugiados e o direito ao retorno têm um denominador comum, a saber, a compreensão de que a criação de uma homogeneidade étnica ou religiosa impede o conflito. Isso não significa que se deva buscar 100% de homogeneidade. Diretrizes internacionais sobre a homogeneidade, tal como expressas na proposta de acordo de Chipre, apontam para uma solução para o problema dos descendentes de refugiados palestinos. Se o mundo tivesse tratado os palestinos da mesma forma que tratava todos os outros refugiados – alemães, hindus, paquistaneses e outros –, não haveria nenhum problema de refugiados hoje. No entanto, em uma decisão notoriamente injusta e insensata, as Nações Unidas escolheram tratar os palestinos como um caso especial. A comunidade internacional seguiu o exemplo. Mesmo que não reconheça formalmente o direito palestino de retorno, continua a financiá-lo. Somente a União Europeia financia dezenas de organizações que apoiam essa reivindicação. Esta é a mesma União Europeia que considera tais alegações como provocadoras quando aplicadas a Europa.

A suposição de que todo Estado tem o direito de manter a homogeneidade étnica ou religiosa, baseada no princípio da autodeterminação, e de que os refugiados e seus descendentes não têm direito de retorno, também deveria se aplicar a Israel. Isso significa que Israel também deve respeitar o direito dos palestinos à autodeterminação, mesmo que a Judeia e a Samaria (a Cisjordânia) façam parte da pátria histórica do povo judeu. Em outras palavras, os judeus têm o direito de retornar ao Estado de Israel e se desenvolver e prosperar lá, mas não na Palestina. Da mesma forma, os palestinos têm o direito de retornar a um futuro Estado palestino e se desenvolver e prosperar lá, mas não em Israel. Este princípio deve ser mantido quando se trata de questões como imigração e unificação familiar.

A questão dos refugiados foi levantada durante as cúpulas de Camp David e Taba em 2000-2001 e, mais seriamente, durante as negociações entre a ministra das Relações Exteriores de Israel, Tzipi Livni (que recebeu mandato do gabinete israelense para conduzir as negociações) e o ex-primeiro-ministro palestino Ahmed Qurei (também conhecido como Abu Ala) em 2008. Vazamentos dessas conversas (que foram apelidados de

"Os Documentos da Palestina") criaram a impressão de moderação palestina. Um exame mais atento mostra que essa foi uma impressão enganosa.[307]

Havia também outras vozes indicando mudança no lado palestino. O primeiro foi o presidente da Universidade de al-Quds, Sari Nusseibeh, que em 2002 publicou conjuntamente uma declaração de princípios com Ami Ayalon, membro do Partido Trabalhista e ex-chefe do serviço de segurança interno de Israel, o *Shin Bet*.[308] Esses princípios incluíam um acordo baseado nas fronteiras anteriores a 1967 com trocas territoriais e um retorno palestino ao Estado palestino, não a Israel.

O Acordo de Genebra também incluiu um grau de recuo palestino em relação à posição intransigente sobre retorno dos refugiados a Israel. No contexto do discurso palestino, figuras públicas como o historiador palestino-americano Rashid Khalidi, o sociólogo palestino Salim Tamari (diretor do Instituto de Estudos Palestinos) e outros, também mostraram sinais de moderação.[309] Isso não significa que eles sejam representativos de todos os palestinos ou que um acordo esteja próximo, mas a mudança está acontecendo.

O problema dos descendentes dos refugiados palestinos é uma ferida aberta e supurante nas relações árabe-israelenses, mas Israel não é culpado por perpetuá-la. A rejeição árabe do Plano de Partilha levou à guerra que criou o problema em primeiro lugar. Israel desempenhou um papel na criação do problema, assim como os Estados árabes invadiram Israel para expulsar e expropriar os judeus. Contudo, Israel subsequentemente absorveu seus refugiados, enquanto o mundo árabe não o fez. Desde então, o mundo árabe e a comunidade internacional só pioraram as coisas: em vez de proporcionar uma cura, esfregaram sal na ferida.

A retórica do direito de retorno tornou as coisas ainda piores, já que se baseia em um padrão duplo e representa um sonho impossível. O dia em que os palestinos e seus simpatizantes entenderem que é hora de normalizar o problema dos refugiados palestinos, abordando-o de acordo com a prática internacional padrão e o direito internacional, será um dia de grande alegria. Será um dia em que o sofrimento dos palestinos começará a diminuir. Será o dia em que os palestinos, refugiados e não refugiados, deixarão de ser uma ferramenta nas mãos de outros. Para o bem deles, para o bem da paz, esse dia não pode tardar.

CAPÍTULO 9
O Genocídio que Não Era o Tal

> Um grande número de publicações e pesquisas atribui atos de genocídio a Israel e retrata o conflito árabe-israelense como a principal causa de violência no mundo. Dezenas de milhões de pessoas foram mortas em conflitos em todo o mundo, incluindo mais de 10 milhões no mundo árabe-muçulmano. Em comparação, a contribuição de Israel para essa conta de açougueiro é minúscula.

A **GUERRA DA INDEPENDÊNCIA** de Israel em 1948 foi a mais brutal e cara de todas as guerras de Israel. Não foi livre de atrocidades. Um desses eventos ocorreu meio ano depois de Deir Yassin, e não foi o único caso de soldados judeus ferindo civis. Os rumores chegaram a Natan Alterman, então o mais proeminente e respeitado poeta em Israel. Alterman publicou um poema enfurecido que repreendeu causticamente tais ações. Foi publicado no *Davar*, o jornal do partido Mapai,[310] e dois dias depois no *Haaretz*:

> *Um jipe cruzou a cidade conquistada / um jovem ousado e armado [...] um leão-jovem / e na rua deserta / um homem velho e uma mulher / pressionados por ele contra a parede / E o jovem sorriu com dentes de leite: / "Vou tentar a metralhadora" [...] e ele tentou / o velho mal cobriu o rosto com as mãos / e seu sangue cobriu a parede [...]*

Seria digno expor e discutir publicamente tais atrocidades, ele perguntou retoricamente? Alterman respondeu:

> *Deixe a serenidade que sussurra "de fato" ser purgada [...] / e veja seu rosto no espelho! / e a guerra da nação, que permaneceu sem medo / perante sete exércitos / dos reis do Oriente / Nem em "Não o noticieis em Gate" [...] / Não é tão covarde!*

Não houve censura deste poema. Não houve contradições. Pelo contrário, David Ben-Gurion, então primeiro-ministro e ministro da Defesa de Israel, enviou a seguinte carta a Alterman:[311]

Parabéns – pela sua força moral e poder de expressão em sua última coluna no Davar. Você foi uma voz – uma voz pura e leal – para a consciência humana. Se essa consciência não agir e bater em nossos corações hoje, não seremos dignos da grandeza que nos foi dada até agora. Peço sua permissão para imprimir esta "coluna" – não há nenhuma coluna blindada em nosso exército que seja mais poderosa em nossas forças armadas – a ser publicada pelo Ministério da Defesa para ser distribuída a todos os membros do exército.

D. Ben-Gurion

Cem mil cópias do poema foram impressas e distribuídas a todas as FDI. É difícil imaginar que outro país tenha recebido tão bem um poema de protesto contra as transgressões de seu próprio exército por causa de um punhado de atrocidades, quanto mais distribuir 100 mil cópias para seus soldados no meio da batalha em uma guerra amarga e sangrenta.[312] Mas a história não terminou em 1948. O poema, que critica crimes isolados e adverte contra a realização de outros atos desse tipo, continua sendo estudado nas escolas israelenses até os dias de hoje.[313] Mesmo o próprio fato de publicar e distribuir o poema encontrou a resposta comum de supercrítica a Israel em alguns círculos, sob a alegação de que seu propósito "real" era servir a "valores políticos hegemônicos".[314] Assim como a ridícula acusação de "lavagem-cor-de-rosa" em resposta às atitudes e tolerância esclarecidas de Israel em relação à homossexualidade – a máquina de propaganda anti-israelense manipulou esse evento para acusar Israel de "lavagem moral".

A explicação para a relativamente baixa incidência de atrocidades, talvez a mais baixa em comparação a conflitos semelhantes em todo o mundo no século XX, está embutida nas normas claras que são incutidas na cultura militar israelense de cima para baixo,[315] refletindo a ética judaica tradicional. Apesar disso, Israel ainda é regularmente descrito como um Estado que comete crimes de guerra sem parar. Este capítulo analisa essas afirmações objetivamente e as considera totalmente sem mérito.

"QUANTOS PALESTINOS FORAM MORTOS EM 1948?"

Esta pergunta foi feita por um usuário no website *Yahoo! Responde*. A resposta mais recomendada (que recebeu o maior número de "curtidas") coloca o número em não menos que 1,5 milhão de pessoas.[316] Obviamente, várias dezenas de "curtidas" não são prova de nada. O problema é que essa falsidade foi criada por inúmeros acadêmicos que lidam com essa questão de uma perspectiva distorcida e que, posteriormente, ecoam nas pesquisas globais. Como pode uma mentira tão grande, que não tem fundamento histórico, ter ganhado tanta proeminência no mundo livre? Onde estão os *think tanks* acadêmicos imparciais? Onde está a mídia objetiva, que supostamente se dedica a eliminar a propaganda e fornecer os fatos verdadeiros?

A resposta, infelizmente, é que tanto a academia quanto os meios de comunicação, que são considerados os guardiões da verdade, se tornaram os guardiões das mentiras contra Israel. Incrivelmente, eles são a fonte da Grande Mentira de que Israel não é apenas genocida, mas nada menos que um perigo para a própria humanidade. Em parte, essa mentira persiste porque é tão absurda que o público ignorante a aceita sem questioná-la. O público simplesmente não poderia acreditar que tantas pessoas "respeitáveis" a publicariam se não fosse verdade. A mentira então se repete sem parar: Israel é um perigo para a paz mundial.

Até mesmo Arun Gandhi, neto de Mahatma, publicou um artigo em 2008 intitulado "Identidade judaica não pode depender da violência", no qual ele argumentou: "Nós criamos uma cultura de violência (Israel e os judeus são os maiores atores) e essa Cultura da Violência acabará por destruir a humanidade".[317] Esta é essencialmente uma repetição da Grande Mentira da era nazista referente ao "judeu provocador que quer destruir o mundo", uma mentira que serviu como uma justificativa chave para o Holocausto. Desta vez, no entanto, ela aparece de forma higienizada, como parte do discurso liberal "dos direitos" em um blog sob a autoria de um indivíduo conhecido e sob a égide de dois veículos de notícias altamente respeitados: o *The Washington Post* e o *Newsweek*. Gandhi, que se descreve como "um agente de mudança" e confia em seu pedigree como suas credenciais,[318] estava servindo naquela época como o chefe do Instituto M.K. Gandhi de Não Violência da Universidade de Rochester, em Nova York. O artigo causou alvoroço e Gandhi foi forçado a renunciar, mas a ideia que ele expressou continua ganhando força, porque há muitos mais como ele que repetem incessantemente esse libelo – profissionais nas principais universidades, luminares literários e intelectuais de todo o Ocidente.

Talvez a aplicação mais impressionante deste absurdo pertença ao acadêmico Lev Greenberg, da Universidade Ben-Gurion, em Israel, que publicou um artigo em um jornal belga em 2004 intitulado "Genocídio Simbólico". No artigo, Greenberg argumentou que "já que o mundo não permite a aniquilação total, que uma aniquilação simbólica está em curso".[319] Greenberg é apenas um dos vários acadêmicos e membros da elite literária Ocidental que pontificaram o "genocídio" que Israel está cometendo contra os palestinos e sua contribuição fundamental para a violência no mundo. Em outro exemplo, o acadêmico Hamid Dabashi, da Universidade de Columbia, publicou um artigo em 2012 no qual argumentava que "Israel está interessado em qualquer coisa que não seja paz, interessado apenas em mutilar e assassinar mais palestinos".[320]

Essas afirmações não permanecem à margem, como geralmente fazem os pensamentos dementes de intelectuais marginais. Em vez disso, a mensagem foi "engolida" pelo público em geral, especialmente em países "esclarecidos" e "progressistas" da Europa Ocidental. Uma pesquisa na Alemanha em 2004 revelou que 51% dos alemães não imigrantes acreditam que Israel está tratando os palestinos como os nazistas trataram os judeus.[321] Políticos alemães, particularmente aqueles da ala esquerda, comparam Israel à Alemanha nazista regularmente.[322] Um estudo encomendado pelo *Bundestag*, publicado em 2012, descobriu que 41% dos alemães pensam que "Israel está travando uma guerra de aniquilação contra os palestinos".[323] Uma pesquisa na Itália descobriu que 36% dos italianos acreditam que "Israel está conduzindo um extermínio de palestinos, assim como os nazistas fizeram aos judeus".[324] Um estudo na Noruega revelou que 38% pensam que "Israel está se comportando em relação aos palestinos como os nazistas se comportaram em relação aos judeus".[325] Uma pesquisa pan-europeia em 2011 constatou que mais de 40% acreditam que "Israel está conduzindo uma guerra de extermínio contra os palestinos".[326] Finalmente, uma pesquisa global conduzida pela BBC em 2007 descobriu que a maioria das pessoas acha que Israel é a influência mais negativa sobre o mundo.[327] Houve uma ligeira mudança em 2012, com Israel "apenas" chegando em quarto lugar atrás do Irã, Paquistão e Coreia do Norte.[328]

Esses números são assustadores. Isto é especialmente verdadeiro à luz dos números reais, que mostram que, longe de cometer "genocídio", o número de mortos por Israel em todos os conflitos relevantes combinados é menor, em termos absolutos e relativos, do que em qualquer conflito comparável ao redor do mundo. Em relação ao tamanho da população, mais palestinos morreram em acidentes de trânsito do que em confrontos violentos com Israel. Setenta anos após o Holocausto, que viu a propaganda da Alemanha nazista transformar todo o povo judeu em um monstro que ameaça o mundo, uma nova indústria de mentiras surgiu. Esta indústria, que não é menos maliciosa, também retrata Israel como uma ameaça monstruosa à paz mundial. Mas desta vez não são os nazistas em marcha que propagam as mentiras. São acadêmicos liberais, intelectuais e ativistas de direitos humanos.

—

Este não é apenas o caso entre os membros das elites sociais mencionados. Às vezes, podemos ver os mesmos sentimentos sendo expressos por membros da elite política. Um exemplo é Clare Short, ministra do Partido Trabalhista no gabinete do primeiro-ministro Tony Blair, que argumentou que "a opressão do povo palestino é a principal causa de divisão amarga e violência no mundo".[329]

Clare Short apenas expressou o que todas as pesquisas globais estão dizendo. Muitos acreditam que o conflito árabe-israelense é a principal causa de inquietação, turbulência e protestos entre os imigrantes muçulmanos na Europa e a violência global em geral. Em face disso, deve ser difícil ligar Israel ao genocídio no Sudão ou à violenta guerra civil na Argélia. Então, como isso é alcançado? Simples – por meio de uma enxurrada de artigos, livros, periódicos e *websites* que são dedicados a um único propósito: apresentar Israel como um país que incessantemente comete crimes de guerra. Enquanto bandeiras de Israel são queimadas em Jacarta e Cartum, artigos a favor da destruição de Israel são publicados em Oslo e Zurique. Uma olhada rápida pelas ferramentas de busca online usando apenas três palavras-chave – "genocídio" de "muçulmanos" ou "árabes" ou "palestinos" em conexão com "sionistas" ou "Israel" – produz literalmente *milhões* de resultados. Depois de filtrar spam e lixo, milhões de links permanecem, levando a conteúdo que expele sua bile com seriedade mortal. Este mar de ódio tem resultados. Ele age da mesma forma que o antigo maquinário de propaganda soviético. A ideia de "Israel genocida" tornou-se uma posição aceita, não uma posição marginal. Não faltam referências para fortalecer e reforçar esse preconceito. Um acadêmico fala de um "genocídio simbólico", outro afirma que as ações de Israel são semelhantes às dos belgas no Congo, outro argumenta que Israel e os judeus estão prestes a destruir a humanidade, e assim por diante ao infinito.

Sob a proteção da academia, a ideia de que Israel hoje é uma reencarnação da Alemanha nazista de 1940 está sendo transformada em sabedoria convencional. Há aqueles que pedem o fim de Israel por esses motivos. Simplificando, eles acreditam que Israel cometeu tantas atrocidades e atos genocidas ao longo de toda a sua história que não tem o direito de existir *de facto* e certamente não *de jure*. Essa é a opinião do autor norueguês Jostein Gaarder, por exemplo, que escreveu: "Assassinos de crianças nós chamamos de 'assassinos de crianças'". A imagem dos israelenses como assassinos de crianças remete a antigos libelos de sangue e é profundamente antissemita. Mas Gaarder vai um passo além. Como os israelenses são "assassinos de crianças", ele nega o direito de existência de Israel e pede sua destruição.[330] Para ser justo com Gaarder, ele claramente acredita – verdadeira e profundamente – que Israel é um monstro maligno e impenitente, e monstros, afinal, devem ser mortos.

A horrível ironia é que massacres de árabes e muçulmanos estão acontecendo agora em países árabes e muçulmanos nas mãos de árabes e muçulmanos – um verdadeiro genocídio que está sendo cumprido sob silêncio global. Esses massacres abrangem mortes em massa e a eliminação de aldeias, cidades e populações inteiras. As vidas dessas pessoas estão sendo apagadas enquanto o mundo permanece em silêncio. Se alguma crítica é expressa, não visa os perpetradores reais; visa – absurdamente – Israel. Trata-se de um genocídio que se esconde por trás de uma cortina de fumaça de inversões de papéis, projeção, desorientação e busca de um vilão/bode expiatório como nunca se viu desde meados do século XX.

Essa acusação infundada, que oculta ou distorce os fatos verdadeiros, ganha força por uma simples razão: o apoio entusiástico da mídia e da academia ocidentais. Em inúmeras publicações impressas e digitais, Israel é retratado como um país que comete "genocídio", "limpeza étnica" ou "assassinato sistemático". Há muitas razões para isso. Às vezes é a moda dizer, às vezes é simplesmente dito de forma descuidada e sem intenção, às vezes é o resultado de um duplo padrão hipócrita, e às vezes é devido ao bom e velho (ou novo) antissemitismo, emanando da esquerda e da direita do espectro político, tanto implícita quanto explicitamente. Enquanto os antigos libelos de sangue (judeus como "assassinos de Cristo", "envenenadores de poços" e "assassinos rituais") podem ter sido refutados, eles foram substituídos por libelos de sangue modernos contra Israel ("assassinos de crianças", "assassinos genocidas", e "a fonte de toda a violência no mundo"), que estão ganhando cada vez mais adeptos.

A "conta do açougueiro" para outros conflitos na região é apresentada a seguir como uma referência objetiva. Deixo o leitor julgar como o conflito árabe-israelense — tão prevalente na mídia como o epítome da barbárie — se compara a eles. As descobertas não são uma questão de opinião ou perspectiva. Baseiam-se em critérios objetivos e num exame cuidadoso, factual e preciso (na medida do humanamente possível) do número de vítimas de vários conflitos que ocorreram em todo o mundo, desde o estabelecimento de Israel até hoje, incluindo massacres que continuam assolando o planeta.

A CONTA DO AÇOUGUEIRO DO MUNDO ÁRABE E MUÇULMANO

Quantos árabes e muçulmanos foram mortos no mundo árabe e muçulmano desde que Israel foi estabelecido? Quantos foram mortos por outros árabes e muçulmanos, e quantos foram mortos por outros? O material apresentado a seguir foi coletado a partir de dados preparados por vários *think tanks*, entidades acadêmicas, bancos de dados respeitáveis, organizações internacionais (como a Anistia Internacional e as Nações Unidas) e publicações governamentais. A maioria dos dados é baseada em uma série de estudos, que por sua vez são baseados nas fontes mais confiáveis.[331]

No entanto, dada a natureza da questão, não deve surpreender que existissem casos em que livros, publicações e relatórios apresentem resultados conflitantes, levando a diferenças numéricas — às vezes de magnitude de centenas de milhares ou mesmo milhões. É seguro assumir que nunca saberemos o número exato de vítimas, mas as estatísticas aplicadas neste exercício estão no limite inferior das estimativas existentes. Mesmo assim, elas apresentam uma imagem surpreendente e horripilante. Por falta de espaço, muitos outros conflitos que também ofuscaram o conflito árabe-israelense em termos de magnitude foram deixados de fora. Os conflitos discutidos são apresentados a seguir em ordem cronológica.

ARGÉLIA Alguns anos depois da fundação de Israel, outra guerra de independência irrompeu. A Guerra da Independência da Argélia da França foi uma prolongada luta de oito anos entre 1954 e 1962. O número de vítimas muçulmanas continua sendo objeto de disputa. Fontes oficiais da Argélia estimam que as mortes chegam a mais de 1 milhão. Institutos de pesquisa ocidentais tendem a aceitar esse número. Outros estudos postulam um limite de 2 milhões.[332] Fontes francesas tentaram argumentar em favor de um número muito menor de baixas de 250 mil muçulmanos, além de cerca de 100 mil muçulmanos que se opuseram à Frente Nacional de Libertação (FNL) ou trabalharam com os franceses e foram posteriormente assassinados como colaboradores. As estimativas francesas são consideradas tendenciosas e muito baixas, e uma estimativa mais realista estima a conta do açougueiro em 600 mil muçulmanos. A Guerra da Argélia foi uma guerra muito cruel, incluindo massacres perpetrados tanto pelos franceses quanto pela FNL.[333]

O massacre na Argélia continuou mesmo depois da evacuação francesa. Depois da vitória argelina, uma onda de vingança desceu sobre os suspeitos de colaborar com os franceses. Ninguém sabe o número exato de vítimas, mas as estimativas variam entre dezenas de milhares e 150 mil.[334]

Um conflito adicional eclodiu em 1991 na Argélia, quando o FIS islâmico ganhou a eleição e os resultados foram anulados pelo exército. Uma guerra civil brutal e prolongada se seguiu entre o governo central, apoiado pelo exército, e os órgãos islâmicos. Segundo várias estimativas, 100 mil pessoas morreram. A maioria destes era de civis inocentes, na maioria dos casos como resultado da aniquilação total de aldeias inteiras, incluindo mulheres, crianças e idosos. Estes massacres foram geralmente cometidos em nome do Islã.

SUDÃO O Sudão é um país dividido, cheio de campanhas de extermínio movidas por diferenças raciais iniciadas pelo Norte árabe-muçulmano contra o sul-africano negro. Duas guerras civis ocorreram no Sudão, além de um massacre patrocinado pelo governo na região de Darfur. A primeira guerra civil ocorreu entre 1955 e 1972. Estimativas moderadas falam de 500 mil vítimas.[335] Em 1983, a segunda guerra civil começou. Essa não foi tanto uma guerra civil quanto um massacre sistemático que chegou ao nível de genocídio. O objetivo era a islamização, a arabização e a expulsão em massa, às vezes levando à aniquilação de habitantes locais, a fim de aproveitar enormes campos de petróleo. Cerca de 1,9 milhão de pessoas morreram. O número de refugiados é mais que o dobro disso.[336]

A divisão entre muçulmanos e outros não é clara. A grande região de Nubba, povoada por muitos muçulmanos de ascendência africana, viu seus próprios horrores. O sofrimento de tais muçulmanos não era muito melhor do que seus irmãos africanos não muçulmanos. Depois que o islamismo radical aumentou seu poder sob a influência do Dr. Hassan al-Turabi, a situação só deteriorou. Esta foi aparentemente a pior série de crimes de guerra que o mundo testemunhou desde o final da Segunda Guerra Mundial. Foi marcada por limpeza étnica, desenraizamento, assassinato em massa, escravidão, rapto de crianças de suas famílias, imposição de leis e normas islâmicas e muito mais. Milhões se tornaram refugiados.

A carnificina em Darfur foi caracterizada por muçulmanos árabes que assassinavam muçulmanos de ascendência africana e pessoas de fé pagã. Os números não são claros, mas estimativas moderadas falam em 200 mil mortos. Estimativas mais altas estimam o número em 600 mil. Um estudo de mortalidade publicado na revista médica *Lancet* apontou o número de mortes em torno de 300 mil em 2008.[337]

O massacre no Sudão foi realizado pelo governo árabe-muçulmano, e a esmagadora maioria das vítimas, se não quase todas, eram sudanesas, habitantes de ascendência africana de várias religiões.

BIAFRA Quando a tribo cristã Igbo no Sul da Nigéria declarou um Estado independente no distrito de Biafra, a parte muçulmana do Norte da Nigéria declarou guerra aos separatistas biafrenses. O exército nigeriano comandado por Hassan Katsina usou todos os meios para derrotar os biafrenses. Além de matar indiscriminadamente a tiros, a arma principal era a fome e inanição. Com a ajuda das forças aéreas dos países árabes e muçulmanos, a Nigéria bombardeou áreas agrícolas para negar comida aos Igbo. A URSS forneceu os MIGs, mas como a Nigéria não tinha força aérea treinada, os pilotos vieram de outros países. Os pilotos egípcios se destacaram bombardeando aldeias, cidades, campos de refugiados, hospitais, igrejas e escolas, matando de fome os biafrenses.[338] Nenhum líder ou oficial (incluindo o comandante da Força Aérea Egípcia na época, Hosni Mubarak) foi levado a julgamento pelo genocídio de Biafra. Nenhum membro do parlamento britânico (o governo britânico apoiou a Nigéria) pediu uma investigação sobre o envolvimento de pilotos da RAF em crimes de guerra, como o abatimento de aviões de abastecimento para os biafrenses famintos.[339] As estimativas do total de mortes variam entre algumas centenas de milhares de pessoas mortas nos combates e 3 milhões que morreram de fome, doenças e danos acumulados.

AFEGANISTÃO O Afeganistão teve um ciclo interminável de morte nas mãos de forças internas e externas. A invasão soviética, que começou em 1979 e terminou em 1989, levou a 1 milhão de mortes. Outras estimativas colocam o número de mortes em 1,5 milhão de civis e 90 mil combatentes. O estudo mais completo, publicado na *Central Asian Survey*, estima o número de mortos em 867.825.[340]

Após a retirada soviética, o Afeganistão passou por uma série de guerras civis, incluindo lutas entre partidários soviéticos, os Mujahidin e os talebans. Cada grupo cometia massacres em massa contra seus inimigos. O número total de mortos antes da invasão da coalizão americana em 2001 é estimado em 400 mil. Há aqueles que se queixam, justificadamente, sobre a morte generalizada de cidadãos afegãos durante o esforço da coligação da ONU para derrubar o regime taleban e perseguir a al-Qaeda no seu território de origem. Entre a invasão do Afeganistão em 2001 e janeiro de 2016, cerca de 104 mil pessoas foram mortas, a maioria delas pelo Taleban.[341] Sem a invasão, o fratricídio — matança-voltada-para-dentro pelos afegãos por motivos ideológicos e religiosos — teria sem dúvida prosseguido, com uma taxa ainda maior de baixas.

SOMÁLIA Entre 1969 e 1990, sob a presidência de Mohammed Siad Barre, cerca de 50 mil somalis foram mortos por seu regime brutal. Desde o fim do governo de Barre, o país tem sido convulsionado por uma guerra civil interminável marcada por conflitos entre- e intra-clã. O número de vítimas — muçulmanos mortos por muçulmanos — é estimado em pelo menos 500 mil. Tanto uma intervenção da ONU como uma tentativa subsequente das forças americanas de restaurar a ordem acabou em fracasso e resultaram na evacuação de todas as forças de manutenção da paz do país.

A maioria das vítimas não morreu no campo de batalha, mas como resultado da fome deliberada ou do massacre de civis, por exemplo, através do bombardeamento de áreas inimigas, o que, no caso da Somalilândia, causou a morte de 50 mil pessoas. Segundo um relatório da ONU, cerca de 258 mil pessoas morreram na Somália em 2011,[342] das quais 133 mil eram crianças com menos de cinco anos de idade. A milícia islamista *Shabab* — uma facção beligerante que defendeu a versão wahhabista do islamismo inspirada na Arábia Saudita e que desejava impor isso à população majoritariamente sufi da Somália — desempenhou um grande papel nessas mortes ao negar o fornecimento de alimentos.[343]

BANGLADESH Quando Bangladesh quis a independência do Paquistão, o Paquistão respondeu com uma invasão militar que levou à devastação em massa. Isso não foi uma guerra, mas um exercício de assassinato em massa. Entre 1 e 2 milhões de pessoas foram sistematicamente mortas em 1971. Vários estudiosos definiram os eventos daquele ano como um dos três maiores genocídios do mundo (após o Holocausto e o genocídio de Ruanda). A maioria dos pesquisadores acredita que o número de mortes é próximo de 1,5 milhão.[344] Uma comissão de inquérito estabelecida pelo governo de Bangladesh calcula o número de vítimas resultantes do massacre sistemático de civis pelas forças armadas paquistanesas, em 1.247.000. Há também muitos relatos de esquadrões da morte formados por soldados muçulmanos enviados para cometer assassinatos em massa contra agricultores muçulmanos. O exército paquistanês só foi derrotado depois que a Índia interveio, levando milhões de refugiados a fugir de Bangladesh para a Índia. Em atos de vingança cometidos após a retirada do exército paquistanês, outras 150 mil pessoas foram assassinadas.

INDONÉSIA A Indonésia, o maior país muçulmano do mundo, concorre com Bangladesh, Camboja e Ruanda pelo duvidoso título de "o maior massacre desde o Holocausto". A primeira onda ocorreu na década de 1950, durante as lutas pelo poder entre o regime e a oposição que resultou em um número estimado de pelo menos 33 mil mortes. O maior massacre ocorreu durante a repressão de uma revolta comunista em 1965 (há controvérsia se a insurreição foi real ou não). As estimativas quanto ao número de vítimas variam, mas o consenso atualmente é de cerca de 1 milhão de mortos entre 1965 e 1968 (há aqueles que estimam um número muito mais alto).[345] O massacre foi conduzido pelo exército, liderado pelo general Suharto, que assumiu o controle e continuou governando a Indonésia por mais de 32 anos. Um estudioso desses anos afirma que o homem encarregado de reprimir a rebelião, o general Sarwo Edhie, admitiu que "nós não matamos 1 milhão, matamos 2 milhões" e que "fizemos um bom trabalho".[346]

Em 1975, após o fim do domínio Português, Timor Leste declarou independência. A Indonésia rapidamente invadiu e controlou a região até 1999. Cerca de 200 mil habitantes de Timor Leste foram mortos, além da destruição em massa da infraestrutura.

IRAQUE A principal onda de morte e destruição que assolou o Iraque ocorreu na época de Saddam Hussein. Aqui também foi um regime que causou a morte de milhões. Um dos picos ocorreu durante a Guerra Irã-Iraque, na batalha pela área disputada de Shatt al-Arab, que levou à morte e destruição em massa. Estimativas moderadas falam de 350 mil a 650 mil iraquianos e 350 mil a 970 mil fatalidades iranianas. Outras estimativas estimam um número tão alto quanto 1,25 ou 1,5 milhão. Ondas de expurgos internos — contra opositores políticos, grupos étnicos (curdos) e outros (por exemplo, expurgos da minoria sunita dominante contra a maioria xiita) — também tiveram um enorme impacto. Fontes locais falam de 1 milhão de mortos. O Observatório dos Direitos Humanos estima um número próximo a 250 mil, enquanto outros organismos internacionais estimam um número próximo a 500 mil.

Na década de 1960, entre 12 mil e 100 mil foram mortos. Nos anos 1980, a luta entre os curdos e o governo central começou de novo. As estimativas mais baixas falam de 70 mil mortos, incluindo os mortos em Karbala com agentes químicos. A Primeira Guerra do Golfo resultou em 70 mil mortes. Imediatamente depois, em 1991-1992, houve uma revolta xiita quando o Iraque começou a se desintegrar. Estimativas sobre o número de mortes resultantes dessa luta variam de 200 mil a 400 mil. No total, o número de pessoas mortas sob o domínio de Saddam Hussein é de 300 mil só em expurgos, não incluindo as baixas da Guerra Irã-Iraque e a invasão americana.

Outros 350 mil morreram por falta de tratamento médico adequado após as sanções ocidentais impostas após a Primeira Guerra do Golfo. Esta foi, em essência, uma extensão do massacre que Saddam cometeu contra seu próprio povo. O ditador iraquiano tinha tanto dinheiro como meios para comprar comida e construir hospitais para todo o Iraque, mas preferia gastar o dinheiro em palácios e distribuir "regalos" para amigos no Ocidente e no mundo árabe, como refletido no escândalo sobre o programa "Petróleo por Alimentos", gerenciado pela ONU.

Os iraquianos continuam sofrendo. Uma estimativa modesta da ONG *Iraq Body Count* estima que 268 mil[347] iraquianos foram mortos desde a invasão americana em 2003. Grande parte da responsabilidade recai sobre os Estados Unidos, que desde então se isentaram da responsabilidade. A luta entre facções iraquianas rivais continua, e as vítimas do terrorismo se acumulam a cada semana. A invasão pelo ISIS de algumas partes do Iraque adicionou uma nova onda de massacres brutais, bem como o medo de um possível genocídio contra as minorias yazidi, curda e xiita. Desde que este livro foi escrito, a luta continua.

LÍBANO Entre 1975 e 1990, o Líbano sofreu uma guerra civil intermitente envolvendo várias comunidades religiosas em guerra e, durante a Primeira Guerra do Líbano, as forças palestinas, sírias e israelenses. Ninguém contesta que a maioria das vítimas morreu nos dois primeiros anos do conflito. A soma total de mortes foi estimada em 150 mil. A estimativa mais alta e provavelmente a mais exagerada atribui 18 mil dessas mortes ao envolvimento de Israel.[348]

IÊMEN Na guerra civil que assolou o Iêmen entre 1960 e 1972, na qual tanto os egípcios quanto os sauditas estavam envolvidos, entre 100 mil e 150 mil iemenitas foram mortos, além de mil egípcios e mil sauditas. Entre outros, os egípcios cometeram crimes de guerra no Iêmen, incluindo o uso de armas químicas. Tumultos entre 1984 e 1986 provocados por tensões intertribais causaram a morte de milhares adicionais. Em 2004, além dos holofotes da mídia, tribos xiitas no Norte começaram um conflito com o governo sunita central. O número estimado de mortos deste conflito é de 25 mil.[349] Uma nova guerra civil eclodiu em 2015, levando cerca de 10 mil vidas, segundo um relatório da ONU.[350]

CHECHÊNIA A Rússia rejeitou a proposta de independência da República da Chechênia, levando à primeira guerra chechena entre 1994 e 1996. A guerra matou entre 50 mil e 200 mil chechenos. Os russos travaram uma guerra total para derrotar o movimento separatista checheno, mas sofreram um completo fracasso. Isso não ajudou os chechenos, pois sua república, que ganhou autonomia de fato, ficou em ruínas. A segunda guerra chechena, que começou em 1999 e terminou formalmente em 2001 (embora os separatistas que não aceitaram o término continuaram a atacar a Rússia), produziu um número estimado de mortes entre 30 mil e 100 mil.

SÍRIA A perseguição sistemática do regime sírio à Irmandade Muçulmana culminou com o massacre de Hama em 1981, que resultou na morte de entre 10 e 40 mil pessoas. A guerra civil síria tem sido amplamente coberta nos últimos anos, por isso não precisa de expansão aqui. Basta dizer que, desde a eclosão da guerra em 2011, a Síria se tornou o lugar mais sangrento da Terra. Entre 250 mil e 470 mil pessoas foram mortas até o momento. Todo dia se acrescenta mais sofrimento e morte.

—

Além das guerras e massacres em grande escala mencionados, também há conflitos menores que causaram centenas de milhares de mortes em contextos semimilitares, incluindo numerosos massacres.

JORDÂNIA Fartos da Organização de Libertação da Palestina (OLP), operando impunemente como um Estado dentro do Estado e usando a Jordânia como base de operações e área de concentração para combater Israel, o rei Hussein agiu quando a presença da OLP começou a ameaçar a monarquia jordaniana. Em um confronto breve, mas intenso, em setembro de 1970, entre a Legião Árabe da Jordânia e a OLP (embora as ações de limpeza tenham continuado até julho de 1971), a OLP foi controlada e, finalmente, expulsa da Jordânia. (A OLP subsequentemente montou uma base no Líbano, onde começou a desestabilizar o país.) Esses eventos, posteriormente referidos como Setembro Negro, foram acompanhados por massacres em campos de refugiados palestinos e entre os descendentes de refugiados, resultando em milhares de mortes. Segundo os próprios palestinos, o número de mortes variou de 10 mil a 30 mil.[351]

CHADE A população do Chade é aproximadamente metade muçulmana. Cerca de 75 mil habitantes foram mortos nas muitas guerras civis do país.

KOSOVO A principal área muçulmana da Iugoslávia sofreu aproximadamente 10 mil mortes na guerra interétnica ocorrida em 1998-2000, principalmente entre os cristãos sérvios e albaneses muçulmanos do local.

ZANZIBAR A Iha de Zanzibar conquistou a independência no início dos anos 1960, mas apenas brevemente. Primeiro, foi governada por árabes, depois principalmente por muçulmanos de ascendência africana que conduziram um massacre entre a população árabe-muçulmana em 1964. Estima-se fatalidades entre 5 mil e 17 mil.

TAJIQUISTÃO A guerra civil de 1992-1996 no Tajiquistão resultou em aproximadamente 50 mil mortes.

TURQUIA A luta prolongada e bem documentada entre o governo central da Turquia e os separatistas curdos matou cerca de 40 mil pessoas.

PAQUISTÃO Quase 61 mil paquistaneses – combatentes e não combatentes – foram mortos desde 2001 no conflito entre o exército paquistanês e o Taleban. Dessas fatalidades, cerca de 22.100 eram civis.[352]

Esta lista é parcial. Houve muitos outros conflitos, com um número incerto de vítimas, nas antigas repúblicas da URSS de maioria muçulmana (como o conflito entre a Armênia e o Azerbaijão), bem como um número grande, mas incerto, de mortes de muçulmanos em conflitos em lugares como Nigéria, Mauritânia e Uganda (sob Idi Amin).

O CONFLITO ÁRABE-ISRAELENSE

O conflito árabe-israelense causou entre 80 mil e 120 mil mortes (no lado árabe), incluindo cerca de 13 mil mortes palestinas durante a guerra de 1948 e outras 12 mil mortes palestinas desde a conquista por Israel da Judeia, Samaria (Cisjordânia), e Gaza na Guerra dos Seis Dias de 1967. A contagem total – 80 mil a 120 mil mortes – inclui duas Intifadas e operações militares como Chumbo Fundido e Margem Protetora contra o Hamas em Gaza.[353] Vale a pena notar que o número de palestinos mortos pela Jordânia, Síria e Líbano – e como resultado de disputas internas palestinas – é muito maior.

Antes da fundação do Estado de Israel, a luta que causou o maior número de baixas palestinas foi a Revolta Árabe de 1936-1939, durante a qual aproximadamente 5 mil palestinos foram mortos – a maioria pelos britânicos. No entanto, durante esses anos, que foram muito sangrentos, a maioria dos assassinatos entre os árabes palestinos foi das mãos de outros palestinos, capangas do Mufti eliminando moderados e outros rivais.

Críticos apontam que grupos separatistas como o *Etzel* (também conhecido como *Irgun*) e o *Lehi* (também conhecido como Stern Gang) realizaram ataques terroristas contra alvos árabes e britânicos que feriram civis inocentes. Há aqueles que citam esses ataques como uma justificativa para ataques terroristas palestinos, mas esse argumento é baseado em uma equivalência falsa: os grupos *Etzel* e *Lehi* eram minúsculos, a maioria do *Yishuv* se opunha a eles, e a liderança do *Yishuv* os denunciou como "separatistas" em um momento crucial do Mandato e até mesmo tentou interditá-los.[354]

Em nome da equivalência moral (e para provar que o sionismo não é diferente de outros movimentos violentos contemporâneos), há aqueles que apontam para atos de terrorismo judeu anteriores a 1948. Sim, houve ataques terroristas de dentro do movimento sionista durante esse período, mas eles diferiram de atos de terrorismo palestino de várias maneiras. Primeiro de tudo, foram atos individuais, cometidos principalmente durante a Revolta Árabe de 1936-1939, que incluiu uma longa e crescente lista de ataques terroristas árabes contra civis judeus. Segundo, como se observou, eles foram cometidos por grupos marginais e foram repudiados e condenados pela maioria do público judeu.

Em nítido contraste, o terrorismo palestino contra os israelenses goza consistentemente do apoio de uma esmagadora maioria dos palestinos, como registrado em pesquisas de opinião respeitáveis conduzidas por institutos de pesquisa palestinos. Isto é verdade para os atentados suicidas durante a Segunda Intifada, o disparo de foguetes de Gaza desde a retirada unilateral de Israel de Gaza em 2005, e a recente onda de ataques com carros ou facas em 2015-2016. Igualmente significativo é o fato de que os perpetradores de tais ataques não são apenas celebrados como heróis pela "rua palestina", mas também elogiados e honrados pela Autoridade Palestina, que os recompensa e às suas famílias financeiramente.

Não há pesquisas de opinião das décadas de 1930 e 1940 detalhando o apoio palestino à Revolta Árabe ou a opinião judaica em relação a dissidentes dentro do movimento sionista. No entanto, o registro histórico mostra que, enquanto os Etzel e Lehi eram entidades marginais, os ataques deliberados contra civis inocentes eram a norma entre todos os grupos de luta palestinos e eram encorajados pela liderança sênior, em particular o Mufti. Essa tática continua sendo uma característica marcante da luta palestina desde então, mas nunca se tornou a norma do pré-Estado *Yishuv* ou do Estado de Israel.

Durante a Guerra da Independência de 1948 em Israel, cerca de 6 mil judeus foram mortos de uma população de 600 mil. A estimativa mais alta do número de árabes mortos é fornecida pelo historiador palestino Arif al-Arif. Depois de pesquisar o assunto durante a década de 1950, ele chegou a um total de 16.721 baixas árabes, das quais 13 mil eram palestinas, como mencionado.[355] Nesta guerra, como em todas as guerras, houve atrocidades. Segundo a estimativa de Morris, de todos os palestinos mortos, cerca de 800 foram assassinados em 24 atrocidades, incluindo o conhecido massacre em Deir Yassin, uma aldeia nos arredores de Jerusalém.

A contagem para as subsequentes guerras árabe-israelenses é a seguinte: Na Campanha do Sinai (1956), entre 1.650 e 4 mil egípcios foram mortos, incluindo alguns das forças britânicas e francesas. Na Guerra dos Seis Dias (1967), entre 18 mil e 21 mil árabes foram mortos nas três frentes – egípcia, jordaniana, e síria. Na Guerra de Atrito ao longo do Canal de Suez (1969-1970), entre 5 mil e 10 mil egípcios foram mortos, excluindo centenas de "conselheiros" do bloco soviético. A estimativa mais alta de fatalidades árabes na Guerra do Yom Kippur (1973) é de 18.500 pessoas nas frentes egípcia e síria.

Depois disso, houve conflitos adicionais. A Primeira Guerra do Líbano (1982), travada principalmente contra a OLP, em vez do próprio Líbano, foi uma guerra dentro da guerra civil libanesa. Algumas estimativas falam de 12 mil mortos (inclusive como resultado da "Operação Litani" em 1978.)[356]; outros estimam o número em 20 mil.[357] Milhares de vítimas foram acrescentadas antes da retirada em 2000 das forças israelenses da autodeclarada "zona de segurança" israelense no Sul do Líbano, que foi estabelecida uma década e meia antes para proteger a fronteira Norte de Israel. O número de mortos na Segunda Guerra do Líbano (2006) é de cerca de 1.200, segundo a Anistia Internacional.[358]

O CONFLITO ISRAELO-PALESTINO

Nos últimos anos, as vítimas resultantes do conflito israelo-palestino receberam a maior atenção na mídia e na academia. De fato, o número de mortos dos palestinos deste conflito representa apenas uma pequena parcela do total de mortos no conflito árabe-israelense. Por exemplo, durante o período dos ataques de *Fedayeen* em 1949-1956,[359] que levaram a ataques israelenses de represália, entre 2.700 e 5 mil infiltrados palestinos e *Fedayeen* foram mortos, de acordo com a estimativa de Benny Morris.[360]

Há um certo debate sobre o número de civis palestinos assassinados durante a Primeira Guerra do Líbano no hediondo massacre de Sabra e Shatila nas mãos de milicianos cristãos falangistas maronitas, que entraram nesses campos de refugiados palestinos enquanto eram cercados por tropas israelenses. Centenas de milhares de israelenses protestaram contra o então ministro da Defesa, Ariel Sharon, e uma comissão de inquérito atribuiu responsabilidade parcial pelo massacre a Sharon, que foi forçado a renunciar como resultado. Os números sobre a extensão da carnificina variam de 460 vítimas de acordo com a polícia libanesa (incluindo 15 mulheres e 20 crianças),[361] a 700-800 de acordo com a inteligência israelense,[362] a 1.700 de acordo com fontes palestinas.[363]

As próximas áreas de conflito foram a Cisjordânia e a Faixa de Gaza.

Na Primeira Intifada, que eclodiu em 1987, o número de mortos – a maioria deles homens com mais de 17 anos – era de 1.481.[364] A Segunda Intifada (*al-Aqsa*) resultou em 4.843 baixas palestinas.[365] Durante a Operação Chumbo Fundido, que ocorreu durante três semanas no final de 2008 e no começo de 2009, 1.398 palestinos foram mortos.[366] Outros 3.049 palestinos foram mortos desde então até maio de 2017, inclusive durante a Operação Margem Protetora no verão de 2014.[367] Todos esses números foram extraídos dos relatórios da ONG israelense de direitos humanos B'Tselem, embora seus números tenham sido ferozmente desafiados no passado.

Os dados de B'Tselem mostram que, até o momento (agosto de 2017), o número total de palestinos mortos nos últimos 30 anos, desde o início da Primeira Intifada em 1987, é de aproximadamente 11.500. No entanto, um esclarecimento importante é necessário. No total, houve cerca de 11.500 mortes de palestinos durante as hostilidades na Cisjordânia e na Faixa de Gaza *durante 50 anos de controle israelense.*

A lista de vítimas publicada por B'Tselem, incluindo a Operação Margem Protetora, mostra que a maioria das vítimas eram homens em idade de luta. Isso sugere fortemente que Israel não realizou ataques indiscriminados contra a população civil palestina. Além disso, os dados do B'Tselem juntam todas as mortes durante as hostilidades: espectadores inocentes e outros não combatentes, "palestinos que participaram das hostilidades e foram mortos pelas forças de segurança israelenses" e "palestinos mortos pelas forças de segurança israelenses, não sabendo se envolvidos em combate" (ou seja, "suspeitos combatentes"). As duas últimas categorias constituem uma enorme porcentagem de todas as fatalidades e, portanto, distorcem o quadro geral. Em outro exemplo de tal distorção, a lista de fatalidades palestinas durante a Segunda Intifada inclui homens-bomba.

Todas as pessoas decentes devem se arrepender da morte de cada pessoa inocente, mesmo que as forças armadas ainda se refiram a elas friamente como "danos colaterais", mas é importante lembrar o histórico, os fatos e as proporções. O número mencionado – 11.500 mortes palestinas em um período de cinco décadas – é menor do que o número de muçulmanos mortos em um ano pelo ex-ditador sírio Hafez al-Assad em 1982. Também é menor do que o número de mortos pelo terror jihadista em cada um dos últimos cinco anos e aproximadamente igual a um mês de mortes em conflitos atualmente travados no mundo muçulmano. Essas comparações não pretendem diminuir o valor da vida humana. Em vez disso, eles são apresentados aqui para mostrar que as acusações de um "genocídio" palestino desmoronam quando consideradas em seu contexto apropriado.

Apesar disso, uma busca na Internet pelas frases "Israel" e "crimes de guerra" ainda retorna muito mais resultados do que uma busca por "Sudão" e "crimes de guerra". Isso é inteiramente devido à Grande Mentira anti-Israel. Para reiterar, o número total de mortos no conflito árabe-israelense, de acordo com as estimativas mais altas, é de 120 mil.[368] Destes, menos de um terço, provavelmente mais perto de um quarto, eram palestinos. O número total de fatalidades egípcias desde o início do conflito até a Guerra do Yom Kippur em 1973 (40 mil) é maior do que o número total de palestinos mortos até hoje. Em comparação, entre 10 e 15 milhões de pessoas foram mortas no mundo árabe e muçulmano durante o mesmo período.

Correndo o risco de parecer redundante ou excessivamente piedoso, é importante reiterar que toda perda de vida deve ser lamentada, que Israel pode e deve estar sujeito a análise e críticas, e que deve tentar limitar o máximo possível a morte de civis inocentes. No entanto, a presente excessiva – e francamente obsessiva – crítica de Israel põe em relevo o silêncio quase total do mundo diante do assassinato sistemático de milhões de pessoas por regimes muçulmanos e árabes.

Para encerrar, alguns esclarecimentos são necessários em relação aos dados sobre as vítimas apresentadas.

Primeiro de tudo, a maioria das perdas árabes no conflito árabe-israelense ocorreu em guerras iniciadas pelos Estados árabes como parte de sua rejeição do Plano de Partilha e do direito de Israel de existir como um Estado-nação judeu soberano. Relativamente falando, o número de israelenses mortos por ataques árabes também foi muito maior. Na Guerra da Independência de 1948 em Israel, 6 mil israelenses morreram de uma população de 600 mil, representando 1% da população total do *Yishuv*. Em contraste, as fatalidades árabes nessa guerra foram compartilhadas por cinco países cuja população combinada era de dezenas de milhões. Além disso, Israel não planejava acabar com um único Estado Árabe, enquanto o objetivo declarado pelos árabes era a eliminação da "entidade sionista" (a palavra "Israel" era muito desagradável para ser expressada por eles).

Segundo, de todos os grandes conflitos desde o final da Segunda Guerra Mundial, o conflito israelo-palestino tem um dos mais baixos — talvez até *o menor* — número de baixas. A enxurrada de publicações hostis a Israel na mídia e na academia é, portanto, completamente desproporcional ao número real de mortes. Pelo menos meio milhão de argelinos morreram combatendo a ocupação francesa e 1 milhão de afegãos morreram combatendo o controle soviético. Milhões de árabes e muçulmanos foram mortos pelas mãos de outros árabes e muçulmanos, mas o mundo ainda sabe mais sobre uma pobre criança — Muhammad al-Durrah — supostamente morta pelas forças israelenses.[369] Pode-se e deve-se criticar Israel, mas a exagerada e obsessiva escoriação de Israel na mídia e na academia tapa os olhos para o verdadeiro genocídio de milhões de pessoas.

Em 2009, Daniel Jonah Goldhagen, da Universidade de Harvard, publicou um livro, intitulado *Worse Than War*,[370] sobre o massacre em massa desde o início do século XX. Por sua estimativa, *entre 125 e 175 milhões de pessoas foram mortas* no século XX. Em sua pesquisa detalhada, Goldhagen esclarece desde o início que a maioria dos mortos foi assassinada em atos de genocídio, não de guerra. Além disso, a maioria dos mortos morreu nas mãos de outros civis, isto é, seus vizinhos. Ele também observa que nove em cada dez mortes envolviam civis, não soldados. Em geral, o livro recebeu críticas favoráveis, mas alguns críticos perguntaram por que os atos criminosos de Israel, incluindo limpeza étnica e assassinato em massa, não haviam sido incluídos no livro. Essa, por exemplo, foi a crítica do crítico de livros do *The Telegraph*,[371] bem como de outros.[372] Tal crítica simplesmente assume que o comportamento genocida de Israel é axiomático e não precisa de provas.

Como mostramos repetidamente neste capítulo, as estatísticas realmente provam o contrário. Israel não apenas nunca cometeu genocídio, mas sua contribuição para a violência no mundo árabe e muçulmano tem sido minúscula. Além disso, é difícil pensar em outro conflito violento e prolongado que tenha resultado em tão poucas baixas durante um período tão longo. A ocupação não é esclarecida e não tem como ser esclarecida, mas se nós fizéssemos uma lista de "ocupações brutais", Israel seria colocada perto ou no final da lista. Isso é um fato, não uma opinião (como explicado em outras partes deste volume).

Para aqueles que ainda estão em dúvida, imagine o que teria acontecido se os palestinos tivessem estado sob ocupação iraquiana, síria, francesa ou soviética nas últimas cinco décadas.

A JUSTIFICAÇÃO DO TERROR

Aqui e ali pode-se ouvir vozes que "explicam" e apresentam desculpas do terrorismo como uma reação contra o globalismo, o imperialismo, o colonialismo e, claro, o sionismo. Ouvindo essas desculpas, explicações e justificativas, pode-se concluir que os esforços da *jihad* islâmica são dirigidos principalmente a europeus e americanos. Seria realmente esse o caso?

Tomemos o ano de 2012 como exemplo. Em um relatório enviado ao Congresso dos Estados Unidos, foi relatado que 11.098 pessoas foram mortas pelo terrorismo naquele ano.[373] Os quatro países que viram o maior número de ataques terroristas e mais vítimas de terrorismo foram o Afeganistão (2.632), o Iraque (2.436), o Paquistão (1.848) e a Nigéria (1.386). A pesquisa mostrou que, além de 122 pessoas mortas pelo submundo das FARC na Colômbia, a maioria dos perpetradores e vítimas do terrorismo eram muçulmanos. O objetivo da *jihad* islâmica não é a libertação de um conquistador estrangeiro, mas sim a imposição de um Estado xaria islâmico.

Os dados do governo dos Estados Unidos apontam para a magnitude do problema, mas estão incompletos. Assim, por exemplo, segundo dados originários do Paquistão, o número de vítimas do terrorismo em 2012 era de 6.211 pessoas (3.007 civis, 732 seguranças e 2.472 terroristas).[374] De acordo com os dados da ONG Iraq Body Count,[375] o número de civis mortos no Iraque era de 4.584 em 2011 (e 9.475 em 2013). Pode-se supor que essas estimativas – compiladas de registros reais de várias fontes, como relatórios de notícias confirmadas, hospitais, necrotérios e assim por diante — estão mais próximas da verdade.

O que está claro é que todos esses milhares de vítimas do terrorismo, a maioria deles muçulmanos, não têm nada a ver com o conflito árabe-israelense. Em 2013, 17.958 pessoas foram mortas em todo o mundo pelo terrorismo islâmico; em 2014 — 32.007; em 2015 — 27.578; e em 2016 — 21.237[376] O terrorismo islâmico está se transformando em uma máquina da morte e suas vítimas são principalmente muçulmanas.

A MORALIDADE DA TV

Por que, então, as pessoas têm exatamente a impressão oposta? Por que não há conexão entre os fatos e a narrativa? Existem muitas respostas possíveis para esta questão. Uma é que a moralidade Ocidental se tornou a "moralidade das câmeras de TV". Quando um esquadrão terrorista do Hamas ou do Hezbollah dispara foguetes de uma área residencial e Israel atira de volta — atacando o esquadrão bem como as duas crianças cuja casa servia de plataforma de lançamento — há inúmeros relatos com a manchete "Israel bombardeia edifícios residenciais". Mas quando aldeias inteiras no Sudão, uma cidade inteira na Síria, ou dezenas de estudantes universitários na Nigéria são exterminados, não há uma equipe de câmeras para transmitir isso para o mundo. Em vez disso, seguindo o exemplo da moralidade da TV, comentaristas de prestígio, estudiosos, políticos e membros regulares da coalizão anti-Israel continuam a difamar Israel como o único país do mundo que é culpado de crimes de guerra e genocídio.

Pode-se considerar que não leram atentamente as Convenções de Genebra. Se tivessem, saberiam que, além de alguns casos isolados, as ações de Israel contra alvos militares, mesmo que prejudiquem civis, são permitidas pela Convenção. O Artigo 28 da Quarta Convenção de Genebra afirma que "a presença de uma pessoa protegida não pode ser usada para tornar certos pontos ou áreas imunes a operações militares".[377] O mesmo vale para o Artigo 52.2 do Protocolo I da Quarta Convenção de Genebra, que permite ataques a alvos que "por sua natureza, localização, propósito ou uso contribuem efetivamente para a ação militar e cuja destruição total ou parcial, captura, ou neutralização, nas circunstâncias dominantes na época, oferece uma vantagem militar definitiva".[378] Em outras palavras, os ataques de Israel contra terroristas que se escondem entre a população civil são permitidos pelo direito internacional.

Além disso, como todos esses intelectuais estão presos à mentalidade da "moralidade da TV", eles não assinam petições contra muçulmanos que cometem genocídio em outros lugares (supondo que tais petições existam). Eles fogem disso, porque o que acontece nesses lugares geralmente não aparece na *CNN*, no *Good Morning America* ou em outros canais de notícias.

Surpreendentemente, essa moralidade da TV não influencia apenas as percepções do público em geral, mas também as dos intelectuais. Este último pode pontificar como a mídia de massa está transformando o público em um rebanho de ovelhas facilmente conduzidas, mas eles mesmos caíram na mesma armadilha – não mais presos a fatos, completamente subservientes a frases de efeito e dependentes de imagens de TV manipuladoras sem contexto ou evidências concretas para formar suas opiniões. Eles mesmos perpetuam a ideia de que o Estado de Israel está cometendo crimes contra a humanidade diariamente.

A moralidade da TV é uma tragédia para os árabes e os muçulmanos. Israel pode ser uma vítima em termos do dano causado à sua imagem, mas árabes e muçulmanos são as vítimas reais. Um massacre em grande escala e muito real está acontecendo, mas recebe pouca cobertura e nenhuma atenção séria. Enquanto esta situação continuar, os árabes e os muçulmanos continuarão pagando o preço real.

ORIENTALISMO

Como já foi observado, Peter Beinart, uma das estrelas do campo liberal judaico, argumentou que Israel não é criticado porque é judeu, mas porque é democrático e Ocidental.[379] Em outras palavras, os países árabes e muçulmanos estão efetivamente isentos de críticas porque não são democráticos, enquanto Israel merece mais análise e críticas precisamente porque afirma ser uma democracia. Esta afirmação merece análise pois está errada em vários aspectos.

Primeiro, está errada no nível fatual, porque mentiras não são críticas, e muito da chamada crítica de Israel é baseada em invenções.

Em segundo lugar, mesmo se assumirmos que Israel deveria ser julgado não pelos padrões do Irã ou da Arábia Saudita, mas pelos padrões da Grã-Bretanha ou dos Estados Unidos, a alegação de Beinart também cai. Em qualquer comparação entre a conduta de Israel e a das potências ocidentais nos conflitos atuais e recentes, o desempenho de Israel em evitar baixas civis é muito melhor que o deles (como discutido mais adiante neste volume).

Terceiro, esta abordagem é errada do ponto de vista moral, porque reduzir os padrões das normas de decência fundamental para algumas seções da humanidade contém uma suposição embutida que tem cheiro de racismo — insinuando que "tais pessoas" simplesmente não conseguem se controlar ou que estão predestinadas a se comportar de uma certa maneira. Essa atitude é tanto racista quanto perigosa, porque assume a existência perpétua de culturas superiores e inferiores, primitivas. Também efetivamente concede uma isenção, principalmente aos muçulmanos, por crimes contra a humanidade. Juntamente com a incessante demonização de Israel, a apatia total do Ocidente em relação a massacres e genocídios no mundo árabe e muçulmano transforma os habitantes deste mundo em criancinhas que simplesmente não sabem o que estão fazendo e, portanto, recebem um "passe livre" quando se trata de julgamento moral.

Há vozes no mundo árabe que condenam esse tratamento de árabes e muçulmanos como moralmente defeituoso. Essas vozes falam da necessidade de abandonar a autoenganação emocional da projeção de culpa aos outros e pedir aos seus irmãos árabes e muçulmanos que se responsabilizem pelo que está acontecendo. Eles sabem que, enquanto continuarem sendo tratados, *de facto* e *de jure*, como crianças desiguais e irresponsáveis pelo mundo, a mudança real continuará a iludí-los. Uma atitude mais madura, uma aceitação da responsabilidade coletiva por suas próprias vidas, não pode pôr fim à sua amargura e frustração ou até mesmo deter o derramamento de sangue, mas seria um passo gigantesco na direção certa. Infelizmente, a indústria de mentiras só encoraja o mundo árabe e muçulmano, e os palestinos em particular, a continuarem sem se deter em sua atual trajetória autodestrutiva.

CAPÍTULO 10
A *"Nakba* Judaica"

> Dizem que sua beleza era incrível. Sol (Solika) Hachuel tinha dezessete anos quando sua cabeça foi cortada. Um amigo muçulmano alegou ter conseguido convertê-la ao Islã. Sol negou isso, foi julgada por ser uma herege e condenada à morte. Seu caso veio perante ao sultão. Para evitar sua morte, membros da comunidade judaica tentaram convencê-la a viver como muçulmana. Ela recusou, dizendo: "Eu nasci judia, vou morrer judia". Seu destino foi selado.

O ANO ERA 1834. Solika veio da cidade de Tânger e foi executada na cidade de Fez. Até hoje, muitas pessoas visitam seu túmulo. O evento foi comemorado em testemunhos, uma pintura famosa e uma peça, mas sua história acabou sendo esquecida. Este capítulo é dedicado a Solika e às vítimas da *Nakba* judaica.[380]

É um mito comum que os judeus das terras árabes viviam em harmonia com seus arredores não judeus sob o domínio do Islã.[381] A "Idade de Ouro" – um breve período de prosperidade dos judeus na Espanha muçulmana – foi retirada de seu contexto histórico original e se transformou em uma ampla generalização que apresenta uma imagem idílica de harmonia e tolerância sob o domínio islâmico. Afirma-se também que essa harmonia só entrou em colapso por causa do sionismo e da escalada de eventos na Palestina.[382]

Esta mentira foi repetida muitas vezes mas deve ser violentamente refutada.

A maioria dos judeus das terras árabes não aguentou os horrores do Holocausto. Até a Segunda Guerra Mundial, foram os judeus da Europa quem mais sofreram. No entanto, isso não significa que os judeus das terras árabes estivessem em uma situação melhor antes do sionismo. Houve de fato períodos em que os judeus desfrutavam de relativa calma sob o domínio muçulmano. Houve até ocasiões em que os judeus foram convidados como migrantes desejados, por exemplo, pelo sultão otomano Bayzid

II, após a expulsão dos judeus da Espanha.³⁸³ Mas esses casos eram a exceção, não a regra.

Na maioria das vezes, os judeus estavam à mercê de seus governantes muçulmanos e eram frequentemente sujeitos à humilhação, expulsão, pogroms e a negação sistemática de seus direitos. Vale a pena recordar a resposta do filósofo judeu-tunisiano Albert Memmi a Muammar Gaddafi na sequência do convite do ditador líbio de 1973 aos judeus das terras árabes para voltarem para casa, baseado no mito de que foi o sionismo que destruiu a harmonia entre os judeus-árabes:

> *A verdade é que vivemos uma vida de medo e humilhação nas terras árabes. Não vou recontar os casos de abate antes do sionismo [...] A verdade é que aqueles jovens judeus das terras árabes eram sionistas antes de Auschwitz; o Estado de Israel não é o resultado de Auschwitz, mas da condição judaica em geral, incluindo a situação em terras árabes.*³⁸⁴

—

Pode-se começar, é claro, com o conflito original entre os judeus e o profeta Maomé. Como parte do processo de elevar os árabes do que o islã chama de "período de ignorância" (*Jahiliyyah*), o profeta Maomé pegou parcialmente (ou completamente) a ideia do monoteísmo dos judeus. Mas Maomé queria transformar a Península Arábica em um domínio puramente muçulmano. Isso levou a um inevitável conflito com os judeus que viviam ali – um conflito que levou à expulsão e morte de centenas de judeus.³⁸⁵

As semelhanças religiosas entre as duas religiões, por um lado, e as frequentes lutas entre os dois no período formativo do Islã, por outro, resultaram em uma atitude ambivalente em relação aos judeus nas fontes sagradas islâmicas. O *Alcorão* e o *Hadith* contêm uma variedade de referências aos judeus – nem todas negativas.³⁸⁶ Os judeus, como o "Povo do Livro", têm o mesmo direito que os cristãos de observar sua religião.

De tempos em tempos, as condições mudavam. Em muitos casos, os judeus viviam sob o Pacto de Omar, em homenagem ao governante muçulmano que promulgou o pacto, que permitiu que os judeus vivessem como "pessoas protegidas" (*dhimmi*, em árabe), mesmo que em um status mais baixo do que os muçulmanos. De acordo com o Pacto, os judeus tinham direito à proteção de suas vidas e propriedades e recebiam um grau de autonomia na administração interna de suas comunidades.[387] Em troca desses direitos, os judeus tiveram que aceitar várias formas de discriminação. Em primeiro lugar e acima de tudo, isso envolveu o imposto per capita (*jizya*), imposto apenas aos indivíduos não muçulmanos. No entanto, também havia outras regras. Os judeus não podiam construir novas sinagogas, montar animais nobres (cavalos e camelos) ou empregar muçulmanos. Os judeus, assim como os cristãos, tinham que usar chapéus e roupas especiais para distingui-los do resto da população. Por exemplo, eles foram proibidos de usar verde, a cor do Islã e do profeta Maomé. Um *dhimmi* não poderia servir como testemunha em um processo judicial envolvendo um muçulmano. Havia lugares onde homens judeus só podiam entrar em casas de banho públicas com um sinal distintivo. Os judeus foram proibidos de ter relações sexuais com mulheres muçulmanas (um homem muçulmano poderia ter relações sexuais com uma mulher judia).[388] Essas leis visavam estabelecer limites claros entre os muçulmanos dominantes e seus súditos não muçulmanos, como parte da ordem social muçulmana.[389]

A aplicação dessas leis variava. Os judeus geralmente não eram forçados a se converter ao Islã e podiam morar em lugares onde os muçulmanos governavam, mas estavam condenados a fazê-lo como "cidadãos de segunda ou terceira classe" no jargão moderno. Havia judeus que alcançaram altos postos, incluindo médicos no serviço do governante, como Maimônides, administradores e até mesmo alguns comandantes militares. Com a penetração da modernização no Oriente Médio e o estabelecimento de Estados-nação, um judeu até serviu como ministro do governo nos primeiros governos do Marrocos e do Iraque independentes. No entanto, estas foram exceções à regra. Os judeus viviam sob o domínio muçulmano como uma minoria distinta e discriminada. A lei islâmica estabelecia claramente o dever dos governantes muçulmanos de proteger seus súditos não muçulmanos, mas os governantes nem sempre eram diligentes em seguir esse dever, especialmente em momentos de dificuldade ou pressão, quando era fácil fazer das minorias um bode expiatório.

A sociedade muçulmana não reagia gentilmente à nomeação de judeus para altos cargos. Nos poucos casos em que os judeus alcançaram tais posições numa base individual, isso causou uma grande tensão que muitas vezes prejudicou toda a comunidade. Na hierarquia muçulmana, os judeus tinham que ser inferiores aos muçulmanos, para o bem ou para o mal. Enquanto permanecessem lá, o seu direito de gerir os seus próprios assuntos era respeitado. Se tais indivíduos se atrevessem a fugir das regras e tomar posições destinadas aos muçulmanos, as ramificações terríveis pairavam não apenas sobre suas cabeças, mas sobre as cabeças de toda a comunidade. Como resultado, as minorias nunca poderiam se identificar totalmente com os governantes (muçulmanos) ou com o Estado (islâmico), uma vez que estes eram definidos em uma base religiosa. Mesmo nos períodos mais calmos e prósperos, os judeus se sentiam excluídos do grande corpo político sob o domínio muçulmano.[390]

Em meados do século XX, centenas de milhares de judeus viram-se não apenas excluídos de suas comunidades, mas também de seus países. Massas de judeus do Egito, Iraque, Iêmen, Áden, Síria, Irã e Líbia fugiram ou foram expulsos. Eles passaram por experiências difíceis de desapropriação. Alguns eram sionistas que queriam emigrar para a terra de Israel. Alguns nunca quiseram sair e relutaram em abandonar a linguagem familiar, a cultura e o ambiente de seu nascimento. Havia aqueles que gozavam de status elevado e aqueles que haviam concordado com seu status inferior. Mas quase todos foram forçados a sair. Uma longa série de massacres, pogroms, confiscos de propriedades e expulsões ocorridas em meados do século XX deixaram claro que os judeus não podiam mais permanecer em terras árabes.

Mas a catástrofe deles — a "*Nakba* judaica" — desapareceu do radar do mundo, e poucos sabem que aconteceu. Isto é em parte porque os judeus das terras árabes não transformaram este desastre em seu ethos fundador. Pelo contrário, como dezenas de milhões de refugiados em todo o mundo, eles preferiram continuar com suas vidas e curar suas feridas — não transformar a experiência de ser desarraigado em uma ferida aberta e purulenta. Os judeus de Aleppo, na Síria, por exemplo, tiveram que fugir para Israel apenas com as roupas do corpo após os pogroms (enquanto alguns palestinos que fugiram ou foram forçados a sair se moveram na direção oposta). Basta dizer que os judeus não são mais refugiados. Os árabes, por outro lado, preferiram o sangramento à cura, e até hoje ninguém paga mais por essa escolha do que os próprios refugiados.

Vale a pena recordar o que aconteceu antes de Israel declarar sua independência em 14 de maio de 1948. Em outubro de 1947, o secretário da Liga Árabe, Azzam Pasha, ameaçou uma guerra de aniquilação contra qualquer futuro Estado judeu.[391] O antigo Mufti de Jerusalém, Haj Amin al-Husseini, que passou os anos de guerra em Berlim ao lado de Hitler, já havia esclarecido sua opinião no início dos anos 1940, chamando os judeus de "os inimigos mais amargos dos muçulmanos" e "um elemento destrutivo nesta terra". Ele convocou árabes e muçulmanos em todo o mundo para "destruir a ganância dos judeus que não conhece limites".[392] Em um discurso de rádio em Berlim em 1 de março de 1944, o Mufti pediu aos muçulmanos que "matassem judeus onde quer que os encontrassem. Isso será bom aos olhos de Deus, da história e da religião".[393] Antes da votação do Plano de Partilha nas Nações Unidas em novembro de 1947, o embaixador egípcio Mohamed Hassanein Heikal Pasha ameaçou que "se as Nações Unidas decidirem dividir a Palestina, pode ser responsável pelo massacre de um grande número de judeus".[394] Quatro dias depois, o ministro das Relações Exteriores do Iraque, Muhammad Fadhel al-Jamali, declarou que "a harmonia prevalece entre muçulmanos, cristãos e judeus [no Iraque]. Mas qualquer injustiça imposta aos árabes da Palestina perturbará a harmonia entre judeus e não judeus no Iraque; produzirá preconceito e ódio inter-religioso". [395]

Não havia harmonia, claro. Apenas seis anos antes, os judeus de Bagdá enfrentaram um terrível pogrom conhecido como *Farhud*. Na maioria dos casos, Al-Jamali também estava mentindo em outro aspecto: os pogroms contra os judeus não eram apenas o resultado da violência da massa. Foram os governos árabes, e não a rua desgovernada, que revogaram a cidadania dos judeus e confiscaram suas propriedades — não apenas despojando-os de seus bens, mas também, no subtexto, tirando-os da proteção do regime e sinalizando que os judeus eram um alvo livre.

Em agosto de 1948, dois meses e meio depois da guerra, o líder e fundador da Irmandade Muçulmana, Hassan al-Banna, disse em uma entrevista ao *The New York Times*: "Se o Estado judeu se tornar um fato, e os povos árabes derem conta disso, eles [os árabes] empurrarão os judeus que vivem entre eles para o mar".[396] Vale a pena notar que a Irmandade Muçulmana estava entre as primeiras forças egípcias a invadir após a declaração da independência de Israel. Mesmo que os judeus em terras árabes não foram jogados no mar, eles estavam sujeitos a uma enxurrada de perseguições, pogroms e expropriações, forçando muitos deles a fugir sem dinheiro.

Já em 1947, os Estados árabes discutiam como travar uma guerra contra os judeus que viviam em seu território.[397] Em 1948, a Liga Árabe formulou um projeto de lei para seus Estados membros que imporia sanções aos judeus nos países membros, incluindo o confisco de propriedades e a apreensão de contas bancárias. O preâmbulo da lei explicava que "todos os judeus – com exceção dos cidadãos de países não árabes – deveriam ser considerados membros do 'estado minoritário' judaico da Palestina".[398] As leis e regulamentos adotados por vários Estados árabes logo em seguida assemelhava-se a essa proposta. Ao mesmo tempo, os governos árabes alertaram sobre os ataques da turba contra os judeus, enquanto na prática foram os próprios governos que incitaram as turbas. Esse foi o pano de fundo para o êxodo em massa de judeus de países islâmicos – a "*Nakba judaica*". Mas não foi um ponto de virada repentino posto em movimento pelo sionismo.

A resposta a um Estado judeu pendente foi a continuação de um padrão que existiu por gerações nas atitudes e respostas dos governos árabes e das maiorias muçulmanas em terras árabes em relação aos judeus que viviam sob seu domínio. Embora houvesse tempos de prosperidade e cooperação, tais "bons tempos" eram invariavelmente recebidos com inveja e ódio pela maioria muçulmana por perturbar a ordem social estabelecida. Como consequência, esses tempos foram seguidos por períodos de repressão, expropriação e dura perseguição do tipo que invariavelmente segue períodos de relativa calma na continuidade histórica. A imprudência dos "judeus que não sabem o seu lugar", que é o que a perspectiva de um Estado judeu representou aos líderes muçulmanos e à sociedade muçulmana nas terras árabes, era simplesmente um desafio à já mencionada ordem social estabelecida no nível regional. Os judeus podem não ter sido empurrados no mar, como prometido, mas foram obrigados a partir para as praias mais seguras.

A IDADE DE OURO

Uma das peças de evidência da harmonia pré-sionista e da coexistência entre judeus e muçulmanos no mundo árabe é a "Idade de Ouro" dos judeus na Espanha muçulmana. De fato, este foi um período de prosperidade no Sudoeste da Europa, ambos sob o domínio muçulmano e cristão, que durou séculos.[399] Mas esta foi uma exceção, não a regra, e terminou tragicamente. Em 1066, Joseph ibn Naghrela, o grão-vizir do rei de Granada, foi executado junto com 5 mil judeus da cidade. Foi uma dura lição para os judeus não saírem da linha ou se elevarem acima do status inferior ditado pela sociedade muçulmana.[400] Em 1135, os judeus pagaram novamente um alto preço por violar essa ordem social. Depois que um dos judeus de Córdoba matou um muçulmano, uma multidão enfurecida atacou casas judias, saqueou e matou alguns de seus habitantes.[401]

Um dos períodos mais difíceis para os judeus espanhóis veio com a ascensão ao poder da dinastia Almoravid, que governou a Espanha e o Norte da África nos séculos XII e XIII. A pregação militante desse culto puritano transformou todos os seus oponentes – muçulmanos e não muçulmanos – em inimigos. Judeus e cristãos foram forçados a escolher entre a conversão ao Islã, a expulsão ou a morte. Muitos escolheram a primeira opção.

MARROCOS

O primeiro encontro entre o Islã e os judeus do Magrebe na conquista árabe foi traumático. Contra o exército árabe estava uma aliança de tribos berberes, algumas delas judias, lideradas por uma comandante feminina chamada Kahina. Kahina e seu exército conseguiram deter o exército árabe antes de finalmente serem derrotados no final do século VII.[402] Os judeus da área sofreram uma série de massacres brutais. Cem anos após a conquista do Magrebe pelo Islã, Idris I, fundador da dinastia idrisi, dizimou algumas das tribos berberes judaicas. Há aqueles que acreditam que outras comunidades judaicas tiveram que fornecer o harém de Idris I com 24 virgens judias como sinal de rendição.[403] A partir do século IX, a comunidade judaica de Fez desfrutou de prosperidade econômica e espiritual, mas isso provocou inveja entre a maioria muçulmana.[404] Em 1033, uma multidão muçulmana assassinou 6 mil judeus, levado a cabo no curso das lutas de poder na cidade.[405] Durante a dinastia Almoravid (1040-1147), os judeus do Magrebe desfrutaram de outro período de prosperidade, mas mais uma vez ao preço de atrair a inveja e a hostilidade dos muçulmanos,[406] desencadeando ataques violentos contra os judeus durante o governo da dinastia. No Marrocos, também, os judeus tinham que escolher entre a conversão ao Islã ou a morte. Apenas alguns conseguiram fugir.[407]

A queda dos almorávidas trouxe os judeus de volta ao Marrocos, e eles prosperaram. Com esta prosperidade veio outra onda de pogroms contra os judeus de Fez, devido a rumores de que os judeus tinham colocado vinho em uma mesquita. Após esses assassinatos, os judeus foram concentrados no primeiro gueto da história – o *mellah* – estabelecido em 1438 para protegê-los.[408] A nomeação de um judeu como grão-vizir para o sultão levou a uma série de tumultos letais. Em 1465, uma multidão incitada linchou o vizir judeu e o sultão muçulmano e realizou um massacre em grande escala dos judeus do *mellah* de Fez, que se espalhou para outras cidades do Marrocos. Na própria cidade de Fez, sobrou apenas uma pequena comunidade que já havia tido dez mil pessoas.[409]

A ascensão da dinastia alaouita que governa o Marrocos até hoje, e a instabilidade que o Marrocos sofreu em seus anos de formação, levaram a uma série de pogroms contra os judeus do Marrocos. O pior deles foi o massacre dos judeus de Tetuán (1790), marcado por assassinatos, saques e estupros. Os chefes da comunidade foram amarrados vivos a cavalos e arrastados por toda a cidade.[410] A penetração do Oriente Médio e Norte da África pelas potências europeias introduziu o mundo islâmico ao antissemitismo europeu. A competição entre as várias comunidades e o aprofundamento do colonialismo levou a novas ondas de pogroms. Entre 1864 e 1880, houve uma série de pogroms contra os judeus de Marraquexe, que deixaram centenas de mortos.[411] Em 1892, o sultão divulgou um decreto proibindo novos abusos contra os judeus. No entanto, em 1903, quarenta judeus foram mortos na cidade de Taza. Quatro anos depois, outros cinquenta foram mortos na cidade de Settat.[412] Em 1907, grande parte do bairro judeu de Casablanca foi destruído em um pogrom de três dias. Trinta judeus foram assassinados, muitas mulheres foram estupradas e pelo menos 250 garotos e garotas judeus foram sequestrados.[413] Em 1912, houve outro pogrom em Fez, no qual sessenta judeus foram assassinados e 10 mil ficaram desabrigados.[414] Para fins de comparação, o infame pogrom de Kishinev, que ocorreu nove anos antes e chocou o mundo, teve uma contagem menor de corpos.[415] Até 1912, os judeus no Marrocos tiveram que remover seus sapatos ao deixar o bairro judeu como um sinal de sua inferioridade para com os muçulmanos.[416]

Todos esses eventos não tiveram nada a ver com o sionismo ou o conflito árabe-israelense. Em 1948, outra série de pogroms ocorreu, matando 42 judeus nas cidades de Oujda e Jérada.[417] Ao contrário de incidentes anteriores deste tipo, esses eventos derivaram do conflito, seguindo os passos da declaração de independência de Israel. Como resultado direto desses incidentes, cerca de 12 mil judeus emigraram do Marrocos nos meses seguintes – um número sem precedentes na história da comunidade.[418] Dezenas de milhares mais imigraram nos próximos anos. Outro incidente sério ocorreu na cidade de Petitjean (hoje Sidi Kacem). Em 3 de agosto de 1954, manifestantes muçulmanos assassinaram seis judeus, incendiando seus corpos.[419] O historiador Haim Saadoun, da Universidade Aberta de Israel, descreveu outros ataques contra judeus e suas propriedades em julho e agosto de 1955 em Casablanca, Mazagan (hoje parte de El Jadida) e Safi. Segundo Saadoun, "a resposta natural a tudo isso foi a emigração do Marrocos, e Israel foi o foco da imigração".[420] Somente nos anos 1955-1956, cerca de 60 mil judeus imigraram para Israel.

── LÍBIA

A libertação da Líbia do jugo do cristianismo no século VII trouxe os judeus de volta à área. As comunidades em Trípoli e Benghazi se tornaram novamente ativas, sob uma dinastia local governando sob suserania otomana. A recuperação foi lenta devido à instabilidade política e aos tumultos internos dos quais os judeus foram muitas vezes as primeiras vítimas. Um desses casos foi a revolta de 1589, na qual muitos judeus foram forçados a se converter ao Islã.[421] Entre 1793 e 1795, um pirata foi enviado pelos otomanos para servir como governante local. Sob seu governo, os judeus sofreram pogroms brutais, dinheiro foi extorquido da comunidade judaica e alguns de seus membros foram assassinados – alguns foram queimados vivos.[422]

A situação dos judeus da Líbia melhorou com a conquista italiana de 1911, mas a Segunda Guerra Mundial trouxe uma séria deterioração em sua posição política e financeira, seguindo a aplicação da legislação racista antissemita nas colônias italianas, culminando no transporte de judeus na região de Cirenaica aos campos de concentração nazistas e campos de extermínio.[423]

Em novembro de 1945, um pogrom eclodiu em Trípoli, um evento que abalou a fé dos judeus em seus vizinhos muçulmanos. O crescente nacionalismo árabe e rumores de que o massacre dos árabes e a destruição de mesquitas no Mandato da Palestina levaram milhares de muçulmanos a se enfurecerem nos bairros judeus das cidades líbias. Sinagogas foram profanadas, lojas judias foram queimadas com seus donos dentro e casas foram arrombadas e saqueadas. Cento e trinta e três judeus foram assassinados e muitos outros foram feridos. Em alguns casos, famílias inteiras foram exterminadas.[424] Uma turba muçulmana atacou os judeus de Trípoli novamente em 12 de junho de 1948, um mês depois de Israel declarar sua independência. Desta vez, os judeus estavam mais preparados, e o número de mortos foi de "apenas" catorze fatalidades.[425] O medo e o grave sofrimento econômico que se espalhou pela comunidade judaica tiveram seu preço. Em 1953, apenas 4 mil dos 35 mil judeus que viviam na Líbia em 1948 permaneceram.[426] A situação deles se tornou ainda pior quando a Líbia se juntou à Liga Árabe em 1953. Durante a década de 1950, as autoridades líbias impuseram medidas draconianas contra os membros da minoria judaica – confiscando suas propriedades, negando-lhes emprego e, em geral, restringindo suas vidas.[427]

Tumultos eclodiram novamente na sequência da Guerra dos Seis Dias de 1967, e dezessete judeus em Benghazi e Trípoli foram assassinados. Uma multidão agitada cantava "Morte aos judeus!" nas ruas de Trípoli, incendiando casas judias com seus habitantes ainda dentro. Um oficial do exército matou duas famílias. Os judeus de Benghazi foram evacuados para Trípoli e não puderam voltar para casa.[428] O remanescente dos judeus da Líbia foi evacuado para a Itália. Para garantir que ninguém retornaria, uma série de leis antijudaicas revogaram seus direitos e confiscaram suas propriedades. Outras leis proibiam os judeus de ocuparem cargos públicos e estipulavam que todas as propriedades judias agora pertenciam ao Estado.[429]

ARGÉLIA

A Argélia teve eventos similares ao pano de fundo de conquistas árabes, lutas de poder entre dinastias e os decretos dos almorávidas. Entre 1490 e 1492, inspirados por um professor extremista da xaria que ofereceu três moedas de ouro para a cabeça de cada judeu morto, os muçulmanos realizaram pogroms contra os judeus do Saara argelino, pondo fim a uma presença judaica de mais de mil anos nesta região.[430] Este mesmo professor causou a expulsão da pequena comunidade judaica de Timbuktu, depois de convencer o governante do Mali a declarar o judaísmo ilegal e proibir a entrada de judeus na cidade.[431] A própria Argélia estava dividida entre os reinos e territórios berberes mantidos pela Espanha cristã, cujas guerras pela hegemonia pesaram sobre os judeus da região. Na cidade de Tlemcen, que gozava de relativa tranquilidade, a comunidade judaica prosperou e até mesmo absorveu refugiados da Espanha cristã. Alguns judeus até serviram como "judeus da corte" do governante, mas isso provocou inveja e violência contra a comunidade judaica.[432]

Sob o domínio otomano, os judeus da Argélia tiveram períodos de prosperidade, mas também de perseguição. Em meados do século XVI, os judeus da Argélia foram acusados de rebelião e muitos foram punidos com trabalhos forçados e humilhações públicas. A comunidade foi forçada a pagar pela moradia dos soldados turcos.[433] A atitude do Império Otomano em relação às suas províncias em geral, e suas províncias africanas em particular, era de exploração econômica, e isso resultou em um crescente ônus econômico para os judeus, paralelamente à sua humilhação como *dhimmi*, embora até o século XIX eles não foram fisicamente atacados. Os poucos judeus que serviam na corte do governador como médicos e diplomatas estavam sob pressão e atraíam a inveja de outros centros de poder. Em 1805, um desses conselheiros da corte foi assassinado e o primeiro massacre dos judeus da Argélia logo se seguiu. Não seria o último: massacres adicionais ocorreram em 1815 e 1830.[434]

A condição dos judeus na Argélia melhorou com o advento da ocupação colonial francesa, mas isso não impediu uma onda de antissemitismo inspirada pelos franceses e várias eclosões de violência antissemita durante a década de 1880.[435] Sob a influência das ideias nazistas, 25 judeus foram assassinados em 1934 na cidade de Constantina, e os judeus também foram perseguidos durante o período de Vichy.[436]

A melhoria na situação dos judeus após a Segunda Guerra Mundial foi transitória. Durante a luta argelina por sua independência da França, os judeus se viram presos, entre sua cidadania francesa e o movimento nacional argelino. Casos de extorsão financeira de comunidades inteiras e ataques físicos por muçulmanos eram bastante comuns, para não mencionar o fato de que o slogan do movimento nacional era "Argélia para os muçulmanos" (e não "Argélia para os argelinos", como muitos pensam).[437] Em 1956, um café judeu em Constantina foi atacado e seus treze ocupantes foram mortos.[438] Ataques contra os judeus continuaram mesmo após a concessão da independência em 1962. No mesmo ano, leis foram aprovadas para revogar a cidadania de não muçulmanos e confiscar suas propriedades.[439] Cerca de 130 mil judeus concluíram que não havia como viver pacificamente neste novo Estado, e quase todos eles deixaram a Argélia junto com os *pieds-noirs* europeus.[440]

O estado dos judeus na Tunísia era geralmente melhor que o de seus irmãos no restante do Magrebe. Quando a cidade de Kairouan foi fundada (no centro da moderna Tunísia), os judeus foram convidados a viver lá e até receberam uma isenção de impostos. A cidade rapidamente se tornou um centro espiritual para judeus e muçulmanos e também serviu como um importante centro de trânsito de mercadorias entre a África e o Levante, um comércio no qual os judeus desempenharam um papel central. A comunidade de Kairouan foi destruída na sequência de ataques beduínos no século XI. Depois que foi restabelecida, os não muçulmanos ficaram proibidos de residir lá. A proibição permaneceria em vigor até a conquista francesa setecentos anos depois.[441]

Após a queda dos almorávidas (que baixaram decretos de "conversão ou morte" contra os não muçulmanos durante seu reinado), os judeus retornaram à Tunísia. Desta vez, concentraram-se nas cidades costeiras, especialmente Tunis e Jerba. A nova dinastia Hafsid (1228-1535) interpretou estritamente o Pacto de Omar — especialmente as regras relativas às vestimentas, e a proibição de posse de terras e propriedades — mas raramente perseguia ativamente os judeus e até exibia clemência aos judeus europeus que escolheram imigrar para a Tunísia. Apesar disso, os muçulmanos continuaram a ver os judeus como inferiores e eram hostis a eles no nível social.[442] Este também foi o caso durante o período otomano e a dinastia Hussein. De fato, quando o chefe da comunidade judaica pagava o imposto de chefe de comunidade ao *bey* (o governador de um distrito ou província no Império Otomano), este último o atingia na cabeça como um sinal público de sua inferioridade. Os judeus só podiam morar em bairros designados e eram proibidos de possuir propriedades fora deles.[443]

Houve alguns casos de perseguição severa, como uma durante a rebelião contra a autoridade do *bey* em 1752, na qual o próprio *bey* saqueou o bairro judeu e seus habitantes foram atacados. Alguns anos depois, o exército argelino conquistou Tunis. Em um tumulto de destruição e assassinato por toda a cidade, eles concentraram sua raiva no bairro judeu, destruindo e saqueando tudo. Muitos judeus foram assassinados e mulheres judias foram estupradas. Os judeus de Tunis fugiram para a Itália e Tripoli até que o *bey* restaurou seu governo.[444] Em 1823, o bey também aplicou o Pacto de Omar sobre a colônia de judeus da Toscana em Túnis (a "Grana"), que anteriormente estava isenta dessas regras. A aplicação das regras foi acompanhada por muitos atos de violência.

No início do século XIX, a violência contra os judeus e suas propriedades recomeçou ao pano de fundo das iniciativas de reforma. A mais severa ocorreu em meados do século, depois que o *bey* tentou anular o Pacto de Omar em favor de uma constituição moderna que aboliria o status de *dhimmi* dos não muçulmanos e taxaria toda a população, inclusive nomeando um judeu como ministro do Tesouro. As reformas desencadearam uma rebelião em todo o país, no curso da qual os ataques contra comunidades judaicas tornaram-se uma questão de rotina por vários anos até que a reforma constitucional fosse anulada.[445] A plena igualdade só foi instituída com a conquista francesa em 1881 e o estabelecimento de um protetorado, embora o antissemitismo francês tenha adicionado sua própria toxina à mistura. Juntamente com as tentativas de integrar os judeus no país, e talvez por causa deles, explosões violentas e letais contra os judeus ocorreram durante o século XX. Um grupo de tunisianos que se voluntariaram no exército otomano durante a Primeira Guerra Mundial realizou um massacre de três dias contra os judeus de Tunis, matando dezenas, incluindo mulheres e crianças. Explosões violentas também ocorreram no início da década de 1920, mas as autoridades francesas e o movimento nacional tunisiano conseguiram impedi-los de se transformar em um banho de sangue.[446]

A situação dos judeus piorou durante a Segunda Guerra Mundial, com um aumento da incitação antissemita ligada ao regime de Vichy. Em novembro de 1942, a Alemanha estabeleceu governo direto na Tunísia por seis meses. Os judeus estavam agora sujeitos às Leis de Nuremberg e eram obrigados a usar uma estrela amarela. A propriedade judaica foi confiscada, milhares foram enviados para campos de trabalho, e muitos foram assassinados – incluindo nas mãos de colaboradores muçulmanos. As autoridades muçulmanas se opuseram a esses desdobramentos, e alguns muçulmanos até salvaram vidas de judeus, mas como na Europa, a maioria foi indiferente ao destino dos judeus.[447]

Após a discussão do Plano de Partilha, um boicote econômico foi declarado contra os judeus da Tunísia e os ataques a eles se tornaram uma ocorrência diária. Em 1947, judeus foram mortos durante uma manifestação antifrancesa na cidade de Sfax. Mas, além disso, não houve graves surtos de violência. A maioria dos tunisianos eram cidadãos cumpridores da lei e, apesar do apoio tunisiano à luta árabe no Mandato da Palestina, não houve mortes como no resto do Magrebe.[448]

Em junho de 1952, com a escalada da luta pela libertação da Tunísia dos franceses, uma multidão atacou o bairro judeu de Túnis, saqueando por três dias e matando um jovem judeu.[449] O assédio dos judeus nas aldeias e cidades da periferia continuou tanto antes como depois da independência da Tunísia em 1956, apesar da política conciliatória do presidente tunisiano Habib Bourgiba em relação à comunidade judaica do país e ao Estado de Israel.

No entanto, a sensação de angústia dos judeus aumentou após o desmantelamento das instituições judaicas, a destruição do bairro judeu e a transferência do antigo cemitério judeu de Túnis — ações que faziam parte das reformas mais amplas do regime. Após a prisão de alguns líderes comunitários e a evacuação das forças francesas de suas bases no país em 1956, os judeus se sentiram inseguros e a esmagadora maioria deixou a Tunísia.[450] Seus instintos estavam corretos. A incitação antissemita aumentou em meados da década de 1960, e a Guerra dos Seis Dias, em 1967, trouxe outro tumulto contra os judeus e a propriedade judaica, incluindo a profanação da sinagoga de Túnis.[451]

———————————————————————— IRAQUE

Os judeus do Iraque tiveram períodos de prosperidade e dificuldades. A conquista muçulmana no século VII foi bem-vinda. Durante os primeiros séculos do domínio islâmico, a atitude em relação aos judeus era geralmente tolerante. Isso levou ao surgimento das grandes academias talmúdicas da Babilônia (*yeshivas*),[452] mas as disputas de poder entre os califas (661-750) na área também tiveram um impacto negativo sobre os judeus. Os altos impostos sobre a propriedade incidentes sobre os não muçulmanos forçaram os judeus a abandonar o setor agrícola e se mudar para as grandes cidades, uma tendência que se acelerou após a fundação de Bagdá em 762.[453]

O período abássida também foi um de altos e baixos para os judeus. Houve perseguições durante o governo dos califas Al-Ma'mun e Al-Mutawakkil no século IX. Este último foi o primeiro governante a forçar os judeus (e cristãos) a usarem uma estrela de cor de mel — um costume posteriormente adotado na Europa e a fonte da infame estrela amarela.[454]

A situação dos judeus melhorou durante a Primeira Guerra Mundial após a conquista britânica em 1917, mas as coisas reverteram em 1932, quando o governo independente do Iraque deu seus primeiros passos contra os judeus. A influência alemã aumentou nesses anos, atingindo um pico no infame pogrom *Farhud* de 1941, no qual 182 judeus foram assassinados e milhares de casas judias foram saqueadas.[455] Antes disso, quando um golpe pró-nazista encabeçado por Rashid Ali governou brevemente o Iraque, o Mufti Haj Amin al-Husseini preparou a cena, pregando contra os judeus e conclamando os muçulmanos iraquianos a atacá-los.[456]

Embora a comunidade judaica tenha se recuperado, o impacto do *Farhud*, combinado com o assédio em 1946-1949,[457] transformou os judeus de uma comunidade próspera em refugiados sem dinheiro. Em 15 de maio de 1948, imediatamente após a declaração de independência de Israel, o Iraque entrou em guerra contra o nascente Estado judeu. Paralelamente à sua invasão da Palestina, o regime militar no Iraque começou a perseguir e privar sistematicamente os cidadãos judeus do país. Centenas foram demitidos do serviço público e os comerciantes foram submetidos a medidas draconianas que prejudicaram a posição financeira da comunidade. Aos judeus foram negados serviços básicos de saúde e saneamento e foram forçados a "doar" dinheiro para a guerra árabe contra o Estado judeu.[458] Pior de tudo, nos dois anos seguintes, centenas de judeus foram presos sob acusações forjadas, julgados perante tribunais militares e sentenciados a longas penas de prisão e pesadas multas. As autoridades acusaram um dos membros ricos da comunidade, Shafiq Ades, de subversão, apesar de ele estar longe de ser um defensor do sionismo. Após um julgamento espetacular, e apesar da pressão internacional, Ades foi enforcado em frente à sua casa em Basra, em setembro de 1948. Depois disso, os judeus do Iraque entenderam que não tinham futuro no Iraque e começaram a explorar possíveis rotas de fuga.[459]

Em março de 1950, as autoridades permitiram que os judeus do Iraque saíssem na condição de abdicarem sua cidadania. Aqueles que saíram tiveram que vender sua propriedade por uma ninharia. Um ano depois, em março de 1951, o governo iraquiano confiscou a propriedade de milhares de judeus que já haviam se registrado para ir a Israel, mas que ainda não haviam deixado o país.[460] No final do ano, cerca de 90% dos 135 mil judeus do país haviam partido, deixando para trás muitos ativos e uma enorme quantidade de riqueza.[461]

Nuri Sa'id, que serviu intermitentemente como primeiro-ministro iraquiano naqueles dias, já havia apresentado um plano para expulsar os judeus do país em fevereiro de 1949, bem antes de sua partida apressada e forçada alguns anos depois.⁴⁶² No capítulo quatro de seu plano, Sa'id esclareceu que "os judeus sempre foram uma fonte de maldade e danos ao Iraque [...] Não [...] é melhor nos livrarmos deles enquanto pudermos". Determinado a livrar o Iraque de seus judeus, Sa'id até apresentou um plano para "enviar" os judeus em massa para Israel por terra via Jordânia.⁴⁶³ A Jordânia objetou, mas no final os judeus remanescentes do Iraque enfrentaram uma expulsão forçada que fechou o livro sobre uma das mais antigas comunidades judaicas da diáspora, que começou com o exílio babilônico em 597 a.C.

Várias pessoas argumentaram que o catalisador do êxodo iraquiano foi uma série de ataques em que bombas ou granadas foram lançadas contra alvos judeus (incluindo empresas judaicas, um café judeu e uma sinagoga) em maio e junho de 1950 e janeiro de 1951. Esther Meir-Glitzenstein da Universidade Ben-Gurion examinou as alegações de que os atentados eram uma conspiração sionista "para semear o pânico e estimular os judeus a se mudarem para Israel" e as refutou.⁴⁶⁴ Os judeus remanescentes que permaneceram no Iraque estavam sujeitos a perseguição severa. Em 1967, catorze pessoas, incluindo onze judeus, foram executadas por acusações forjadas de espionagem. A *Rádio Iraque* até pediu ao público para assistir às celebrações da execução.⁴⁶⁵

──────────────────────────────── SÍRIA

A Síria foi o local do primeiro libelo de sangue em um país muçulmano, ocorrido em Damasco em 1840. É importante esclarecer que não foram os muçulmanos que espalharam o libelo, mas os franceses e depois o cônsul inglês. De fato, foi o sultão otomano muçulmano que interveio em favor dos judeus.⁴⁶⁶ No entanto, o libelo de sangue caiu em solo fértil entre os muçulmanos que tinham inveja dos judeus. De fato, difamações e pogroms similares ocorreram em Aleppo (1810), Beirute (1824), Antioquia (1829), Trípoli (1834), Deir el Kamar (1847), Damasco (1848), Aleppo (1853) e Damasco (1890).⁴⁶⁷ Em 1986 — cem anos depois — o libelo de sangue em Damasco ainda estava vivo e ativo, e foi tema de um livro intitulado *The Matza of Zion*, escrito por ninguém menos que o então ministro da Defesa da Síria,

Mustafa Tlas. Tlas argumentou que os judeus de fato usaram o sangue de um padre cristão para assar *matzas*. O livro foi entusiasticamente recebido no mundo árabe e inspirou publicações similares.[468] Em essência, este livro serve como um elo entre o antigo antissemitismo cristão e o novo antissemitismo de ódio por Israel.

Mas voltemos aos anos 1940. Em tumultos que eclodiram no bairro judeu de Aleppo em 1 de dezembro de 1947, 150 casas foram danificadas, bem como cinquenta lojas e escritórios de judeus, quinze escolas e dez sinagogas (incluindo a sinagoga que abriga o Códice de Aleppo).[469] Em agosto de 1948, houve violentos ataques ao bairro judeu de Damasco, no qual treze judeus foram mortos (incluindo oito crianças) e vinte e seis feridos.[470] Ao longo da Guerra da Independência de Israel, dezenas de judeus foram mortos em Aleppo e Damasco, e muitos outros foram feridos. Dois terços dos judeus sírios foram forçados a deixar o país até o final de 1949. O destino dos que permaneceram foi muito pior, e muitos tiveram que fugir sem dinheiro.[471] No início de 1949, o governo sírio ordenou a todos os bancos que congelassem as economias dos judeus e fornecessem ao governo uma lista detalhada das propriedades dos judeus.[472] Algumas dessas propriedades, incluindo muitas casas, foram confiscadas e entregues a refugiados palestinos, que foram alojados no gueto judeu de Damasco.[473] A Escola da Aliança Judaica também foi tomada pelas autoridades e transferida para servir os filhos dos refugiados palestinos. Um diplomata francês reclamou sobre isso às autoridades e foi informado de que os judeus sírios teriam que abrir espaço para os refugiados árabes porque os palestinos haviam sido expulsos pelos sionistas – um sinal claro de troca de população.[474] Os judeus remanescentes na Síria após a fundação do Estado de Israel viveram como reféns por muitos anos.

Em uma nota interessante, três líderes alauítas da Síria enviaram uma carta ao ministro das Relações Exteriores francês em 1936 exigindo que a França continuasse a governar a Síria:

> *Os judeus trouxeram com eles a paz e o desenvolvimento e espalharam ouro e prosperidade na Palestina, e não desapossaram ninguém. Apesar disso, os muçulmanos declararam a Jihad contra eles e não hesitaram em massacrar mulheres e crianças, apesar dos olhos abertos das autoridades mandatárias. Um destino aterrorizante e horrível aguarda os judeus se o mandato terminar e os muçulmanos se unirem.*

Um dos signatários desta carta extraordinária foi o avô de Bashar al-Assad, o atual governante da Síria e um virulento antissemita.[475]

---— IRÃ

A ascensão da dinastia safávida e a penetração do xiismo no século XVI cortaram a comunidade judaica iraniana do resto do mundo judaico. A perseguição foi pior do que sob o domínio sunita em outras partes do Oriente Médio e do Norte da África, pois sob a doutrina xiita os judeus eram considerados "impuros". Enquanto outras comunidades judaicas prosperavam, os judeus iranianos eram majoritariamente perseguidos, reprimidos e isolados.[476]

Um dos picos da perseguição veio em 1839 na cidade de Mashhad. Os judeus sofreram saques e estupros, dezenas foram mortos e a comunidade foi forçada a se converter ao Islã.[477] Incidentes semelhantes ocorreram em outras cidades. Uma carta do rabino-chefe de Teerã para a Aliança[478] em Paris fala do sofrimento sem fim da comunidade, cuja existência inteira foi dedicada à autodefesa contra a violência contínua. Em 1910, como resultado de um libelo de sangue em Shiraz, doze judeus foram assassinados e todos os lares judeus foram saqueados.[479] Do final do século XIX até meados do século XX, os judeus não podiam sair de suas casas em épocas de chuva ou neve, para não espalharem sua impureza na comunidade muçulmana circundante. Pela mesma razão, os judeus foram banidos das casas de banho públicas e casas de chá locais.[480]

Apesar disso, após a Revolução Constitucional de 1905 e a ascensão da dinastia Pahlavi em 1921, houve alguma melhora na condição dos judeus, que incluiu um processo de secularização e integração na vida comercial. Apesar dessa melhora, muitos judeus iranianos chegaram a Israel antes de o Estado ser estabelecido, enquanto a maior onda de emigração ocorreu em 1949-1953.

A Revolução Islâmica de 1979, que derrubou o Xá, trouxe consigo uma atitude de endurecimento em relação aos judeus remanescentes, devido à sua identificação com a monarquia, Israel e o Ocidente. O chefe da comunidade judaica foi executado em 1979, e uma dúzia de outros judeus foram enforcados em uma variedade de pretextos. Uma onda interminável de publicações antissemitas e que negavam o Holocausto inundou a República

Islâmica, levando a uma nova onda de emigração, principalmente para os Estados Unidos e Israel.

IÊMEN

Os judeus iemenitas eram uma das comunidades judaicas mais oprimidas do mundo muçulmano. Em 1173, o chefe da comunidade judaica iemenita enviou uma carta a Maimônides descrevendo uma longa lista de abusos e conversões forçadas. Em resposta a essa carta, Maimônides enviou sua famosa "Epístola ao Iêmen", na qual ele discutiu o sofrimento dos judeus sob o Islã, entre outras coisas.[481]

Três anos após a ascensão ao poder do Imam al-Mahdi em 1679, a situação dos judeus no Iêmen piorou ainda mais quando foram expulsos para as áreas áridas do Iêmen (conhecido como o exílio Mawza).[482] Segundo várias estimativas, cerca de um quinto da comunidade judaica morreu na sequência da expulsão.[483] Os judeus enfrentaram uma nova onda de perseguição sob o domínio de Zaydi (restaurado na década de 1920), que trouxe um novo conjunto de severos decretos antijudaicos. Um dos piores deles foi o "decreto do órfão", que forçou a conversão ao Islã de crianças órfãs não muçulmanas.[484]

Houve um alívio por aproximadamente cinquenta anos, como resultado da influência otomana (1872-1918), que moderou as medidas tomadas pelo governo local, mas os decretos antijudaicos foram renovados na era do Imam Yihya, que os aplicou rigorosamente. Decretos adicionais foram criados para demonstrar a inferioridade dos judeus aos muçulmanos. Cerca de metade dos judeus do Iêmen chegaram a Israel antes de o Estado ser estabelecido. Em 1947, pogroms eclodiram em Áden, governada pelos britânicos, resultando na morte de 97 judeus. Além disso, 106 das 170 lojas de propriedade dos judeus foram completamente destruídas. Centenas de casas e todos os edifícios comunitários foram incendiados.[485] Quando duas meninas muçulmanas se afogaram perto do bairro judeu em dezembro de 1948, os muçulmanos acusaram os judeus de assassinato, desencadeando uma série de incidentes violentos. Sessenta judeus foram presos e uma grande multa foi imposta à comunidade. O historiador Haim Saadoun afirma que "esse calúnio pesou na partida apressada dos judeus de Sana'a do Iêmen [para o vizinho Áden]".[486] O fluxo de refugiados para Áden inundou o protetorado britânico, levando à transferência de quase toda a comunidade judaica iemenita para Israel em 1948 e 1949. A operação, chamada "Asas de Águia" (também conhecida como "Operação Tapete Mágico"), foi realizada usando centenas de voos em aviões americanos e britânicos que trouxeram quase todos os 50 mil judeus do Iêmen para Israel.

EGITO

A situação dos judeus egípcios melhorou com a ascensão de Mohammad Ali em 1805, mas o testemunho de um diplomata francês na época não deixa dúvidas quanto ao status final dos judeus: "Aos olhos dos muçulmanos, não há raça mais digna de desprezo do que a raça judaica".[487] Após o libelo de sangue de Damasco, libelos de sangue começaram a ocorrer localmente no Egito também – em 1870, 1880, 1881, 1882, 1890 e 1892.[488]

Em 2 de novembro de 1945, no vigésimo oitavo aniversário da Declaração de Balfour, manifestantes no Cairo e em Alexandria atacaram lojas e casas judias. A *Associated Press* informou que as manifestações que tinham começado pela manhã "se transformaram em tumultos violentos contra os judeus".[489] Tentativas repetidas da turba de invadir o bairro judeu no Cairo falharam graças à desenvoltura dos jovens judeus locais, que colocaram barreiras e bloquearam o caminho dos atacantes. Não obstante, sinagogas por toda a cidade foram saqueadas e dilapidadas e os rolos da Torá foram queimados.

Em 1947, foi adotada a Lei das Sociedades Anônimas, que enfraqueceu seriamente os negócios dos judeus e levou ao confisco da propriedade judaica.[490] Paralelamente à invasão do exército egípcio a Israel em 1948, centenas de judeus foram presos e mantidos presos por longos períodos. O governo egípcio declarou que todos os judeus eram comunistas e sionistas, sem sequer uma tentativa *pro forma* de distinguir entre judeus "bons" e "maus".[491] Em 30 de maio, o governo egípcio anunciou que confiscaria a propriedade de qualquer cidadão "cujas ações ponham em risco a segurança nacional", e muito da propriedade judaica foi posteriormente confiscada. Em junho de 1948, o Egito foi palco de violentos distúrbios contra judeus, que resultaram em oitenta mortos e 34 feridos.[492] O pior ataque ocorreu no verão de 1948, quando centenas de lojas judias foram saqueadas e destruídas e uma turba egípcia atacou judeus (e estrangeiros) em plena luz do dia. Mais de cem judeus foram mortos e dezenas feridos em um mês.[493] Em 1950, 20 mil judeus egípcios haviam deixado o Egito para escapar da violência.[494]

Em novembro de 1956, após a Campanha do Sinai, o Egito adotou uma lei efetivamente privando os 50 mil judeus do Egito, que perderam a cidadania, tiveram suas empresas e contas bancárias confiscadas e foram proibidos de trabalhar. Uma expulsão em massa de dezenas de milhares de judeus se seguiu, a maioria dos quais se tornou refugiados sem dinheiro em poucos dias. Mais de mil fábricas e empresas de propriedade de judeus foram nacionalizadas.[495] O valor da propriedade judaica deixada no Egito era enorme.[496] Assim como no Iraque, o primeiro-ministro egípcio Ibrahim Abdel Hadi argumentou que o confisco de propriedades judaicas era em troca da nacionalização de Israel da propriedade abandonada pelos palestinos.[497]

PALESTINA SOB O GOVERNO MUÇULMANO

No século XVIII, os judeus viviam na maior parte da Palestina e sofreram assédio e violência nas mãos de seus vizinhos.[498] Em 1834, os judeus de Safed foram alvo de saques em massa que duraram 33 dias, em que homens foram espancados e mulheres foram estupradas.[499] Em 1847, um século antes da Resolução da Partilha, houve tumultos contra os judeus de Jerusalém, instigados pela disseminação de um libelo de sangue.[500] Segundo o historiador britânico Tudor Parfitt, da Universidade de Londres, em seu abrangente estudo *The Jews of Palestine, 1800-1882*, "judeus e outros *dhimmis* eram frequentemente atacados, feridos e até mesmo mortos por muçulmanos locais e soldados turcos. Tais ataques foram frequentemente por razões triviais".[501] Os testemunhos apresentados por Parfitt a respeito do assédio dos *dhimmi* em geral – e dos judeus em particular – refletem a hostilidade que os judeus enfrentaram na Palestina do século XIX.

Deve-se notar que, embora o governo turco fosse hostil aos judeus, não os proibiu de se estabelecerem no país ou bloquearam sua entrada – os turcos simplesmente fizeram o melhor que puderam para "refrear" a presença judaica. De fato, todos os habitantes da Palestina sofriam de um governo medíocre, corrupto, arbitrário e às vezes brutal, bem como de condições severas, mas os judeus sem dúvida sofreram mais como *dhimmi*.

No início do século XX, durante a Primeira Guerra Mundial, houve uma virada para o pior, que atingiu seu auge em 1917. Nessa época, os turcos otomanos emitiram uma ordem de expulsão, visando ostensivamente todos os habitantes (árabes e judeus), que foi projetada para afastar a população civil, como parte dos preparativos turcos para repelir as forças britânicas que avançam em direção à Palestina a partir do Sul. Na prática, apenas os judeus foram expulsos.[502] Milhares de moradores de Tel Aviv-Jafa (e centenas de Jerusalém) tiveram que deixar suas casas, que foram saqueadas assim que saíram. O medo no *Yishuv* (e do judaísmo mundial) era que a expulsão era o começo de uma expulsão no estilo "armênio" — em outras palavras, um genocídio semelhante ao realizado na Anatólia, dois anos antes, com relatos de "expulsão em massa de judeus que poderiam enfrentar um destino semelhante ao dos armênios".[503] (Os expulsos, dispersos entre outras comunidades judaicas, só foram autorizados a retornar a Tel Aviv em 1918, depois que os britânicos entraram na Palestina.) Durante a expulsão, acredita-se que 1.500 morreram de fome e doença.

—

Não há base para a equivalência entre as *Nakbas* judaica e palestina. O que aconteceu com os judeus foi muito pior do que o que aconteceu com os árabes da Palestina. Os judeus dos países árabes não declararam guerra a ninguém e não ameaçaram ninguém. Eles eram súditos leais que sofreram repressão e violência sem provocação da parte deles. Seu único pecado era ser judeu. Assim como os árabes não podiam tolerar os judeus servindo como ministros nas cortes dos governantes muçulmanos — desafiando a ordem social que ditava que os não muçulmanos eram inferiores aos muçulmanos (e viviam à mercê da maioria) — o mundo árabe não podia tolerar o desafio que um Estado judeu representava à ideia de que os judeus deveriam permanecer fracos e impotentes — ainda mais na Palestina, localizada em *Al-Sham*. Este termo, que se refere à região geográfica do Levante, na verdade tem um significado mais profundo: uma esfera de domínio muçulmano sob Alá. Então, como agora, os judeus pagaram o preço por desafiar o status quo, que os considerou inferiores aos seus vizinhos e os tornaram impotentes para se proteger.

—

A afirmação palestina de que não há conexão entre as *Nakbas* judaica e palestina é um argumento curioso. O anteprojeto de lei contra os judeus, da Liga Árabe, fazia parte da resposta árabe geral ao Plano de Partilha. Os judeus tiveram que fugir para Israel por causa de uma onda de pogroms no Egito, Síria, Iraque, Marrocos e Áden. As leis que revogavam os direitos dos judeus eram uma tentativa aberta de frustrar o Plano de Partilha. Refugiados da Palestina foram alojados em lares judeus confiscados. Os judeus dos países árabes se tornaram refugiados porque o mundo árabe – incluindo os árabes da Palestina e países vizinhos – rejeitou o Plano de Partilha e declarou guerra total contra o Estado judeu nascente. Os estados árabes invadiram porque os árabes palestinos se recusaram a dividir o país com os judeus de qualquer maneira. Como se pode argumentar que não havia conexão entre as duas *Nakbas*, especialmente quando os líderes árabes explicitamente reconheciam a conexão e a mantinham assim?

Aqueles que argumentam que não há conexão parecem querer ter as duas coisas. Alegam que os judeus não sofreram perseguição sob o domínio muçulmano e que o sionismo causou sua situação. Mesmo que se aceite esse argumento, a fuga, a expulsão e a perda de vidas e propriedades resultaram do antissionismo árabe. De qualquer forma, existe uma conexão. Como já mencionamos, os judeus não viviam em um paraíso de coexistência sob o domínio muçulmano, e outras minorias não judias também sofreram. Quando os palestinos se organizaram politicamente pela primeira vez em 1919 (no Congresso Árabe da Palestina), declararam que eram parte da Grande Síria,[504] porque não havia menção de uma entidade separada chamada "Palestina" nas divisões administrativas otomanas. Mesmo Azmi Bishara – um fervoroso nacionalista palestino e ex-árabe israelense (agora cidadão do Qatar) – explicou em um momento de franqueza durante uma entrevista televisiva de 1994, que "a identidade palestina é uma invenção colonialista" e, portanto, que "não há uma nação palestina", apenas uma "nação árabe", e que todos os chamados "palestinos" fazem parte da nação árabe.[505] Desde o início, a luta não foi sobre uma identidade palestina separada. Em vez disso, era uma luta árabe, às vezes muçulmana, que muitas vezes assumia uma clara inclinação antissemita.

Outro argumento levantado pelo mundo árabe é que os refugiados judeus fugiram para sua pátria nacional, assim como os alemães fugiram para a Alemanha, os indianos para a Índia, os gregos para a Grécia e assim por diante. Os refugiados palestinos, ao contrário, não fugiram para a Palestina. Este argumento falha em dois pontos. Primeiro, os refugiados árabes tinham mais ligações com os residentes dos países vizinhos (como a Jordânia, o Egito, a Síria ou o Líbano) do que, digamos, os alemães de etnia sudeta com a Alemanha ou os muçulmanos indianos tinham com o Paquistão. São pessoas com a mesma religião, costumes, cultura e muitas vezes as mesmas origens étnicas. A diferença entre um muçulmano expulso da Grécia ou da Bulgária e um muçulmano turco local é muito maior. Nesse caso, havia diferenças de idioma, cultura, costumes e até mesmo identidade étnica. Os árabes da Palestina, em contraste, não eram apenas parte dos árabes da área – até 1948 eles se identificavam abertamente como tal. Em segundo lugar, esse argumento é estranho porque a maioria dos refugiados na verdade fugiu para a Cisjordânia e a Faixa de Gaza – áreas assinaladas como parte do Estado árabe estabelecidas no Plano de Partilha. Mas nem eles nem o mundo árabe viram necessidade de estabelecer esse Estado separado entre 1948 e 1967, quando a Cisjordânia estava sob controle jordaniano e Gaza sob administração egípcia. Não houve ocupação na época. Se assim o desejassem, poderiam ter estabelecido um Estado árabe ao lado de Israel, mas em vez disso queriam estabelece-lo em Israel.

—

Entre 750 mil e 950 mil judeus viviam em países árabes na véspera do estabelecimento do Estado de Israel.[506] Muito poucos moram lá hoje. A maioria deixou por causa de pogroms e medo por suas vidas. De acordo com a narrativa dominante aceita sem análise pelo mundo, foi a oposição ao sionismo que transformou o Jardim do Éden de convivência e harmonia em um pesadelo de conflito. Na prática, o oposto é verdadeiro. O antissemitismo, parcialmente caseiro e parcialmente importado da Europa, é o que causou o antissionismo.[507] O libelo de sangue de Damasco em diante, os pogroms em todo o Norte da África, os decretos no Iêmen – todos eles precederam o sionismo.

Muito antes de o antissemitismo Ocidental começar a penetrar no Oriente Médio, e oito décadas e meia antes de Theodore Herzl escrever seu seminal panfleto de 1896 estabelecendo as bases do sionismo político, *O Estado Judeu*, um visitante italiano à Argélia em 1811, Filippo Pananti, descreveu o status dos judeus entre os mouros na Argélia:

> *Eles não podem andar a cavalo, mas são obrigados a ir de mulas e burros; o primeiro é um animal muito nobre para eles. Ao passar uma mesquita, eles são obrigados a ficar descalços. Não ousam aproximar-se de um poço ou fonte, se houver um mouro bebendo ali; ou sentar-se em frente a um maometano. Sua roupa é obrigada a ser negra; cuja cor é desprezada pelos mouros [...] O mouro indolente, com um cachimbo na boca e pernas cruzadas, chama qualquer judeu que passa e o faz executar os ofícios de um criado. Outros se divertem esfregando as mãos, o rosto, o cabelo e as roupas dos meninos judeus, com tinta ou lama; enquanto os soldados turcos muitas vezes entram em suas casas, insultando as mulheres, sem que os chefes da família tenham o privilégio de desejar que se retirem [...] São frequentemente espancados por seus perseguidores.*[508]

O viajante britânico William Lane escreveu sobre o Cairo em 1836 que "os judeus são mais odiados pelos muçulmanos do que os cristãos" e que "os judeus não se atrevem a fazer um som quando os árabes e os turcos os espancam ou amaldiçoam. Muitas vezes algum judeu foi executado por falsas acusações de blasfêmia contra o Alcorão ou o Profeta Maomé".[509] Em 1863, o historiador Israel Yosef Binyamin visitou a Pérsia e observou que "os judeus têm que viver em uma parte separada da cidade porque eles são considerados criaturas impuras [...] Por causa disso, quando andam em alguma rua onde os muçulmanos vivem, eles são atacados com pedras e lama".[510]

A situação foi aparentemente particularmente severa em Jerusalém. Em uma carta ao Ministério das Relações Exteriores britânico em Londres, o cônsul britânico escreveu o seguinte em 1839:

> *Como o cão miserável sem dono, ele [o judeu] é chutado por um porque ele cruza seu caminho, e algemado por outro porque ele grita — ele tem medo de buscar reparação, para que não piore mais; ele acha melhor aguentar do que viver na expectativa de que sua queixa seja vingada. Criado desde a infância para enxergar suas deficiências civis em toda parte como um sinal de degradação, seu coração se torna o berço do medo e da suspeita — ele acha que não é confiável para ninguém — e, portanto, vive sem confiança em ninguém.*[511]

A necessidade de um lar nacional era uma função do sofrimento dos judeus na diáspora. Isso era tão verdadeiro para os judeus da Europa quanto para os judeus das terras muçulmanas. Assim, não há contradição entre a ideia sionista e o fato de que os judeus eram refugiados. Aqui também é necessário ser preciso. Não foi a demanda por um lar nacional que transformou os judeus em refugiados: foi a *perseguição* que tornou um lar nacional uma necessidade existencial para os judeus em todo o mundo.

Houve tempos em que os judeus da Europa tinham alternativas para a Terra de Israel – a imigração para a América, por exemplo. Muitos de fato foram para lá. Quando as comunidades judaicas nos países árabes foram destruídas, a maioria dos judeus tinha apenas uma opção – Israel. É por isso que a maioria dos judeus europeus não foi para Israel, mas a maioria dos judeus dos países árabes o fez. É verdade que um país não é exatamente igual ao outro. Há uma comunidade judaica pequena, mas protegida, no Marrocos, enquanto no Egito, na Síria, no Iraque e no Iêmen, esses remanescentes tornaram-se bodes expiatórios. O destino subsequente de cristãos e até mesmo seitas minoritárias muçulmanas em terras árabes é um testamento arrepiante do que teria acontecido com os judeus se eles tivessem permanecido. Eles se tornaram refugiados e enfrentaram uma *Nakba* judaica, mas seu destino poderia ter sido muito pior.

Mesmo antes do surgimento do nacionalismo árabe, nos dias do Império Otomano, os judeus sofreram repressão, discriminação e violência. Antes do surgimento dos Estados-nação, um produto da era moderna, os judeus viviam em impérios. (De fato, parte da situação dos judeus na diáspora ocorreu em um contexto imperial, como a Zona de Assentamento Judeu no Império Russo.) O Império Otomano era uma entidade multiétnica, multirreligiosa e multicultural. No entanto, a chance de que uma minoria distinta – uma minoria xiita entre uma maioria sunita, cristãos e judeus entre os muçulmanos, curdos entre os árabes – vivesse ali sem sofrer violência era maior. Isso ocorre porque os impérios têm uma maior capacidade de conter as minorias – de fato, os impérios não são nada mais do que um grupo de minorias sem uma etnia dominante.

Esse é o caso quando impérios entram em colapso e Estados-nação surgem em seu rastro. O nacionalismo zeloso dificulta a contenção de minorias estrangeiras. É verdade que, em alguns países, os judeus faziam parte dos movimentos nacionais. Havia judeus na FLN da Argélia, judeus no movimento nacional egípcio e judeus no partido comunista iraquiano. Durante o breve período do governo hachemita na Síria (1918-1920), o slogan "Religião a Deus, o país a todos" foi ouvido pela primeira vez. Esse sentimento ressoou brevemente entre os movimentos nacionais em todo o Oriente Médio, mas morreu rapidamente. Quase todas as constituições dos países árabes contêm a mesma frase-chave: "o Islã é a religião do Estado". As visões muçulmanas e nacionalistas triunfaram sobre outras ideias. É por isso que o colapso do Império Turco resultou em uma limpeza étnica cruel na nova Turquia. É por isso que o colapso dos impérios da Europa causou um deslocamento de massas de minorias em todo o continente no século XX. É também por isso que nunca houve uma chance real de os judeus serem aceitos como cidadãos plenos e iguais nos novos Estados-nação. Eles foram considerados um elemento estrangeiro, apesar do fato de que sua situação era razoavelmente estável até o início ou final dos anos 1940.

O auge da prosperidade para os judeus das terras árabes (por exemplo, no Marrocos) ocorreu durante o período colonial, na primeira metade do século XX, quando a Grã-Bretanha e a França dominavam grandes áreas do Oriente Médio e do Norte da África. Os judeus eram *dhimmi* no Império Otomano, mas quando essa estrutura desmoronou, sua situação pioraria sob a crescente onda do nacionalismo árabe. O argumento de que os judeus teriam "se dado bem" em terras árabes, se não fosse pelo sionismo, não tem fundamento na realidade.

—

Alguns pesquisadores tentaram avaliar o valor da propriedade confiscada dos judeus das terras árabes e compará-la com a propriedade abandonada pelos palestinos. Michael Fischbach, que escreveu sobre o assunto,[512] notou que pouquíssimos israelenses realmente registraram reclamações,[513] em oposição à enxurrada de alegações apresentadas por palestinos. O governo de Israel negligenciou o assunto até agora, o que é um grave erro histórico.

Esta não é apenas uma questão legal. É um evento histórico que precisa ser visto em relação ao contexto mais amplo de expulsões, desenraizamentos e intercâmbios populacionais que caracterizaram o século XX. Essa é a perspectiva do economista Sidney Zabludoff, ex-analista da CIA e do Tesouro dos Estados Unidos. Segundo Zabludoff, o valor total da propriedade palestina abandonada era de US$ 3,9 bilhões, contra US$ 6 bilhões em propriedades judias perdidas (em valores de 2007). Em seu artigo de 2008 sobre a questão dos refugiados palestinos, Zabludoff observa que até 2007 os pagamentos por transferência para a UNRWA chegavam a US$ 13,7 bilhões — mais de três vezes do que os palestinos tinham direito a indenização por bens perdidos.[514] Outros partidos que procuraram calcular o nível apropriado de compensação palestina chegaram a números mais altos,[515] e não é necessário aceitar os cálculos de Zabduloff como evangelho, mas ele levanta outro ponto interessante. Em outras zonas de conflito, a maioria dos expelidos não recebeu nenhuma compensação – apenas fundos de reabilitação. Mesmo as vítimas judias do nazismo, cujo direito a indenização não é contestado, receberam apenas cerca de 20% da indenização a que têm direito.

Ao examinar esta questão, não se pode ignorar o contexto mais amplo das perdas. A liderança árabe nos países vizinhos e a liderança dos árabes da Palestina declararam guerra a Israel. Não há precedente de um agressor (que neste caso também rejeitou uma resolução da ONU) recebendo indenização por fracassar em sua agressão. Nas circunstâncias únicas deste período, as reivindicações judaicas, portanto, permanecem em terreno muito mais firme.

Em um precedente legal, uma família judia ganhou uma ação de indenização contra o Egito em 1996, quando o Supremo Tribunal do país decidiu em favor da compensação da família Metzger por uma pequena parte de sua propriedade confiscada pelo Egito em 1956.[516] No entanto, o governo do Egito se recusou a executar a ordem judicial e só chegou a um acordo com a querelante, Patricia Metzger (a nora dos proprietários originais) em 2007. Na prática, o acordo foi por uma quantia ridícula que foi muito inferior à indenização concedida pelo tribunal.[517]

—

A história contada de assassinatos, perseguições e pogroms contra judeus em países muçulmanos e árabes, bem como sob o domínio muçulmano turco na Palestina, começou muito antes de o movimento sionista existir, continuou em paralelo à construção estatal sionista, e alcançou seu pico com o estabelecimento do Estado de Israel. Houve, é claro, períodos de calma e prosperidade. Havia judeus que alcançaram a grandeza em ações e em riqueza. Mas, no geral, a vida e o bem-estar dos judeus das terras árabes estavam sujeitos aos caprichos do governante muçulmano em exercício e à sua interpretação pessoal do Pacto de Omar. Objetivamente falando, apesar de toda a dor genuína causada pela *Nakba* palestina, a *Nakba* judaica foi muito pior. Não foram apenas os judeus da Europa que precisaram ser resgatados da solução da Alemanha para a "questão judaica", os judeus das terras árabes também precisavam de um local de refúgio.

CAPÍTULO 11
O Apartheid Árabe
—

> Os Estados árabes não querem resolver o problema dos refugiados [...] os líderes árabes não dão a mínima se os refugiados estão vivos ou mortos", segundo um alto funcionário da UNRWA em 1952. Nas décadas desde então, os palestinos se tornaram o grupo árabe mais maltratado do mundo árabe, sofrendo a negação repetida de seus direitos mais básicos. Os resultados são óbvios.

DEZENAS DE MILHÕES de pessoas, inclusive judeus, sofreram expulsão, expropriação e refúgio durante o século XX. No entanto, apenas os palestinos permanecem refugiados até hoje, devido em grande parte à discriminação e repressão por parte dos países árabes. Esta é a verdadeira *Nakba* — o catastrófico apartheid árabe contra os palestinos.

Em 1959, a Liga Árabe adotou a Resolução 1547, que negava os pedidos palestinos de cidadania nos Estados membros, a fim de perpetuar o direito de retorno.[518] Essa resolução foi estranha, surpreendente e completamente contrária às normas internacionais aceitas na época em relação aos refugiados e sua reabilitação. As raízes estão em 1948 — no começo da *Nakba* palestina. Naqueles anos, expulsões e trocas de população era um fenômeno internacional aceito. Dezenas de milhões foram desalojadas: poloneses, indianos, paquistaneses, ucranianos, romenos, alemães, judeus e árabes. Só na Europa, havia 20 milhões de refugiados entre 1945 e 1951. Em 1960, todos haviam sido reabilitados e absorvidos em seus novos países de residência — todos menos um grupo: os palestinos.

Qualquer discussão sobre o conflito árabe-israelense hoje gira em torno da *Nakba* palestina. Israel é sempre considerado exclusivamente responsável por expulsar os palestinos e perpetuar sua miséria. Essa mentira se tornou sabedoria convencional entre a maioria dos acadêmicos e jornalistas que discutem o assunto. E, no entanto, não havia nada de único na experiência palestina. Mais importante, em todos os casos de desenraizamento — incluindo muitos mais brutais e sangrentos do que o conflito israelo-palestino — os refugiados envolvidos não retornaram em massa ao seu país de origem. Em vez disso, eles foram reabilitados e receberam cidadania em seus novos países de residência.

Os Estados árabes, no entanto, trataram os refugiados de maneira diferente de todos os outros países, tanto na época como agora. Os árabes esmagaram os palestinos (já desmoralizados) e seus descendentes, apesar de serem seus irmãos, submetendo-os a um regime de apartheid coletivo. A verdadeira *Nakba* não era uma função do próprio desenraizamento — um destino que os palestinos compartilhavam com dezenas de milhões de outros seres humanos. A verdadeira catástrofe é a miséria perpétua à qual os países árabes submeteram os palestinos, transformando uma ferida que poderia ser curada em uma ferida aberta e supurada.

As duas primeiras décadas depois que os palestinos se tornaram refugiados foram estudadas apenas por alguns poucos estudiosos.[519] Qual foi a sua condição humanitária? À quais leis estavam sujeitos nos principais países que os hospedavam — Jordânia, Síria, Líbano e Egito? Por que eles derrotaram tentativas de planos de reabilitação e assentamento? Mais importante ainda, por que um Estado palestino não foi estabelecido enquanto parte do território designado para ser um Estado árabe estava em mãos árabes? Nas poucas publicações que surgiram a partir desses anos, há expressões de hostilidade e acusações contra o mundo árabe. Por exemplo, um livreto do Fatah desse período afirma que "a perseguição dos palestinos nos países árabes foi um fator de apoio para preservar uma identidade palestina a parte e impedir que esta se integrasse".[520]

Quando comparados à sua experiência nos países árabes, os palestinos realmente prosperaram mais quando estavam sob o domínio de Israel. A governança israelense dos dois lados da Linha Verde estava longe de ser perfeita, mas nenhuma outra comunidade árabe conseguiu ter mais sucesso — por qualquer parâmetro — do que os árabes sob o domínio israelense, mesmo que a indústria de mentiras tente criar uma impressão totalmente oposta.

Este capítulo examina o tratamento árabe dos refugiados palestinos e seus descendentes, a fim de sistematicamente descobrir e examinar seus maus-tratos endêmicos país por país, e que tem todas as características de apartheid.

EGITO

Por mais de um século, não houve uma distinção real entre os residentes egípcios e aqueles ao longo da costa até Jafa. Ambos eram muçulmanos e súditos do sultão otomano. Segundo o pesquisador Oroub El-Abed — estudioso da economia política do desenvolvimento e da migração forçada, atualmente associado ao Centro de Pesquisas Britânicas no Levante da Universidade de Londres — os dois grupos eram tipificados por imigração recíproca, comércio e laços matrimoniais:

> *Um número considerável de egípcios também vivia na Palestina, particularmente na região de Jafa. O vai e vem comercial serviu para fortalecer as redes sociais que ligam os dois povos. Nas partes setentrional e oriental do Egito, o casamento entre palestinos e egípcios era comum desde o começo do século XX.*[521]

A cobertura da imigração árabe para a área que se tornou o Mandato da Palestina é deficiente e irregular. Apesar disso, é possível encontrar estudos sobre ondas de imigração egípcia em terras controladas pelos otomanos e principalmente nas áreas costeiras.[522] Tais ondas ocorreram como resultado da invasão dos governantes egípcios Mohammad Ali e Ibrahim Pasha (1831-1841), incluindo soldados que desertaram e permaneceram em Jafa, egípcios fugindo do recrutamento na década de 1940, e até mesmo egípcios fugindo de trabalhos forçados conectados à escavação do Canal de Suez (1858-1869), bem como outras causas.[523] Muitos dos moradores de Jafa se identificaram como egípcios. Essa imigração, iniciada no início do século XIX, continuou até 1948. Não havia diferença étnica real entre os dois grupos. As fronteiras políticas estabelecidas pelas potências coloniais ocidentais tiveram pouco impacto sobre a demografia e as realidades étnicas da região. Quando em 1948 refugiados de Jafa e outras áreas chegaram ao Egito, muitos estavam simplesmente voltando para casa. Eles faziam parte do mesmo povo, cultura e religião, e muitos tinham parentes no país. A partir de 1949, os líderes árabes tinham duas opções: estabelecer o Estado árabe previsto no Plano de Partilha e estabelecer ali os refugiados, ou integrar plenamente os refugiados no Egito — o que não era uma perspectiva difícil, dada as semelhanças entre os grupos. No entanto, essas duas opções sensatas foram rejeitadas. Registros do final de 1951 mostram que cerca de 200 mil refugiados chegaram à Faixa de Gaza vindos de Jafa, Beer

Sheva e Ashkelon.[524] Esse número pode ser muito alto, porque os pobres locais também se juntaram ao grupo para receber auxílio. Naqueles anos, as resoluções da ONU mencionaram a repatriação como apenas uma das várias opções para os refugiados palestinos. Paradoxalmente, o mundo árabe rejeitou o retorno, pois isso significaria o reconhecimento formal do Plano de Partilha. O mundo árabe só aceitaria um retorno que efetivamente anularia a divisão do território do Mandato da Palestina.

Após as disputas entre os membros da Liga Árabe, um "Governo da Palestina" foi estabelecido em setembro de 1948. Este prontamente anunciou às Nações Unidas o estabelecimento de um governo sobre todo o território do antigo Mandato da Palestina.[525] Esta declaração derivou da rivalidade entre a Jordânia e outros países árabes, principalmente o Egito. Ignorou a realidade da região, o Plano de Partilha da ONU e a guerra que ainda estava em andamento na época. Era um sinal claro de cegueira política no lado árabe, adotando decisões baseadas em rivalidades internas e pressões do Mufti, em vez de na previsão política que compreendia a necessidade de um acordo e arranjos para os refugiados. O Governo da Palestina estava localizado em Gaza e operava sob patrocínio do Egito. Foi dirigido por Ahmed Hilmi Pasha, que transferiu sua lealdade ao rei Abdullah da Jordânia para o Egito e o Mufti. Na prática, a entidade não tinha importância nem autoridade real, e morreu de uma morte insignificante em uma década.[526]

Todas essas manobras políticas não ajudaram os refugiados palestinos no Egito. O Egito não queria absorvê-los como cidadãos plenos ou fazer qualquer coisa substantiva para resolver o problema. Não faltaram soluções sugeridas — o Egito simplesmente não estava interessado. As resoluções da ONU mencionaram a possibilidade de reassentamento, mas já em outubro de 1950 o Egito disse às Nações Unidas que não poderiam absorver os palestinos "em vista do fato de que o Egito era densamente povoado".[527] Da mesma forma rejeitou o reassentamento de 150 mil refugiados na Líbia[528] Muitos dos palestinos que haviam fugido durante os primeiros estágios da guerra e já estavam dentro do Egito foram forçados a se mudar para campos de refugiados na Faixa de Gaza. Todas as tentativas de reassentamento foram derrubadas pelos Estados árabes.

A Faixa de Gaza tornou-se um campo fechado. Era quase impossível sair. Tanto os moradores de Gaza como os recém-chegados à Gaza estavam sujeitos a sérias restrições no emprego, educação e outros campos. Toda noite havia um toque de recolher. A única área em que o Egito investiu o máximo que pôde foi a divulgação de material de leitura com uma inclinação fortemente antijudaica.

A jornalista americana Martha Gellhorn visitou os campos de refugiados palestinos em 1962 e visitou a Faixa de Gaza. Ela publicou uma série de artigos sobre suas experiências e o que ela viu.[529] Ela falou sobre os obstáculos burocráticos colocados em seu caminho para entrar na Faixa e dias de espera no Cairo. Ela também descreveu o contraste entre a atitude amigável dos funcionários egípcios e o ódio vomitado na propaganda egípcia. "A Faixa de Gaza não é um buraco do inferno, não é um desastre a olho nu", escreve ela. "É pior; é uma cadeia [...] o governo egípcio é o carcereiro." Gellhorn descreveu um regime militar severo, com toda a elite palestina fazendo slogans nasseristas. Por exemplo, "um punhado de refugiados, que conseguem provar ter empregos em outros lugares, recebem vistos de saída".

Este não é o único testemunho desses anos. Em 1966, um jornal saudita publicou uma carta dos moradores da Faixa de Gaza:

Considere a atitude da administração de Nasser em relação a nós e você descobrirá que os judeus sob Hitler não sofreram como nós, sob Nasser. Em primeiro lugar, para deixar nossos acampamentos e ir para o Cairo ou para Alexandria ou outras cidades, temos que passar por um longo processo. Qualquer pessoa que solicite uma permissão de viagem deve passar por uma inspeção e sua lealdade é posta sob suspeita; investigadores sem caráter e inescrupulosos são capazes de jogar na cadeia qualquer um que peça uma permissão de viagem.[530]

A *Radio Jeddah* também transmitiu o seguinte:

Estamos cientes das leis que proíbem todos os palestinos de trabalhar no Egito [...] gostaríamos de perguntar ao Cairo o que é essa Cortina de Ferro que Abdel Nasser e seus companheiros criaram em torno de Gaza e dos refugiados lá? O governador militar em Gaza proibiu qualquer árabe de viajar ao Cairo sem autorização militar, válida por 24 horas. Imagine, árabes, como Nasser, que afirma ser o pioneiro do nacionalismo árabe, trata o povo árabe de Gaza; Gaza, e seu miserável povo que morre de fome enquanto o governador egípcio de Gaza e seus oficiais e soldados se aproveitam da riqueza da Faixa.

Mesmo supondo que essas descrições sejam exageradas – a Arábia Saudita e o Egito eram rivais sérios na época –, evidências claras de um regime opressivo de duas décadas permanecem. É importante notar também que, quando Israel conquistou a Faixa de Gaza em 1967, a expectativa de vida era de 48 anos. Em pouco mais de duas décadas, saltou para 72, superando a do Egito. Isto é notado aqui não para atribuir pontos a favor a Israel, mas meramente como um indicador de quão terríveis as coisas estavam sob o domínio egípcio.

Um pequeno grupo de refugiados vivia no próprio Egito, principalmente no Cairo. Um deles foi Yasser Arafat, que estabeleceu a União dos Estudantes Palestinos. Esta organização não tinha conexão com os moradores da Faixa de Gaza, que permaneceu isolada e reclusa. Os palestinos que viviam fora da Faixa também tiveram altos e baixos, incluindo restrições de emprego, expulsão de ativistas, uma lei de cidadania que discriminava os palestinos, e muito mais.[531]

O período de domínio egípcio sobre Gaza não foi seriamente estudado. Os fragmentos de informação disponíveis indicam que esse foi um dos períodos mais sombrios da história da Palestina. O silêncio acadêmico sobre esta questão é apenas mais uma expressão da abordagem racista de que "os árabes podem fazer o que quiserem com os outros árabes". É desnecessário dizer que os próprios árabes são as principais vítimas desses padrões racistas.

Quanto aos palestinos que residem no Egito, a cidadania lhes foi negada, bem como oportunidades de emprego. A lei de cidadania egípcia autoriza a criança de qualquer mãe egípcia à cidadania egípcia – com a condição de que o pai não seja palestino. A decisão do tribunal egípcio de anular esta provisão não teve efeito.[532]

JORDÂNIA

Como no caso dos árabes da costa e o Egito, os árabes da Cisjordânia tinham muitos laços com a Jordânia. Por exemplo, os membros da tribo Magali na região de al-Karak são originalmente de Hebron.[533] Durante o Império Otomano, a Margem Oriental do Jordão (Transjordânia) fazia parte do *vilayet* de Damasco (uma divisão administrativa turca igual a um distrito ou província principal), que também incluía outras partes que depois ficaram sob controle britânico. De fato, o território a Leste do Jordão também fazia parte do Mandato da Palestina e era originalmente destinado a fazer parte do lar nacional judeu.

A angústia inicial dos refugiados nas duas margens do Jordão era alta. Em Nablus, onde os soldados iraquianos estavam estacionados, não havia solidariedade árabe — apenas abuso. Testemunhos recordam que "os soldados iraquianos levavam as crianças dos ricos e seus amigos para sodomia e depois devolviam as crianças às suas famílias. Moradores eram frequentemente presos".[534] Não exatamente a irmandade árabe em seu melhor aspecto.

Aparentemente, a princípio, o rei Abdullah I tratou seus súditos de maneira diferente de outros países árabes. Mas seu principal objetivo era a expansão territorial — a anexação da Judeia e Samaria (que ele renomeou Cisjordânia) à Transjordânia (que ele rebatizou de Jordânia, Reino Hachemita). No dia em que o conselho palestino liderado pelo Mufti se reuniu como parte do governo da Palestina, Abdullah convocou uma conferência em Jericó e mil representantes juraram lealdade a Abdullah, declarando que a Jordânia e a Palestina eram uma única unidade territorial.

Ao contrário de outros países árabes, que deixaram os árabes palestinos apátridas, qualquer refugiado originário da Palestina moderna que residisse na Jordânia entre 1948 e 1954 tinha direito à cidadania jordaniana sob uma lei adotada em 1954. A cidadania jordaniana concedia direitos formais, mas isso não era igualdade de cidadania como o Ocidente democrático entenderia o termo. A Cisjordânia permaneceu como uma área rural primitiva, com serviços precários e alto desemprego. Os palestinos na Cisjordânia certamente tinham uma situação melhor do que seus irmãos na Faixa de Gaza, mas ainda assim enfrentaram crescentes violações de direitos humanos na esfera civil e social, incluindo discriminação institucionalizada. Os palestinos se irritavam com o domínio jordaniano, descrevendo a vida na Cisjordânia em termos sombrios:

Nós não esquecemos e nunca esqueceremos o caráter do regime que humilhou nossa honra e esmagou nossos sentimentos de humanidade. Um regime construído sob uma inquisição e as botas do povo do deserto [os beduínos nativos na Jordânia que compunham a Legião Árabe]. Vivemos por um longo período sob a humilhação do nacionalismo árabe, e nos incomoda dizer que tivemos que esperar a ocupação israelense para nos conscientizarmos do que são relações humanas com civis.

Estas palavras foram publicadas não por uma autoridade tendenciosa da ocupação israelense, mas por críticos palestinos da Cisjordânia no jornal libanês *Al-Hawadith*, na primavera de 1971, quatro anos depois de Israel ocupar a Cisjordânia.[535]

Como todos os outros países árabes, a Jordânia não fez nenhum esforço para fechar os campos de refugiados. Enquanto Israel estava absorvendo centenas de milhares de refugiados da Europa e do mundo muçulmano em campos temporários, projetados para eventualmente serem desmantelados, a Jordânia impediu ativamente qualquer transição para a normalidade. Nenhuma instituição de ensino superior foi fundada na Cisjordânia durante dezenove anos de governo jordaniano; ironicamente, o ensino superior prosperou sob o domínio israelense a partir dos anos 1970 em diante.

A cidadania que os refugiados receberam também foi em grande parte superficial. Embora os palestinos respondam por mais de 50% da população da Jordânia, segundo um relatório de 2008, eles conquistaram apenas dezoito das 110 cadeiras no Parlamento jordaniano e apenas nove dos 55 senadores nomeados pelo rei eram de origem palestina.[536] Tal discriminação existe tanto no nível público quanto no privado. A concessão de cidadania parou depois que uma nova onda de refugiados fugiu para a Jordânia, após a Guerra dos Seis Dias. Quanto mais a consciência nacional palestina se desenvolvia, especialmente nas décadas de 1970 e 1980, mais a conexão com a Jordânia se tornava problemática. Como resultado, em 1988, o rei Hussein renunciou oficialmente a todas as reivindicações à Cisjordânia, cortando os laços entre as duas margens do Jordão. Desde então, tem havido um gradual "desligamento" dos palestinos. Os palestinos enfrentaram dificuldades crescentes para conquistar a cidadania jordaniana,[537] e a privação de direitos tornou-se uma característica marcante da política jordaniana nos últimos anos. Em 2009, as diferenças mencionadas entre a Jordânia e outros países árabes em termos de tratamento dos palestinos foram efetivamente eliminadas por novas políticas que revogaram a cidadania jordaniana de milhares de palestinos.[538] Assim, a Jordânia se realinha com as normas e políticas de outros países árabes, garantindo a contínua miséria dos palestinos ao negá-los ou despojá-los da cidadania e torná-los inelegíveis para uma série de direitos básicos, deixando cada vez mais palestinos marginalizados em estado de limbo, com a esperança desesperada de retorno como sua única opção. (As atitudes dos palestinos instruídos e integrados são uma questão separada que será discutida em outras partes deste volume.)

SÍRIA

Como observado no capítulo anterior, o primeiro Congresso Árabe Palestino se reuniu em Jerusalém em 1919 e declarou que os palestinos eram uma parte inseparável do Sul da Síria. A ideia de uma Grande Síria, incluindo a Palestina, refletia-se no envolvimento da Síria na Revolta Árabe de 1936-1939 no Mandato da Palestina e na invasão das forças sírias em 1948. Os refugiados não eram, portanto, estrangeiros, política, religiosa ou etnicamente; na verdade, inúmeros indivíduos nascidos na Síria haviam atravessado a fronteira da Palestina por décadas, atraídos por oportunidades de trabalho e outras conexões. Como irmãos próximos, seu destino não deveria ter sido substancialmente diferente do de outros refugiados que chegam a um país onde seus irmãos formam a maioria. Entre 70 mil e 90 mil refugiados chegaram à Síria – a maioria de Safed, Tiberíades, Haifa e Acre. Em 1954, eles receberam direitos parciais, embora não na esfera política. Em 1968, os palestinos foram impedidos de possuir propriedade. A lei síria permite que qualquer cidadão árabe se torne um cidadão sírio, desde que ele more regularmente na Síria e possa se manter financeiramente. No entanto, os palestinos foram excluídos desta lei, por isso, mesmo que sejam residentes permanentes e pessoas afluentes, ainda não podem se tornar cidadãos.[539]

Apenas 30% daqueles que ainda são considerados "refugiados palestinos na Síria" viviam em campos de refugiados no início da guerra civil na Síria. De fato, por qualquer padrão internacional aceito, eles deveriam ter sido considerados sírios de pleno direito há muito tempo. Eles faziam parte da nação árabe, tinham laços familiares sírios e deveriam estar integrados à economia. No entanto, devido à insistência do regime em perpetuar o ethos do direito de retorno, os palestinos permanecem um "elemento estrangeiro" dentro da Síria, e a única coisa que tem sido prolongada é seu status inferior. De acordo com um perfil de 1999 publicado por uma ONG conhecida como Centro de Recursos para Residência Palestina e Direitos dos Refugiados (CRRPD), a maioria dos palestinos concentrou-se (ou seja, foi segregada) nos percentuais mais baixos da economia, em serviços (41%) e construção (27%).[540] Índices educacionais também refletem essa política: 23% dos palestinos nem sequer frequentaram o ensino fundamental, 32% concluíram o ensino fundamental e apenas 3% se formaram na universidade.[541]

Desde o início da revolta contra o presidente Bashar al-Assad na Síria, que gradualmente se transformou em uma guerra civil, os palestinos tentaram manter uma posição de neutralidade. No entanto, vários relatórios indicam que os palestinos se juntaram a ambos os lados.[542] Eles matam ou são mortos, e mesmo aqueles que permanecem neutros pagam um alto preço ao se tornarem vítimas de ambos os lados. Segundo a UNRWA, os palestinos na Síria se tornaram refugiados novamente e um quinto fugiu do país.[543] Na maior cidade palestina da Síria, Yarmuk, um dos maiores desastres humanitários da guerra ocorreu quando dezenas de milhares foram sitiados durante meses. Não há estimativa confiável de mortes palestinas como resultado do cerco.

LÍBANO

Os palestinos da Faixa de Gaza só tiveram que sofrer sob o domínio egípcio por duas décadas. Em contraste, nada mudou no Líbano em 1967 – na verdade, a situação só piorou. O resultado foi pobreza, negligência e desemprego em massa. Até 1969, os campos de refugiados palestinos estavam sob administração estrita das forças armadas libanesas. De acordo com um relatório de 1962 da jornalista Martha Gellhorn, a maioria dos refugiados vivia em condições razoáveis, e a maioria até viu uma melhora em relação à vida pré-*Nakba*. No entanto, o Acordo do Cairo de 1969 entregou o controle dos campos aos próprios palestinos.[544] As condições subsequentemente se deterioraram à medida que as organizações terroristas assumiram os campos, o que se tornou um campo de batalha violento entre as facções palestinas em guerra.

Um estudo publicado em dezembro de 2010 pela Universidade Americana em Beirute apresentou dados mostrando que, enquanto sob ocupação israelense, a Faixa de Gaza era um verdadeiro Jardim do Éden em comparação com os campos palestinos sob controle libanês.[545] Não houve protestos globais, nenhuma flotilha de auxílio e nenhuma campanha internacional na sequência destes resultados. Em contraste com a Síria e a Jordânia, onde a maioria daqueles definidos como refugiados não mais vivem em acampamentos, dois terços dos palestinos no Líbano ainda estão encurralados em campos de refugiados descritos como "um enclave ex-territorial" no estudo da Universidade Americana. Os dados apresentaram um dado picante, porém revelador. Embora 425 mil pessoas estejam registradas na UNRWA como refugiados, o estudo constatou que apenas

260 mil a 280 mil palestinos vivem no Líbano. Assim, a UNRWA recebe financiamento para cerca de 150 mil pessoas que nem estão no país. Esse número por si só deveria ter levado a uma séria auditoria por doadores – principalmente os Estados Unidos e a União Europeia –, mas isso provavelmente nunca acontecerá. A questão dos refugiados palestinos é tão impregnada de mentiras e distorções que é improvável que uma mentira mude as coisas. É assim que a UNRWA pode exigir financiamento para 425 mil pessoas quando um estudo em seu próprio *website* mostra que esse número é falso.

A situação dos refugiados restantes é deplorável. A taxa de desemprego é de 56%. Esta parece ser a taxa mais alta não apenas entre os palestinos, mas em todo o mundo árabe. Mesmo aqueles que trabalham estão nos degraus inferiores da economia. Apenas 6% dos palestinos na força de trabalho possuem algum grau acadêmico (em oposição a 20% da força de trabalho total no Líbano). O resultado é que 66% dos palestinos no Líbano vivem abaixo da linha da pobreza, com seis dólares por dia. Esta situação é função de uma política de Estado que lembra fortemente o apartheid. Uma série de leis libanesas limita o direito dos palestinos à cidadania e possuir propriedade e os impede de exercer uma série de ocupações – incluindo medicina, direito, e jornalismo.[546] Um relatório de 2007 da Anistia Internacional intitulado *Exiled and Suffering: Palestinian Refugees in Lebanon* expôs e condenou as condições deploráveis, que atribuiu a uma política oficial de discriminação (embora se abstendo delicadamente de usar a palavra "apartheid"). A Anistia resumiu suas conclusões da seguinte forma:

> *A discriminação e a marginalização sofridas pelos refugiados palestinos contribuem para altos níveis de desemprego, baixos salários e más condições de trabalho. A pobreza resultante é exacerbada pelas restrições impostas ao seu acesso à educação estatal e aos serviços sociais. Grande parte do tratamento discriminatório que os palestinos enfrentam está enraizada em sua condição apátrida, que tem sido usada pelas autoridades libanesas para negar a eles direitos iguais.*[547]

Em 2010, uma pequena emenda foi feita à legislação trabalhista libanesa para facilitar o status de emprego dos palestinos, mas isso não levou a nenhuma mudança real.[548] Outra portaria proíbe trazer materiais de construção para os campos de refugiados, e houve relatos de prisões e demolições de casas como resultado da construção usando tais materiais.[549] Israel impôs uma proibição parcial de importação em Gaza de materiais de construção para projetos de construção civil e reconstrução de danos de guerra depois que tais materiais foram desviados pelo Hamas para construir túneis de terror e foguetes para atacar civis israelenses. Pelo que se pode afirmar, a proibição libanesa não tem essa base.

Na prática, um pequeno número de refugiados palestinos recebeu a cidadania libanesa, ou seja, cristãos e xiitas.[550] Cada um desses grupos tem um "patrono" na complexa matriz de poder do Líbano, enquanto os palestinos sunitas não têm esse apoio. Eles formam a maioria dos refugiados palestinos em solo libanês e são as principais vítimas do apartheid libanês. O Mufti do Líbano, Xeique Mohammed Rashid Qabbani, chegou a se referir a eles como "lixo indesejado" em 2011.[551] Conforme relatado em fontes confiáveis, como a *International Migration Review* e *Middle East Report*, os refugiados palestinos no Líbano são tratados como lixo, mas não houve nenhuma palavra de protesto em nenhum lugar sobre isso.

Nada é mais indicativo de um padrão duplo do que os eventos que cercam o campo de refugiados de Ain al-Hilweh. Em 2016, um acordo foi alcançado entre o exército libanês e a liderança palestina conjunta no Líbano para construir um muro ao redor do campo de refugiados de Ain al-Hilweh (o maior campo de refugiados no Líbano) por "razões de segurança". O acordo foi concluído depois que o acampamento se tornou incontrolável devido ao afluxo de refugiados da Síria, supostamente incluindo elementos indesejáveis e dissidentes, o que dobrou sua população. A liderança palestina, em seguida, retirou seu apoio, mas a construção do muro foi concluída em 2017. O campo, agora cercado por um muro de concreto com torres de vigia e postos de controle, tornou-se uma prisão para seus habitantes. Não houve protestos globais, nenhuma manifestação, nenhuma petição e nenhum chamado para boicotar o Líbano. Os refugiados em Ain al-Hilweh não vivem sob o controle de Israel, então ninguém protesta.[552] Um protesto contra o massacre em andamento de seus próprios cidadãos na Síria não teria nenhum efeito, mas um protesto contra o Líbano poderia influenciar seu governo. No entanto, apesar de denunciar os relatórios de direitos humanos, não se fala em uma "Semana do Apartheid do Líbano" nos campi universitários. Tal tratamento é reservado apenas para Israel.

KUWAIT

Em 1991, quando o exército iraquiano invadiu o Kuwait, os palestinos empregados como trabalhadores convidados no Golfo compunham 30% da população do país. Em contraste com outros Estados árabes, suas condições de vida eram decentes. Como parte dos esforços para encontrar um acordo antes da Primeira Guerra do Golfo, Saddam Hussein "propôs" retirar-se do Kuwait em troca de uma retirada israelense da Cisjordânia e Gaza. A OLP de Yasser Arafat apoiou Saddam, provocando um dos eventos mais duros da história da Palestina.

Depois que Saddam foi expulso, o Kuwait embarcou em uma campanha anti-palestina que incluía perseguições, detenções e julgamentos. A saga terminou com a expulsão de cerca de 400 mil a 500 mil palestinos. Alguns deles viviam lá desde a década de 1930, e muitos não participaram do apoio de Arafat a Saddam.[553] Apesar disso, eles foram punidos coletivamente por meio de uma transferência que lembrava a *Nakba* original de 1948 em termos de magnitude. E enquanto há inúmeras publicações sobre a *Nakba* de 1948, quase nada foi publicado sobre esta catástrofe mais recente.

—

Isso conclui a lista de países onde residem a maioria dos refugiados palestinos e seus descendentes. No entanto, as políticas de apartheid também existem em outros países. Por exemplo, a Arábia Saudita, que relaxou suas regras de cidadania em 2004, ainda exclui os palestinos.[554] Em 1995, o governante líbio Moammar Gaddafi decidiu expulsar 30 mil palestinianos simplesmente porque ficou irritado com o acordo de Oslo e com o estabelecimento da Autoridade Palestina.[555] Um médico palestino, Ashraf al-Hazouz, passou oito anos em uma prisão líbia (junto com várias enfermeiras búlgaras) sob falsas acusações de espalhar a AIDS.[556] Em agosto de 2010, antes da guerra civil que levou à deposição de Gaddafi, a Líbia aprovou leis que tornaram a vida dos palestinos insuportável, incluindo um imposto anual de US$ 1.550.[557] No mesmo ano, a Líbia enviou um "navio de auxílio humanitário" à Faixa de Gaza.

A marcha da iniquidade continua. Além da Jordânia, que só começou a adotar políticas para marginalizar e privar um grande número de palestinos depois de 1988, todos os outros países árabes agiram assim desde o início. Como demonstrado, isso é apartheid de qualquer ângulo.

—

O quadro que emerge do exposto em relação ao tratamento dos palestinos empalidece em comparação com o tratamento das minorias no mundo árabe. Mas há uma diferença: enquanto os coptas egípcios e os curdos sírios são de fato minoritários, os palestinos são parte integrante do mundo árabe dominante.

Durante o Mandato houve uma luta palestina, mas o uso dessa definição minimiza a natureza do conflito. Esta foi uma luta árabe. Dois de seus principais comandantes eram Fawzi Qauqji e Izz a-Din al-Qassam. O primeiro (uma importante figura militar nacionalista árabe que comandou o Exército de Libertação Árabe na Guerra de 1948) era libanês; o segundo (uma figura religiosa e política proeminente no nacionalismo árabe, que liderou ações militares antibritânicas e antijudaicas na década de 1930, plantando as sementes para a Revolta Árabe de 1936-1939 no Mandato da Palestina) era sírio. Até mesmo o primeiro presidente da Organização de Libertação da Palestina (OLP) entre 1964 e 1967, Ahmad al-Shuqeieri, nasceu em Tebnine (Líbano) de uma mãe turca e um pai palestino pró-otomano. A luta era árabe, não palestina. Apesar disso, os árabes do Mandato da Palestina tornaram-se o grupo árabe mais rejeitado e desprezado no mundo árabe após a derrota de 1948. E, somente mais tarde, após um longo processo, eles se tornaram um povo distinto – os palestinos.

Os Estados árabes sabiam desde o início que o tratamento dado aos palestinos era vergonhoso. É por isso que eles assinaram o Protocolo de Casablanca em 1965, que concedia aos palestinos direitos trabalhistas e liberdade de movimento – mas não a cidadania.[558] Como tem sido o caso com muitos desses documentos, este também não mudou nada. O abuso continuou. Se compararmos o tratamento dos palestinos por seus irmãos árabes com seu tratamento sob o governo de Israel, é evidente que os palestinos têm uma situação muito melhor sob o governo de Israel – tanto aqueles que receberam a cidadania em 1948 quanto aqueles que vivem além da Linha Verde depois de 1967. Ao contrário das duras condições que continuam enfrentando nos países árabes, os palestinos sob o domínio israelense desfrutaram de uma melhoria constante em sua qualidade de vida, emprego, assistência médica e expectativa de vida, incluindo uma queda dramática na mortalidade infantil e uma revolução no ensino superior. O mesmo é verdade quando se trata de política. Após anos de repressão política, a consciência nacional palestina prosperou sob o domínio israelense. Nas duas décadas após a Guerra de 1948, os árabes poderiam ter estabelecido um Estado palestino na Cisjordânia e na Faixa de Gaza. Mas não o fizeram. Isso não diminui o fato de que Israel cometeu injustiças contra os palestinos – certamente o fez. Mas, comparado ao domínio jordaniano e egípcio, o governo israelense propiciou uma grande melhoria em todos os aspectos da vida dos palestinos.

—

Constantemente, os árabes afirmam que são uma nação – *al-Ummah al-Arabiyah*. As fronteiras políticas – e isso ninguém contesta – são uma criação artificial das potências coloniais. No entanto, os árabes palestinos não se beneficiaram dessa suposta unidade. Em 1952, o diretor das operações da UNRWA na Jordânia, Alexander Galloway, acusou:

> *Os países árabes não querem resolver o problema dos refugiados. Eles querem mantê-lo como uma ferida aberta, como uma afronta às Nações Unidas e como uma arma contra Israel. Os líderes árabes não se importam se os refugiados estão vivos ou mortos.*[559]

A historiografia palestina e pró-palestina deliberadamente ignora a verdade refletida em declarações como a de Galloway, assim como ignora a realidade da reabilitação e reassentamento de dezenas de milhões de refugiados em todo o mundo, a existência de uma "*Nakba* judaica" e as políticas de apartheid descarado dos Estados árabes em relação aos palestinos.

CAPÍTULO 12
O Mito de Auschwitz
—

> Desde a Guerra dos Seis Dias, o governo de Israel sobre os palestinos tornou-se sinônimo de uma ocupação cruel que espelha a perseguição da Alemanha nazista aos judeus. Na prática, no entanto, os palestinos desfrutaram de um desenvolvimento sem precedentes em nível individual e nacional durante esse período. Aqui estão os números reais.

O **PRÊMIO NOBEL JOSÉ** Saramago argumentou que "o que está acontecendo na Palestina é um crime que podemos colocar no mesmo plano do que aconteceu em Auschwitz".[560] Ele está longe de ser o único a pensar assim. Uma enorme quantidade de acadêmicos, incluindo israelenses, apresentou argumentos semelhantes. Por exemplo, o Dr. Ran Hacohen, da Universidade de Tel Aviv, publicou um artigo intitulado "Quem Ganhou a Segunda Guerra Mundial?" no qual ele argumenta — nada mais nada menos — que Israel é o sucessor ideológico de Hitler.[561] Outro poeta-jornalista-acadêmico-israelense, Yitzhak Laor, publicou um artigo afirmando que "as câmaras de gás não são a única maneira de destruir uma nação, basta desenvolver altas taxas de mortalidade infantil".[562]

Milhares de ativistas, jornalistas e acadêmicos repetem essas representações das circunstâncias dos palestinos na Cisjordânia e em Gaza, que lentamente se infiltram na consciência do público em geral. Como observado anteriormente, cerca de metade das pessoas entrevistadas em muitos países europeus genuinamente acreditam que o tratamento de Israel aos palestinos é semelhante ao tratamento dos judeus pelos nazistas.

Escritores que apresentam tais argumentos geralmente não se preocupam em checar dados estatísticos sobre os palestinos a partir de 1967 — medidas como a expectativa de vida, o acesso à água potável, a mortalidade infantil, a alfabetização e a educação. É muito mais fácil acusar Israel das atrocidades mais terríveis do que verificar os fatos.

Mas então, quais são os fatos? Estatísticas do Banco Mundial, da Organização Mundial de Saúde, da Unesco e das Nações Unidas — dificilmente "bastiões da propaganda pró-Israel" — apresentam os fatos nus. A imagem resultante é surpreendente.

Coletar todos os fatos e números relevantes é uma tarefa difícil, mas o quadro geral é claro e inequívoco. Sob o domínio israelense, os palestinos desfrutaram de um impulso sem precedentes em seu bem-estar geral. As estatísticas não medem atitudes ou relatos subjetivos de bem-estar e não apagam os excessos e injustiças israelenses, como detenções desnecessárias ou humilhações nos pontos de checagem. Ambos existem, e ambos devem ser criticados. No entanto, o quadro objetivo, baseado em dados objetivos, está em proporção inversa às histórias de horror sobre repressão, crimes contra a humanidade, um genocídio real ou "simbólico", um "Auschwitz israelense" e outras acusações hiperbólicas.

O acadêmico britânico-israelense Efraim Karsh, do King's College de Londres, publicou um relatório, completo com dados detalhados, sobre o que aconteceu com os árabes da Palestina após a imigração judaica.[563] Em comparação com os árabes nas áreas vizinhas do Oriente Médio, com base em medidas objetivas de expectativa de vida, mortalidade infantil e renda, a situação dos árabes do Mandato da Palestina melhorou dramaticamente. Havia domínio colonial britânico ou francês nos países vizinhos — Egito, Jordânia, Líbano e Síria —, mas nenhum salto correspondente foi registrado lá. Foi a imigração judaica que impulsionou a economia e particularmente o sistema de saúde, beneficiando a todos. Karsh publicou dados semelhantes sobre o status dos palestinos sob o governo de Israel após 1967. Tomando a conexão à rede elétrica como exemplo, apenas 20,5% dos habitantes dos Territórios Palestinos tinham eletricidade em 1967. Em 2000, esse número havia atingido 92,8%.

Há uma diferença intransponível entre os dados de Karsh e a afirmação de Saramago sobre uma acusação de "Auschwitz israelense" ou a de Laor de genocídio por meio da alta mortalidade infantil. Existem apenas duas possibilidades aqui. Ou Karsh está falsificando os números, ou Saramago, Laor, e seus amigos ideológicos estão perpetuando um libelo de sangue moderno contra o Estado de Israel.

Karsh é habilidoso em expor as mentiras e distorções de muitos de seus colegas. Isso obviamente não o torna muito popular entre os acadêmicos anti-Israel. No entanto, nenhum estudo foi publicado que refuta as descobertas de Karsh. Pelo contrário, outros estudos — incluindo análises de dados conduzidas por pesquisadores palestinos — os confirmaram. Dr. David Stone, professor Emérito de Epidemiologia Pediátrica da Universidade de

Glasgow, publicou um artigo em 2014 intitulado "Israel Prejudicou a Saúde Palestina?", que concluiu o seguinte:

> *A alegação incendiária de que Israel danificou deliberadamente a saúde dos palestinos da Cisjordânia e da Faixa de Gaza não é baseada em evidências. Na verdade, o oposto é verdadeiro. A saúde dos palestinos melhorou constantemente desde 1967 [...] a influência israelense nas "causas das causas" de problemas de saúde (habitação, água, educação, emprego) – mostra que as políticas israelenses trouxeram melhorias mensuráveis na saúde e no bem-estar dos palestinos.*[564]

O que se segue é uma análise aprofundada dos dados, verificada por referência cruzada de dados de várias fontes respeitáveis, incluindo as palestinas, de acordo com os índices padrão de estado de saúde utilizados em todo o mundo para medir o bem-estar.

EXPECTATIVA DE VIDA

A expectativa de vida dos palestinos que vivem na Cisjordânia e em Gaza era de apenas 48 anos em 1967. Em 2000, havia saltado para 72 – mais do que na maioria dos países árabes. Estes são os números apresentados por Karsh. Um relatório apresentado às Nações Unidas pelo Dr. Wael Ennab da Universidade Nacional An-Najah, em Nablus, que serve como um conselheiro para a Conferência das Nações Unidas sobre Comércio e Desenvolvimento, apresenta dezenas de fontes e estudos com vários parâmetros de expectativa de vida e bem-estar na Cisjordânia e em Gaza. A imagem que se forma é muito semelhante à descrita por Karsh.[565] Assim, a Ennab afirma que a expectativa de vida palestina em 1967 nos territórios era de 48,8 ("superior a 48, em estimativa das autoridades israelenses", sobre a qual Karsh se baseou). Em 1975, subiu para 56 e em 1984 ficou em 66. Em outras palavras, um aumento de quase dezessete anos de longevidade em dezessete anos de domínio israelense. O Dr. Ennab observa que este é um aumento muito maior do que nos países árabes vizinhos. Somente os árabes israelenses, cuja expectativa de vida ao nascer é próxima à dos israelenses judeus, gozam de longevidade semelhante.

Desde 1984, houve uma melhoria adicional na qualidade de vida dos palestinos nos territórios, e a expectativa de vida alcançou uma média de

75 anos (para homens e mulheres) tanto na Cisjordânia quanto na Faixa de Gaza. Os Gráficos 12.1 e 12.2 a seguir ilustram a expectativa de vida na Cisjordânia e em Gaza e além nas últimas décadas. Embora existam variações nos dados entre várias fontes — e às vezes até mesmo nas publicações da mesma instituição — as diferenças são marginais. Os Gráficos 12.1 e 12.2 refletem fielmente a tendência geral.

Gráfico 12.1: Expectativa de vida, total (anos) na Cisjordânia e Faixa de Gaza de 1990 à 2010

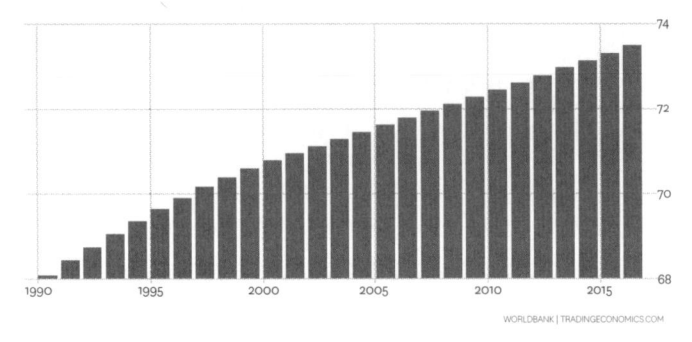

Fonte: https://tradingeconomics.com/west-bank-and-gaza/life-expectancy-at-birth-total-years-wb-data.html.

Gráfico 12.2: Comparação da expectativa de vida na Cisjordânia, Faixa de Gaza, cinco países vizinhos do Oriente Médio, seis outros países e no mundo (2014)

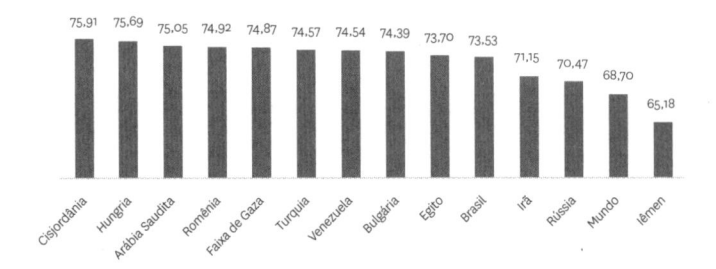

Fonte: Dados do CIA World Factbook (2014)

A expectativa de vida dos palestinos sob o governo de Israel é, portanto, não apenas maior do que na maioria dos países árabes e da América do Sul, mas ainda excede a expectativa de vida em alguns países da UE. Também é muito maior que a média global.

MORTALIDADE INFANTIL

Da mesma forma, as taxas de mortalidade infantil apresentam um quadro surpreendente para aqueles que ouvem comentaristas do tipo Yitzhak Laor. Segundo o Dr. Ennab, a taxa de mortalidade infantil palestina ficou entre 152 e 162 por mil nascimentos em 1967. Em 1974, caiu para 132. Em 1985, despencou para 53-63. Esses achados não são substancialmente diferentes daqueles apresentados por Karsh. Os Gráficos 12.3 e 12.4 demonstram essa queda de maneira dramática.

Gráfico 12.3: Mortalidade infantil (por mil nascimentos) na Cisjordânia e em Gaza

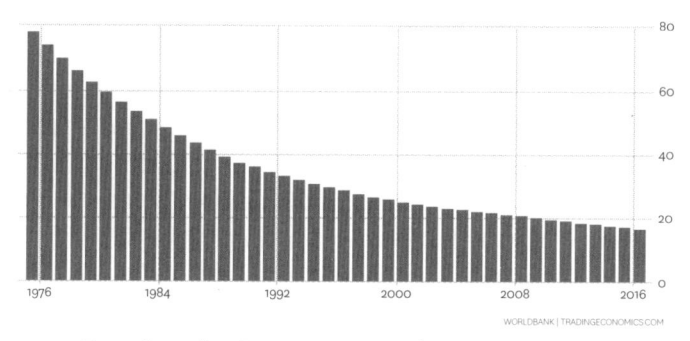

Fonte: https://tradingeconomics.com/west-bank-and-gaza/mortality-rate-infant-per-1000-live-births-wb-data.html

Gráfico 12.4: Comparação da mortalidade infantil na Cisjordânia e Gaza, cinco países do Oriente Médio, quatro outros países e no mundo

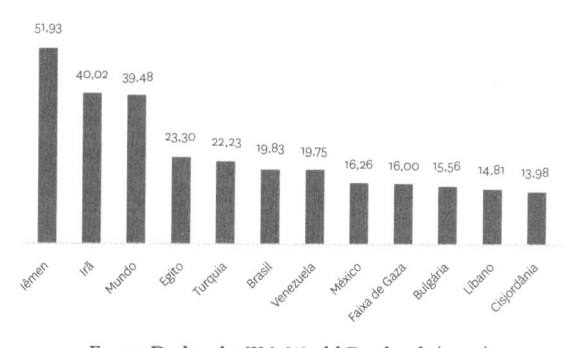

Fonte: Dados do CIA World Factbook (2014)

A INDÚSTRIA DE MENTIRAS

De acordo com outra fonte (Banco Mundial), a mortalidade infantil palestina em 2006 (ou seja, um ano após a retirada de Israel), foi de 21,7 por mil nascimentos, em comparação com 28,6 entre outros países no Oriente Médio e Norte da África.[566] Na verdade, todas as fontes com dados sobre esse parâmetro apontam para uma tendência semelhante. Não só houve uma melhora dramática para os palestinos desde 1967; mas em comparação com países mais desenvolvidos, como a Bulgária e a Turquia, os palestinos estão muito melhores.

── EDUCAÇÃO

Os dados são ainda mais impressionantes no campo da educação. Segundo um relatório de 2006 do Banco Mundial, "com uma alta taxa de alfabetização de adultos (91%), os palestinos são a população mais educada da região OMNA [Oriente Médio Norte da África]".[567] Entre os jovens de 15 anos e 24, a alfabetização é ainda maior. O Gráfico 12.5 resume a participação no ensino superior (faculdade ou universidade).

Gráfico 12.5: Proporção bruta de matrícula, ensino superior (%)

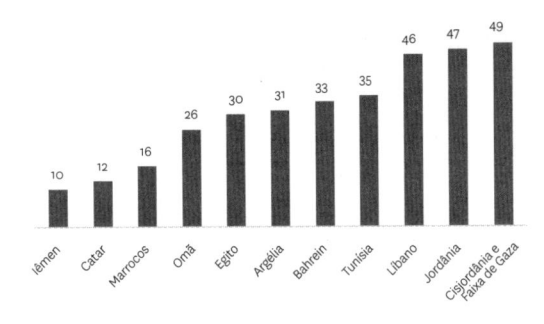

País	%
Iêmen	10
Catar	12
Marrocos	16
Omã	26
Egito	30
Argélia	31
Bahrein	33
Tunísia	35
Líbano	46
Jordânia	47
Cisjordânia e Faixa de Gaza	49

Fonte: Banco Mundial

Um resumo dos dados para a Cisjordânia e Gaza, comparado aos países do Oriente Médio e Norte da África, mostra que os palestinos estão no topo da lista. É significativo notar que os palestinos no Líbano estão muito atrás de seus irmãos na Cisjordânia e na Faixa de Gaza. Para resumir as descobertas do Banco Mundial, as conquistas educacionais palestinas se estendem não apenas à alfabetização, mas também a uma taxa relativamente alta de participação em todos os níveis de ensino, incluindo o ensino superior.

Assim como o Dr. Gabi Baramki, um ex-presidente da Universidade Bir Zeit, afirma: "Antes de 5 de junho de 1967, não existiam universidades na Cisjordânia e na Faixa de Gaza". De acordo com uma publicação oficial da Autoridade Palestina, a Cisjordânia e a Faixa de Gaza têm "dez universidades e vinte faculdades comunitárias [...] e possuem uma das mais altas taxas per capita de graduados universitários no mundo árabe". Os acadêmicos Joel Beinin e Lisa Hajjar, nenhum dos quais poderia ser descrito como sendo pró-Israel, confirmam: "Os palestinos têm agora a maior taxa per capita de graduados universitrios no mundo árabe".

ÁGUA

A propaganda anti-Israel muitas vezes retrata o consumo judeu de água na Cisjordânia em comparação com o consumo palestino como evidência adicional da ocupação brutal e colonialista de Israel, com os judeus supostamente negando aos palestinos um recurso essencial e roubando sua água.

Mais uma vez, é preciso olhar para os fatos. No final do período de domínio jordaniano antes da Guerra dos Seis Dias, as fontes de água natural e fresca disponíveis para a população palestina eram de 65 milhões de metros cúbicos por ano – muito baixas e típicas de países pobres. Apenas quatro das 708 cidades e aldeias palestinas na Cisjordânia estavam conectadas a sistemas modernos de abastecimento de água e tinham água corrente. Após os primeiros cinco anos do governo israelense, a rede de fontes de água natural fresca foi ampliada em 50%, principalmente devido à introdução da moderna gestão de água por Israel, incluindo poços profundos adjacentes à maioria dos grandes centros urbanos, conectados por uma rede de dutos. Em 1995, após 28 anos de governo israelense, o consumo palestino quase dobrou para 120 milhões de metros cúbicos por ano. Em 2008, o consumo subiu para mais de 200 milhões de metros cúbicos, superando em muito os aumentos anuais decorrentes do crescimento populacional.

Sob o domínio israelense, nas décadas de 1970 e 1980, a maioria das cidades da Cisjordânia foi conectada à água corrente por meio de modernos sistemas de abastecimento que também serviam aos assentamentos judaicos. Em 2004, 641 das 708 comunidades árabes tinham água corrente, representando 96% da população palestina. Esta fonte de água funcionava 24/7, mesmo em anos de baixa pluviosidade. Isso nem sempre foi o caso sob o domínio jordaniano entre 1948 e 1967 – um problema que persiste na Jordânia hoje. Um site de tecnologia de água relata que "a distribuição de água de Amman há muito tem sido prejudicada por problemas e muitos moradores recebem suprimentos apenas um dia por semana".

Outro índice é o consumo total de água entre o rio Jordão e o Mediterrâneo (em Israel e na Cisjordânia). Em 1967, no final do domínio jordaniano, os palestinos consumiam 93 metros cúbicos per capita por ano, em comparação com 508 metros cúbicos para os israelenses. Em 2006, houve uma queda dramática no consumo per capita de Israel, o que foi alcançado por meio de uma campanha de educação pública, reciclagem de água em nível nacional, introdução de tecnologias de economia de água entre os usuários finais, uma revolução nas práticas de paisagismo, cortes enormes nas cotas de água e aumentos nos preços da água para famílias, municípios e especialmente o setor agrícola. Essas medidas foram acionadas após anos consecutivos de seca e mudanças nos padrões de chuvas devido ao aquecimento global que esgotou as reservas. Como resultado, o consumo per capita por ano em Israel despencou de 508 cubos métricos em 1967 para 170 metros cúbicos em 2006. Os palestinos, em contraste, testemunharam um aumento no consumo para 129 metros cúbicos per capita por ano. O consumo israelense é maior, mas Israel faz uso de outras fontes além das fontes naturais de água doce, como a água dessalinizada. Em suma, ao longo dos anos, houve uma mudança dramática no consumo de água que quase diminuiu a diferença entre israelenses e palestinos.

Nessa perspectiva, as comparações do consumo diário de água entre israelenses e palestinos realizadas por organizações de direitos humanos como a B'Tselem são, portanto, deliberadamente enganosas, beirando a fraude. Os dados sobre o consumo global de água, discriminados por país, apresentam um quadro muito mais complexo. Há também grandes diferenças entre o Egito e o Kuwait e entre a Suíça e o Bahrein nessa área. A recomendação da Organização Mundial da Saúde (OMS) para o consumo diário nacional de água per capita é de 100 litros (não deve ser confundido com o mínimo diário da OMS para água limpa por pessoa para beber e saneamento de 7,5 a 20 litros per capita). Como mostra o Gráfico 12.6, há países muito pobres, como o Zimbábue, onde o consumo é muito alto e os países avançados, como Luxemburgo, onde o consumo está mais próximo do nível palestino. O consumo israelense é na verdade menor do que em muitos países do Oriente Médio, incluindo Líbano, Síria, Iraque, Irã e Egito.

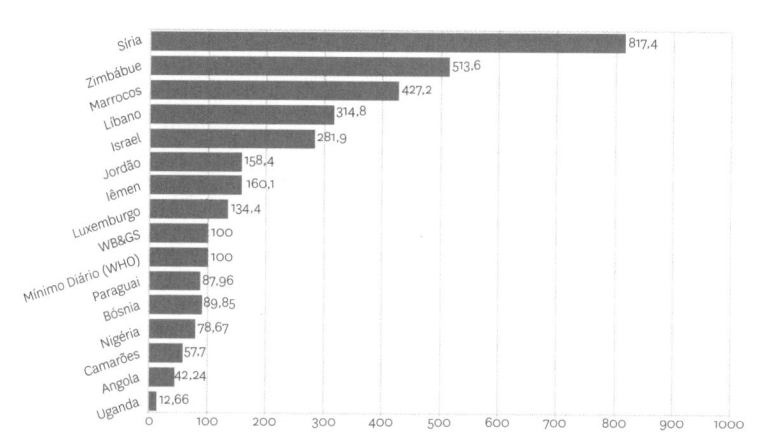

Gráfico 12.6: Consumo diário médio de água per capita (em litros)

País	Litros
Síria	817,4
Zimbábue	513,6
Marrocos	427,2
Líbano	314,8
Israel	281,9
Jordão	158,4
Iêmen	160,1
Luxemburgo	134,4
WB&GS	100
Mínimo Diário (WHO)	100
Paraguai	87,96
Bósnia	89,85
Nigéria	78,67
Camarões	57,7
Angola	42,24
Uganda	12,66

Fonte: http://chartsbin.com/view/1455

Os palestinos estão acima do mínimo da OMS graças ao desenvolvimento acelerado da infraestrutura de água na Cisjordânia e em Gaza sob o domínio israelense. Os palestinos, de fato, desfrutaram de uma grande melhoria em sua qualidade de vida, o que levou a um maior consumo de água.

Os Acordos de Oslo II de 1995 incluíam seções regulando o abastecimento de água aos palestinos, o que estipulava um aumento em duas etapas: 23,6 milhões de metros cúbicos por ano no estágio intermediário e um adicional de 70-80 milhões de metros cúbicos por ano em um acordo final. Na prática, os palestinos já receberam ambos os aumentos (embora não houvesse acordo final), graças a um aumento na alocação israelense aos palestinos e à perfuração não autorizada feita pelos palestinos.

É importante fornecer um pouco de contexto aqui. A Autoridade de Água de Israel exerce um controle rígido sobre os recursos hídricos devido à natureza frágil do ecossistema. A perfuração excessiva em áreas controladas pela Autoridade Palestina pode causar danos irreversíveis ao Aquífero da Montanha Ocidental, compartilhado por Israel e pela Cisjordânia, que fornece água subterrânea a Israel. O hidrólogo Haim Gvirtzman, da Universidade Hebraica, afirma que, em vez de perfurar o subutilizado Aquífero da Montanha Oriental e tomar uma série de outras medidas de economia de água que acabariam com a escassez (por exemplo, irrigação por gotejamento, tratamento de esgoto urbano e reciclagem para a agricultura), palestinos "não tem o desejo de resolver os problemas da água [...] e veem a água como uma ferramenta para atacar Israel". De fato, a água subterrânea de Gaza já foi comprometida pela má administração e perfuração excessiva pelo Hamas desde a retirada de Israel em 2005, e os palestinos repetidamente rejeitaram ofertas do exterior para construí-los uma planta de dessalinização.

Em total contradição com as acusações feitas contra Israel, a economia da água palestina sofreu uma mudança extremamente positiva sob o governo de Israel. Israel foi o catalisador para o desenvolvimento da infraestrutura hídrica palestina, reduziu seu próprio consumo de água e aumentou a alocação de recursos hídricos israelenses para os palestinos, de acordo e além das exigências dos acordos existentes. Essa generosidade em compartilhar seus recursos hídricos (Israel também fornece água para a Jordânia) tornou-se possível em grande parte pelo enorme investimento de Israel na tecnologia de dessalinização.

AUMENTO NATURAL DA POPULAÇÃO

Lendo várias publicações e relatórios de direitos humanos, pode-se ter a impressão de que os palestinos estão sendo exterminados. Se um palestino fosse morto a cada vez que a palavra "extermínio" é usada em relação a Israel, não haveria de fato uma alma. Essas acusações nunca cessam. Elas infiltram-se em publicações de prestígio, como a *Lancet*, e então ecoam com incrementos de comentaristas irracionais na mídia que falam de "mortes excessivas", "desnutrição" e "fome". Se houvesse alguma verdade nessas acusações, isso certamente levaria a queda no crescimento da população natural da Palestina. Como as acusações sobre o "extermínio" da população da Faixa de Gaza são mais prevalentes, vamos focar nossa atenção lá.

O crescimento populacional natural é definido como a proporção entre mortes e nascimentos a cada mil membros da população em um determinado ano. O país com o menor aumento — a saber, crescimento negativo — é o Haiti, com 32 mortes para cada 25 nascimentos. O crescimento negativo geralmente reflete condições de vida precárias marcadas pela pobreza, serviços de saúde precários, baixa expectativa de vida e alta mortalidade infantil. Os países desenvolvidos são caracterizados pelo envelhecimento da população e pela queda das taxas de natalidade. Assim, no Japão há dez mortes para cada oito nascimentos (crescimento populacional negativo) e na Suécia dez mortes para cada dez nascimentos (crescimento populacional zero). A maioria dos países com uma taxa de natalidade de mais de 40 é pobre (como o crescimento econômico é anulado pelo crescimento populacional). Esta lista inclui países como Malawi, Somália, Congo, Burundi e Etiópia. O Níger ocupa o primeiro lugar com uma taxa de natalidade de 51.

A faixa de Gaza, com 31,11 nascimentos por mil por ano, não está no topo da lista. Apesar disso, o crescimento populacional natural é particularmente alto porque a taxa de mortalidade — 3,36 por mil — é uma das mais baixas do mundo. Devido a essa combinação de alta taxa de natalidade e baixa taxa de mortalidade, Gaza ocupa o terceiro lugar no mundo em termos de aumento populacional natural. Se acrescentarmos nos dados mencionados sobre aumento da expectativa de vida e diminuição da mortalidade infantil, a noção de que Israel está cometendo genocídio — seja lento ou rápido, direto ou indireto — é claramente um absurdo.

—

Gráfico 12.7: Comparação do auxílio internacional per capita entre os doze países receptores líderes (2002-2011)

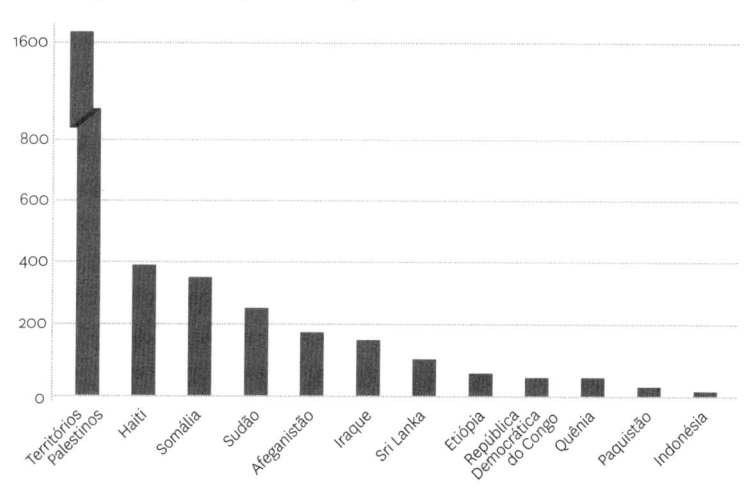

Fonte: http://elderofziyon.blogspot.com/2011/07/palestinian, baseado em: Global Humanitarian Assistance.org

Dados econômicos esclarecem ainda mais a verdadeira situação. Segundo o Banco Mundial,[568] a renda nacional bruta anual per capita (RNB) palestina era de US$ 1.760 antes da eclosão da Segunda Intifada em 2000. Esta é uma ninharia em comparação com os países ocidentais, mas a média no Oriente Médio e Norte da África é de US$ 1.593 por ano. A média entre os países de baixa renda foi de US$ 568. Isso não leva em conta o auxílio ao desenvolvimento que os palestinos receberam – a maior quantia de auxílio per capita do mundo. Existem muitas concentrações de pobreza, conflito e fome no mundo. A situação dos palestinos está longe de ser a pior delas. De fato, de acordo com a maioria das medidas humanitárias, eles estão muito acima da média global. Apesar disso, o país recebeu níveis recordes de auxílio internacional nas últimas décadas.

De acordo com a análise conduzida pelo Instituto de Washington para a Política do Oriente Próximo, com base em dados do Banco Mundial, os palestinos receberam – valor bruto – quatro vezes o auxílio per capita alocado na Europa sob o Plano Marshall pós Segunda Guerra Mundial.[569] Essa quantidade enorme de auxílio, como os bilhões canalizados para a UNRWA, não foi usada para a reabilitação, o desenvolvimento de infraestrutura ou a promoção da indústria. A maior parte do dinheiro foi gasto na expansão do setor público e no pagamento de salários. Algumas quantias são transferidas pela Autoridade Palestina para terroristas que cumprem pena nas prisões israelenses,[570] algumas são usadas para incorporar incitação e ódio ao currículo escolar palestino e espalhar propaganda palestina no exterior, e algumas são usadas para pagar os salários de altos funcionários religiosos que espalham conteúdo antissemita e clamam pela aniquilação dos judeus.

—

Como demonstrado, independentemente das afirmações do contrário, foi precisamente durante as três décadas de governo israelense que os palestinos tiveram o maior nível de melhora em sua qualidade de vida. No entanto, isso não significa que a situação atual seja uma situação desejável do ponto de vista político. Os palestinos precisam ter controle sobre seus próprios assuntos, mas não se deve perder de vista como Israel chegou a controlar o destino dos palestinos na Cisjordânia e em Gaza.

É espantoso que alguém precise repetir a cadeia de eventos que levou ao controle de Israel. Israel não acordou uma manhã e simplesmente decidiu conquistar a Cisjordânia e a Faixa de Gaza. O governo por Israel ocorreu depois que os líderes árabes declararam que Israel precisava ser varrido do mapa e começaram a tomar medidas concretas para conseguir isso, concentrando suas forças nas fronteiras, fechando uma hidrovia internacional (um *casus belli* por si só) e assim por diante. Essas declarações e ações levaram à guerra – uma guerra contra a qual o monarca da Jordânia se uniu de forma imprudente, apesar dos apelos israelense ao fundo para manter a Jordânia fora do conflito. Israel foi forçado a se defender e, em 1967, alcançou uma impressionante vitória, derrotando os agressores – Egito, Síria e Jordânia – em três frentes separadas.

Uma porcentagem muito pequena de palestinos fugiu, e uma porcentagem ainda menor foi forçada a fazê-lo. A maioria dos que partiram, principalmente para a Jordânia, retornou à Cisjordânia e à Faixa de Gaza. O início do governo israelense sobre a Cisjordânia e a Faixa de Gaza provou ser um ponto de virada. Como observado anteriormente, a negligência e a repressão da população local diminuíram sob a administração israelense, e as circunstâncias de suas vidas diárias melhoraram drasticamente.

No entanto, a estranha acusação de que os territórios são um "Auschwitz israelense" é repetida por poetas e intelectuais, talentosos mas inocentes Prêmios Nobel, e uma lista cada vez maior de idiotas úteis dentro das elites ocidentais que – por razões de ideologia, moda, ingenuidade, ignorância, preguiça ou antissemitismo – continuam atacando Israel sem checar os fatos. É preciso perguntar como uma publicação respeitável como a *London Review of Books* poderia publicar um artigo afirmando que Israel substituiu as câmaras de gás pela alta mortalidade infantil nos territórios. Esta não foi apenas a opinião do autor; foi apresentada como uma declaração de fato. Qualquer editor com senso de decência e padrões profissionais básicos deveria pelo menos ter confirmado uma afirmação tão chocante. (É exatamente por isso que os jornais têm verificadores de fatos!) Por que não houve pesquisa? Por que a *London Review of Books* nunca emitiu uma correção ou uma retratação? Se tal afirmação fosse feita sobre a França ou a Inglaterra, o editor, sem dúvida, teria sido cético. Ele teria pedido ao autor a sua fonte ou verificado a autenticidade da declaração por conta própria. Quando se trata de Israel, no entanto, o ceticismo profissional é rotineiramente deixado de fora – tudo é considerado possível e até provável. A *London Review of Books* publicou nada menos que 92 artigos sobre o conflito árabe-israelense. Destes, 91 foram hostis a Israel. Lamentavelmente, a maioria foi escrita por israelenses e judeus.[571]

Erros graves foram cometidos durante o longo período de governo de Israel sobre a Cisjordânia e a Faixa de Gaza. Erros graves — mas não atrocidades. Erros podem ser corrigidos e alterados. Os palestinos merecem autodeterminação e um Estado independente ao lado de Israel. Dada a situação dos conflitos em todo o Oriente Médio — na Síria, Iraque, Líbano, Iêmen e Líbia —, esperamos que os palestinos, por algum milagre, façam um trabalho melhor sob um governo independente. Não há necessidade de apoiar mais a ocupação israelense, mas também não há necessidade de transformar a ocupação em algo que não seja.

Em minhas turnês de palestras no exterior, que me levam a muitos campi universitários, encontrei apenas um punhado de estudantes que se aprofundaram sobre o conflito árabe-israelense — ou sobre o Oriente Médio em geral — em seus estudos ou por iniciativa própria e que estão a par das mudanças positivas que os palestinos tiveram sob o governo de Israel em termos de educação, expectativa de vida, crescimento populacional natural, mortalidade infantil e assim por diante. A maioria das minhas plateias acredita genuinamente que a Cisjordânia e a Faixa de Gaza são lugares onde os crimes contra a humanidade são marcantes, porque quando se trata de Israel, eles foram ensinados a acreditar que tudo é possível — e que nunca se deve permitir que os fatos atrapalhem o processo de indignação hipócrita.

CAPÍTULO 13
Os Árabes Israelenses
—

Um árabe israelense liderou a corte que enviou um ex-presidente do Estado judeu para a prisão. Centenas de milhares de israelenses judeus votam em árabes israelenses em programas de TV locais. Na esfera educacional, as diferenças entre judeus e árabes israelenses estão diminuindo. A verdadeira história dos árabes israelenses é que suas circunstâncias são melhores que as de seus irmãos muçulmanos na Europa.

EM 2013, LINA Machul conquistou o primeiro lugar na versão israelense do *The Voice* — um dos *reality shows* mais vistos entre os telespectadores em Israel.[572] Os votos que ela recebeu não vieram dos juízes do programa (que podem ser dispensados por serem membros da classe criativa liberal) mas dos espectadores: pessoas comuns de famílias de classe média e média-baixa. A vitória de Machul e dos árabes israelenses não foi de forma alguma uma ocorrência única. Em 1999, Rana Raslan, uma árabe israelense, foi coroada Miss Israel, seguida por Yityish Aynaw, uma etíope judia, em 2013. No mesmo ano em que Lina Machul venceu *The Voice* (2014), Tahounia Rubel, outra judia etíope, ganhou primeiro lugar na versão israelense do reality show *Big Brother* e Rose Fostanes, uma trabalhadora estrangeira (e declarada lésbica) das Filipinas, venceu o *X Factor* israelense. Todas essas mulheres, representando várias minorias, ganharam reality shows com alta audiência, que são essencialmente competições onde o telespectador (ou seja, o público em geral) é o juiz. Suas vitórias são muito mais características da sociedade israelense do que os casos isolados de discriminação e racismo exibidos pelos críticos de Israel, não importa quantos críticos liberais zombem que essas mulheres sejam meros "subterfúgios" e que seu sucesso seja semelhante à aceitação da comunidade gay em Israel, que eles rejeitam como *"pinkwashing"*.[573] O mesmo tipo de resposta cínica foi ouvida quando Israel estabeleceu um hospital de campanha no Haiti após o terremoto em 2010 e enviou auxílio para as

Filipinas na sequência do tufão de 2013, ou seja, que essas ações não passavam de uma cortina de fumaça.

Mas, para voltar à questão dos concorrentes árabes nos reality shows e shows de talentos, e o status dos árabes israelenses em geral, o seguinte precisa ser admitido. Há problemas. Há discriminação. Há preconceitos. Mas uma coisa é clara. Em um Estado genuinamente impregnado de racismo, Lina Machul e Rena Raslan — membros de uma minoria que esteve envolvida em um confronto muitas vezes violento com seus vizinhos judeus por décadas — nunca teriam sido selecionadas em primeiro, segundo ou terceiro lugar. Em contraste, a França ainda não elegeu uma rainha de beleza que seja muçulmana. Mas os telespectadores não são o único barômetro.

Em 2010, o ex-presidente israelense Moshe Katzav foi indiciado e considerado culpado de estupro. Certamente não há motivo para orgulho aqui, mas o Estado de direito passou no teste e até mesmo o cidadão número um de Israel não estava imune à justiça. Em 2011, os três juízes do Tribunal Distrital que presidiram ao julgamento condenaram Katzav a sete anos de prisão. O chefe do painel foi o juiz George Kara, um árabe israelense.[574] Isso não foi um problema que a mídia israelense nem se incomodou em mencionar. Israel pode ter muitos problemas para resolver com sua minoria árabe, mas em um Estado de apartheid genuíno isso seria impensável.

A ausência do apartheid também se reflete no caso de cidadãos árabes individuais que alcançaram proeminência em seus respectivos campos: desde o internista Masad Barhoum, que é o principal administrador do *Rambam Medical Center* em Haifa, até Fu'ad Mohamed Azam, que chefia o departamento de fertilidade e in vitro do Hospital Ichilov, em Tel Aviv, e desde Hossam Haick, que preside o Departamento de Engenharia Química no Instituto de Tecnologia de Israel (Technion), até o acadêmico beduíno Alean Al-Krenawi, que serviu como presidente do *Achva Academic College* — para citar apenas alguns. Árabes atuando como chefes de departamento em universidades e faculdades são simplesmente parte do tecido social israelense, assim como indivíduos abertamente gays e lésbicas fazem parte da sociedade em geral (e não apenas no ramo do entretenimento). A Alemanha não tem um juiz muçulmano em seu Tribunal Constitucional, mas Salim Joubran serviu como juiz da Suprema Corte em Israel desde 2003, tornando-se membro permanente da Corte em maio de 2004 e até atuando como vice-presidente por alguns meses antes de sua aposentadoria em agosto de 2017. Juízes árabes atuam nas cortes em todos os níveis do sistema judiciário. Há também vários membros árabes do Knesset, alguns dos quais incitam incessantemente contra o Estado, o que eles são livres para fazer sob a liberdade de expressão praticamente ilimitada de Israel (mas nunca o fariam em qualquer outro lugar no Oriente Médio).

—

Além desses exemplos, é importante lidar com a acusação do apartheid em dois níveis: (1) diferenças sociais e (2) a alegada atitude hostil dos judeus em relação aos árabes, que é usada para retratar os israelenses como intolerantes e racistas.

Os árabes israelenses são um tema quente hoje em dia, não apenas em Israel, mas em todo o mundo. Aqueles que falam em seu nome — incluindo israelenses e judeus — fazem acusações de que há um "apartheid" israelense contra os palestinos. É certamente um caso estranho de apartheid, quando uma população minoritária atinge um nível mais alto de conquistas, comparada tanto a seus irmãos palestinos que residem em outros países do Oriente Médio como à comunidades minoritárias semelhantes em toda a Europa. Esse também é um apartheid que permite que eles digam praticamente tudo que quiserem, inclusive se identificando publicamente com inimigos jurados do Estado em que vivem. É duvidoso se existe outro país na terra que permita tal grau de liberdade de expressão em uma situação de conflito amargo e prolongado.

A maioria dos árabes israelenses são cidadãos cumpridores da lei e seus direitos não são uma questão de generosidade ou benevolência, mas um fato da lei que garante a igualdade para todos os cidadãos, exceto no campo da política de imigração. É também um fato que existem diferenças sociais, econômicas e políticas entre a minoria árabe e a maioria judaica, bem como a discriminação, que espelha a situação das minorias na maioria dos países do mundo livre. Há também preconceitos, embora não esteja claro se estes são a principal causa das diferenças mencionadas, que são em grande parte histórico-culturais.

A condição dos árabes israelenses em Israel teve muitas mudanças para o bem — mudanças que nenhuma outra comunidade árabe ou muçulmana teve. Isto não é uma questão de opinião subjetiva. Pode ser comprovado através do exame de dados comparativos e longitudinais. Primeiro, uma comparação entre os árabes israelenses e os árabes nos países vizinhos com pontos de partida socioeconômicos semelhantes. Segundo, uma comparação do status dos árabes israelenses como uma comunidade minoritária em oposição ao status de comunidades minoritárias muçulmanas semelhantes em toda a Europa. Em comparação com as duas comunidades, os palestinos se saíram muito melhor em termos absolutos (qualidade de vida, expectativa de vida, renda, educação, etc.) e em termos relativos (diminuindo a diferença com a maioria dominante).

A diferença entre percepção e realidade se revela na anedota a seguir. Em abril de 2008, uma delegação de árabes israelenses do Centro Mossawa — uma ONG veterana dedicada a promover a igualdade para os cidadãos árabes em Israel — visitou Bruxelas para chamar a atenção da União Europeia para a posição aparentemente lamentável dos árabes israelenses. Eles apresentaram as diferenças socioeconômicas entre árabes e judeus em Israel como mais uma prova da "pecaminosidade" do Estado judeu. Mas, como o destino queria, as brechas eram na verdade piores na Bélgica do que em Israel. Neste momento, apenas 10% dos belgas nativos viviam abaixo da linha da pobreza, enquanto nada menos que 58,9% da minoria muçulmana turca da Bélgica e 55,6% da minoria muçulmana marroquina viviam abaixo da mesma linha de pobreza. Pior ainda, apenas 1% dos belgas nativos vivia abaixo do que foi definido como a "linha de pobreza profunda", em oposição a 39% dos turcos e 25% dos marroquinos na Bélgica.[575] As razões, que são deprimentemente familiares, incluíam pouco acesso à educação (de baixa qualidade), discriminação e assim por diante. Cinco anos se passaram desde que esse estudo relevante foi publicado, mas a situação só piorou na Europa. Na Grã-Bretanha, a diferença é ainda maior: os muçulmanos estão na parte inferior da hierarquia em todos os índices.[576] Três em cada quatro crianças paquistanesas e bengalis nascidas na Grã-Bretanha vivem abaixo da linha da pobreza.[577] Pode-se encontrar dados semelhantes em outros países europeus. É verdade que na Europa se trata de imigrantes, enquanto em Israel se lida com nativos, mas também é verdade que não há conflito étnico, nacional ou religioso na Europa como há em Israel. Esses imigrantes vieram de livre e espontânea vontade. Mesmo sem o impacto negativo de um prolongado conflito de 100 anos, cujo resíduo de "ressentimento" continua a influenciar as relações entre israelenses judeus e árabes israelenses, a discriminação na Europa é desenfreada, a desigualdade é óbvia para todos e as coisas não estão melhorando.

Há diferenças na Europa e diferenças em Israel. A igualdade pode e deve ser almejada, uma vez que os dados mostram que uma mudança é necessária tanto na Europa quanto em Israel. Mas os dados também devem ser lidos com cuidado e criticamente. Assim, por exemplo, a renda per capita entre os árabes israelenses é muito menor do que entre os israelenses judeus, mas isso deriva de uma série de fatores, incluindo a idade média dos árabes israelenses que é muito menor (jovens ganham menos independentemente da etnia), o fato de que a maioria das mulheres árabes israelenses não participa da força de trabalho,[578] e o tamanho maior das famílias árabes israelenses.[579] O resultado objetivo desses fatores, mesmo antes de levar em consideração a discriminação, é uma renda per capita menor. Populações judaicas com características semelhantes (provedores únicos com famílias numerosas) — como judeus ultraortodoxos (*Haredim*) — estão em uma posição semelhante. No entanto, há um subgrupo dentro da minoria árabe israelense — os árabes cristãos — cujas conquistas na maioria dos campos realmente ultrapassam a média judaica.

COMPARANDO ÁRABES ISRAELENSES COM MUÇULMANOS ÁRABES NA EUROPA

A maioria dos Estados europeus são Estados de bem-estar social. Alguns dos muçulmanos nesses países são imigrantes de segunda e terceira geração que deveriam ter sido capazes de se integrar e desfrutar dos frutos do Estado de bem-estar social, mas isso não aconteceu. Em alguns países europeus, é difícil obter dados que sejam discriminados por afiliação religiosa. No entanto, existem muitas e variadas fontes sobre o status dos muçulmanos na Europa. O mais recente e abrangente destes é um relatório especial da UE de 2006 intitulado *Muslims in the European Union: Discrimination and Islamophobia*.[580] O relatório aponta para profundas diferenças em todos os campos examinados, bem como sérios marcadores de discriminação e preconceito. A seguir, uma sinopse de alguns dos resultados deste relatório e de outras fontes confiáveis.

RENDA E EMPREGO Sessenta e oito por cento das famílias paquistanesas e bengalis na Grã-Bretanha (a maioria dos muçulmanos no país) vivem abaixo da linha da pobreza, em oposição a 23% da população em geral.[581]

Em Israel, de acordo com um relatório da Associação para o Avanço da Igualdade Cívica (*Sikkuy*),[582] 45,9% das famílias árabes vivem abaixo da linha da pobreza, em oposição a 14,7% da população em geral. Pior ainda, 73% das crianças paquistanesas e bengalis na Grã-Bretanha vivem abaixo da linha da pobreza, em contraste com 31% da população geral. Em Israel, 55% das crianças muçulmanas vivem abaixo da linha da pobreza, em oposição a 20,3% de todas as crianças. Dito isto, deve-se ter em mente que em Israel a linha da pobreza é estabelecida em 50% da renda média, ao contrário de 60% no caso da Grã-Bretanha, portanto a diferença real entre Israel e a Grã-Bretanha é provavelmente menor. No entanto, os dados de renda na Europa apresentam um quadro sombrio. De acordo com um estudo do *British Trade Union Congress* (TUC) sobre rendimentos masculinos, os homens bengalis e paquistaneses ganham £182 por semana, negros africanos e afro-caribenhos ganham £235 por semana, e a população geral ganha £327 por semana. Os indianos, a maioria dos quais são hindus, estão à frente de todos, com £332 por semana.[583] De acordo com um estudo mais recente sobre a economia britânica, "o desemprego entre as minorias étnicas custa à economia quase 8,6 bilhões de libras por ano em benefícios e perda de receita com impostos. Metade dos homens muçulmanos e três quartos das mulheres muçulmanas estão desempregadas".[584] Também na Alemanha, os imigrantes chineses tiveram muito mais sucesso do que os turcos.

Os hindus, uma minoria com distintos atributos étnicos, ganham o mesmo que os cidadãos britânicos nativos (isto é, brancos). (É importante ter isso em mente mais tarde, ao discutir as razões para essas diferenças, que incluem fatores culturais.) Em Israel, por outro lado, a diferença de renda é muito menor. Os dados de 2003 mostram que a renda média das famílias judias era de 11.548 shekels israelenses, em comparação com os 7.158 shekels israelenses para as famílias árabes. Considerando o fato de que a maioria das mulheres muçulmanas não trabalha fora de casa e a idade média dos empregados muçulmanos é menor, como observado, a diferença ajustada entre judeus e árabes é muito menor — certamente se comparada à Grã-Bretanha.

Em 2003, a taxa de desemprego entre os israelenses judeus ficou em 9%, em comparação com 16% entre os árabes israelenses. O relatório da UE de 2006 mencionado apresenta dados semelhantes sobre os países europeus. Na Alemanha, o desemprego era de 10% da população geral, comparado a 20% entre os muçulmanos alemães. Na Holanda, o desemprego ficou em

6,5% entre a população geral, comparado a 16% entre os muçulmanos holandeses. Na Bélgica, o desemprego era de 7% da população em geral, o que contrastava fortemente com uma enorme taxa de desemprego de 38% entre os muçulmanos belgas. Na França, segundo o Instituto Nacional de Estatística e Estudos Econômicos (INSEE) da França, o desemprego era de 9% da população geral, comparado a 24% entre os norte-africanos e turcos. Estatísticas mais recentes da Europa mostram que as disparidades de desemprego continuaram a aumentar.[585] Em outras palavras, nos Estados de bem-estar social europeus, os imigrantes de segunda e terceira gerações ainda estão relativamente em pior situação do que a minoria árabe de Israel em termos de emprego.

EDUCAÇÃO O relatório da UE de 2006 leva em conta os seguintes países em relação à situação dos imigrantes em termos de educação: França, Bélgica, Holanda, Suécia, Alemanha, Áustria e Dinamarca. Relata que 40% dos imigrantes de primeira geração na Bélgica, França e Suécia e 25% dos imigrantes de primeira geração na Áustria, Dinamarca, Alemanha e Holanda não passaram no nível básico de seus exames do PISA,[586] em contraste a um número insignificante de habitantes nativos (isto é, brancos).

De acordo com o Gabinete de Estatísticas Nacionais da Grã-Bretanha (EEN), 31% dos muçulmanos na força de trabalho carecem de qualquer formação profissional ou acadêmica, ao contrário de 15% dos trabalhadores brancos britânicos. Na Alemanha, apenas um em cada dez turcos entra em uma das três trilhas acadêmicas do segundo grau que preparam os alunos para os estudos universitários após a graduação,[587] enquanto a minoria chinesa superou todos os outros grupos nessa categoria.

Qual é a situação em Israel? Na década de 1980, apenas 9% dos estudantes com 15 anos ou mais receberam mais de treze anos de escolaridade. Em 2012, esse número havia saltado para 23%. No grupo de 24 a 34 anos, 30% dos homens e 38% das mulheres tinham 13 ou mais anos de escolaridade. Entre os árabes israelenses, 29,6% têm um certificado de matrícula no ensino médio que lhes permite candidatar-se à universidade, em comparação com 46,4% entre os judeus. Para os certificados de matrícula não acadêmica, a diferença é ainda menor.

Como as minorias de imigrantes europeus se comparam? Na Alemanha, 25% dos turcos (que formam a maioria dos muçulmanos no país) não têm diploma do ensino médio, em contraste com apenas 1% da população em geral. Em Israel, a taxa de abandono dos estudos entre os árabes é de 8,9%, contra 4,9% entre os judeus. Além disso, a obtenção de certificados de matrícula é de 59% entre a população judaica e 50% entre a população árabe. Há uma outra divisão: 48% dos árabes muçulmanos e 64% dos árabes cristãos obtêm certificados de matrícula.[588] Em outras palavras, os cristãos árabes se saem melhor do que a população judaica israelense em geral. Se a acusação de discriminação significativa fosse verdadeira, é difícil imaginar tal resultado. As principais razões para essas diferenças devem, portanto, ser encontradas em outros lugares.

O ponto de partida dos judeus e árabes em Israel não é o mesmo, não mais do que entre as populações nativas e muçulmanas na Europa. Portanto, a verdadeira questão é se essas diferenças diminuíram ao longo dos anos. Em 1961, a diferença entre os estudantes judeus e árabes em termos de anos de estudo foi de sete anos, com uma média de 8,4 anos para os estudantes judeus e 1,2 anos para os estudantes árabes. Em 2010, a diferença desapareceu completamente e a média agora é de doze anos de escolaridade para os dois grupos.[589] A igualdade total ainda não foi alcançada, e há diferenças no nível do ensino superior, mas a tendência é cristalina e o estreitamento das diferenças não é nada menos que surpreendente. Nenhum país da Europa pode se orgulhar de mudanças semelhantes.

COMPARANDO ÁRABES-ISRAELENSES COM ÁRABES EM PAÍSES VIZINHOS

Para aqueles que argumentam que as populações muçulmanas de Israel e da Europa não podem ser comparadas, já que os árabes israelenses são nativos e os muçulmanos na Europa são imigrantes, é esclarecedor comparar o estado de saúde e o nível educacional dos árabes israelenses com o da população em geral em países árabes vizinhos, já que ambos tinham pontos de partida similares.

Eis que os árabes israelenses desfrutam de um tremendo progresso sob o "regime do apartheid" de Israel, em comparação com seus irmãos nos países de maioria muçulmana. A expectativa de vida em Israel (em 2014) era de 79,7 anos na população em geral e 76 anos no setor árabe israelense. Em contraste, a expectativa de vida era menor nos países vizinhos: 73 na Síria, 71 na Jordânia, 72 no Líbano e menos de 70 no Egito.

O mesmo é verdade no setor da educação. Na Jordânia, a taxa de analfabetismo é de 10,1%, no Líbano 13,5%, na Síria 20,4%, e no Egito 28,4%. Em Israel, ela representa apenas 2,9% da população geral e apenas 6% dos árabes israelenses (principalmente mulheres beduínas).[590] Um dado ainda mais significativo é a média de anos de escolaridade. A partir de 2010, como mencionado, a média dos árabes e israelenses judeus era de pouco mais de doze anos. A média nos países do Oriente Médio e Norte da África foi de apenas 5,4 anos.[591] Em outras palavras, o nível de educação dos árabes israelenses supera o de todos os seus irmãos árabes por uma ampla margem de 6,5 anos de escolaridade.

Em muitos aspectos práticos, é melhor para um árabe ser uma minoria em Israel do que fazer parte da maioria em qualquer outro lugar do Oriente Médio.

FATORES POR TRÁS DAS DESIGUALDADES

A grande questão, então, diz respeito à principal causa das enormes desigualdades que existem entre muçulmanos e não muçulmanos na Europa Ocidental e em Israel.

Não se deve varrer para debaixo do tapete as várias formas de discriminação formal e informal que certamente existem. Mas a discriminação étnica ou nacional é a principal razão para essas diferenças? Vale a pena notar que também existem diferenças socioeconômicas dentro da população judaica. Por exemplo, os judeus ultraortodoxos (*Haredim*) são caracterizados por sua baixa renda. Mais interessante ainda, existem outras minorias – não apenas muçulmanas – que deveriam estar realmente no fundo da pilha por serem imigrantes, tendo chegado a um país desconhecido com sua cultura estrangeira. No entanto, os dados mostram que alguns deles obtiveram grandes progressos. Por exemplo, na Grã-Bretanha, um em cada vinte hindus do sexo masculino tem doutorado (em contraste com um em cada duzentos cristãos).[592] Existem diferenças semelhantes entre os grupos étnicos nos Estados Unidos, onde a renda média de todas as raças, a partir de 2013, foi de US$ 51.939. Por raça, dividiu-se em US$ 34.598 entre as famílias afro-americanas, US$ 40.963 entre as famílias hispânicas, US$ 58.270 entre as famílias caucasianas americanas; e US$ 67.065 entre as famílias asiáticas-americanas.[593] A base para estas diferenças, portanto, não pode ser discriminação em bases étnicas ou nacionais, nem pode ser explicada como discriminação contra pessoas de cor. Os hindus são tão pardos quanto seus homólogos muçulmanos, mas até superam seus compatriotas caucasianos.

Os dados sugerem fortemente que a fórmula para a igualdade reside no status das mulheres. Toda comunidade conservadora que se apega à repressão em geral, e à repressão de mulheres em particular, fica para trás em termos de alcançar a igualdade com o resto da população. Em outras palavras, a base para as diferenças mencionadas é amplamente cultural. Discriminação começa em casa. Cristãos israelenses, que também são árabes, estão em pé de igualdade – e em alguns casos até superam os israelenses judeus em termos socioeconômicos, em contraste com os muçulmanos árabes, que permanecem menos abastados.

O mesmo é verdade dentro da população judaica. Os judeus *Haredim* são, em muitos aspectos, ainda piores do que os muçulmanos árabes. A principal razão é cultural, ou seja, baixa participação de homens na força de trabalho em favor do estudo do Torá em tempo integral. (Hoje, no entanto, quase 50% dos homens *Haredim* em idade madura estão ativos na força de trabalho, o que representa uma grande melhora em relação às décadas anteriores.) O mesmo ocorre no Ocidente. Imigrantes indianos, japoneses e chineses estão correndo à frente, enquanto imigrantes muçulmanos se apegam a valores e normas tradicionais, preferindo que suas mulheres usem *hijabs* e permaneçam em casa. A Dinamarca, pioneira na imposição de restrições imigratórias (destinadas principalmente aos muçulmanos), provocou uma mudança positiva ao proibir "maridos importados" para casamentos arranjados – o equivalente muçulmano da proverbial "noiva por correspondência" – o que permite a muitas mulheres muçulmanas na Dinamarca escapar do ciclo vicioso de repressão interna da comunidade.[594] Essa mudança abriu novas oportunidades para essas mulheres.

O status das mulheres afeta profundamente a participação geral da força de trabalho. Em Israel, por exemplo, 52,5% das mulheres judias, 42% das mulheres cristãs e apenas 13,3% das mulheres muçulmanas são ativas na força de trabalho. Na Grã-Bretanha, 70% das mulheres muçulmanas não são ativas no mercado de trabalho, ao contrário de apenas 23% das mulheres britânicas brancas e 30% das mulheres hindus. A imagem é praticamente a mesma em outros países europeus. O mesmo se aplica aos países de maioria muçulmana, que lideram o mundo na magnitude do hiato de gênero, como refletido em um recente relatório do Fórum Econômico Mundial.

Tabela 13.1: Renda e participação no mercado de trabalho por gênero

	Participação no mercado de trabalho		Comparação de rendimento entre mulheres e homens
	Mulheres	Homens	
Arábia Saudita	21%	80%	0.44
Egito	26%	79%	0.30
Jordânia	16%	70%	0.18
Líbano	26%	76%	0.25
Israel	67%	76%	0.60

Fonte: Fórum Econômico Mundial, Global Gender Gap Index 2015.
Disponível em: http://reports.weforum.org/global-gender-gap-report-2015/rankings

Em Israel, 67% das mulheres são ativas na força de trabalho, em comparação com 26% no Líbano e no Egito, 21% na Arábia Saudita e 16% na Jordânia. Essa falta de participação feminina nas sociedades árabes reduz drasticamente o potencial humano e o progresso econômico.

Em suma, as sociedades que perpetuam a repressão no lar terão resultados ruins. Isto é verdade, quer constituam uma maioria ou uma minoria em qualquer país. Mesmo os enormes depósitos de petróleo e gás não podem mascarar o tremendo estrago causado pela repressão das mulheres em termos de potencial humano. Israel, que até recentemente pouco tinha recursos energéticos próprios, tinha uma renda média per capita de US$ 37.262. Isso foi mais alto do que a Arábia Saudita, rica em petróleo, onde a renda per capita média foi de US$ 20.622.

—

Um dos principais argumentos da campanha para classificar Israel como um Estado de "apartheid" é a acusação de que 93% das terras do país são destinadas apenas a judeus e foram roubadas de palestinos. Esta é uma mentira descarada.

Um dos principais argumentos da campanha para classificar Israel como um Estado de "apartheid" é a acusação de que 93% das terras do país são destinadas apenas a judeus e foram roubadas de palestinos. Esta é uma mentira descarada.

A única terra destinada exclusivamente a judeus é a terra do Fundo Nacional Judaico, uma pequena porção de toda a terra pública que é administrada por uma entidade especial — a Autoridade da Terra de Israel, administrada pelo Estado. O Fundo Nacional Judaico (FNJ) foi criado há mais de cem anos para coletar doações de judeus na diáspora para comprar terras para assentamento judaico na Terra Santa. Estas compras foram legais e honestas — nem roubo nem colonialismo.

Dos 20,4 milhões de *dunams* (aproximadamente 5 milhões de acres) de terra dentro da Linha Verde, a população árabe (alguns dos quais fugiram ou foram expulsos) possuía entre 4,2 e 5,8 milhões de *dunams* antes da Guerra de 1948. Judeus possuíam entre 1,6 e 1,9 milhão de *dunams*. Destes, 940 mil *dunams* eram de propriedade privada, e outros 800 mil eram de propriedade do FNJ. Depois que o Estado de Israel foi estabelecido, o FNJ comprou mais 1,35 milhão de *dunams* do Estado, deixando 2,15 milhões de *dunams* no total. Neste momento, 0,7 milhão de *dunams* ainda são de propriedade privada árabe. Em outras palavras, dos 20,4 milhões de *dunams* no país, o FNJ tinha apenas 2,15 milhões de *dunams*, ou entre 10,5 e 12% da terra. O FNJ sustenta que a terra que possui — e somente a terra que possui — deve ser reservada para uso pelos judeus desde que foi adquirida coletivamente pelos judeus sob seus auspícios com o propósito de assentamento judaico. Além disso, esta política é uma questão de debate público furioso em Israel (cujos detalhes vão além do escopo deste livro). O que é relevante para esta discussão é a acusação de que, durante o curso do estabelecimento do Estado e da Guerra de 1948, Israel "roubou" a Palestina de seus legítimos habitantes (assim como a infundada acusação de que a política do FNJ se aplica a todas as terras públicas em Israel). A verdade real está muito além da alegação infundada e ridícula de que 93% das terras do Mandato da Palestina pertenciam aos árabes. Esta é mais uma invenção dos propagandistas anti-Israel.

Se o FNJ detém no máximo 12% da terra que não é propriedade privada de judeus ou árabes e devidamente registrada no Cartório de Registros desde os tempos otomanos, onde estão os outros 88%? Na verdade, o restante era de terras públicas administradas pelas autoridades do Mandato Britânico, herdadas das terras *meri* do Império Otomano — terras pertencentes ao Emir (essencialmente o Estado). De acordo com a *Pesquisa Britânica da Palestina*, preparada em 1945-1946, pelo menos 65% da Palestina era terra do Estado. Esta terra — o equivalente de terras da Coroa — foi subsequentemente herdada pelo Estado de Israel como terra pública.

A administração de todas as terras em Israel, incluindo as terras do FNJ, está nas mãos da Administração de Terras de Israel (ATI). A Suprema Corte de Israel decidiu no passado que a ATI não pode designar ou alocar terras exclusivamente para uso de judeus, mesmo que tais estipulações existam para os árabes (como parcelas do tamanho de uma *dunam* reservadas exclusivamente para os beduínos). O procurador-geral de Israel também informou ao governo israelense que o FNJ está proibido de vender terras (arrendamentos de longo prazo) ou alocar terras exclusivamente para os judeus. O assunto ainda está sob investigação pela Suprema Corte, mas a direção de sua opinião legal é clara.

Isso não é negar que, até meados da década de 1970, erros lamentáveis foram cometidos com relação à apreensão, supostamente para uso público, de terras de propriedade árabe. Um problema muito maior é que hoje existem sérios problemas em relação à alocação de terras públicas e posse da terra em geral, resultando em escassez de moradias tanto no setor árabe quanto no judeu. Essas deficiências exigem o reexame e a reforma da Administração de Terras de Israel. Basta dizer que há grandes problemas em relação à estrutura da posse de terra, prioridades de gestão da terra e os critérios para a alocação/arrendamento de terras, para citar apenas alguns. Uma das falhas mais sérias no atual governo – na verdade, um ponto negativo no desempenho de Israel – tem sido a política de terras no setor árabe. A Comissão Or, uma comissão estadual de inquérito criada para investigar as causas subjacentes da agitação dos árabes israelenses em outubro de 2000 paralelamente à eclosão da Segunda Intifada, citou a discriminação, a negligência e as dificuldades no campo do planejamento e construção como um fator-chave. Particularmente inúteis e prontos para reforma são os cortes nas reservas gerais de terra em áreas árabes densamente povoadas, designadas para outros fins, e o fracasso em lidar com o crescimento populacional natural no setor árabe e a urbanização das aldeias rurais. Isso requer a extensão dos limites municipais, adicionando terras públicas e rezoneando terras de propriedade privada para uso residencial, o que tem sido sustentado por vários fatores, incluindo a falha de muitos municípios árabes locais em elaborar planos diretores para suas jurisdições. Em 2013, apenas 79 dos 141 o fizeram.

No momento em que escrevo, parece haver uma mudança na direção certa, ou seja, a favor da alocação de terras adicionais.

O DILEMA BEDUÍNO

Uma breve discussão sobre a situação dos beduínos no Neguev é necessária aqui, já que muitas das acusações de que Israel "roubou" terras árabes se concentram em seus supostos esforços para limpar etnicamente o Norte de Neguev de seus habitantes indígenas e expropriar os beduínos. Não são apenas as ONGs que estão disseminando essa mentira. Em junho de 2013, membros do Parlamento Europeu condenaram a política de Israel em relação aos beduínos, enquanto acusavam Israel de limpeza étnica.

Na verdade, o governo de Israel tem tentado criar ordem no mundo caótico das reivindicações de propriedade e uso não autorizado da terra pelos beduínos no Neguev. Esta é uma questão difícil e complexa. Basta dizer que os beduínos eram nômades que geralmente não tentavam "registrar" a terra que ocupavam – nem no período otomano nem durante o Mandato Britânico. (De qualquer forma, nenhuma dessas duas entidades não judias reconheceu a propriedade geral beduína do Neguev.) Os beduínos reivindicam faixas inteiras do Neguev com base unicamente em sua presença lá, que é permanente ou passageira, dependendo da migração e rotas de pastoreio, uso sazonal de longo prazo (autorizado e não autorizado) e ocupação sem título (dados locais). Os beduínos vêem a terra como "legitimamente deles" com base no conceito de domínio (um arranjo tradicional entre tribos rivais). No entanto, esta narrativa colide com os conceitos legais de soberania, propriedade e posse da terra (que exigem pesquisas, escrituras e registros de terras).

Esse confronto não é exclusivo em Israel. Também existe entre povos pastorais, governos, e sociedades sedentárias em outras partes do mundo. Israel buscou uma solução através de acordo.

O governo de Israel decidiu resolver a questão – não negando os direitos dos beduínos, mas sim concedendo-lhes unilateralmente terras de forma ordenada, que incluía registro no Registro de Terras.

O arranjo proposto incluiu conceder a cada família e a todos os jovens com mais de 24 anos uma área de construção livre do tamanho de um *dunam*, incluindo a infraestrutura necessária para construir-lhes uma casa (drenagem, redes de água e esgoto, eletricidade, estradas, etc.) paga pelo Estado.

Além disso, o Estado de Israel planejou reconhecer uma parte significativa das reivindicações de propriedade sem evidência, legalizando assim inúmeras comunidades de posseiros em terras públicas, algumas das quais haviam crescido de aldeias para cidades em expansão. O acordo não só teria proporcionado uma solução pacífica para as reivindicações de propriedade, mas também levaria a uma melhoria na qualidade de vida dos posseiros beduínos, com acesso a serviços essenciais (de água corrente e eletricidade a clínicas, escolas, transporte público e assim por diante), ao mesmo tempo restabelecendo o controle governamental sobre as terras públicas no Neguev.

Mais uma vez, as ONGs de direitos humanos entraram em cena, apoiando as reivindicações em massa de propriedade de uma pequena porção de beduínos de uma forma que teria realmente prejudicado a maioria. Também aqui, eles conseguiram marcar sua campanha como opondo-se à "discriminação israelense", mesmo que a maioria dos beduínos tenha concordado com o plano e recebido os benefícios que lhes foram prometidos. Mais uma vez, uma campanha promovendo mentiras sobre expropriação, discriminação e até mesmo limpeza étnica disseminou sua mensagem ao redor do mundo. O ponto alto da campanha — ou ponto baixo dependendo da perspectiva — foi um documentário de 2013 produzido pela *Rabbis for Human Rights* intitulado *Fiddler without a Roof*, que comparou a expulsão dos judeus na Rússia czarista com o caso da terra dos beduínos.

Não é claro se esta campanha realmente ajudou os beduínos, que simplesmente se tornaram um meio para o fim daqueles que desejavam retratar o Estado de Israel como um mal irremediável e permeado de racismo.

A CONTROVÉRSIA DE VISÃO

Há muitos anos, vários órgãos árabes publicaram uma série de documentos de posicionamento que eles chamaram de "documentos de visão". Esses documentos, que pretendiam levantar várias questões que afetam os árabes israelenses para discussão pública em Israel e no mundo, incluíam demandas e queixas que eram certamente dignos de discussão. No entanto, o principal ímpeto desses documentos não era uma exigência compreensível de igualdade, mas sim uma negação do direito do povo judeu ao seu próprio Estado-nação. Assim, outra chance de diálogo frutífero foi demolida pelo radicalismo. Por exemplo, o "documento de visão constitucional" exigia que Israel reconhecesse o direito dos palestinos à autodeterminação sem reconhecer um direito recíproco para os judeus.

Minorias em muitos outros países não fazem exigências tão absurdas. A minoria sérvia na Croácia reivindica certos direitos, mas não nega o direito dos croatas a um Estado-nação. O mesmo acontece com os húngaros na Romênia, os eslovacos na República Tcheca e muitas outras minorias. Ao fazer essas exigências, a elite árabe israelense faz um desserviço às pessoas que representam. Ao fazer a exorbitante, impossível e totalmente inaceitável exigência de que o caráter de Israel como Estado-nação judeu seja revogado ou apagado, eles efetivamente fecharam as portas para um diálogo muito necessário sobre os direitos dos árabes israelenses como uma minoria dentro do Estado. Quanto mais extrema a liderança árabe israelense se tornar, menos os israelenses judeus e o governo estarão interessados em abordar ou promover o avanço dos árabes israelenses em direção à igualdade. Se suas demandas por igualdade como uma minoria nacional fossem feitas sem atacar as próprias fundações do Estado de Israel, haveria então mais disposição para tratar das queixas justificadas e lidar com as falhas de Israel.

Os árabes israelenses enfrentam um problema de identidade. Qualquer identificação com o Estado de Israel os torna traidores aos olhos do mundo árabe. O desejo resultante de demonstrar sua lealdade à luta é uma das razões pelas quais existe uma diferença entre a liderança política e intelectual da comunidade árabe israelense e a comunidade em si. Embora a liderança tenha se tornado mais extremada com o tempo, mesmo em relação ao resto do mundo árabe, a comunidade árabe israelense na prática demonstrou sinais de uma forte disposição para se integrar — mesmo que isso inclua o reconhecimento de Israel como um Estado judeu. Os líderes políticos e intelectuais da comunidade árabe israelense têm uma audiência global, e são, portanto, os principais atores da campanha para demonizar Israel e transformá-lo em um pária. Em contraste, a maioria dos árabes israelenses sabe que, com todos os seus problemas, sua vida cotidiana é melhor do que em qualquer outro lugar do Oriente Médio.

Curiosamente, os documentos de visão mencionados não ignoram os problemas árabes internos, como a estrutura familiar tradicional e o rígido patriarcado, que estão dificultando a integração na sociedade padrão israelense/Ocidental e impedem a melhora dos padrões de vida. Até mesmo a ONG *Mossawa* admite que a participação de mulheres árabes na força de trabalho acrescentaria outros 6,2 bilhões de shekels israelenses à renda das famílias árabes. Infelizmente, em vez de admitir que isso é principalmente uma questão cultural interna que os muçulmanos precisam enfrentar (não apenas os papéis de gênero, mas também a proteção excessiva da "honra familiar" que mantém as mulheres em casa), a liderança árabe israelense continua a culpar "o racismo e discriminação israelense".

—

Isso não nega que os árabes israelenses vivenciam uma discriminação muito real e dolorosa. Esta é, infelizmente, a realidade, em algum grau ou outro, de qualquer minoria em qualquer país do mundo, mesmo os mais esclarecidos. Em 2004, por exemplo, uma investigação da BBC sobre se pessoas de diferentes grupos étnicos, mas com credenciais idênticas seriam chamadas para entrevista para o mesmo emprego, descobriu que:

Aqueles com nomes que soam ingleses tinham quase três vezes mais chances de conseguir uma entrevista do que aqueles com nomes que indicam que poderiam ser muçulmanos. Candidatos com nomes indicando que poderiam ser negros africanos tinham metade da probabilidade de obter uma entrevista do que aqueles com nomes ingleses.

Um exercício comparável na França produziu resultados semelhantes. As chances de uma muçulmana ser convidada para uma entrevista de emprego eram cinco vezes menores do que as de uma mulher caucasiana ou negra cristã.

Israel não é diferente. Pessoas com nomes árabes ou mesmo do Oriente Médio (judeus) sofrem de várias formas de discriminação. O mesmo acontece quando se trata de discriminação formal. Em muitas áreas de justiça redistributiva (incluindo questões como a não concessão de títulos imobiliários em bairros pobres ainda pertencentes a agências estatais, a reforma das fronteiras municipais entre cidades em desenvolvimento e assentamentos agrícolas para permitir o crescimento dessas cidades, as desigualdades em infraestrutura – como transporte público – e educação na periferia, e assim por diante) há uma necessidade premente de reforma.

O status da mulher também não é o único fator. De um modo geral, as pessoas de origens hindus, japonesas e chinesas não são igualitaristas de gênero, mas fizeram progressos incríveis na integração das mulheres à sociedade. As mulheres hindus e chinesas alcançam altos níveis de educação e trabalham fora de casa, certamente em relação às suas semelhantes muçulmanas. Em vez disso, pode-se apontar para outros fatores que predizem o fracasso social, como o ódio do Ocidente e dos judeus. Não é por acaso que as maiores taxas de antissemitismo no Ocidente e ao redor do mundo são encontradas entre os muçulmanos. Judeofobia, homofobia e misoginia permanecem altamente prevalentes na sociedade muçulmana.

A única minoria muçulmana que está em melhor forma, na verdade melhor (em média) do que a população geral da qual faz parte, é a comunidade muçulmana americana. Nos Estados Unidos, o status das mulheres muçulmanas é maior do que na Europa, nos países muçulmanos e em Israel. Esses ganhos podem ser atribuídos em grande parte à aculturação às normas ocidentais. De fato, as comunidades não muçulmanas — tanto em Israel quanto em outros lugares — que mantêm padrões familiares patriarcais e chauvinistas sofrem problemas semelhantes aos da minoria árabe-muçulmana israelense.

Porém, embora os muçulmanos em Israel, no mundo árabe, e na Europa tenham queixas justificadas sobre suas pontuações baixas no Índice de Desenvolvimento Humano, a chave para tudo isso parece ser o status das mulheres. Isso é muito mais importante e consequente do que a discriminação externa vinda da "maioria branca" na Europa ou em Israel. Há muçulmanos no Ocidente e em Israel que estão dolorosamente conscientes de que apenas descartando o autoengano e assumindo a responsabilidade eles podem se libertar de sua condição atual. Essas vozes são a esperança do mundo muçulmano.

IMIGRAÇÃO E RETORNO

O principal objetivo dos árabes israelenses, conforme expresso nos "documentos de visão" mencionados acima, é revogar o status de Israel como um Estado judeu. Na prática, eles defendem a anulação da Lei do Retorno (judeu) e a adoção de uma política de imigração neutra. A posição ideológica subjacente a essa posição é uma negação do direito dos judeus à autodeterminação em seu próprio Estado.

Os palestinos também têm direito à autodeterminação. Eles têm o direito de ser a maioria em seu Estado-nação. Eles também têm o direito de conceder aos palestinos o direito de retornar a este Estado e de negar aos judeus. Um direito semelhante existe para Israel. Isso não é racismo; é simplesmente o exercício do direito fundamental dos povos à autodeterminação.

Não há lugar para "dupla autodeterminação" para os palestinos tanto no futuro Estado palestino quanto em Israel. Muitos Estados com caráter nacional étnico-cultural ancoraram seu direito de preservar esse caráter na lei. O Estado de Israel tem o direito de usar todos os meios democráticos para fazer o mesmo pelos judeus dentro de seu território, por exemplo, através da Lei do Retorno ou da Lei da Cidadania. Israel não está sozinho nisso: muitos países da Europa fazem o mesmo. O discurso liberal popularizou noções tais como um "direito fundamental de se casar" ou um "direito natural de imigrar". De fato, a maioria do Supremo Tribunal de Israel já teve opiniões muito semelhantes. Mas um olhar mais minucioso mostra que a Grécia, a Finlândia, a República Tcheca, o Japão, a Irlanda, a Polônia, a Noruega, a Alemanha e muitos outros países democráticos e esclarecidos aplicam o direito de repatriação em um grau ou outro. A comunidade internacional reconhece Estados-nação, e a existência de minorias nacionais dentro do corpo político não nega a esses Estados o direito de preservar seu caráter nacional. A Hungria, a Eslováquia, a Croácia e a Romênia foram todas aceitas no quadro da União Europeia, embora também se reservem esse direito.

Até mesmo a Comissão de Veneza — um grupo de especialistas no campo do direito constitucional que aconselha o Conselho Europeu sobre tais questões — reconheceu a ligação entre um país com uma maioria étnica e minorias da mesma etnia que vivem em outros países, incluindo o direito do "Estado-parente" para conceder certos direitos, incluindo o direito de imigração, a cidadãos estrangeiros da mesma etnia.

A lógica da liderança árabe israelense lembra o argumento publicado repetidamente pelo jornal egípcio *Al-Ahram* contra Israel por se atrever a definir-se como um Estado judeu e democrático, como se isso fosse o epítome do racismo. Em 2009, falei com o editor deste jornal, chamando a atenção para o fato de que o Egito se chama de "República Árabe" e que o Artigo 2 da Constituição egípcia diz o seguinte: "O Islã é a religião do Estado e o árabe é sua língua oficial. Os princípios da Xaria Islâmica são a principal fonte de legislação". Se assim for, o que é tão problemático com Israel se definindo como "judaico e democrático"? Me foi prometida uma explicação. Anos se passaram. Ainda estou esperando.

Na Europa, as leis de imigração adotadas desde 2001 concentraram-se no reforço das restrições à imigração. Além disso, o afluxo de refugiados e requerentes de asilo desde 2015 apenas polarizou o debate público sobre a política de imigração e asilo na União Europeia.

───────────────── "UM ESTADO DE TODOS OS SEUS CIDADÃOS"

Várias ideias têm surgido a respeito da definição do Estado de Israel, em combinação com ou sem os palestinos na Cisjordânia e na Faixa de Gaza. Ativistas de esquerda pedem que Israel seja um "Estado secular", baseado na alegada definição da OLP (que nunca foi adotada pela OLP). No início dos anos 1980, a ativista de direitos humanos Shulamit Aloni, membro do Knesset, defendeu "um Estado de todos os seus cidadãos". Diferentes interpretações foram avançadas ao longo do tempo sobre o significado desse conceito, começando com o objetivo original – e justificado – de maior igualdade entre os cidadãos sem levar em conta a afiliação religiosa, gênero ou origem. Mais tarde, outros interpretaram "um Estado de todos os seus cidadãos" incluindo a negação de Israel como um Estado judeu. Em muitos aspectos, "um Estado de todos os seus cidadãos", interpretado por acadêmicos antissionistas, é apropriado apenas para comunidades políticas baseadas na imigração, como os Estados Unidos e o Canadá.

Os "documentos de visão" israelenses-árabes descrevem esse "Estado de todos os seus cidadãos" como uma comunidade política "bilíngue" ou "multicultural". Essa definição parece maravilhosa em teoria, mas não tanto na prática. Basta olhar para a vizinhança geral para ver os riscos inerentes: a guerra civil étnica e religiosa libanesa que levou a 130 mil mortos e contando, ou o profundo ódio entre sunitas e xiitas no Iraque, que resultou em dezenas de milhares de mortes em ambos os lados. Estes se juntam a um grupo muito maior de vítimas – principalmente xiitas e curdos – de quem a maioria sunita não gostava quando estava no poder. O massacre mútuo na Síria também está ocorrendo ao longo de linhas étnicas e religiosas: xiitas e alauitas contra sunitas.

É difícil entender por que Israel deveria adotar tal solução para intermináveis lutas e sofrimentos étnicos, camuflada com frases bonitas como "democracia consocioativa". Essa ideia pode ser boa para comunidades políticas onde não há diferenças significativas entre os vários grupos étnicos dentro da população, como a Suíça ou a Bélgica (e mesmo na Bélgica as coisas não são tão simples). A solução dos Estados-nação étnico-culturais, que tem sido implementada em muitos países da Europa, impede o derramamento de sangue. Em contraste, a solução multinacional é frequentemente uma receita para o desastre, especialmente quando aplicada em países com histórico de tensão étnica ou violência. Isso não se aplica apenas ao Oriente Médio. A Tchecoslováquia dividiu-se notoriamente em dois Estados-nação, e mesmo o modelo macedônio, que concedeu um veto à minoria albanesa (sob o Acordo de Ohrid), é efetivamente um fracasso. Desde que o último acordo entrou em vigor, após os violentos confrontos étnicos de 2001, a tensão entre a maioria e a minoria só aumentou. Pior, o país desde então enfrentou a paralisia do governo, incapaz até mesmo de concordar com seu nome como parte de um impasse sobre identidade. Em outras palavras, a tentativa de mesclar dois grupos diferentes — uma maioria e uma minoria — que se apegam a suas identidades separadas está condenada ao fracasso.

O mesmo vale para o "multiculturalismo" defendido na Europa. Aqui também vale a pena examinar o status das minorias muçulmanas nos países europeus. Na Grã-Bretanha e na Holanda, onde o multiculturalismo foi adotado como política, a situação dos muçulmanos está longe de ser boa. Em teoria, o modelo multicultural é muito sedutor. Na prática, serviu como solo fértil para o surgimento da educação islâmica extremista e da radicalização islâmica e ajudou a perpetuar uma estrutura familiar patriarcal que sufoca a integração na cultura da sociedade absorvente.

Longe de criar "novos espaços" para a beleza e a diversidade, o multiculturalismo levou à criação de enclaves muçulmanos em muitas cidades da Europa. Esses enclaves se tornaram focos de pobreza, repressão interna, isolamento social, crime e extremismo islâmico. Portanto, se os árabes israelenses, e especialmente as mulheres árabes israelenses, realmente desejam a igualdade, precisam perceber que o multiculturalismo, longe de ser a solução, só piorará as coisas — ou pelo menos retardará seriamente sua libertação. O Canadá é frequentemente apresentado como um modelo de multiculturalismo e parece funcionar bem para as comunidades de língua inglesa e francesa de lá. O que foi delicadamente ignorado no discurso sobre a história de sucesso do Canadá é como essa abordagem se desenvolveu na comunidade muçulmana. Há alguns anos, com o incentivo da comunidade muçulmana, foi proposta uma lei multicultural para o estabelecimento de tribunais de família muçulmanos. A ideia era que esses tribunais só agissem com o "acordo" de ambos marido e mulher.

O projeto provocou uma onda de protestos entre as mulheres muçulmanas, que acusaram que tal "acordo" seria, de fato, coagido. Após protestos de mulheres ativistas muçulmanas de todo o mundo, a proposta foi abandonada. Foram as mulheres muçulmanas que lançaram esse movimento sob a bandeira *No Sharia Law* [Sem Lei Xaria] — uma luta que se espalhou para muitos outros países ocidentais.

Há algo de estranho no apoio desses "defensores do progresso" ao multiculturalismo político. É ainda mais estranho que os intelectuais muçulmanos também continuem a aderir a essa abordagem. Vale a pena ouvir as mulheres muçulmanas como Seyran Ateş e Necla Kelek da Alemanha, Fadela Amara da França, Irshid Manjhi do Canadá e muitas outras. Elas são as maiores oponentes do multiculturalismo — e por boas razões.

PELO AMOR DE ISRAEL

Não existe outra comunidade muçulmana que, apesar de suas queixas e reclamações (tanto justificadas como absurdas), se encaixe tão bem ao seu país de nascimento. Esse encaixe é expresso em uma série de pesquisas atitudinais.

Primeiro, de acordo com o Índice de Democracia de Israel de 2014, uma pesquisa anual conduzida pelo *Israel Democracy Institute*, 65% dos árabes israelenses se descreveram como "orgulhosos de serem israelenses" e 59% responderam que se sentiam parte do Estado. A pesquisa mostrou um aumento acentuado em relação ao ano anterior, quando 40% disseram que se sentiam orgulhosos de serem cidadãos e 28% disseram que tinham um sentimento de pertença. Tais descobertas são significativas, até mesmo miraculosas, considerando o fato de que esses são os sentimentos de pessoas cujos irmãos (em muitos casos de "carne e sangue") — os palestinos além da Linha Verde — estão envolvidos em um conflito difícil e prolongado com o Estado de Israel.

Em segundo lugar, a minoria árabe israelense não parece nutrir ambições irredentistas. As minorias nacionais frequentemente visam ser anexadas por um Estado-nação vizinho onde formam a maioria. Os árabes israelenses não; eles expressam o desejo de permanecer cidadãos israelenses, mesmo após o estabelecimento de um Estado palestino. Em uma pesquisa de 2014 encomendada pelo *Canal 10* de Israel e conduzida pelo estatístico israelense

Yousef Makladeh, cidadãos árabes de Israel (muçulmanos, drusos e cristãos) foram questionados se preferiam viver em Israel ou na Autoridade Palestina: 77% (72,7% entre Muçulmanos) preferiam o governo israelense.

Em terceiro lugar, a taxa de emigração de árabes israelenses é uma das mais baixas do mundo. No Índice de Democracia de Israel de 2015, 83,4% dos árabes israelenses entrevistados relataram que não estavam interessados em emigrar para um país Ocidental, mesmo em circunstâncias favoráveis ao recebimento de cidadania e acesso a emprego – uma resposta quase idêntica (84,5%) a dos israelenses judeus.

Em contrapartida, uma pesquisa realizada em meados de 2015 pelo pesquisador Khalil Shikaki, do Palestinian Center for Policy and Survey Research, em Ramala, informou que metade de todos os entrevistados em Gaza disseram que queriam emigrar. As pesquisas de moradores dos países árabes também apontam para um número significativo de pessoas que desejam emigrar – um desejo que não pode ser posto em prática, dada a natureza dos regimes árabes e as restrições de imigração nos países ocidentais. Os árabes israelenses não têm tal desejo, mesmo que Israel não os impeça de sair e mesmo que eles tenham muitas opções caso optem por fazê-lo. Apesar de tudo, eles ficam em Israel. A firmeza dos árabes israelenses não é apenas um sinal de lealdade à sua terra natal. Milhões de árabes deixaram sua terra natal em outros lugares, e outros milhões o fariam se tivessem a chance. No entanto, os árabes israelenses, que têm essa escolha, optam por ficar. Eles ficam porque é duvidoso se eles estariam melhor em qualquer outro lugar. Eles votam "com os pés", por assim dizer, em favor de ficarem onde estão. A ironia das ironias, é que à medida em que o Oriente Médio implode, o Estado judeu – que é acusado de ser o "estado do apartheid" do mundo – se tornou o lugar mais seguro no mundo árabe [...] para os árabes. Isso é certamente um distintivo de honra para Israel.

O Estado de Israel está longe de ser perfeito. Muitas reformas políticas são necessárias, não apenas em apoio à ação afirmativa. Ao longo da história do país, os governos de Israel cometeram erros graves, às vezes irritantes e dolorosos, que apenas aumentaram o dano e o sofrimento de ambas as nações. A crítica de Israel é portanto frequentemente justificada – mas, quando tais acusações não vêm em nome de corrigir erros, mas para demonizar e deslegitimar a nacionalidade da maioria judaica sob o manto de críticas honestas, elas minam essas justificadas demandas por igualdade.

Os árabes israelenses têm muitas críticas e demandas justificadas, mas as posições provocativas adotadas pela liderança política e intelectual árabe-israelense tornam o progresso mais difícil, se não impossível. Eles criam a impressão de que a luta dos seus constituintes é menos sobre a concessão de direitos aos árabes do que sobre a negação dos direitos dos judeus. A melodia do argumento é liberal, mas as letras não são. Ao abraçar este mantra de alienação e não reconhecimento, a liderança árabe israelense está repetindo os erros de seus antecessores, continuando a seguir uma linha, que apenas retarda a conquista da igualdade. Os palestinos merecem uma liderança que reorientará suas energias para o bem-estar e desenvolvimento da comunidade. Este é um importante interesse palestino. É também um interesse israelense. Infelizmente, os árabes israelenses continuam a eleger líderes que servem a uma ideologia contraproducente, e não aos interesses de seus povos.

CAPÍTULO 14
A Calúnia do Apartheid
—

> O apartheid é um dos piores crimes cometidos por um grupo de seres humanos contra outro. O esforço para manchar Israel com este título é uma das armas mais prevalentes e perniciosas no arsenal da indústria de mentiras. Um deputado turco foi enviado para a prisão por falar em língua curda. Em Israel, o árabe é uma língua oficial. Discriminação e hostilidade contra os árabes não são mais prevalentes em Israel do que na Europa. Às mentiras e distorções da calúnia do apartheid.

"O **APARTHEID NÃO É** mais a palavra proibida para Israel no *'NYT'* e na *'CNN'*" orgulhosamente anunciou a manchete de um conhecido *website* anti-israelense de um blogueiro judeu americano. Infelizmente isso é verdade.

Para validar a política do apartheid, os detratores de Israel escrevem sobre as "leis do apartheid" de Israel citando "mais de 50 leis discriminatórias", com um link para um banco de dados bem organizado, que dá a impressão de confiabilidade. Quando se segue o hiperlink, ele leva ao site da *Adalah* (justiça, em árabe) – o Centro Legal para os Direitos das Minorias Árabes em Israel. Seu chamado "Banco de Dados de Leis Discriminatórias" foi amplamente pesquisado por monitores céticos, que descobriram:

> *A maioria esmagadora das leis dessa lista (53 de 57) nem sequer se relacionam com as origens étnicas dos cidadãos e as que o fazem, destinam-se a prevenir e evitar a discriminação. Por exemplo, a Lei e Portaria de Administração (1948) que define os dias oficiais de descanso do país [dando aos muçulmanos o direito de escolher a sexta-feira como dia de descanso].*

Mas publicações intermináveis usam a lista de *Adalah* sem nenhuma dica sobre o conteúdo. A mentira do apartheid é assim difundida. O *The New York Times* e a *CNN* também se unem ao coro.

A INDÚSTRIA DE MENTIRAS   227

O racismo é um dos males da humanidade. Existe em todas as sociedades em um nível ou outro. Todo estado deve combater o racismo e suas manifestações através de legislação, educação e, se necessário, punição. O apartheid é uma política oficial de racismo que remove um Estado praticante da família das nações civilizadas. O apartheid também tem uma definição clara de acordo com o direito internacional. Aparece no "Estatuto de Roma do Tribunal Penal Internacional". A definição é rigorosa e requer repressão governamental sistemática com base na raça.

Nos últimos anos, muitos entre as elites progressistas e os publicistas anti-Israel no mundo muçulmano se uniram para rotular Israel como um Estado de apartheid. A palavra "apartheid" tem uma enorme ressonância entre o público em geral. Tornou-se um dos componentes centrais da guerra ideológica contra Israel. O sucesso deste rótulo é generalizado: desde 2005, os campi em todo o Ocidente organizaram "Semanas do Apartheid". Na verdade, esses eventos não têm nada a ver com direitos humanos, direitos políticos ou acordos de paz, e têm tudo a ver com a BDS (Boicote, Desinvestimento, Sanções), que visa isolar e destruir Israel como um Estado judeu, como os líderes da campanha admitem abertamente.

Muitos dos que participam desta campanha sob a bandeira antiapartheid pensam que estão se juntando a uma campanha genuína contra a discriminação e o racismo. Estudantes judeus acham que estão colocando em ação a ética judaica de *Tikun Olam* (reparação do mundo). Alguns dos participantes sem-noção da "Semana do Apartheid" apoiam apenas um boicote de assentamentos; outros acreditam em pressionar Israel a chegar a um acordo de paz de "dois Estados para dois povos". Eles não percebem que estão sendo enganados: os líderes do BDS se identificam mais com o Hamas e não apoiam a solução de dois Estados. Portanto, por exemplo, um dos principais porta-vozes do BDS, Ali Abunimah, até se opôs ao acordo de união entre Hamas e Fatah, porque "dá autoridade à OLP controlada por Abbas para continuar reconhecendo Israel e se engajando na paz". Reconhecimento de Israel? Defesa da paz? Dificilmente.

Há algo de desonesto, até mesmo ridículo, em toda a campanha. O mundo muçulmano está repleto de discriminação, perseguição de homossexuais, repressão às mulheres, negação da liberdade de expressão e negação sistemática dos direitos humanos. No entanto, quando os representantes dessas lutas do mundo muçulmano se reúnem sob o mesmo teto, há apenas uma coisa em que concordam: condenar o alegado "apartheid israelense" e negar o direito de Israel a existir. O fato de cidadãos de países árabes, até mesmo palestinos sob o governo próprio do Hamas ou da Autoridade Palestina, não gozarem sequer de uma fração dos direitos que a minoria árabe goza em Israel, sob o Estado de Direito, não é mencionado.

Por exemplo, no Líbano, onde os refugiados palestinos e seus descendentes vivem há mais de seis décadas, especifica-se nas leis e decretos oficiais que os palestinos estão impedidos de trabalhar em certos campos e restritos a onde possam viver; muitas leis restringem seu direito à cidadania e propriedade. Os resultados são visíveis: 56% estão desempregados e 66% vivem abaixo da linha da pobreza. Não é claro se isso pode ser definido como apartheid de acordo com o direito internacional, mas se há uma escala de regimes do tipo apartheid, o Líbano certamente figura alto nessa escala. No entanto, isso não se aplica apenas ao Líbano. Muitos países têm uma política – ora *de facto*, ora *de jure* – de discriminação contra as minorias; exemplos em países árabes e europeus são numerados em outras partes deste livro. No entanto, no contexto deste capítulo sobre o apartheid, é instrutivo dizer uma palavra sobre o sombrio status da minoria curda na Turquia: o chefe do Partido Democrata, Ahmet Turk, foi preso e interrogado pelo crime de falar algumas frases em curdo; outro membro do parlamento turco, Leyla Zana, foi condenada a dez anos de prisão por pedir solidariedade e unidade entre turcos e curdos. Durante vários anos, a Turquia liderou o número de jornalistas presos. O Irã está no topo da lista – sem direitos humanos, sem liberdade de expressão, repressão sistemática da liberdade de imprensa, maus-tratos aos homossexuais e assim por diante. No entanto, os países democráticos estão na fila para fazer negócios com esses Estados. Não se encontra nenhum protesto real nas universidades – nenhuma manifestação, nenhum chamado para boicotar a Turquia, e nenhuma acusação de que seja um Estado de apartheid em relação ao tratamento dos curdos.

Entre os porta-estandartes da campanha "apartheid israelense" estão membros da Irmandade Muçulmana, um desdobramento ideológico do islamismo sunita que, ironicamente, é abertamente racista e antissemita. Sayyid Qutb, o chefe do movimento, era um antissemita. Yusuf Qaradawi, o atual líder do movimento e o mais importante jurista religioso do islamismo sunita de hoje, justificou Adolf Hitler em um discurso aos seus adeptos em 2009 por colocar "os judeus em seu lugar" e conceder-lhes "punição divina". Ele acrescentou um desejo de que "com a ajuda de Alá, a próxima vez será nas mãos dos fiéis [os muçulmanos]". Sua organização é um ator fundamental por trás do BDS e da campanha do apartheid israelense. No entanto, o problema não é a presença de forças islâmicas radicais no campo do BDS; o problema é o campo muito maior que afirma ser progressista e liberal. Ser parte dessa linguagem e discurso tem muito mais significado. A presença do campo progressista nesta campanha e o fato de que eles estão de mãos dadas com os líderes da Irmandade Muçulmana é uma tragédia e uma farsa dos valores do iluminismo. Tal parceria requer uma reabilitação paradoxal do racismo, já que o principal objetivo do BDS não é promover os direitos humanos, mas a negação do direito consagrado e fundamental de autodeterminação a apenas um povo na terra – o povo judeu.

Discriminação e apartheid não são a mesma coisa. Mas há uma confusão deliberada dos tons de preto, branco e cinza entre discriminação, racismo, negação de direitos humanos, negação de liberdades e apartheid em círculos progressistas e liberais. Graças à nebulosidade, ativistas de direitos e apoiadores de *Tikun Olam* podem ser encontrados lado a lado com racistas e defensores do genocídio, acusando Israel de apartheid. Os negros sul-africanos devem ser os primeiros a entender que não há conexão entre Israel e o apartheid. Eles não desfrutavam sequer de uma pequena parcela dos direitos de que gozam os árabes israelenses ou palestinos nos territórios. Ainda hoje, mais de duas décadas após a queda do regime do apartheid na África do Sul, os sul-africanos negros – ainda lutando com o legado do apartheid genuíno – só podem sonhar em alcançar as condições de vida dos palestinos em Gaza. Sim, você leu corretamente: Gaza. A expectativa de vida na África do Sul é de 51 anos e está caindo. Na Faixa de Gaza, é de 72 anos. A mortalidade infantil na África do Sul é de 49 por mil nascimentos. Em Gaza são 16. Uma comparação com o status dos árabes israelenses está além da imaginação dos sul-africanos negros.

Israel não é uma utopia; há discriminação. Há fenômenos feios que precisam ser abordados, mas tentar alegar que os árabes, cidadãos de Israel, sofrem com o apartheid, ou que os palestinos na Cisjordânia sofrem com o apartheid, é um insulto à inteligência de qualquer um. Conforme demonstrado pelos dados apresentados nos capítulos anteriores, sob o domínio israelense, os palestinos testemunharam um dos avanços mais acelerados no padrão de vida e bem-estar da história da humanidade (mesmo depois de duas décadas de repressão sob o domínio do Egito e da Jordânia). Chamar isso de apartheid é absurdo.

Alguns argumentam que o desligamento dos territórios poderia acabar com as reivindicações do apartheid. Mas a que preço? Mesmo que o domínio israelense sobre os palestinos tenha sido longo – muito longo – e há momentos em que parece estar se tornando um elemento permanente, é preciso lembrar as alternativas: Israel retirou-se do Sinai, que agora é um palco para a *jihad* radical; Israel deixou o Sul do Líbano, que agora é um reduto do Hezbollah com centenas de milhares de foguetes e mísseis apontados a Israel; Israel deixou Gaza, que agora é uma base de operações do Hamas. A *Jihad* Global – sunita ou xiita, em todas as suas formas – está tentando estabelecer uma presença em qualquer lugar onde a ausência de controle governamental forte ofereça uma oportunidade, incluindo as partes das colinas de Golã, dominadas pela Síria.

Mesmo aqueles que apoiam o fim do domínio israelense nos territórios – e há muitas dessas pessoas não apenas no exterior, mas em Israel – não podem ignorar os temores em Israel de que no dia em que deixarem a Cisjordânia, foguetes começarão a cair em Tel Aviv (o que está, por enquanto, dentro do alcance de apenas um punhado de foguetes *Grad* maiores). Israel terá que responder. A Jordânia fechará a fronteira com tal Estado palestino para se proteger, assim como o Egito fez com Gaza. A Cisjordânia se tornará Gaza II. Portanto, todo ativista da paz ou promotor de *Tikun Olam* precisa entender que a situação é complexa. O ponto crucial do dilema é descobrir como Israel pode conceder independência aos palestinos, ao mesmo tempo evitando que a Cisjordânia se torne uma plataforma de lançamento dos jihadistas ou do Hamas. Isso não significa que Israel precisa permanecer na Cisjordânia para sempre, mas significa que qualquer pessoa sensata precisa entender as consequências de todos os cenários futuros.

O NÍVEL POLÍTICO

Também é possível argumentar da seguinte forma: os sul-africanos negros estavam em melhor situação sob o apartheid do que o resto da África, assim como os palestinos sob o apartheid israelense estão em melhor situação do que os Estados árabes vizinhos. Nada disso muda ou isenta Israel da acusação real do apartheid. Este é um argumento legítimo, mas as condições são completamente diferentes, se alguém se incomodar em examinar os fatos.

A maioria dos palestinos *não* tem encontros diários com colonos ou soldados, exceto durante ataques antiterroristas. Os palestinos desfrutam de autogoverno, conforme estipulado pelos Acordos de Oslo. No passado, no auge da Segunda Intifada, a Cisjordânia estava cheia de centenas de bloqueios de estradas e postos de controle. O movimento de um lugar para outro era difícil. Foi ali que a mídia global mostrou imagens de palestinos esperando em longas filas para chegar ao trabalho, ou para ir a um hospital ou ir para outro lugar. É preciso entender o contexto: os pontos de verificação não criaram terrorismo – foi o contrário. Os ataques terroristas aos israelenses em cafeterias, ônibus e outros "alvos civis fáceis" não tinham a intenção de levar a um fim pacífico da ocupação, mas sim derrotar soluções pacíficas para o conflito, ancoradas nos Acordos de Oslo. As ondas de terror aumentam ou começam precisamente quando parece que um acordo pode ser alcançado.

A maioria das barreiras já se foi há alguns anos. Desde que o terrorismo diminuiu, os bloqueios nas estradas ficaram concentrados na linha de fronteira entre Israel e a Cisjordânia. Portanto, na maioria dos aspectos da vida, incluindo a liberdade de movimento na Cisjordânia, os palestinos não são prejudicados por Israel. Há uma série de pequenos enclaves aqui e ali, ao longo da cerca de segurança, que separam os palestinos de suas terras agrícolas. Essas pequenas áreas receberam grande atenção da mídia e são mostradas como uma das injustiças perpetradas por Israel. Às vezes, essa crítica é justificada e precisa ser examinada (embora seja uma medida temporária derivada de uma situação de segurança específica, que seria resolvida em um Acordo Final futuro entre os lados). Mais do que em qualquer outro período, a consciência nacional dos palestinos foi forjada nos anos posteriores a 1967. Uma vez que eles desenvolveram uma tal distinta consciência quanto um povo, seu direito à autodeterminação – com ou sem a Jordânia – não pode ser negado. No entanto, existe uma condição: que eles estejam dispostos a adotar a política de "dois Estados para dois povos".

Os assentamentos são um erro histórico de Israel, que deve ser resolvido com base em planos já propostos, como os Parâmetros Clinton de dezembro de 2000 (discutidos mais adiante neste livro). Basta dizer que, neste momento, assim como existe uma minoria árabe em um Estado judeu, não há razão para que não haja uma minoria judaica no Estado palestino – desde que uma paz genuína e duradoura seja alcançada.

Por outro lado, caso o domínio israelense sobre a Cisjordânia se torne permanente por anexação unilateral, então os argumentos de direitos privilegiados para os judeus, de dois tribunais para árabes e judeus (ditados nas convenções internacionais em relação a potências ocupantes), e da negação do direito ao voto, todos se tornarão válidos. Esse não é o caso. Precisamos lembrar certos fundamentos: os Estados árabes e a OLP se opuseram à própria existência do Estado de Israel dentro de quaisquer fronteiras. Suas ameaças de aniquilação forçaram Israel a se defender.

O controle israelense continuou por causa das décadas de recusa dos Estados árabes e da OLP em reconhecer o Estado de Israel. Israel governou por décadas porque todos os planos de paz, até 1993 (ou seja, antes dos Acordos de Oslo) – aqueles que não envolviam o retorno indiscriminado de refugiados – foram rejeitados. Desde 1993, os palestinos rejeitaram todas as propostas baseadas no princípio "dois Estados para dois povos".

Os palestinos têm direito à autodeterminação e a um Estado, apesar do Hamas. Mas Israel também tem direito a muitos outros acordos de segurança, devido ao medo de que os islamistas vão tomar a Cisjordânia, assim como tomaram Gaza.

Invasões semelhantes, em outros lugares, levaram a banhos de sangue, incluindo Argélia, Afeganistão, Somália, Iêmen, Iraque, e Síria. Isso poderia acontecer sob o domínio palestino. Então, enquanto os palestinos têm direito a um Estado, Israel tem direito à segurança. Por outro lado, o controle israelense continuado da Cisjordânia é justificado, desde que os palestinos continuem a rejeitar a fórmula de "dois Estados para dois povos" – palestino e judeu. Se os palestinos insistem em um direito parcial ou total de retorno para os refugiados e seus descendentes a Israel, eles estão efetivamente rejeitando essa fórmula. Sob tais condições, os palestinos são os principais culpados pela continuação do status quo, porque o significado da insistência de um direito de retorno não é a paz, mas sim o fim de Israel como um Estado-nação judeu.

O DIREITO DE VOTO

Um dos argumentos em apoio à acusação de "apartheid israelense" é que os árabes na Cisjordânia não têm o direito de votar nas eleições israelenses – como se fossem cidadãos sem direitos civis. Isso é uma distorção dos fatos: os palestinos da Cisjordânia não são cidadãos israelenses, e estão sob administração civil da Autoridade Palestina há 23 anos, desde

1994. Eles não votam nas eleições israelenses; eles votam nas eleições palestinas. Residentes palestinos de Jerusalém Oriental anexados a Israel têm direito à cidadania, que inclui o direito de votar nas eleições israelenses.

Os apelos para anexar a Cisjordânia e conceder cidadania israelense aos palestinos da Cisjordânia vêm das margens da esquerda e da direita – daqueles que defendem "um Estado" ou um "Estado binacional" ou "um Estado de todos os seus cidadãos" ou um "Grande Israel".

No entanto, os moradores da Cisjordânia e da Faixa de Gaza ainda não fazem parte do Estado de Israel; Israel não anexou a Cisjordânia. Desde a publicação deste livro, toda a Faixa de Gaza é governada pelos palestinos. A situação na Cisjordânia é um pouco diferente. A maioria dos habitantes vive sob a autoridade palestina em termos de administração civil – abrangendo desde escolas, coleta de lixo, polícia, sistema judicial e eleições locais e nacionais –, mas a maior parte da Cisjordânia ainda está sob controle *militar* israelense. Quase tudo o que a mídia global relata a respeito de violações de direitos humanos ou atritos entre colonos judeus e palestinos aplica-se apenas a 150 mil palestinos na Área C e, em menor escala, na Área B. Isso é menos de 10% dos palestinos. Então, onde está o apartheid? Boa pergunta.

Dado o status apátrida da maioria dos palestinos nos países árabes, o argumento sobre Israel não conceder cidadania aos palestinos é estranho. Além da Jordânia, todos os outros países árabes aderem à Resolução 1547 da Liga Árabe e se abstêm de conceder cidadania aos palestinos. É estranho ver como aqueles que protestam contra o "fracasso criminoso" de Israel em conceder cidadania aos palestinos da Cisjordânia se acirram quando se trata de palestinos que vivem em Estados árabes. Isso não é apenas algo que aconteceu entre 1949 e 1967 – está acontecendo (ou não está acontecendo, conforme o caso) hoje.

Enquanto os palestinos são impiedosamente reprimidos pelos regimes árabes, é precisamente sob o domínio israelense que os palestinos desfrutam de autogoverno, o que espelha de perto um Estado independente. Ainda não é uma realidade, mas está perto. No entanto, é precisamente o domínio israelense – sob o qual os palestinos desfrutaram da mesma prosperidade em relação a seus irmãos em outros lugares – que está sujeito a tais ataques venenosos e libelos. É de se admirar, portanto, que os Estados árabes sejam grandes apoiadores financeiros e ideológicos da indústria de mentiras anti-Israel?

ETNOCRACIA

Os acadêmicos frequentemente chegam à conclusão errônea de que Israel é um Estado de apartheid, após rotular Israel de "etnocracia". Um dos defensores mais proeminentes dessa afirmação é o geógrafo político israelense Oren Yiftahel, da Universidade Ben-Gurion (que cunhou o termo "etnocracia"). Semelhante à maioria dos acadêmicos anti-israelenses, ele usa um método familiar de casos de discriminação e os projeta fora de proporção. A conclusão lógica de seus números é que "é claro que Israel é um regime de apartheid".

Como a maioria dos países ao redor do mundo, Israel é um Estado-nação. Não há contradição fundamental entre Estados-nação e democracia; o direito à autodeterminação é, em si, a base da Lei das Nações. Acadêmicos e propagandistas anti-Israel que chamam Israel de "etnocracia", na verdade, visam negar aos judeus o direito à autodeterminação em um Estado-nação próprio. Na verdade, considerando todos os Estados-nação do mundo, para usar o jargão dos próprios antisionistas e virá-lo de cabeça para baixo, pode-se dizer que a *negação do direito à autodeterminação judaica é, em si, apartheid*.

Aqueles que classificam Israel como uma "etnocracia" ou um "Estado de apartheid" não negam o direito de autodeterminação a croatas, eslovenos, tchecos, uzbeques, chechenos ou armênios. Eles negam esse direito, sob resmas do jargão acadêmico aparentemente erudito, apenas para um povo. Muitos desses acadêmicos escolhem definir outros países (como a Letônia e a Estônia) como "democracias cívicas" ou "democracias étnicas" – não "etnocracias", definidas na literatura profissional como uma política com "uma fachada democrática" fina "cobrindo uma estrutura étnica profunda, na qual etnia (ou raça, ou religião) – e não cidadania – é a chave para garantir poder e recursos".

ASSENTAMENTOS

Judeia e Samaria, as regiões montanhosas da Terra de Israel, são os berços da nação judaica. Há argumentos sólidos que apoiam o direito legal dos israelenses de reivindicar esses territórios disputados. Mas, aceitar esses argumentos (e agir sobre eles com relação aos assentamentos) traz consigo a criação definitiva de uma única entidade política entre o Mar Mediterrâneo e o rio Jordão. Reivindicar esses direitos (sem falar em agir a partir deles), seria, paradoxalmente, alinhar Israel com a posição da esquerda antissionista, que rejeita a validade de um Estado judeu. Tal solução exigiria que os palestinos da Cisjordânia recebessem cidadania, o que levaria à erradicação de um Estado judeu com uma minoria árabe, substituindo-o por um Estado verdadeiramente binacional. Os adeptos da Grande Israel conduziram o projeto de assentamento. Este foi um erro histórico colossal. O dano foi duplo: primeiro, os assentamentos orientam Israel em direção a uma solução estadual binacional e, segundo, os assentamentos criam atritos e injustiças. Os blocos de assentamento próximos à Linha Verde não devem ser um problema. Eles permanecem do lado israelense, mesmo sob os Parâmetros Clinton, o Acordo de Genebra, as Propostas de Olmert e o rascunho de 2014 do ex-secretário de Estado americano Kerry. O problema é a questão dos outros assentamentos judaicos, mais próximos do interior, no coração da Judeia e Samaria, que são densamente povoados por palestinos. Tais assentamentos, que permaneceriam no lado palestino, tornam um acordo de paz muito difícil, mas não o impedem. Os colonos poderiam fazer parte de um Estado palestino. Quando a Palestina conquiste a independência, não há razão para os judeus não viverem na Palestina, assim como os árabes israelenses vivem em Israel.

Nenhuma das opções se destina a esconder ou pintar uma imagem cor-de-rosa, ou perdoar tudo o que Israel faz. Israel é um dos lugares mais estáveis do Oriente Médio e não há justificativa para aceitar automaticamente "por motivos de segurança" ações controversas que humilham ou assediam os palestinos.

—

Aqui, então, está o paradoxo, em todo o seu absurdo: se os palestinos tivessem permanecido inteiramente sob o domínio árabe (e em condições muito piores do que sob o governo de Israel), ninguém viria correndo. Não haveria a indústria de publicações pró-palestina. Não haveria "Semanas do Apartheid" nos *campi*.

Podemos supor que muitos palestinos preferem ser mais pobres ou mesmo reprimidos por seu próprio povo do que prosperar sob o domínio estrangeiro. Israel deve, portanto, esclarecer — muito mais do que faz no momento – que o direito dos palestinos à autodeterminação, com ou sem a Jordânia, é imperativo e inatacável. Mas esse direito só pode ser concedido em uma condição inegociável – que essa determinação seja feita *ao lado* de Israel, e não como base para mais luta contra Israel, e certamente não em seu lugar.

—

As pessoas costumam confundir discriminação com apartheid.

Israel é manchado por atitudes racistas e discriminação em relação a árabes israelenses, trabalhadores estrangeiros convidados, solicitantes de refúgio africanos, imigrantes etíopes e russos, e ocasionalmente judeus *Mizrahim* (do Oriente Médio). Isso não torna o próprio Israel inerentemente racista, a menos que o mundo inteiro seja considerado similarmente racista. A xenofobia não está em falta na Europa. Por exemplo, uma pesquisa na França revelou altos níveis de hostilidade em relação aos estrangeiros, em geral, e em relação aos muçulmanos, em particular.

Setenta e quatro por cento dos franceses entrevistados em 2015 pelo jornal francês *Le Monde* acreditam que o Islã é "incompatível" com os "valores da sociedade francesa", e 62% reclamam que "não se sentem mais em casa" na França. Oitenta e sete por cento acham que a França precisa de um líder forte para restaurar a ordem. Uma pesquisa britânica de 2013, publicada pelo *The Independent*, revelou sentimentos semelhantes. A esmagadora maioria dos britânicos acredita que o Islã é incompatível com os valores britânicos, e a maioria acredita que o Islã é uma ameaça à civilização Ocidental. Um estudo alemão, conduzido pela Universidade de Münster, descobriu que, em 2010, 66% dos alemães ocidentais e 74% dos alemães orientais tinham uma atitude negativa em relação aos muçulmanos (atitudes no passado associadas aos "turcos"). Uma pesquisa do *Pew* de 2010 informou que 59% dos espanhóis, 62% dos britânicos, 71% dos alemães e 82% dos franceses apoiam a proibição dos hijabes; há uma clara maioria para esta posição mesmo entre aqueles que se definem como politicamente de esquerda. Mesmo na ultraliberal Suécia, 53% apoiam a proibição do hijabe. Portanto, uma evidente maioria europeia liberal proibiria a hijabe muçulmana para mulheres (algo que não é um problema em Israel). Agora, imagine qual seria a reação se uma pesquisa em Israel tivesse resultados semelhantes. Todos nós sabemos a resposta: os chamados "ativistas dos direitos humanos" estariam entrando com uma ação no Tribunal Penal Internacional contra Israel por revogar o artigo 18 da Declaração Universal dos Direitos Humanos, o artigo 18 do Pacto Internacional sobre Direitos Civis e Políticos, e a Declaração sobre a Eliminação de Todas as Formas de Intolerância e Discriminação Baseada na Religião ou Crença.

As forças liberais na Grã-Bretanha, França e Alemanha compreendem a necessidade de combater tais preconceitos e abordagens racistas, sem cair em hipérboles sobre o "apartheid" – quando se trata de seus próprios países. Quanto à União Europeia, apesar dos sérios sinais de xenofobia em seu próprio quintal, eles se concentram no financiamento de campanhas caluniosas sobre o "apartheid israelense".

CAPÍTULO 15
Direitos Humanos

> Prejudicar inocentes é uma das violações mais graves dos direitos humanos. Infelizmente, isso acontece em todos os conflitos humanos. No entanto, de todos os muitos conflitos em todo o mundo, a maior crítica é contra Israel, apesar de um exame comparativo mostrar que Israel – tanto relativamente quanto absolutamente – prejudica os não combatentes muito menos do que qualquer outro Estado envolvido em conflitos.

TODO CONFLITO CRIA situações difíceis. "Há sempre um custo para derrotar um mal. Nunca vem de graça, infelizmente. Mas o custo do fracasso em derrotar um grande mal é muito maior", disse o porta-voz da OTAN, dirigindo-se a acusações de ferir civis durante a campanha de 1999 em Kosovo.

Esse argumento precisa ser tratado com cuidado. O fim de combater a injustiça não justifica o uso de todos e quaisquer meios. A luta contra a agressão nazista foi justificada. Isso justifica o bombardeio de Dresden? De Tóquio? A queda da bomba em Hiroshima e Nagasaki? Há certamente espaço para um debate legítimo sobre todas essas questões. Mas seria muito menos legítimo se o próprio mal – nazismo – fosse justificado ou desculpado.

Como em todos os conflitos, o conflito entre israelenses e palestinos cria situações difíceis, incluindo casos excepcionais e violações de direitos humanos. Israel não é um país perfeito e nunca reivindicou esse manto impossível. Alguns dos argumentos apresentados contra Israel estão corretos, mas em comparação com conflitos semelhantes, Israel prejudica muito menos pessoas inocentes do que em qualquer outro lugar – tanto relativamente quanto absolutamente.

Novamente, não estamos argumentando que não há violações desnecessárias, nem afirmaríamos que não houve incidentes em que Israel tenha prejudicado inocentes. Infelizmente, isso acontece em todos os conflitos. Pessoas inocentes foram prejudicadas nos bombardeios da OTAN durante a crise do Kosovo; os não combatentes foram prejudicados em todos os conflitos em que o Ocidente esteve e está envolvido nas últimas décadas; e inocentes foram prejudicados em taxas terríveis em conflitos em todo o mundo árabe e muçulmano. Inocentes foram prejudicados por Israel no conflito israelo-palestino – mas deve ser enfatizado: isso ocorreu menos em Israel do que em outros conflitos.

Quando se trata de testes de "proporcionalidade" nas condições do mundo real, Israel prejudica menos – muito menos. Mas a impressão criada pelas principais fontes de informação pública sobre o conflito – a academia, ONGs de direitos humanos e a mídia – sustenta completamente o oposto. Segundo esses observadores, Israel prejudica muito mais os não combatentes ou espectadores – e sem discriminação. Isso, no entanto, é uma mentira – uma das muitas – embelezada com acusações de "crimes de guerra" e epítetos, como "assassinos de crianças", sendo regularmente lançada contra Israel. Pesquisas de opinião pública mostram que o público, submetido a esta barragem de acusações, concorda com essa narrativa. É imperativo, portanto, corrigir o registro.

—

Dois erros não fazem um acerto, e não há intenção aqui de argumentar que, como mais inocentes são prejudicados em outros conflitos, por exemplo, os do mundo árabe e muçulmano (com ou sem o papel do Ocidente), isso justifica ou até mesmo diminui a gravidade de ferir pessoas inocentes, com base em que "todo mundo faz isso". O problema é o duplo padrão e manter Israel em um nível de perfeição que não parece realista, independentemente de quem esteja lutando – particularmente no mundo de hoje, de conflitos assimétricos e guerra urbana. A crítica é justificada e bem-vinda – desde que leve em conta o contexto comparativo e as condições reais.

—

Como um caso de teste, este capítulo examina os conflitos mais polêmicos entre Israel e o Hamas, o que levou a reivindicações muito cáusticas de violações de direitos humanos, gerando uma onda de manifestações, acusações de má conduta e argumentos de que Israel está cometendo crimes de guerra. A campanha de retratar Israel como o principal culpado em prejudicar inocentes não combatentes culminou em um relatório de 600 páginas por uma Missão Unilateral de Descobertas de Fatos sobre o Conflito de Gaza: o *Relatório Goldstone*. O inquérito seguiu a Operação Chumbo Fundido, uma campanha de 23 dias no inverno de 2009. Houve um encore em 2014, um *Relatório da Margem Protetora*, após a Guerra de Gaza de julho a agosto de 2014. Ambos tiveram a mesma mensagem. Pode-se resumir em uma frase: Israel atacou intencionalmente e desproporcionalmente civis inocentes. Esta é uma acusação muito séria e grave. Mas quando se examina os fatos, o argumento desmorona por completo. Antes disso, é preciso primeiro abordar brevemente os antecedentes e eventos que precederam o infame *Relatório Goldstone*.

—

Alguns dos críticos mais cruéis de Israel escreveram que os foguetes do Hamas não causaram baixas israelenses. Outro argumento que usa a conta recíproca de corpos como "evidência" distorcida de atos falhos, nota que havia cem palestinos mortos por cada israelense morto. Às vezes, uma meia verdade é pior que uma mentira, mas essa lógica não é nem uma meia verdade. Isso é um truque de mágica, porque os muitos meses de foguetes — atos de agressão explícitos e contínuos, que nenhum país iria tolerar — que precederam a ofensiva do Chumbo Fundido não foram incluídos na conta do açougueiro.

É preciso lembrar as circunstâncias: Israel se retirou inteiramente de Gaza — até o último colono, soldado e centímetro — em agosto de 2005. Não houve bloqueio marítimo por parte de Israel. Gaza poderia ter sido um modelo inspirador para os israelenses e para o governo israelense continuar na mesma direção na Cisjordânia. No entanto, o Hamas tomou a Faixa de Gaza violentamente em julho de 2007 em uma disputa de poder com o Fatah, o rival de Abbas (comumente chamada de A Batalha de Gaza de 2007), uma luta que se seguiu após o Hamas vencer as eleições legislativas de janeiro de 2006 (com 74 das 132 cadeiras do Conselho Legislativo da Palestina, comparado com as 45 cadeiras do Fatah) e que se tornou um golpe militar.

—

O principal argumento contra Israel a respeito de sua conduta durante a Operação Chumbo Fundido foi a agressão de pessoas inocentes. Imediatamente após a publicação do *Relatório Goldstone* em 25 de setembro de 2009, Richard Goldstone, juiz judeu sul-africano que comandava a comissão, foi repetidamente perguntado por que ele argumenta que Israel "matou intencionalmente" civis quando o que realmente aconteceu acontece em todos os campos de batalha modernos? Goldstone tinha respostas diferentes, dependendo do seu público. Em uma entrevista na televisão do *Canal 2* de Israel, Goldstone respondeu: "Eu não investiguei o Exército dos Estados Unidos". Essa é uma resposta esclarecida. Pouco depois, Goldstone foi entrevistado por Bill Moyers do *Public Broadcasting Service* (PBS) na América. Desta vez, sua resposta foi completamente diferente: ele mencionou conflitos semelhantes e fez comparações, mas desta vez ele argumentou que "os Estados Unidos que lutaram no Kosovo, no Iraque e no Afeganistão [...] certamente fizeram o máximo a um alto nível para proteger civis inocentes".

Nesta entrevista, como em outras, Goldstone mencionou outros campos de batalha. Os comentários de Goldstone exigem análise, uma vez que ele falou principalmente de "desproporcionalidade" por parte de Israel. Segundo Goldstone, outros exércitos, sob condições semelhantes de guerra assimétrica, também prejudicaram civis — mas muito menos do que Israel. Isso é verdade? Examinemos alguns desses casos.

SOMÁLIA Após a guerra civil que eclodiu na Somália em 1988, as Nações Unidas decidiram, em 1992, enviar forças internacionais para a capital da Somália, Mogadíscio; trinta e oito mil soldados de vinte e um países foram enviados para a disputa. A intervenção internacional tornou-se cada vez mais complicada. Mulheres e crianças se tornaram os escudos humanos das milícias locais que as forças da ONU estavam lutando para subjugar a fim de facilitar a extensão do auxílio para acabar com a crise humanitária na Somália causada pelas facções em guerra. Em junho, o Conselho de Segurança adotou outra resolução, muito mais firme, e convocou outros países a enviar tanques e helicópteros. As baixas aumentaram. Uma série de confrontos entre as forças da ONU e as milícias locais, que prosseguiram até o verão de 1993, provocaram centenas de mortes entre civis. A batalha mais grave de todas foi em outubro, quando a Força Delta americana agiu em nome das Nações Unidas, e se envolveu em uma ação em Mogadíscio. O porta-voz das forças da ONU na Somália, David Stockwell, explicou o comportamento das forças sitiadas no local, dizendo: "Não existem linhas laterais ou espectadores. As pessoas no solo são consideradas combatentes". Stockwell recebeu total apoio das Nações Unidas, apesar das pesadas baixas civis. Não há números aceitos para o número de civis mortos nesses confrontos, ao contrário dos combatentes mortos, mas os números variam de centenas a milhares. Uma coisa é clara: ao longo dos confrontos na Somália em geral, e Mogadíscio em particular, o uso de mulheres e crianças como escudos humanos não impediu os bombardeios ou a decisão das forças da ONU de atirar diretamente em inocentes, atrás dos quais se escondiam guerrilheiros somalis hostis.

KOSOVO (OPERAÇÃO FORÇA ALIADA) Na sequência da expulsão de centenas de milhares de albaneses do Kosovo em 1999 pelo líder sérvio Milosevic, a OTAN decidiu agir para restaurar o *status quo ante bellum*. Os civis não eram o alvo – havia apenas alvos militares. A linha entre civis e combatentes era mais clara do que na Somália ou em Gaza, onde eles estavam inseridos em populações civis. Nada disso ajudou. Em 12 de abril, doze civis que estavam em um trem foram mortos. Dois dias depois, setenta refugiados foram mortos no curso da "perseguição" de combatentes inimigos. Alguns dias depois, uma bomba perdida matou dezesseis civis. Um dia depois, um míssil atingiu a capital de um país vizinho. Em 1º de maio, 27 civis que estavam em um ônibus foram mortos; algumas fontes calculam o número de baixas em 47. Isto se refere apenas a civis. Cinco dias depois e outros quinze civis foram mortos. Um míssil perdido atingiu a embaixada chinesa. É difícil examinar todos os casos de falhas de ignição e bombas perdidas. Em 13 de maio, pelo menos cem civis foram mortos no vilarejo de Korisa e, no final daquele mês, vinte residentes de uma casa de repouso morreram, resultando em mais "danos colaterais". Esta é apenas uma lista parcial. Tudo isso aconteceu no meio da Europa. A OTAN publicou mensagens de arrependimento pelas mortes. Ninguém com qualquer influência achava que os pilotos, seus comandantes ou seus superiores deveriam ser julgados. Onde quer que haja guerra, há erros caros. A resposta do porta-voz da OTAN? Nós erramos. Nós não tínhamos má intenção. Isso é o que acontece quando você luta contra um regime maligno, eles disseram, se desculpando pelos erros. A estimativa de combatentes mortos é de cerca de quinhentos. O número de vítimas civis é altamente contestado, variando de 500 a 2.500, com a pesquisa mais completa colocando o número entre 1.200 e 1.500 pessoas.

Milosevic não disparou foguetes em Paris ou Londres. No entanto, centenas, senão milhares de civis, foram mortos. As vozes de condenação às forças da OTAN — na medida em que houve alguma — foram silenciadas. O Conselho de Direitos Humanos das Nações Unidas ou seu antecessor não convocou uma reunião urgente para discutir as mortes em tom altamente inflamatório. Nenhuma missão de busca de fatos do tipo Goldstone foi estabelecida. Ninguém considerou nada disso como "alvo deliberado de civis". A crítica que foi feita nunca chegou ao ponto de acusar os soldados da OTAN de crimes de guerra. Quando Robin Cook respondeu a graves baixas num campo de refugiados, o ministro das Relações Exteriores britânico acusou o governo da Iugoslávia de hipocrisia, retrucando: "Como eles ousam agora produzir lágrimas de crocodilo por pessoas mortas no conflito pelas quais são responsáveis?"

LÍBIA O bombardeio geral da Líbia, como parte dos esforços do mundo livre para ajudar os opositores do regime de Gaddafi a ganhar vantagem, também levou à morte de muitos civis. Quantos? Ninguém sabe o número exato. Na sequência de um evento que matou 24 civis inocentes, incluindo mulheres e crianças, houve críticas limitadas. Mas as demandas dos órgãos de monitoramento de direitos humanos, como a Anistia Internacional ou o Observatório de Diretos Humanos (ODH), para uma investigação, nada mais eram do que fachada. A OTAN descartou tais demandas como sendo descontroladas e se recusou a abrir uma investigação.

CHECHÊNIA Em meados e no final da década de 1990, dois conflitos sangrentos ocorreram entre a Rússia e o distrito da Chechênia, desencadeados pelas exigências chechenas de independência. A população da Chechênia é de 1,2 milhão — menos que a da Faixa de Gaza. Como em Gaza, a luta na Chechênia também foi entre um exército regular e uma força irregular. (Claro que há uma diferença. A Chechênia estava lutando pela separação e independência. A luta do Hamas em Gaza foi, e ainda é, uma luta pela eliminação de Israel, e seus ataques só aumentaram depois que Israel deixou a Faixa.) Várias organizações montaram listas precisas de mortes do conflito de Gaza. No conflito da Chechênia, não há sequer acordo sobre o número de mortos, apenas estimativas muito grosseiras. Para a primeira ofensiva, as estimativas variam entre 35 mil e 100 mil civis. Para a segunda, elas correm entre 50 mil e 150 mil. Ninguém contesta que a esmagadora maioria das mortes em ambas as ofensivas foram civis inocentes.

SRI LANKA A minoria tâmil lutou pela independência por muitos anos. Em 2009, alguns meses depois da Operação Chumbo Fundido, o Sri Lanka decidiu acabar com a insurgência de uma vez por todas, suprimindo brutalmente a resistência tâmil. A destruição e devastação foi tremenda. Um relatório do final de março de 2011, encomendado pelo secretário-geral da ONU, calculou o número de mortos em 40 mil.

FALUJA Goldstone mencionou a conduta dos militares americanos no Iraque. É claro que não se pode comparar a conta do açougueiro da Operação Chumbo Fundido com a do Iraque, um conflito que começou em 2003 e ainda está em andamento. Mas pode-se comparar a Operação Chumbo Fundido a uma operação terrestre similar e relativamente curta no Iraque: a campanha de Faluja (às vezes chamada de Segunda Batalha de Faluja) que aconteceu entre 7 de novembro e 23 de dezembro de 2004.

Centenas, se não milhares, de militantes invadiram a região de Faluja em 2004. Eles conseguiram realizar muitos ataques terroristas contra as forças dos Estados Unidos e contra civis iraquianos usando Faluja como base de operações e área de concentração. Eventualmente, as forças americanas decidiram atacar a fonte do terrorismo e desarraigá-lo. Em 2004, cerca de 300 mil pessoas viviam em Faluja; a maioria partiu quando a batalha se tornou iminente. O exército americano tomou a cidade. Os resultados da batalha: destruição de 50 mil casas, 60 escolas e 65 mesquitas. O número de mortos, a maioria deles civis, varia entre 4 mil e 6 mil.

O VALE DO SWAT O conflito entre o Paquistão e o Taleban resultou em milhares de vítimas. O terrorismo é incessante. Para fins comparativos, discutiremos apenas uma parte do conflito, que é similar à Operação Chumbo Fundido e à Faluja: a tomada Taleban do Vale do Swat, que levou ao conflito entre o Taleban e o exército paquistanês em maio de 2009. Não há fonte confiável sobre o número de mortos, militantes ou civis. Ninguém contesta que, no espaço de algumas semanas, o conflito não apenas causou devastação generalizada, mas também levou a 2 milhões de refugiados. De acordo com uma descrição na imprensa mundial, apresentada aqui para ilustrar a natureza da batalha, o *The New York Times* relatou que "uma nova campanha de medo tomou conta, com dezenas, talvez centenas, de corpos despejados nas ruas em que defensores dos direitos humanos e residentes locais dizem que é o trabalho das forças armadas". Durante o conflito com o Taleban, entre 2003 e maio de 2011, no Paquistão, os registros mostram 20.893 mortes de combatentes e 35.600 civis. Estima-se que a relação entre combatentes e civis no conflito do Vale do Swat, por si só, foi muito pior.

NAHR AL-BARED Em maio de 2007, um ano e meio antes da Operação Chumbo Fundido, um conflito entre o Exército Libanês e a organização terrorista *Fatah al-Islam* eclodiu. A própria organização — um grupo dissidente de outro grupo terrorista palestino — transformou-se ao longo dos anos em um ramo da *Jihad* Global. O governo libanês via essa organização armada como uma séria ameaça à estabilidade e à soberania do Estado. Uma série de pequenos conflitos levou a um grande confronto depois que centenas de membros do *Fatah al-Islam* se esconderam no campo de refugiados de *Nahr al-Bared*, perto de Trípoli, no Norte do Líbano. O exército libanês usou todos os meios à sua disposição para derrotar a organização, incluindo medidas drásticas, como um isolamento completo do campo e o corte do suprimento de água e eletricidade. O exército libanês também bombardeou indiscriminadamente o campo com artilharia. Ao contrário das FDI, ninguém jogou panfletos do ar avisando moradores inocentes em prédios para evacuar ou informá-los de que havia combatentes escondidos em seus bairros. Ninguém atirou cargas não letais ("batida-de-aviso") no telhado de tais edifícios para avisar os ocupantes de que seu prédio estava prestes a ser alvejado e que eles deveriam evacuar. Ninguém no exército libanês montou uma rede telefônica especial para ligar para os moradores pessoalmente pelo celular, com uma mensagem alertando-os sobre os bombardeios iminentes. O campo de refugiados foi transformado em uma pilha de escombros. A maioria dos residentes do campo – entre 26 mil e 33 mil pessoas – fugiu imediatamente quando a batalha era iminente. A conta oficial do açougueiro é de 168 soldados libaneses e mais de 300 pessoas mortas no campo – algumas delas militantes, outras civis. Além disso, seis soldados da Força Interina das Nações Unidas no Líbano (FINUL) e dois trabalhadores da Cruz Vermelha foram mortos. A maioria dos moradores do campo não tinha para onde voltar.

Os soldados libaneses não queriam correr riscos desnecessários. A força que enfrentaram era pequena – certamente muito menor do que cerca de 16 mil combatentes do Hamas que se esconderam entre a população civil na Faixa de Gaza. Se o exército libanês tivesse engajado contra o Hamas em vez de Israel – sem luvas de pelica, 80% de Gaza teriam sido reduzidos a escombros. A maior parte da Faixa de Gaza provavelmente teria sido apagada do mapa. Todos os seus moradores teriam se tornado refugiados.

O conflito no Líbano veio na sequência de provocações armadas por uma organização islâmica. Toda a comunidade internacional – a União Europeia, os Estados Unidos e os países árabes – encorajaram o Líbano a revidar com força. O único corpo no Líbano que se opôs a uma operação militar foi o Hezbollah. Os resultados não levaram a nenhuma condenação internacional, nem à convocação do Conselho de Direitos Humanos das Nações Unidas em Genebra, nem mesmo a uma "Comissão Goldstone" libanesa. As fotos de morte e destruição – disponíveis para qualquer pessoa interessada – não levaram a protestos de humanitaristas ou manifestações de raiva nas ruas de Londres ou Paris. Pelo contrário, as ações do Líbano foram recebidas com aplausos. Afinal, é assim que um governo árabe deve lidar com uma organização islamista.

OPERAÇÃO CHUMBO FUNDIDO

Em comparação com todos os outros conflitos discutidos, os números da Operação Chumbo Fundido são bastante precisos: 1.100-1.350 mortes. Dezenas de pessoas incluídas na lista de vítimas foram vítimas do próprio Hamas, que aproveitou o nevoeiro da guerra para derrotar seus rivais políticos. A Anistia Internacional informou: "O Hamas empreendeu uma campanha mortal enquanto a guerra devastava Gaza".

O grande debate é sobre a proporção entre civis inocentes e militantes – membros de vários grupos terroristas – mortos durante a Operação Chumbo Fundido.

Muitas organizações de direitos humanos, citadas diversas vezes no *Relatório Goldstone*, argumentaram que a maioria dos mortos eram civis. Uma investigação mais completa conta uma história completamente diferente. O Instituto Internacional de Contra-Terrorismo do Centro Interdisciplinar fez as contas. Em uma análise detalhada, intitulada *Baixas da Operação Chumbo Fundido: Um olhar mais atento*, quatro acadêmicos desmembraram a lista de vítimas de acordo com afiliação organizacional, idade e sexo. O resultado foi claro: a maioria dos mortos eram membros de organizações terroristas. Mulheres e meninas jovens prejudicadas totalizaram apenas 12% e 8% de todas as mortes, respectivamente; os demais eram do sexo masculino – uma distribuição totalmente distorcida que dificilmente apoia acusações de "mira indiscriminada de civis". A maioria dos que foram prejudicados nos combates, incluindo homens com 14 anos ou mais, estavam ativamente envolvidos ou foram forçados a servir de escudos humanos. Em outro estudo de 2009, conduzido por Jonathan Dahoah-Halevi, as listas de baixas civis foram comparadas com as de milícias armadas. Constatou-se que entre 343 membros supostamente inocentes das forças de segurança palestinas, 286 eram também membros da ala militar de grupos terroristas palestinos armados (83,4%). Dahoah-Halevi concluiu: As acusações de fogo "indiscriminado" são um total absurdo. Em 2008, a Anistia Internacional censurou Israel pela morte de "policiais que não participavam diretamente das hostilidades".

Gráfico 15.1: Distribuição etária de vítimas "civis" masculinas e femininas

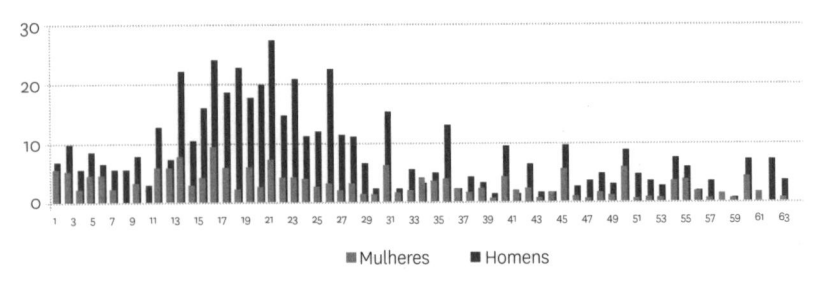

Fonte: Casualities In Operation Cast Lead: A Closer Look

Também típico da duplicidade nos dados palestinos fornecidos aos investigadores: o nome Abdullah al-Hamir Muamar, um estudante de 22 anos da aldeia de al-Nasser, ao Norte de Rafah, aparece entre os civis inocentes mortos em uma lista publicada pelo Centro Palestino de Direitos Humanos (CPDH). A lista do CPDH deveria ser um relatório sério (isto é, organizações como Anistia, B'Tselem e ODH confiavam, total ou parcialmente, nos dados da CPDH), mas, de acordo com uma publicação das Brigadas Aziz al-Qassam, Muamar era um membro do Hamas, e a publicação mostra-o carregando um foguete *Qassam*.

Refutar mentiras deste tipo — disseminadas em resmas e imediatamente recolhidas e citadas por outros como fonte respeitável — exige investigações muito detalhadas. Um dos autores do reexame dos dados do IDC registrou as listas escritas à mão em árabe, nome a nome, e descobriu que muitos dos listados como civis inocentes pelo CPDH constavam nas listas oficiais do Hamas e da *Jihad* Islâmica. Organizações de direitos humanos não fizeram nenhum esforço para refutar essas descobertas; a maioria simplesmente as ignorou. Apenas B'Tselem publicou uma correção em setembro de 2009, mas até mesmo essa correção foi parcial. No final, quem confirmou conclusivamente as conclusões foi o ministro do Interior, Fathi Hamad. Em uma entrevista ao jornal árabe *Al-Hayat*, Hamad admitiu que a maioria das vítimas eram membros do Hamas, e não civis inocentes. Hamad também orgulhosamente declarou em outro contexto que o Hamas usava mulheres e crianças como escudos humanos.

Em outras palavras, tanto a verificação meticulosa nome-a-nome quanto a admissão de Hamad demoliram as afirmações do *Relatório Goldstone* sobre a mira deliberada e desproporcional a civis. Goldstone dependia cegamente de grupos de direitos humanos, ignorando outras fontes de informação. Os relatórios mencionados estavam à sua disposição. Ele os ignorou. Goldstone sabia sobre a admissão de Hamad no canal *al-Aqsa* de Gaza em fevereiro de 2008 com relação ao uso de escudos humanos, mas ele também ignorou isso, assim como a mídia internacional. Que se dane a verdade.

Segundo a Anistia Internacional, cerca de 3 mil casas foram destruídas. É difícil confiar cegamente nessa afirmação (que sofre de sérios preconceitos políticos). Mas mesmo se aceitarmos este número de forma não crítica, Israel ainda danificou muito menos casas e edifícios — tanto relativamente quanto absolutamente — do que os militares americanos em Faluja, ou nos combates no Vale do Swat, ou no Sri Lanka, e relativamente menos do que no campo de *Nahr al-Bared* no Líbano.

Gráfico 15.2: Comparação entre combatentes e vítimas civis (mínimo e máximo) em diversos conflitos mundiais e em Israel (2009 e 2014)

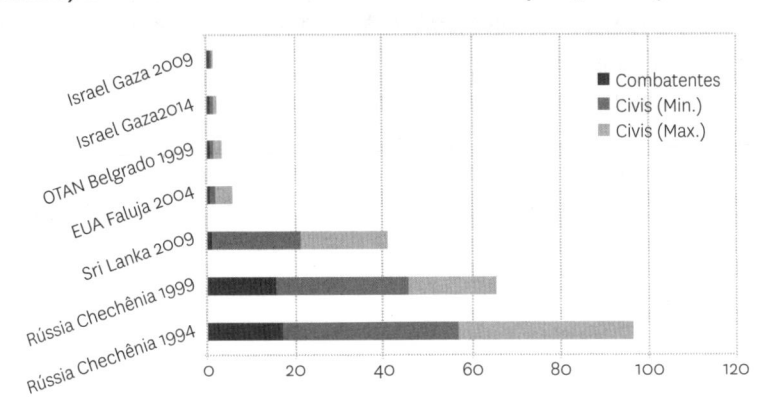

Conflito	Combatentes	Civis (Min.)	Civis (Max.)
Israel Gaza 2009			
Israel Gaza 2014			
OTAN Belgrado 1999			
EUA Faluja 2004			
Sri Lanka 2009			
Rússia Chechênia 1999			
Rússia Chechênia 1994			

Todos os dados apontam para apenas uma conclusão: Israel mata menos pessoas — não apenas civis, mas até mesmo combatentes — de forma relativa e absoluta, do que qualquer outra nação envolvida em conflito comparável. Isso reflete o exercício sem precedentes de cautela e medidas proativas em ações militares na guerra urbana empregadas pelas FDI, como a distribuição de folhetos de alerta e milhares de telefonemas para famílias palestinas que vivem em prédios que servem como depósitos de armas ou posições de combate. Como já observado, Goldstone argumentou que as forças armadas americanas, em contraste com o exército israelense, "se esforçaram para proteger civis inocentes". Essa é uma afirmação interessante, considerando que, quando solicitado a avaliar "a conduta ética" das FDI durante a Margem Protetora, o chefe do Estado-Maior Conjunto, Martin Dempsey, respondeu que "Israel se esforçou a 'limites extraordinários' para limitar os danos colaterais e as baixas [durante a Guerra de Gaza]" acrescentando que, de fato, ele tinha enviado oficiais americanos para aprender com o exército israelense como evitar ferir civis.

Imagem 15.1: *Flyer* Distribuído pelas FDI aos moradores de Rafah

> Residentes de Rafah,
>
> As FDI estão operando contra organizações e indivíduos que participam de atividades terroristas contra o Estado de Israel.
>
> As FDI vão mirar e destruir todo e qualquer edifício que contenha armamentos ou tuneis de contrabando.
>
> Após este aviso, qualquer um que permaneça dentro de um edifício que contenha armamentos ou tuneis de contrabando estará lá correndo risco e é de sua responsabilidade sair e evacuar a área.

Toda vítima civil é uma tragédia. O fato de outros exércitos fazerem um trabalho pior em evitá-las não é uma justificativa para causá-las. Os esforços das FDI para minimizar as baixas civis devem ser encorajados e melhorados tanto quanto possível. O cerne do problema é que os críticos de Israel não estão genuinamente interessados em vidas humanas – se estivessem, não estariam encorajando o Hamas ao ignorar suas ações, e ofereceriam críticas genuinamente construtivas. Estes críticos não protestam contra a natureza genocida do Hamas. Eles não protestam fortemente contra o Hamas disparar foguetes de dentro ou em áreas densamente povoadas. Eles se calam diante de enormes baixas civis em outros conflitos. Eles só estão interessados em ferir Israel espalhando mentiras sobre "crimes de guerra" inexistentes.

—

O fluxo contínuo de foguetes contra Israel continuou após a Operação Chumbo Fundido. Em 2012, Israel teve que lançar outra operação militar curta – a Pilar de Defesa – após a escalada desse lançamento de foguetes.

Menos de dois anos se passaram. O Hamas se fortaleceu e o lançamento de foguetes aumentou novamente. Israel não queria iniciar uma operação e deteve-se por vários dias. Quando o Hamas aumentou o lançamento de foguetes novamente, as FDI foram forçadas a lançar uma ofensiva terrestre, a Operação Margem Protetora. Mais uma vez, as casas foram destruídas. Mais uma vez, houve supostamente 2.100 vítimas. Mais uma vez, houve alegações de uso desproporcional da força. Nos anos após a Operação Chumbo Fundido, o Hamas e a *Jihad* Islâmica continuaram fazendo o que fazem melhor: desenvolvendo o que o próprio Hamas rotulou de sua "indústria da morte" — mirando foguetes nos centros populacionais israelenses, construindo bunkers e túneis projetados para permitir que eles alcancem as comunidades civis israelenses nas proximidades da fronteira, e semeando baixas em massa entre os homens, mulheres e crianças que vivem lá, enquanto alegremente sacrificam seu próprio povo como mártires. Se o Hamas tivesse investido tanta energia na indústria real, como a construção civil e melhorado a vida dos habitantes de Gaza, e se eles parassem de incitar e ensinar o ódio, e aceitassem as condições do Quarteto, não haveria necessidade de um bloqueio.

Muito antes dos túneis de terror em Israel, o Hamas operou dezenas de túneis no Egito para contrabandear bens e armamentos. Inicialmente, foi alegado que 160 crianças, empregadas como trabalho forçado, foram mortas na construção desses túneis. De acordo com a correção, 235 palestinos foram mortos nos túneis até janeiro de 2013 e outros 20 pelos ataques aéreos israelenses. É seguro assumir que os túneis de terror ainda mais largos e longos que levavam a Israel depois da Operação Chumbo Fundido levaram à morte de ainda mais palestinos, incluindo crianças.

Quando a Operação Margem Protetora começou, o número de civis mortos foi divulgado. É seguro assumir que a maioria dos números estava errada. Até mesmo a *BBC* e o *The New York Times* publicaram análises que põem em dúvida os números que estão sendo espalhados pelos palestinos e organizações de "direitos humanos" que, em essência, vieram a servir como braço de propaganda palestina. Meses após o fim dos combates, a *Associated Press* persistiu em inflar o número de civis mortos em suas "investigações", mas um estudo completo de dois jornalistas, Richard Behar e Gary Weiss, publicado no *The Observer* em março de 2015, desmascarou completamente a história da *AP*. Alguns dias após o início dos combates, o Ministério do Interior do Hamas chegou a publicar instruções dizendo que "todo mundo morto deve ser chamado de civil [...] e não se deve esquecer de acrescentar 'inocente' ao descrever os mortos".

Também vale a pena examinar a divisão por idade da população em geral em Gaza, com a divisão por idade daqueles que foram mortos durante a Operação Margem Protetora, com base na lista de fatalidades fornecida pelo Ministério da Saúde do Hamas.

Gráfico 15.3: Distribuição etária de vítimas masculinas e femininas na Faixa de Gaza

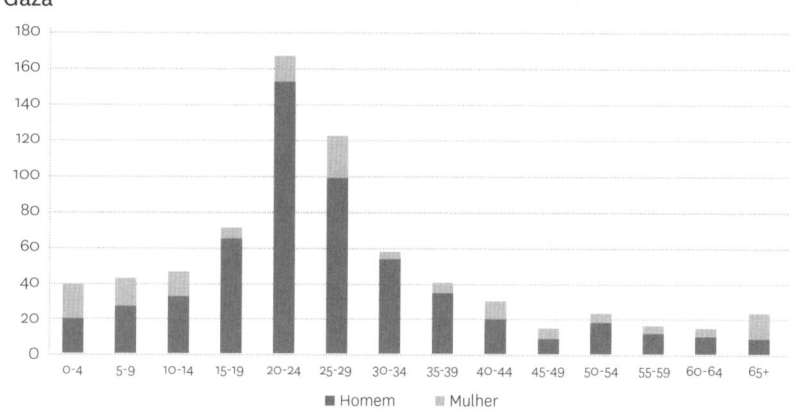

Gráfico 15.4: Distribuição demográfica de baixas na Faixa de Gaza

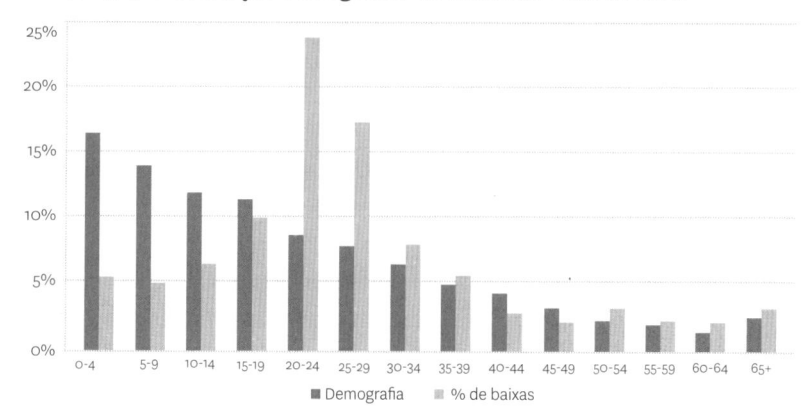

Fonte: "Gaza Casualties by Age and Gender", Elder of Ziyon, July 27, 2014, http://elderofziyon.blogspot.com/2014/07/gaza-casualties-by-age-and-gender.html

O gráfico não deixa muito espaço para dúvidas, e até mesmo torna desnecessários os exames nome a nome, já que a maioria dos mortos era de homens em idade de luta (15-44). A tabela, baseada em números do Hamas, demonstra que Israel não matou indiscriminadamente. Tal é a divisão de trabalho: o Hamas intencionalmente usa locais civis, porque já sabe que organizações e jornalistas de direitos humanos usarão isso automaticamente para atacar Israel. Eles estão plenamente conscientes das consequências de propositadamente colocar os cidadãos em perigo e, de fato, orgulhosamente declarar: "Nós amamos a morte como nossos inimigos amam a vida!" Mas não vemos protestos em massa anti-Hamas. A esquerda não publica artigos ou petições contra eles. A raiva é dirigida apenas contra Israel, que está apenas tentando se defender.

—

A comunidade internacional e os Estados árabes entendem que entidades como o Taleban, o ISIS, o *Fatah al-Islam* e a al-Qaeda são cancerosos. Eles também entendem que todos os meios são legítimos para combater esse tipo de câncer. Portanto, o argumento de que "você não pode combater o terror" está errado. Você pode, mas o preço é terrível: destruição em massa e a transformação da maioria dos habitantes da zona de conflito em refugiados – como aconteceu no Líbano, Síria, Iraque e Paquistão – ou devastação generalizada e um número enorme de vítimas inocentes, como ocorreu em Sri Lanka e Chechênia. A diferença é que Israel não se permite agir como a Rússia, os Estados Unidos, a OTAN ou o Líbano. A comunidade internacional encoraja o Líbano; é indiferente à Rússia ou à OTAN; e apenas protesta contra o "genocídio" e adota resoluções de "crimes de guerra" em relação às ações israelenses, mesmo quando são tomadas medidas extraordinárias para proteger a vida inocente. Não há necessidade de o Conselho de Direitos Humanos da ONU enviar flores a Israel por seus esforços, mas este é o mesmo Conselho que elogiou o Sri Lanka em maio de 2009 por esmagar impiedosamente os tâmeis. Por que o Líbano pode esmagar brutalmente os islamistas no meio deles? Por que a Europa pode ir até o Afeganistão para matar milhares de terroristas (e civis, erroneamente) como parte de uma guerra contra o mesmo câncer? Por que Israel é tratado de forma diferente, apesar do fato de que a ameaça que enfrenta é muito mais tangível do que a ameaça do Taleban à Europa?

Há quem argumente que há uma diferença entre o *Fatah al-Islam* e o Hamas, em que o Hamas foi legalmente eleito. Três pontos precisam ser esclarecidos. Primeiro, ser legalmente eleito não é um mandato para o terrorismo, disparando foguetes de e para áreas povoadas, incitação racista e antissemita, ou chamadas públicas e oficiais para aniquilar e exterminar os judeus, cristãos ou comunistas. O regime da Irmandade Muçulmana no Egito, sob Mohamed Morsi, foi deposto por um golpe militar por muito menos que isso, embora também tenha sido legalmente eleito. Segundo, o Hamas tomou a Faixa de Gaza pela força, não por força da lei, e passou a executar centenas de rivais políticos. E terceiro, apesar do Hamas ter se distanciado do *Fatah al-Islam* quando os combates ocorreram em 2007, ambas organizações pertencem ao mesmo ramo do Islã radical, cujo objetivo comum e supremo, assim como o ISIS, é o estabelecimento da Xaria Islâmica por coerção, violência, e terror.

—

É difícil perdoar Goldstone pelo libelo contra Israel, ao qual ele firmou seu nome, embora o ex-juiz sul-africano mereça uma palavra de elogio por tentar reparar, em retrospecto, o incrível dano que causou à reputação de Israel. Em um artigo de abril de 2011 no *The Washington Post*, Goldstone retratou a alegação de "possíveis crimes de guerra por ambos", desta vez dizendo que "crimes supostamente cometidos pelo Hamas eram intencionais", já que os foguetes eram "intencionalmente e indiscriminadamente destinados a alvos civis" declarando que "os civis não foram intencionalmente alvejados como uma questão de lei" por Israel. Em resposta, os outros membros da Comissão Goldstone publicaram uma tréplica no *The Guardian*, seguindo das conclusões originais do *Relatório Goldstone*. A resposta deles não foi surpreendente, considerando que os membros da Comissão já haviam chegado a uma conclusão antes de serem nomeados e escolhidos a dedo, porque suas mentes já haviam sido formadas. Christine Chinkin publicou uma carta no *The Sunday Times* argumentando que "o bombardeamento de Israel em Gaza não é autodefesa – é um crime de guerra". Os outros dois membros do painel, Hila Jilani e Desmond Travers (juntamente com Goldstone), haviam assinado um apelo por uma investigação "de graves violações das leis de guerra, cometidas por todas as partes do conflito de Gaza" e "para estabelecer a verdade sobre os crimes perpetrados contra civis de ambos os lados".

—

A indústria de mentiras é uma arma importante no arsenal palestino na batalha entre Israel e o Hamas. Esta indústria não está genuinamente interessada em melhorar o histórico já impressionante de Israel de evitar baixas civis. Não está interessada em tornar as ações de Israel mais proporcionais (Israel já busca respostas militares proporcionais para minimizar as baixas civis). Em vez disso, a indústria de mentiras está interessada em *deslegitimar o direito de Israel de responder com força* contra as ações do Hamas, seja justificando ou desculpando o Hamas, ou retratando Israel como um criminoso de guerra, independentemente das circunstâncias.

Os fatos estão do lado de Israel, mas o Hamas tem uma indústria de mentiras a seu favor. Israel tenta combatê-los e expor a verdadeira face do Hamas, mas a opinião pública global ignora quase completamente o fato de que o Hamas é um organismo antissemita comprometido com a destruição de Israel. Ela nega que o Hamas seja parte da *Jihad* Global (embora seus objetivos vão muito além de simplesmente ferir Israel) e fecha os olhos para o fato de que baixas civis, por mais que sejam, são menos comuns quando as FDI estavam envolvidas do que quando qualquer outro exército lutando contra a *Jihad* Global.

O sucesso da indústria de mentiras tem consequências perversas. O seu sucesso encoraja as organizações terroristas palestinas, capacitando-as e encorajando-as em vez de capacitar as entidades palestinas que se concentrariam na construção pacífica da nação. Israel pode estar perdendo a guerra por sua imagem, mas os palestinos perdem ainda mais; quanto mais a situação atual é perpetuada em Gaza, mais os palestinos sofrem. Eles são aqueles que se iludem de que a mentira vai vencer. Se a verdade vencer, não será apenas a vitória de Israel – será também uma vitória para os palestinos, porque a mentira se tornou a principal inimiga da paz.

No artigo em que ele expressou seus arrependimentos em retrospecto, Goldstone escreveu: "Se eu soubesse o que sei agora, o *Relatório Goldstone* teria sido um documento diferente". Esta é a história toda em poucas palavras, resumida em uma frase. Resume também a intenção deste livro em poucas palavras.

CAPÍTULO 16
Os Matadores de Crianças
—

A história da morte de Mohammad al-Durrah se tornou um marco na luta contra Israel. O linchamento de dois soldados das FDI que ocorreu em Ramala, apenas duas semanas depois, expõe a diferença na cobertura desses eventos. A mensagem principal? Israel rotineiramente se envolve em "matar crianças". Os dados mostram exatamente o oposto. As elites foram convocadas para legitimar e difundir este libelo de sangue contra a verdade.

O **MUNDO INTEIRO, INCLUINDO** Israel, ficou chocado quando, em 30 de setembro de 2000, um pequeno videoclipe foi ao ar no canal de televisão *France 2*. O clipe mostra um pai e um filho palestinos escondidos atrás de um barril de cimento, presos no fogo cruzado entre as forças palestinas e israelenses. Talal Abu Rahma, um colaborador palestino (freelancer) que trabalhava para a *France 2* e havia filmado o evento, passou o material para o repórter veterano da rede em Jerusalém, Charles Enderlin. Enderlin, em seguida, editou a filmagem bruta de vinte minutos para menos de sessenta segundos de imagens comoventes, acrescentando uma narração de fundo culpando as FDI pelas mortes dos dois. Mas aquele não foi o fim da reportagem; isso foi o que Enderlin disse. Sete anos se passaram desde então, com o "Caso al-Durrah" testemunhando muitas reviravoltas. Em resposta à pergunta por que ele culpou as FDI pelas mortes do pai e filho, Enderlin respondeu: "O que eles diriam em Gaza se eu não informasse que os israelenses o mataram?" Uma resposta convincente, sem dúvida.

Em poucos dias, o pequeno clipe se tornou a peça mais bem-sucedida e eficaz de propaganda anti-Israel já distribuída. Quem expressou dúvidas foi escarnecido como um verdadeiro herege. Há provas fotográficas, eles argumentam, do melhor tipo que se pode ter. Ao contrário da prática costumeira de direitos autorais comerciais das redes de televisão, a *France 2* permite que qualquer pessoa use o clipe gratuitamente. Posteriormente, o clipe alimentou muito as chamas do ódio e da violência, tornando-se um marco para transformar o Estado de Israel em um monstro matador de crianças. No mesmo dia ou por aí, dezenas de crianças na Somália ou dezenas de mulheres na Argélia foram provavelmente assassinadas por alguma ala radical islâmica. Outra aldeia foi destruída no Sudão. Mas ninguém tinha filmagens de lá – nem daquele dia, nem daquela semana, nem daquele mês, nem daquele ano. Mas esse pequeno clipe de al-Durrah se tornou viral, reverberando instantaneamente ao redor do mundo.

—

Duas semanas se passaram e em 12 de outubro outra atrocidade foi cometida. Dois soldados israelenses acidentalmente tomaram o rumo errado e entraram em Ramala, a capital independente e liberal da Autoridade Palestina – uma cidade muito distante do inferno imaginado por muitos telespectadores. Os dois reservistas foram levados para a delegacia de polícia, onde uma multidão sanguinária invadiu o prédio e cometeu um horrível e detestável linchamento dos dois soldados. Um dos perpetradores orgulhosamente acenou com as das mãos cobertas de sangue para uma multidão animada abaixo. A própria personificação do horror. Dezenas de equipes de televisão em todo o mundo estavam presentes no local. Eles desligaram suas câmeras porque foi o que os manifestantes disseram para eles fazerem sob ameaça de morte.

No entanto, o fotógrafo Mark Seager conseguiu tirar algumas fotos; a multidão o atacou e quebrou a câmera. Seager documentou muitas zonas de conflito em todo o mundo. Mesmo sem fotos, dias depois, ele contou como esse foi um dos eventos mais assustadores que ele testemunhou em sua vida. Uma equipe de notícias do *Canal 4* da rede italiana *RTI* também estava lá. Ela também foi forçada a obedecer e desligou suas câmeras, mas não antes que a equipe de filmagem conseguisse capturar alguns segundos aterrorizantes. Naqueles segundos, vê-se o corpo de uma das vítimas sendo jogada de uma janela do andar superior da delegacia de polícia à multidão aplaudindo e um dos linchadores se inclinando pela janela para mostrar suas mãos sangrentas à multidão. "Eu senti como se estivesse testemunhando uma cerimônia de vodu", lembrou Etti Wieseltier, diretor e produtor da equipe de reportagem italiana naquele dia. Wieseltier conseguiu chegar a Jerusalém com a fita. O canal exibiu o clipe, colocando em movimento ameaças e pressão para abafar a história.

Os palestinos ficaram indignados com a equipe italiana e os jornalistas italianos se sentiram pressionados. Um deles, Ricardo Christiano, da rede concorrente *RAI*, publicou uma carta aberta, deixando claro que ele e sua rede não participaram do "incidente" de filmagem do linchamento. Para ele, então, o problema não era o assassinato horrível em si, mas o ato de filmar e publicar. Descobriu-se depois que havia outras equipes que conseguiram filmar partes do linchamento; a polícia palestina confiscou todas as filmagens. Nenhuma palavra de protesto se ouviu dos jornalistas.

—

Dois eventos horríveis em duas semanas. Um evento, no qual o jornalista Enderlin culpa Israel por medo do que os palestinos diriam dele em Gaza, e um segundo, no qual todas as equipes de câmera obedecem às ordens dos policiais da Autoridade Palestina, na prática colaboram com os palestinos por medo de ter suas gargantas cortadas. Portanto, um evento — a morte trágica de um menino palestino de 12 anos, Mohammad al-Durrah no fogo cruzado, onde não havia provas de que Israel era o culpado e mais tarde se mostrava sem culpa — tornou-se uma sensação global que marcou história. Um segundo evento, onde uma multidão foi inequivocamente culpada de um terrível assassinato, e o crime foi abafado.

Mohammad al-Durrah se tornou um símbolo. Praças foram nomeadas em sua homenagem. Selos foram emitidos em sua memória. O poeta palestino Mohammad Darwish dedicou um poema a ele. O número de artigos anti-Israel, websites e livros que citam o caso al-Durrah em todo o mundo são incontáveis. Para alguns dos autores — que incluem indivíduos respeitados, alguns laureados com o Nobel — Israel é retratado como uma entidade de estilo nazista que mata crianças. Isso não aconteceu apenas por causa do clipe de sessenta segundos manipulado e tendencioso mostrando al-Durrah, livre das restrições de direitos autorais; isso aconteceu porque o clipe foi feito para "estrelar" no arsenal da indústria de mentiras. Era a evidência mais contundente da natureza assassina de Israel, afinal.

Apenas algumas vozes sugeriram que havia problemas com o clipe de 58 segundos. Havia o físico israelense e especialista em ótica Nahum Shahaf — membro de uma comissão estatal de inquérito apontada para investigar a morte de al-Durrah (tardiamente, depois das FDI dizerem que após uma investigação interna superficial e às pressas que as forças israelenses provavelmente seriam responsáveis pela morte). Havia também Esther Schapira, da TV alemã, que veio com a intenção de atacar Israel, convencida de que as FDI mataram al-Durrah, mas chegou à conclusão de que a versão francesa dos eventos estava cheia de buracos, mais do que um queijo suíço. Entre os críticos mais duros de Enderlin e *France 2* estava Philippe Karsenty, um jovem empresário que criou um *website* de monitoramento de mídia (*Media-Ratings*) para expor coberturas tendenciosas. Karsenty argumentou que Enderlin havia manipulado as imagens e que Enderlin e o canal deveriam se retratar das acusações contra Israel. O *France 2* não é apenas um canal de televisão antigo. É um gigante da mídia e um pilar da transmissão pública estatal, parte da rede *France Televisions*. O canal e Enderlin entraram com uma ação por difamação contra Karsenty, que exigiu apenas uma coisa: que eles transmitissem todo o filme que eles filmaram naquele dia. Eles se recusaram e o tribunal apoiou sua recusa. Karsenty não desistiu. Ele fez um apelo no tribunal de apelação francês. Desta vez, o tribunal concordou. Foi um ponto de virada: a filmagem inteira — de acordo com todos os que assistiram — não deixou margem para dúvidas. O tribunal de apelações determinou que Karsenty não era culpado de difamação e as análises do clipe transmitido, da filmagem inteira, dos depoimentos, e das contradições deixaram os querelantes, Enderlin e *France 2*, com uma imagem negativa.

—

Desde o início da Segunda Intifada, em setembro de 2000, os incidentes antissemitas têm aumentado. De acordo com uma postulação, esta é uma continuação do antigo antissemitismo, e de acordo com outro, as próprias ações de Israel levaram a explosões de raiva por vários grupos. Eu acredito que ambos estão enganados. Não é o antigo antissemitismo, nem as ações de Israel. A resposta correta é: a indústria de mentiras. Quando as duas principais fontes de informação pública, a mídia e a academia, descrevem Israel como um Estado que comete crimes ininterruptos contra a humanidade — os protestos, incidentes e ações não são apenas contra Israel, mas também contra os judeus em si — que são erroneamente considerados uma extensão local de Israel e cúmplice devido ao seu apoio a Israel. Todos os meios de comunicação ocidentais têm mais histórias negativas sobre Israel, principalmente no contexto das lutas com os palestinos, o Hamas, e o Hezbollah, do que sobre o Sudão no contexto de Darfur ou dos Estados Unidos e da Grã-Bretanha no contexto do Iraque e Afeganistão. Os resultados são totalmente previsíveis. Não é que as ações de Israel sejam piores em si. O problema é que Israel é coberto muito, muito mais do que qualquer outra nação – e essa cobertura é geralmente negativa.

A França é um exemplo interessante. Um país Ocidental, cujo governo e público oficialmente repudiam o racismo. No entanto, é a França que testemunhou o aumento mais proeminente de incidentes antissemitas. Parece que quando se trata da mídia e da onda de raiva contra Israel, a história de Mohammad al-Durrah é um marco. O videoclipe se espalhou como fogo. Em sua história da Segunda Intifada intitulada *A Sétima Guerra* (em hebraico), os veteranos jornalistas israelenses Amos Harel e Avi Issacharoff escreveram: "A imagem do pai e do filho abriu a represa diante de uma tremenda onda de desejo de vingança". Eles estavam certos. A criança Mohammad al-Durrah se tornou um ícone para a nova onda de violência que passamos a chamar de "A Segunda Intifada". A imagem de al-Durrah adorna os cartazes dos manifestantes anti-Israel. Tanto Bill Clinton quanto Osama Bin Laden o mencionaram, Clinton falando do impacto emocional da imagem sobre ele, Bin Laden usando as imagens em um vídeo de recrutamento para a *Jihad* Global. O caso teve várias reprises. Mesmo que Enderlin insista que Israel é responsável pela morte de al-Durrah, há dúvidas mesmo entre as pessoas em seu próprio canal; a editora de notícias da *France 2*, Arlette Chabot, argumentou em uma entrevista para o *The New York Times* que "ninguém pode dizer com certeza quem o matou, palestinos ou israelenses".

Mesmo jornalistas franceses que foram autorizados a ver toda a filmagem chegaram à conclusão que o filme não fornece base para a alegação de que soldados israelenses mataram a criança.

Três importantes jornalistas – Denis Jeambar (editor-chefe do *L'Express*); Daniel Leconte (ex-correspondente da *France 2* e chefe dos documentários de notícias da *Arte*, uma rede de televisão estatal); e Luc Rosenzweig (ex-editor-chefe do *Le Monde*) – foram na *France 2* em outubro de 2004 para ver a filmagem inteira (ou seja, a filmagem bruta chamada *"rushes"* no jargão profissional) feita naquele dia fatídico. Eles assistiram e ficaram surpresos. Suas perguntas só aumentaram. De acordo com a decisão da Corte de Apelação de Paris, Jeambar e Leconte disseram:

> [...] *nos minutos que precederam a fuzilaria, os palestinos parecem ter organizado uma cena encenada* [...] *estavam 'brincando' de guerra com os israelenses e simulando, na maioria dos casos, feridas imaginárias", e vendo todos os rushes também ficou evidente que "no momento em que Charles Enderlin deu o garoto por morto* [...] *nada lhe permitiu confirmar que ele estava realmente morto, e menos ainda que ele havia sido morto por soldados israelenses.*

O argumento de que o clipe da *France 2* é um retrato autêntico e preciso dos eventos foi refutado em um tribunal francês. A continuação da saga de Karsenty é estranha. Embora seu recurso tenha sido aceito, a France 2 apelou para a Suprema Corte da França. A entrega de um veredito foi adiada duas vezes, uma raridade em si. Eventualmente, a decisão do Tribunal baseou-se em uma questão técnica; a Suprema Corte francesa determinou que a exibição do filme completo ia contra as regras processuais das provas. Portanto, o apelo da *France 2* ganhou não porque Karsenty estivesse errado, mas porque as regras de evidência francesas impediram que a Corte de Apelações mostrasse a filmagem completa! Felizmente, a verdade já havia sido descoberta.

Não vou me aprofundar muito em detalhes em um caso que já foi amplamente abordado. O que importa é a nova posição bizarra que muitos meios de comunicação e jornalistas tomaram após ter apoiado o libelo de sangue al-Durrah: Realmente não importa se Israel é culpado da morte de Mohammad al-Durrah ou não, porque Israel ainda é fundamentalmente culpado de matança excessiva de crianças. Quando o então primeiro-ministro Ehud Barak visitou a França, ele foi repreendido pelo presidente Jacques Chirac, que lhe disse (no início de outubro de 2000, na presença de Yasser Arafat) que "matar crianças não é uma política". Curiosamente, essa também era a posição do diário israelense *Haaretz*. Em maio de 2013, o jornal publicou um editorial intitulado "Propaganda Nociva", que atacou um relatório oficial do Estado de Israel que estabeleceu – 13 anos após o evento – que simplesmente não havia como os soldados israelenses dispararem as balas fatais que mataram o menino al-Durrah. O jornal foi mais longe, afirmando que Israel mata crianças de qualquer maneira, então que diferença faz se al-Durrah, um símbolo de perfídia israelense, houvesse sido realmente morto pelas FDI? Certa vez, apenas organizações radicais de esquerda e antissionistas fariam tais acusações a Israel. Agora, *Haaretz*, outrora um respeitado jornal de esquerda dentro do consenso israelense, juntou-se ao coro. Para "provar" essa acusação, o *Haaretz* usou os números de B'Tselem: "Israel matou 951 meninos e jovens em Gaza e na Cisjordânia entre 2000-2008". Portanto, *Haaretz* publicou o editorial, a "prevalência de meninos e jovens mortos por soldados das FDI durante a Segunda Intifada deve ser investigada". Esse chamado ecoou a posição de 2007 tomada por um dos principais jornalistas do jornal, Gideon Levy, que afirmou:

> *Um assassinato escandaloso de crianças está ocorrendo, é certo que as FDI matram e estão matando crianças. Portanto, esse foco ridículo em quem matou al-Durrah, uma questão que nunca será resolvida, não é mais do que uma tempestade em um copo d'água podre. Deveria haver uma tempestade, grande e poderosa, mas focada em uma questão totalmente diferente: por que as FDI continuam matando crianças em um ritmo tão assustador?*

Levy continua sendo um prolífico gerador de textos que alimentam a indústria de mentiras, junto com outros membros mais respeitáveis e aparentemente confiáveis da profissão, seguindo sua trilha. Não é o caso que o jornal ou Levy realmente verificaram esses "números horripilantes". Eles não apresentaram dados que provam que as FDI matam crianças intencionalmente, ou matam crianças mais do que são mortas em outros conflitos. Mas o jornal é rápido em fazer acusações maliciosas. Houve outros jornalistas que expressaram opiniões semelhantes em outros meios de comunicação, no entanto, no *Haaretz*, isso se tornou a posição oficial do jornal. Por causa do prestígio do *Haaretz* no exterior, é imperativo desafiar suas reivindicações. O problema é que não há um padrão internacional claro pelo qual se possa fazer comparações exatas.

Pesquisadores como Michael Mann e Daniel Goldhagen, que publicaram livros sobre o massacre humano em inúmeros conflitos em todo o mundo após a Segunda Guerra Mundial, argumentam que 90% dos mortos eram civis. Na Primeira Guerra Mundial, o número era de 10% (muitos estimam esse número em um nível bem mais alto, entre 30% a 40%, em grande parte indireto, exceto em casos como o genocídio armênio). Na Segunda Guerra Mundial, o número de civis aumentou para 60%. A porcentagem só piora a partir daí. Quando se trata dos horrores do Sri Lanka que reprimiram os rebeldes tâmiles e mataram 40 mil civis junto com eles, ou a Rússia esmagando a Chechênia, ou os campos de extermínio em Darfur, Ruanda, Congo ou hoje na Síria — Mann e Goldhagen acreditam que 90% de mortes civis não está distante da verdade.

Quando se trata de conflitos modernos envolvendo forças irregulares, como as do Hamas, do Hezbollah ou do Taleban, as coisas só se tornam mais complicadas, porque essas forças usam a população civil em geral e as crianças em particular como escudos humanos. O Hamas — que não são os únicos nisso — ensina as crianças a se tornarem terroristas suicidas desde a idade do jardim de infância. De fato, os líderes do Hamas declararam abertamente que usam mulheres e crianças como escudos humanos, e qualquer um que não esteja disposto a participar do que o ministro do Interior do Hamas Fathi Hamad descreveu como sua "Indústria da Morte" é simplesmente "voluntariado" forçadamente, e filmagens de vídeo feitas durante a luta o atestam. Mais do que isso: A Segunda Intifada foi baseada não só em ataques terroristas, mas também em protestos violentos, incluindo pedras e coquetéis Molotov, cuja maioria dos participantes eram crianças e jovens. Esta situação apresentou e ainda apresenta as FDI com sérios dilemas morais, especialmente quando as FDI estão em tamanho perigo que devem abrir fogo, independentemente da idade do agressor. Essas questões casadas são o que levou à morte de crianças.

Essas são as circunstâncias que Israel enfrenta. A maioria dos argumentos sobre "matar crianças" surgiu na sequência da Operação Chumbo Fundido. O estudo realizado no Centro Interdisciplinar de Herzliya (citado brevemente no Capítulo 15) verificou a distribuição geral da população palestina em relação à dos mortos na operação. A suposição era que se os padrões são semelhantes, então a acusação de fogo indiscriminado, inclusive contra crianças, é válida. Se eles são dramaticamente diferentes, no entanto, a acusação de fogo indiscriminado não se sustenta.

Como mencionado, o *Haaretz* argumentou que 951 crianças e jovens foram mortos durante a Segunda Intifada pelas FDI. Vamos supor que esse número esteja correto, mesmo que pesquisadores como Jonathan Dahoah-Halevi tenham mostrado repetidamente que as publicações da B'Tselem são enviesadas e distorcidas. O que o *Haaretz* deixou de notar foi o seguinte: Devido à distribuição etária entre os palestinos, a faixa etária de "crianças e jovens" compõe a maioria — 56,2% da população total. O número total de mortes desde o início da Segunda Intifada foi de 4.791. A porcentagem de "crianças e jovens" entre as vítimas é de 19,8%, muito inferior à sua porcentagem na população, e isso apesar do fato de que crianças e jovens eram a maioria esmagadora presente em pontos críticos.

A conclusão é clara e inevitável: as FDI estão fazendo o melhor para *evitar* atingi-los.

Isso não é tudo. Podemos comparar dados como este com outros conflitos, principalmente com a campanha do Kosovo de 1999, que ocorreu cerca de nove anos antes da Operação Chumbo Fundido. O número de mortos no Kosovo é contestado. A OTAN cita cerca de 1 mil, Belgrado coloca o número em cerca de 6 mil. O estudo mais atualizado coloca o número em cerca de 1.200, mas não menciona o número de crianças. Outra fonte, que aparece no livro de David Roberts, fala de 1.400 mortos – 600 deles crianças.

De acordo com a contagem mais contundente dos mortos na Operação Chumbo Fundido (ou seja, as estimativas mais altas), de um máximo de 1.300 a 1.400 mortes de palestinos, menos de 300 eram crianças. Em outras palavras, em comparação com a OTAN, Israel atingiu muito menos crianças, tanto relativamente quanto absolutamente, e a OTAN não enfrentou uma força que se escondia ativamente entre os civis ou os usava como escudos humanos. Os combatentes do Kosovo também não colocaram crianças e jovens na linha de frente como uma "cortina de fumaça" quando atacavam deliberadamente soldados da OTAN ou civis inimigos.

Paralelamente aos projéteis lançados contra Israel das fileiras de protestos violentos usando crianças e jovens para combater batalhas de adultos, Israel foi submetido a uma enxurrada de epítetos correspondentes na imprensa. O jornal britânico *The Independent* publicou um editorial chamando Israel de uma "comunidade de assassinos de crianças". Os tons antissemitas têm o odor de uma forma única de libelo de sangue contra os judeus [...] menos a matza da Pessach. É suficiente dizer que tal argumento é particularmente falso vindo da Grã-Bretanha, que era um parceiro pleno na guerra do Iraque. De acordo com a revista médica *Lancet* (uma fonte de prestígio cujo conteúdo é considerado confiável não apenas pela comunidade médica, mas também entre as elites progressistas na Grã-Bretanha), cerca de 100 mil pessoas foram mortas no Iraque – 46% são crianças abaixo dos 15 anos – e isto apenas em referência à conquista do Iraque em 2003. Como se isso não fosse suficiente, as estatísticas da Operação Chumbo Fundido e Operação Margem Protetora classificam todos os menores – isto é, qualquer pessoa abaixo de 18 anos – como "criança". Nas estatísticas do conflito no Iraque, no qual os exércitos ocidentais participaram, qualquer um acima da idade de 15 anos torna-se magicamente "adulto". No entanto, mesmo se aplicarmos as proporções às alegações mais contundentes e exageradas – dados inspirados e geridos pelo Hamas, a proporção de crianças mortas pelas FDI é muito menor do que pelos aliados ocidentais. Pode-se supor com segurança que o jornal britânico recorre a "circunstâncias atenuantes" para evitar rotular seu próprio país de "comunidade de assassinos de crianças", mesmo quando eles matam uma proporção muito maior de crianças do que as FDI. Somente os judeus podem matar crianças, afinal.

Poderíamos seguir com essas comparações e verificar quantas crianças foram mortas quando os Estados Unidos invadiram o Panamá, ou quando tropas americanas lutaram na Somália, onde o inimigo usou civis como escudos humanos. Em ambos os eventos, o número de inocentes mortos pelas Nações Unidas cujas tropas, ironicamente, foram enviadas para fornecer, facilitar e garantir auxílio humanitário para civis somalis, e aqueles mortos por forças americanas na mesma missão, foi muito maior do que quando as FDI lutaram contra o Hamas. É seguro assumir que o mesmo é verdadeiro quando se trata de crianças mortas de acordo com qualquer padrão duplo que se queira aplicar.

Os publicitários anti-israelenses frequentemente lançam uma contagem de corpos desequilibrada de ambos os lados como um sinal do uso indiscriminado da força por Israel: isto é, o número desproporcional de fatalidades entre israelenses – um punhado – comparadas a mais de 1 mil palestinos mortos na Operação Chumbo Fundido. Isso é verdade, mas totalmente irrelevante. Ninguém ameaçou a OTAN e as nações da OTAN não sofreram baixas antes de intervirem no Kosovo. Não havia foguetes caindo em Londres, Paris ou Berlim. Milhões na Europa Ocidental não precisavam correr constantemente para abrigos em antecipação aos foguetes que chegavam. Não havia sirenes que enviavam centenas de milhares de pessoas fugindo várias vezes ao dia. Mas a OTAN bombardeou mesmo assim. Não tinha a intenção de ferir civis inocentes; mas o fizeram de qualquer maneira. Isso é o que acontece em toda guerra, e o conflito israelo-palestino não é diferente. Mas há uma diferença: Israel fere mulheres e crianças muito menos do que outros de acordo com qualquer teste mensurável disponível.

Estes são os fatos. Mas a mídia cria a impressão oposta.

Mesmo correndo o risco de parecer transfixado com apenas um caso, é imperativo retornar à França e ao caso al-Durrah. Após a vitória de Karsenty no Tribunal de Apelação Francês, onde o processo de calúnia do *France 2* foi rejeitado (antes do caso ser ouvido pela Suprema Corte francesa), os apoiadores de Enderlin decidiram organizar uma petição em sua defesa. Enderlin teve a coragem colossal de afirmar que o filme completo incluía imagens difíceis de al-Durrah morrendo — uma afirmação que acabou sendo mentira. Sim, a decisão foi inequívoca sobre a falta de confiabilidade do clipe editado mostrado ao redor do mundo e aqueles envolvidos nele. Sim, o próprio Enderlin não estava nem próximo ao local do acontecido. Sim, a alegação de que Israel matou al-Durrah era absurda. Mas os amigos de Enderlin ficaram ao seu lado simplesmente porque Enderlin é considerado o lado certo das "forças do progresso". A iniciativa para a petição veio do *Le Nouvel Observateur*, um prestigioso e importante semanário, cujo fundador é Jean Daniel (o pai de Sarah Daniel, uma jornalista famosa). Nenhum dos signatários fingiu estar familiarizado com o caso, mas todos, sem exceção, se identificam politicamente como parte do campo anti-Israel em um grau ou outro. Alguns, como Daniel e sua filha, são judeus. Jean Daniel, enquanto afiliado à esquerda, havia criticado a mídia francesa no passado por sua excessiva hostilidade a Israel. Entre os 5 mil signatários estavam também Hubert Védrine (ex-ministro das Relações Exteriores da França) e Theo Klein (ex-presidente do CRIF, o conselho representativo das instituições judaicas francesas). Os peticionários também recrutaram um israelense que chegou a um fio de comparar Israel aos nazistas — ex-presidente do Knesset pelo partido trabalhista israelense Avraham "Avrum" Burg. A petição não é apenas uma defesa da integridade danificada de Enderlin. Não é apenas bastante explícita em seu apoio à acusação original de Enderlin contra as FDI. O texto fede de desdém "aos mesmos indivíduos" (isto é, qualquer um que não esteja entre as fileiras das elites progressistas anti-israel) que se rebaixariam a ponto de manchar seu estimado colega que estava apenas tentando dizer a verdade sobre uma criança friamente assassinada:

Sete anos. Já faz sete anos que uma campanha obstinada e odiosa tentou manchar a dignidade profissional de nosso colega Charles Enderlin, correspondente da France 2 em Jerusalém. Por sete anos os mesmos indivíduos tentaram apresentar como uma "farsa" e uma "série de cenas planejadas", seu relato mostrando a morte de Mohammed al-Durrah, 12 anos, morto por fogo proveniente da posição israelense em 30 de Setembro de 2000 na Faixa de Gaza durante um confronto armado entre o exército israelense e palestinos.

Como que os signatários da petição conseguiram chegar a uma conclusão inversa que foi tão completamente desmontada em um tribunal? Sua hostilidade a Israel é o fator decisivo, tão abrangente que os torna surdos e cegos para qualquer outra coisa. Tome Sarah Daniel, por exemplo. Em 2001, ela publicou uma história sobre meninas muçulmanas que foram vítimas de crimes de honra, que Daniel embelezou com a alegação absurda de que "mulheres palestinas estupradas por soldados israelenses são sistematicamente assassinadas por seus familiares. O estupro", acrescentou, fechando o caso contra Israel, "é na verdade um crime de guerra, já que os soldados israelenses agem com o conhecimento das consequências de suas ações". Onde Sarah Daniel publicou essa gema desequilibrada? No *Le Nouvel Observateur* do papai, claro. Tais acusações são predominantes apenas entre grupos marginais e limitados, mas os proponentes de tais absurdos levam os judeus a retrucar de forma espúria: soldados racistas israelenses não estupram mulheres palestinas, argumentou-se em uma tese acadêmica, porque as consideram muito inferiores para estuprar.

Na sequência da petição, o interesse no veredito foi reanimado. A discussão levou o caso al-Durrah de volta ao centro da atenção do público francês. O historiador Richard Landes, da Universidade de Boston, que acompanhou de perto a história e testemunhou no julgamento, escreveu um artigo muito completo e pouco lisonjeiro sobre os signatários da petição.

Landes é quem cunhou o termo *"Pallywood"* para significar as imagens encenadas feitas por correspondentes palestinos com vítimas falsas e outros dramas que eles vendem com sucesso para os ingênuos e aqueles famintos ou prontos para acreditar em qualquer coisa contra Israel. Landes até fez um documentário sobre a indústria de mentiras de *Pallywood*. Ele também estudou extensamente o assunto al-Durrah e defendeu Karsenty.

O debate se espalhou pelos principais jornais da França. O ex-embaixador israelense na França, Eli Bar-Navi, escreveu um artigo contundente contra os signatários. Não houve, desde Deir Yassin, disse ele, um caso que causou tanto dano a Israel. Outros artigos subsequentemente apareceram. *Le Figaro* publicou um editorial perguntando se os jornalistas são imunes a críticas. Influenciadores e agitadores, como o filósofo Alain Finkielkraut, expressaram sérias dúvidas sobre a petição, e o CRIF solicitou o estabelecimento de uma comissão de investigação de todo o caso. Os apoiadores de Enderlin até tentaram retratá-lo como um novo Dreyfuss! Na verdade, Enderlin fez carreira em cima da história de al-Durrah, mas isso acabou se tornando uma mancha em sua trajetória. O fato é que Enderlin não é inimigo de Israel e até detém cidadania israelense. Ele não é diferente em sua abordagem do tema Israelo-palestino dos inúmeros outros jornalistas estrangeiros que assumem o pior em relação a Israel. Ele é apenas um no rebanho. Como outros jornalistas, ele conhece os princípios operacionais na cobertura do conflito israelo-palestino: Criticar os palestinos levará a ameaças e perda de fontes. Uma posição anti-Israel, em contraste, vai atrair admiração entre os camaradas, e ninguém tentará prejudicá-lo em Israel. Ninguém vai ameaçá-lo. E ninguém vai deixar de falar com ele.

O caso al-Durrah é mais do que "apenas uma história". É mais do que uma história que se tornou um símbolo. É um passo importante e, portanto, muito espaço foi dedicado a ela neste capítulo. Pierre-André Taguieff, um importante filósofo francês, escreveu um longo ensaio sobre o caso dizendo que essa era uma encarnação moderna do libelo das "crianças mortas". No passado, os judeus foram culpados. Hoje, Israel é culpado. Taguieff não é judeu e ele não é uma figura marginal com pouco a perder. No entanto, ele simplesmente insistiu em ir contra as correntes feias de ódio que inundavam a França e certos círculos das elites ao redor do mundo e até mesmo em Israel. Embora ele não esteja sozinho, esta é a luta de bravos indivíduos, herdeiros da orgulhosa mas arriscada tradição de Emil Zola. Pessoas como Taguieff devem ser saudadas. E o mais importante, a verdade deve ser protegida por pessoas de decência em todos os lugares.

CAPÍTULO 17
A Paz e seus Descontentes

Propostas sérias de paz foram colocadas na mesa três vezes desde os Acordos de Oslo, o que poderia ter dado aos palestinos um Estado e terminado o conflito. Por três vezes, os palestinos rejeitaram as propostas. No entanto, acadêmicos e comentaristas distorcem fatos claros e óbvios, garantindo que o dedo acusador permaneça apontado para Israel.

A **SABEDORIA CONVENCIONAL AFIRMA** que o conflito israelo-palestino é um dos mais intratáveis do mundo. Isto é um erro. Existe uma solução. A fórmula prevalecente é "dois Estados para dois povos". Aqui e ali, outras ideias foram colocadas sob-rubrica de "um Estado" — uma ideia que tem o apoio de elementos da esquerda e da direita em Israel e de alguns setores dentre as elites progressistas do mundo. Este é um caso clássico de *les extrêmes se touchent*, onde os extremos opostos concordam com a mesma ideia infeliz.

Imagem 17.1: Mapa do Mundo Árabe

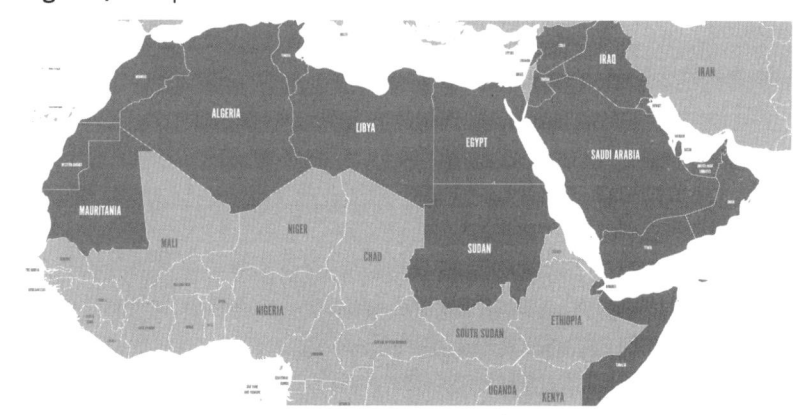

Mapa do mundo árabe, que compreende os 22 estados da Liga Árabe. Israel é igual a cerca de 0,17% das terras árabes.

A INDÚSTRIA DE MENTIRAS

Não há necessidade de se envolver aqui em uma longa descrição geral da história do conflito, do nacionalismo judaico, do sionismo e do surgimento da consciência nacional palestina. É suficiente dizer que a ideia sionista moderna se desenvolveu principalmente na Europa, tendo como pano de fundo a perseguição aos judeus e a crescente influência da ideia de autodeterminação. O pai do sionismo político, Theodor Herzl, agiu de acordo com esse pensamento em seu tempo. Ele desejava estabelecer uma entidade judaica sob suserania otomana. Ele propôs isso primeiro ao sultão turco. Outras ideias foram propostas durante esse período – assentar os judeus em Gaza, na região de Hauran (as Colinas de Golã e no Sudoeste da Síria), na Argentina e em Uganda. Mas os laços dos judeus com Sião – refletido em muitos séculos de anseios expressos na oração judaica três vezes ao dia, bem como durante o Pessach e outros eventos do ciclo de vida judaicos – acabaram se tornando a visão política e nacional central.

Não havia entidade palestina no final do século XIX. Havia aproximadamente 400 mil habitantes nos vários distritos do Império Otomano que se tornaram o Mandato da Palestina após a conquista britânica. Os moradores não tinham uma identidade separada dos árabes vizinhos. Alguns, especialmente nas regiões costeiras, eram imigrantes de primeira e segunda geração, especialmente do Egito. Enquanto "Palestina" era o termo usado principalmente no mundo cristão-Ocidental, os judeus e árabes usavam esse termo muito menos.[595] Todo o território foi dividido em *vilayets* e *sanjaks* (distritos e condados). As divisões administrativas otomanas não mencionaram a Palestina. De fato, a letra "P" na Palestina nem existe na língua árabe.

As esperanças de uma pátria foram renovadas com o primeiro grande avanço político do movimento sionista – a Declaração Balfour de 1917. Os anos que se seguiram à Primeira Guerra Mundial testemunharam uma benção para a ideia de autodeterminação nacional e sua atualização. Quatro grandes impérios – o alemão, o otomano, o austro-húngaro e o russo – entraram em colapso, com novos Estados-nação fundados em suas cinzas. O ideal nacionalista ganhara o dia; além disso, deve ser lembrado, o nacionalismo era uma ideia anticolonialista e anti-imperialista. O cumprimento desta ideia envolveu frequentemente ajustamentos fronteiriços e intercâmbios populacionais para garantir um corpo homogêneo político ou, pelo menos, domínio étnico. O ideal nacionalista atraiu árabes e judeus – o pano de fundo para a participação de delegações judaicas e árabes na Conferência de Paz de Paris em 1919. Promessas foram feitas a árabes e judeus.

Durante um breve momento histórico, parecia haver uma solução para demandas conflitantes que já eram evidentes. O líder do campo árabe era Faisal (filho do emir Hussein, que mais tarde se tornaria governante da Síria por um breve período e depois governante do Iraque), e o chefe do campo judeu era Chaim Weizmann (eventualmente o primeiro presidente do Estado de Israel). Os dois chegaram a um acordo sobre a divisão da região[596] em 3 de janeiro de 1919, antes da Conferência da Paz de Paris. Os judeus deveriam ter um território que incluísse toda a Palestina, incluindo a margem Oeste do Jordão (entre o rio e o Mediterrâneo) e parte da margem oriental. Os árabes teriam a grande Síria, incluindo a maior parte da atual Jordânia e a Arábia Saudita. Faisal repetiu seu apoio à ideia sionista três meses depois, em Paris, quando, em resposta às fronteiras propostas por Weizmann para o Estado judeu, escreveu uma carta pública ao juiz da Suprema Corte americana, Felix Frankfurter, no The New York Times:

> *Nós árabes, especialmente os educados dentre nós, olhamos com a mais profunda simpatia ao movimento sionista. Nossa delegação aqui em Paris está totalmente familiarizada com as propostas apresentadas ontem pela Organização Sionista para a Conferência da Paz, e nós as consideramos como moderadas. Faremos o melhor possível, no que nos diz respeito, para ajudá-los: desejamos aos judeus uma acolhida calorosa.*[597]

Faisal não era um sionista apaixonado. Ele tinha interesses, objetivos e prioridades diferentes. Ele fez seu acordo para um Estado judeu condicional ao estabelecimento de um árabe. Seu objetivo era obter apoio britânico, americano e judeu para um Estado árabe sob seu governo. Ele foi capaz de realizar isso apenas brevemente, até que ele foi deposto pelo regime francês na área. No final, os britânicos compensaram-no coroando-o rei do Iraque.

Imagem 17.2: Emir Faisal I e Chaim Weizmann

Imagem 17.3: Mapa mostrando os limites da pátria judaica, conforme Descrito no acordo Faisal-Weizmann

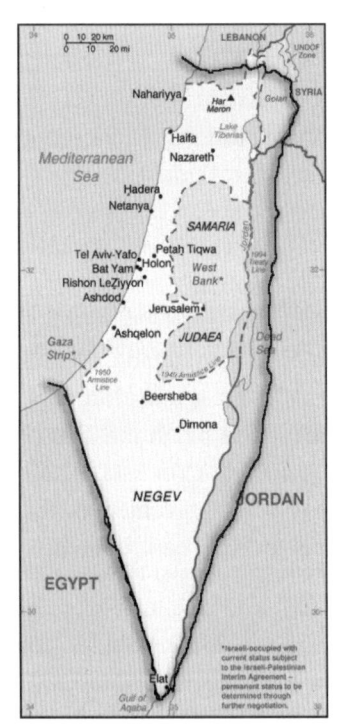

Imagem 17.4: Mandato da Palestina, 24 de julho de 1922

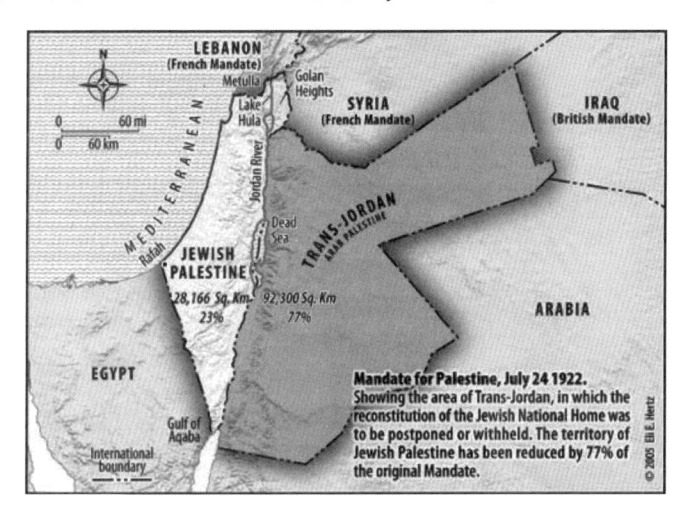

O reconhecimento da ideia de uma pátria judaica deu um passo adiante na Conferência de San Remo em 1920. A Conferência dividiu o Oriente Médio entre os britânicos e os franceses e incluiu o seguinte: "As Altas Partes Contratantes concordam em [...] colocar em vigor a declaração [Balfour] [...] a favor do estabelecimento na Palestina de um lar nacional para o povo judeu".[598]

O passo seguinte foi a nomeação do poder mandatário para administrar cada um dos mandatos em várias partes do mundo aprovados pela Liga das Nações, o antecessor da ONU cujas decisões expressaram a vontade da comunidade internacional. Em 1922, a Liga decidiu o seguinte: "O Mandatário será responsável por garantir o estabelecimento do lar nacional judeu".[599] Assim, o direito dos judeus a um lar nacional em toda a área da Palestina, incluindo a margem Leste do Jordão estava ancorada na lei internacional. Meses depois dessa decisão, a Liga decidiu dividir o Mandato da Palestina. Uma nova entidade chamada "Transjordânia" foi estabelecida, e o Mandato da Palestina, projetado para ser um lar nacional judaico, estava agora limitada à área entre o Mediterrâneo e o rio Jordão.

Vale ressaltar que não havia diferença entre a população árabe na margem Leste ou Oeste do Jordão. Eles tinham uma identidade compartilhada, independentemente das novas fronteiras. Eles falavam a mesma língua e a maioria compartilhava a mesma religião. De qualquer forma, a decisão britânica de separar a margem oriental do Mandato da Palestina não tinha significado para o movimento sionista na época, que concentrava a maior parte de seus esforços de assentamento em áreas escassamente povoadas ao longo da costa e nos vales da Palestina, ao invés de outros locais. Catorze anos se passaram e a presença judaica na Palestina aumentou muito, graças principalmente a novas ondas de imigração judaica. A maioria dos recém-chegados era de refugiados, não colonialistas, fugindo da perseguição. Após a Revolta Árabe (1936-1939), que procurava principalmente pressionar o Mandato Britânico a bloquear o aumento da imigração judaica, a Comissão Peel foi criada para resolver as reivindicações nacionais conflitantes. A Comissão Peel apresentou o primeiro plano oficial para dividir o Mandato da Palestina nos Estados judaicos e árabes.[600] A decisão também incluiu uma proposta de transferências mútuas da população para garantir maior paz entre os dois Estados, assim como ocorreu entre a Turquia e a Grécia.

Para os judeus, o plano era mais uma redução profunda na área destinada ao futuro Estado judeu. Eventualmente, o movimento sionista aceitou o plano Peel em face da oposição vocal da esquerda e da direita sionistas. Com exceção do clã Nashashibi (uma facção moderada na política palestina que só aceitou o plano em segredo), a liderança palestina dominante rejeitou o plano que lhes daria quase toda a massa de terra do Mandato Britânico da Palestina, deixando os judeus com um pequeno enclave.[601] Deve-se notar que o Plano Peel não tinha posição na lei internacional, pois não foi aprovado pela Liga. A única decisão ainda vinculativa foi a decisão original definindo toda a área do Mandato da Palestina (isto é, do Rio Jordão ao Mediterrâneo) como o Lar Nacional Judaico.

O desenvolvimento mais significativo foi, naturalmente, a Resolução de Partilha das Nações Unidas de 29 de novembro de 1947 para acabar com o Mandato Britânico e dividir o território em um Estado judeu e um árabe.[602] O conceito de um Estado "palestino" não foi mencionado, porque "Palestina" era uma designação britânica para o território mandatário, e não um conceito árabe. Todos os Estados árabes, assim como representantes de árabes da área Mandatária, rejeitaram enfaticamente o plano. A aprovação da recomendação da Assembleia Geral foi precedida e seguida por ameaças públicas árabes de exterminar o Estado judeu emergente e sua comunidade judaica.[603] Ameaças contra as comunidades judaicas nos países árabes também se seguiram; muitas dessas ameaças foram, infelizmente, realizadas (discutidas em detalhes nos capítulos anteriores). Não é difícil imaginar o que teria acontecido se os árabes tivessem vencido a guerra em 1948.

Havia também outras vozes no campo árabe, moderadas ou pelo menos realistas, mas estas foram silenciadas tanto durante a Revolta Árabe como na luta contra a partilha em 1947. A perspectiva árabe deve ser levada a sério. Parte do que os árabes viam como "sua terra" foi entregue a outro grupo nacional. Mas deve-se ter em mente que a presença de cerca de 600 mil judeus no Mandato da Palestina nos anos 1940 era um fato estabelecido. Os judeus não vieram com a intenção de desapropriar. Em vez disso, eles compraram terras a preço de mercado e desenvolveram a área. O slogan *Avodah Ivrit* (mão de obra judaica) refletia a aspiração de derrubar a assimétrica "pirâmide de trabalho judaica" — sobrecarregada de profissionais e comerciantes no topo e carente de trabalhadores agrícola e industrial na base — como um passo necessário para forjar uma sociedade saudável e étnica judaica na Palestina, que não seria fundada no modelo colonial dos senhores, usando os outros como um proletariado explorado. O slogan era também um chamado para que os empregadores judeus contratassem trabalhadores judeus organizados, e não a mão de obra árabe mais barata. Não obstante, os judeus empregaram milhares de árabes na construção e agricultura em todo o país, melhorando economicamente números incontáveis de habitantes árabes. No final de 1947, centenas de milhares de judeus ainda esperavam em campos de deslocados na Europa do pós-guerra para entrar na Palestina (os britânicos tinham cortado drasticamente as cotas de imigração em 1939, e não as haviam aumentado, apesar do Holocausto). Centenas de milhares de judeus nos países árabes estavam cada vez mais em perigo; sua situação não era particularmente boa antes do sionismo, e não havia melhorado depois.

Em resumo, da perspectiva árabe, a partilha resultou em um grau de injustiça. Não se deve negar esses sentimentos e atitudes que pairam sobre o conflito desde que ele se transformou radicalmente em guerra aberta em 1948. Mas comparado à injustiça que ocorreria com a completa negação do direito judaico à autodeterminação, essa foi uma pequena injustiça. A liderança árabe só aumentou a injustiça quando repetidamente escolheu a intransigência. E não foi apenas a intransigência contra as especificidades do Plano de Partilha de 1947: os árabes palestinos também rejeitaram o plano da minoria do UNSCOP que pedia um Estado federado com uma pequena autonomia judaica.

De qualquer forma, a guerra que os árabes declararam contra a partilha terminou em 1949 com a assinatura de acordos de armistício. As novas fronteiras eram diferentes daquelas elaboradas no Plano de Partilha, uma recomendação anulada pela rejeição árabe; as linhas de armistício (a Linha Verde) refletiam as realidades do terreno. Durante os combates, muitos árabes fugiram e outros foram expulsos, criando assim o problema dos refugiados. O assédio dos judeus nos países árabes só aumentou; a maioria teve que fugir — e a maioria fugiu para Israel como refugiados. O mundo árabe não fez as pazes com a existência de Israel; em vez de absorver e reabilitar os refugiados como Israel, preferiram perpetuar o seu estado de refugiados.

O ano de 1967 foi outro marco no conflito — a Guerra dos Seis Dias — quando Israel, em resposta à agressão, assumiu o controle da Cisjordânia, da Faixa de Gaza, do Sinai e das colinas de Golã. Deve ser enfatizado: Israel não invadiu um Estado palestino. A Cisjordânia era controlada pela Jordânia e a Faixa de Gaza pelo Egito, mas nenhum Estado palestino duradouro havia sido estabelecido nos dois territórios pelos árabes.

AMEAÇAS DE ANIQUILAÇÃO QUE LEVARAM À GUERRA DOS SEIS DIAS

Demasiadas pessoas — incluindo as principais fontes de conhecimento na academia e na mídia — tendem a esquecer (ou ignorar) o que foi a Guerra dos Seis Dias e por que ela eclodiu. O líder egípcio Gamal Abd al-Nasser expulsou observadores da ONU do Sinai (estabelecidos em 1956 para garantir a segurança de Israel depois que as FDI foram forçadas a se retirarem de lá após a campanha do Sinai). O Egito também fechou o Estreito de Tiran para o transporte marítimo israelense, uma ação que é em todos os aspectos, um *casus belli*. Isto veio após constantes ameaças de aniquilação feitas contra Israel nos anos que se seguiram à guerra (e ataques transfronteiriços em Gaza). Aqui estão apenas alguns dos marcos:

- Em janeiro de 1964, em uma conferência da Liga Árabe no Cairo, foi adotada a seguinte resolução: "Os preparativos militares árabes, quando terminarem, constituirão os meios práticos finais para a liquidação final de Israel".[604]
- Em 24 de maio de 1966, o ministro da Defesa e posteriormente presidente da Síria, Hafez al-Assad, declarou: "Estamos determinados a saturar a terra com o seu sangue [israelense], para atirá-los ao mar".[605]

- Em 22 de maio de 1967, duas semanas antes do início da guerra, o presidente egípcio Gamal Nasser declarou: "Nosso objetivo básico será a destruição de Israel. O povo árabe quer lutar".[606]
- Em 31 de maio de 1967, uma semana antes do início da guerra, Abdul Rahman Arif, presidente do Iraque, disse: "Nossa meta é clara: varrer Israel do mapa". Radiodifusão, 1 de junho de 1967, conforme citado por Michael Scott-Bauman.[607]
- Em 3 de junho de 1967, dois dias antes do início da guerra, Ahmad al-Shuqeiri, fundador e líder da nascente Organização de Libertação da Palestina (OLP) declarou: "Todos os que permanecerem vivos ficarão em *Filastin*, mas nenhum deles permanecerá vivo".[608]

Este era o humor naqueles dias. (Eu era um estudante do ensino fundamental na época. O medo era real; qualquer um que pudesse, juntou-se para cavar trincheiras e encher sacos de areia em antecipação a bombardeios). Ninguém subestimava as ameaças. O Egito havia usado armas químicas recentemente em sua guerra contra monarquistas no Iêmen.[609] A guerra terminou com uma impressionante vitória israelense. Isso pelo menos é conhecido. Mas a guerra foi única por outras razões também. Não houve represálias contra a população civil. Houve uma onda de refugiados; alguns eram membros da OLP que temiam a prisão. Um pequeno número de habitantes palestinos foi expulso pelas FDI. Muitos deles retornaram em breve, e outros receberam compensação.[610]

Poucos dias depois da guerra, em 13 de junho de 1967, a URSS apresentou um projeto de resolução ao Conselho de Segurança das Nações Unidas, que incluía a condenação da agressão israelense e a exigência de uma retirada imediata. A proposta foi rejeitada.[611] Alguns dias depois, o governo israelense iniciou uma série de reuniões sobre o futuro dos territórios que eles tomaram. Em 19 de junho de 1967, o governo israelense decidiu propor uma retirada completa das fronteiras internacionais com o Egito e a Síria, em troca de tratados de paz.[612] Não houve quem aceitasse a proposta do lado árabe. Em vez disso, outro marco no conflito, em resposta à oferta israelense, foi formado em uma Cúpula da Liga Árabe, convocada em Cartum no final de agosto de 1967. A infame resolução adotada na cúpula foi rotulada de "Três Nãos": sem paz com Israel, nenhum reconhecimento de Israel, nenhuma negociação com Israel.[613]

Em 22 de novembro de 1967, o Conselho de Segurança das Nações Unidas adotou a Resolução 242.⁶¹⁴ Foi uma das resoluções internacionais mais importantes na história do conflito árabe-israelense. Por um lado, em contraste com as resoluções da Assembleia Geral, esta foi uma decisão vinculativa, não uma recomendação. No entanto, a interpretação de alguns dos artigos da resolução é uma questão de disputa acirrada. Um dos principais pontos de discórdia é se a resolução obriga Israel a retirar-se "de territórios" que ocupou em 67, como na versão em inglês, ou "dos territórios", conforme a versão francesa. O mesmo vale para o artigo sobre refugiados; não há menção à Resolução 194, apenas uma "solução justa". Além disso, a resolução não menciona especificamente os refugiados palestinos, portanto, de acordo com algumas interpretações, ela se aplica a todos os refugiados do conflito – incluindo os judeus nos países árabes. Apesar dessas divergências, a resolução serviu de base para todos os planos de paz subsequentes. Israel e a maioria dos países árabes apoiaram a resolução. A Síria e a OLP se opuseram. Muitos anos se passariam antes que eles mudassem de ideia.

As duas décadas após a Guerra dos Seis Dias testemunharam dois desenvolvimentos principais: esses foram os anos em que a consciência nacional palestina se desenvolveu, e esses foram os anos de progresso humano meteórico dos palestinos nas áreas sob o domínio israelense. Após duas décadas de repressão nacional e apartheid sob a Jordânia e o Egito, paradoxalmente, o nacionalismo palestino prosperou sob o domínio israelense.

Depois dessas duas décadas, houve outra tentativa de chegar a um acordo, conhecido como "Acordo de Londres" entre o ministro das Relações Exteriores Shimon Peres e o rei jordaniano Hussein em abril de 1987.⁶¹⁵ Não foi um acordo de paz, mas um documento secreto que visava reviver a Opção Jordaniana – o domínio jordaniano sobre a Cisjordânia como uma solução para o impasse. Posteriormente, o primeiro-ministro Shamir (que liderou o governo de União Nacional do Partido Trabalhista e do *Likud*) rejeitou o acordo. Em 1988, a Jordânia lavou as mãos de quaisquer reivindicações à Cisjordânia, entregando a responsabilidade da luta pelo destino da Cisjordânia à OLP.⁶¹⁶

A direita israelense também cresceu em força e influência. Seu elemento mais proeminente foi *Gush Emunim* (literalmente "Bloco dos Fiéis", fundado em 1974 por membros da comunidade religiosa sionista). Embora esse movimento – que defendeu e promoveu assentamentos judaicos nos territórios tanto em termos religiosos quanto de segurança — nunca tenha tido o apoio da maioria do público israelense, ele geralmente gozava de apoio do governo (sob os governos trabalhistas e do *Likud*) e muitos assentamentos receberam aprovação antes ou depois de serem fundados.

NOTAS DISSONANTES NA SINFONIA DE OSLO

O ano de 1992 foi marcado por agitação política. O partido governista de direita, o *Likud*, foi derrotado pelo Partido Trabalhista de esquerda, liderado por Yitzhak Rabin. O resto é história. Conversas secretas realizadas em Oslo culminaram em acordos interinos de meados da década de 1990 entre Israel e a OLP. Como parte desses acordos, o líder palestino Yasser Arafat e muitos membros da OLP chegaram à Cisjordânia e à Faixa de Gaza para tomar as rédeas e começar a estabelecer o maquinário de construção de Estado — primeiro em Jericó, depois em outras partes da Cisjordânia. No início, havia a sensação de que a cerimônia de 13 de setembro de 1993 e o famoso aperto de mãos entre Rabin e Arafat no gramado da Casa Branca com o presidente Bill Clinton foi um momento histórico, o início de uma reconciliação final de dois movimentos nacionais em guerra. Mas enquanto Israel foi varrido por uma atmosfera quase eufórica em que a paz estava ao alcance, não havia um clima paralelo entre os palestinos. Em vez disso, o terrorismo aumentou. A maior parte do terrorismo veio do lado palestino e a maioria das vítimas era judia, mas é difícil ignorar um ato de terror judaico muito significativo naqueles dias: o massacre cometido por Baruch Goldstein — um médico e colono de Hebron — contra fiéis muçulmanos no Túmulo dos Patriarcas em Hebron.[617]

Um ardente desejo de paz causou certo grau de cegueira no campo da paz israelense. Em face do terrorismo e incitação palestinos, a posição do primeiro-ministro Yitzhak Rabin tornou-se cada vez mais precária. Em 4 de novembro de 1995, pela primeira vez na história de Israel, um primeiro-ministro foi assassinado. Rabin foi substituído por Shimon Peres. O assassinato causou ondas de choque em Israel. Muitos acusaram o líder da oposição de direita, Binyamin Netanyahu, de cumplicidade no assassinato por não conter os partidários da direita que chamaram Rabin de "traidor".

O campo da paz estava fortalecido politicamente e muitas pesquisas previam uma vitória confortável para eles nas próximas eleições. Mas outros eventos aconteceram nesse meio tempo.

Primeiro, houve uma série de terríveis ataques terroristas que enfraqueceram o campo da paz. Então o Hezbollah violou acordos prévios e começou a disparar foguetes *Katyusha* contra cidades israelenses em 1996. Peres, o primeiro-ministro interino, foi forçado a responder com uma campanha de 16 dias contra o Líbano, principalmente com ataques aéreos e extenso bombardeio para o Hezbollah parar de disparar foguetes *Katyusha*. A operação terminou com um erro trágico. Quatro bombas de artilharia israelenses cairam em Kfar Kana em um grupo de civis que buscavam abrigo dos combates em um complexo das Nações Unidas; 102 foram mortos e condenações internacionais foram expressas. Os árabes israelenses também culparam Peres e muitos boicotaram as eleições. Como resultado, Netanyahu ganhou as eleições de 1996 por uma margem estreita.

Foi precisamente nos anos mais otimistas do processo de paz que alguns sinais de presságio começaram a aparecer. Longe de esconder suas intenções, ao falar de paz em inglês, Arafat fez muitos discursos em árabe com uma mensagem bem menos pacífica. Para ele, os Acordos de Oslo eram apenas um passo na direção do objetivo final: eliminar o Estado de Israel. Em uma carta às facções que se opuseram aos acordos de Oslo, Arafat explicou:

> *A fim de alcançar o objetivo de retornar à Palestina, todos nós às vezes temos que cerrar nossos dentes. Mas é proibido que isso prejudique a luta contínua contra o inimigo sionista. A cooperação e o entendimento entre a OLP e as organizações rejeicionistas é o que levará à rápida retirada de Israel dos territórios ocupados no primeiro estágio, até o estabelecimento de um Estado palestino com sua capital em Jerusalém. Somente um Estado assim pode continuar a luta para remover o inimigo [Israel] de todas as terras palestinas.*[618]

Em um discurso em setembro de 1995, Arafat disse: "Seja abençoado, ó Gaza, e celebrai, pois seus filhos estão voltando depois de uma longa celebração. Ó Lod, ó Haifa, ó Jerusalém, você está retornando, você está retornando".[619] Outros palestinos seniores, como Faisal Husseini, esclareceram este ponto: "[...] os limites justos da Palestina são o Rio Jordão e o Mediterrâneo".[620] Esses discursos de Arafat e de alguns de seus principais assessores, a maioria em árabe, não eram conciliatórios nem pacíficos. Dois discursos foram particularmente contundentes. Em um discurso de 1994 em uma mesquita de Johanesburgo, Arafat explicou aos estudantes árabes que a assinatura de um acordo com Israel era semelhante à assinatura do Tratado de Hudaybiyyah por Maomé (acordo de cessar-fogo por razões táticas assinado entre Maomé e os governantes de Meca em 628 que durou dez anos até que Maomé se sentiu forte o suficiente para quebrá-lo e derrotar seus rivais):

> *Este acordo, eu não estou considerando mais do que o acordo que havia sido assinado entre nosso Profeta Maomé e Quraish, e vocês se lembram que o califa Omar havia recusado este acordo e considerado "Sulha Dania" [uma trégua desprezível]. Mas Maomé aceitou e estamos aceitando agora este acordo de paz [de Oslo].*[621]

O segundo e mais sério discurso foi dado em janeiro de 1996. Arafat reuniu-se com diplomatas árabes em Estocolmo, na Suécia. Ele disse que o acordo entre a OLP e Israel deveria levar à destruição de Israel, e que ele pretendia estabelecer um "Estado puramente palestino" sobre as ruínas de Israel. Os detalhes do discurso foram vazados. Eles deveriam ter chocado o campo israelense da paz, mas em vez disso, houve apenas uma tentativa de abafar o vazamento. A seguir estão algumas das passagens do discurso, conforme relatado no *The Washington Times*:

> *Nós da OLP vamos agora concentrar todos os nossos esforços em dividir Israel psicologicamente em dois campos [...] A OLP planeja eliminar o Estado de Israel e estabelecer um Estado puramente palestino. Vamos tornar a vida insuportável para os judeus por meio de guerra psicológica e explosão populacional. Judeus não vão querer viver entre nós árabes [...] não há utilidade para os judeus; eles são e permanecem judeus. Precisamos agora de toda a ajuda que pudermos obter de vocês em nossa batalha por uma Palestina unida sob o total domínio árabe-muçulmano.*[622]

O acampamento de Arafat tentou negar o conteúdo, mas admitiu que a reunião ocorreu, enquanto o gabinete do primeiro-ministro sob Shimon

Peres ignorou completamente a questão. Um jornal sueco, *Dagen*, também publicou o discurso depois de verificar seu conteúdo. A onda de terror que ocorreu paralelamente a tais palavras (e revelações posteriores) deixam claro que Arafat era um parceiro na campanha de terror, ou lhe deu sua aprovação e apoio silenciosos.[623] Isso não ficou claro naqueles dias. Houve até uma disputa na comunidade de inteligência de Israel sobre as reais intenções de Arafat à luz das declarações beligerantes dele, a incitação contínua, e o aumento do terrorismo. Em certos estágios, os chefes de inteligência presumiram que os discursos eram meramente para propósitos internos. O membro do Knesset, Benny Begin, argumentou que essa avaliação estava errada, mas seus argumentos foram sumariamente rejeitados até mesmo pelo chefe da Inteligência das FDI, Moshe Ya'alon (que se tornou o chefe do Estado-Maior das FDI).[624] Na sequência dos desenvolvimentos posteriores, mais informações foram disponibilizadas e os chefes de inteligência começaram a mudar de ideia. Mais testemunhos surgiram das verdadeiras intenções de Arafat, incluindo seu objetivo de impedir a verdadeira reconciliação e a paz, e iniciar uma Intifada violenta.[625] Um dos gatilhos para uma reavaliação foi Abd al-Bari Atwan, editor do popular jornal árabe *al-Quds al-Arabi* que falou em uma entrevista televisionada sobre a oposição de Arafat aos Acordos de Oslo, e como em uma conversa com ele, Arafat deixou claro que o acordo tinha como objetivo destruir Israel, citando Arafat dizendo: "Vou deixá-los loucos. Eu farei com que estes [Acordos de Oslo] sejam um desastre para eles [Israel]. Não será em minha vida, mas você verá os israelenses fugirem da Palestina. Tenha um pouco de paciência".[626] As declarações de Arafat não impediram as tentativas de chegar a um acordo permanente nos anos 1990. Deve-se ter em mente que Arafat também fez declarações de paz e começou a desenvolver infraestruturas para um Estado em formação com a ajuda de dinheiro de auxílio, principalmente do Ocidente. Assim, apesar da fala militante de Arafat, a esperança não desapareceu. A tentativa mais fascinante de paz foi conduzida entre as equipes chefiadas pelo ministro israelense de Economia e Planejamento, Yossi Beilin, e Mahmoud Abbas, já então o líder de maior escalão palestino depois de Arafat. A proposta de futuras negociações para chegar a um tratado de paz nunca foi formalmente adotada por nenhum dos lados. Foi formulado dias antes de Rabin ser assassinado, e no rescaldo Shimon Peres enfatizou que não era o momento certo para promovê-lo. De sua parte,

Mahmoud Abbas admitiu a existência do documento, mas alegou que o acordo não havia sido alcançado e, mais tarde, até mesmo rejeitou seu conteúdo.[627] O acordo pode não ter sido aprovado, mas constituiu uma opção para um progresso sério entre os dois movimentos nacionais. Era uma fórmula de compromisso que poderia ter servido como um ponto de apoio para todos os defensores da paz, mas o terrorismo e o assassinato de Rabin, que ocorreram paralelamente a isso, levaram ao acordo não apenas ser esquecido, mas também repudiado pelo lado palestino envolvido em sua negociação.

Já então, a ruína do movimento global pela paz e, em certa medida, do campo da paz israelense começou a surgir: Os palestinos estão sempre dispensados. Eles podem usar o terrorismo. Eles podem violar acordos. Eles podem dar palestras inflamatórias. Sempre haverá justificativas para isso na mídia e na academia ocidentais. Tudo começou com críticas legítimas aos assentamentos. Continuou com uma tentativa compreensível de "entender" e identificar-se com o lado mais fraco. Eventualmente, críticas justificadas se transformaram em uma indústria de desculpas que justificava todo capricho palestino. Num estágio posterior, isso se transformou em outra coisa: a familiar indústria de mentiras, demonização e desumanização de israelenses e Israel.

As propostas da paz estavam em vigor a partir de meados dos anos 1990. Elas foram apoiadas pela maioria dos israelenses. Mas quando os palestinos escolheram o caminho do terrorismo e da intransigência, alguns membros do campo da paz adotaram a maneira mais fácil, simplista e destrutiva de se unir à incitação e à deslegitimação do lado israelense. Foi nesses anos que um dos maiores erros da Esquerda Internacional começou a tomar forma: "Compreendendo" o terrorismo e às vezes justificando-o; uma posição-atitude derivada do sentimento de que o terrorismo era, afinal, um meio de lutar contra a ocupação que eles detestavam.

Pode-se argumentar que às vezes este é realmente o caso. Mas não foi assim em meados da década de 1990, porque o terror aumentou precisamente durante os períodos em que os acordos estavam avançando e a ocupação recuando. Além disso, o terrorismo não foi, a partir de então, destinado a acabar com a ocupação. Pelo contrário. Desde o início dos Acordos de Oslo, o terrorismo visava evitar qualquer chance de paz, levando a cabo as intenções declaradas de Arafat de usar a luta para fazer com que Israel sofresse de crise interna e, eventualmente, causasse seu colapso.

O PLANO CLINTON

O público israelense não desistiu da esperança de paz ou de um acordo, apesar dos primeiros sinais de alerta. As eleições foram realizadas em 1999, depois que o primeiro mandato de Netanyahu como primeiro-ministro (junho de 1996 a julho de 1999) terminou prematuramente. O Partido Trabalhista, liderado por Ehud Barak, voltou ao poder. O campo da paz teve seu segundo fôlego. Mais uma vez houve uma tentativa israelense de chegar a um acordo final.

O que nos leva à cúpula de paz de Camp David em 2000. Não vou entrar em muitos detalhes, porque foi amplamente discutida em outros lugares. Os argumentos são bem conhecidos. Não havia tempo suficiente para se preparar, os palestinos não apresentaram sua própria proposta e assim por diante. Barak foi acusado de não ser uma "pessoa legal", cuja personalidade contribuiu para o fracasso da cúpula. Um dos testemunhos mais sérios e precisos sobre o desdobrar dos acontecimentos neste momento crítico foi o do ministro das Relações Exteriores de Israel, professor Shlomo Ben-Ami. Ben-Ami, um pombo da paz proeminente, manteve um diário detalhado dos acontecimentos, enquanto os dois lados se encontravam a portas fechadas sob a administração do presidente Clinton. Ben-Ami refuta todos os argumentos. Ele não era amigo de Barak, mas quando se trata do que aconteceu durante aqueles dias fatídicos, ele é claro: "Todos pensam que Amnon [Lipkin-]Shahak e eu estamos empurrando Barak para a esquerda, mas a verdade é que ele foi quem nos empurrou para a esquerda".[628]

Em última análise, os detalhes exatos de Camp David são secundários. Pois aceitemos, por uma questão de argumentação, as afirmações daqueles que dizem que as propostas eram insuficientes para os palestinos. Alguns meses depois, e a pedido de ambas as partes, o presidente Clinton apresentou a proposta mais ousada aos dois lados. A proposta foi apresentada em uma reunião entre representantes israelenses e palestinos na Casa Branca em 23 de dezembro de 2000. Como parte da apresentação de sua proposta, Clinton deixou claro que a base da proposta era o estabelecimento de dois Estados — um Estado palestino como o lar nacional dos palestinos e Israel como o lar nacional dos judeus.[629] Existem diferentes versões da proposta, mas as diferenças são pequenas. A versão a seguir é a de Dennis Ross, o enviado do presidente Clinton no

Oriente Médio e o homem mais familiarizado com a proposta de Clinton do que qualquer outra pessoa:[630]

1. Um Estado palestino independente com 100% de Gaza.
2. Cerca de 97% da Cisjordânia.
3. Um trem ou estrada elevada para conectá-los.
4. O status de Jerusalém teria sido guiado pelo princípio de que o que é atualmente judeu será israelense e o que é árabe será palestino, o que significa que a Jerusalém Judaica – Ocidental e Oriental – seria unida, enquanto a Jerusalém Oriental árabe se tornaria a capital do Estado da Palestina.
5. O Estado palestino seria "não militarizado", com forças de segurança internas, mas sem exército e presença militar internacional liderada pelos Estados Unidos para impedir a infiltração terrorista e o contrabando.
6. Os refugiados palestinos teriam o direito de retornar ao seu Estado, mas não a Israel, e um fundo de US$ 30 bilhões teria sido criado para compensar os refugiados que optassem por não exercer seu direito de retorno ao Estado palestino.

Os princípios da Proposta Clinton provocaram uma enxurrada de análises do conteúdo em nível acadêmico. Muitos fizeram um esforço consciente para obscurecer a posição de Arafat, argumentando que ele não rejeitou a proposta ou justificando sua recusa. As coisas devem ser apresentadas como realmente eram. As duas pessoas que mais sabiam sobre os eventos em torno da proposta eram Clinton e Ross. Ambos disseram, inequivocamente, que Arafat é quem rejeitou e derrotou a Proposta Clinton.

Muitos livros foram escritos sobre os eventos entre 1999 e o início de 2001. Justificadamente. Não houve outro período na história do conflito, onde um esforço tão concentrado foi feito para alcançar um acordo final e paz. A certa altura, já em Camp David, parecia que Arafat poderia concordar com uma retirada de 92% da Cisjordânia. "Nós pensamos que o pacote estava começando a se encaixar", lembrou Ben-Ami. Mas apenas algumas horas depois, Arafat enviou uma carta a Clinton, deixando claro que ele havia mudado de ideia. E assim foi com todo o resto. Havia momentos em que parecia haver progresso em um dos trilhos, mas em poucas horas os palestinos voltavam atrás em suas palavras.

Imagem 17.5: Mapa refletindo as ideias de Clinton

Quando Barak partiu para Camp David, ninguém em Israel imaginou que ele faria concessões tão abrangentes. Este foi o "time dos sonhos" que os defensores da paz poderiam conceber. Incluía pombos da paz veteranos como Yossi Beilin, Yossi Sarid, Shlomo Ben-Ami e Amnon Lipkin-Shahak, todos conhecidos por seu profundo compromisso com a paz.

Eles atingiram o limite absoluto do que eram capazes. Eles tentaram tudo o que podiam. Eles próprios nunca pensaram por um momento que, quando partissem para esta missão histórica, os palestinos seriam tão intransigentes. Ben-Ami chegou à conclusão desesperada:

> A concessão de Arafat em relação a Israel em Oslo foi uma concessão formal. Moral e conceitualmente, ele não reconheceu o direito de Israel existir. Ele

> *não aceita a ideia de dois Estados para dois povos [...] Ao final do processo, é impossível não formar a impressão de que os palestinos não querem uma solução tanto quanto querem colocar Israel no banco dos réus. Mais do que eles querem um Estado próprio, eles querem eliminar nosso Estado. No sentido mais profundo das palavras, seu ethos é um ethos negativo.*[631]

Esta é uma observação triste, que vem do coração do campo da paz israelense. Arafat recusou. Os palestinos recusaram. Mas na consagrada tradição da indústria de mentiras, um dedo acusador ainda é apontado para Israel. Ben-Ami, eles argumentam, ainda é um patriota israelense. Isso é verdade – e irrelevante. Não há contradição entre o patriotismo e a busca da paz. Ben-Ami era pró-Palestina e pró-Israel e um ardente defensor da paz.

Há outro testemunho relevante – desta vez do lado árabe. Em 2 de janeiro de 2001, depois de muitos dias longos durante os quais o governo Clinton esperou pela resposta de Arafat à última proposta do presidente, Arafat apareceu para a esperada reunião. Ele já havia estado na Casa Branca naquele dia e deveria responder em uma segunda reunião no final do dia sobre a Proposta Clinton. Antes dessa reunião, vários embaixadores de países árabes visitaram Arafat – uma "delegação" liderada pelo embaixador da Arábia Saudita nos Estados Unidos, Bandar Bin Sultan. Eles se reuniram no Hotel Ritz em Washington. Bin Sultan deixou claro para Arafat que era hora de aceitar a proposta de Clinton. Ele deixou claro que Arafat tinha o apoio do monarca saudita, do presidente egípcio e de outros líderes árabes. Mas Bin Sultan tinha um mau pressentimento sobre o que estava prestes a acontecer na Casa Branca quando Arafat sentou-se com Clinton no Salão Oval. E ao sair, Bin Sultan virou-se e disse a Arafat: "Se perdermos essa oportunidade, não será uma tragédia. Será um crime".[632] Bin Sultan olhou para os assessores de Arafat. Ele percebeu que Arafat o havia enganado. Ao mesmo tempo, Bin Sultan não sabia que, em 1º de janeiro de 2001, uma resposta oficial palestina destruiu a Proposta Clinton como um plano para a paz. O resumo da posição palestina dizia: "Não podemos aceitar uma proposta que assegure nem o estabelecimento de um Estado palestino viável nem o direito dos refugiados palestinos de voltar para suas casas".[633] Arafat foi à Casa Branca. Sua resposta a Clinton foi tanto uma tragédia para os esforços de paz quanto um crime contra seu próprio povo.

Aqui e ali, os palestinos apresentaram mapas que procuravam mostrar que a proposta de Clinton não lhes dava um Estado palestino contíguo e, portanto, merecia rejeição. Esta versão dos acontecimentos foi entusiasticamente adotada por muitos apologistas dos palestinos, como o ex-presidente Jimmy Carter. Mas isso é falso. A pessoa que sabia mais do que ninguém sobre os detalhes do plano e os mapas propostos era Dennis Ross, que os publicou em suas memórias sobre o assunto. Mas a mentira era boa demais para deixar passar.[634]

Os anos 2000-2001 foram marcados por eventos em cascata que não expandiremos neste panorama histórico — a retirada unilateral de Israel do Líbano em maio de 2000, os distúrbios de setembro de 2000 dos árabes israelenses que deixaram treze mortos e o início da Segunda Intifada também em 2000 (que escalou em 2001 se tornando ondas de homens-bomba). Basta dizer que Ehud Barak decidiu renunciar e convocar eleições especiais para primeiro-ministro — eleições realizadas em 6 de fevereiro de 2001 nas quais perdeu para o candidato do *Likud*, Ariel Sharon (que havia assumido as rédeas do *Likud* após a derrota de Netanyahu em 1999). Sharon ganhou por uma larga margem — com 62,4% dos votos. Portanto, Ariel Sharon tornou-se primeiro-ministro (em um governo de União Nacional junto com o partido trabalhista porque este último ainda tinha a maioria no Knesset). Nesse ínterim, a Segunda Intifada, que começara poucas semanas após o fracasso da Cúpula de Camp David, estava enfurecida e se intensificando. Milhares de israelenses e palestinos foram mortos. 1.137 israelenses mortos entre 2000-2005, 78% deles civis, enquanto apenas um terço das mortes palestinas eram civis não envolvidos.

—

Quando se pondera sobre as declarações de Arafat em meados da década de 1990, ao fazer um acordo falso e desonesto com a intenção de levar a uma meta muito menos benigna do que a paz — tornar as vidas dos judeus um inferno e causar esperançosamente que Israel implodisse de dissensão interna e decepção[635] — há uma lógica em suas ações. A análise de Ben-Ami foi precisa. Entre prover seu povo de independência e prosperidade, e prejudicar Israel e minar sua existência, Arafat preferiu a segunda opção. Quanto à declaração assustadora de Bin Sultan sobre o comportamento criminoso de Arafat, caso ele ousasse rejeitar a proposta de Clinton — esta foi totalmente esquecida pelas duas fontes mais proeminentes de conhecimento público: acadêmicos e a mídia. Alguém poderia pensar que como foi uma entrevista, Bin Sultan negaria suas declarações. De jeito nenhum! Bin Sultan não negou nada; a entrevista completa foi colocada no *website* da embaixada saudita em Washington.[636]

Portanto, os dois lados responderam à proposta Clinton. A Autoridade Palestina enviou uma resposta negativa. O governo israelense enviou uma positiva (a principal reserva era a soberania palestina sobre o Monte do Templo).[637] Ainda assim, estranhamente, a academia e a mídia preferiram obscurecer a verdade, usando recursos secundários e ignorando as fontes primárias.[638]

Depois da Proposta Clinton, houve outra tentativa em Taba de chegar a algum tipo de acordo. Não houve progresso, as diferenças só aumentaram e os palestinos apresentaram posições muito mais duras.[639]

No Fórum Saban em 2012, Hillary Clinton relatou como poucos meses depois de Bill Clinton ter saído da Casa Branca, Arafat ligou para dizer: "Sabe o negócio que você ofereceu? Agora eu aceito". "Bem, isso é ótimo", Clinton respondeu: "Por que você não liga para a Casa Branca e diz a eles isso?" Claro, Arafat não telefonou.[640] O próprio Bill Clinton esclareceu em 2016 que "eu me matei para dar aos palestinos um Estado". Mas o rejeicionismo palestino de "dois Estados para dois povos" era absoluto e não tolerava concessões.[641]

Clinton também tentou chegar a um consenso internacional para reabilitar os descendentes de refugiados. Para não haver mais sofrimento. É seguro supor que – tanto então, como agora – há palestinos que querem um acordo justo de "dois Estados para dois povos", mas a liderança palestina preferiu incitação e vingança em vez de uma visão de reabilitação e reconciliação.

O sucesso de Arafat foi duplo. Ele não pagou nenhum preço por seu crime e também alcançou seu maior feito nos anos seguintes: Este foi o ano em que a indústria de mentiras dominou completa e verdadeiramente o discurso público sobre o conflito. O crescente terror daquele ano e dos anos que se seguiram durante a Segunda Intifada de 2000-2005 não foram para a paz ou para o Estado, uma vez que os palestinos já haviam recebido um Estado.

Anos se passaram até os próprios palestinos perceberem que a violência não vale a pena Mas essa percepção não os levou de volta ao caminho da paz. A deslegitimação e desumanização de Israel só aumentaram. Os palestinos, no papel de oprimidos e vítimas perpétuas, conseguiram mobilizar o mundo intelectual para fortalecer seu punho e sua própria intransigência. A chance de paz só se tornou mais distante.

Nada disso é para justificar tudo o que Israel faz ou fez – certamente não o projeto de assentamento. Ao lidar com o terror, Israel cometeu erros, incluindo violações dos direitos humanos. Mas a culpa é dos palestinos, ou principalmente dos palestinos, por rejeitar o acordo de paz que eles tinham em mãos. Não há mais negociações exaustivas, mas um acordo que acabaria com o conflito e o sofrimento dos descendentes de refugiados, especialmente os do Líbano. A escolha foi dos palestinos: paz ou violência. Eles escolheram a segunda e carregam a responsabilidade.

A PROPOSTA DE PAZ ÁRABE

Em 2002, uma cúpula árabe foi realizada na cidade de Beirute. Na agenda estava a proposta de paz saudita. De acordo com a proposta, em troca da paz, Israel deve concordar com a retirada até as linhas pré-1967 (Linha Verde) e o reconhecimento da Resolução 194 das Nações Unidas (que de acordo com a interpretação árabe significa o direito de retorno de milhões de palestinos).[642] A proposta foi adotada e tornou-se uma proposta de paz árabe. No mesmo dia, um homem-bomba cometeu um dos piores atos de terrorismo da Segunda Intifada, no Park Hotel, em Netanya, pouco antes do Sêder de Pessach; trinta judeus foram mortos. Como resultado, esta resolução não recebeu as manchetes que merecia. Pelo próprio reconhecimento de Israel, a Proposta de Paz Árabe foi um avanço. No entanto, era fatalmente defeituosa ao se impor a condições que não seriam aceitas em nenhum outro lugar em nenhum outro conflito. Isso porque existe uma contradição fundamental entre a fórmula "dois Estados para dois povos" e a Resolução 194. A Resolução 194 foi apenas uma de uma série de decisões da ONU sobre os refugiados palestinos que envolviam uma série de soluções, todas rejeitadas pelos Estados árabes. Mais importante ainda, dentro do contexto do conflito israelo-palestino, a proposta de paz árabe foi, na verdade, um passo para atrás da posição do mundo árabe dezoito meses antes. Afinal, Bin Sultan disse a Arafat que a maioria dos países árabes concordou com a proposta de Clinton. Se a Arábia Saudita mantivesse essa linha e convencesse a cúpula árabe a adotar a Proposta Clinton, isso teria sido um verdadeiro avanço. Israel cometeu um erro grave quando não aceitou de bom grado a proposta saudita, que acabou se tornando uma proposta geral árabe. E, de qualquer forma, uma resposta positiva de Israel à proposta não teria exigido a aceitação a priori de todos os detalhes da Proposta de Paz Árabe adotada pelos países árabes.

A Proposta de Paz Árabe foi mais tarde incorporada ao Roteiro para Paz iniciado pelo presidente George W. Bush.[643] No início, a resposta oficial israelense incluiu algumas reservas.[644] Mais tarde, depois de ter sido eleito primeiro-ministro, Ehud Olmert adotou o Roteiro para Paz num discurso ao Congresso que, como mencionado, inclui a Proposta de Paz Árabe.[645] Deve-se notar também que, de acordo com algumas interpretações árabes, como a do ex-ministro das Relações Exteriores da Jordânia, Marwan Muasher, a Proposta de Paz Árabe não implica um retorno em massa.[646] Muasher falou de um debate sério nos bastidores em que uma fórmula de acordo mencionou a Resolução 194, mas não as palavras "direito de retorno". No entanto, não se pode ignorar as palavras do representante palestino sênior na cúpula árabe Farouk Kadummi, dois dias antes da aprovação da proposta; Kadummi deixou claro que "o direito de retorno dos refugiados a Haifa e Jafa é mais importante do que o Estado".[647] Aqui e ali, Mahmoud Abbas expressou opiniões mais moderadas, mas no final, no momento da verdade, ele preferiu a abordagem de Kadummi sobre a de Muasher.

A RETIRADA

Alguns anos após o lançamento da Proposta de Paz Árabe, o primeiro-ministro Ariel Sharon percebeu que o conflito israelo-palestino estava atolado na lama. Por um lado, os palestinos não estavam interessados em um acordo; por outro lado, o controle israelense contínuo dos territórios não estava beneficiando Israel. Sharon, portanto, iniciou uma retirada israelense unilateral da Faixa de Gaza – a Retirada. Sharon prometeu aceitar os resultados de um referendo entre 200 mil membros do *Likud* sobre o assunto. Os opositores da Retirada venceram o referendo, mas Sharon continuou a pressionar de qualquer maneira. A Retirada foi realizada diante a uma disputa pública contínua e furiosa, que quase sempre chegava à violência, sobre a sensatez de uma retirada unilateral. Perto de 10 mil colonos foram removidos à força de suas casas e suas comunidades arrasadas em agosto/setembro de 2005. Não foi um momento fácil em Israel. Houve um sério receio de uma explosão de violência, mas as FDI e a polícia cumpriram sua missão, e a Faixa de Gaza foi totalmente evacuada. Nenhum soldado ou colono permaneceu.

Quatro meses após a Retirada em janeiro de 2006, Ariel Sharon sofreu um derrame que o deixou em coma por oito anos até seu falecimento. Ehud Olmert tornou-se o primeiro-ministro interino. Eleições estavam se aproximando. Olmert lançou um novo plano político chamado Plano de Convergência, efetivamente uma repetição da Retirada de Gaza — para maior parte da Cisjordânia.[648] Olmert conseguiu uma vitória esmagadora nas eleições. Mais uma vez, parecia que um acordo estava ao alcance. Em maio de 2006, o Plano de Convergência (agora renomeado Redisposição) foi apresentado à administração americana.[649] De acordo com o plano, Israel se retiraria até a linha de separação, bem perto das fronteiras de 67, ou qualquer outra linha que tivesse apoio internacional, enquanto evacuava dezenas de milhares de colonos localizados a Leste da linha. Em agosto de 2006, após o início da Segunda Guerra do Líbano, o Plano de Redisposição foi arquivado.

O PLANO OLMERT

O ano de 2008 também poderia ter sido um ponto de virada. As negociações entre Israel e os palestinos já haviam sido renovadas em 2007. Elas aconteceram em duas vias. Uma via entre a ministra das Relações Exteriores, Tzipi Livni, e o Representante da Palestina para as Nações Unidas Ahmed Qurei (Abu Ala), e uma via paralela entre os dois líderes, Olmert e Mahmoud Abbas.

Olmert estava imbuído de um senso de missão. Ele acreditava que havia necessidade de uma jogada ousada e sem precedentes. Barak havia tentado tal jogada em agosto de 2000 em Camp David, mas Olmert acreditava que apenas um pouco mais de esforço levaria ao sucesso, onde tantos outros haviam falhado. Não era mais hora para longas e exaustivas conversas no caminho para lugar nenhum, agora era necessário um plano de paz inovador.

O palco foi montado em maio de 2008. A secretária de Estado, Condoleezza Rice, visitava a região todos os meses, geralmente se reunindo com Olmert, ambos apoiados por assessores próximos. Desta vez, algo diferente aconteceu. Em seu livro de memórias, Rice conta como foi convidada para ir sozinha para jantar.⁶⁵⁰ Com ela e Olmert jantando juntos, uma surpresa aguardava a secretária de Estado: Olmert apresentou uma nova proposta de paz. Não era que ele não confiasse na via Livni-Qurei, mas queria cortar a burocracia com uma jogada ousada. Rice lembrou as palavras de Olmert: "Eu sei o que Abu Mazen [Mahmoud Abbas] precisa", disse Olmert. "Ele precisa de algo sobre os refugiados e Jerusalém. Vou dar-lhe território suficiente. Talvez 94% [da Cisjordânia] com trocas territoriais". Olmert continuou a detalhar sua proposta, incluindo transformar Jerusalém Oriental na capital do Estado palestino, com os representantes de cinco Estados – Arábia Saudita, Jordânia, Estados Unidos, Palestina e Israel – administrando os lugares santos, e um cumprimento simbólico do Retorno dos refugiados – 5 mil (mais tarde, ficou claro que ele quis dizer 5 mil a cada ano).

Rice não podia acreditar no que ouvia. "Um primeiro-ministro israelense está dizendo que vai dividir Jerusalém e garantir uma supervisão internacional dos locais sagrados?" Na verdade, era difícil acreditar, mas ainda assim era verdade. A secretária de Estado achou que este era um momento histórico. A proposta de Olmert ganhou o rótulo de "melhor negócio de todos os tempos". A proposta era semelhante em muitos aspectos à Proposta Clinton, culminando com ainda mais flexibilidade na direção da Proposta de Paz Árabe de 2002. Na noite em que Rice ouviu o plano de Olmert, ela escondeu alguns detalhes de seus assessores próximos. Ela imediatamente ligou para a Casa Branca, relatou o desenvolvimento ao Conselheiro de Segurança Nacional, Steve Hadley, e acrescentou: "Olmert é sério. Ele corre o risco de ser morto em sua tentativa de alcançar a paz".

No dia seguinte, Rice chegou ao encontro marcado com Mahmoud Abbas. Ela apresentou o plano de Olmert. A resposta imediata do líder palestino foi: "Não posso dizer a 4 milhões de palestinos que apenas 5 mil deles podem voltar para casa". Ele não ficou impressionado. Ele não estava animado. Ele não achava que fosse uma proposta impressionante ou um ponto de virada histórico. Todas as desculpas feitas em seu nome nos anos que se seguiram são pequenas diante dessa resposta quase automática. Ele queria outra coisa: um direito de retorno em massa.

Semanas depois, a extensão total das alegações criminais contra Olmert (que não tinham nada a ver com o processo de paz) tornou-se pública. Este foi o motivo para uma das desculpas que alguns comentaristas fizeram pelo fracasso do Plano Olmert, que Olmert era uma "carta fora do baralho" incapaz de levar o plano adiante. Alguns até argumentaram que

Livni disse a Mahmoud Abbas que não assinasse pelo mesmo motivo. Este é um argumento estranho, uma vez que em maio de 2008, Livni não tinha conhecimento da proposta de Olmert. Quando o presidente palestino respondeu a Rice, foi numa fase em que Abbas não recebeu nenhum conselho de Livni, e sua resposta negativa não incluiu nenhuma referência à posição precária de Olmert. Muito mais tarde, Livni disse que Olmert não conseguiu finalizar os pontos [políticos]. Isso era verdade, mas não tinha nada a ver com a intransigência de Mahmoud Abbas na hora da verdade.

O jornalista Aluf Benn publicou um artigo no *Haaretz* em 12 de agosto de 2008 afirmando que "A Autoridade Palestina rejeitou a proposta de Olmert de uma retirarada de 93% dos territórios".[651] Benn também esclareceu na mesma notícia que o porta-voz da Autoridade Palestina Nabil Abu Rudeina argumentou que "o plano não é sério", porque não há contiguidade territorial com Jerusalém. Isso é uma mentira – havia. Mas novamente – não havia no artigo uma palavra sobre um primeiro-ministro israelense incapaz como um obstáculo.

Em março de 2009, quando Olmert já havia deixado o palco político, o chefe da equipe de negociação palestina, Saeb Erekat, declarou que "Abbas rejeitou a proposta de Israel em Annapolis como Arafat rejeitou a proposta de Camp David 2000".[652] Alguns meses se passaram e em junho de 2009, Erekat disse ao jornal jordaniano *Al-Dustur*: "Em Camp David, eles ofereciam 90% e [recentemente] ofereciam 100%. Então, por que devemos nos apressar?".[653]

Também vale a pena ouvir Mahmoud Abbas. Em maio de 2009, ele chegou a Washington para conversar com o presidente Barack Obama. Ele deveria se apresentar como alguém que havia considerado seriamente a proposta de Olmert. Ele poderia ter dito que os detalhes precisavam ser resolvidos. Mas ele aparentemente não coordenou com o seu Departamento de Desculpas. Abbas afirmou inequivocamente em uma entrevista com o colunista do *The Washington Post*, Jackson Diehl, que ele rejeitou a proposta de Olmert.[654] A desculpa era o direito de retorno. Ele queria, como Diehl escreveu, "grande escala" de retorno. Ele não mencionou Olmert como uma "carta fora do baralho" como fator de decisão. Mahmoud Abbas foi explicitamente questionado sobre a questão da "carta fora do baralho" em dezembro de 2009, em uma entrevista no *al-Sharq al-Awsat*; o próprio presidente da Autoridade Palestina refutou a acusação de que a posição política precária de Olmert afetou o processo.[655] Pelo contrário, ele apresentou uma nova versão dos eventos, segundo os quais ele queria continuar e Israel se recusou a enviar o enviado pessoal de Olmert, Shalom Turjeman, por causa do início das hostilidades com Gaza em 2009 (Operação Chumbo Fundido). Ele também refutou o argumento de que Livni interveio para avisar que Olmert estava atolado em problemas legais pessoais e que não adiantava falar com ele. "Isso não aconteceu", respondeu Abbas, "não houve nenhuma intervenção de Tzipi Livni". Assim, os próprios palestinos refutaram o argumento da "carta fora do baralho" para rejeitar a proposta de Olmert.

OS DOCUMENTOS DA PALESTINA

Apesar da resposta negativa inicial de Mahmoud Abbas a Rice em maio, a equipe de negociação palestina discutiu o Plano Olmert. Isso aconteceu em setembro de 2008. Foi uma discussão interna e confidencial. O documento sobre a discussão foi vazado e publicado como parte do que veio a ser apelidado de "Documentos da Palestina" publicado pela *Al Jazeera*.[656] Não é de surpreender que o documento expõe as maneiras pelas quais os palestinos não dirão nada que os vincule, mas também não permite que as pessoas atribuam a culpa a eles pelo fracasso. Algumas coisas nunca mudam. Mas novamente — nem uma palavra sobre um primeiro-ministro israelense "carta fora do baralho".

Em 2011, dois grandes meios de comunicação — *Al Jazeera* e *The Guardian* — publicaram uma grande reportagem jornalística: uma série de documentos vazados das discussões da equipe de negociação palestina. De acordo com as manchetes dos dois meios de comunicação, os palestinos haviam desistido da exigência de um direito de retorno e concordaram em reconhecer Israel como um Estado judeu. Quando li isso pela primeira vez, achei que esse realmente era um ponto de virada histórico. A mudança, escrevi então, é digna de elogios. Algumas semanas depois, um estudo que examinou todos os 1.700 documentos vazados foi publicado.[657] A conclusão do estudo foi precisamente o oposto. A contradição entre as manchetes e o estudo foi fundamental. Poderiam esses documentos realmente levar a tais conclusões contrárias?

Eu pessoalmente examinei os documentos que criaram as manchetes sobre a moderação palestina sem precedentes. O ponto mais importante pensamento em um artigo que publicou no *The Guardian* em 2010.[666] Ele deixou claro que "a questão dos refugiados palestinos não é um assunto acadêmico". Ele esclareceu que essa é a exigência mais importante dos palestinos, que servirá de base para qualquer acordo futuro. Há algo muito frustrante no fato de que esta é a posição do negociador mais moderado do lado palestino.

O tão aclamado vazamento dos Documentos da Palestina serviu a dois propósitos contrários. Na *Al Jazeera*, o objetivo era envergonhar a Autoridade Palestina. No *The Guardian*, eram um meio de envergonhar Israel. Em ambos os casos, o "furo" foi projetado para vender a ficção de que havia "documentos revelando a escala das concessões oficiais palestinas rejeitadas por Israel".[667] A fraude foi bem-sucedida. Se a moderação palestina tivesse ocorrido, seria digno de louvor. Infelizmente, isso nunca aconteceu.

A CASA DOS ESPELHOS DE OLMERT

Quando o material do Plano Olmert começou a vazar, eu era um de seus apoiadores. Muitos meses se passaram até que os detalhes estivessem disponíveis e até que as discussões palestinas sobre a proposta – e a resposta de Mahmoud Abbas e Erekat – fossem reveladas ao público. A recusa palestina é lamentável.

Aqui e ali, depois de deixar o cargo de primeiro-ministro, Olmert lamentou que os palestinos não tenham respondido positivamente à sua proposta abrangente. Dois anos depois, algo estranho aconteceu com Olmert. Por razões que são difíceis de explicar, Olmert começou a mudar de rumo. A expressão mais proeminente disso foi um artigo publicado por ele no *The New York Times*, intitulado "Paz Agora, ou Nunca".[668] É preciso lembrar que este artigo foi publicado na véspera de uma reunião da Assembleia Geral das Nações Unidas, que sempre que convocada, aprovou uma série de resoluções unilaterais contra Israel. Havia a sensação de que Israel estava sob ataque diplomático, e que com o pedido oficial palestino de reconhecimento unilateral de seu Estado, uma terceira Intifada seria divulgada, na qual centenas de milhares de refugiados palestinos reais e falsos e seus descendentes invadiriam Israel pela fronteira através da Linha Verde ou da Síria e do Líbano. Olmert, aparentemente, decidiu se juntar aos alarmistas. Ele escreveu no *The New York* Times que Mahmoud Abbas tem o direito de exigir que a ONU reconheça a Palestina, e ele tem uma maioria para fazê-lo. É um argumento estranho vindo de alguém que, apenas dois anos antes fora primeiro-ministro, e que acreditava que a Palestina deveria ser estabelecida por acordo de paz, não por um "decreto" que daria aos palestinos seu Estado sem fazer concessões dolorosas pela paz. A posição também era estranha porque era completamente contrária à posição americana, que se opunha ao estabelecimento da Palestina sem um acordo de paz. Comentaristas veteranos de centro-esquerda — Jeffrey Goldberg, do *The Atlantic*, e Fareed Zakaria, especialista em Relações Exteriores da Índia e América, da *CNN* — também se opuseram à decisão de Mahmoud Abbas. Mas Olmert os superou na esquerda. Olmert explicou que "os parâmetros de um acordo de paz são bem conhecidos", acrescentando: "Eu os coloquei lá em setembro de 2008, quando apresentei uma oferta abrangente a Abbas". Olmert está certo. Se e quando houver um acordo de paz, este seguirá as linhas das propostas de Clinton e Olmert: dois Estados, com base nas linhas de 1967 com trocas territoriais, e a divisão demográfica de Jerusalém com um órgão internacional que supervisiona os locais sagrados. A partir daí, Olmert continuou em seu editorial sobre o assunto mais delicado, argumentando:

> *O problema dos refugiados palestinos seria abordado no contexto da Iniciativa de Paz Árabe de 2002. O novo Estado palestino se tornaria o lar de todos os refugiados palestinos, assim como o Estado de Israel é a terra natal do povo judeu. Israel, no entanto, estaria preparado para absorver um pequeno número de refugiados por motivos humanitários.*

A posição de Olmert sobre os refugiados é legítima. O problema é que sua interpretação do Plano de Paz Árabe não é compartilhada por nenhum alto funcionário palestino. O que nos leva à declaração mais impressionante de Olmert: "Esses parâmetros nunca foram formalmente rejeitados por Abbas". O artigo de Olmert foi publicado durante uma séria discussão diplomática entre Netanyahu e Mahmoud Abbas contra o pano de fundo do esforço de Abbas de reconhecer a Palestina como um Estado sem ter que assinar um acordo de paz. No entanto, aqui vem um ex-primeiro-ministro israelense apresentando Mahmoud Abbas como um herói da paz, apesar de ter feito tudo o que pôde para anular o plano.

Quão crível é a versão de eventos de Olmert? Quando Olmert publicou o artigo em setembro de 2011, as entrevistas de Mahmoud Abbas e Erekat com um relato totalmente diferente já haviam sido publicadas e os Documentos da Palestina estavam disponíveis gratuitamente. Os palestinos admitiram em público o que eles também admitiram em particular – que eles rejeitaram o plano de Olmert, e suas exigências eram de um tipo que nenhum primeiro-ministro israelense poderia aceitar. Olmert, que se ofereceu para ajudar o Departamento de Desculpas de Mahmoud Abbas, aparentemente não foi consultado.

Depois que publiquei uma dura crítica tanto em relação à escolha de momento quanto ao conteúdo de seu editorial no *The New York Times*, Olmert me ligou para tentar explicar como Mahmoud Abbas nunca rejeitou sua proposta. Lembrei Olmert das declarações públicas de Mahmoud Abbas e Erekat e dos Documentos da Palestina, mas em vão. Olmert insistiu que Abbas nunca rejeitou sua proposta, em contraste com a própria declaração de Abbas de que ele o fez.

Na conferência do Fórum Saban em 2012, encontrei Olmert. Ele foi frio comigo, mas nós concordamos em ter uma discussão mais aprofundada sobre o assunto. Em resposta a uma pergunta de Martin Indyk sobre a posição de Mahmoud Abbas, Olmert mencionou que "há pelo menos um jornalista aqui que até me culpou por ser, agora, um propagandista dos palestinos", a respeito da resposta de Mahmoud Abbas.[669] Fiquei imaginando se declarações explícitas de Mahmoud Abbas não convenceriam Olmert, talvez eu precisasse encontrar uma declaração de Olmert que convencesse Olmert. Em 19 de setembro de 2010, um ano antes de seu artigo "Paz Agora, ou Nunca" no *The New York Times*, Olmert participou de uma conferência organizada pela Iniciativa de Genebra (discutida a seguir). Lá, o próprio Olmert disse o seguinte: "Não há como evitar dizer que não há acordo, porque tal acordo não poderia ser alcançado, pois o lado palestino não estava disposto a dar o passo que demos".[670] não é uma disputa entre eu e Olmert, mas entre o Olmert de 2010 e o Olmert de 2011.

O Plano Olmert foi um marco na história do conflito. Uma iniciativa séria, corajosa e digna. O lado palestino não aceitou nada disso. Não estava pronto para dar esse passo. Mas Olmert foi aparentemente cegado por sua própria política. Mesmo quando a resposta palestina foi repetida e publicamente declarada, e embora o próprio Olmert culpasse os palestinos pelo fracasso da iniciativa, ele voltou a um Estado de autonegação.

É claro que Ehud Olmert não está sozinho: esse é um dos grandes problemas da esquerda global e israelense: não importa o que os palestinos realmente digam. Sempre haverá alguém para negar ou distorcer o significado simples e claro do que eles disseram.

Esta não foi a primeira vez que Olmert tropeçou com os olhos bem fechados. Em novembro de 2007, quando era primeiro-ministro, Olmert anunciou ao Comitê de Relações Exteriores e Defesa do Knesset que "Mahmoud Abbas e Salim Fayad (ministro da Fazenda na época) estão prontos para reconhecer Israel como Estado judeu".[671] Notícias realmente boas. Mas os palestinos foram rápidos em negar inequivocamente isso. Erekat acrescentou: "Nenhum Estado no mundo conecta sua identidade nacional à sua identidade religiosa".[672] Esta foi uma declaração genuinamente hipócrita, considerando, com exceção do Líbano, que as constituições de todos os países árabes incluem um artigo explícito estabelecendo o Islã como a religião do Estado ou a fonte primária da legislação. E eis que, no projeto de constituição palestina destinado a seu próprio Estado palestino ainda não nascido, o Artigo 4 declara que "o Islã é a religião oficial na Palestina" e "Os princípios da Xaria Islâmica serão a principal fonte de legislação".[673]

Por motivos que não são claros (talvez um fracasso da equipe de pesquisa e aconselhamento que deveria ajudar a equipe de negociação) Olmert esqueceu-se de mencionar que já em 1988 Arafat, sob pressão americana, expressou publicamente o reconhecimento de um "Estado judeu".[674] Em 2004, quando Arafat foi perguntado – "Você entende que Israel tem que continuar sendo um Estado judeu?", Ele respondeu "Definitivamente".[675]

O tempo passou e a conferência do *Fatah*[676] em 2009, chefiada por Mahmoud Abbas, decidiu negar inequivocamente o reconhecimento de Israel como um Estado judeu. Esta não foi uma declaração vazia. Vale a pena citar toda a resolução para entender como ela é problemática:

Deve haver oposição absoluta, da qual não há recuo, ao reconhecimento de Israel como um "Estado judeu", a fim de proteger os direitos dos refugiados e os direitos de nosso povo do outro lado da Linha Verde.[677]

Obviamente, Israel não precisa da permissão dos palestinos para se considerar um Estado judeu. Israel não precisou dessa permissão do Egito ou da Jordânia, e não precisa disso dos palestinos. Mas a oposição estridente dos palestinos a qualquer coisa que implique o reconhecimento dos direitos políticos judaicos deveria despertar o alarme em relação às intenções até mesmo dos líderes palestinos mais moderados da atualidade.

A DIFERENÇA DE INFORMAÇÃO

A opinião pública israelense tende a confundir observadores externos, incluindo jornalistas e acadêmicos. Por um lado, há um apoio israelense relativamente alto para partidos de direita e religiosos. Em 2009, houve um grande apoio à Direita; em 2013 esse apoio caiu para menos de 50%. Por outro lado, muitas pesquisas mostram um alto grau de apoio a um acordo de paz baseado em "dois Estados para dois povos".[678] Ostensivamente, isso é uma contradição: por um lado, a maioria ou quase a maioria apoia os partidos de direita e, por outro lado, há amplo apoio a um acordo de paz com parte da liderança palestina.

Primeiro de tudo, é preciso ter em mente que o apoio público em Israel para um acordo tende a ser maior depois de assinado do que antes. A maioria dos israelenses inicialmente se opôs a um acordo de paz com o Egito baseado em uma retirada total do Sinai e na evacuação dos assentamentos israelenses, mas a maioria mudou sua posição em favor do acordo de paz depois que o acordo foi alcançado.

Em segundo lugar, uma palavra sobre o caráter do público israelense pode esclarecer o que parece tão intrigante para os observadores estrangeiros: a contradição é ilusória e se baseia em uma diferença de informação entre o público israelense e os do mundo Ocidental. Os israelenses são notáveis – e naturalmente – bem informados sobre a política local e regional, muito mais do que a maioria dos observadores estrangeiros; eles sabem muito mais sobre os pensamentos reais de muitos líderes palestinos – do tipo que os simpatizantes ocidentais gostam de fingir que não existem, ou que não têm consciência sobre. Alguns exemplos são instrutivos.

A Iniciativa de Genebra reconhece o princípio geral de dois Estados-nação – judeu e palestino – com a solução primária da questão dos refugiados palestinos através da reabilitação e compensação, e uma escala menor de Retorno limitado a Israel sujeito à sua aprovação.[679] Apesar de não ser um acordo oficial, as pessoas outrora bem colocadas (que não eram enviados de seus governos) de ambos os lados que participaram da formulação incorporaram parâmetros de Clinton e Olmert em suas próprias fundações para um futuro acordo de paz. Aqui está o problema: Imediatamente após a assinatura da iniciativa, altos funcionários palestinos foram rápidos em esclarecer que eles não estão de forma alguma desistindo do Direito de Retorno, e que nenhum palestino tem o direito de fazê-lo, de qualquer forma. Os moderados entre os que se opuseram à iniciativa explicaram que o acordo é simplesmente uma manobra política para ajudar a esquerda israelense e ferir o primeiro-ministro Ariel Sharon. Assim, por exemplo, Jibril Rajoub, um dos auxiliares de Arafat, esclareceu que "o presidente [Arafat] nunca concordou com o documento e não o adotou". Mais uma vez, um promissor acordo de paz não afundou na questão das fronteiras, mas no "direito não negociável" de 4 milhões de palestinos de retornar a Israel.[680]

O apoio israelense a uma retirada até as linhas de 1967 (com trocas de terras) só existe sob a condição de que os palestinos parem com essas demandas desestabilizadoras e destrutivas. Os israelenses entendem instintivamente que não se pode argumentar "dois Estados para dois povos" e, ao mesmo tempo, exigir o retorno em massa dos palestinos ao outro Estado não palestino. Quando os israelenses, que em geral apoiam as negociações, ouvem isso, concluem que os palestinos não estão genuinamente interessados em paz. Além disso, não é apenas o Hamas que prega aniquilar os judeus. O Mufti da Autoridade Palestina Mohammad Hussein, em uma cerimônia em homenagem aos 47 anos desde a fundação do Fatah, afirmou que "o destino dos muçulmanos é destruir os judeus". O anfitrião, também membro da Fatah, acrescentou: "Nossa guerra com os descendentes de macacos e porcos é uma guerra de religião e fé". Isso foi ao ar na televisão estatal oficial da Autoridade Palestina. Se as citações não forem claras o suficiente, um dos altos membros do Fatah Abbas Zaki, que também falou na celebração do Fatah, esclareceu que a demanda palestina pelas linhas de 1967 (a Linha Verde, antes da Guerra dos Seis Dias) visava um objetivo – acabar com o Estado de Israel:

O acordo é baseado nas fronteiras de 4 de junho de 1967. Enquanto o acordo permanece nas fronteiras de 4 de junho, o presidente [Mahmoud Abbas] entende, nós entendemos, e todos sabem que é impossível realizar a ideia inspiradora, ou o grande objetivo de uma só vez. Se Israel se retirar de Jerusalém, se Israel erradicar os assentamentos, 650 mil colonos, se Israel remover a cerca (de segurança) – o que será de Israel? Israel chegará ao fim. Se eu disser que quero removê-lo da existência, isso será ótimo, ótimo, mas é difícil. Esta não é uma política [declarada]. Vocês não podem dizer isso ao mundo. Vocês podem dizer isso para si mesmos.[681]

Zaki declarou (em árabe, é claro) aquilo que não deve ser declarado abertamente – o objetivo de destruir Israel, na *Al Jazeera*, o canal de televisão mais assistido do mundo árabe. Se isso é loucura ou uma crença (infelizmente justificada) de que o mundo Ocidental não escutaria, deixamos o leitor julgar.

Políticos israelenses e figuras públicas também são culpados de fazer declarações contra a paz e a favor da perpetuação da ocupação. Rabinos em Israel fizeram declarações racistas. Mas há uma diferença crítica: os rabinos e políticos que fazem essas declarações são quase todos figuras marginais, cujas palavras quase sempre se deparam com uma torrente de críticas israelenses quando são transmitidas. Zaki, por outro lado, foi ao ar na televisão oficial da Autoridade Palestina, sem comentários nem condenação. A ONG *Palestine Media Watch* documenta regularmente esse tipo de incitação oficialmente sancionada. Os resultados são horripilantes: incitação coerente e sistemática, incluindo elogios a Hitler, negação do direito de existência de Israel, promoção do retorno, e tudo isso com se quer uma palavra de condenação da Autoridade Palestina ou dos palestinos em geral.[682]

A esmagadora maioria do público Ocidental não sabe nada disso. Os israelenses sabem. Acadêmicos e jornalistas que cobrem a região para o mundo Ocidental preferem ignorar as informações, desconsiderando a documentação clara ao anular as organizações de denúncia de irregularidades como o *Palestine Media Watch* e o *MEMRI* como sendo "de direita" e, portanto, não confiáveis. Esta situação cria uma diferença de informação e uma compreensão distorcida do conflito.

Sem essa incitação constante, sem a constante recusa de acordos promissores, o apoio de Israel a iniciativas como a de Genebra provavelmente aumentaria de 58% para 78%. Ao contrário do que muitos ocidentais bem-intencionados podem pensar, fechar os olhos para essas declarações e atos de incitação não promove a paz. Pelo contrário: Ignorando o problema e continuando a financiar a Autoridade Palestina sem forçá-la a moderar sua programação oficial e posições públicas, o Ocidente assegura que a paz permanecerá à distância.

A paz não é apenas um acordo entre os políticos. Para que a paz dure, ela deve ter amplo apoio público, o que só pode se realizar pela criação de um ambiente ou clima favorável à paz, não apenas pelo acordo, mas pela própria ideia de um fim do conflito. Israel é justamente criticado pelo projeto de assentamento, que bloqueia tudo isso. A incitação pela Autoridade Palestina não é diferente.

ILUSÕES COMO UM OBSTÁCULO PARA A PAZ

Um dos problemas dos defensores da paz em Israel e no mundo, incluindo pessoas sérias e conhecedoras que genuinamente desejam ajudar Israel, é que algo lhes acontece quando começam a falar em paz. A paz se torna uma religião, até uma obsessão. Sua fé ardente os cega para realidades complexas. A paz é certamente importante; os parâmetros que mencionamos, como a Iniciativa de Genebra e a Proposta Clinton e o Plano Olmert, já foram expostos. Para Israel, no entanto, os planos são problemáticos porque vislumbram uma retirada que não levará à paz — como durante a retirada do Sinai —, mas a uma repetição de Gaza, com uma invasão do Hamas e uma aceleração da já venenosa cultura da incitação.

O problema não é apenas a incitação. Os temores israelenses de uma invasão do Hamas ou de *Jihad* radical na Cisjordânia são legítimos. As invasões islâmicas aconteceram antes — no Sinai, em Gaza, no Líbano, no Iraque, na Síria, na Líbia. Isso pode acontecer na Cisjordânia. Os israelenses sabem que Mahmoud Abbas está segurando sua cadeira com as unhas e que o Hamas está constantemente tentando prejudicá-lo. Eles sabem que nenhum acordo de paz efetivamente mudará esse equilíbrio de poder na política palestina. Os israelenses não são tanto contra um Estado palestino quanto um Estado terrorista jihadista. Eles têm boas razões para se sentirem assim.

A promessa das forças internacionais de "manter a paz" parece para qualquer israelense, independentemente de filiação política, como nada menos do que absurda. As forças internacionais nunca pararam uma guerra quando um lado desejava fazê-lo — não em 1967, nem no Sul do Líbano, nem em outros lugares. Mesmo o exército egípcio não conseguiu reter o crescimento das forças islâmicas radicais no Sinai. A ideia de que Mahmoud Abbas e os voluntários fijianos terão sucesso onde outros falharam é uma noção tola para quem entende a situação real. Os temores israelenses de que um acordo leve rapidamente a uma repetição da Retirada de

Gaza – apenas com mais danos e muito mais baixas – são razoáveis e bem fundamentados.

Ofertas generosas foram colocadas e estão na mesa, muito antes de Netanyahu chegar ao poder. Os palestinos as rejeitaram. Isso não significa que devemos desistir. As circunstâncias mudaram e o perigo de penetração das forças jihadistas requer um novo pensamento. Os perigos, tenha em mente, não são apenas para os israelenses, mas também para os próprios palestinos. A paz exigiria que ambos os lados fizessem concessões genuinamente dolorosas. Apesar de todos esses medos legítimos, Israel precisa fazer todo o possível para evitar o pesadelo de uma realidade de "Estado único" ou "Estado binacional".

Mas desejar a paz não deveria significar abandonar o senso comum. Precisamos lutar contra o Direito de Retorno, entendendo que, enquanto ele estiver na mesa, nenhuma paz é possível. Hamas e elementos jihadistas não devem ser ignorados, e aqueles que minimizam os arranjos de segurança em nome da "religião da paz" devem ser descartados. A paz exige ouvir todas as vozes do discurso palestino, tanto positivas quanto negativas, e fazer o melhor que pudermos para fortalecer o primeiro, às custas do segundo. Ignorá-los não fará bem à paz.

A CONTRIBUIÇÃO DO OCIDENTE PARA PIORAR O CONFLITO

Não há conflito nacional que desfrute de um envolvimento e intervenção internacional tão grande quanto o conflito árabe-israelense. Isso inclui enormes somas de dinheiro canalizadas para órgãos que parecem apoiar a resolução de conflitos e os direitos fundamentais. O problema é que muito desse dinheiro vai para entidades que lutam pelo oposto. A seguir há apenas alguns exemplos proeminentes.

O governo holandês financia a Intifada Eletrônica.[683] Ali Abunimah é uma das suas lideranças. Abunimah considera Mahmoud Abbas como um "colaborador" dos israelenses (o termo palestino para um traidor que merece a morte).[684] Abunimah é também um virulento opositor do processo de paz e um defensor aberto da "solução de um Estado"[685] cujo significado real – aos olhos da Europa, assim como Israel – é o fim do Estado judaico.

A Suécia, a Bélgica, a Irlanda, a Noruega e a Holanda apoiaram a ONG *al-Haq* durante a última década.[686] Uma organização palestina sediada em Ramala, *al-Haq* é supostamente uma organização neutra de direitos humanos. O problema? Apoia o BDS e o Direito de Retorno.[687] Alguém poderia explicar como financiar tal organização promove a paz genuína?

O Centro de Desenvolvimento Nacional (CDN) transfere milhões de dólares para organizações israelenses e palestinas. O fundo é apoiado pelo Banco Mundial, França e outros países europeus.[688] Formalmente, o fundo apoia os direitos humanos como tal, mas uma verificação das organizações que financia mostra que a maioria delas apoia o Direito de Retorno ou está envolvida no BDS.

Entre as dezenas de organizações apoiadas pela União Europeia está o Comitê Israelense Contra a Demolição de Casas (CICDC), liderado por Jeff Halper. Halper fez seu nome dando palestras, atacando não apenas Israel, mas também o capitalismo global. Ele até vê o Plano da Paz da Arábia Saudita como nada mais do que um estratagema "destinado mais a aplacar a opinião pública árabe do que como uma posição política real".[689] Em sua opinião, os líderes ocidentais estão praticamente implorando a Israel para se tornar uma potência regional para que o Ocidente possa continuar a oprimir as massas árabes. O CICDC também apoia publicamente o BDS e o Direito de Retorno.[690] Apesar de tudo isto, esta organização abertamente radical foi apoiada pela União Europeia no montante de €169.661 entre fevereiro de 2010 e junho de 2012.[691]

Poderíamos continuar assim infinitamente até cobrir a lista cada vez maior de organizações financiadas pela União Europeia e por países europeus.[692] Organização após organização vende ao Ocidente uma lista de metas sobre o apoio aos direitos humanos – e depois apoia a campanha contra a própria existência de Israel, pelo Direito de Retorno, pelo BDS, ou contra acordos de paz que envolvem o reconhecimento de direitos de Israel. Estamos falando de uma enorme e densa rede de organizações, nem sempre ligadas, mas todas com uma causa comum: uma oposição em princípio e ideologia à fórmula dos "dois Estados para dois povos".

A União Europeia não financia diretamente o BDS, mas financia muitas organizações que dele participam. Pior, o objetivo do BDS não é o fim da ocupação, mas o fim de Israel. Sim, aqueles que falam em nome do BDS sabem falar em inglês polido sobre direitos humanos e o fim da ocupação. Mas eles na verdade se opõem à solução dos "dois Estados para dois povos", condenando abertamente os "colaboradores" que tentam chegar a um acordo de paz. É assim que o Hamas fala, e é assim que o BDS pensa e age. Omar Barghouti, um dos líderes do movimento, diz abertamente que o fim da ocupação não será o fim da luta do BDS.[693]

Não está claro quando um acordo de paz será alcançado. O que está claro é que quando isso ocorrer, haverá oposição não apenas do Hamas e do Hezbollah, mas de centenas de organizações radicais nadando em dinheiro Ocidental, obcecados em impedir um acordo de "rendição" de Mahmoud Abbas o "colaborador". Eles farão tudo o que puderem para evitar tal acordo. De fato, tais ações já foram tomadas na prática. O esforço mais sério para elaborar um "quadro de princípios" para um acordo de paz foi conduzido pelo secretário de Estado John Kerry, com o apoio da União Europeia e dos países europeus. O líder do BDS, Abunimah, da Intifada Eletrônica, financiada pelos holandeses, liderou a acusação contra a solução de dois Estados.[694]

As opiniões dos participantes do BDS não devem ser ignoradas. Sua influência corrosiva está longe de ser marginal, especialmente entre a comunidade poderosa e transnacional de ONGs e burocracias governamentais. É uma rede enorme, com capacidades logísticas impressionantes, e é a ponta da lança da indústria de mentiras – a mesma indústria que está tornando a paz muito mais difícil do que já é.

UM NOVO ORIENTE MÉDIO

Em abril de 2014, outra rodada de negociações de paz, sob os auspícios de John Kerry, chegou ao fim. As negociações chegaram a uma crise após as declarações palestinas de que não iriam continuar, o que foi resolvido por uma recusa israelense em continuar libertando prisioneiros (parte de concessões mútuas para reiniciar as negociações). Outra (e desnecessária) declaração, talvez uma provocação intencional do ministro da Habitação do partido Casa dos Judeus, anunciando um projeto de construção no bairro de Gilo, em Jerusalém, provocou indignação em Washington.

Nas primeiras semanas após o colapso das negociações, o dedo apontou naturalmente para Israel, como aconteceu muitas vezes no passado. Mas então os segredos começaram a emergir. Já durante as negociações, publiquei informações, baseadas em muitas conversas com altas autoridades, que Netanyahu pretendia responder favoravelmente aos princípios preliminares de Kerry, enquanto a resposta palestina seria negativa.[695] Meses se passaram, as negociações eram uma lembrança distante, e em julho de 2014 o *Haaretz* — nenhum fã de Bibi — publicou discretamente um item mencionando que Netanyahu concordara com uma retirada de mais de 90% da Cisjordânia.[696]

Algumas semanas se passaram e o periódico liberal *New Republic* publicou uma extensa reconstrução das negociações.[697] Em contraste com as impressões das primeiras semanas, o artigo colocou grande parte da culpa pelo fracasso aos pés do próprio secretário de Estado. Além disso, descobriu-se que Netanyahu de fato moderara seus pontos de vista, mas Mahmoud Abbas continuou a tradicional tradição palestina de recusa total. De acordo com a reconstrução, a reunião final ocorreu na Casa Branca em 17 de março de 2014. Obama tentou pressionar Mahmoud Abbas, prometendo-lhe a divisão de Jerusalém, mas o líder palestino não se mexeu. Vários meses mais se passaram até março de 2015, quando um importante jornalista israelense da *Yedioth Ahronoth*, Nachum Barnea, revelou um documento expondo o fato de que em negociações secretas entre representantes de Mahmoud Abbas e Netanyahu, o segundo aceitou o princípio das fronteiras de 1967.[698]

—

O Oriente Médio está passando por uma mudança radical. O ISIS foi derrotado no terreno, mas a *Jihad* Global e a Xaria são apoiadas por uma alta porcentagem de muçulmanos. As forças jihadistas, algumas delas filiadas ao ISIS, estão erguendo suas cabeças no Sinai (Egito), Nigéria, Líbia e Filipinas, juntando-se a seus irmãos de armas na Somália, Iêmen, Afeganistão e Paquistão. Novos fatos estão sendo criados e novos capítulos da história estão sendo escritos. Todos aqueles que fazem parte do discurso público sobre o conflito precisam dar um passo para trás e reavaliar as questões. Não devemos desistir de um acordo final para a paz, mas precisamos reconsiderar como proceder à luz dessas novas realidades.

CAPÍTULO 18
Autismo Intelectual
—

> Muitos intelectuais e acadêmicos, líderes em seu campo, publicaram e continuam publicando, mentiras cujo denominador comum é desconsiderar fatos básicos, com o objetivo de retratar Israel como uma das piores manchas no registro da humanidade. A seguir há apenas uma lista parcial.

A **ACADÊMICA SARA M.** Roy é pesquisadora sênior no Centro de Estudos do Oriente Médio da Universidade de Harvard. Ela é descrita como "pesquisadora líder e autoridade acadêmica mais amplamente respeitada em Gaza hoje". Em junho de 2016, Roy publicou um artigo intitulado "Gaza: Abandonada no Meio do Nada", sobre a situação dos habitantes da Faixa de Gaza.[699] Este artigo apresenta milhares de palavras em uma respeitada revista acadêmica, a *Georgetown Journal of International Affairs*, a publicação oficial da Escola de Relações Exteriores da Universidade de Georgetown. Ela culpa Israel repetitivamente no artigo. Mas a palavra "Hamas" não foi mencionada nem uma vez. Algum estudioso pode escrever sobre o sofrimento dos norte-coreanos sem mencionar o regime? E como, exatamente, esse artigo passou pela revisão por pares?

Sir Isaiah Berlin definiu um ideólogo como alguém que reprimirá qualquer coisa que ele suspeite ser verdade. Segundo Berlin, essa supressão da verdade foi o que levou aos maiores horrores dos séculos passados. Um intelectual deve ser alguém que lide com os fatos, mesmo que eles não correspondam à sua visão de mundo. Mas nos dias atuais, há muitos intelectuais que não deixam que os fatos inconvenientes atrapalhem sua visão. Eles criam uma nova realidade, inventam fatos, publicam inumeráveis textos contendo mentiras bem conhecidas, e falam e citam apenas um ao outro em um fenômeno acadêmico que Elhanan Yakira, do departamento de filosofia da Universidade Hebraica, rotulou de "autismo intelectual".[700]

Fechamos o círculo completo com o artigo que abriu este livro. Para reiterar: Em 2002, o historiador israelense Ilan Pappé, então professor da Universidade de Haifa, publicou um artigo no jornal egípcio *al-Ahram*.[701] No artigo, ele apresentou quatro argumentos principais: Primeiro "[a transferência] apareceu como uma proposta de diretriz em documentos apresentados pelos ministros do Partido Trabalhista para seu governo". Segundo, "[a transferência] é abertamente defendida por professores universitários, comentaristas da mídia". Terceiro, "a transferência é agora a opção oficial, moral recomendada por um dos centros acadêmicos mais prestigiados de Israel [o IDC]". E quarto, "muito poucos ousam condenar [a transferência]". Para mim, o artigo de Pappé foi um marco. Pensei que era um erro. Não poderia ser verdade que um acadêmico em Israel pudesse escrever algo assim. Ninguém no Partido Trabalhista propôs a transferência. Se tal ideia tivesse sido proposta, teria sido manchete em todo o mundo. O apoio à transferência não foi ouvido em nenhum meio de comunicação convencional, nem de acadêmicos nem de jornalistas.

Eu não era neófito em relação a este mundo. Na época, eu era o editor de opinião do diário hebraico *Maariv*. Como outros editores dos principais jornais de Israel, se eu tivesse recebido uma sugestão de artigo em apoio à transferência, eu não o teria publicado. Instituições acadêmicas em Israel não adotam posições políticas, assim como a Universidade de Columbia não tem posição sobre a questão do Tibet. De fato, tal argumento só pode ser feito por alguém que não tem ideia de como funciona a academia israelense. A oposição à transferência era uma questão de total consenso entre todos os membros da elite na academia e na mídia; o apoio à transferência entre o público israelense nunca saiu das margens. Pode-se encontrar um professor marginal, um entre milhares, que apoia a transferência, mas tal professor nunca teria um lugar em um grande meio de comunicação para expor suas opiniões. Na melhor das hipóteses, ele poderia encontrar uma caixa de sabão para usar de palanque em um blog ou *website* marginal. Eu liguei para Pappé. Eu pensei que ele iria me dizer que isso foi um erro, e que ele realmente não escreveu o artigo. Eu perguntei se ele poderia me dar um nome – de um jornalista ou de um acadêmico – que publicou um artigo a favor da transferência. Pappé não conseguiu explicar nada que ele havia escrito. Foi constrangedor.

—

Pappé é apenas um exemplo. Quando se trata do Oriente Médio, o mundo acadêmico fornece inúmeras provas para a observação de Isaiah Berlin. Um grande rebanho de professores, acadêmicos, comentaristas e jornalistas espalharam mentiras sobre o conflito – mentiras que são tão facilmente refutadas, que chega a ser vergonhoso. Todas as mentiras têm um denominador comum: um esforço para retratar Israel como um monstro, um perigo para a paz do mundo, uma entidade racista que comete crimes terríveis sem parar. O esforço é, infelizmente, bem-sucedido. Pesquisas internacionais repetidamente mostram que se repetimos uma mentira com frequência suficiente – não importa o quão absurda – cada vez mais pessoas a acreditarão como verdade.

—

O acadêmico Joseph Massad, estudioso de política árabe moderna e história intelectual da Universidade de Columbia, publicou um artigo argumentando que as questões centrais da agenda israelense foram mais bem articuladas no discurso proferido pelo primeiro-ministro israelense Netanyahu na Assembleia Geral das Nações Unidas em setembro de 2011 dizendo: "Netanyahu conclui com um chamado para expulsar os 1,6 milhão de palestinos que são cidadãos israelenses".[702] Netanyahu fez sim um discurso nas Nações Unidas referido por Massad. Esse é o único fato correto no artigo. O leitor é convidado a ver todo o discurso por si mesmo e verificar cada palavra.[703] Mesmo com uma lupa, não se encontra um traço do que Massad alegou. Nada, não nesse discurso, nem em qualquer outro discurso dado por Netanyahu. Além disso, o que emerge é uma conclusão completamente oposta no discurso das Nações Unidas mencionado. Netanyahu disse: "O Estado judeu de Israel sempre protegerá os direitos de todas as suas minorias, incluindo os mais de 1 milhão de cidadãos árabes de Israel". Como que os direitos de proteção se tornam transferência? Apenas Massad sabe.

No mesmo artigo, Massad acrescentou ao seu discurso, alegando que "Tel Aviv é a única cidade Ocidental que não tem nenhum árabe ou muçulmano". Não importa que Tel Aviv inclua Jafa – e, de fato, o nome oficial da cidade é Tel-Aviv-Jafa. Milhares de árabes vivem ao lado dos judeus em Jafa, centenas na parte de Tel Aviv da cidade. Tudo isso é fácil e publicamente disponível. Como que Massad não viu isso? É bastante irônico, considerando que o título do artigo de Massad foi: "Verdades, fatos e fatos brutos".[704]

Em outro artigo na *Al Jazeera*, Massad argumentou que no Holocausto havia dois tipos de judeus – sionistas e não sionistas.[705] Os sionistas são efetivamente antissemitas, porque os antissemitas também queriam expulsar os judeus da Europa. Massad confunde causa e efeito – os judeus procuraram um abrigo na sequência de incidentes antissemitas, como o Caso Dreyfuss e os pogroms russos. O antissemitismo foi uma das forças motrizes por trás da fundação do movimento sionista em primeiro lugar. O sionismo não criou o antissemitismo; o antissemitismo criou o sionismo. Massad prossegue explicando que os judeus antissionistas foram exterminados porque se opunham ao sionismo (uma forma de antissemitismo judaico). Alguém deveria contar isso para os nazistas. Qualquer pessoa com algum conhecimento superficial do Holocausto sabe que os nazistas perseguiram todos os judeus, independentemente de sua visão de mundo, e que eles não se importavam nem um pouco com o fato de suas vítimas serem sionistas ou não. Mas, novamente, quem se importa com os fatos?

Desequilibrado? Isso só piora. Segundo Massad, "as políticas europeias e americanas após a Segunda Guerra Mundial continuaram apoiando o programa antissemita do sionismo". O apoio do líder palestino Haj Amin al-Husseini a Hitler e o Holocausto não é verdade. Mas aparentemente os sionistas eram antissemitas.

Massad não é um acadêmico júnior. Ele é professor sênior em uma universidade da *Ivy League*. Toda mentira que ele diz e transmite a seus alunos como fato científico é protegida pela "liberdade acadêmica" e amplamente disseminada. Essa liberdade absoluta deve ser elogiada – mas talvez, como os cigarros, suas afirmações devam vir com uma mensagem de ADVERTÊNCIA para que não se inspire muito profundamente.

—

O acadêmico Joseph Massad, estudioso de política árabe moderna e história intelectual da Universidade de Columbia, publicou um artigo argumentando que as questões centrais da agenda israelense foram mais bem articuladas no discurso proferido pelo primeiro-ministro israelense Netanyahu na Assembleia Geral das Nações Unidas em setembro de 2011 dizendo: "Netanyahu conclui com um chamado para expulsar os 1,6 milhão de palestinos que são cidadãos israelenses". Netanyahu fez sim um discurso nas Nações Unidas referido por Massad. Esse é o único fato correto no artigo. O leitor é convidado a ver todo o discurso por si mesmo e verificar cada palavra. Mesmo com uma lupa, não se encontra um traço do que Massad alegou. Nada, não nesse discurso, nem em qualquer outro discurso dado por Netanyahu. Além disso, o que emerge é uma conclusão completamente oposta no discurso das Nações Unidas mencionado. Netanyahu disse: "O Estado judeu de Israel sempre protegerá os direitos de todas as suas minorias, incluindo os mais de 1 milhão de cidadãos árabes de Israel". Como que os direitos de proteção se tornam transferência? Apenas Massad sabe.

No mesmo artigo, Massad acrescentou ao seu discurso, alegando que "Tel Aviv é a única cidade ocidental que não tem nenhum árabe ou muçulmano". Não importa que Tel Aviv inclua Yafo – e, de fato, o nome oficial da cidade é Tel-Aviv-Yafo. Milhares de árabes vivem ao lado dos judeus em Yafo, centenas na parte de Tel Aviv da cidade. Tudo isso é fácil e publicamente disponível. Como que Massad não viu isso? É bastante irônico, considerando que o título do artigo de Massad foi: "Verdades, fatos e fatos brutos".

Em outro artigo na *Al Jazeera*, Massad argumentou que no Holocausto havia dois tipos de judeus – sionistas e não sionistas. Os sionistas são efetivamente antissemitas, porque os antissemitas também queriam expulsar os judeus da Europa. Massad confunde causa e efeito – os judeus procuraram um abrigo na sequência de incidentes antissemitas, como o Caso Dreyfuss e os pogroms russos. O antissemitismo foi uma das forças motrizes por trás da fundação do movimento sionista em primeiro lugar. O sionismo não criou o antissemitismo; o antissemitismo criou o sionismo. Massad prossegue explicando que os judeus antissionistas foram exterminados porque se opunham ao sionismo (uma forma de antissemitismo judaico). Alguém deveria contar isso para os nazistas. Qualquer pessoa com algum conhecimento superficial do Holocausto sabe que os nazistas perseguiram todos os judeus, independentemente de sua visão de mundo, e que eles não se importavam nem um pouco com o fato de suas vítimas serem sionistas ou não. Mas, novamente, quem se importa com os fatos?

Desequilibrado? Isso só piora. Segundo Massad, "as políticas europeias e americanas após a Segunda Guerra Mundial continuaram apoiando o programa antissemita do sionismo". O apoio do líder palestino Haj Amin al-Husseini a Hitler e o Holocausto não é verdade. Mas aparentemente os sionistas eram antissemitas.

Massad não é um acadêmico júnior. Ele é professor sênior em uma universidade da *Ivy League*. Toda mentira que ele diz e transmite a seus alunos como fato científico é protegida pela "liberdade acadêmica" e amplamente disseminada. Essa liberdade absoluta deve ser elogiada – mas talvez, como os cigarros, suas afirmações devam vir com uma mensagem de ADVERTÊNCIA para que não se inspire muito profundamente.

—

O acadêmico Lev Grinberg publicou um artigo em um jornal belga afirmando que Israel está cometendo "genocídio simbólico". No artigo, Grinberg afirmou que "como o mundo não permitirá uma eliminação total, o que está acontecendo é uma aniquilação parcial".[706] O autor é um israelense judeu e professor da Universidade Ben Gurion. Grinberg se descreve como um filho de refugiados do Holocausto, um título que dá uma aura de autenticidade e legitimidade aos seus comentários, uma perspectiva interna única. Ele afirma que escreve "para salvar Israel de si mesmo". O artigo presume que Israel é um perigo para si mesmo, tanto quanto é um perigo para a região. O genocídio faz parte de sua natureza e somente o medo da opinião pública restringe sua natureza inerentemente maligna. Não importa que os números apresentados nos capítulos anteriores, que os acadêmicos deveriam saber, provem que o argumento do genocídio é um libelo de sangue.

—

Um exemplo da disseminação da mentira do genocídio é uma coleção de ensaios de professores e especialistas intitulada The Plight of the Palestinians: A Long History of Destruction,[707] incluindo luminares como William Cook,[708] Richard Falk, Tanya Reinhart,[709] Jeff Halper,[710] Adi Ophir[711] e Ilan Pappé. Esta coleção de argumentos absurdos de fato quebra todos os recordes. De acordo com este livro distorcido, o número de refugiados palestinos é de 7 milhões.[712] De fato, o número de refugiados originais palestinos está entre 583 mil e 609 mil, segundo um estudo detalhado de Efraim Karsh. A ONU estima o número em 711 mil. Vamos supor que as Nações Unidas estejam certas. Os anos passam e, de acordo com dados da UNRWA, o número de refugiados (agora principalmente descendentes), em 2015, é de 5,589 milhões.[713] Os escritores não estão satisfeitos com este número já astronômico. Eles confiam nos números inflados da organização ONG BADIL palestina (que é, naturalmente, generosamente apoiada pela União Europeia e países europeus). Pior, o livro contém a fábula – compartilhada por muitos dos contribuintes – de 2 milhões de palestinos mortos por genocídio (!). Absolutamente infundado por qualquer comparação, mas quando se trata de Israel, tudo o que se precisa fazer é tirar um número de um chapéu e publicá-lo.

Nessa a indústria de mentiras realmente se supera. Começou com 711 mil refugiados, passou para o genocídio de 2 milhões de palestinos, mas de alguma forma os refugiados se multiplicaram a ponto de agora serem 7 milhões de pessoas. Isso não conta os palestinos não refugiados; se os adicionarmos à mistura, chegaremos a uma afirmação de que há 12 milhões de palestinos no total. Mesmo considerando que os palestinos tiveram uma das mais altas taxas de natalidade do mundo, nenhum aluno da quarta série que sabe contar consegue chegar a esses números. Inacreditável, no sentido negativo do termo. Até mesmo a URSS – que transformou os números num modo de vida – teria descartado isso como pouco convincente. No entanto, toda uma lista de estudiosos e acadêmicos aparentemente sérios dá seu selo de aprovação a tais declarações.

—

O acadêmico Dennis Sullivan, um cientista político da Universidade Northeastern em Boston, juntou-se a um grupo bem grande de professores que obscurecem a linha entre a incitação política e a acadêmica. Depois de uma série de difamações contra Israel, Sullivan disse estar abertamente orgulhoso do fato de que seus estudantes se tornaram anti-Israel (graças a sua pregação pseudo-acadêmica).[714] Entre outros, Sullivan disse a seus estudantes que "as duas listras azuis na bandeira representam os rios Nilo e Eufrates".[715] Não é ciência avançada – basta pesquisar no google "Bandeira de Israel" para encontrar o que Sullivan deveria saber em qualquer caso como uma questão de alfabetização cultural básica: que as duas listras representam as duas listras de um *tallit*, um xale de oração judaico. Elas não têm nada a ver com o Nilo e o Eufrates, nem com os escritos de Herzl sobre o futuro Estado judeu. Essa alegação ridícula recebeu confirmação questionável de um acadêmico britânico, e foi refutada pelo estudioso independente e doutor, Daniel Pipes, fundador do *Middle East Forum*.[716] Sullivan não está sozinho. Yasser Arafat fez uma afirmação semelhante – em uma entrevista na Playboy. De vez em quando, a estação de televisão estatal da Autoridade Palestina repete essa mentira.[717] Também é disseminada por entidades antissemitas e islamistas. O tema expansionista "do Nilo ao Eufrates" é usado até como gravetos para incitar também. Por exemplo, o chefe do Movimento Islâmico em Israel, Raed Salah, escreveu um poema que inclui a seguinte passagem:

> *Vocês judeus são bombardeiros criminosos de mesquitas, matadores de mulheres grávidas e bebês. Ladrões e germes em todos os tempos, o Criador os condenou a serem macacos perdedores. A vitória pertence aos muçulmanos, do Nilo ao Eufrates.*[718]

Em outras palavras, isso não é apenas uma falsa afirmação sobre o desejo israelense de expansão territorial, mas uma arma no arsenal de propaganda de um islamista antissemita que no discurso de hoje extrai sua "respeitabilidade" e "credibilidade" de um professor universitário.

—

Ola Tunander, do Instituto de Pesquisa da Paz de Oslo (IPPO), publicou um artigo na revista acadêmica *Nytt Norsk Tidsskrift*, alegando que Israel estava por trás do ataque terrorista cometido por Anders Breivik na Noruega.[719] Insanidade, pode-se dizer – mas insanidade com um selo acadêmico de aprovação. Quando se trata de ódio aos judeus em geral – e ódio a Israel em particular – novos recordes de absurdos são frequentemente quebrados. Tunander "prova" sua tese com datas: Breivik cometeu sua atrocidade no dia 22 de julho – no mesmo dia em que o Irgun explodiu o Hotel King David em 1946. Isso é assunto de teóricos da conspiração marginal, não de acadêmicos respeitáveis. Infelizmente, Tunander não é o único a fazer esse tipo de conexão. Seu colega na IPPO, Johan Galtung, o fundador do IPPO, fez uma conexão semelhante.[720] Galtung é considerado uma figura importante na disciplina de Estudos para a Paz, que trata da promoção da paz em áreas de conflito violento. Seus artigos sobre o papel da mídia na promoção da paz são estudados em muitos países, incluindo Israel. A fantasia de Galtung de que a Mossad estava por trás do massacre na Noruega não foi um caso isolado. No passado, ele acusou Israel de cometer crimes piores do que os dos nazistas, fez alegações antissemitas sobre o controle judaico da mídia mundial e economia mundial, e também recomendou a leitura dos *Protocolos dos Sábios de Sião* para entender os eventos mundiais.[721]

O problema não é que existam professores lunáticos no mundo. O problema é que a publicação de um artigo inclui o processo de verificação por um editor e, na maioria dos casos, por revisores externos. O artigo de Tunander passou pela análise de tais profissionais, e as afirmações abertamente odiosas de Galtung não afetaram seriamente seu status de promotor de paz e harmonia.

Se em algum momento acreditávamos que os libelos de sangue fossem a província das margens da esquerda e da direita, isso não é mais verdade. Que tipos como Tunander e Galtung continuem a gozar de prestígio acadêmico e de status é incompreensível e francamente insano. Mas é verdade.

—

O acadêmico Lawrence Davidson, aposentado do ensino de história na Universidade de West Chester e membro do conselho da Campanha dos Estados Unidos pelo Boicote Acadêmico e Cultural de Israel, apresentou uma posição a favor de boicotar Israel em uma convenção da MESA.[722] Ao publicar suas razões para tal ação, o primeiro argumento foi que "as instituições acadêmicas e os profissionais israelenses estiveram intimamente envolvidos por quase 40 anos na destruição sistemática dos esforços educacionais palestinos em seu país".[723] Davidson apresentou os atos de destruição ou evidência do envolvimento de instituições acadêmicas nesta destruição sistemática? Claro que não, porque todos os dados mostram que a educação na área sob o domínio israelense, longe de ser sistematicamente pisoteada, prosperou e cresceu sem precedentes (como foi detalhado anteriormente). Portanto, Davidson não é meramente impreciso. Ele simplesmente vira a realidade de cabeça para baixo. Não é de se surpreender que Davidson tenha confiado extensivamente em Ilan Pappé como fonte.

—

Outro exemplo gritante disso consiste em um dos mais prestigiados periódicos médicos do mundo, o *Lancet*. Entre 2001 e 2014, esta revista publicou 264 artigos e cartas/comunicações sobre temas palestinos e israelenses, muitos crivados de "alegações distorcidas ou sem fundamento" de que Israel era "responsável por partos prematuros, mortes de palestinos em postos de controle, mortes por câncer, distúrbios psicológicos, e mais", segundo o cientista político e chefe da ONG *Monitor* Gerald Steinberg, da Universidade Bar-Ilan.[724] Isso só cessou depois que o *The Telegraph* publicou um artigo em que figuras médicas britânicas afirmavam que "a *Lancet* foi sequestrada para fazer uma campanha infatigável contra Israel".[725] A última gota para os médicos foi uma "Carta aberta para o povo de Gaza" unilateral e altamente politizada, publicada no *Lancet* em julho de 2014 (durante a guerra de dois meses em Gaza) acusando Israel de crimes de guerra. As críticas levaram o editor, que desempenhou um papel central em tais decisões editoriais, a remover ainda mais conteúdos inadequados da revista médica que, apesar disso, durante uma década e meia, já haviam sido amplamente citados na indústria de mentiras como evidência condenatória mas respeitável contra Israel.

Os acadêmicos e profissionais que usam seu prestígio e credibilidade como estudiosos para difamar e demonizar Israel barateiam e distorcem totalmente sua própria área de especialização. Eles se importam? Aparentemente não.

—

Os exemplos abordados não são fofocas de acadêmicos marginais em pequenas faculdades (Davidson é um exemplo deste último, do qual não há escassez).[726] Tais declarações sem base são comuns entre os professores catedráticos influentes das principais universidades.

O que eles estão apresentando não é o resultado de uma pesquisa cuidadosa. Ou eles não sabem disso e são apenas parte do rebanho, ou sabem e participam voluntariamente de uma campanha de mentiras. Eles, mais do que ninguém, deveriam conhecer os fatos. Portanto, a conclusão inevitável é que eles estão mentindo e sabem que estão mentindo.

—

O acadêmico Noam Chomsky, do MIT, foi escolhido em 2005, por um grande número de eleitores, como o mais proeminente intelectual público no mundo.[727] Norman Finkelstein é um dos palestrantes mais procurados nos campi norte-americanos. Ambos fizeram a peregrinação ao líder da organização terrorista Hezbollah. O acadêmico Richard Falk, especialista em Direito Internacional em Princeton, serviu em posição de destaque no Conselho de Direitos Humanos das Nações Unidas por muitos anos (que inclui a nomeação como Relator Especial das Nações Unidas para a situação dos direitos humanos em territórios palestinos).

Eles constantemente afirmam que Israel é um monstro. Portanto, eles se juntam a uma longa lista de professores em posições-chave de influência em Harvard, Columbia, Princeton, MIT e outros. Seu poder cumulativo é enorme. Não se limita a incitação e difamação anti-Israel; se estende ao silenciamento de vozes pró-Israel.

—

Nos *campi*, as células BDS não apenas demonizam e difamam Israel e pedem seu isolamento, elas também apoiam o silenciamento de acadêmicos israelenses. Isso inclui o boicote do cientista político Dan Avnon, da Universidade Hebraica, pelo Centro de Estudos sobre Paz e Conflitos, em Sydney, Austrália;[728] a decisão da União Canadense de Servidores Públicos (após um apelo do BDS) de boicotar qualquer acadêmico israelense;[729] a campanha do BDS irlandês para evitar a participação da geógrafa Ruth Kark da Universidade Hebraica em uma conferência acadêmica.[730] Da mesma forma, Miriam Schlesinger, chefe do Departamento de Tradução e Interpretação da Universidade de Bar-Ilan, foi removida do conselho de uma prestigiada revista profissional *The Translator* por sua amiga e colega Mona Baker, do Instituto de Ciência e Tecnologia de Manchester no Reino Unido[731] unicamente porque Schlesinger se recusou a assinar um chamado de boicote a Israel, embora Schlesinger fosse uma veterana ativista da paz e até mesmo a presidente da Anistia Internacional em Israel. Infelizmente, esta lista é apenas parcial.

Os acadêmicos Judith Butler (uma teórica de gênero na Universidade da Califórnia em Berkeley) e Rashid Khalidi (historiador palestino da Universidade de Columbia) iniciaram e publicaram uma carta aberta contra "censura, e intimidação dos críticos de Israel".[732] Ambos (e a maioria, senão todos os signatários) apoiam o BDS, o que nos apresenta um fenômeno interessante. Butler e Khalidi nunca protestaram contra o silenciamento de acadêmicos israelenses no exterior. Como que defensores da censura podem protestar contra a censura? A resposta: porque eles podem. Tendo há muito desistido dos fatos, os princípios não estão muito distantes.

—

Isso é antissemitismo? Para responder a essa pergunta, é preciso primeiro definir o antissemitismo. Vamos usar uma definição muito estreita nesta discussão: espalhar mentiras sobre os judeus, com o objetivo de retratá-los como a fonte do mal. Demonização, por si só, não é antissemitismo. Se os *Protocolos* fossem verdade, então isso não seria antissemitismo. Se os judeus fossem a causa da doença, então este argumento não seria antissemitismo. Se os judeus, ou Israel, fossem realmente a causa central da violência no mundo, então não seria demonização, mas uma advertência genuína. Se Israel foi acusado de genocídio porque perpetrou algo semelhante ao genocídio, então isso não seria um argumento falso. Mas como este livro repetidamente demonstrou, todas essas mentiras são totalmente infundadas ou são tão grosseiramente exageradas que são efetivamente mentiras. Estudiosos do Oriente Médio deveriam saber disso melhor do que a maioria.

Mais uma vez, deve ser enfatizado: a crítica de Israel não é antissemitismo. Uma postura pós-nacional ou antinacional não é antissemitismo, com uma condição: que seja aplicada a todas as nações. Mas quando os estudiosos negam o direito de autodeterminação a apenas um povo (e é claro que é sempre o povo judeu), este não é um ponto de vista acadêmico. Quando eles se engajam em demonização, desumanização, e deslegitimação de judeus, ou somente de Israel, isso é antissemitismo.

—

Gilad Atzmon, um ex-músico de jazz israelense, publicou um livro que lembra os bons e velhos tempos da propaganda de ódio nazista. O fenômeno dos antissemitas judeus não é novidade. No século XIX, assumiu a forma de Otto Weininger.[733] Hoje, temos Gilad Atzmon que se descreve como um autoantissemita. Ele culpa os judeus pelo que Hitler fez a eles, mesmo que ele mesmo duvide que o Holocausto tenha acontecido. Ele argumenta que Israel é pior do que o regime nazista e (que surpresa!) considera Weininger seu modelo:

Tenho orgulho de ser um judeu que se odeia [...] os judeus estão tentando dominar o mundo [...] precisamos reexaminar as alegações de que os judeus usam sangue para Matzás [...] não há lógica nas alegações sobre o Holocausto [...]

O livro de Atzmon dificilmente seria digno de menção aqui se não tivesse recebido o apoio de dois acadêmicos conhecidos. Um foi Richard Falk. Tenha em mente, no entanto, este é um homem que apoia as teorias da conspiração sobre o 11 de setembro[734] e o regime de Khomeini,[735] (credenciais que facilmente lhe renderam uma posição no Conselho de Direitos Humanos da ONU, com sua maioria automática de alguns dos piores violadores dos direitos humanos no planeta). Apesar de seu título de prestígio, Falk está à margem da academia.

É difícil acreditar que alguém que ainda não esteja comprometido com as crenças marginais de Falk o leve a sério, mas o que foi verdadeiramente surpreendente é que John Mearsheimer elogiou o livro. Mearsheimer foi informado antecipadamente que é um livro antissemita. Até mesmo antissionistas declarados, como os líderes do BDS, que negam o direito de existência de Israel, publicaram um aviso de condenação, esclarecendo que Atzmon é um racista e um antissemita.[736] Portanto, Mearsheimer poderia facilmente ter desistido sem arriscar sua reputação. Isso não ajudou. Mearsheimer persistiu e escreveu: "Atzmon escreveu um livro fascinante e provocante [...] Deve ser lido tanto por judeus como não judeus". A fachada antissionista desapareceu. O antissemita se revelou.

Jeffrey Goldberg, um conhecido jornalista de centro-esquerda, criticou impiedosamente Mearsheimer.[737] A resposta de Mearsheimer foi vergonhosa.[738] "Eu me referi apenas ao livro", afirmou Mearsheimer, "e não tenho conhecimento dos escritos anteriores de Atzmon". Sério? Isto é surpreendente, considerando que Atzmon repetiu os mesmos temas em seu livro, que ele usou em sua escrita anterior. Ele argumenta continuamente que o problema não é o sionismo, mas o próprio judaísmo. Ele deixa claro que ele despreza o judeu dentro dele, ele nega a história de perseguição aos judeus em geral, ele questiona a "versão oficial" do Holocausto e argumenta que, se algo realmente aconteceu, era culpa dos judeus, de qualquer maneira.

Ele repete sua admiração pelo autoantissemita Weininger, assim como o argumento de que não é de todo claro que o libelo de sangue era uma mentira. Em outras palavras, Atzmon não faz nenhum esforço para ocultar ou obscurecer seu antissemitismo; ele o veste com orgulho.[739] Mearsheimer não tem desculpa alguma.

—

A questão do antissionismo transformada em antissemitismo é bem ilustrada de forma compacta no discurso proferido pela filóloga Nurit Elhanan-Peled, da Universidade Hebraica, em uma manifestação de protesto em Tel Aviv em 2 de janeiro de 2010, marcando o primeiro aniversário da Operação Chumbo Fundido em 2009. Elhanan-Peled perguntou retoricamente "o que os pré-escolares israelenses aprenderam na escola este ano?"[740] e respondeu:

> [...] *aprendi a enganar americanos, enganar palestinos, matar árabes, expulsar famílias de suas casas e amaldiçoar quem quer que me diga que sou um pirralho desagradável quando agi como um pirralho desagradável.* [...] *aprendi a ser um bom sionista, a amar a terra, a morrer e a matar por sua causa, a expulsar os invasores, a matar seus filhos, a destruir as suas casas e a nunca esquecer* [...] *que todos os gentios são iguais e são todos antissemitas que devem ser aniquilados* [...] *que todas as qualidades repugnantes que os antissemitas atribuem aos judeus são realmente manifestadas entre os nossos líderes: engodo e engano, ganância e assassinato de crianças*[741]

Os antissemitas não articulariam melhor.

—

Um dos momentos mais absurdos em Israel foi em 2003, quando milhares de professores americanos assinaram uma petição intitulada: "Acadêmicos Americanos Unem-se aos Colegas Israelenses em Advertência Contra a Limpeza Étnica", alegando que havia um plano insidioso israelense de transferir os palestinos sob a "névoa de guerra" do confronto que se aproximava rapidamente no Iraque.[742] A petição foi desencadeada por uma carta aberta assinada por 187 acadêmicos israelenses que advertiam que a próxima Guerra do Golfo "poderia ser explorada pelo governo israelense para cometer novos crimes contra o povo palestino, até a limpeza étnica completa". Eles até alegaram que Netanyahu tinha "defendido a expulsão de palestinos enquanto o mundo estava distraído com os eventos [em 1989] na Praça Tiananmen". Os acadêmicos americanos "aplaudiram" seus colegas israelenses e declararam que estavam se unindo ao "chamado de vigilância" e, em sua petição, pediram ao governo americano que avisasse Israel "que a expulsão de pessoas de acordo com raça, religião ou nacionalidade constituiria crimes contra a humanidade e não seria tolerada". Ambas as petições contêm mais do que a pergunta de praxe "você ainda bate na sua esposa?". Elas são um excelente exemplo do que é chamado no debate público de "tática do homem de palha" — a construção de um caso falso contra o oponente (um homem de palha) para derrubá-lo. O fato de acadêmicos israelenses terem assinado os documentos não prova que sequer uma palavra seja verdadeira. Isso apenas prova que Israel tem liberdade de expressão praticamente ilimitada — incluindo a liberdade de mentir.

Todos os que costumavam criticar Israel, incluindo Chomsky, Butler, Finkelstein, Mearsheimer e muitos outros, assinaram a petição americana. O documento é um triste testemunho do triunfo da política sobre o senso comum, porque demonstrou publicamente como literalmente centenas de especialistas em Estudos do Oriente Médio entre os 2 mil signatários, consumidos e cegados por seus preconceitos e vieses, permanecem totalmente ignorantes sobre assuntos contemporâneos da região. Sete eram presidentes da MESA: Joel Beinin, Laurie Brand, Juan Cole, Zachary Lockman, Suad Joseph, Fred Donner e Judith Tucker — metade de todos os presidentes da MESA na última década, o que dá alguma indicação do estado lastimável dos Estudos do Oriente Médio como disciplina hoje. Já se foi o dia em que pessoas que assinassem uma petição como essa eram deixadas à margem da academia. Hoje eles estão na liderança.

A vítima deste casamento entre acadêmicos e difamação de Israel, discutida neste capítulo, não é apenas o emburrecimento e a corrupção da vida acadêmica. Em vez de ajudar os palestinos a abandonar sua fantasia de afogar Israel em um mar de refugiados, esses influenciadores, agitadores e formadores de opinião na academia dão aos palestinos motivos para se agarrarem a esses sonhos. É assim que se promove a paz e a reconciliação? Dificilmente. Mas esse não é o objetivo deles.

CAPÍTULO 19
A Coalizão Vermelho-Verde

> Líderes islamistas radicais clamam por conquistar o mundo livre, a TV do Hamas está pedindo o assassinato de cristãos e judeus, mas as elites progressistas estão se preparando para fornecer desculpas e justificativas para o Hamas e o Hezbollah sob a cobertura de preocupação humanitária e combate à repressão.

UMA NOVA COALIZÃO política vem se formando desde o começo do novo milênio. Não tem um nome oficial, então vamos dar-lhe um: a Aliança Profana. Organizações de direitos humanos, ONGs, websites, associações acadêmicas e institutos de pesquisa, em conchavo com órgãos internacionais como o Conselho de Direitos Humanos das Nações Unidas, se tornaram uma nova e poderosa força política global.

Eles não têm organização parental, não há sede central, aqui e ali os objetivos não são totalmente congruentes, mas ainda assim podemos apontar para um denominador comum. A esquerda global apoiou Hugo Chávez, Chávez apoiou Ahmadinejad, o Irã de Ahmadinejad, juntamente com países como a Líbia e o Sudão, têm peso no Conselho de Direitos Humanos das Nações Unidas. Eles conseguiram nomear pessoas como Richard Falk para altos cargos no Conselho. Esses órgãos cooperam com organizações como o Observatório de Direitos Humanos, que arrecada fundos em nada mais nada menos que na Arábia Saudita. A condição tácita para cargos de alto escalão nesta, como em muitas outras entidades, é uma postura radical anti-Israel. Outros órgãos nessa coalizão cooperam com o Taleban, fornecem justificativas para o Hamas, fazem esforços para aliviar as sanções ao Irã ou até mesmo removê-las, e tentam silenciar as vozes internas críticas a essa colaboração silenciosa com a *jihad*.

Mais do que qualquer outra coisa, a Aliança Profana caracteriza-se por minimizar consistentemente e persistentemente a ameaça da *jihad* radical ao terceiro mundo, o mundo muçulmano e o mundo Ocidental, transformando o pequeno Israel na maior ameaça à paz mundial. Uma conjuntura crítica na coalescência da Aliança Profana foi a infame conferência de Durban em 2001. Outro marco foi o estabelecimento de uma rede de organizações de apoio ao BDS, bem como órgãos que compartilham seus objetivos finais, como o Movimento Internacional de Solidariedade (MIS) de organizações que apoiam o Hamas ou um fim unilateral ao bloqueio de Gaza, e organizadores das "Semanas do Apartheid" anti-israelenses anuais nos campi universitários.

Esses órgãos têm dedicado muito menos energia, se alguma, para combater o genocídio em Darfur; o assassinato ou opressão de mulheres no mundo muçulmano; a perseguição dos curdos na Turquia, dos coptas no Egito ou de xiitas ou outras minorias em outros países muçulmanos. Para a maioria dessas entidades, Israel é o epicentro das violações dos direitos humanos, um perigo para a paz mundial em geral, e ao Oriente Médio em particular. Assim, o que é frequentemente rotulado como a "coalizão vermelho-verde" emergiu: vermelho para a esquerda radical, verde para os islamistas. (Isso não deve ser confundido com a Aliança Vermelho-Verde dos partidos socialistas e ambientalistas em lugares como a Noruega e a Dinamarca!) Pessoas que, de um lado, lutam ostensivamente pelos direitos humanos e, por outro lado, apoiam o Hamas, o Hezbollah ou o Taleban. Todos compartilham um forte denominador comum em uma extensão ou outra: eles compartilham a oposição ao direito básico de autodeterminação para apenas um povo na terra — o povo judeu, abertamente ou implicitamente, apoiando o Direito de Retorno palestino.

O que caracteriza essa coalizão e como é que ela funciona?

Moayed Ahmad e Dashti Jamal — um iraniano e um iraquiano, ambos muçulmanos, ambos membros da esquerda — propuseram condenar o terrorismo islâmico. Isso aconteceu na *Stop the War Coalition*, uma entidade antiguerra de renome internacional estabelecida na Grã-Bretanha. A proposta deles foi rejeitada e ambos tiveram que renunciar.[743] Este incidente, e muitos outros, aparecem em um relatório intitulado *Siding with the Oppressor: The Pro-Islamist Left*, publicado pela One Law for All, um órgão britânico de direitos humanos.[744] As descobertas são difíceis de aguentar. Eles demonstram claramente o que é a Aliança Profana da extrema esquerda e as forças islamistas.

O mantra é bem conhecido: em nome da luta contra o "imperialismo Ocidental, capitalismo, e globalização", a esquerda radical ignora as tendências fascistas dos islamistas, bem como seu apoio à imposição da lei da Xaria, seu apoio ao terrorismo, seu antissemitismo virulento e mais. A Aliança se manifesta em fenômenos como os muçulmanos que participam de manifestações antiguerra carregando cartazes dizendo: "Os judeus são filhos de cães e porcos".[745] Os organizadores simplesmente ignoram isso. Nem todos os defensores da coalizão antiguerra são antissemitas. Longe disso. Mas o antissemitismo recebe certo grau de legitimidade em certos círculos da esquerda, especialmente quando se disfarça de antissionismo. O sumo sacerdote da esquerda global, Noam Chomsky, é de origem judaica, mas ele, de fato, conferiu legitimidade ao antissemitismo quando fez uma peregrinação ao líder do Hezbollah, Hassan Nasrallah, abraçando um antissemita declarado.[746] O parlamentar escocês do Partido Trabalhista, George Galloway, e o ex-prefeito de Londres, Ken Livingstone, pertencem a uma comunidade crescente de pessoas que dão apoio caloroso a antissemitas declarados. Por suas próprias ações, eles não podem protestar dizendo que não são antissemitas.

Imagem 19.1: Encontro entre Noam Chomsky e Hassan Nasrallah

Em todas as questões de princípio há uma grande diferença entre a esquerda e os islamistas e entre as feministas e os talebans. Eles só concordam em um ponto-chave: ódio interminável pela América e Israel. Esta não é a primeira vez na história que dois grupos ideológicos opostos encontram um terreno comum. Isso aconteceu na década de 1940, quando alguns dos líderes do mundo árabe colaboraram com a Alemanha nazista que era abertamente racista e até adotaram sua ideologia – tudo em nome do ódio aos judeus.

—

Alá, ó nosso Senhor, derrote Seus inimigos, inimigos da religião [Islã] em todos os lugares. Alá, ataque os judeus e seus simpatizantes. Os cristãos e seus partidários, os comunistas e seus partidários. Alá, conte-os e mate-os até o último, e não deixe nem um.

Essas palavras foram ao ar no canal *Al-Aqsa*, uma estação de televisão do Hamas em 3 de dezembro de 2010.[747] Ao mesmo tempo, uma missão de solidariedade chegou à Faixa de Gaza com membros da esquerda radical, defensores da igualdade, defensores da liberdade individual, igualdade de direitos das mulheres, liberdade de expressão e opositores da repressão, do racismo e da incitação – estes que deveriam estar na vanguarda da luta contra a ideologia do Hamas, que clama pelo ódio e o genocídio. Mas o exato oposto está acontecendo.

Por um lado, grupos que se definem como "as forças do progresso" – aparecem para apoiar e identificar-se com a luta do Hamas. Eles efetivamente se tornam os porta-vozes do Hamas, participando de sessões de fotos com seus líderes e acenando bandeiras do Hamas nos campi ocidentais. Por outro lado, o Hamas usa seu único canal de TV para clamar a morte a todos os não muçulmanos. Uma transmissão oficial do Hamas não representa o ethos da organização? Pode haver uma justificativa para a esquerda radical apoiar uma entidade como o Hamas? O Hamas é realmente apenas uma organização política legítima, legitimamente eleita e digna do apoio da comunidade internacional?

As raízes ideológicas do Hamas não têm nada a ver com Israel. O Islã político se desenvolveu na Arábia Saudita (wahhabismo), no Egito (Irmandade Muçulmana) e no subcontinente indiano (a seita Deobandi) muito antes do sionismo e do Estado de Israel. O Hamas foi estabelecido no final da década de 1980 como um ramo da Irmandade Muçulmana. Foi, e é, parte de um fenômeno muito mais amplo, a ascensão do islamismo radicalista e fundamentalista. No subcontinente indiano, o islamismo fundamental se manifestou no Taleban; na Argélia, na Frente Islâmica de Salvação, que venceu as eleições de 1991; e na Somália em movimentos como o al-Shabab ou o Boko Haram na Nigéria. Isso não tem nada a ver com Israel. Faz parte de um movimento global crescente. Pode ser encontrado em todo lugar onde há muçulmanos, e isso inclui os palestinos. Mesmo se houvesse quem pensasse que o Hamas realmente poderia ser um contrapeso à OLP, o impacto de Israel no crescimento do Hamas (assim como seu impacto na tendência islamista como um todo) foi mínimo.

Um dos argumentos dos apoiadores, justificadores e acusadores do Hamas é que isso é simplesmente o resultado da repressão israelense, e que o Hamas está tentando libertar os palestinos dessa repressão. Aqui e ali, esse argumento é usado para justificar o Islã político em geral. Quando Noam Chomsky fez uma peregrinação a Nasrallah, ele viu Nasrallah como um nobre guerreiro lutando contra o imperialismo americano. Judith Butler fez declarações públicas que sugeriam que ela apoiava o Hamas e o Hezbollah, embora mais tarde ela afirmasse que suas palavras haviam sido distorcidas. O que exatamente ela disse? "Sim, entender o Hamas, e o Hezbollah, como movimentos sociais que são progressistas, que estão na esquerda, que são parte de uma esquerda global, é extremamente importante."[748] O líder do Partido Trabalhista Britânico, Jeremy Corbyn, também chamou duas organizações terroristas de "amigos" e até tentou remover o Hamas da lista de organizações terroristas proibidas. O problema com Chomsky, Butler e muitos outros como eles é a sua oposição à repressão e seu apoio à "movimentos de libertação", que muitas vezes leva a contradições gritantes e chocantes. Este não é apenas o problema dos acadêmicos, mas também dos jornalistas e intelectuais. A maior tragédia é que eles acabam apoiando uma repressão muito pior e muito mais brutal em nome da repressão oposta. De fato, existe um conflito, mas não é um conflito entre Israel e o Hamas. Esta é uma luta entre o movimento islamista global do qual o Hamas faz parte e o mundo livre, incluindo todos os muçulmanos não radicais. O conflito está ocorrendo dentro do mundo muçulmano: os muçulmanos moderados estão sob ataque de seus irmãos radicais. Em vez de tomar o partido da maioria moderada dos muçulmanos, as elites progressistas estão do lado dos opressores.

Às vezes, o islamismo radical ganha eleições; na Argélia em 1991, na Autoridade Palestina em 2006 e no Egito em 2012. Os resultados foram sombrios. Se o Hamas não estivesse lutando contra Israel, estaria lutando contra a OLP, que considera ser muito secular (ou qualquer outro regime árabe ou muçulmano que considere insuficientemente fundamentalista), que é exatamente o que o Hamas está fazendo no Sinai e no Egito. O objetivo declarado do Hamas é estabelecer um califado global e eliminar todos os não muçulmanos e hereges muçulmanos. O Islã político já eliminou centenas de milhares de seus supostos inimigos (a maioria muçulmanos), então quando o Hamas ameaça cometer genocídio, isso não pode ser ignorado.

O Artigo 7 da Carta do Hamas esclarece que não é um movimento local nem mesmo nacional. Seu título diz: *A Universalidade do Movimento de Resistência Islâmica* e continua:

> *Como resultado do fato de que os muçulmanos que aderem aos caminhos do Movimento de Resistência Islâmica se espalham por todo o mundo, angariando apoio para o movimento e suas posições, e se esforçando para melhorar sua luta, o Movimento é universal.*[749]

Mais adiante a Carta lida com a aniquilação dos judeus:

> *O Dia do Julgamento não ocorrerá até que os muçulmanos combatam os judeus, quando o judeu se esconderá atrás de pedras e árvores. As pedras e árvores dirão ó muçulmanos, ó Abdulla, há um judeu atrás de mim, venha e mate-o.*

Outros artigos da Carta expressar sentimentos semelhantes.

—

Nem tudo escrito em textos religiosos há séculos ou milênios é considerado um mandamento contemporâneo. Pode-se encontrar muitos exemplos de xenofobia em textos judaicos também. Mas estas declarações são apenas aceitáveis, certamente como mandamentos aplicáveis, a um grupo marginal da direita. Eles nunca foram incorporados de forma explícita ou implícita como parte da política do governo israelense, nem foram adotados por nenhum dos partidos políticos sérios.

A história é diferente quando se trata do Hamas. A Carta do Hamas adota a interpretação salafista mais radical e racista do Islã. Esta não é a única interpretação do Islã; há outros moderados por aí também. Mas para grupos islamistas políticos como o ISIS, o Hamas e o Hezbollah, a interpretação radical é o que importa. Os chefes do Hamas dão expressão prática e concreta a esta interpretação na sua Carta. A esse respeito, a transmissão que clama o assassinato de cristãos, comunistas e judeus não é um sinal errático irrelevante no radar. Ela representa fielmente tanto a ideologia quanto a prática do islamismo político. Esta é a mensagem em que eles acreditam e disseminam para as massas, uma cultura de incitação e ódio. O canal de televisão do Hamas, *al Aqsa TV*, hospeda a pregação religiosa do clérigo palestino Muhsen Abu Ita, que disse entre outras coisas:

> *Naturalmente, os capítulos do Alcorão transmitidos a Maomé em Meca raramente tratam dos judeus [...] o livro fala sobre os judeus de nossos tempos, deste século, usando a linguagem da aniquilação, a linguagem da escavação de covas. Note que neste capítulo, os judeus foram condenados à aniquilação, antes mesmo de um único judeu existir na face da terra. Este capítulo corânico falou sobre o colapso do chamado Estado de Israel, antes que este Estado fosse estabelecido [...] A aniquilação dos judeus aqui na Palestina é uma das bênçãos mais esplêndidas para a Palestina.*[750]

O presidente interino do Parlamento palestino, Ahmad Bahar, também vice-líder da câmara do Parlamento palestino e professor da Universidade Islâmica de Gaza, foi ainda mais longe afirmando que:

> *Alá, conquiste os judeus e seus aliados, Alá, conquiste os americanos e seus aliados. [...] Alá, conte-os e mate-os até o último.*[751]

De acordo com a constituição palestina, Bahar deveria ter se tornado o presidente da Autoridade Palestina após ser argumentado que Abu Mazen teria cumprido seu mandato, mas não realizara eleições conforme necessário.

O acadêmico Yunis al-Astal, membro do Parlamento palestino e membro de alto escalão do Hamas – que também é o decano do Departamento da Xaria e presidente do Comitê de Governança Religiosa da Universidade Islâmica em Gaza – adotou uma abordagem semelhante:

> *Conquistaremos a capital dos cruzados, Roma, e depois toda a Europa. E quando terminarmos com a Europa, conquistaremos as duas Américas. E também não desistiremos da Europa Oriental.*[752]

Al-Astal enfatizou que a ordem para acabar com os judeus não é mera retórica. Está em vigor hoje, não em alguma data futura.[753] Este é o Hamas; não é apenas a sua Carta. Estabelecer um Califado global, dominar o Ocidente e exterminar os hereges (judeus e não judeus) é um tema repetido em discursos e transmissões. As pessoas que acabamos de citar não são figuras marginais, são influenciadores, agitadores e formadores de opinião pública. As "forças do progresso" dificilmente não têm noção de suas posições.

Também deve ser mantido em mente que essas mensagens não são reservadas apenas para adultos. "O que você fará com os judeus?", Pergunta um personagem fantasiado em um programa de televisão do Hamas para crianças. "Vamos abatê-los", outro personagem responde.[754] Mensagens semelhantes são exibidas em dezenas de programas infantis.[755] A lista desses casos é praticamente infinita. Tanto o *Palestine Media Watch* quanto o *MEMRI* apresentaram evidências volumosas demonstrando que é isso que o Hamas está ensinando às crianças na televisão. Mas para os membros da coalizão vermelho-verde, isso deve ser falso ou desculpado em nome da luta santa contra a ocupação – não importa que o Hamas não almeja nada desse tipo, pelo menos não no sentido que os ocidentais pensam.

Conforme revelado nas palavras de Yunis al-Astal citado anteriormente, o Hamas não está apenas interessado em destruir Israel ou exterminar os judeus. O Hamas fala abertamente sobre o que vai acontecer com os cristãos, quando a Andaluzia (Sul da Espanha), Roma, Londres e as duas Américas, e até mesmo o Vaticano, se renderem ao islamismo. No entanto, as duas fontes primárias de informação pública, a academia e a mídia, adotam uma linha clara e consistente de diminuição ou ignorância desses fatos desagradáveis. Goste ou não, esta não é a ideologia marginal de um grupo periférico na Faixa de Gaza, esta é a linha oficial do governo do Hamas. Não se pode entender o Hamas sem entender essa ideologia. O Ocidente gosta de pensar que o Hamas não é um movimento de libertação particularmente violento, mesmo quando o próprio Hamas deixa claro que está interessado em algo totalmente diferente.

—

Um exemplo poderoso dessa defesa instintiva do Hamas pode ser visto nos eventos em torno da Operação Chumbo Fundido, que começou em 27 de dezembro de 2008. Poucos dias antes, o Parlamento do Hamas votou pela adoção da lei Xaria, incluindo punições criminais como cortar as mãos, chicotadas, e execuções.[756] É exatamente assim que o Taleban opera.

Isso recebeu pouca atenção. Ironicamente, a legislação foi implementada apenas parcialmente devido à eclosão da guerra contra Israel.⁷⁵⁷

—

A Operação Chumbo Fundido desencadeou uma torrente sem precedentes de críticas contra Israel. Todas as conhecidas "vozes progressistas" – pessoas como a ativista social canadense Naomi Klein, o jornalista britânico Robert Fisk, do *The Independent*, e o jornalista israelense Gideon Levy, do *Haaretz*, apontaram um dedo acusador a Israel. Centenas de milhares tomaram as ruas de Londres, Paris, Estocolmo, Dublin e outros lugares para protestar contra as ações de Israel. Deixemos de lado os discursos de ódio e expressões antissemitas que são parte integral dessas manifestações.

Não foram apenas círculos radicais de esquerda que apoiaram o Hamas. Até mesmo a grande imprensa em todo o mundo argumentou que Israel deve respeitar a decisão democrática dos palestinos. Pois o que é democracia, se não respeitar a vontade do povo de escolher seus líderes, inclusive os palestinos? Além disso, uma escolha tão ruim foi – você leu correto – culpa de Israel. A mídia argumentou que, se Israel não tivesse imposto um bloqueio na Faixa de Gaza e agido humanamente em relação aos palestinos, permitindo-lhes a livre passagem para fins de emprego, educação e tratamento médico – o conflito e seu subsequente derramamento de sangue poderiam ter sido evitados. O Hamas não teria sido forçado a disparar foguetes contra Israel. Essas acusações devem ser abordadas.

—

Para lidar com esses argumentos, é preciso primeiro estabelecer os fatos. Israel decidiu pela retirada unilateral de Gaza em 2005. Não impôs nenhum bloqueio. Após a Retirada, Israel assinou um "Acordo de Passagem" com a Autoridade Palestina de "movimento e acesso de e para a Faixa de Gaza".⁷⁵⁸ Somente depois que o Hamas tomou a Faixa de Gaza⁷⁵⁹ e expulsou a Autoridade Palestina e representantes da União Europeia da passagem de Rafah, a passagem foi fechada.⁷⁶⁰ Israel não violou o acordo, o Hamas o fez. Isso aconteceu somente depois que o Hamas massacrou membros do Fatah. Ao mesmo tempo em que o Hamas declarou o Acordo de Passagem nulo e sem efeito, a organização também declarou que não reconhece nem o cessar fogo nem o direito de Israel existir, e que a luta para acabar com Israel é mais importante do que uma vida decente para os moradores da Faixa. O Hamas não foi apenas retórico, praticava o que pregava, disparando foguetes que tornavam a vida de centenas de milhares de israelenses um pesadelo real. Israel exerceu contenção em um grau que nenhum outro país sofrendo tal agressão constante teria exercido. O Hamas poderia ter escolhido desenvolvimento e prosperidade para os moradores da Faixa, mas preferiu o caminho do islamismo radical.

Portanto, a questão que a esquerda deveria estar se perguntando não é se eles podem impedir os contra-ataques israelenses contra o Hamas, mas se o mundo livre ainda pode lutar contra o islamismo radical. Mas, em vez de fazê-lo, as autoproclamadas "vozes da moralidade" continuam a condenar Israel e desculpam o Hamas, permitindo que o islamismo radical tenha liberdade em sua expansão. Naturalmente, são os próprios muçulmanos que pagam o maior preço por tal postura. Em todos os lugares o Islã radical criou raízes, levou à destruição, devastação, repressão e derramamento de sangue horrível. Assim foi com o Taleban, que matou cerca de 1 milhão de muçulmanos. Assim foi com os islamistas na Argélia, que massacraram entre 100 mil e 200 mil pessoas. Assim é com o regime islâmico no Sudão, o mais assassino entre os regimes muçulmanos. Assim é nas lutas em curso na Somália, Iraque, Paquistão, Síria, Nigéria e Afeganistão, onde os muçulmanos radicais assassinam outros muçulmanos. ISIS, Boko Haram, Hamas e Taleban pertencem à mesma família. O Hamas é um dos muitos ramos do islamismo radical e, portanto, não há necessidade de usar o "bloqueio israelense" para justificar o islamismo radical – em Gaza ou em outros lugares.

—

Em 2009, Robert Fisk chegou ao ponto de justificar o disparo dos foguetes do Hamas, escrevendo no *The Independent*:

> *Então, quando você ouve os israelenses dizerem que os terroristas estão lançando foguetes contra Israel, os palestinos em Gaza podem dizer em muitos casos: "Bem, meu neto está disparando um foguete em minha cidade porque antes de 1948 essas áreas seriam propriedade palestina".*[761]

As palavras de Fisk são um exemplo clássico de como moldar a realidade através da mídia. Por suas próprias palavras, o Hamas deixou claro o que quer. Juntamente com Ashkelon, Ashdod, Jafa e Haifa, eles querem conquistar Londres e Roma, embora nenhum deles tenha saído de lá em 1948 ou tenha nascido lá. Mas Fisk age em negação, e ele não está sozinho. Ele argumenta que o lançamento do foguete é uma vingança pela *Nakba*. Em outros capítulos deste volume, traçamos como dezenas de milhões foram desenraizados na década de 1940, frequentemente sob condições muito piores do que as da Guerra de 1948. Fisk sabe disso. Ele também sabe que houve uma Resolução de Partilha das Nações Unidas antes da guerra que os judeus aceitaram e os árabes rejeitaram completamente. Fisk também sabe que essa rejeição foi seguida por uma guerra declarada de aniquilação contra a comunidade judaica no Mandato da Palestina e ameaças contra cerca de 1 milhão de pessoas em comunidades judaicas em todo o mundo árabe. Fisk sabe que, se os árabes tivessem vencido, os judeus teriam sofrido muito mais do que e uma *Nakba*. Ele também sabe que mais de 800 mil judeus tiveram que fugir dos países árabes. Mais importante ainda, ele sabe que nenhum dos muitos milhões de refugiados em outros lugares considerou sua situação uma desculpa para o terrorismo, foguetes, armas de fogo e bombas, embora também lhes fosse negado o direito de retornar. Fisk não só distorce o contexto, ele distorce os detalhes. Por exemplo, em janeiro de 2009, ele argumentou que Israel, e não o Hamas, começou os combates, quando realizou ataques em 4 e 17 de novembro, matando seis e quatro palestinos, respectivamente.[762] Apenas um detalhe crítico estava faltando: Israel estava atacando um túnel terrorista que levava a Israel, construído para permitir que membros do braço militar do Hamas surpreendessem e matassem civis judeus dentro do território israelense – uma clara e flagrante violação do cessar-fogo.[763]

Fisk tem a duvidosa reputação de ter um novo verbo acrescentado à língua inglesa, em seu nome, depois que sua polêmica reportagem foi "fiskada" [*fisked*] várias vezes em uma série de refutações que refutavam, linha por linha, as falsidades de Fisk.

—

Nenhum capítulo sobre a reescrita da realidade na análise de notícias e comentários pode ignorar Gideon Levy, o mais proeminente representante israelense da coalizão vermelho-verde. Assim como Fisk, Levy faz o que pode para justificar e desculpar o terrorismo palestino. Na verdade, ele até justifica retroativamente o futuro terrorismo palestino:

> Os filhos de Jenin que viram menos horror do que os de Gaza — cresceram para serem combatentes e homens-bomba. Uma criança que viu sua casa destruída, seu irmão morto e seu pai humilhado não perdoará.[764]

Levy, como Fisk, conhece a história, mas prefere ignorar os fatos. Ambos precisam ser lembrados de que os alemães bombardearam Londres e mataram 43 mil civis. Os americanos bombardearam Tóquio e mataram 100 mil. Os britânicos e americanos bombardearam Dresden e mataram 30 mil. Os alemães alvejaram judeus e ciganos para o extermínio, assassinando 6 milhões de judeus e um grande número de ciganos. No entanto, ainda não se ouviu falar de homens-bomba japoneses nos Estados Unidos determinados a vingar-se, ou alemães fazendo o mesmo como retribuições ao Reino Unido. O mesmo vale para judeus ou ciganos atacando em retribuição a Berlim. Os judeus, em particular, tinham muito mais razões para fazê-lo, assassinados aos milhões, meramente por existirem.[765]

As justificativas automáticas para o terrorismo e a violência palestinos não são uma conduta "progressista" ou "esclarecida", e certamente não são "preocupação com os direitos humanos" ou "humanismo". Elas são racismo, pura e simplesmente. Nem Levy nem Fisk acham que os alemães étnicos dos Sudetos deveriam lançar foguetes contra a República Tcheca. O que eles estão sugerindo? Que os alemães pertencem a outra cultura, mais avançada e esclarecida, que não precisa de violência ou vingança, mas os muçulmanos não? De acordo com essas elites progressistas, os muçulmanos fazem parte de uma cultura inferior e bárbara. Para eles, tudo bem, é o de se esperar. É compreensível. Afinal, eles pertencem a uma cultura de vendetas de gerações. Três gerações se passaram, e todos os refugiados da década de 1940 se restabeleceram, mas os palestinos naturalmente insistem em permanecer nos campos mais de 60 anos depois, fervendo com o desejo de vingança, envolvendo-se em terrorismo e defendendo o genocídio. Faz todo o sentido.

Ironicamente, os fabricantes de desculpas que tentam justificar atacar Israel e os judeus (e muitas vezes o Ocidente em geral também, pelos crimes do colonialismo), ignoram que 99% das vítimas do islamismo radical são outros muçulmanos. Os campos de extermínio na Somália, Nigéria,

Afeganistão, Paquistão, Síria, Egito, Iraque, Líbia e Argélia estão saturados de sangue muçulmano derramado por outros muçulmanos. As justificativas visam encorajar ou desculpar os ataques contra os judeus; mas as vítimas são geralmente muçulmanas.

Os Fisks e os Levys desse mundo estão errados. Os muçulmanos não são inferiores. Eles são humanos. Eles são iguais. É essencial exigir que os palestinos se comportem da mesma forma que as dezenas de milhões de refugiados em outros lugares – europeus e não europeus – se comportaram na década de 1940. É imperativo que as pessoas que têm os melhores interesses aos palestinos no coração exijam que eles parem a incitação e o ódio. Pessoas de boa consciência deveriam estar boicotando, desinvestindo e sancionando um regime cuja plataforma e visão incluem incessantes apelos pelo assassinato em massa de judeus e cristãos – e não Israel. As pessoas precisam enfrentar o Hamas, cuja mídia oficial apela ao ódio e ao assassinato. Justificativas para tudo isso apenas encorajam a violência e tornam a solução pacífica ainda mais distante.

A contribuição das elites progressistas pode e deve ser honesta e justa, deve tratar igualmente os muçulmanos e dizer a verdade aos líderes do Hamas. Ainda não é tarde demais para mudar de direção – não para ajudar Israel, mas para ajudar os muçulmanos em geral e os palestinos em particular.

—

Durante os combates em Gaza em 2009, Naomi Klein pediu um boicote a Israel.[766] O artigo não contém uma palavra sobre o Hamas. Não tem uma palavra sobre foguetes disparados contra populações civis. A Retirada aparentemente nunca aconteceu e os palestinos permanecem sob ocupação israelense no que ela descreve como "uma prisão a céu aberto". A ideologia do Hamas não existe. Até mesmo o simples fato de que a campanha do BDS visa eliminar Israel, e não garante uma solução pacífica e justa de dois Estados a elude.[767] Para Klein, como os milhares e milhares de manifestantes, o objetivo é boicotar Israel. Há um detalhe crítico que deve ser observado, no entanto: em tais manifestações, "Boicote Israel" apareceu ao lado de imagens do líder do Hezbollah Hassan Nasrallah[768] ou com camisetas impressas com "EU SOU Democrata – EU VOTEI para o HAMAS".[769] Aqui está o mais claro exemplo de *les extremes se touchent*, a Aliança Profana da Esquerda radical e o Islã radical.

Pessoas de consciência têm argumentos valiosos sobre o sofrimento no mundo. Crítica a Israel não é crime. Fixação com isso é. Somente os obcecados poderiam acreditar que "Israel representa a maior ameaça à paz mundial"[770] contra todos os fatos e lógica. O maior contribuinte para a violência e a morte no mundo é o islamismo radical — organizações como o ISIS, o Taleban, o Boko Haram, o Hamas e a al-Qaeda, mas a esquerda radical os abraça como um aliado político. Estranhos companheiros, de fato.

—

O absurdo só cresce. A London School of Economics (LSE) é uma prestigiada instituição de ensino superior com reputação internacional. Em dezembro de 2009, o sindicato estudantil decidiu associar-se à Universidade Islâmica na Faixa de Gaza[771] — a mesma universidade islâmica cujo chefe de Estudos de Direito Islâmico, Yunis al-Astal, prega a conquista da Europa[772] e a aniquilação[773] e o sequestro[774] dos judeus. A "Declaração de Roma" foi repetida em maio de 2012 por outro membro da faculdade, o decano dos Estudos do Alcorão, Subhi Al-Yaziji, na *TV Hamas*, que esclareceu que o objetivo dos muçulmanos é "[depois da Palestina] hastear a bandeira do Califado sobre o Vaticano (o primeiro a dizer isso, antes mesmo do ISIS fazer tal afirmação)".[775] Esta é uma universidade que encenou uma peça (transmitida pela *TV Hamas*) que difunde o libelo de sangue, mostrando judeus apreciando beber sangue Muçulmano.[776] Esta é uma universidade onde um membro sênior do corpo docente esclareceu (na *TV Hamas*) que era bom que os judeus viessem a Israel, porque isso dá aos muçulmanos a chance de derrotá-los como parte da luta contra o "judaísmo internacional".[777] Estas mensagens estão disponíveis gratuitamente e publicamente; ninguém pode negá-las e ser levado a sério. Os líderes estudantis que embarcam em tal parceria devem saber disso de alguma forma. Afinal, uma "Universidade Islâmica" sob os auspícios do Hamas provavelmente não será um bastião da liberdade acadêmica, da diversidade intelectual ou do discurso livre digno de cooperação. No entanto, lá estão eles — alguns dos melhores e mais brilhantes estudantes do mundo, expressando avidamente sua solidariedade à uma instituição central da poder violento de Gaza em nome da liberdade e dos direitos humanos, desempenhando um papel no avanço dos objetivos do movimento Jihadista em um papel que Lenin outrora rotulou depreciativamente de "idiotas úteis".[778] Mas, não se pode atribuir esta estranha parceria com a Universidade Islâmica somente a tais "idiotas úteis" no sindicato estudantil; a orientação da London School of Economics foi definida muito mais acima na cadeia alimentar acadêmica: a LSE não teve escrúpulos em aceitar dinheiro de pessoas como Muammar Gaddafi.[779] Em 2009, a Fundação Internacional de Caridade e Desenvolvimento de Gaddafi prometeu doar à London School of Economics £1,5 milhão (uma fundação chefiada pelo filho de Gaddafi, Saif al-Islam Gaddafi, que escreveu sua tese de doutorado na LSE sobre governança global). Muammar Gaddafi foi posteriormente convidado a discursar para os estudantes no final de 2010, uma honra compartilhada com figuras como Nelson Mandela e Kofi Anan, que também foram convidados para falar na LSE.[780] Esse é o tipo de contato que resulta em parcerias com universidades cujo corpo docente exige um genocídio. Se alguém quiser encontrar as sementes dos jovens ocidentais que demonstram para o Hamas, não é preciso procurar muito longe.

—

O movimento BDS é amplamente apoiado pela coalizão vermelho-verde. Eles variam desde prêmios Nobel como Desmond Tutu até antissemitas declarados. Alguns aderem ao movimento BDS por ingenuidade, na crença equivocada de que estão promovendo direitos humanos ou a luta não violenta pela libertação. Os atuais líderes e ativistas são contra qualquer acordo de paz baseado em "dois Estados para dois povos" e apoiam o fim de Israel. Um dos maiores partidários do movimento BDS é o Xeique Yusuf al-Qaradawi; o governante religioso islâmico mais proeminente do islamismo sunita, o maior ramo do Islã que abrange entre 87 e 90% de todos os muçulmanos. Qaradawi, que defende abertamente a aniquilação dos judeus, fez um apelo para apoiar a campanha do BDS, escrevendo o seguinte: "Cada riyal, dirham..., etc. usado para comprar seus bens [de Israel] eventualmente se torna balas para serem disparadas nos corações de irmãos e crianças na Palestina [...] Comprar seus bens é apoiar a tirania, a opressão e a agressão".[781] Esta citação de Qaradawi foi exibida em centenas, se não milhares, de cartazes de demonstração, materiais promocionais e *websites* de apoiadores do BDS. Em 2004, Qaradawi foi o convidado de honra do então prefeito de Londres, Ken Livingstone. Quando os muçulmanos moderados apelaram a Livingstone para não hospedar Qaradawi, pois ele é uma pessoa que promove o extremismo e conflitos – Livingstone os rejeitou e repetiu seu apoio à cooperação com Qaradawi. Em 2005, intelectuais muçulmanos publicaram um chamado para julgar Qaradawi diante de um tribunal internacional por incitação ao terrorismo e assassinato, incluindo mulheres e crianças em Israel.[782] Esses intelectuais devem ser elogiados; eles não apoiam BDS ou Qaradawi, mas as "forças do progresso" não têm nenhum problema com uma grande figura islâmica pedindo o extermínio dos judeus.

Qaradawi não é apenas o supremo jurista religioso do mundo muçulmano sunita; Ele também é o líder supremo da altamente influente e politicamente poderosa Irmandade Muçulmana. Quando Qaradawi visitou a Faixa de Gaza em abril de 2013, ele recebeu as boas vindas dadas a um monarca. Seus ensinamentos – uma combinação de antissemitismo, homofobia, misoginia, nazismo e islamismo, compartilhados pelo Hamas em Gaza – são ignorados e até recebem um selo de aprovação entre as "forças do progresso". Em 2010, Livingstone chamou Qaradawi de "uma das principais vozes progressistas no mundo muçulmano".[783]

—

Uma das defensoras mais proeminentes do BDS e frequentemente presente nas "flotilhas da liberdade" de Gaza é a ativista da paz irlandesa e prêmio Nobel da Paz Mairead Corrigan Maguire. Quando Israel decidiu expulsá-la, ela disse o seguinte no tribunal: "Eu jurei a mim mesma que depois de visitar os campos de concentração eu nunca ficaria em silêncio enquanto crianças sofrem"[784] (não foi a primeira vez que ela usou este tema). A preocupação com as crianças é louvável. Há milhões de crianças na Ásia e na África que precisam de sua ajuda. Elas estão sendo assassinadas e forçadas a servir como soldados para assassinar outras. Existem 1,4 milhão de crianças que se tornaram refugiadas por causa do Boko Haram.[785] Onze mil crianças se tornam refugiadas todos os dias. Outras são usadas como trabalho escravo. Algumas podem até ter tocado no coração de Mairead Corrigan Maguire. Mas ela está pateticamente fascinada com apenas uma questão: identificar-se com o Hamas e comparar Israel com os nazistas.

Crianças palestinas foram prejudicadas no conflito, isso é genuinamente desastroso e trágico, mas devemos ter cuidado aqui. As crianças são uma arma nas mãos do Hamas. O Hamas faz uma lavagem cerebral, ensinando-lhes ódio e assassinato — não apenas dos judeus, mas do Ocidente em geral. O Hamas as ensina a serem mártires e homens-bomba.[786] O Hamas admite usá-las como escudos humanos.[787] É por isso que elas são feridas e mortas — não porque Israel queira prejudicar crianças, mas porque o Hamas as coloca em perigo. Corrigan Maguire não diz nada sobre a educação e lavagem cerebral do Hamas ou o uso de crianças em uma zona de guerra. Ela só reclama contra Israel. É preciso lembrar que o número de crianças prejudicadas no conflito israelo-palestino é menor do que em qualquer outro conflito em todo o mundo. A maioria morreu nas mãos de islamistas radicais, dos quais o Hamas é um braço — milhares de crianças morreram nos últimos anos no Iraque, Paquistão, Afeganistão e Somália. Estima-se que 133 mil crianças morreram de fome na Somália porque os islamistas, aliados ideológicos do Hamas, negaram-lhes comida.[788] No entanto, Corrigan Maguire e seus companheiros ideológicos não se juntaram a nenhuma flotilha de liberdade para protestar seu sofrimento.

Seu protesto é indicativo de um tipo particular de protesto "do bem" ao qual os membros das "forças do progresso" no Ocidente se juntam, que não envolve risco e serve a pouco propósito, no máximo massageando os egos dos participantes "que fazem o bem". Corrigan Maguire se juntou a não menos do que três flotilhas de apoio do Hamas como "ativista pela paz". Depois da mais bem informada das flotilhas — a *Mavi Marmara* (onde a tripulação atacou as forças israelenses enviadas para assumir o comando do navio e atracá-lo no porto de Ashdod, onde sua carga poderia ser descarregada, verificada, e enviada para Gaza), Corrigan Maguire afirmou que "todos os membros da flotilha estavam comprometidos com um espírito de paz". A verdade é o oposto. Os passageiros do *Mavi Marmara* gritaram, com entusiasmo fanático, um grito de guerra pela aniquilação dos judeus: "Khaibar, Khaibar, oh, judeus! O Exército de Maomé retornará!"[789] Este é o "espírito de paz" do Hamas e seus apoiadores. É difícil acreditar que Corrigan Maguire não saiba de nada disso. Yair Lapid (então apresentador do *Canal 2* de Israel e membro do parlamento em 2013) perguntou a Corrigan Maguire em dezembro de 2010: "Por que uma ganhadora do Prêmio Nobel da Paz se alia para ajudar um regime que se engaja no terror como uma visão de mundo que é autodeclarada antissemita, oprime as mulheres, antidemocrática, e se opõe a qualquer coisa em que você acredita?" Ela evitou dar uma resposta direta. Ela também ignorou o ódio que emanava dos outros participantes da flotilha. Ela concentrou-se exclusivamente no bloqueio e no "direito democrático de votar no Hamas" de Gaza e afirmou que ela estava meramente defendendo a causa das mulheres e crianças de Gaza.[790] Esse é um argumento usado com frequência pelos autoproclamados ativistas de direitos humanos ou da paz. Isso precisa ser reexaminado. Por um lado, Corrigan Maguire assinou apelos para boicotar Israel[791] e expulsar o embaixador de Israel da Irlanda.[792] Por outro lado, ela também assinou um apelo à União Europeia para remover o Hamas da lista oficial de organizações terroristas da União Europeia.[793] Corrigan Maguire engana seu público; ela não está "apenas lutando pelas mulheres e crianças em Gaza". Ela está trabalhando pelo benefício político do Hamas.

A conexão entre o Hamas e essas flotilhas supostamente neutras foi exposta por uma carta enviada pelo ministro da Cultura e Esporte do Hamas, Bassem Naim, em 1º de janeiro de 2007[794] ao Movimento Gaza Livre (MGL, que está por trás da maioria das flotilhas) pedindo-lhes que "ajudem a levantar o cerco a Gaza" (até mesmo pedindo-lhes que informem ao Hamas quando chegarão e quem viria). A primeira flotilha partiu apenas dois meses depois da carta. Em outras palavras, desde o início, isso não foi um mero ato humanitário, mas uma campanha política coordenada pela Aliança Profana da esquerda radical e pelo islamista radical Hamas. Alguns dos passageiros podem ter chegado com a intenção de lutar apenas pelos direitos humanos, mas eles não eram mais que peões políticos nas mãos do Hamas e dos organizadores da flotilha, todos com registros impressionantes na atividade anti-Israel. A campanha da flotilha tem sido um sucesso impressionante como um exercício de relações públicas, promovendo os objetivos daqueles que desejam destruir Israel sob o disfarce de preocupações humanitárias. Mais uma vez, críticas às políticas de Israel são bem-vindas. Israel comete erros. Mas isso não pode esconder o fato de que há uma grande diferença entre criticar as políticas de Israel e se identificar com o Hamas.

Corrigan Maguire ganhou o Prêmio Nobel por promover a compreensão entre católicos e protestantes em guerra na Irlanda. Ela não tentou boicotar um ou outro. Ela não exigiu que um lado fosse eliminado para o benefício do outro. Ela não apoiava a ala mais extrema de um dos campos. No entanto, por alguma razão, quando se trata de Israel, é exatamente isso que ela vem fazendo. Em suas ações, ela não é tanto uma adversária para Israel quanto é inimiga dos palestinos e inimiga da paz. Corrigan Maguire não apenas assinou petições para boicotar Israel e expulsar seu embaixador;

ela assinou uma petição apoiando o Direito de Retorno de milhões de palestinos. Esta não é uma exigência humanitária,[795] é o trunfo dos opositores da paz. Ao apoiar o Hamas e o retorno, ela não está promovendo a reconciliação, apenas a intransigência, a perpetuação do conflito e o prolongamento do sofrimento palestino.

—

Como parte da campanha pró-Hamas disfarçada de defesa da paz, o autor sueco Henning Mankell publicou um artigo de página inteira no *Haaretz*: "Será que o Henning Mankell real se manifestará?"[796] No artigo, Mankell argumentou que um roubo de identidade estava por trás de uma campanha de e-mail informando que ele não queria que os israelenses lessem seus livros. Mankell se define como um homem esclarecido, interessado em diálogo. No entanto, esse diálogo assume uma forma distorcida. Como outros membros da coalizão vermelho-verde, Mankell chama Israel de um Estado de apartheid,[797] acusa Israel de assassinato e pede o Retorno Palestino. Seu artigo assinado no *Haaretz* foi projetado para explicar seu apoio e participação na flotilha turca de Gaza, bem como outra flotilha destinada a chegar no período correspondente. Tenha em mente que os patronos da flotilha em que Mankell participou eram o IHH.[798] Quando retornaram à Turquia, correram para o Irã para declarar o seguinte numa conferência de imprensa conjunta com o presidente do Irã, Mahmoud Ahmadinejad (cuja agenda genocida e ódio contra Israel não precisam de introdução): "Estamos aqui hoje com a vontade e a determinação para construir um Oriente Médio sem Israel e a América, e para reafirmar nosso compromisso de continuar no caminho dos mártires *Mavi Marmara* [shahids no original]".[799] O chefe da expedição *Mavi Marmara* revelou sua agenda real em um artigo que não deixa muito para a imaginação, intitulado: "*Allahuakbar* [Alá é Grande]! Agora é a hora de eliminar Israel [...]!"[800] Portanto, o *Mavi Marmara* e outras flotilhas não são apenas uma história de um comboio humanitário para os cidadãos de Gaza, mas um ato de identificação declarada com as aspirações genocidas do Hamas. Mas Mankell não sabe (ou, mais provavelmente, não quer saber) que seu apoio às flotilhas é um apoio à aniquilação de Israel – em nome dos direitos humanos, é claro. Mankell não estava apenas obcecado com Israel. Ele também mostrou empatia a Taimour Abdulwahab, um sueco de origem muçulmana que pretendia realizar um grande ataque terrorista em Estocolmo, assim como Mankell encontrou justificativas para os ataques terroristas nos Estados Unidos.[801] "O caminho para o triunfo da razão pode ser longo", escreveu Mankell em seu artigo para o *Haaretz*. Mankell estava certo – mas ele não está do lado da razão.

—

Seria sensato reexaminar a tão citada justificativa para a aliança vermelho-verde em Gaza: de que há uma "crise humanitária" acontecendo lá. Há mesmo? Em abril de 2011, a vice-chefe da Cruz Vermelha em Gaza, Mathilde Redmatn, publicou uma declaração de que "não há crise humanitária em Gaza". A declaração gerou reações furiosas e o campo anti-Israel se apressou a afirmar que não havia alguém da Cruz Vermelha com esse nome. Mas havia: Mathilde De Riedmatten; seu nome simplesmente foi digitado errado.[802] Não havia necessidade de se esperar por esta declaração para conhecer os fatos. O que a alta funcionária da Cruz Vermelha tinha a dizer sobre as condições em Gaza na época?

> *Não há crise humanitária em Gaza. Se você for ao supermercado, existem produtos. Há restaurantes e uma bela praia. O problema é principalmente na manutenção de infraestrutura e no acesso a bens, concreto, por exemplo.*[803]

A esse respeito, pode-se acrescentar: um comercial do Hamas de 2016 para a televisão, em antecipação às eleições municipais rotulado *Shukran Hamas* ("Obrigado, Hamas"), é muito revelador.[804] Sim, é um filme de propaganda (do tipo que todos os partidos políticos transmitem durante as eleições), mas sem querer revela o outro lado da vida em Gaza que os telespectadores estrangeiros nunca veem. Deixando o preconceito da mídia de lado, os recursos visuais no jornalismo de notícias quase sempre se concentram no drama humano – guerra, tragédia, destruição e dor, caso contrário, não é uma história. Consequentemente, a imagem dominante de Gaza é a miséria ou os danos de guerra – ajudando a vender a história de uma "crise humanitária" em andamento. (Imagine se a mídia convencional apenas transmitisse imagens das favelas de Paris ou se a face da América fosse apenas Camden, Nova Jersey, uma das favelas mais necessitadas e perigosas da América,[805] qual seria a impressão.) O Hamas quer que os telespectadores pensem que Gaza é uma "prisão a céu aberto", mas, sem intenção, seu anúncio revela os bairros ricos, parques verdes e avenidas largas, shoppings e edifícios modernos, parques aquáticos e praias imaculadas. Uma notícia de 2016 em uma rede árabe sobre as compras antes do Ramadã no Mercado Metropolitano de Gaza também conta outra história.[806] Uma reportagem de fevereiro de 2013 em *Al Monitor*[807] descreveu como os supermercados estão transbordando de mercadorias [...] depois reclama amargamente que a maioria dos produtos veio de Israel, acusando "Gaza é um enorme mercado consumidor para seu carcereiro – Israel". Impossível agradar gregos e troianos.

O comercial de eleição do Hamas não mostra a miséria em Gaza, os bairros destituídos com becos estreitos, a infraestrutura precária, e as moradias lotadas mostrados exclusivamente nas telas de televisão ocidentais. Por último, deve-se ter em mente que Gaza – seu lado rico, assim como seu lado pobre – não parece muito diferente de Amã, Cairo ou Beirute: uma combinação do novo e do velho, riqueza e pobreza. O atual padrão de vida e qualidade de vida entre os palestinos – mais do que outros países do Oriente Médio – é discutido em detalhes em outras partes deste volume, mas talvez a maior demonstração do absurdo da reivindicação de "crise humanitária" tenha vindo de um político britânico. Argumentei em 2008 que a expectativa de vida em Glasgow Leste – uma cidade do primeiro mundo, note-se – era menor do que na Faixa de Gaza. As pessoas ficaram horrorizadas, mas o *Channel 4* britânico checou as estatísticas, e eis que elas estavam certas: se vive mais em Gaza do que em Glasgow Leste.[808] Desnecessário dizer que ninguém está levando flotilhas ou auxílio via aérea à Escócia em protesto.

—

O mundo árabe e muçulmano tem uma ampla gama de opiniões. Pode-se encontrar entre eles as forças das trevas, incluindo o ISIS, o Boko Haram, o Hamas, a Al-Qaeda, o Hezbollah e o Taleban. Pode-se também encontrar muitos outros que lutam por reformas, pelos direitos das mulheres e pela reconciliação com Israel. O problema é que pessoas como Mankell, Corrigan Maguire, Fisk, Chomsky e outros não estão dando apoio e socorro à maioria sensata, preferindo apoiar a minoria extremista. De fato, qualquer opinião pró-Ocidental expressada por um intelectual árabe ou muçulmano é considerada traição. Cada foguete do Hamas lançado em um jardim de infância os coloca em modo de justificação. Nem todos os defensores do Hamas são maliciosos; alguns participam de flotilhas e outros protestos motivados por motivos humanitários genuínos, embora ingênuos.[809] Eles genuinamente acreditam que Israel precisa reconhecer e apaziguar o Hamas.

Neste ponto, talvez eles estejam certos: apesar de tudo o que foi dito sobre o caráter do Hamas, Israel deveria estender a mão em paz. Reconhecimento mútuo e reconciliação são necessários, e certamente o fim da incitação e violência antissemitas e racistas.

Israel permitiu que a filha de Haniyeh recebesse tratamento para salvar sua vida em Israel. Não ajudou? Até mesmo o irmão mais novo de Mahmoud Abbas, Abu Louai, fez tratado de câncer em Israel. Saeb Erekat com seus problemas pulmonares quase conseguiu um transplante, em vez de outros esperando por um doador. Devemos ser humanos, mas ser humano não significa justificar o terror ou tomar partido com os que apoiam a aniquilação.

A comunidade internacional já definiu os termos para a concessão e reconhecimento mútuo, a fim de ajudar os palestinos na Faixa de Gaza. O Quarteto formulou essas diretrizes (não violência, reconhecimento de Israel e aceitação de acordos anteriores) assim que o Hamas vencesse as eleições parlamentares palestinas.[810] O Conselho de Segurança das Nações Unidas adotou as diretrizes[811] e desfrutou do apoio contínuo dos países árabes.[812]

Se os intelectuais progressistas e defensores da paz desejarem realmente o fim do sofrimento, preguem ao Hamas com o mesmo fervor que atacam Israel. Israel não está interessado em sitiar ou bloquear Gaza. Israel evacuou a Faixa até o último centímetro. O Hamas violentamente tomou a Faixa em um golpe, executando centenas de opositores políticos,[813] impondo a lei da Xaria[814] reprimindo mulheres,[815] e aterrorizando os cristãos.[816] Em contraste, Israel envia centenas de caminhões cheios de auxílio humanitário à Faixa todos os dias. O bloqueio israelense e egípcio é o mínimo necessário para impedir o fluxo de terroristas, armamentos e materiais proibidos para Gaza, dada a natureza do regime do Hamas.

O Hamas poderia liderar Gaza à prosperidade amanhã. Não haveria bloqueio. Auxílio internacional e investimento viriam em abundância. Seria uma oportunidade inestimável para os habitantes de Gaza. Pessoas de boa consciência poderiam ajudar os palestinos, mas não apoiando incondicionalmente uma organização comprometida com o terrorismo, racismo e que prejudica inocentes de ambos os lados.

—

A coalizão vermelho-verde é a perdição de uma parte importante das elites ocidentais. A coalizão não luta realmente pelos direitos humanos, nem se opõe ao imperialismo, à repressão ou à ocupação. Em vez disso, passa a maior parte do tempo tapando os olhos para o islamismo radical. Mais uma vez, isso não tem nada a ver com críticas genuínas do Ocidente ou de Israel, ambas justificadas. Mas, em contraste com argumentos feitos por pessoas como Mankell, os terroristas não estão realmente lutando contra a ocupação ou a repressão. Eles agem em nome de uma ideologia que visa tornar o mundo um lugar muito mais sombrio. O Hamas quer um mundo sem liberdades básicas, direitos humanos e igualdade para mulheres e minorias. Os Jihadistas Globais não atacam o Ocidente por causa do que ele faz ou fez no passado, mas por causa do que é: livre, liberal e democrático.

Os pecados do colonialismo e do imperialismo são certamente dignos de exposição e condenação. Se atos horríveis foram cometidos no passado, isso não é desculpa para os outros hoje serem tão bestiais ou até mais bestiais. O Islã Radical não é uma resposta ao colonialismo e imperialismo ou uma desculpa para a conduta bestial por antigos súditos coloniais; certamente não é a resposta. O Islã Radical é um movimento mundial que não está interessado em combater a injustiça, mas obcecado em cometer suas próprias injustiças em uma escala que muitas vezes supera as anteriores em sua crueldade.

Será que esses benfeitores não veem os inúmeros atos de genocídio e assassinato em massa? Eles não entendem a conexão entre suas justificativas e desculpas e os resultados? Eles não veem como suas críticas ao Ocidente acabam prejudicando os muçulmanos não ocidentais acima de tudo?

Chomsky, Butler, Corbyn e outros — o ramo Ocidental da aliança vermelho-verde — podem ser uma causa perdida. Eles já estão longe demais — tão enredados e tão profundamente comprometidos com a visão distorcida de mundo que defendem que pode ser impossível até mesmo alcançá-los. Mas há muitos outros no mundo livre e no menos livre e, esperamos, estes ficarão sóbrios e verão a realidade como ela é.

CAPÍTULO 20
Plataforma de Incitação
—

> Na última década, o Haaretz, o diário israelense mais lido em inglês, tornou-se um pilar central da indústria de mentiras. O problema não são os artigos de opinião. O problema está nos vieses, distorções e falsidades, bem como no encorajamento da intransigência e violência palestinas que o Haaretz apoia.

EM QUASE TODAS as palestras que dei nos últimos anos, pelo menos um questionador cita o *Haaretz* para me desafiar com uma pergunta difícil. Os questionadores obviamente pensaram que estavam em terreno firme; afinal, eles não estavam citando propaganda palestina, eles estavam citando um jornal israelense tradicional. Os questionadores estavam certos. O jornal do qual eles citam repetidamente diz que Israel é um Estado maligno; que Israel é um Estado insano, que Israel ameaça a paz mundial; que Mahmoud Abbas vendeu sua alma ao diabo em suas enormes concessões a Israel (sim, Israel é o diabo neste cenário); que os tempos de normalidade (paz relativa e tranquilidade entre árabes e judeus) não são bons para os palestinos e que eles devem iniciar outra Intifada violenta para concretizar a visão de um grande Estado ("um Estado para todos os seus cidadãos" em vez de um Estado judeu, devido a força demográfica). Tudo isso e muito mais é o trabalho de escritores e editores seniores do *Haaretz*, que muitas vezes competem entre si para demonstrar o quanto desprezam seu próprio país. A liberdade de expressão em Israel inclui praticamente tudo, incluindo as mentiras mais descaradas e calosas.

A linha editorial venenosa do *Haaretz* é inabalável e sistemática. Não estamos falando de um ou dois artigos, ou de um artigo radical ou raivosamente provocante de vez em quando. Essa é a política editorial, dos editores para baixo. O resultado é que uma das fontes mais importantes — se não a mais importante para a indústria de mentiras é o *Haaretz*. O *Haaretz* é especialmente útil e poderoso porque é israelense. Ele tem a aura de confirmação de uma fonte autorizada dos pecados de Israel "do ponto de vista interno" dando credibilidade aos preconceitos anti-Israel. Quase todo artigo anti-Israel na academia e na mídia depende do *Haaretz* até certo ponto. Ironicamente, o *Haaretz* comercializa a si mesmo sob o slogan promocional: "O Jornal para Aqueles que Pensam".

O problema não é que mentiras são parte da liberdade de expressão; esse é o caso em todas as democracias. O problema é que o *Haaretz* é o principal exportador de mentiras contra Israel. Pior ainda, aqueles que apenas leem o *Haaretz* provavelmente chegarão à conclusão de que Israel como "um Estado judeu e democrático" provavelmente, ou mesmo certamente, não tem o direito de existir. Até o final da década de 1990, o *Haaretz* era um jornal razoavelmente confiável e ponderado. Talvez tenha sido a crise econômica, talvez tenha sido o crescente domínio de Amos Shocken, o editor do jornal – mas, neste momento, todos esses fatores levaram a uma mudança brusca na linha do jornal sobre o conflito árabe-israelense. Tornou-se menos como o *The New York Times* e mais como o *The National Enquirer* (em conteúdo, já que o jornal mantém a fachada de respeitabilidade e credibilidade em sua pauta e, na maioria dos casos, seu estilo). O problema não é nem opiniões específicas nem o leque de opiniões no jornal. O cerne do problema é um número muito grande de distorções dos fatos.

A maioria dos leitores em Israel, de todas as convicções políticas, sabe que algo de muito ruim aconteceu com o *Haaretz* na última década e meia. A maioria dos leitores fora de Israel não. Eles continuam a tratar o *Haaretz* como se ainda fosse a fonte robusta, respeitável e inteligente de informação que já foi. No que diz respeito a eles, essa fonte presumivelmente respeitável oferece corajosamente provas inumeráveis dos "crimes" de Israel. Se um jornal israelense considera Israel um "Estado louco"[817] digno de desprezo, é difícil esperar que pessoas de fora de Israel vejam as coisas diferentemente.

Ainda existem algumas partes do *Haaretz* que retêm a antiga robustez. Mesmo no contexto do conflito árabe-israelense, ainda existem alguns escritores sérios que contribuem, principalmente artigos de opinião de escritores como os acadêmicos da Universidade Hebraica; Shlomo Avineri, um proeminente cientista político que na década de 1970 serviu por vários anos como diretor-geral do Ministério das Relações Exteriores de Israel; Alexander Yakobson, historiador e professor de história antiga; Gadi Taub, professor sênior do Departamento de Comunicações, historiador e autor de literatura infantil; e Ari Shavit, um correspondente sênior e escritor prolífico que trabalhou no *Haaretz* de 1995 até sua renúncia em 2016 (após um escândalo sobre conduta pessoal). Tais indivíduos contribuíram com opiniões instigantes e ponderadas. Não necessariamente de direita, todos citados anteriormente são altamente críticos em relação ao governo israelense, mas suas críticas são um exemplo brilhante de críticas bem apresentadas e robustas do tipo que qualquer democracia se orgulharia. Infelizmente, o núcleo de artigos sobre o conflito é escrito por pessoas de confiança, isto é, a equipe de notícias e editorial do *Haaretz* que na década passada foi dominada por pessoas das margens da esquerda radical, como o analista de assuntos árabes Zvi Barel, a colunista de assuntos palestinos Amira Hass, o comentarista social e roteirista Koby Niv, juntamente com Rogel Alpher e Gideon Levy e outros.

Os editores do *Haaretz* — repórteres, colunistas e comentaristas — está obsessivamente fixada na "ocupação". Impulsionados por uma tendência messiânica e elitista para "salvar Israel de si mesma", eles produzem artigos para o jornal que são uma mistura de verdades, meias verdades, fabricações e mentiras que demonizam Israel, na esperança de que suas representações de Israel como um país profundamente corrompido pela ocupação, como um Estado de apartheid (ou prestes a se tornar um), isolem Israel e gerem suficiente pressão internacional para forçar Israel a capitular e retirar-se unilateralmente. Enquanto eles se fantasiam de progressistas e democratas, seus objetivos e táticas são uma "estratégia de desvio" do processo democrático: desesperado em convencer o eleitorado israelense da força de seu argumento. O *Haaretz* procura "dar a volta" no mecanismo de tomada de decisões dos israelenses (em essência, cancelar a autodeterminação do público em geral e de seus líderes eleitos) vendendo a agentes e influenciadores no exterior (tanto a formadores de opinião e formuladores de políticas quanto à opinião pública mundial) uma declaração de intenção com três mensagens sobre Israel, que têm que ser refutadas: (1) que Israel comete crimes de guerra (2) que Israel é um Estado de apartheid (3) que Israel é que rejeita a paz, e não os palestinos.

—

Indo além de sua própria equipe em termos de veneno, em abril de 2017, o editor do *Haaretz*, Amos Schocken, twittou que havia uma conexão entre "o terrorismo islâmico na Europa e o apoio europeu ao sionismo por mais de 100 anos". Schocken não é o único. Como os antissemitas de outrora, aos olhos de Schocken, os judeus são a principal causa dos problemas no mundo [...] agora incluindo as raízes da *Jihad* Global, ainda por cima.

A *jihad* – em seu novo formato – é, na verdade, o resultado de um investimento de anos na educação islamista. O Paquistão e o Afeganistão não eram países racionais e liberais nos anos 1960 e 1970, mas havia sinais de Ocidentalização. Fotografias desses anos mostram mulheres em roupas ocidentais, sem a burca e mesmo sem o hijab, livremente em lugares públicos. Tudo mudou. Uma das principais forças por trás da onda de fundamentalismo que tomou conta desses países desde então aconteceu porque enormes somas de capital saudita fluíram para esses países nos anos 1970 e 1980, destinados a criar uma rede de madrassas (escolas islâmicas). Houve enormes investimentos também na África, e também em mesquitas em toda a Europa. Os Mujahidin, a al-Qaeda, o Taleban, o Hamas, o Boko Haram, o Al-Shabiba e outras organizações terroristas e jihadistas são principalmente o produto dessa educação, repleta de incitação e lavagem cerebral, incluindo a decadência do Ocidente. Os formandos das madrassas se tornaram os soldados da *jihad*. Eles aterrorizam onde quer que estejam. Cerca de 215 mil pessoas inocentes foram mortas pela *Jihad* Global desde 2002, a maioria delas muçulmanas, e há apenas uma pequena porcentagem de vítimas do Ocidente. Isso não tem nada a ver com o sionismo. Mas Schocken culpa o sionismo. Não foi sempre assim. Durante a maior parte da década de 1990, o *Haaretz* apoiou uma linha humanista-liberal, o processo de paz e o direito de Israel de ser o Estado-nação do povo judeu. Veja, por exemplo, o seguinte editorial, escrito em 1996:

> *A minoria árabe tem razão quando exige total igualdade, mas há uma área sobre a qual a maioria judaica tem o direito de declarar sua posição e recomenda que a minoria árabe escute: a maioria dos cidadãos do Estado não tolerará movimentos políticos que clamam pela eliminação do caráter judaico do Estado. O povo judeu é uma unidade étnico-nacional única, que combina religião e nação, e nenhuma quantidade de acrobacia linguística pode mudar esse fato real. Portanto, as regras políticas do jogo em Israel derivam do axioma de que este é um Estado judeu e que nenhuma força política pode esperar ser permitido minar isso.*[818]

Uma linha editorial que apoiava um equilíbrio adequado entre um Estado liberal humanista e o direito à autodeterminação desapareceu desde então. Seguindo os passos de seu pai, Roni Schocken publica artigos contra a própria ideia de Israel como um Estado judeu e democrático e não tem tolerância para quem pensa o contrário. Ela até atacou a pomba da paz e parlamentar liberal Tzipi Livni como "um perigo" porque Livni ousou me oferecer um lugar como candidato na chapa de candidatos do seu partido ao Knesset em 2013, e porque Livni sugeriu que Ruth Gavison — uma pensadora sionista liberal e eminente professora de direito laureada com o Prêmio Israel — era digna de nomeação como juíza da Suprema Corte. Por quê? Gavison e eu éramos culpados do pecado de "exagerar o aspecto judaico" no sentido de um "Estado democrático judaico".[819]

Para retornar aos três principais argumentos apresentados pelo *Haaretz* — que Israel comete crimes de guerra; que Israel é um Estado de apartheid; que Israel é um sabotador da paz, não os palestinos — estes precisam ser tratados e definitivamente refutados.

O PROCEDIMENTO DO JUMENTO

Em 2005, o *Haaretz* publicou uma de suas mais sérias acusações contra Israel — que comete crimes de guerra. O artigo foi publicado na edição de fim de semana e intitulado "O Procedimento do Jumento".[820] O subtítulo descrevia como um palestino, Mahmoud Shwara, havia sido preso por membros da Patrulha da Fronteira israelense e amarrado a um jumento que saiu correndo dos soldados. Shwara morreu de ferimentos graves na cabeça.

Quando li isso pela primeira vez, fiquei horrorizado. Será que, no país em que vivo, as Forças de Defesa de Israel criaram um *procedimento* real de atar um palestino a um jumento e arrastá-lo até a morte de maneira tão horrível? De fato, de acordo com o artigo, este não foi um incidente isolado de algumas maçãs podres, mas sim um procedimento militar aprovado. A única conclusão a que se pode chegar é que as FDI não são melhor que uma gangue de bandidos sádicos. No mesmo dia em que o artigo foi publicado, o editorial também tratou da história, castigando Israel.[821] Ele reverberou em todo o mundo logo depois disso. Aqui estava uma prova adicional do tipo de crimes horríveis que Israel foi acusado de cometer. Alguns dias se passaram e uma onda de cartas inundaram o editor expressando horror. Israel Augman, um sobrevivente de 80 anos do Holocausto, disse:

> Eu fiquei tremendo, e desde então não consigo dormir [...] nunca vou esquecer as imagens do Holocausto: os alemães capturaram uma menina de 16 anos [...] amarraram-na a uma carroça puxada a cavalo, açoitaram os cavalos e, assim, arrastaram-na até o campo de trabalho forçado.

Outro leitor mais jovem, Avivit Kreiner escreveu:

> As almas dos soldados que cometeram esse ato serão queimadas a meu ver e não passam de blocos de sadismo [...] o veneno da vingança fluirá nas veias dos nove filhos de Mohammad Shwara.[822]

Após uma segunda leitura do artigo, as perguntas começaram a se formar. O editor-chefe do *Maariv* Amnon Dankner decidiu verificar a história mais a fundo.[823] O resultado foi humilhante para o *Haaretz*: o incidente não aconteceu. Foi um boato vago, e a família palestina mencionada no artigo negou enfaticamente que havia acontecido. O Departamento de Assuntos Internos das FDI se dirigiu ao *Haaretz*, ao B'Tselem, à Autoridade Palestina e à família da suposta vítima. Ninguém poderia fornecer evidências de que algo como a história do *Haaretz* tivesse ocorrido.

O jornalista que publicou a história foi Gideon Levy. Levy havia se tornado uma estrela nas duas décadas anteriores, já que, passo a passo, sua atitude e textos tornaram-se cada vez mais extremos em relação a Israel. Embora ele não fale árabe, ele cobriu os territórios para o *Haaretz*. Suas histórias atraíram a atenção mundial. Gideon Levy é provavelmente o mais conhecido jornalista israelense na Terra. Ele é convidado para muitos fóruns, incluindo acadêmicos, como um "especialista" na questão palestina. Ele raramente enfrenta alguém que possa refutar ou questionar suas histórias ou seus conhecimentos. Levy nunca retratou sua história do jumento. É seguro assumir que um pequeno número de suas histórias são verdadeiras. Há casos isolados em que soldados das FDI cometeram violações de direitos humanos, e precisam ser denunciados, e os perpetradores punidos. Mas para Levy, não é uma questão de casos isolados ou raros que precisam ser expostos; ele é levado, de fato, possuído pela necessidade de consistentemente retratar Israel como o Diabo encarnado — e ele não tem nenhum problema em escrever histórias falsas para fazê-lo.

O PROCEDIMENTO DE MATAR TERRORISTA

Outra investigação do *Haaretz* tentou estabelecer a tese de que Israel comete crimes de guerra em larga escala. A história tratou do que é oficialmente conhecido como "assassinatos seletivos" — assunto de intenso debate público tanto em Israel como nos Estados Unidos.[824] Israel empregou este método principalmente no auge da Segunda Intifada (2000-2005), mas na época em que a história do *Haaretz* foi publicada em 2008, a tática era usada de forma muito menor e muito mais seletiva.[825] A história do *Haaretz* era baseada em documentos secretos vazados por Anat Kamm.[826] A manchete foi deliberadamente incendiária: "Licença para matar".[827] O pano de fundo foi a decisão da Suprema Corte em 2006, que declarou: "Não podemos determinar que todo ataque antecipado direcionado seja proibido pelo direito internacional, assim como não podemos determinar que toda preempção visada é permissível sob a lei internacional".[828] O *Haaretz* tentou criar a impressão de que as FDI haviam violado essa decisão, aprovando o dano proibido a inocentes. Os documentos que foram revelados tratavam da necessidade de parar ou "eliminar" um grupo de terroristas da *Jihad* Islâmica que haviam realizado ataques terroristas no passado e estavam planejando novos ataques. Eles carregavam regularmente armas e cintos explosivos. De acordo com os argumentos do jornal, teria sido melhor prender os terroristas em vez de alvejá-los.

A questão é que os documentos realmente provaram o contrário do que o Haaretz procurou provar: as FDI seguiram a decisão da Suprema Corte. Longe de serem rápidas no gatilho, as FDI estavam constantemente pensando e repensando esse dilema. De acordo com os documentos, o caso de acionar o golpe ou não foi encaminhado ao chefe de Gabinete das FDI, Gabi Ashkenazi, que proibiu um ataque aos membros da milícia da *Jihad* Islâmica, "se houver mais de um passageiro não identificado" (ou seja, a operação envolvia alvejar carros em trânsito). Em outras palavras, se houvesse mulheres e crianças, o ataque deveria ser cancelado. Se houvesse dois homens não identificados, o ataque também seria cancelado. Isso não significa que uma pessoa não identificada esteja sendo explicitamente visada, mas sua presença não era o suficiente para cancelar o ataque.

Estas instruções violam a decisão do Supremo Tribunal? Ao esclarecer as instruções da Corte, o juiz Aharon Barak escreveu que "danos colaterais a civis inocentes só serão legais se atenderem às demandas da proporcionalidade". Não há uma definição clara de "proporcionalidade". Para ser justo, só se pode avaliar a proporcionalidade em relação à outras interpretações e ações de exércitos ocidentais – dos Estados Unidos, por exemplo. Um indivíduo encarregado de assassinatos seletivos no Pentágono foi entrevistado em uma edição de 2007 do *60 Minutes* na *CBS*; Mark Garlasco disse que quando se trata de eliminar um alto oficial iraquiano, a instrução era se morrerem "até 29 pessoas em um ataque contra Saddam Hussein, isso não seria um problema".[829]

Obviamente, o *Haaretz* nunca definiu realmente o que considera ser a medida apropriada de "proporcionalidade", porque o alvo – as FDI e o Estado de Israel – foi pintado com antecedência. Richard Goldstone, a quem já mencionamos (em relação ao *Relatório Goldstone*), argumentou que ele verificou e descobriu que o exército americano age dentro das rígidas diretrizes do direito internacional.[830] Portanto, se para os Estados Unidos, matar 29 civis para atacar e matar um agente de alto escalão, está dentro das diretrizes internacionais, certamente Israel, que só aceita *no máximo uma baixa civil* para um alvo terrorista, também está dentro dos parâmetros internacionais.

De acordo com o ministro do Interior do Paquistão, Rehman Malik, até 80% das baixas causadas por assassinatos em seus países são civis.[831] O *The New York Times* informou que entre 2006 e 2009, 50 civis foram mortos por cada terrorista. Ninguém duvida que a América tenha matado civis inocentes,[832] embora os órgãos oficiais do governo Obama – inclusive o presidente – afirmassem que os números eram muito menores.[833] Na entrevista do *60 Minutes*, Garlasco assumiu a responsabilidade de matar 200 pessoas inocentes enquanto perseguia terroristas procurados, mesmo que nenhum dos terroristas tenha sido atingido. Estas são as proporções e a proporcionalidade empregadas pela democracia líder no mundo. Nenhuma acusação por crimes de guerra foi emitida contra Garlasco. Ao contrário, Garlasco recebeu uma posição sênior no Observatório de Diretos Humanos, onde passou a criticar os supostos crimes de guerra de Israel. A hipocrisia atingiu novas alturas.

Os documentos mostram que, antes de qualquer ação contra os membros da *Jihad* Islâmica, as FDI realizaram muitas discussões em diferentes níveis. Estes estabeleceram que os inocentes não deveriam ser prejudicados e que a prisão seria preferível a um golpe. Nas discussões internas, ressaltou-se que as mulheres e as crianças não deveriam ser prejudicadas e que a proporcionalidade deveria ser estritamente observada. Estas não eram discussões teóricas, mas operacionais. Mesmo o chefe do Comando Central não poderia aprovar a operação; a luz verde tinha que vir do escritório do chefe do Estado-Maior. Alguém poderia chamar este procedimento complicado de discussão e restrição constante, incluindo instruções estritas sobre como evitar a morte de mulheres e crianças e diretrizes claras e vinculativas sobre proporcionalidade de um "crime de guerra" ou "assassinato", como o *Haaretz* o rotulou?

Deve-se também examinar a imagem mais ampla. Já em 2007, o correspondente militar do *Haaretz*, Amos Harel, relatou uma queda no número de civis feridos ou mortos: de um civil para cada terrorista em 2002-2003, para um civil para cada 30 terroristas em 2006.[834] Que diferença dramática entre Israel e os Estados Unidos. Quando quer, até o *Haaretz* consegue acertar os fatos. Quando o artigo condenatório foi publicado em 2008, o uso de assassinatos direcionados já havia caído drasticamente, mas o *Haaretz* simplesmente não podia deixar passar outra chance de manchar o nome de Israel.

AS CRIANÇAS QUE NUNCA EXISTIRAM

Às vezes acusações caluniosas de crimes de guerra são feitas como um adendo. Por exemplo, o colaborador regular do *Haaretz*, o poeta e romancista israelense Yitzhak Laor, afirmou que na Primeira Guerra do Líbano, "Forças das FDI explodiram a mesquita em Ain al-Hilweh[835] com centenas de pessoas barricadas lá dentro, incluindo crianças".[836] O site da *Presspectiva*, que monitora a contribuição da imprensa israelense à indústria de mentiras, pediu a Laor que apontasse uma fonte.[837] Laor os referiu a uma história notável da Primeira Guerra do Líbano – *Milhemet Sholal* (Guerra da Decepção), escrita pelos jornalistas veteranos Zeev Schiff e Ehud Yaari.[838] Infelizmente, não há menção a esse incidente, apenas uma batalha difícil em que os membros da OLP tentaram se esconder entre civis e crianças. Não há menção de explodir uma mesquita, certamente não com "centenas" escondidas lá, e a palavra "crianças" nem sequer está conectada com a mesquita. Ao contrário, Schiff e Yaari descrevem os terroristas da OLP que se esconderam na mesquita como aqueles que estavam dispostos a "causar a morte de muitos civis". O livro até menciona histórias de três crianças que foram assassinadas na frente de seus pais, por operantes da OLP, como um impedimento para manter os refugiados dentro da zona de batalha e não deixá-los sair para sua própria segurança, como as FDI pediram para fazê-lo, a fim de evitar ferir pessoas inocentes. O artigo do *Haaretz* virou a imagem de uma FDI humanitária e uma OLP amoral de cabeça para baixo para vender uma mentira cruel. Desta vez, a mentira pôde ser facilmente verificada. Mas quantas vezes essas mentiras passaram sem serem examinadas? Este não foi o único deslize de Laor. Em outro momento, como mencionado em outro capítulo, Laor usou licença poética para acusar Israel de genocídio por outros meios que não o gás, aumentando a taxa de mortalidade infantil palestina.[839]

Inúmeros jornalistas no exterior foram demitidos por muito menos. Um dos mais memoráveis, Jayson Blair, foi demitido do *The New York Times* em 2003 por uma série de infrações da ética jornalística em uma série de histórias em que Blair mencionou uma cidade na linha do tempo que sugeria que ele teria entrevistado um sujeito pessoalmente quando ele o fez por telefone; fabricou ou relatou erroneamente pequenos detalhes em uma história; embelezou uma história com alguns detalhes inexistentes para efeito dramático; plagiou ou inventou uma citação. O *The New York Times* publicou mais de 7 mil palavras (!) na primeira página compartilhando com os leitores a "fraude jornalística" de Blair, no que foi descrito como "artigos cheios de mentiras", rotulando o caso de "um ponto baixo nos 152 anos de história do jornal".[840]

Laor e outros ainda estão escrevendo regularmente e difamando Israel em um jornal que antes se orgulhava de seu jornalismo de qualidade.

A COMPENSAÇÃO QUE SE TORNOU EXPROPRIAÇÃO

No início de 2012, uma enxurrada de artigos apareceu na imprensa internacional e na Internet sobre um novo caso de abuso israelense de palestinos. Cidadãos inocentes estavam sendo prejudicados, humilhados, transferidos, e suas terras confiscadas. Tudo isso estava acontecendo, de acordo com centenas de artigos, sob os auspícios do cruel regime sionista. A história em questão girava em torno de uma aldeia beduína, Umm al-Hiran, cujos moradores estavam sendo desalojados à força e expulsos por ordem do governo israelense para dar lugar a um assentamento judaico. De acordo com os artigos, esta ação foi uma continuação direta da *Nakba* de 1948, que no entendimento corrente significa que então como agora, Israel expulsou todos os palestinos e tomou suas terras (uma acusação que demonstramos ser severamente deturpada em outras partes deste livro). O jornal que liderava a acusação era, claro, o *Haaretz*, que apresentava descrições lúgubres da injustiça da "transferência" cometida por "pessoas pertencentes à raça superior e ao Povo Eleito".[841]

Qualquer um que se importe com direitos humanos, incluindo aqueles simpatizantes de Israel, ficaria compreensivelmente indignado com o que soava como uma injustiça imperdoável e indesculpável. Há apenas um problema: nada disso era verdade.[842] Os membros da tribo al-Qia'an foram movidos de um lugar para outro a seu próprio pedido devido a um conflito tribal. Eles se estabeleceram na área de Yatir (Nordeste de Beersheva e sudeste de Hebron) com algumas famílias instalando-se na área de Hiran (também no Sul de Israel).

Existe um debate entre os estudiosos sobre a extensão dos direitos à terra que deve ser reconhecido para os requerentes cujos conceitos de propriedade como povos pastoris entram em choque com os conceitos de posse da terra do Estado moderno. Há alegações de que há muita discrepância e confusão no registro de propriedade (algumas justificadas). A fim de resolver o problema, o Estado estabeleceu assentamentos permanentes para beduínos, concedendo a cada família um *dunam* de terra (1 mil metros quadrados ou um quarto de um acre). O terreno para construção era gratuito, incluindo a infraestrutura urbana às custas do governo. Além disso, o Estado também pagou uma indenização às famílias que abandonaram o seu local de residência anterior; mesmo aqueles a quem o tribunal havia decidido deveriam ser legalmente despejados. O Estado utilizou todas as medidas razoáveis para fornecer aos beduínos direitos permanentes de assentamento e propriedade em cidades que forneceriam acesso a serviços públicos e serviços modernos, incluindo instalações educacionais no local, shopping centers, etc. Às vezes, a mudança era apenas algumas centenas de metros do antigo local de residência para o novo.

A maioria dos membros da tribo al-Qia'an aceitou o acordo e se mudou para o assentamento beduíno vizinho de Hura (hoje, 20 mil residentes). Cada família recebeu um *dunam* de terra, compensação monetária e muito mais. Se em uma determinada família, um homem tinha três esposas, recebia três *dunams* de terra – embora a poligamia seja ilegal em Israel. Eles se tornaram os donos dos novos locais sem pagar um centavo – nem pela terra, nem pelas estradas, nem pelo encanamento de água e esgoto, nem pela eletricidade e linhas telefônicas. Uma pequena minoria da tribo al-Qia'an decidiu não se juntar ao assentamento, mas continuar ocupando terras do Estado. Em qualquer país normal, eles teriam sido despejados e socados com a conta pelo custo de fazê-lo. Não em Israel. Dezenas de "organizações de direitos humanos" e o *Haaretz* mobilizaram-se para lutar pela minoria que decidiu não aceitar o incrivelmente generoso arranjo oferecido por Israel.

Portanto, não houve desapropriação. Nem confisco. Nem transferência. Apenas um arranjo justo e acordado que a maioria da tribo al-Qia'an aceitou. Não é de surpreender que a maioria da tribo tenha aproveitado a oportunidade. No resto de Israel, o custo de um lote de construção em terrenos públicos e a construção de infraestrutura urbana no local é executado por mais ou menos 800 mil ILS por domicílio, pagos pelo proprietário. O beduíno conseguiu tudo isso sem pagar um centavo. Se houver discriminação, é a favor dos beduínos. Além disso, não beduínos são proibidos de aproveitar-se deste oferta fantástica.

Uma das acusações era que a mudança dos beduínos foi para purificar etnicamente as antigas terras a favor de um assentamento exclusivamente judeu. Isso também é mentira. Os únicos assentamentos reservados para os membros de uma religião particular são essas cidades beduínas com lotes de construção gratuitos. Qualquer beduíno poderia comprar terras no novo assentamento de Hiran, assim como os judeus. Mas há uma diferença – em Hiran, os futuros moradores teriam que pagar, assim como os judeus.

Qualquer comparação de um grupo de nômades como os beduínos com um grupo semelhante (aborígines, nativos americanos, etc.) mostraria que Israel ofereceu e concedeu os arranjos aos beduínos que eram muito mais justos, muito mais honrosos e muito mais generosos do que qualquer precedente comparável. É claro que o *Haaretz*, como qualquer outro jornal, é livre para dizer que os beduínos deveriam receber ainda mais, ou que os beduínos foram discriminados. Eles podem fazê-lo, desde que apresentem os fatos. Mas não foi o caso; nem sequer um artigo mencionou algum dos itens, que são fatos que qualquer israelense informado sabe, incluindo o pessoal do *Haaretz*, mas eles preferiram distorcer a história para se encaixar em seu próprio viés.

A CALÚNIA DO APARTHEID

Talvez um dos pontos altos (ou baixos) da campanha do *Haaretz* contra Israel foi um artigo publicado com o seguinte título: "A maioria dos israelenses apoia um regime de apartheid".[843] Esta foi a manchete da primeira página em 2012. Se isso fosse verdade, certamente seria digno de exposição, para não falar de ser profundamente perturbador. Mais uma vez, porém, era uma mentira – provavelmente uma das piores acusações falsas feitas contra Israel nos últimos anos. Naturalmente, o homem por trás do artigo não era outro senão Gideon Levy. Em poucos dias, essa história foi publicada em jornais de todo o mundo. Já lidamos com o absurdo da acusação do apartheid em capítulos anteriores. Mas desta vez, a acusação foi feita por um jornal israelense. A campanha do apartheid contra Israel foi intensificada, alavancada pela história do *Haaretz*. O *The Guardian*, por exemplo, apressou-se em publicar a seguinte manchete: "Pesquisa israelense descobre que a maioria seria a favor das políticas do apartheid".[844]

Como exatamente a mentira começou? Como na maioria dos países, em Israel as pesquisas costumam fazer perguntas às pessoas desde questões políticas sérias, à questões sobre as roupas de que gostam. Às vezes, as pesquisas envolvem perguntas como "Você estaria disposto a ter um vizinho judeu?" (Ou um vizinho muçulmano, ou um vizinho afro-americano, nas pesquisas de países ocidentais). A maioria dos países democráticos tem comunidades que não são apreciadas. As razões são muitas e variadas: às vezes é racismo, às vezes é preconceito sem base, às vezes é baseado no desejo de certas comunidades de se ensimesmar, às vezes envolve mais do que um simples medo de estranhos. Qualquer pessoa que lê pesquisas de opinião sabe que elas precisam ser examinadas cuidadosamente em caso de viés. Nas pesquisas, as mesmas perguntas podem levar a resultados diferentes, os resultados, são, às vezes, sutilmente distorcidos pela formulação em favor do resultado desejado por quem encomendou ou planejou a pesquisa (ou simplesmente por mal planejamento). No caso em questão, a entidade de pesquisa era o *Dialog* e, de acordo com o *Times of Israel*, foi idealizada por um painel de ativistas de direitos civis, e acadêmicos.[845] Os resultados não foram distribuídos em um comunicado de imprensa, que seria a prática padrão; eles foram compartilhados apenas com um jornalista: Gideon Levy, do *Haaretz*. Pode-se imaginar o quão entusiasmado Levy estava: ele vinha tentando há anos convencer o mundo de que os israelenses (judeus) são malvados por natureza, e aqui, aparentemente, estava a prova. O entusiasmo de Levy foi tão grande que ele se envolveu em um monte de mentiras. Levy não se incomodou com as falhas das pesquisas: a natureza ambígua e hipotética das questões; nenhuma definição dos termos que foram usados; opções de resposta limitada; e falta geral de explicação sobre o que exatamente significavam as perguntas. A entidade de monitoramento de mídia *CAMERA* e o blogueiro do *Times of Israel*, Avi Meyer, obtiveram uma cópia da pesquisa original.[846] O site *Presspectiva* também publicou a enquete completa.[847] Todos concluíram que a apresentação de Levy dos dados estava cheia de omissões e distorções. Ele não apenas ignorou os dados que não lhe convinham, como às vezes reverteu completamente as descobertas da pesquisa.

Um exemplo particularmente grotesco é suficiente: em vez de publicar as principais perguntas, literalmente, assim como foram apresentadas aos participantes, Levy parafraseou e distorceu o texto para atender às suas necessidades. Chegou até mesmo a alterar os dados, combinando respostas em um gráfico para gerar uma descoberta dramática, mas falsa: que 74% dos israelenses consideravam estradas separadas (subtexto, sombras do apartheid) para israelenses e palestinos na Cisjordânia "necessárias" — uma medida temporária adotada para impedir o tiroteio em certos trechos da estrada na Cisjordânia. Meyer apresentou os dados reais. A longa e tortuosa pergunta foi a seguinte:

> *Nos territórios, existem algumas estradas onde a viagem é permitida apenas para israelenses e outras onde a viagem é permitida apenas aos palestinos. Qual das seguintes opiniões é a mais próxima da sua: A. É uma boa situação. B. Não é uma boa situação, mas o que se pode fazer? C. Não é uma boa situação e precisa ser interrompida.*

As respostas foram as seguintes:

- 24% selecionou A. É uma boa situação.
- 50% selecionou B. Não é uma boa situação, mas o que se pode fazer?
- 17% selecionou C. Não é uma boa situação e precisa ser interrompida.

Gideon Levy, no entanto, criou uma nova categoria — "necessária" para combinar "bom" e "não bom, mas necessário", explicou Meyer:

> *Se as respostas são divididas de acordo com aqueles que veem a situação como "boa" e aqueles que a veem como "não boa", então 67% a veem como uma situação ruim. Mas Levy não se incomodou em informar o leitor que os 50% daqueles que viram estradas separadas como "necessárias" a consideravam uma situação indesejável.*

Até mesmo o *New Israel Fund* (erroneamente suposto de estar por trás da pesquisa) rapidamente se dissociou da pesquisa problemática e conclusões ainda mais falhas apresentadas por Levy. A assinatura de Levy não estava apenas no artigo que apresentava os números, mas também no comentário que acompanhava a notícia.[848] Sob o título "Apartheid, sem vergonha e sem culpa", Levy — juiz, júri e carrasco — acusou: "Somos racistas, dizem os israelenses, somos do apartheid e queremos ser o apartheid".

Vestindo tantos bonés, é de se admirar que em seu entusiasmo em acalmar Israel, Levy foi pego em sua própria rede de mentiras para que Levy II na página três (o comentarista) terminasse com conclusões conflitantes sobre o que Levy I (o repórter) escreveu na primeira página na história principal. Algumas das "discrepâncias" são descritas a seguir.

Primeiro, em relação à própria pesquisa: 53% disseram que não se opõem a um vizinho árabe. Mas quando Levy passou de reportar os fatos a comentá-los, ele escreveu que "a maioria não quer vizinhos árabes".

De acordo com a pesquisa, 33% apoiam a negação do voto aos árabes israelenses. Esta é uma descoberta séria e preocupante, mas 59% — uma clara maioria — se opõe a negar esses direitos. Mudando de chapéu, em seu comentário, Levy escreveu que "a maioria não quer que os árabes votem para o Knesset".

Essas mentiras justificaram as conclusões políticas de Levy: que não há uma opção real de um Israel judaico e democrático. "De agora em diante, não diga democracia judaica. Não existe tal coisa, claro. Não pode haver", escreveu o carrasco Levy em seu comentário.

Segundo, de acordo com a pesquisa, 69% dos israelenses se opõem a dar aos palestinos nos territórios o direito de voto, caso sejam anexados. Parece assustador — exceto que a maioria dos israelenses disse que se opõe à anexação dos territórios em primeiro lugar.

Com uma certa manipulação engenhosa, o *Haaretz* pôde publicar a manchete "A maioria dos israelenses apoia um regime de apartheid". Basta um truque com as perguntas, que simplesmente removem uma das cartas do baralho.

Terceiro, muitas pesquisas nos países ocidentais mostram que os cidadãos brancos veteranos não se sentem à vontade com a imigração e o multiculturalismo e muitos não estão entusiasmados em ter outros como vizinhos. Todas as pesquisas publicadas em 2013 mostram um aprofundamento das hostilidades em relação aos estrangeiros em geral e muçulmanos em particular. Este é um sinal de xenofobia crescente e uma razão para a extrema direita nos países europeus se alegrar. Por exemplo, menos de um em cada quatro britânicos acreditam que o Islã é compatível com o modo de vida britânico.[849] Achados como este são preocupantes, considerando que, na prática, a maioria dos crimes de ódio baseados na religião na Grã-Bretanha são cometidos contra os muçulmanos. No entanto, estes resultados não provam de forma alguma que todos os britânicos ou todos os europeus são racistas ou apoiam o apartheid.

Israel tem pesquisas semelhantes. O Índice de Democracia do Instituto de Democracia de Israel mostra que os árabes israelenses são ainda menos tolerantes em relação aos outros como vizinhos do que os israelenses judeus.[850] Para Gideon Levy, isso deve torná-los racistas, mas para Levy, aparentemente apenas os judeus podem ser racistas. A diferença entre Israel e os países europeus mencionados é que Israel está em um estado de conflito contínuo.

Os israelenses têm que lidar com um ambiente de constante incitação islamista e apelos para aniquilar Israel e os judeus. A situação em Israel é mais complexa que a da Europa. No entanto, a maioria dos israelenses não se opõe a ter um vizinho árabe e apoiar os direitos políticos dos árabes, apesar das tensões muito sérias e reais que existem entre as duas comunidades, e apesar das falhas na pesquisa do *Haaretz*. Este é um emblema de orgulho, não de vergonha, para Israel.

Quarto, nas eleições nacionais realizadas alguns meses após a publicação da pesquisa do *Haaretz*, o partido que tinha um membro que apoiou a transferência nem sequer obteve votos suficientes para chegar ao Knesset. Se houvesse realmente apoio prático para a transferência, como sugere a pesquisa, eles deveriam ter vencido a eleição inteira por uma grande margem. Em condições de luta contínua entre Israel e os árabes, haverá ervas daninhas racistas que precisam ser arrancadas. A maior parte do público israelense mostra maturidade e tolerância surpreendentes. O eleitorado vota consistentemente para partidos que apoiam os direitos dos cidadãos árabes de Israel. Além disso, em uma pesquisa publicada no mesmo momento pelo Centro Acadêmico de Ruppin sobre a *Concepção de Solidariedade na Sociedade Israelense*, 90% dos israelenses na população de amostragem apoiaram a igualdade plena para os árabes que sustentam o ônus do serviço militar ou nacional.[851] Se a hostilidade em relação aos árabes israelenses fosse baseada apenas no racismo, não se veria um número tão alto; o que mostra apenas que os israelenses vinculam os direitos às obrigações e à identificação com o país (da mesma forma que o público vê os judeus ultraortodoxos [*Haredim*] nas pesquisas, a propósito). Ainda há 10% que se opõem à igualdade em qualquer caso, mas toda sociedade tem suas margens, e Israel não é tão grande.

Estes são os fatos. Pode-se adicionar mais estudos e pesquisas. Há uma esmagadora maioria de israelenses a favor da integração dos árabes israelenses à vida nacional, desde que Israel mantenha seu caráter judaico e democrático. No entanto, os provedores da indústria de mentiras nunca se importam com os fatos e não estão prestes a começar.

Uma notícia pior para Levy, para concluir: o Índice de Democracia de 2012 do Instituto Democrático de Israel mostra que a maioria dos árabes israelenses se sente discriminada. Mas a maioria dos árabes israelenses também acha que Israel é suficientemente democrático (44%) ou até democrático demais (7,8%).[852] Os árabes israelenses, com todos os seus complexos e complexidades, parecem ser capazes de diferenciar entre a discriminação dentro de um sistema fundamentalmente democrático e o apartheid. Levy não conseguiu ver a diferença.

Dois dias depois da publicação da manchete no *Haaretz*, Levy publicou um artigo exultando o fato de que a pesquisa que publicou "justificadamente obteve respostas ríspidas em todo o mundo".[853] Infelizmente, isso era verdade. Levy não apenas repetiu sua mentira, ele até se orgulhou de espalhá-la. Que *chutzpa*.

O *Haaretz* não é suficiente para difamar Israel, ele também valida os antissemitas. Em 2013, Gideon Levy visitou a Malásia, após um convite do ex-primeiro-ministro Mahathir Mohammad. A Malásia pode não reconhecer o Estado de Israel, mas reconhece Levy. O próprio Mahathir é um antissemita confesso e sem remorso. Isto foi o que ele disse em 2003 em uma conferência de países islâmicos:

> Os judeus governam o mundo por procuração, fazem com que os outros lutem e morram por eles. Eles inventaram o socialismo, o comunismo, os direitos humanos e a democracia para que persegui-los parecesse errado, para que eles possam gozar de direitos iguais com os outros. Com estes, eles agora tomaram o controle dos países mais poderosos.[854]

Levy voltou e publicou uma série de artigos entusiasmados sobre sua visita à Malásia, dizendo que a Malásia trata bem suas minorias ("as relações entre grupos étnicos são razoáveis"),[855] apesar da flagrante discriminação na Malásia das grandes minorias chinesas e indianas do país (isso, principalmente sob a liderança de Mahathir). De fato, o convidado voltou cheio de admiração por seu anfitrião, escrevendo:

> Mahathir é um homem correto e impressionante, que junto com sua esposa é tratado por todos como realeza. Ele sentou-se um dia inteiro na conferência, ouviu todas as palestras e fez anotações para si mesmo.

Como o antissemitismo de Mahathir não é segredo, Levy teve que lidar com isso, pelo menos de passagem, afirmando que Mahathir havia "feito uma declaração hostil sobre os judeus que governam o mundo". Uma vez? Em 2010, Mahathir afirmou que "há forças nos Estados Unidos que estão impedindo o presidente [Barack Obama] de fazer algumas coisas. Uma dessas forças é o lobby judaico".[856] E acrescentou combustível ao fogo, argumentando que "os judeus sempre foram um problema nos países europeus. Eles tinham que ser confinados em guetos e ocasionalmente massacrados. Mas permanecem. Prosperam e mantem governos inteiros como reféns".[857] Mahathir também tomou a liberdade de argumentar que, se os Estados Unidos eram capazes de criar o filme *Avatar*, poderiam fingir os ataques de 11 de setembro. Dois anos depois, ele declarou que tinha "orgulho de ser um antissemita".[858] Um mês antes de Levy chegar à Malásia, no verão de 2013, seu anfitrião realmente tentou conduzir um julgamento público de Israel pelo genocídio que estava supostamente cometendo contra os palestinos. Havia apenas um problema: o iniciador e o financiador da proposta, o próprio Mahathir Mohammad, declarou desde o início que Israel era um Estado que conduzia crimes no estilo nazista. Para que não houvesse qualquer dúvida, ele predeterminou o resultado desejado deste chamado "julgamento", declarando *no website dedicado ao julgamento*: "Por que é que o assassinato de um homem é considerado um ato criminoso enquanto a morte de centenas de milhares de pessoas inocentes cometidas em guerras, não é considerado como tal?"[859] O julgamento em si terminou vergonhosamente, quando um dos juízes, um professor belga, foi acusado de ser um agente da Mossad.[860]

Portanto, Mahathir não faz nenhuma tentativa de distinguir o antissionismo do antissemitismo antiquado. Ele tem orgulho de ser um antissemita, acha que Israel é um Estado nazista e convidou apenas um jornalista para uma conferência que ele organizou na Malásia. Como poderia Levy não se perguntar: Por que eu sou o único jornalista convidado? Por que um antissemita declarado está interessado em beber e jantar comigo? Não se deve levar essa proximidade ideológica à toa.

Infelizmente, aproximar-se desse antissemita declarado não foi uma indiscrição única. A grande mentira dos nazistas era que os judeus, como um grupo, são um perigo para a paz do mundo. Quando em 2012 o autor alemão Günther Grass repetiu essa mentira, publicando um poema argumentando que Israel é um perigo para a paz mundial, e foi condenado na Alemanha, Levy foi à sua defesa. Em vez de apenas apoiar o direito de Grass à liberdade de expressão, Levy repetiu um dos pilares centrais da indústria de mentiras, afirmando que "a política de Israel está pondo em perigo a paz mundial".[861] Torna-se então aparente que a afinidade entre Mahathir e Levy não foi um acaso. Em nome de atacar Israel, ele está bem disposto a legitimar qualquer calúnia ou difamação, sem escrúpulos.

Isso nos leva à terceira mensagem que o *Haaretz* dissemina ao mundo: a mentira de que é Israel que se recusa a aceitar a paz, e não os palestinos.

CLAMANDO PELA VIOLÊNCIA

Mahmoud Abbas, o chefe da Autoridade Palestina, repetidamente deixou claro que a violência só prejudicou os palestinos. A queda acentuada na violência palestina de 2007 em diante (antes da nova onda de ataques principalmente de esfaqueamento iniciada em setembro de 2015) é a prova de que Abbas é capaz de praticar o que ele prega — quando ele quer. O que interessa neste capítulo é que essa queda na violência e na mortalidade não foi do agrado de alguns escritores seniores do *Haaretz*. Eles queriam uma renovação da Intifada.

O primeiro foi Yitzhak Laor, que aconselhou: "Os palestinos podem ser libertados da ocupação. Isso não pode ser feito através de uma mentira sobre 'negociações diretas', apenas por uma luta popular palestina".[862] O segundo, o comentarista político Akiva Eldar, recomendou que os palestinos fizessem o seguinte: "Está na hora da geração de palestinos de Oslo admitir o fracasso da opção diplomática, tirar os seus ternos, despojar-se da patética honra a que se submeteu e sair às ruas".[863] Um ano depois, Amira Hass (outra *schreiber* estridente) se juntou a eles dizendo aos palestinos: "Jogar pedras é o direito de nascença e o dever de qualquer um sujeito ao domínio estrangeiro".[864] Hass nunca se incomodou com o fato de os palestinos terem rejeitado, repetidas vezes, qualquer proposta que lhes desse soberania. Nem com o fato de que as pedras matam. É difícil saber se Hass apenas não tem consciência ou é insensível: de acordo com um relatório da mídia de 2016, 14 israelenses haviam sido mortos por palestinos atirando pedras, incluindo três árabes confundidos com judeus;[865] entre as vítimas mortas estavam bebês de cinco meses e doze meses de idade em assentos de carro.[866] Segundo as FDI, em 2013, 116 pessoas ficaram feridas — incluindo uma criança de três anos de idade em estado vegetativo que morreu dois anos depois.[867] Três meses depois do artigo de Hass, Gideon Levy entrou na onda, unindo-se ao Haaretz pedindo aos palestinos que iniciassem uma nova Intifada sob o título "Um dia Ramala se Revoltará".[868] O colunista Rogel Alpher, a mais recente adição, mas já uma estrela em ascensão no *Haaretz*, foi mais além em outubro de 2015, declarando: "No caso de minha morte na atual onda de terrorismo [...] eu gostaria de anunciar com antecedência que minhas últimas palavras são: fico surpreso que não tenha acontecido antes".[869]

A onda renovada de terrorismo em 2015-2016, marcada principalmente por facas inspiradas pela incitação de que "a mesquita al-Aqsa está em perigo",[870] não precisou de um departamento de propaganda. O *Haaretz* aceitou o projeto. Não é necessário dizer que a maioria ou todos os terroristas desde o processo de Oslo não estão lutando pela liberdade ou um "fim da ocupação". Eles estão ensinando o ódio. Eles fazem parte da *Jihad* Global. Eles são contra a paz ou a reconciliação. Mas eles têm apologistas que sabem melhor do que eles o que querem.

UM ESTADO INFERNAL

A imaginação de Levy ficou descontrolada quando ele tentou encontrar justificativas para a renovação da violência pelos palestinos, alegando: "Os regimes contra os quais as nações árabes se rebelam eram geralmente menos brutais do que o regime da ocupação israelense". Quando um jornalista israelense, no jornal israelense mais lido do mundo, argumentou que Israel é pior que Gaddafi e Assad (*père et fils*) – apresentar fatos é inútil. Pode-se supor que Levy sabe o que Gaddafi costumava fazer com suas guarda-costas femininas, informação que foi publicada abertamente em um livro.[871] É seguro assumir que ele sabe dos horrores na Síria, no Iraque, na Líbia e no Sudão. Mas seu objetivo não é realmente condenar a tirania, mas transformar Israel no diabo encarnado. Levy chegou a dizer isso de maneira clara em um artigo condenando Mahmoud Abbas e seu pessoal por cooperarem com Israel e "venderem suas almas ao Diabo".[872] Muito sutil.

UMA COMPETIÇÃO EM REPUGNÂNCIA

Outro jornalista sênior do *Haaretz*, o comentarista de assuntos árabes Zvi Barel, declarou explicitamente que, para ele, Israel é um Estado a ser repugnado. Em um artigo que trata do apoio a Israel entre os dois candidatos a presidente nas eleições americanas de 2012, Obama e Romney, Barel escreveu:

> *Sua loucura ameaçadora, sua ocupação em curso, sua ameaça de ataque ao Irã e suas violações dos direitos civis deveriam ter não apenas esmagado sua imagem em pedaços, mas levado os candidatos a superar uns aos outros, na aversão que sentem por Israel.*[873]

Barel também declarou que "o ódio aos árabes é parte do teste de lealdade e identidade que o Estado dá aos seus cidadãos judeus".[874] De alguma forma, sua mão não tremeu ao escrever tal bile, digna de publicação em um artigo do Hamas, porque é a linha editorial do *Haaretz*. Um escritor cria um monstro enquanto o outro fica perplexo com aqueles que não estão enojados com isso. Ambos os escritores alegarão que estão fazendo críticas "legítimas". Havia outros jornais, em diferentes épocas mais sombrias, que explicavam aos seus leitores quando e por que era apropriado desprezar os judeus. A questão é como essa bile odiosa pode passar como "jornalismo".

O FENÔMENO GIDEON LEVY

À luz da dominância de Levy tanto na indústria de mentiras quanto nas páginas do *Haaretz*, um olhar mais atento à sua visão de mundo é necessária. Contando com a reputação de escrever para um jornal de prestígio como o *Haaretz*, Levy concede entrevistas frequentes à imprensa estrangeira para divulgar sua mensagem. Uma delas foi publicada em 2010 no jornal britânico *The Independent*.[875] Na entrevista, Levy repetiu os argumentos que regularmente apresenta em seus artigos — que ele está apenas relatando a sombria realidade nos territórios "sem propaganda". Vale a pena lembrar essa frase — "sem propaganda". Levy diz aos leitores no *The Independent*: "Minha modesta missão é evitar uma situação em que muitos israelenses poderão dizer: 'Não sabíamos'". A referência a um período muito específico é óbvia. Propaganda? Não por Gideon Levy.

Levy argumentou que ele está lutando "para re-humanizar os palestinos" em face de "toda uma máquina de lavagem cerebral em Israel [...] desde a infância" — um argumento que ele frequentemente repete ao descrever Israel como um Estado monstruoso de apartheid. Os fatos, como sempre com Levy, são o oposto: o sistema educacional israelense está constantemente se esforçando para gerar uma imagem mais justa e mais humana dos palestinos. Levy não se importa com nada disso, e não apresenta um fragmento de evidência para comprovar que existe uma máquina de lavagem cerebral. Qualquer comparação justa mostraria que a visão israelense dos árabes é muito melhor do que a visão palestina dos judeus, especialmente as visões oficiais do Estado de Israel, em oposição às do Hamas e da Autoridade Palestina.[876] Um estudo sistemático dos livros didáticos israelenses, "Paz, Tolerância e o 'Outro' Palestino nos Livros Didáticos Israelenses", publicado em 2012, afirma em suas conclusões:

Apesar da deterioração do conflito israelo-palestino na última década, os manuais israelenses continuam transmitindo mensagens segundo as quais a paz com os palestinos é possível e desejável – embora também complicada e difícil de alcançar. Além disso, material específico que poderia prejudicar a educação de paz e tolerância foi removido dos currículos.[877]

Infelizmente, a situação é completamente diferente nos livros didáticos palestinos.[878] Levy vira a realidade de cabeça para baixo.

Levy fala no artigo de soldados israelenses que "disparam indiscriminadamente" que disparam "contra os palestinos diariamente [nos postos de controle]".[879] Diariamente? Mesmo de acordo com os dados do B'Tselem, o número de palestinos mortos nos anos anteriores à entrevista de Levy foi de um total de 55.[880] A maioria deles foram mortos na Faixa de Gaza como parte da luta contra o disparo de foguetes e túneis destinados a contrabando de armas. Não houve um caso de um palestino morrendo por ter sido baleado em uma barreira ou posto de controle, e ouso dizer, ninguém sugeriria que o B'Tselem é um porta-voz do sistema israelense. Em resposta a uma crítica que escrevi sobre Levy na época, ele argumentou que estava se referindo a um incidente em 2003. Naturalmente, ele nunca se preocupou em insistir em uma correção no *The Independent* sobre o assunto. Sua alegação de que esse tipo de coisa acontece "todos os dias" ainda está no site do *The Independent*, sem correção. A mentira havia vencido.

Um dos pontos altos (ou baixos) da entrevista foi uma descrição de Levy sobre os combates em Gaza:

Durante a Operação Chumbo Fundido, o bombardeio israelense à Gaza sob bloqueio em 2008-9, um cachorro – um cão israelense – foi morto por um foguete Qassam e foi parar na primeira página do jornal mais popular de Israel. No mesmo dia, houve dezenas de palestinos mortos, eles estavam na p. 16, em duas linhas.

Uma simples verificação revelou que isso era falso. Nas três semanas de luta, não houve tal relato na mídia israelense. Em contraste, na primeira página do jornal mais popular de Israel (*Yedioth Ahronoth*, cujo slogan é "O Jornal da Nação" devido à sua posição dominante entre o público leitor), o jornalista sênior Nahum Barnea escreveu que "as imagens de Gaza são preocupantes [...] não há nada alegre, patriótico, sobre uma criança morta por uma bala ou uma família soterrada debaixo de uma casa".[881] Os jornais incluíam inúmeros artigos críticos à operação. Um artigo do acadêmico Zeev Tzahor, presidente do *Sapir Academic College* em Sderot, intitulado "A Hora do Inimigo", também foi publicado na primeira página do Yedioth.[882]

Só para garantir, também verifiquei o *Maariv*, outro jornal diário israelense com uma circulação relativamente alta. Encontrei um relatório, no final da operação, sobre o primeiro-ministro israelense que chorou após a tragédia do médico de Gaza e defensor da paz, o Dr. El-Ayish, cujas filhas foram mortas durante os combates. Em todos os jornais, encontrei muitos artigos sobre a importância de preservar a vida e a humanidade. Havia apenas uma coisa que eu não consegui encontrar: o cachorro de Gideon Levy.

Levy foi ainda mais longe na justificação do terrorismo:

> *O que aconteceria se os palestinos não tivessem disparado Qassams [os foguetes disparados contra o Sul de Israel, incluindo cidades civis]? Israel teria levantado o cerco econômico? Absurdo. Se os moradores de Gaza ficassem sentados em silêncio, como Israel espera, o caso deles desapareceria da pauta. Ninguém pensaria no destino do povo de Gaza se eles não se comportassem de maneira violenta.*

Mesmo? Israel deixou Gaza, mas o Hamas continuou atirando. Então o Hamas tomou violentamente a Faixa em um golpe sangrento. O Hamas poderia ter evitado tudo isso, como já mostramos repetidamente nestas páginas. Decidiu não fazê-lo, não por causa de qualquer política israelense, mas porque sua política e meta eram a destruição de Israel. Mas para Levy, apenas a ocupação existe. A intransigência do Hamas, sua Carta genocida e o total desrespeito pela humanidade de seu inimigo (e seu próprio povo) simplesmente não importam.

De fato, para Levy, todo o processo de paz é uma fraude israelense que nunca visou a paz. Do seu ponto de vista, os palestinos só se voltaram para o terrorismo depois de tentar a "resistência pacífica". Foi isso mesmo? O primeiro ato de terror do *Fatah* foi cometido em 1º de janeiro de 1965. Não havia ocupação na época. As maiores ondas de terror começaram precisamente em meados da década de 1990, quando o processo de Oslo estava em alta velocidade.[883] Os parâmetros Clinton foram entregues no final de 2000. Arafat e Abbas preferiram dizer "Não". Mesmo representantes de outros Estados árabes admitiram que rejeitar esse plano não era "uma tragédia, mas um crime". Em vez disso, os palestinos iniciaram uma Intifada em setembro de 2000 que durou anos, marcada pelo terrorismo que matou 1.100 pessoas em Israel.

Levy foi além: "[...] a ocupação é a melhor desculpa para muitas organizações terroristas em todo o mundo". Portanto, Israel aparentemente não é apenas responsável pelo terrorismo palestino, mas também pelo terrorismo global − mais uma lenda urbana predominante nas fileiras da coalizão vermelho-verde. Deve-se sempre verificar os fatos contra as lendas: 99% do terrorismo global na última década derivou do massacre de muçulmanos por ramificações do movimento jihadista global na Nigéria, Paquistão, Afeganistão, Somália, Iêmen, Daguestão, Síria e Iraque. Os terroristas que cometem esses crimes hediondos muitas vezes não seriam capazes de apontar Israel em um mapa. A maior parte do terrorismo tem pouca ou nenhuma conexão com qualquer tipo de ocupação, seja israelense, americana ou outra. Mas de acordo com Levy, o Boko Haram está massacrando os muçulmanos por causa da ocupação. Qual ocupação? Do governo nigeriano? A ausência israelense? Apenas Levy tem as respostas.

Não há dúvida de que, após essas descrições fornecidas por Levy − de lavagem cerebral, desumanização de palestinos; de cães que são mais importantes que os humanos; de limpeza étnica incessante; da alegria de matar inocentes − a imagem dos israelenses se torna nada menos do que horrível. Os israelenses não são humanos, mas monstros sociopatas subumanos. Esse tipo de desumanização já foi feita aos judeus na forma dos *Protocolos dos Sábios de Sião*. Levy segue nesse caminho sangrento. Ele está atolado na lama da desumanização e demonização. Quanto mais ele exagera e mente, mais ele se torna um herói corajoso aos olhos de muitos que desejam que Israel seja ferido.

Os antigos *Protocolos* foram rapidamente expostos como uma falsificação grosseira (embora ainda sejam amplamente lidos e comprados). Levy escreve novos "Protocolos" desde um "protocolo do jumento" a "pesquisas distorcidas do apartheid". Estes são um sucesso em todo o mundo. Considerando tudo isso, não surpreende que David Duke, um racista branco e ex-*Grand Wizard* do KKK seja fã de Levy, publicando alguns dos artigos de Levy em seu próprio *website*,[884] mas muito mais preocupante é que os leitores de Levy incluam círculos de elite no Ocidente e jovens adultos judeus. Suas credenciais como israelense, judeu e um importante jornalista do *Haaretz* têm o poder de influenciar. Aqueles expostos aos textos de Levy (direta ou indiretamente) passam a odiar e desprezar Israel; as fileiras de manifestantes, os que boicotam, e os que simpatizam com os atos terroristas estão cheios de pessoas que foram nutridas com uma dieta constante sobre os gananciosos, frios e malvados israelenses, e ninguém faz isso melhor do que Levy. Quando ele retrata Israel como um monstro e justifica o terrorismo contra o país, suas palavras alcançam e convencem uma enorme população que não sabe que suas palavras são uma mistura de mentiras patológicas e distorções de fatos. Mesmo que um décimo do que ele escreve seja verdade, isso se afoga em um mar de mentiras e distorções.

—

Nenhuma discussão sobre a promoção da acusação de apartheid pelo *Haaretz* estaria completa sem mencionar a socióloga Eva Illouz, da Universidade Hebraica, filósofa residente do *Haaretz* que se superou — indo além dos mantras de Israel como criminoso de guerra, Estado de apartheid e sabotador do processo de paz — ao dar à ocupação um novo nome: Escravidão. Palestinos vivem em "condições de escravidão".[885] Em um artigo pseudo-filosófico prolixo de 6.200 palavras publicado no *Haaretz* em 2014 intitulado "47 Anos um Escravo: Uma Nova Perspectiva sobre a Ocupação", Eva Illouz afirma seriamente que "existem paralelos entre a escravidão negra e o tratamento israelense dos palestinos" e, embora não haja "escravidão", os palestinos vivem em "condições de escravidão", afirma ela. Esse ziguezague desenfreado pela história da escravidão a fim de pontificar contra Israel como sendo o melhor exemplo de "condições de escravidão" nos dias de hoje é o tipo de bobagem vazia e sem sentido que desvaloriza a escrita acadêmica.[886] Mas haverá outros que, sem dúvida, usarão esse epíteto — a escravidão — para demonizar ainda mais Israel. Muitas vezes ouvimos os defensores do *Haaretz* e seus funcionários dizendo que eles simplesmente engajam em "críticas legítimas" como parte de uma imprensa livre em uma sociedade democrática; ironicamente, nenhum dos que citam o *Haaretz* apontam para o jornal como um bom exemplo da natureza democrática de Israel, com liberdade de expressão quase ilimitada. Em contrapartida, o "paralelo da escravidão" de Eva Illouz já entrou na literatura acadêmica, citado detalhadamente no prefácio de um livro publicado pela editora da Universidade de Alberta em 2016, *Apartheid in Palestine Hard Laws and Harder Experience*. (O que isso significa? Basta dizer que Richard Falk escreveu o prefácio.)

O LEGADO DO HAARETZ: DO BASTIÃO DA EXCELÊNCIA AO ÓDIO POR ISRAEL

O *Haaretz* construiu uma reputação desde a sua fundação há cem anos, particularmente depois que o jornal foi comprado pela família Schocken em 1937 após ter trocado de propriedade e orientação várias vezes. Daquele ponto em diante, por quase 50 anos, o *Haaretz* se estabeleceu como um diário independente, liberal de centro-esquerda embora elitista, elogiado tanto como um farol liberal quanto admirado por seu hebraico impecável, cobertura séria e medida em profundidade e comentário equilibrado. Boa parte disso ocorreu em uma época em que a maioria dos diários eram os jornais do Partido Socialista, como o *Davar* e *Al Hamishmar*, ou jornais populares de massa como o *Yedioth Ahronoth* e o *Maariv*. Apesar de sua baixa circulação, o *Haaretz* era o jornal de escolha das elites culturais e econômicas em Israel, e foi considerado pelos observadores de Israel no exterior, não sem razão, como fonte de notícias respeitáveis e espelho da sociedade israelense e do discurso público. Isso, lamentavelmente, é algo do passado.

Gradualmente, desde o final da década de 1990, o *Haaretz*, o jornal israelense mais lido em inglês, tornou-se um pilar central para a indústria de mentiras — e não apenas em suas opiniões e comentários que estão cada vez mais envolvidos com o incentivo da intransigência e violência palestinas. Paralelamente, a cobertura tornou-se cheia de notícias tendenciosas e distorcidas, e de falsidades expostas neste capítulo. Mas os observadores de Israel no exterior ainda acham que este é um jornal respeitável.

O *Haaretz* nunca foi o jornal mais popular de Israel e sempre teve uma circulação menor, mas na última década, uma parcela crescente do público em Israel deu ao *Haaretz* um voto de desconfiança. Em 2016, atraiu apenas 3,8% do público leitor de jornais. Por quê? Porque desde o final da década de 1990, o jornal tornou-se desequilibrado, não apenas descartando padrões profissionais, mas também se desengajando de Israel por completo.

O *Haaretz* não representa mais o público israelense liberal ou de esquerda, ou, alas que apoiam os direitos humanos e um Estado judeu e democrático. Há uma esquerda que refuta mentiras e falsidades sobre Israel, e há uma esquerda que as divulga. Há pessoas decentes no *Haaretz*, mas seu número no jornal está encolhendo, enquanto o número daqueles que demonizam Israel está aumentando.

Cada jornal tem um "leão de chácara" sobre sua seção de opiniões, o editor de opiniões que faz a triagem dos artigos que excedem o espaço disponível. O editor tem que escolher os textos mais valiosos e instigantes. Como mencionamos anteriormente, nenhum jornal israelense tradicional publicou ou publicaria um artigo de opinião a favor da transferência (ou do apartheid). No entanto, em 2014, durante a Operação Margem Protetora, o *Haaretz* continuou sua linha editorial, chegando a publicar um artigo que comparou o líder do Hamas, Ismail Haniyeh, a Winston Churchill (!) e Israel à Alemanha nazista.[887] Não há limite para os absurdos que o *Haaretz* decidirá publicar. Foi bem documentado como uma imagem demoníaca do judeu foi nutrida na diáspora ao longo de dois milênios, e como atingiu um pico durante a era nazista através de um fluxo constante e extenso de falsidades e demonização. Um dia, os historiadores estudarão como o mesmo aconteceu com Israel. O *Haaretz* provavelmente irá estrelar como referência.

O ex-editor do Haaretz, Mati Golan, viu a mudança pela qual o jornal passou diante de seus olhos. E não conseguiu ficar calado. Em março de 2016, Golan publicou no diário econômico *Globes* um artigo incisivo contra o jornal que ele havia editado, rotulando-o de "o lugar natural para pessoas com opiniões distorcidas". Golan acrescentou:

> *Este jornal, infelizmente, tem oferecido uma plataforma para aberrações e desvios sob o disfarce de pensamento "racional" há algum tempo. Quanto mais deturpado, mais racional. Essa abordagem sempre foi adotada pelo editor do jornal, Amos Schocken. Ele sempre sentiu proximidade e admiração por pessoas com ideias distorcidas. É claro — sob o disfarce do progresso e da cultura de vanguarda [...] Eles não apenas permitem uma escrita irresponsável e muitas vezes inverídica. Encorajam tal escrita e promovem aqueles que o fazem.*[888]

Em agosto de 2016, Gideon Levy argumentou em um artigo no *Haaretz* intitulado "Israel é um Estado Malvado" que "[Israel] é um membro da mesma família terrível, a família dos Estados perversos" – ao lado dos nazistas e Estados fascistas. Ele esclareceu: "o mal [...] não pode acontecer em qualquer lugar [em todos os lugares], e tem raízes políticas e sociais que estão profundamente enraizadas na sociedade israelense".[889] Isso aconteceu depois que Levy disse que a comentarista Eva Illouz estava correta em argumentar que havia uma "semelhança familiar" entre a ocupação israelense e os regimes perversos da história.

Depois disso e de algumas outras "pérolas", o jornalista liberal Jeffery Goldberg, editor-chefe da *The Atlantic Magazine* (uma das revistas mais respeitadas da América, fundada em 1857) twittou: "Quando neonazistas me enviam links para o *Haaretz ops-eds* declarando que Israel é malvado, preciso de uma pausa, me desculpe".[890]

Não é só Goldberg quem precisa de uma pausa. O afluxo de mentiras do *Haaretz* também precisa de uma pausa.

CAPÍTULO 21
O Estado-Nação do Povo Judeu
—

> O direito internacional reconhece o direito de autodeterminação. A maioria dos países do mundo são Estados-nação. No entanto, estranhamente, existe apenas um país contra o qual há uma campanha internacional para negar o direito de autodeterminação à maioria de seus habitantes.

EM UMA SESSÃO de perguntas e respostas realizada após eu dar uma palestra em uma universidade em Boston, um estudante chamado Michael argumentou que Israel não é uma democracia porque um árabe não pode ser primeiro-ministro. Isso é discriminação e racismo, acrescentou ele. Respondi que o Estado da Tchecoslováquia dividia-se em dois países: a República Tcheca e a Eslováquia. A República Tcheca não terá um primeiro-ministro eslovaco e a Eslováquia não terá um primeiro-ministro tcheco, apesar de ambos os países conterem minorias do outro grupo. Essa é a situação na maioria dos países do mundo. Isso torna esses países menos democráticos? Isso os torna racistas? A autodeterminação, constantemente reafirmada pelo direito internacional, é uma expressão do racismo? Em um estado palestino, se e quando os palestinos desejarem um ao lado de Israel, não haverá primeiro-ministro judeu. Isso deveria negar o direito de um Estado palestino existir?

A acusação de Michael foi um resumo sucinto de um dos maiores sucessos da indústria de mentiras: a negação do direito do Estado de Israel a existir como um Estado judeu e democrático. Uma vez, este era um argumento nas margens das margens. Agora aparece frequentemente em jornais e revistas importantes e influentes.[891]

Um Estado judeu e democrático não significa que toda a maquinaria do governo esteja nas mãos dos judeus. Os árabes têm voz, voto no Knesset e participam ativamente de todos os aspectos do poder legislativo. Há juízes árabes (magistrados, juízes em tribunais de recurso, em tribunais religiosos muçulmanos e no Supremo Tribunal) em todo o ramo judicial.

Até o momento, indivíduos muçulmanos e drusos ocuparam cargos ministeriais.[892] Existem atualmente dezessete membros do Knesset árabes e drusos, cinco de partidos "judeus" e três de partidos de coalizão. Isto é, em parte, devido a "princípios operacionais não escritos" que esperam que o governo desfrute de um voto majoritário judaico de confiança no Knesset para ser visto como legítimo (seja da coalizão judaica ou de partidos de oposição judaicos); é também, em parte, uma escolha dos partidos árabes "não sionistas" de permanecer na oposição.

—

Somente com alguma perspectiva histórica pode-se compreender o conceito de um Estado judeu e democrático: o sionismo é o movimento nacional do povo judeu. Um movimento de libertação. Não há necessidade de escolher entre sionismo e humanismo, porque o sionismo é humanista. O interminável argumento sobre o Estado de Israel como um Estado judeu e democrático, quando posto por seus oponentes, enfoca o status dos árabes israelenses e outras minorias, tentando assim apresentar Israel como alienado do Outro e do estrangeiro dentro de suas fronteiras. Tudo isso ignora o ponto principal: que o judeu é o Outro. De fato, a ideia sionista foi impulsionada precisamente porque os judeus eram o Outro onde quer que vivessem e o objetivo do movimento sionista era dizer: basta. Basta aos pogroms. Basta à existência como minoria minúscula. Basta à alteridade. A ideia sionista era de dar aos judeus o controle sobre seu próprio destino, em seu próprio Estado, ao mesmo tempo concedendo plenos direitos civis aos gentios e estrangeiros em seu meio – um mandamento muito judaico, assim como democrático.[893] Negar o direito dos judeus a um Estado soberano é a própria personificação do racismo. É um novo racismo exteriormente "esclarecido" que fala em nome do cosmopolitismo, que busca forçar os judeus a voltar à sua condição original como "Outros" – tudo em nome de "salvar a humanidade", é claro. Este direito dos judeus não é menor que o de outras nações e povos. Assim como os palestinos têm o direito de um país com uma maioria nacional sólida e estável, os judeus em Israel também.

Por gerações, os judeus foram atacados por serem minoria. Agora, eles são atacados por serem uma maioria. O denominador comum é fácil de identificar: em ambos os casos, os judeus são considerados um Outro

– diferente de todos os demais. Uma vez, o direito dos judeus de existir como uma minoria entre a maioria "legítima" foi negado; agora o argumento oposto é empregado, usando a desculpa da democracia para negar o direito de autodeterminação apenas aos judeus.

O fato de que injustiças foram cometidas no curso da realização do esforço sionista e de que as injustiças fazem parte do longo conflito entre judeus e árabes, não solapa o núcleo humanista do sionismo, nem é motivo para acabar com todo o esforço sionista como se fosse ilegítimo. Dificilmente existe um país, incluindo o mais esclarecido e humanista do mundo, que não tenha esqueletos em seu armário. Ninguém está argumentando que esses outros países devem silenciosamente ir para casa e se enforcar por causa de seus erros. Israel não deve ser tratado de maneira diferente.

—

Israel, como Estado-nação do povo judeu, tomou seu lugar entre as nações pelo poder do princípio internacionalmente reconhecido da autodeterminação, que, ainda hoje, é um princípio internacional abrangente da ordem mundial. O conceito de autodeterminação, defendido pelo presidente americano Woodrow Wilson,[894] está consagrado na Carta das Nações Unidas.[895] Autodeterminação significa o direito de um povo com uma língua e cultura comuns – e algumas vezes uma religião comum – à soberania e independência, ou em linguagem comum: o direito a um Estado-nação.

A maioria dos países europeus são Estados-nação. Alguns se tornaram Estados de imigração nas últimas décadas. Os resultados desta imigração levaram a um debate público muito sério e vocal. Alguns desses países testemunharam o aumento da extrema direita, outros decretaram limitações à imigração concebidas – mesmo que apenas implicitamente – para restringir a chegada de membros de uma religião ou cultura específica, enquanto outros impuseram limitações a certas formas de expressão religiosa ou cultural por imigrantes, principalmente muçulmanos.

Portanto, uma pré-condição para receber a cidadania na Holanda é o conhecimento do holandês, destinado principalmente a imigrantes de países muçulmanos.[896] Há limitações na construção de mesquitas na Suíça e na proibição do uso de burcas na França. Após enormes ondas de refugiados em 2015, alguns países do Leste Europeu se recusam a absorver os muçulmanos, como exigido pela União Europeia. O debate na Europa sobre imigrantes está em seu auge no momento da publicação deste livro. Esse debate vai do racismo declarado a argumentos claros contra o multiculturalismo, ou defendendo a preservação da identidade nacional – um argumento que também pode ser ouvido entre as pessoas de centro e da esquerda do espectro político. A chanceler alemã Angela Merkel afirmou que o multiculturalismo falhou.[897] David Cameron expressou sentimentos semelhantes quando ele era primeiro-ministro da Inglaterra.[898] Um ataque ainda mais direto ao multiculturalismo veio de John Howard, ex-primeiro ministro da Austrália: traçando uma linha clara entre o multiculturalismo e a diversidade trazida pelo multirracialismo, Howard disse: "a anglo-esfera deve ter mais orgulho de seus valores e conquistas", acrescentando que "quando uma nação atrai pessoas de outras partes do mundo, atrai-as por causa do magnetismo de sua própria cultura e seu próprio modo de vida", que precisa ser preservado pelos recém-chegados "adotando os valores do país que eles escolheram como lar".[899]

Os Estados Unidos e o Canadá são exemplos de países imigrantes que não se definem como Estados-nação. Portanto, é mais difícil para um americano ou canadense (ou para aqueles que os veem como modelos) compreender a ideia de autodeterminação nacional ou entender a necessidade de um Estado-nação. Mas os admiradores do modelo do país de imigração precisam lembrar que os Estados Unidos e o Canadá são a exceção, não a regra. A maioria dos países do mundo, incluindo a Europa, tem características inatas de autodeterminação em sua composição, incluindo tradição, religião e etnia. Esses países têm preferência explícita, por vezes consagrada na lei ou em suas constituições, que favorecem os membros do grupo majoritário em detrimento das minorias. A seguir estão alguns exemplos:

- Dinamarca: O Artigo 4 do primeiro capítulo da constituição dinamarquesa declara: "A Igreja Evangélica Luterana será a Igreja da Dinamarca, e como tal será apoiada pelo Estado". Outro artigo declara que o rei (sim, eles têm um monarca reinante) será um membro da Igreja Luterana.
- Noruega: O Artigo 2 da constituição declara: "A religião Evangélica Luterana continuará a ser a religião oficial do Estado". O monarca norueguês também é constitucionalmente obrigado a pertencer à igreja evangélico-luterana.

- Polônia: O Artigo 25 da constituição concede uma posição privilegiada à fé católica romana: "As relações entre a República da Polônia e a Igreja Católica Romana serão determinadas por tratado internacional celebrado com a Santa Sé e por estatuto".
- Armênia: A constituição estabelece uma religião estatal: "A República da Armênia reconhece a missão histórica exclusiva da Santa Igreja Apostólica Armênia como uma igreja nacional, na vida espiritual, no desenvolvimento da cultura nacional e na preservação da identidade nacional do povo da Armênia".
- Bulgária: O Artigo 13 da constituição estabelece uma religião estatal: "O Cristianismo Ortodoxo Oriental será considerado a religião tradicional na República da Bulgária".
- Islândia: O Artigo 62 da constituição estabelece uma religião estatal: "A Igreja Evangélica Luterana será a igreja do Estado na Islândia e, como tal, será apoiada e protegida pelo Estado".
- Irlanda: A constituição começa com uma declaração religiosa: "Em Nome da Santíssima Trindade, de Quem é toda a autoridade e a Quem, como nosso fim eterno, todas as ações tanto de homens como de Estados devem ser referidas".
- Liechtenstein: O Artigo 37 da constituição estabelece uma religião estatal: "A Igreja Católica Romana é a Igreja do Estado e como tal goza da proteção total do Estado".
- Argentina: O Artigo 2 da constituição estabelece uma religião estatal: "O governo federal apoia a religião Católica Apostólica Romana".

Esta é apenas uma lista parcial.[900] Na maioria dos países do mundo, pode-se encontrar elementos de uma identidade única – às vezes cultural, às vezes religiosa, às vezes étnica ou nacional. Ao mesmo tempo, todos os países democráticos também têm artigos constitucionais que protegem os direitos das minorias.

As constituições de todos os países árabes e muçulmanos, com exceção do Líbano, incluem um artigo definindo o Estado como muçulmano, e a maioria enfatiza que a lei muçulmana é a principal fonte de legislação. A futura constituição palestina não é exceção. O Artigo 4 declara: "O Islã é a religião oficial na Palestina. Respeito e santidade de todas as outras religiões celestes devem ser mantidos. Os princípios da Xaria islâmica serão a principal fonte de legislação".[901]

UM ESTADO: ILUSÃO ÓTICA AO ESTILO DE JANUS

A ideia de "um Estado" do rio Jordão ao mar Mediterrâneo é uma ideia que atraiu uma estranha coalizão de palestinos, bem como judeus de esquerda e de direita. Para os palestinos, essa visão faz parte de um antigo sonho de apagar completamente a comunidade política judaica e substituí-la por uma comunidade política árabe. Alguns da esquerda, tanto em Israel quanto no mundo, que aderem a escolas de pensamento pós-coloniais e pós-nacionais, sonham em destruir o nacionalismo, pelo menos o "nacionalismo colonial-europeu malvado" dos judeus. Nos últimos anos, a ideia ganhou apoio da direita em Israel, não apenas como parte da visão de um Grande Israel.[902] Eles estão fazendo lobby para uma solução de um Estado que incluiria a concessão de cidadania plena aos palestinos da Cisjordânia após a anexação. Entre os defensores dessa ideia estão figuras como o ex-ministro da Defesa Moshe Arens, o presidente de Israel, Reuven Rivlin e alguns líderes do movimento dos colonos.

A ideia é insana. Qualquer Estado multiétnico, com exceção dos Estados Unidos, Suíça e Canadá, será paralisado pela violência e conflitos quase diários. Esse já é o caso no Oriente Médio — os exemplos mais próximos são a Síria e o Iraque hoje, e o Líbano no passado. As minorias do Oriente Médio, como os coptas no Egito ou os curdos na Síria e na Turquia, sofrem com a repressão contínua. Não há um exemplo de um Estado multiétnico próspero no Oriente Médio. O mesmo é verdade em outros lugares. A antiga URSS dividiu-se em Estados ao longo de linhas nacionais e étnicas. A Tchecoslováquia dividiu-se em dois Estados étnicos. A Iugoslávia multiétnica se dividiu em nada menos que oito entidades: Eslovênia, Croácia, Sérvia, Herzegovina, Macedônia, Bósnia, Kosovo e Montenegro. Em qualquer novo Estado-nação que contenha uma minoria étnica significativamente grande, que ameaça transformar o Estado em uma entidade binacional, os problemas só pioram. A este respeito, não há diferença entre a extrema esquerda, que gostaria de diluir o caráter judaico do estado por qualquer meio, inclusive incorporando milhões de árabes a fim de torná-lo um "Estado de todos os seus cidadãos" e a extrema direita, que propõe, ostensivamente em nome de ideias liberais, conceder a mesma cidadania a palestinos da Cisjordânia para "evitar a perda de partes da Terra de Israel".

Muitos argumentam que a situação real é irreversível e que a separação é agora impossível. De qualquer forma, mesmo depois de uma separação,

Israel ainda terá mais de 1 milhão de árabes dentro de suas fronteiras. Isto é um erro porque a existência de uma minoria étnica não impede a existência de um Estado-nação com uma clara maioria. A República Tcheca é um Estado-nação, apesar da minoria eslovaca. Israel é um Estado-nação, apesar de sua minoria árabe. A Turquia é um Estado-nação, apesar de sua minoria curda. A lista continua. Um Estado não perde nem seu direito à autodeterminação, nem seu status como Estado-nação, simplesmente porque contém grupos que não pertencem à maioria.

──────────── ACADEMIA E SEPARAÇÃO COMO SOLUÇÃO

A ideia do Estado-nação não desapareceu após os grandes deslocamentos populacionais dos anos 1940. Para entender por que os acadêmicos e políticos hoje apoiam a ideia de intercâmbio consensual de população, é preciso voltar aos anos 1990: o Muro de Berlim caiu, Saddam Hussein foi expulso do Kuwait, a Conferência da Paz de Madri se reuniu e o livro de Francis Fukuyama declarando o fim da história se tornou um best-seller.[903] O índice da *Freedom House* apontou uma queda dramática na porcentagem da humanidade que vivia sem liberdade, de 41% em 1981 para 31% em 1991.[904] Para muitos, parecia que a visão iluminista de uma fraternidade humana pacífica estava prestes a se concretizar.

Infelizmente, esse não foi o caso. As guerras continuaram nos anos 1990 e até pioraram. Desta vez, o culpado não era o comunismo, mas o conflito étnico, que muitas vezes se transformava em guerras regionais.[905] Em alguns casos, os conflitos ameaçavam mudar as fronteiras políticas que antes eram estritamente preservadas. Um estudioso estimou o número de conflitos violentos neste período em nada menos que 115.[906] O índice da *Freedom House* em meados da década de 1990 despencou para níveis pré-Glasnost. Muitos começaram a arregaçar as mangas para tentar encontrar uma maneira de reverter essa tendência preocupante.

Publicações sobre como resolver conflitos étnicos se tornaram uma verdadeira indústria artesanal.[907] Essas obras eram — e ainda são — documentos fascinantes, fornecendo uma ampla gama de perspectivas. O núcleo da discussão cobriu o que era também o cerne do conflito palestino em 1947: dois grupos étnicos em conflito deveriam continuar compartilhando o mesmo território — apesar da hostilidade sangrenta entre eles — ou deveriam enfrentar os fatos e se dividir em dois (ou mais)? E se uma separação de rumos é necessária, até que ponto se deve ir para assegurar a homogeneidade étnica, e qual será o destino dos refugiados ou aqueles desenraizados de suas casas? Uma leitura da literatura da década de 1990 revela posições que também seriam aplicáveis ao que aconteceu na década de 1940.[908]

Portanto, por exemplo, o acadêmico John Mearsheimer publicou um artigo no *The New York Times* em 1993 argumentando que, para resolver os problemas nos Bálcãs, "[...] Estados etnicamente homogêneos devem ser criados". Ele explica que a estabilidade só poderia ser alcançada uma vez que "croatas, muçulmanos e sérvios teriam que conceder território e mover pessoas" e que "criar Estados homogêneos exigiria a construção de novas fronteiras e a transferência de populações".[909] Mearsheimer foi ainda mais explícito dois anos depois em um artigo publicado por ele e outro estudioso, Stephen Van Evera, do MIT.[910] Os dois tinham reservas sobre os acordos de paz bósnios, conhecidos como Acordo de Dayton, porque suas fronteiras não se encaixavam nas fronteiras étnicas. Eles sustentavam que "uma transferência de populações remanescentes atrás de novas fronteiras nacionais seria organizada e subsidiada pelas grandes potências".[911]

Mearsheimer continuou ao longo da década enfatizando consistentemente a necessidade da separação étnica na Iugoslávia, e continuou a protestar contra iniciativas de retornar os refugiados a seus lares.[912] Seu último artigo sobre o assunto pedia a remarcação das fronteiras dos Bálcãs com base no status quo demográfico étnico.[913] Mearsheimer admitiu que isso significaria se apaziguar com as limpezas étnicas, mas "a triste verdade é que não há alternativa viável" para redesenhar os Bálcãs ao longo das linhas étnicas e reabilitar os refugiados onde eles estão – "se estivermos preocupados em salvar as vidas de albaneses e sérvios".[914] Mearsheimer repetiu suas posições diversas vezes, não somente em relação aos Bálcãs, mas como uma questão de princípios, como um meio de resolver problemas fundamentais na Europa.[915] Em uma conferência de 1999, Mearsheimer disse:

> *Quando olhamos para a Europa como um todo no século XX, o que vemos são muitos exemplos de Estados multiétnicos rachando e sendo substituídos por Estados etnicamente homogêneos. E quando eles se separam, eles geralmente se separam de uma forma muito sangrenta. Isso é lamentável, mas é verdade. Quando ouço os americanos dizendo como é maravilhoso que os alemães estejam voltando para a Polônia, pergunto-me, em que mundo essas pessoas vivem?*[916]

Mearsheimer não foi o único a discutir as possibilidades de transferência de população. O acadêmico Chaim Kaufmann, especialista em relações internacionais na Universidade Lehigh, entendeu que tais conflitos sangrentos são difíceis de resolver com soluções liberais, como a governança compartilhada ou confederações. As subcorrentes de hostilidade e o resultado inevitável de conflitos étnicos sangrentos impedem a possibilidade de coexistência pacífica dos dois grupos sob um único teto político. Kaufmann explicou isso com a teoria realista do "dilema da segurança":[917] em condições de extrema desconfiança e numa situação em que as populações que vivem juntas são um alvo militar conveniente para ambos os lados, qualquer ação tomada por um dos lados — mesmo que destinada a ser defensiva — será interpretada pelo outro lado como agressão e levará a uma resposta apropriada. A solução razoável para tal situação é a completa separação das populações em áreas defensáveis e etnicamente homogêneas — em muitos casos envolvendo transferências de população, inclusive as compulsórias.[918]

A solução severa de Mearsheimer e Kaufmann tocou um nervo. No início, suas ideias atraíram críticas negativas. Kaufmann foi acusado de encorajar a limpeza étnica e a recolonização, e foi até expulso dos círculos progressistas. Um cientista político até se recusou a participar de uma conferência que debatia suas descobertas, pois isso lhes daria legitimidade.[919] No entanto, a maioria das respostas foi direta e levou a uma extensa discussão, incluindo uma grande troca de ideias sobre o assunto. As conclusões de Kaufmann, inicialmente consideradas extremas pelos críticos, estão ganhando interesse crescente no mundo acadêmico.[920]

Mearsheimer e Kaufmann não são os únicos. Um artigo anterior (publicado em 1993 na revista *Foreign Affairs*) pelo acadêmico Andrew Bell-Fialkoff da Universidade de Boston também observou os horrores que acompanharam as transferências de população, mas o autor chegou à conclusão de que em alguns conflitos a solução preferida é a homogeneidade étnica.[921] A ele juntam-se os acadêmicos Jerry Muller e William Rose, especialistas em governo e relações internacionais, que em 2008 escreveram sobre o "poder duradouro do nacionalismo étnico" na revista *Foreign Affairs*.[922] Robert Pape, um cientista político que foi conselheiro do presidente Obama e um adversário estridente da presença militar americana no Oriente Médio, acredita que em conflitos étnico-territoriais não há chance real de eliminar os perigos mútuos para a segurança sem criar estruturas homogêneas.[923]

Escrevendo na revista *Security Studies* em 2001, Alexander Downes, da Universidade George Washington, enfatizou que entre os grupos étnicos em conflito há completa desconfiança o que os impede de chegar a um acordo.[924] Ele aponta para padrões de assentamentos mistos ou entrelaçados como um fator central no aumento da violência. A tentação de criar homogeneidade inclui a recompensa óbvia dos ganhos territoriais e a eliminação das possíveis Quintas Colunas.[925] Para reduzir os efeitos do "dilema da segurança étnica", Downes acredita que a completa separação demográfica, geográfica e política entre os lados, incluindo o intercâmbio populacional, é absolutamente necessária.[926]

Em outro artigo acadêmico sobre esse tema (de 1997), Daniel Byman, do Departamento de Governo da Universidade de Georgetown, também apoia a homogeneização — inclusive forçada, como parte da divisão de uma estrutura política existente, embora deva haver garantias de que os que forem transferidos receberão plenos direitos no novo Estado para o qual são transferidos. Para impedir a renovação de atrocidades como ocorreu na Índia ou na Turquia, Byman enfatizou a responsabilidade da comunidade internacional de monitorar de perto a situação e prestar assistência humanitária.[927] Robert Hayden, antropólogo e diretor do Centro de Estudos Russos e do Leste Europeu da Universidade de Pittsburgh, também abordou esse dilema mais ou menos na mesma época (1996). Parafraseando a famosa declaração de Marx, ele pergunta: Como podemos prevenir que a história se repita, primeiro como tragédia e depois novamente como tragédia? Sua resposta é que a homogeneidade poderia fazer exatamente isso.[928]

A ideia de que a homogeneização contribui para a segurança e a estabilidade não é apenas a província de opositores do politicamente correto. O acadêmico Clive Christi, um especialista no Sul da Ásia da *London School of Economics*, apontou para a necessidade de separar as populações em conflito e, assim, resolver a "equação de instabilidade" na qual eles estavam presos pelos santificadores do status quo.[929] Em um artigo de 2004 no *Journal of Contemporary European Studies*, Stephen Wolff, um estudioso alemão da Universidade de Birmingham, analisou casos-teste de intercâmbios populacionais na Europa[930] e chegou a conclusões fascinantes: apesar de suas reservas quanto a expulsões forçadas, Wolff admite que a homogeneização ajuda a estabilidade e a segurança de países com uma população mista e ajudou nações a expressar sua autodeterminação.

—

Deixe-me enfatizar, para evitar um mal entendido. O objetivo do exercício abordado não é apresentar uma justificativa para transferência! Tudo o que desejo fazer — com o risco de aborrecer o leitor com muitos detalhes — é demonstrar a aceitabilidade e a natureza normativa dos Estados-nação e enfatizar a importância para os Estados étnicos de uma maioria étnica sólida, firme e duradoura — de ambos os lados da divisão étnica — como uma salvaguarda para o desenvolvimento pacífico e igual das nações e para evitar o derramamento de sangue em larga escala.

A utopia de um mundo pós-nacional é boa para discussões filosóficas, mas a realidade dita outras soluções. Isso é verdade tanto para os judeus quanto para os palestinos. Ambos merecem verdadeira paz, não fantasias acadêmicas.

O DILEMA MULTIÉTNICO

Chipre não se unirá novamente e, mesmo no arranjo formulado pela comunidade internacional, as duas entidades separadas continuarão existindo de forma autônoma. A Bélgica binacional muitas vezes ameaça desmoronar. O modelo suíço é único por uma razão: é uma união entre várias comunidades com um ethos comum, incluindo a crença compartilhada na ideia de liberdade de religião, Estado de direito, direitos humanos e uma longa e múltipla história de cooperação. Existe uma enorme diferença entre este e os países em que a maioria e a minoria não possuem um ethos comum. A Confederação Suíça não é um modelo para o Iraque ou a Iugoslávia.

Como já foi salientado, a Europa está lidando com muitos dos mesmos problemas, incluindo enclaves culturais-religiosos que têm pouco terreno comum com a cultura majoritária. Há imigrantes que se integram e há aqueles que têm dificuldade em fazê-lo. Alguns bairros são chamados de "zonas proibidas", mas a definição está sob controvérsia.[931] Alguns bairros de imigrantes tornaram-se, em essência, "cidades paralelas" que às vezes se tornam até mesmo fora dos limites para o pessoal de resgate de emergência. Alguns serviços públicos estão desaparecendo de várias dessas áreas. As ambulâncias, quando podem entrar, só podem fazê-lo com uma escolta policial. Em 2011, por exemplo, os serviços de correio para o *Sevedkvarteret* (Bairro Seved) em Malmo, na Suécia, deixaram de funcionar por um tempo.[932] A entrega da correspondência havia se tornado muito perigosa. Em alguns desses bairros, as gangues locais declaram o enclave como "Estado de Xaria", impondo assim normas muçulmanas de comportamento aos habitantes. Malmo não é a única cidade que desenvolveu relações distorcidas entre a maioria veterana e as autoridades suecas e os imigrantes muçulmanos. Um comandante da polícia alemã admitiu que "em certas áreas, os crimes são cometidos sem a intervenção da polícia. Somente em casos particularmente graves recebemos informações sobre o que está acontecendo. O poder do Estado está fora de cogitação".[933] Na França, quarenta bairros são designados como "zonas de perigo".[934] A Holanda também declarou 40 dessas zonas,[935] com o bairro de *Kolenkit* em Amsterdã tomando o primeiro lugar.

A Europa ainda está dividida entre um multiculturalismo fracassado e expressões de racismo declarado, e ainda não encontrou uma maneira de acabar com a minoria jihadista que impede a maioria dos muçulmanos de se integrar. O resultado é crise. Até onde sabemos, não há "ocupação sionista" em Amsterdã ou Berlim que possa de alguma forma desculpar ou justificar o ódio ou o antissemitismo em tais enclaves culturais. Se este é o caso na Europa, como alguém pode razoavelmente esperar que no Oriente Médio seja melhor?

—

A situação no Oriente Médio é muito pior. As linhas divisórias nos conflitos em curso são étnicas e religiosas. Os coptas são perseguidos no Egito. Xiitas e sunitas estão massacrando um ao outro em muitas partes do Oriente Médio. O Iêmen está em uma guerra civil religiosa. O Líbano sofreu muito do mesmo. Em outras partes do mundo muçulmano, a Líbia está desmoronando. Cristãos e membros da seita Ahmedi são perseguidos no Paquistão. As Filipinas estão testemunhando uma crise sangrenta com sua minoria muçulmana. A lista continua.

Há uma conclusão: o modelo multinacional ou multiétnico funciona apenas em teoria; não é viável na realidade. Em contraste, a homogeneidade cultural, étnica ou religiosa — um ethos comum e valores comuns — é uma garantia de estabilidade. Muitos povos multiétnicos lutaram contra o imperialismo e o colonialismo para conseguir a autodeterminação. Isto não significa que as minorias devam ser expulsas ou discriminadas posteriormente; direitos civis plenos para todos são um requisito fundamental de qualquer democracia. Às vezes, embora nem sempre, também há espaço para direitos coletivos às minorias, mas nada disso muda o fato de que é uma sólida maioria demográfica que mantém a paz.

A maioria dos israelenses tem consciência disso. A esquerda israelense às vezes protesta contra a mistura de populações, particularmente quando os judeus se mudam para áreas dominadas pelos árabes, ou um grande número de famílias ultraortodoxas (*Haredim*) se mudam para bairros seculares. A luta por um Estado palestino é uma luta pela separação e pela autodeterminação. Pode ser que as coisas mudem em algum momento. Quando a perseguição de minorias religiosas e conflitos étnicos e religiosos deixarem de ser uma questão natural em todo o Oriente Médio, talvez haja espaço para examinar novos arranjos entre Israel e os palestinos. Mas até então, a mistura de populações é um modelo de desestabilização, enquanto a separação é uma receita para a coexistência e o respeito mútuo.

EM FAVOR DE "UM ESTADO"

A ideia de "um Estado" não é ilegítima. Quando estamos lidando com pessoas que compartilham a mesma religião, idioma, cultura e herança, essa configuração é apropriada. Há lógica, por exemplo, em uma união entre Kosovo e Albânia, já que ambos contêm uma maioria absoluta de albaneses, com a mesma religião, língua e cultura. Na mesma medida, a ideia de "Um Estado" faz sentido no contexto dos árabes palestinos em ambos os lados do rio Jordão – o Lado Leste e a Cisjordânia. As pessoas de ambos os lados do rio compartilham uma identidade comum, religião, idioma, cultura, herança histórica e até laços familiares. No entanto, nesta fase, os dois lados não estão interessados em tal união e seus desejos devem ser respeitados. Mas, se as elites progressistas respeitam os desejos dos palestinos e os jordanianos de não se unir em um Estado (mesmo que compartilhem a mesma religião, língua, cultura), então por que querem impor uma solução de um Estado aos judeus?

E os árabes israelenses? Eles têm direito à igualdade plena. Pode ser que ideias mais criativas no futuro surjam e que tenham mais chance de funcionar. Os colonos de hoje, que permaneçam em um Estado palestino, terão cidadania israelense ou dupla cidadania. Os árabes israelenses, aqueles que querem, podem fazer isso com um Estado palestino – com ou sem a Jordânia. As leis de imigração devem garantir que ambos os povos mantenham uma maioria étnica estável e dominante, como muitos países da Europa o estão fazendo.[936] Além disso, a ideia de troca territorial não deve ser desconsiderada. Assim como existem blocos de assentamento além da Linha Verde que permanecerão como parte de Israel, blocos semelhantes de árabes israelenses perto da fronteira poderiam fazer parte da Palestina.

—

O maior perigo para a existência do Estado de Israel como o Estado-nação do povo judeu é um resultado direto do projeto de assentamento. Círculos da direita israelense, nos últimos anos, começaram a adotar a ideia de anexar a Judeia e a Samaria (Cisjordânia) e conceder aos palestinos a cidadania israelense – adotando ironicamente a abordagem da esquerda pós-sionista e pós-nacionalista.

Em abril de 2013, Alan Dershowitz, um dos defensores mais importantes e eloquentes de Israel nos Estados Unidos, falou na Conferência Anual do *Jerusalem Post*, em Nova York.[937] Ele apresentou sua iniciativa para renovar as negociações, após uma reunião com Mahmoud Abbas alguns meses antes. Segundo a iniciativa, as conversas seriam renovadas e a construção nos blocos de assentamentos judaicos não seria congelada, apenas nas áreas de disputa.[938] As garantias de Dershowitz aos ouvintes de que ele teve uma "conversa séria" com Abbas sobre o reinício das negociações de paz foram recebidas com risos da plateia, que o vaiaram quando Dershowitz reclamou. O plano deixou a moderadora da discussão – a jornalista sênior do *Jerusalem Post*, Caroline Glick – horrorizada. (Ela escreveu um livro, delineando seu próprio plano, intitulado *The Israeli Solution: A One-State Plan for Peace in the Middle East*.)[939] Durante uma "conversa brusca" entre os dois e seus dois planos nas páginas do *JNS.com* Dershowitz criticou o plano de Glick, retrucando:

> Em pouco tempo, Israel deixaria de ser um Estado judeu. A demografia acabaria por transformar Israel em primeiro lugar, em um Estado multinacional e, finalmente, possivelmente, em um Estado islâmico. Isso não seria uma solução aceitável. Seria o fim de Israel como o conhecemos. Eu não acho que seja uma solução viável.

Em seu livro de 2010, intitulado *Israel and the Family of Nations: The Jewish Nation-State and Human Rights*, os coautores Amnon Rubenstein e Alexander Yakovson rejeitam a Solução de Estado Único em diferentes bases, mesmo antes das ramificações demográficas surgirem, dizendo que tal esquema significa:

> *a negação da legitimidade do conceito de um "Estado judeu". Isso por si só prejudica os princípios da igualdade e do universalismo, porque significa negar o direito do povo judeu à autodeterminação e à independência política.*[940]

HOMOGENEIDADE, SOLIDARIEDADE E A SOLUÇÃO DE UM ESTADO

A visão pós-nacional é realmente tentadora: igualdade plena sem barreiras entre os povos. No entanto, levando em conta que a Solução de Um Estado tenha o potencial de desencadear um banho de sangue, ela também é uma receita para o colapso catastrófico da solidariedade social e para tensões adicionais em relação aos palestinos dentro de um sistema impraticável. A última década testemunhou várias discussões sobre a ligação entre a solidariedade social e a diversidade étnica.[941] Por exemplo, um estudo de 2007, *Ethnic Diversity and Welfare State Solidarity in Europe*, descobriu que a homogeneidade é uma condição para a solidariedade — solidariedade necessária para as pessoas estarem dispostas a fazer o sacrifício de aguentar o fardo dos menos afortunados.[942] O autor diz:

> *O Estado de bem-estar social pode ser entendido como um acordo social para lidar com os riscos coletivos e diminuir a desigualdade social. Esta função é, no entanto, acompanhada de pré-requisitos sociais, pois os riscos de compensação e a diminuição da desigualdade social dão origem a uma distribuição desigual de custos e encargos [...] A imigração [...] implica o risco de deslegitimar a solidariedade: sob as condições de maior heterogeneidade, torna-se mais difícil obter o endosso do Estado de bem-estar social.*[943]

O autor, Steffen Man, da Universidade de Bremen, cita um estudo de 2004, *Fighting Poverty in the USA and Europe*, que descobriu que nos Estados

Unidos (que é mais etnicamente e racialmente heterogêneo do que a Europa) havia "uma conexão direta entre o grau da heterogeneidade da sociedade e da quantidade de gastos públicos com serviços sociais". Os suecos e finlandeses estão dispostos a pagar impostos mais altos, porque são comunidades com elos em comum.

O HOLOCAUSTO E O NACIONALISMO

O terrível derramamento de sangue das duas guerras mundiais, especialmente o Holocausto, ensinou duas lições. A primeiro é universal: o imperativo de respeitar o Outro e o direito de ser diferente, e o reconhecimento da autodeterminação de todos os povos, não apenas dos europeus. Esta é a razão pela qual o mundo testemunhou o surgimento de tantos Estados-nação ao redor do mundo após a Segunda Guerra Mundial. A segunda foi uma lição judaica e não foi diferente: uma lição nacional que tornou imperativo o estabelecimento de um Estado-nação judeu e uma lição universal humanista – a necessidade de reparar um mundo arruinado e uma ordem mundial imperfeita (*Tikun Olam*).

Mais tarde, a ideia do Estado-nação começou a perder o apelo. Do que antes era visto como uma solução ideal para garantir a paz, o Estado-nação, da perspectiva de um mundo pós-moderno, incluindo o pensamento pós-nacional, foi subitamente considerado um problema, não uma solução. De fato, o nacionalismo não significa apenas autodeterminação; às vezes, é preciso uma forma mais virulenta de identidade, marcada pelo ódio absoluto ao Outro. Os judeus ganharam o reconhecimento nacional pela força do princípio da autodeterminação expresso na decisão de partilha das Nações Unidas, mas isso ocorreu em um momento em que o Estado-nação estava rapidamente se tornando um problema para muitos dentre as elites progressistas.

Os cidadãos dos Estados-nação nunca foram questionados sobre suas opiniões neste debate intelectual. Para eles, os Estados multinacionais significam uma reversão para o antigo modelo imperial que entrou em colapso após as guerras mundiais. Eles não querem a Áustria-Hungria, eles não querem os otomanos, e eles não querem os ingleses ou os franceses. Eles talvez queiram a União Europeia – mas adicionalmente, não ao invés do esquema Estado-nação. Para aqueles que conquistaram a autodeterminação em países asiáticos e africanos, a alternativa ao Estado-nação não é fraternidade e solidariedade, é guerra tribal ou pior. Os estudiosos e pensadores pós-nacionais aspiram conduzir um experimento arriscado em engenharia humana em escala nacional, ao mesmo tempo em que negam aos cidadãos das nações-Estado seu direito fundamental à autodeterminação – tudo em nome de impor o que eles acreditam ser uma utopia para a humanidade.

Os judeus já tentaram essa alternativa universal como "cidadãos do mundo" e não deu certo. Durante séculos, os judeus sofreram por não pertencerem, sem soberania e um lugar na matriz de poder, muitas vezes empurrados de um lugar para outro devido à sua alteridade e impotência. Isso culminou no Holocausto. O sionismo corrigiu essa anomalia. No entanto, devido ao destino, assim como os judeus se juntaram ao mundo como um Estado-nação entre a família das nações, a tendência pós-nacional começou a ganhar força, ameaçando negar aos judeus a legitimidade de seu Estado duramente conquistado. O argumento de que o judaísmo é apenas uma identidade religiosa é paternalista – como se os judeus não fossem uma entidade nacional com todos os elementos de uma pessoa, como uma história, uma língua e uma cultura compartilhadas. Os judeus se sentem um povo e uma nação e não precisam de confirmação externa. Essa é a essência da autodeterminação. A identidade armênia é também religiosa e nacional. Alguém vai negar aos armênios o direito à autodeterminação?

"A TCHECOSLOVÁQUIA PRIMEIRO"

A questão da correção ou da insensatez da ideia pós-nacional pode ser deixada de lado por enquanto. Os defensores desta escola não estão dizendo: "Parem com a ocupação". Eles argumentam que o problema é a própria existência dos Estados-nação, porque tal criação é antiquada e insustentável. Aqui é onde entra a indústria de mentiras. De alguma forma, Israel se tornou o único ponto focal desta ideia – uma maneira elegante de dizer que Israel não tem o direito de existir. Por uma questão de argumento, vamos supor por um minuto (contra todas as evidências do contrário apresentadas neste livro) que a ideia pós-nacional é de fato a onda do futuro. Faremos então apenas uma demanda simples dos campeões do pós-nacionalismo: comecem pela República Tcheca e a Eslováquia. Comecem pelos oito estados sucessores da Iugoslávia. Comecem pela Índia e o Paquistão, assim como por qualquer outro grupo de sociedades políticas separadas que já foram uma única unidade política. Obtenham sucesso lá (onde grupos diferentes preferiram entidades nacionais independentes separadas sobre promessas utópicas), aí então – e somente então – voltem e falaremos sobre a aplicação dessa solução pós-nacional ao caso israelo-palestino. Afinal de contas, nós, judeus, pagamos nossas dívidas vivendo dois mil anos como uma minoria sem um Estado-nação nosso e cem anos de conflitos nacional-religiosos na terra que compartilhamos com os palestinos. Enquanto isso, manteremos à única opção racional e humana testada pelo tempo – nosso Estado-nação.

CAPÍTULO 22
As Megacelebridades
—

> As elites palestinas alcançaram um status que nenhuma elite tinha antes. Eles são convidados de honra em todos os fóruns das elites progressistas. A luta palestina tornou-se a mais famosa, mais célebre e mais prestigiosa das causas. As ONGs sem fim são financiadas para perpetuar o conflito, não para resolvê-lo. No futuro próximo, as elites palestinas não desistirão desse status de megacelebridade.

DEVEMOS ADMITIR QUE não há chance de paz no futuro previsível. Não é que a solução seja complicada. Apesar das divergências, apesar da fantasia do retorno em massa, e apesar dos assentamentos isolados, existem parâmetros claros para a paz. Bill Clinton apresentou-os no final de 2000; o plano de Genebra apresentou um plano semelhante em 2002; Ehud Olmert repetiu, com mudanças semânticas, em 2008; John Kerry introduziu duas versões com quase os mesmos parâmetros em 2014. Até mesmo a iniciativa árabe, se retirarmos a fantasia do retorno em massa, poderia ter sido a base para um acordo.

——————— O PAPEL CRUCIAL DO MEIO ARTÍSTICO E O CLIMA INTERNACIONAL

Embora os parâmetros sejam claros, a paz nos elude. No século passado, houve muitos conflitos. Quase toda realização do direito à autodeterminação gerou um conflito sangrento, anos de luta e a expulsão de populações. No entanto, eventualmente, os acordos foram alcançados. Inimigos se tornaram vizinhos. Acordos de paz também foram assinados entre Israel e dois Estados árabes — Egito e Jordânia, e Israel mantém cooperação com muitos outros países árabes. Então, por que isso não poderia ter acontecido no conflito israelo-palestino? Porque há outra dimensão, que estava ausente em outros conflitos. As elites palestinas alcançaram um status que nenhuma elite tinha antes. A luta palestina não é apenas uma luta dentre as demais.

O conflito Palestino tornou-se o mais famoso, o mais celebrado e o mais prestigioso de todos – a joia da coroa das causas políticas. A recusa palestina em aceitar qualquer proposta de paz não se deve apenas a razões históricas ou a um sentimento de injustiça. Não é sobre mais ou menos concessões. Isso decorre do fato de que as elites palestinas só se beneficiam da continuação do conflito. Os palestinos se tornaram não apenas o símbolo global da "vítima" e do "povo oprimido", que supostamente lutam contra o colonialismo e a ocupação. Eles se tornaram celebridades globais. Por um lado, membros da elite palestina vão e vêm das capitais do mundo vestidos com roupas masculinas da mais alta moda e feitas sob medida. Eles gostam da boa vida. Por outro lado, eles conseguem criar uma deturpação como os "miseráveis da terra". De acordo com qualquer medida objetiva de expectativa de vida, mortalidade infantil, aumento natural da população, educação e assim por diante, os palestinos não estão no pior lugar entre as populações carentes do mundo. Exatamente o oposto. A maioria das pessoas do mundo vive em circunstâncias muito piores. Mas eles não estão nas manchetes. Ninguém está protestando a favor deles. A alegação de que aqueles que se identificam com os palestinos estão preocupados com os direitos humanos é uma das reivindicações mais ridículas da época atual; os partidários da luta palestina, afinal, não se incomodam com as dezenas de milhões de pessoas que sofrem com opressão interna ou externa.

—

Imaginemos um estudante do Norte da Nigéria em um campus americano. Ele representa uma das comunidades mais miseráveis do mundo, sofrendo com o terrorismo jihadista ininterrupto do Boko Haram: milhares foram massacrados; 1,4 milhão de crianças se tornaram refugiadas, 100 mil delas à beira da inanição. Mas ninguém se importa com elas. Não há protestos. Nenhum protesto global. Nenhuma conferência. A Nigéria não está incluída nos jargões atuais sobre a opressão. No entanto, para muitos, Israel tornou-se representativo de todas as outras injustiças no mundo, até mesmo para um afro-americano, uma mulher ou um homossexual, como ilustra o fenômeno da *intersecionalidade*.[944]

Em todo caso, o cenário mundial é dominado pelos palestinos. Combine isso com a *intersecionalidade*, e isso garante que incontáveis opositores da injustiça do outro lado do mundo estarão se alinhando contra "o opressor Israel". E o que não ajuda, é que o "colonialismo", uma das palavras mágicas no discurso pós-moderno, pode, através de interpretação seletiva e uma teia de mentiras, ser usado para marcar Israel como um opressor. No oposto, é um pouco difícil usar a palavra "colonialista" contra os jihadistas, mesmo que tenham ambições imperialistas extremas.

Não só não há protestos no mundo contra os afiliados da *jihad*, há também apoio para aqueles que defendem uma ideologia antissemita, fascista e assassina. O filósofo italiano Gianni Vattimo deixou sua máscara cair em meio à Guerra de Gaza em 2014, declarando "atire nos canalhas sionistas", encorajando os europeus a comprar armas para o Hamas e argumentando que "Israel é pior que os nazistas".[945] Pink organizou não menos do que sete missões de solidariedade a Gaza, reunindo-se com membros do Hamas (não importa que o Mufti de Gaza ensine aos espectadores como espancar suas esposas sem deixar cicatrizes que as tornariam feias ou alertar a polícia).[946]

E tem também os artistas de alto nível, como o velho roqueiro britânico e vocalista do Pink Floyd, Roger Waters, que compara Israel à Alemanha nazista e apoia o BDS (mais sobre ele depois), ou o cineasta britânico Ken Loach, que pediu um boicote cultural de Israel. Mesmo que eles não convençam seus colegas artistas, que continuam vindo para Israel, eles ainda encorajam as elites palestinas a continuar com a luta contra Israel ao invés de lutar pela paz.

Há um capítulo inteiro neste livro sobre os principais produtores da indústria de mentiras, como o acadêmico Noam Chomsky, que fez uma peregrinação para visitar o líder do Hezbollah Nasrallah no Líbano; o líder trabalhista Jeremy Corbyn, que abraçou o Hamas e o Hezbollah como seus "amigos"; Judith Butler, que os transformou em entidades progressistas; e a escritora canadense Naomi Klein, que cortou o Hamas da equação ao atacar Israel como o agressor na guerra de Gaza em 2014.[947] Existem até mesmo alguns acadêmicos que transformaram suas posições anti-Israel em uma carreira — como Norman Finkelstein, uma figura altamente visível no circuito de palestras, bem como um palestrante talentoso e altamente divertido que atrai multidões de estudantes nos campi ao redor do mundo, e em outros lugares.

Acadêmicos individuais não são os únicos que participam da indústria de mentiras, e os presidentes da MESA (Associação de Estudos do

Oriente Médio nos Estados Unidos) não são os únicos apoiadores do BDS. O mesmo espírito maligno se estende à vida no campus – repleta de "reuniões acadêmicas" anti-Israel. Por exemplo, na University College Cork da Irlanda em abril de 2017, uma conferência acadêmica de três dias foi realizada sob o título "Direito Internacional e o Estado de Israel: Legitimidade Excepcionalismo e Responsabilidade". Os oradores criticaram Israel como uma exceção à ordem mundial (como se fosse o único Estado-nação) a fim de deliberar se Israel poderia legitimamente existir como tal exceção. O orador principal foi Richard Falk, que aproveitou a ocasião para acusar que a fundação de Israel foi "a campanha de terror mais bem-sucedida da história".[948] Houve uma conferência, que seria realizada no Reino Unido, na Universidade de Southampton (mas proibida no último minuto pelas autoridades do campus por "preocupações com saúde e segurança") dedicada à questão "Israel tem o direito de existir?" Nenhuma conferência foi contemplada para discutir o direito da Inglaterra de existir, é claro.[949]

Algumas reuniões de ódio a Israel acontecem sob um manto de respeitabilidade polida, como uma conferência de dois dias em julho de 2017 na Universidade de Sydney, na Austrália, chamada "BDS: Conduzindo Justiça Global para a Palestina", oferecida por ninguém menos que o Departamento para o Estudos da Paz e Conflitos. O uso de linguagem benigna[950] é afável: o objetivo do encontro foi para promover "maior compreensão pública da campanha BDS", que, os organizadores enfatizaram, seria dedicada a "coletar argumentos racionais para sustentar um mundo mais pacífico e justo"[951] (É preciso entender o subtexto de "um mundo justo": inclui o direito palestino de retorno, exigido pelos Estudantes pela Justiça na Palestina, a fim de retificar a suposta limpeza étnica de Israel).[952]

Esta doença intelectual se estende à arena política americana, onde as correntes anti-Israel ganharam uma posição dentro do Partido Democrata, refletida em uma emenda unilateral ao palanque do Oriente Médio da plataforma democrata, sugerida pelo pessoal de Bernie Sanders, que foi rejeitada por uma estreita margem de 95 a 73, bem como a crescente popularidade de influenciadores com fortes orientações anti-Israel, como Keith Ellison e Linda Sarsour. O problema é que os palestinos veem tais correntes ocultas como prova de que estão ganhando uma série de vitórias, pelo menos em termos do Partido Democrata, não lhes dando razão para repensar suas posições ou buscar reconciliação.

O CENTRO DAS ATENÇÕES COMO MEIO DE SUBSISTÊNCIA

Os palestinos estão recebendo uma onda de apoio de celebridades em uma série de profissões, incluindo a academia, com poucas ou nenhumas amarras. Não é apenas a liderança palestina que goza de apoio ideológico e moral. Dezenas de organizações palestinas ou pró-palestinas recebem amplo apoio financeiro de dezenas de fundações e estruturas políticas célebres: a Fundação Rockefeller, a Fundação Ford, a Fundação Open Society (George Soros), a União Europeia, países europeus individuais e fundos da Igreja. E, é claro, existe a UNRWA e outras entidades de financiamento das Nações Unidas. Com todas essas grandes quantias fluindo, sem amarras, quais são as chances de que os ativistas palestinos abandonem essa abundância de status, honra, prestígio, e empregos? É surpreendente que os ativistas palestinos de tais ONGs bem financiadas sejam contra a reconciliação e a paz?

O status especial dos palestinos como o menino dos olhos azuis que todos abraçam cria algumas anomalias muito estranhas. Os ativistas palestinos estão lado a lado com os ativistas LGBT, embora todos saibam – ou deveriam saber – que os membros da comunidade LGBT nos territórios palestinos estão em sério risco, enfrentando perseguição e, muitas vezes, perigo mortal. Como resultado, muitos preferem fugir para Israel. Estes são os fatos, mas manifestações anti-Israel também são realizadas sob a acusação de "lavagem cor-de-rosa" – a teoria idiota afirmando que Israel concede liberdade e direitos a pessoas de diferentes orientações sexuais apenas como uma máscara para esconder os horrores da ocupação. Portanto, membros das elites palestinas e anti-Israel conseguiram não apenas disseminar teorias ridículas, mas também obter uma isenção de violações de direitos humanos básicos para as autoridades palestinas. Esta é outra expressão do racismo de baixas expectativas.

Há palestinos que sofrem. Estes são principalmente os do Líbano, que sofrem apartheid (sujeito a leis separadas) com todas as suas implicações, ou aqueles na Síria que sofrem, juntamente com o resto da população síria, do terrível derramamento de sangue. Eles podem apenas sonhar em viver sob o domínio de Israel. No entanto, eles não interessam a ninguém porque não estão sob o controle de Israel.

Sob o domínio israelense, por outro lado, os palestinos nos territórios desfrutam da mais alta taxa de educação superior no mundo árabe. De fato, o aumento no nível de educação levou à emigração de dezenas de milhares de jovens palestinos para a Europa e os Estados Unidos, posteriormente elegíveis para estudos de pós-graduação nas universidades de maior prestígio (centenas deles se tornaram posteriormente professores). Em uma era dominada por uma escola de pensamento pós-colonial, os palestinos se tornaram o ícone da luta contra o colonialismo. Se o símbolo na década de 1960 foi Che Guevara, o símbolo contemporâneo é ostentar um lenço *keffiyeh* palestino. Há mil e uma rivalidades entre organizações estudantis que representam diferentes grupos, mas estão unidas em um único assunto: seu apoio aos palestinos, sem nenhum conhecimento sobre o conflito. Em vez de concentrar seus esforços nos direitos dos afro-americanos, o movimento *Black Lives Matter* se fixou em Israel, acusando até mesmo o Estado judaico dos acontecimentos em Ferguson. Sempre haverá judeus e israelenses para lhes dizer que Israel é a fonte de seus problemas. No passado, foi dito que os judeus eram a fonte do mal global. Hoje, diz-se que os sionistas são a fonte de todo mal.

Essa é a loucura que consome o mundo livre e acadêmico. Essa distorção não apoia a paz, a reconciliação ou acordo. O denominador comum dessas entidades, que são apoiadas pela academia e financiadas pela UE e por vários outros governos estrangeiros, geralmente é sua oposição à própria existência de Israel. É duvidoso se há uma entre elas que apoie a paz e a reconciliação e que seja financiada pelas mesmas fontes. Isso encoraja as elites palestinas para a reconciliação com Israel, ou encoraja-as a perpetuar a luta? E se esta é a posição das elites progressistas do mundo livre, por que um palestino racional mudaria de direção e apoiaria a reconciliação e um acordo? Por que qualquer um desses palestinos abandonaria seu status especial do qual desfrutam, que une vitimização, prestígio, legitimidade para todas as suas ações, benefícios econômicos, e um meio de vida confortável?

Um acordo de paz prejudicaria esse status especial. Em vez de falar sobre racismo e colonialismo, em vez de serem as estrelas da academia e os queridinhos das elites progressistas, e em vez de desfrutar de fundos generosos como ativistas contra a opressão, os palestinos terão que se preocupar com o bem-estar social, sistemas de esgoto e construir um Estado. Eles terão que assumir responsabilidade por si mesmos e pelo seu destino. Eles deixarão de receber dezenas de milhões de dólares a cada ano para a luta política. Eles não serão as estrelas dos campi. Essa é a última coisa que eles querem. Eles conseguiram convencer muitos círculos intelectuais no mundo de que o BDS é um "movimento não violento" contra o racismo e pela igualdade de direitos. Não há mentira maior do que isso. O movimento BDS está lutando para negar o direito de autodeterminação de apenas um Estado dentre todos os países do mundo: Israel.

O QUE AS PESSOAS RACIONAIS E DECENTES DEVEM FAZER?

O que as pessoas racionais e decentes podem fazer contra esse fenômeno incompreensível? Primeiro, exponha os absurdos. Não ceda à polícia do pensamento. Mantenha o pensamento crítico e independente, conectado à realidade. Faça uma hierarquia de injustiças globais. Essa loucura do tipo *Alice no País das Maravilhas*, que está ocorrendo em setores significativos das elites acadêmicas e da mídia, não é um problema somente para Israel. É um problema para o mundo livre. Este é um tipo de conhecimento falso que produz realidades falsas.

A atenção, a prioridade máxima, o auxílio e os subsídios financiam todo um setor da economia e da sociedade que "ganha a vida com o conflito" — desde líderes palestinos da elite que voam ao redor do mundo em ternos elegantes e de primeira classe a acadêmicos pagos para escrever uma enxurrada de estudos sobre a viabilidade do Direito de Retorno, até operadores de túneis em Gaza e famílias que dependem de estipêndios para filhos mortos em ataques terroristas (*shahids*). O setor público palestino é gigantesco, e a bonança de dinheiro barato como a causa humanitária favorita do mundo reflete-se na paisagem da Cisjordânia — arranha-céus e instituições públicas, residências privadas e mansões que os ocidentais raramente veem.[953] O jornal pan-árabe *Asharq al Awsat* em Londres investigou o fenômeno e concluiu que há 600 milionários em Gaza![954] Muitos palestinos têm um grande interesse na intransigência e na violência.

Existe um conflito de interesses entre as elites palestinas remuneradas que querem perpetuar o conflito e as massas palestinas que sofrem com o conflito. Um acordo de paz levaria, por exemplo, à redução da angústia dos palestinos no Líbano que são legal, social e geograficamente marginalizados. Eles não poderão retornar a Israel porque Israel não tem planos de cometer suicídio demográfico, mas receberão novas opções, como um fundo de compensação internacional, naturalização em alguns países, opções de retorno à entidade palestina e muito mais. Enquanto as elites perpetuam a fantasia do Direito de Retorno, elas perpetuam a continuação do sofrimento e da dor.

É possível e necessário resolver o conflito israelo-palestiniano. Os parâmetros existem. Não há muito a inovar. Para que isso aconteça, é permissível e, de fato, necessário criticar a política israelense. Mas isso não acontecerá enquanto um aparato acadêmico e político global e bem lubrificado continuar fornecendo às elites palestinas a honra, o dinheiro e o prestígio que perpetuam o conflito.

Esta marcha de insensatez deve ser interrompida. Não para prejudicar os palestinos, mas para dar-lhes esperança e salvá-los.

POSFÁCIO

QUANDO ME SENTEI para começar a escrever este livro, pensei em acrescentar um capítulo, talvez o primeiro capítulo, sobre a história do conflito e sobre o início do sionismo e da imigração sionista judaica à Terra de Israel. Naquela época, na década de 1880, não havia uma entidade chamada "Palestina", mas uma série de *sanjaks* (distritos) do Império Otomano. Eu pensei em escrever sobre Mark Twain, que percorreu o país em 1865 e escreveu sobre o que viu:

> *Cenas marcantes [...] não ocorrem mais no vale [Jezreel]. Não há uma aldeia solitária em toda a extensão — não por trinta milhas em qualquer direção. Existem dois ou três pequenos grupos de tendas beduínas, mas não uma única habitação permanente. Pode-se andar dez milhas por aí e não ver dez seres humanos.*[955]

Vinte e cinco anos depois, outro viajante, um viajante judeu, Asher Ginzburg (mais conhecido por seu pseudônimo Ahad Ha'am) percorreu o país. Ele encontrou um país muito menos solitário.[956]

Ambos fizeram visitas breves. Hoje, há uma tendência a ler os relatos de visitantes ocidentais ao país, como os de Twain, mais como relatos impressionistas do que acadêmicos.[957] Uma fonte mais confiável é o Fundo de Exploração da Palestina (FEP), que nos anos 1871-1878 pesquisou o país a Oeste do Jordão — a seção da Palestina que está no centro do conflito. Esta pesquisa é a avaliação acadêmica mais séria da situação na época. O FEP publicou suas descobertas em mapas precisos e autênticos divididos em 26 partes devido a restrições de tamanho.[958] Segundo o mapa, o tamanho de Haifa não era superior a 440 x 190 metros. Acre e Nazaré eram maiores, a 600 x 300 metros. Jafa tinha 540 x 240 metros. Jerusalém era murada e era relativamente grande: 1 mil x 1 mil metros (um quilômetro quadrado). As fotos desse período também demonstram quão precisa a pesquisa foi em retratar o vazio relativo do país.[959]

Outra fonte valiosa é James Finn, o cônsul britânico em Jerusalém por 17 anos (1845-1862). Finn não era pesquisador, mas havia percorrido o país de um lado para o outro e publicou um livro descrevendo um país que sofria de terrível subpopulação e esperava por habitantes que o resgatassem.[960] Em um memorando que ele enviou em 1857, Finn escreveu: "O país está em um grau considerável de falta de habitantes". O estudioso Fred Gottheil mais tarde escreveu: "De fato, se houve alguma unanimidade de opinião entre os escritores ocidentais sobre a metade século XIX na Palestina, foi sobre esta questão: que o país era consideravelmente subpovoado ".[961]

Para nossos propósitos, o que importa é que esse foi o entendimento aceito no mundo europeu quanto ao contexto geográfico e demográfico para a atividade do movimento sionista e, subsequentemente, a emissão da Declaração de Balfour. A imigração judaica à Terra de Israel, como a ideia sionista em geral, veio na sequência da perseguição e da condição de indigentes dos judeus em outros países. Eles foram para a Terra de Israel porque é o berço do povo judeu; não havia uma entidade política concorrente específica ou ideia que a reivindicasse, e a terra estava subpovoada, de acordo com os pesquisadores da época.

Foi o governo britânico que declarou a terra um Lar Nacional para os judeus. Foi o representante árabe na Conferência da Paz de Paris, em 1919, que concordou com isso. Foi a Liga das Nações que decidiu, após três anos, adotar o sistema do Mandato que, entre seus quatro mandatos no Oriente Médio[962] incluiu um Mandato para a Palestina como um Lar Nacional para os Judeus, estipulando que os direitos civis dos seus habitantes árabes seriam respeitados. A liderança judaica, tanto na época como depois, não exigiu a expulsão ou um "Estado etnicamente puro". Os judeus estavam procurando abrigo. Outros lugares foram discutidos, mas o lugar ao qual os judeus estavam ligados, e o lugar para o qual eles oraram, e o lugar que era, relativamente falando, subpovoado era a Terra de Israel. Nos termos daquele momento, o sionismo era um movimento de libertação nacional humanista destinado a salvar uma nação em perigo. Não era um movimento colonialista dos mais abastados.

A RAZÃO POR QUE A DISCUSSÃO HISTÓRICA NÃO É A QUESTÃO

Decidi não incluir um longo capítulo que incluiria as declarações de uma extensa lista de líderes árabes, incluindo Ahmad al-Shuqeiri (fundador da

OLP), Azmi Bishara (um intelectual palestino e ex-membro árabe do Knesset, hoje residente no Qatar ou Hafez al-Assad (ex-líder sírio e arquiteto da Síria moderna) e outros afirmando que não há um povo palestino, alegando que tal conceito é uma invenção colonial.[963] Muitos da esquerda zombam da afirmação de Golda Meir de que não há um povo palestino[964] — mas ela estava se baseando nas declarações dos líderes árabes, bem como no fato de que nenhum Estado palestino foi estabelecido quando a Cisjordânia e Gaza estavam em mãos árabes. Os palestinos só se tornaram uma comunidade separada aos seus próprios olhos para um objetivo: fortalecer a demanda pelo retorno dos refugiados a Israel, levando à morte final de Israel como uma sociedade política não árabe. Todas essas questões — incluindo demografia, imigração árabe para Israel antes de 1948, negação árabe da identidade palestina — são todas dignas de discussão histórica.

No final, decidi evitar dedicar um capítulo à questão, porque estou operando a partir do axioma de reconhecer o fato de que a maioria dos palestinos hoje se sente um povo distinto. Esta é a definição deles hoje e esse é o significado da autodeterminação. Também estou longe de subestimar a importância da experiência fundamental da consciência palestina — a vivência do desenraizamento e da situação de refugiado, mais conhecida como *Nakba*.

A abordagem que tomei neste livro é que esses sentimentos são todos genuínos. Sim, uma injustiça foi feita aos palestinos; toda pessoa decente tem que reconhecer essa experiência formativa. Mas quando essa experiência se torna isolada e descolada de seu contexto, quando ignora as dezenas de milhões de pessoas ao redor do mundo que passaram pela mesma experiência (muitas vezes pior); quando ignora o apoio internacional aos intercâmbios populacionais; quando ignora a contribuição dos árabes para a *Nakba*; quando ignora a expulsão de comunidades judaicas de países muçulmanos; quando ignora o apartheid exercido contra os palestinos nos países árabes; e o mais importante — quando essa ignorância é usada como desculpa para o terrorismo e perpetua o conflito, o resultado é uma fraude histórica.

O problema não é a identidade palestina propriamente dita, mas a ideia de identidade e nacionalismo palestinos suplantando o nacionalismo judaico em Israel, uma ideia entusiasticamente apoiada pela indústria de mentiras.

—

O domínio israelense nos territórios, comumente conhecido como "ocupação", é a causa de problemas intermináveis. Isso é verdade, embora, paradoxalmente, o governo israelense também tenha levado a uma melhoria tremenda em muitos aspectos da vida e também contribuído, mais do que qualquer outra coisa, para o desenvolvimento de uma identidade nacional palestina independente – do tipo que foi e é suprimida sob regimes árabes. Este é um lado da ocupação com cara de Janus.

O outro lado é a longa e amarga experiência de humilhação, bem documentada até mesmo por autores que estão longe de serem membros da indústria de mentiras. Nos últimos anos, Israel tomou medidas sérias para reduzir o atrito ao mínimo. A maioria dos palestinos vive sob o domínio palestino e está sujeita à autoridade da lei palestina, e o palestino em geral tem cada vez menos interação com os soldados israelenses. Quase todos os bloqueios na Cisjordânia foram desmantelados e só são restabelecidos temporariamente quando necessário, quando surgem necessidades especiais de segurança (por exemplo, eles foram brevemente montados após o sequestro de três adolescentes israelenses em junho de 2014). Caso contrário, o movimento é quase inteiramente livre – mas o sentimento de humilhação permanece.

Não é apenas um sentimento. A extrema direita em Israel está flexionando seus músculos e tentando inflamar o conflito por meio de ações humilhantes, roubo, destruição de oliveiras e atos de intimidação e vandalismo que eles autorrotulam como "retribuição". Em um punhado de eventos (a maioria das ações de retribuição têm sido contra propriedade), atos de terror foram cometidos, assassinando palestinos inocentes. Estes são fenômenos repugnantes e racistas (e foram condenados pela maioria dos israelenses, incluindo a maioria dos líderes do Movimento dos Colonos).

—

Um dos *websites* dedicados a espalhar mentiras sobre Israel publicou uma entrevista com um manifestante anti-Israel no coração de Nova York.[965] Ela é uma mulher legal, que qualquer um gostaria de ter como vizinha. Seu nome é Fran Korotzer e ela se apresenta como judia. Ela é a favor de *Tikun Olam*. Entre outras coisas, ela disse que as ações de Israel não deveriam ser chamadas de "limpeza étnica", mas de "genocídio". Eu escutei sua voz suave e agradável. Eu li as respostas às suas palavras. Uma longa lista de fãs apoiadores a encheu de elogios; ninguém pensou em perguntar: "Do que você está falando, senhora? Qual genocídio? Quantos palestinos foram mortos?" Porque os fatos não importam. Nem mesmo as proporções. Ou o contexto. Nem importa que Israel, ao longo de toda a sua existência, tenha enfrentado ameaças de aniquilação de todos os tipos, mas nunca uma vez ameaçou ou realizou uma aniquilação de seus inimigos.

Na Europa, opiniões como essa são um absurdo bem conhecido. Embora a opinião de Korotzer esteja longe de ser representativa da maioria do público nos Estados Unidos, poderá muito bem vir a ser assim devido à incessante doutrinação que está sendo conduzida nos campi universitários, onde a próxima geração está sendo educada.

—

Roger Waters, o solista da popular banda Pink Floyd, tornou-se, nos últimos anos, um dos mais proeminentes e influentes porta-vozes do movimento BDS. Waters dá muitas entrevistas para explicar sua posição. Ele também tenta recrutar outros artistas para se juntarem a sua causa e boicotar Israel. Em uma entrevista que ele deu em dezembro de 2013, Waters justificou sua atitude hostil em relação a Israel, dizendo que alguns rabinos judeus da direita israelense:

> *[...] acreditam que todo mundo que não é judeu está apenas na terra para servi-los e eles acreditam que os povos indígenas da região que eles expulsaram da terra em 1948 e continuaram a expulsar da terra desde então são sub-humanos. Os paralelos com o que aconteceu na década de 1930 na Alemanha são tão óbvios que não me surpreende que o movimento em que você e eu estamos envolvidos esteja crescendo todos os dias.*[966]

Waters está correto. Há, de fato, rabinos da extrema direita que têm opiniões racistas e fascistas. Mas qual é o nível de importância deles? Nas eleições de 2013, o partido de extrema-direita *Otzma Le-Yisrael* (Poder para Israel) não conseguiu votos suficientes para entrar no Knesset. O mesmo padrão se repetiu nas eleições de 2015. Os eleitores os chutaram na sarjeta. Como exatamente que Waters deu o salto lógico de um pequeno grupo periférico para um paralelo com a Alemanha nazista (com apoio da maioria)? O líder religioso islâmico mais importante na maioria sunita do islamismo, Yusuf al Qaradawi, também é um defensor do BDS. Como já mencionamos, Qaradawi é um admirador de Hitler, e expressou sua esperança de que "da próxima vez os muçulmanos concluam o extermínio". É engraçado que Waters tenha notado um grupo de rabinos marginais em Israel, mas fecha os olhos para a figura muçulmana mais preeminente com quem ele compartilha uma causa comum. Não adianta ressaltar a questão ao neutralizar outras mentiras que Waters diz (como a alegação de que foi Israel quem rejeitou os parâmetros de Clinton enquanto Arafat os aceitava). É muito mais importante demonstrar como Waters – como Korotzer antes dele – é um produto. O problema não são os erros; somos todos humanos. Acadêmicos e jornalistas podem errar também. Os leitores podem, sem dúvida, encontrar erros não intencionais neste livro também. Erros e deslizes não desqualificam, em si e por si só, uma tese ou ideia, se ainda são válidas, após as correções necessárias.

O problema é que Israel enfrenta algo de outra magnitude: mentiras-tão-inacreditáveis-que-devem-ser-verdadeiras, muitas delas conscientemente falsas, em relação ao discurso do conflito árabe-israelense. As palavras de Waters e Korotzer diferem pouco dos absurdos proferidos por vários acadêmicos como Mearsheimer, Cole ou Butler, mencionados. Estes não são erros; são mentiras deliberadas.

O propósito deste livro é focar no esforço aterrorizante [...] e sucesso em criar um dos maiores libelos de sangue do século XX – um libelo de sangue que transforma Israel em um monstro. Um libelo de sangue que confunde e distorce a mente de quem lida com o assunto. Um libelo de sangue que obscurece a mente de inúmeros escritores, pensadores, ativistas e políticos que abordam o assunto. Um libelo de sangue que convence vastas faixas da humanidade de que Israel é uma ameaça à paz mundial, se não a maior ameaça.

A CONFERÊNCIA DE DURBAN: UM PONTO DE VIRADA

Este livro não foi projetado para abordar a questão: por que Israel é vítima de um projeto tão mal-intencionado? Não faltam obras que tratam do assunto.[967] Muitos escritores dão muito peso ao antissemitismo. Esta é apenas uma das explicações e provavelmente não é a mais importante.

A obra em questão procura descrever o "o quê". Quer dizer, eu queria tratar de refutar as próprias mentiras, e não sobre as várias razões para sua emergência e disseminação bem-sucedida.

Só acrescentarei que, do meu ponto de vista, pouco se escreveu sobre a influência da ideologia pós-colonial nas humanidades e nas ciências sociais. Essa escola domina muitos departamentos e, em muitos casos, tornou-se (ironicamente) hegemônica. O fato de que Israel ainda é uma potência ocupante fez dele um ponto focal de inúmeros estudos e publicações. Em muitos deles, o modelo pós-colonial é artificialmente sobreposto ao conflito israelo-palestino – com os israelenses como brancos colonialistas se opondo aos nativos palestinos.

A Conferência de Durban de 2001 – sem ir muito afundo no "porquê" – foi um ponto de virada significativo: ela foi originalmente planejada para ser uma conferência contra o racismo, na qual a ONU, governos e ONGs participariam. Ela se transformou em um festival de ódio anti-Israel.[968] A falsa propaganda contra Israel obviamente já existia antes de Durban, mas a Conferência não deixou de ser um ponto de virada. Concedeu legitimidade à demonização, desumanização e deslegitimação de Israel. Naquela época, eu perguntei a meus amigos do campo da paz: "O que exatamente você estava fazendo lá? Afinal, não estamos lutando pela reconciliação, por um acordo, pela paz e não pelo aprofundamento do ódio e da hostilidade?" Não tive respostas sérias. Eu fui e continuo a ser um leal defensor da reconciliação, acordos, e paz. Mas algumas partes do campo do qual eu fazia parte tomaram outro rumo. Ninguém contesta que antes do estabelecimento de Israel como uma entidade independente em 1948, os judeus compraram terras na Terra de Israel, sob o domínio turco e britânico, a preço de mercado. Pode-se chamar isso de muitas coisas – mas não é colonialismo. Nos Arquivos Sionistas Centrais, há registros volumosos e detalhados de cada *dunam* (um quarto de acre) comprado.

Apesar disso, o modelo pós-colonial tenta se impor ao conflito. Por exemplo, escrevendo na *American University Law Review*, o professor George Bisharat reconhece que isso não era o colonialismo como é geralmente entendido, mas ele ainda tenta, através de acrobacias intelectuais, forçar o modelo colonial sobre o sionismo.[969] Ele pode realmente apresentar outro movimento que comprou terras a preço de mercado? Cujos membros eram em grande parte refugiados? "Colonos" que não foram apoiados por nenhuma superpotência colonialista?

Em contraste com o modelo americano e australiano, os judeus não exterminaram milhões em sua conquista e expansão. Eles não mataram simplesmente centenas de milhares de pessoas como os franceses, alemães e belgas fizeram em suas conquistas, ou como os espanhóis fizeram em épocas anteriores. O sionismo era um movimento de refugiados que batia nas portas de judeus ricos na diáspora para arrecadar dinheiro para comprar terras. Mas nenhum desses fatos ajudará. De qualquer forma, o sionismo foi um dos movimentos de libertação mais humanos da história da humanidade. Nunca considerou o genocídio e, de fato, esforçou-se repetidamente para chegar a um acordo a cada passo do caminho, embora o outro lado declarasse abertamente e repetidamente que a luta era de aniquilação. Mas, no entanto, a indústria de mentiras transforma o sionismo em um dos movimentos ideológicos mais perigosos da face da terra.

Vê-se o fenômeno se repetir em todos os campos. Milhares de pessoas por mês estão morrendo devido a atos claros de terrorismo nos últimos anos. A maioria é vítima da *Jihad* Global e seus desdobramentos. A maior parte não chega às manchetes internacionais. Israel luta contra esse terrorismo – o terror que não visa libertar ou levar à independência, mas impor tirania e escuridão ao mundo. O número de vítimas em ambos os lados do conflito israelo-palestino é minúsculo em comparação. Os números na Nigéria, Síria, Iraque, Somália e Paquistão são exponencialmente mais altos. No entanto, pessoas sérias argumentam que "Israel é a principal causa de violência no mundo". É necessário ter uma mente particularmente distorcida para montar tal argumento. Antigamente esses argumentos eram da competência de propagandistas antissemitas e comunistas. Algo que é particularmente mistificante: como que pessoas normalmente bem informadas, instruídas, "esclarecidas" podem repetir essas afirmações? Não há diferença entre os membros do Boko Haram, da al-Qaeda, do Taleban, do ISIS e do Hamas. Eles falam sobre aniquilação. Eles causam destruição e devastação sempre que podem. Dada a chance, eles farão a Israel exatamente o que o Estado Islâmico fez no Iraque e na Síria. Pessoas que falam incessantemente sobre aniquilação não estão fingindo. Mas as duas fontes centrais de informação pública, a academia e a mídia, preferem não ouvir, em nome da ideologia.

James Delingpole, um corajoso jornalista britânico, escreveu o seguinte na sequência da cobertura da Segunda Guerra do Líbano na imprensa britânica:

Formar uma opinião sobre a guerra entre Israel e o Hezbollah com base nas reportagens tensas de Jeremy Bowen na BBC em Beirute é como decidir o que você acha da Segunda Guerra Mundial com base na cobertura local do bombardeio incendiário de Dresden, conforme filmado com a cooperação plena do departamento de imprensa do Sr. Goebbels. "Claro", você pensaria, "pela aparência do breve relatório de Londres, parece que os britânicos estão sofrendo um ou outro bombardeio de V2. Mas olhe para todos aqueles alemães queimados, aqueles lamentáveis refugiados. Eles estão sofrendo muito mais do que os Aliados. O que deve fazer de Hitler e sua gangue os bonzinhos, certo?"[970]

"Como você pode comparar Israel a outros países?", um aluno chamado John me perguntou, no final de uma palestra no campus de Berkeley, na Universidade da Califórnia. "Nós esperamos padrões mais elevados de você."

Eu agradeci a ele por sua pergunta. Ao lado dele estava uma mulher com um meio-lenço de cabeça, provavelmente muçulmana. Seu nome era Fátima. "Eu não tenho ideia de onde Fátima é", eu disse a John. "Talvez da Arábia Saudita, talvez do Bahrein, talvez do Líbano." Continuei a dizer: "Quando você me diz que espera padrões mais elevados de mim, diz ao mesmo tempo que espera de Fátima padrões mais baixos. Acredito que isso é chamado de racismo, racismo de baixa expectativa. Pode não ser aquele tipo de racismo óbvio e feio, mas mesmo assim ainda é racismo. Também pode-se chamar isso de hipocrisia".

Se existe *lei internacional* e *normas internacionais*, elas são boas para todos e são as mesmas para todos. Não pode ser que exista uma definição de refugiado no ACNUR e uma definição especial de refugiado para palestinos pela UNRWA. Não pode ser que os níveis de repressão interna no Egito, Jordânia, Arábia Saudita, Rússia e China sejam exponencialmente mais altos do que o tratamento de Israel aos palestinos — mas haverá uma campanha de boicote contra apenas um país, que pode não ser o melhor país no mundo, mas é certamente melhor do que a maioria. Não pode ser que os acadêmicos dos Estados Unidos e da Inglaterra lamentem a brutalidade israelense na guerra, enquanto ao mesmo tempo seus próprios países são muito mais implacáveis no Iraque e no Afeganistão. Israel nunca teve um caso de Faluja ou Abu Ghraib. Não pode ser que a OTAN saia impune de tudo o que faz no Kosovo e na Líbia; que os Estados Unidos ficarão isentos do que aconteceu em Faluja; que a Rússia se safará com tudo o que fizerem na Chechênia; e a China poderá ocupar livremente o Tibete, mas apenas Israel será incessantemente discutido e condenado na ONU. Não pode ser que o Irã, um dos países mais nefastos da Terra, possa participar do Conselho de Direitos Humanos da ONU. Não pode ser que as organizações de direitos humanos, que têm pessoas sérias entre suas fileiras, participem desta charada feia, até mesmo sob os auspícios iranianos e transformem Israel em um violador excepcionalmente odioso dos direitos humanos.

Não é assim que se promove direitos humanos. Isto é como pisoteá-los. Isto é como criar novos libelos de sangue. Não pode ser que a incitação mais odiosa contra Israel e os judeus continue sendo conduzida sob os auspícios oficiais da Autoridade Palestina nas escolas e na TV, enquanto os países ocidentais continuam a financiá-la.

—

Uma injustiça não justifica outra. Uma limpeza étnica não justifica outra. Este não é o argumento do livro. O argumento é que a medida normativa apropriada deve ser a do momento em que os eventos ocorreram e as normas e atitudes vigentes no mundo na época. Essa medida, até meados do século XX, apoiou a transferência de população e o intercâmbio populacional. Isso aconteceu em conflitos em todo o mundo, e foi isso que aconteceu, de fato, no conflito árabe-israelense. É por isso que as "revelações" dos Novos Historiadores, que acreditam que "provaram" que os sionistas pretendiam realizar uma transferência, e subsequentemente a realizaram – se tal afirmação é verdadeira, uma meia verdade ou um exagero – não têm significado real. Isso porque, mesmo se assumirmos que esse é o caso, essa era a norma internacional. Mesmo quando ocorreram expulsões, elas ocorreram sob condições muito mais justificáveis do que em outros lugares, no contexto de uma guerra de defesa contra inimigos que tentavam aniquilar o recém-estabelecido Estado de Israel e seus judeus. Portanto, mesmo que todos os argumentos do tipo de Pappé ou dos Novos Historiadores sejam verdadeiros – e mostramos que eles sofrem de falhas muito sérias –, isso ainda não torna o esforço sionista inerentemente ilegítimo.

Este livro pretende expor um dos maiores atos de desinformação do século XX: a desinformação sobre o conflito árabe-israelense. Se 50% dos cidadãos da Europa Ocidental acham que Israel está tratando os palestinos como os nazistas trataram os judeus, então não é por causa do antissemitismo.

É porque o libelo ganhou força e robustez. É porque as duas fontes centrais de informação pública – a academia e a mídia – criaram e disseminaram o libelo.

O fato de que tais fraudes podem não apenas durar, mas até crescer em proporções tão epidêmicas em uma era de acesso ilimitado à informação, é assustador. Um livro que nega a própria existência do povo judeu é um best-seller na França,[971] e seu autor tornou-se uma estrela em instituições de prestígio como a École Normale Supérieure, enquanto professores pertencentes ao campo da paz em Israel, tais como Elhanan Yakira, muitas vezes são vaiados para fora do palco, só porque eles apoiam o direito dos judeus e dos palestinos à autodeterminação política.[972] Se essa é a face do progresso e da liberdade acadêmica, temos então um problema: não um problema para Israel, mas um problema para mundo livre.

Esta fraude resultou em muitas baixas, figurativa e literalmente. A maioria daqueles que adotaram posições hostis a Israel não o fazem por motivos antissemitas. São alvos fáceis, vítimas da indústria de mentiras. Eles ouviram a mentira repetida tantas vezes que agora a aceitam como dogma. Este livro foi projetado para desafiar esse dogma.

SERÁ QUE O VERDADEIRO ISRAEL PODERIA, POR FAVOR, SE LEVANTAR?

Muitas vezes, como dito em outras passagens desta obra, Israel é comparado a padrões mais elevados. Os judeus legaram o monoteísmo ao mundo; a civilização judaico-cristã é baseada no judaísmo. O judaísmo influenciou Maomé no início em sua fundação do Islã. A tradição judaica inclui importantes imperativos, como proteger o estrangeiro, o convertido, o pobre, o órfão e a viúva. As visões dos profetas incluíam mensagens humanistas e universais. Os judeus ocuparam um lugar de destaque nos movimentos de direitos humanos e movimentos pela igualdade de outros, especialmente no movimento dos direitos civis dos anos de 1950 e 1960 em favor dos afro-americanos. Do ponto de vista de muitos – judeus e não judeus – Israel abandonou a visão de valores exaltados, de *Tikun Olam*, em favor do nacionalismo estridente e até mesmo do fascismo. Liberdade de expressão e liberdade acadêmica permitem que essa mentira vença.

Parece que em toda essa saga, uma questão central e essencial sobre a participação de Israel em *Tikun Olam*, ou tornar o mundo um lugar melhor, foi esquecida. Aqui também, como em muitas outras áreas, a realidade de Israel é diferente da sua imagem. Precisamos voltar à realidade. Existem muitas medidas para os Estados: PIB, expectativa de vida, desenvolvimento humano, educação e outros. Não há medida que verifique a contribuição de um Estado para toda a humanidade, nem mesmo numa base per capita. Embora isso seja difícil, poderíamos tentar, especialmente verificando as contribuições para o bem-estar social de outros países.

O verdadeiro Israel é um país que contribui para os países mais fracos. Por exemplo, contribui para o desenvolvimento de novas culturas agrícolas resistentes à seca, resistentes a pragas, de longa vida útil, sistemas de irrigação eficientes, combate à segurança alimentar, desertificação e os efeitos do aquecimento global. Quando um vírus letal atingiu os campos da China (o maior produtor de tomates do mundo, produzindo 32 milhões de toneladas por ano), uma empresa de sementes israelense foi a fonte de variedades de tomate resistentes a vírus que ajudaram a gigante asiática a se recuperar.[973] A assistência israelense não deveria ser surpreendente; Israel desenvolve cepas resistentes a uma série de perigos, incluindo aquelas que não existem em Israel. Israel desenvolveu e distribuiu soluções de saúde – desde tecnologias simples e baratas para fornecer água limpa em áreas remotas, a fim de reduzir a mortalidade infantil no terceiro mundo por doenças intestinais a iniciativas de assistência médica. Quando um especialista israelense em doenças infecciosas pediátricas descobriu que crianças na Etiópia infectadas com a AIDS estavam morrendo devido à falta de tratamento, ele liderou um esforço internacional para conter essa tragédia através da introdução da terapia antirretroviral (TAR) em orfanatos de Addis Abeba para 450 Crianças soropositivas. Posteriormente, as mortes por AIDS caíram de 25 para 1%.[974]

Quando um terremoto atingiu o Haiti, o hospital israelense foi o mais proeminente no campo. Israel ocupa o primeiro lugar no mundo em reciclagem de águas residuais para uso agrícola, e seus sistemas de irrigação e tecnologias de dessalinização são os mais eficientes do mundo, desempenhando um papel importante em uma iminente crise global de água.[975] Estes são apenas alguns exemplos. Ano após ano, proporcionalmente, os pesquisadores israelenses recebem mais do que a "parcela" de Israel em subsídios do Conselho Europeu de Pesquisa, um dos órgãos mais importantes do mundo que incentiva a pesquisa. Por quê? Por causa da inteligência israelense. Per capita, Israel investe em pesquisa e desenvolvimento mais do que qualquer outro país. Este é o verdadeiro Israel: um Estado cuja contribuição per capita mensurável para a melhoria da humanidade é uma das mais altas, se não a mais alta do mundo.[976] A diferença entre o verdadeiro Israel e o Diabo encarnado, retratado com sucesso pela indústria de mentiras, é aterrorizante.

—

Se conhecimento é poder e se as mentiras podem ser derrotadas, então este livro é uma pequena contribuição para esse esforço. Para palestinos e muçulmanos, judeus e israelenses, e para paz e reconciliação no Oriente Médio — a verdade tem que prevalecer.

BIBLIOGRAFIA

ABU Toameh, Khaled. "Who Called the Palestinians Trash?" *Front Page Magazine*, 19 de junho, 2011.

ADELMAN, Howard e Elazar Barkan. *No Return, No Refuge: Rites and Rights in Minority Repatriation*. Columbia University Press, 2011.

ADIDA, Claire L.; David D. Laitin; Marie-Anne Valfort. *Why Muslim Integration Fails in Christian-Heritage Societies*. Harvard University Press, 2016.

ANTONIUS, George. *The Arab Awakening: The Story of the Arab National Movement*. New York: G.P. Putnam, 1979.

ARNON-OHANA, Yuval. *Line of Furrow and Fire*. Ahiasaf, 2013 [em hebraico].

ASKEROV, Ali. *Historical Dictionary of the Chechen Conflict*. Lanham, MD: Rowman and Littlefield, 2015.

ASSIS, Yom Tov. *Jewish Economy in the Medieval Crown of Aragon, 1213-1327: Money and Power*. Leiden: E.J. Brill, 1997.

AVNERI, Aryeh L. *The Claim of Dispossession: Jewish Land Settlement and the Arabs 1878-1948*. New Brunswick: Transaction Books, 2009.

BAILEY, Clinton. *Jordan's Palestinian Challenge, 1948-1983: A Political History*. Boulder: Westview Press, 1984.

BARD, Mitchell Geoffrey. *Myths and Facts: A Guide to the Arab-Israeli Conflict*. Chevy Chase, MD: American-Israeli Cooperative Enterprise, 2006.

BARNETT, David e Efraim Karsh. "Azzam's Genocidal Threat". *Middle East Quarterly* 18, outono, 2011, 85-88.

BAR-ON, Mordechai. "Cleansing history of its content: Some critical comments on Ilan Pappé's *The Ethnic Cleansing of Palestine*". *Journal of Israeli History* 27, n. 2, 2008, 269-75.

BEACHLER, Donald W. "The politics of genocide scholarship: The case of Bangladesh". *Patterns of Prejudice* 41, n. 5, 2007, 467-92.

BEEVOR, Antony. *The Fall of Berlin 1945*. New York: Penguin Books, 2003.

BEINART, Peter. "The Failure of the American Jewish Establishment". *New York Review of Books*, 10 de junho, 2010.

BEISSINGER, Mark R. *Nationalist Mobilization and the Collapse of the Soviet State*. Cambridge: Cambridge University Press, 2010.

BELL-FIALKOFF, Andrew. "A Brief History of Ethnic Cleansing". *Foreign Affairs* 72, n. 3, 1993, 110-21.
BEN Gad, Yitschak. *Politics, Lies, and Videotape: 3,000 Questions and Answers on the Mideast Crisis*. New York: Shapolsky Publishers, 1991.
BEN Gurion, David. *Pgishot Im Manhigim Araviyim*. Tel-Aviv: Am Oved, 1967.
BHARADWAJ, Prashant; Asim I. Khwaja; Atif R. Mian. "The Big March: Migratory Flows after the Partition of India". Faculty Research Working Paper 08-029, John F. Kennedy School of Government, Harvard University, junho 2008.
BLUMENTHAL, Max. *Goliath – Life and Loathing in Greater Israel*. New York: Nation Books, 2014.
BODANSKY, Yossef. *Islamic Anti-Semitism As a Political Instrument*. Shaarei Tikva: Ariel Center, 1999.
BOSE, Sumantra. *Contested Lands: Israel-Palestine, Kashmir, Bosnia, Cyprus, and Sri Lanka*. Cambridge, MA: Harvard University Press, 2007.
BRINNER, William M. et al. *Judaism and Islam: Boundaries, Communication, and Interaction: Essays in Honor of William M. Brinner*. Boston, MA: Brill, 2000.
BRUCE, Clarke. *Twice A Stranger: How Mass Expulsion Forged Modern Greece*. Cambridge: Harvard University Press, 2006.
CAPLAN, Neil. *Futile Diplomacy*. London: Frank Cass, 1983.
CAPLAN, Neil. *The Lausanne Conference, 1949: A Case Study in Middle East Peacemaking*. Tel Aviv: Tel Aviv University, Moshe Dayan Center, 1993.
CHENOWETH, Erica; Adria Lawrence; Belfer Center for Science and International Affairs. *Rethinking Violence: States and Non-State Actors in Conflict*. MIT Press, 2010.
CHETERIAN, Vicken. "The Origins and Trajectory of the Caucasian Conflicts". *Europe-Asia Studies* 64, n. 9, 2012, 1625-49.
COHEN, Mark R. *Under Crescent and Cross: The Jews in the Middle Ages*. Princeton: Princeton University Press, 2008.
COJEAN, Annick. *Gaddafi's Harem*. Grove Press, 2013.
COOK, William A. *The Plight of the Palestinians: A Long History of Destruction*. New York: Palgrave Macmillan, 2010.
COPPIETERS, Bruno. *Contested Borders in the Caucasus*. Brussels: VUB Press, 1996.
CORDELL, Karl. *Routledge Handbook of Ethnic Conflict*. London: Routledge, 2011.
CRIBB, Robert. "Unresolved Problems in the Indonesian Killings of 1965-1966". *Asian Survey* 42, n. 4, julho-agosto 2002, 550-63.

CURTIS, Michael. *The Palestinians: People, History, Politics*. New Brunswick, NJ: Transaction Books, 1985.

DALIN, David G.; John F. Rothmann; Alan M. Dershowitz. *Icon of Evil: Hitler's Mufti and the Rise of Radical Islam*. New Brunswick, N.J.: Transaction Publishers, 2009.

DANIN, Ezra. *Tziyoni Bechol Tnai*. Jerusalem: Kidum, 1987.

DE Felice, Renzo. *Jews in an Arab Land: Libya, 1835-1970*. Austin: University of Texas Press, 1996.

DE Waal, Thomas. *Black Garden: Armenia and Azerbaijan Through Peace and War*. New York: New York University Press, 2013.

DE Zayas, Alfred-Maurice. *A Terrible Revenge: The Ethnic Cleansing of the East European Germans*. New York: Palgrave Macmillan, 2006.

DE Zayas; Alfred-Maurice; John A. Koehler. *A Terrible Revenge: The Ethnic Cleansing of the East European Germans, 1944-1950*. New York: St. Martin's Press, 1994.

DEGOMME, Olivier e Debarati Guha-Sapir. "Patterns of mortality rates in Darfur conflict". *The Lancet* 375, n. 9711, 2010, 294-300.

DIAMOND, Stanley. "Who Killed Biafra?" *Dialectical Anthropology* 31, n. 1-3, 2007, 339-62.

DOUGLAS, R.M. *Orderly and Humane: The Expulsion of the Germans After the Second World War*. New Haven: Yale University Press, 2014.

DWAN, Renata. *Building Security in Europe's New Borderlands: Subregional Cooperation in the Wider Europe*. London: Routledge, 2015.

EL-ABED, Oroub. *Unprotected: Palestinians in Egypt Since 1948*. Beirut: Institute for Palestine Studies, 2009.

ELIASH, Shulamit. *The Harp and the Shield of David*. London: Routledge, 2007.

ELPELEG, Zvi. *The Grand Mufti: Haj Amin Al-Hussaini, Founder of the Palestinian National Movement*. Routledge, 1993.

FAWN, Rick e Sally N. Cummings. "Interests over Norms in Western Policy towards the Caucasus: How Abkhazia is no one's Kosovo". *European Security* 10, n. 3, 2001, 84-108.

FISCHBACH, Michael R. *Jewish Property Claims Against Arab Countries*. New York: Columbia University Press, 2008.

FISCHBACH, Michael R. *Records of Dispossession: Palestinian Refugee Property and the Arab-Israeli Conflict*. New York: Columbia University Press, 2003.

FISHMAN, Joel. "The Big Lie and the Media War against Israel: From Inversion of the Truth to Inversion of Reality". *Jewish Political Studies Review* 19, n. 1-2, primavera 5767/2007.

FLAPAN, Simha. "The Palestinian Exodus of 1948". *Journal of Palestine Studies* 16, n. 4, verão 1987, 3-26.

FLORENCE, Ronald. *Blood Libel: The Damascus Affair of 1840*. University of Wisconsin Press, 2004.

FREUNDLICH, Yehoshua. "Parshat Hakirata VeMaskenoteha shel Ve'adat UNSCOP Be-Eretz Yisra'el, 1947". *Hatziyonut* 13, 1988.

FRIEDMAN, Matti. "An Insider's Guide to the Most Important Story on Earth". *Tablet*, 26 de agosto, 2014. Disponível em: http://www.tabletmag.com/jewish-news-and-politics/183033/israel-insider-guide.

GAMMER, Moshe. *The Lone Wolf and the Bear: Three Centuries of Chechen Defiance of Russian Rule*. Pittsburgh, PA: University of Pittsburgh Press, 2006.

GANTZEL, Klaus J. e Torsten Schwinghammer. *Warfare since the Second World War*. Transaction Publishers, 2000.

GAT, Moshe. *The Jewish Exodus from Iraq, 1948-1951*. London: Frank Cass, 1997.

GAVISON, Ruth. *The Two-State Solution: The UN Partition Resolution of Mandatory Palestine: Analysis and Sources*. New York: Bloomsbury, 2013.

GELBER, Yoav. *Komemiyut Venakba*. Dvir, 2004.

GELLHORN, Martha. "The Arabs of Palestine". *The Atlantic*, outubro 1961.

GERBER, Haim. "Zionism, Orientalism, and the Palestinians". *Journal of Palestine Studies* 33, n. 1, 2003, 23-41.

GIDEON, Kressel M. e Reuven Aharoni. *Egyptian Émigrés in the Levant of the 19th and 20th Centuries*. Jerusalem: Centro de Jerusalém para Assuntos Públicos, 2013.

GLEES, Anthony e Chris Pope. *When Students Turn to Terror: Terrorist and Extremist Activity on British Campuses*. London: Social Affairs Unit, 2005.

GLICK, Caroline B. *The Israeli Solution: A One-State Plan for Peace in the Middle East*. 2014.

GOLANI, Moti. *Israel in Search of a War: The Sinai Campaign, 1955-1956*. Brighton: Sussex Academic Press, 1998.

GOLDHAGEN, Daniel Jonah. *Worse Than War: Genocide, Eliminationism, and the Ongoing Assault on Humanity*. New York: Public Affairs, 2009.

GORNI, Yosef. *The British Labour Movement and Zionism, 1917-1948*. London: Frank Cass, 1983.

GURR, Ted R. "Ethnic Warfare on the Wane". *Foreign Affairs* 79, n. 3, 2000, 52.

HADDAD, Simon. "The Origins of Popular Opposition to Palestinian Resettlement in Lebanon". *International Migration Review* 38, n. 2, 2004, 470-92.

HASSINE, Juliette. "The Martyrdom of Sol Hachuel Ridda in Morocco in 1834". In Michael Laskier and Yaacov Lev, eds. *The Convergence of Judaism and Islam*. Gainesville, 2011, 109-21.

HAYDEN, Robert M. "Schindler's Fate: Genocide, Ethnic Cleansing, and Population Transfers". *Slavic Review* 55, n. 4, 1996, 727-48.

HERF, Jeffrey. "The 'Jewish War': Goebbels and the Antisemitic Campaigns of the Nazi Propaganda Ministry". *Holocaust and Genocide Studies* 19, n. 1, 2005, 51-80.

HERF, Jeffrey. "Convergence: The Classic Case Nazi Germany, Anti-Semitism and Anti-Zionism during World War II". *Journal of Israeli History* 25, n. 1, 2006, 63-83.

HILLEL Shulevitz, Malka. *The Forgotten Millions: The Modern Jewish Exodus from Arab Lands*. London and New York: Continuum, 1999.

HILL, K. et al. "The Demographic Impact of Partition in the Punjab in 1947". *Population Studies* 62, n. 2, 2008, 155-70.

HIRSCHBERG, Haim Z. "The Problem of the Judaized Berbers". *The Journal of African History* 4, n. 3, novembro, 1963, 313.

HIRSCHBERG, Haim Z. *A History of the Jews in North Africa*, vol. 1. Leiden: Brill, 1974.

HIRSCHON, Renée. *Crossing the Aegean: An Appraisal of the 1923 Compulsory Population Exchange between Greece and Turkey*. New York: Berghahn Books, 2010.

HOOKER, James R. "Lord Curzon and the 'Curzon Line.'" *Journal of Modern History* 30, n. 2, 1958, 137-38.

HOOVER, Herbert e Hugh Gibson. *The Problems of Lasting Peace*. New York: Doubleday, Doran and Company, Inc., 1943.

HORNE, Alistair. *A Savage War of Peace: Algeria, 1954-1962*. New York: NYRB Classics, 2006.

HOURANI, Albert. *A History of the Arab Peoples*. Warner Books, 1991.

HUNWICK, John O. "Al-Mahili and the Jews of Tuwat: The Demise of a Community". *Studia Islamica*, n. 61, 1985, 155-83.

IBRAHIM, Ferhad e Gülistan Gürbey. *The Kurdish Conflict in Turkey: Obstacles and Chances for Peace and Democracy*. Münster: LIT, 2000.

JAMES, Lawrence. *Raj: The Making and Unmaking of British India*. London: Abacus, 2009.

JOES, Anthony James. *Urban Guerrilla Warfare*. University Press of Kentucky, 2007.

JOFFE, Alexander H. e Asaf Romirowsky. "A Tale of Two Galloways: Notes on the Early History of UNRWA and Zionist Historiography". *Middle Eastern Studies* 46, n. 5, setembro, 2010, p. 655-75.

JOHANSSON Dahre, Ulf. *Predicaments in the Horn of Africa: 10 Years of SIRC Conferences in Lund on the Horn of Africa*. Lund: Media-Tryck, Lund University, 2012.

JOHN, Robert e Sami Hadawi. *The Palestine Diary: 1945-1948*. Beirut: The Palestine Research Center, 1970.

KABHA, Mustafa. *Hapalastinim—Am Be-pzurato*. Ra'anana: The Open University, 2010.

_____. "Palestinians and the Partition Plan in the Two-State Solution". Em Ruth Gavison, Org. *The Two-State Solution: The UN Partition Resolution of Mandatory Palestine: Analysis and Sources*. New York: Bloomsbury, 2013.

KADISH, Alon, e Avraham Sela. "Myths and Historiography of the 1948 Palestine War Revisited: The Case of Lydda". *Middle East Journal* 59, n. 4, 2005, 617-34.

KARMI, Ghada. "In Search of Fatima: Fateful Days in 1948". *Journal of Palestine Studies*, n. 17, 2003, 6.

KARPAT, Kemal H. *The Turks of Bulgaria: The History, Culture and Political Fate of a Minority*. Istanbul: Isis Press, 1990.

KARSH, Efraim. *Arafat's War: The Man and His Battle for Israeli Conquest*. New York: Grove Press, 2003.

_____. *Palestine Betrayed*. New Haven: Yale University Press, 2011.

_____. "Benny Morris's Reign of Error, Revisited". *Middle East Quarterly* 112, n. 2, primavera 2005, 31-42.

_____. "How many Palestinian Arab refugees were there?" *Israel Affairs* 17, n. 2, 2011, 224-46.

_____. "Resurrecting the Myth: Benny Morris, the Zionist Movement, and the 'Transfer' Idea". *Israel Affairs* 11, n. 3, 2005, 469-90.

_____. "The Long Trail of Islamic Anti-Semitism". *Israel Affairs* 12, n. 1, 2006, 1-12.

KAUFMANN, Chaim. "Possible and Impossible Solutions to Ethnic Civil Wars". *International Security* 20, n. 4, 1996, 136.

_____. "When All Else Fails: Ethnic Population Transfers and Partitions in the Twentieth Century". *International Security* 23, n. 2, 1998, 120.

KHALIDI, Noor A. "Afghanistan: Demographic consequences of war, 1978-1987". *Central Asian Survey* 10, n. 3, 1991, 101-26.

KHALIDI, Rashid. *The Iron Cage: The Story of the Palestinian Struggle for Statehood*. Boston: Beacon Press, 2007.

KHALIDI, Walid. "Plan Dalet: Master Plan for the Conquest of Palestine". *Journal of Palestine Studies* 18, n. 1, 1988, 4-33.

_____. "Why Did the Palestinians Leave, Revisited". *Journal of Palestine Studies* 34, n. 2 (Inverno 2005, 42-54.

KIRKBRIDE, Alec. *From the Wings: Amman Memoirs 1947-1951*. London: Frank Cass, 1976.

KORDAN, Bohdan. "Making Borders Stick: Population Transfer and Resettlement in the Trans-Curzon Territories, 1944-1949". *International Migration Review* 31, n. 3, 1997, 704.

KRAMER, Martin S. *Ivory Towers on Sand: The Failure of Middle Eastern Studies in America*. Washington: The Washington Institute for Near East Policy, 2002.

KÜÇÜKCAN, Talip. "Reclaiming identity: ethnicity, religion and politics among Turkish-Muslims in Bulgaria and Greece". *Journal of Muslim Minority Affairs* 19, n. 1, 1999, 49-68.

LAPIDOTH, Ruth. "Legal Aspects of the Palestinian Refugee Question". Jerusalem Letter/Viewpoints n. 485, Jerusalem Center of Public Affairs, 1º de setembro, 2002.

LAQUEUR, Walter. *The Road to War: The Origin and Aftermath of the Arab-Israeli Conflict, 1967/8*. Harmondsworth, Middlesex: Penguin Books, 1970.

LASKIER, Michael M. *Yisrael Ve-Ha'aliyah MiTzfon Africa: 1948-1970*. Sde Boker: Ben-Gurion Institute for the Study of Israel and Zionism, 2006.

LEVIN, Itamar. *Locked Doors: The Seizure of Jewish Property in Arab Countries*. Westport, CT: Praeger, 2001.

LEWIS, Bernard. *The Middle East and the West*. Harpercollins, 1968.

_____. *The Jews of Islam*. Princeton: Princeton University Press, 1984.

LITTMAN, David. *Jews under Muslim Rule—II: Morocco 1903-1912*. London: Institute of Contemporary History, 1976.

LUMANS, Valdis O. *Himmler's Auxiliaries: The Volksdeutsche Mittelstelle and the German National Minorities of Europe, 1933-1945*. Chapel Hill: University of North Carolina Press, 2000.

MACARTNEY, C.A. *National States and National Minorities*. London: Oxford, 1934.

MANN, Michael. *The Dark Side of Democracy: Explaining Ethnic Cleansing*. Cambridge University Press, 2005.

MCCARTHY, Justin. *Death and Exile: The Ethnic Cleansing of Ottoman Muslims, 1821-1922*. Princeton: The Darwin Press, 2004.
MCGARRY, John e Brendan O'Leary. *The Politics of Ethnic Conflict Regulation: Case Studies of Protracted Ethnic Conflicts*. London: Routledge, 1993.
MEAKIN, J.E. "The Jews of Morocco". *Jewish Quarterly Review* 4, n. 3, 1892, 369.
MEARSHEIMER, John J. e Stephen M. Walt. *The Israel Lobby and U.S. Foreign Policy*. New York: Farrar, Straus and Giroux, 2013.
MEARSHEIMER, John e Stephen Van Evera. "When Peace Means War". *The New Republic*, 18 de dezembro, 1995, 16-21.
MEDZINI, Meron. *Golda Meir: A Political Biography*. De Gruyter Oldenbourg, 2017.
MEINDERSMA, C. "Population Exchanges: International Law and State Practice-Part 1". *International Journal of Refugee Law* 9, n. 3, 1997, 335-64.
MELSON, Robert. *Revolution and Genocide: On the Origins of the Armenian Genocide and the Holocaust*. Chicago: University of Chicago Press, 1996.
MEMMI, Albert. *Jews and Arabs*. Chicago: J.P. O'Hara, 1975.
METCALF, Barbara Daly e Thomas R. Metcalf. *A Concise History of Modern India*. Cambridge: Cambridge University Press, 2012.
"MIGRATION: Refugee Camps: Sudan". *Encyclopedia of Women and Islamic Cultures*. n.d.
MILSTEIN, Uri. *The Birth of a Palestinian Nation: The Myth of the Deir Yassin Massacre*. Jerusalem: Gefen, 2012.
MITCHELL, Richard P. *The Society of the Muslim Brothers*. New York: Oxford University Press, 1993.
MOELLER, Robert G. "Germans as Victims?: Thoughts on a Post-Cold War History of World War II's Legacies". *History and Memory* 17, nos. 1-2, 2005, 145-194.
MOONEY, Erin D. "Internal displacement and the conflict in Abkhazia". *International Journal on Minority and Group Rights* 3, n. 3, 1995, 197-226.
MOORADIAN, Moorad e Druckman, Daniel. "Hurting Stalemate or Mediation? The Conflict over Nagorno-Karabakh, 1990-95". *Journal of Peace Research* 36, n. 6, 1999, 709-27.
MORRIS, Benny. *The Birth of the Palestinian Refugee Problem Revisited*. New York: Cambridge University Press, 2004.
_____. *1948: A History of the First Arab-Israeli War*. New Haven, CT: Yale University Press, 2008.
_____. *Milhamot Ha-Gvul Shel Yisrael*. Tel Aviv: Am Oved, 1996.

_____. *One State, Two States: Resolving the Israel/Palestine Conflict*. New Haven, CT: Yale University Press, 2010.

_____. *The Road to Jerusalem: Glubb Pasha, Palestine and the Jews*. London: I.B. Tauris, 2003.

_____. *Tikun Ta'ut: Yehudim ve-'Aravim be-Erets-Yisra'el, 1936-1956*. Tel Aviv: Am Oved, 2000.

MULLER, Jerry, Z. "Us and Them: The Enduring Power of Ethnic Nationalism". *Foreign Affairs* 87, n. 2, março-abril 2008.

NAIMARK, Norman M. *Fires of Hatred: Ethnic Cleansing in Twentieth-Century Europe*. Cambridge, MA: Harvard University Press, 2002.

NETANYAHU, Benjamin. *A Place among the Nations: Israel and the World*. New York: Bantam Books, 1993.

OPPENHEIMER, Yochai. "Hegemony inside and out: Nathan Alterman and the Israeli Arabs". *Israel Affairs* 20, n. 2, 2014, 214-25.

OREN, Elhanan. "From the Transfer Proposal of 1937-1938, to the 'Transfer de facto' of 1947-1948". *Iyunim Bitkumat Israel* 7, 1997, 75-85 [em hebraico].

ORGAD, Liav. *The Cultural Defense of Nations: A Liberal Theory of Majority Rights*. Oxford University Press, 2015.

ORON, Ya'ir. *The Banality of Denial: Israel and the Armenian Genocide*. New Brunswick: Transaction Publishers, 2007.

PAPPÉ, Ilan. *The Rise and Fall of a Palestinian Dynasty: The Husaynis 1700-1948*. New York: Saqi, 2011.

_____. *A History of Modern Palestine: One Land, Two Peoples*. Cambridge: Cambridge University Press, 2004.

_____. *A Limpeza Étnica da Palestina*. São Paulo: Sundermann, 2016.

PARFITT, Tudor. *The Jews in Palestine 1800-1882*. Woodbridge: Boydell Press for the Royal Historical Society, 1987.

PAROLIN, Gianluca P. *Citizenship in the Arab World: Kin, Religion and Nation-State*. Amsterdam University Press, 2009.

PASIC, Amir e Thomas G. Weiss. "The Politics of Rescue: Yugoslavia's Wars and the Humanitarian Impulse". *Ethics and International Affairs* 11, 1997, 105-31.

PATTERSON, David. *A Genealogy of Evil: Anti-Semitism from Nazism to Islamic Jihad*. Cambridge University Press, 2010.

PENSLAR, Derek J. "Herzl and the Palestinian Arabs: Myth and Counter-Myth". *Journal of Israeli History* 24, n. 1, março 2005, 65-77.

PETROPULOS, John A. "The Compulsory Exchange of Populations: Greek-Turkish Peacemaking, 1922-1930". *Byzantine and Modern Greek Studies* 2, n. 1, 1976, 135-60.

PETROVIC, Drazen. "Ethnic Cleansing – An Attempt at Methodology". *European Journal of International Law* 5, n. 1, 1994, 342-59.

PODEH, Elie. *Chances for Peace: Missed Opportunities in the Arab-Israeli Conflict*. University of Texas Press, 2017.

RADLEY, Kurt R. "The Palestinian Refugees: The Right to Return in International Law". *The American Journal of International Law* 72, n. 3, 1978, 586-614.

RICE, Condoleezza. *No Higher Honor: A Memoir of My Years in Washington*. Simon and Schuster, 2012.

ROBERTS, Adam. "Lives and Statistics: Are 90% of War Victims Civilians?" *Survival* 52, n. 3, 2010, 115-36.

ROGEL, Carole. "Sabrina P. Ramet. *Balkan Babel: The Disintegration of Yugoslavia from the Death of Tito to the War for Kosovo*. Terceira edição. Boulder, Colorado: Westview Press, 1999". *Slovene Studies Journal* 19, n. 1, 2002.

ROMERO, Eugenio Maria. *The Jewish Heroine of the Nineteenth Century: A Tale Founded on Fact, Translated from the Spanish*. London, 1839.

ROSS, Dennis. *The Missing Peace: The Inside Story of the Fight for Middle East Peace*. New York: Farrar, Straus and Giroux, 2004.

ROTH, Norman Dennis. *Jews, Visigoths and Muslims in Medieval Spain: Cooperation and Conflict*. Leiden: E.J. Brill, 1994.

ROUMANI, Maurice M. *The Case of the Jews from Arab Countries: A Neglected Issue*. Tel Aviv: WOJAC, 1983.

_____. *The Jews of Libya: Coexistence, Persecution, Resettlement*. Brighton: Sussex Academic Press, 2009.

ROY, Sara. "Gaza: Abandoned in the Middle of Nowhere". *Georgetown Journal of International Affairs*, 28 de junho, 2016.

SATLOFF, Robert B. *Among the Righteous: Lost Stories from the Holocaust's Long Reach into Arab Lands*. New York: Public Affairs, 2007.

SCHALLER, Dominik J. e Jürgen Zimmerer. *Late Ottoman Genocides: The Dissolution of the Ottoman Empire and Young Turkish Population and Extermination Policies*. Hoboken: Taylor and Francis, 2013.

SCHOENBERG, Harris O. *A Mandate for Terror: The United Nations and the PLO*. New York: Shapolsky Publishers, 1989.

SCHWARTZ, Adi. "Tragedy Shrouded in Silence: The Destruction of the Arab World's Jewry". *Azure* 45, verão, 2011.

SEGEV, Tom. *One Palestine, Complete: Jews and Arabs Under the British Mandate*. New York: Henry Holt and Co., 2001.

SELA, Avraham, "Sichot U-Maga'im Bein Manhigim Tziyoniim Le-Bein Manhigim Arviim-Palestinim". *Hamizrah Hachadash* 22, 1973, 401-23.

_____. *She'elat Eretz Yisra'el*. Hebrew University of Jerusalem, 1986.

SEVEA, Iqbal Singh. *The Political Philosophy of Muhammad Iqbal: Islam and Nationalism in Late Colonial India*. New York: Cambridge University Press, 2012.

SHAVIT, Ari. *My Promised Land: The Triumph and Tragedy of Israel*. New York: Spiegel and Grau, 2013.

_____. "Lydda, 1948". *New Yorker*, 21 de outubro, 2013.

SHEFER, Gavriel. *Moshe Sharett: Biography of a Political Moderate*. Oxford: Oxford University Press, 1996.

SHLAIM, Avi. *The Iron Wall: Israel and the Arab World*. New York: W.W. Norton, 2001.

_____. "Husni Za'im and the Plan to Resettle Palestinian Refugees in Syria". *Journal of Palestine Studies* 15, n. 4, 1986, 68-80.

SILBERSTEIN, Laurence Jay. *New Perspectives on Israeli History: The Early Years of the State*. New York: New York University Press, 1991.

SIMONS, Hayyim. *International Proposals to Transfer Arabs from Palestine: 1895-1947: A Historical Survey*. Hoboken, NJ: Ktav Publishing House, 1988.

SNYDER, Timothy. "Yaroslav Isaevych, ed., *Volyn' i Kholmshchyna 1938-1947 rr.: Pols'ko-ukrains'ke protystoyannya ta ioho vidlunnya: Doslidzhennya, dokumenty, spohady*". *Journal of Cold War Studies* 8, n. 4, outono 2006, 157-60.

STILLMAN, Norman A. *The Jews of Arab Lands: A History and Source Book*. Philadelphia: Jewish Publication Society of America, 1979.

SUSSER, Asher. *Israel, Jordan, and Palestine: The Two-state Imperative*. Brandeis University, 2012.

TABARANI, Gabriel G. *Israeli-Palestinian Conflict: From Balfour Promise to Bush Declaration: The Complications and the Road for a Lasting Peace*. Bloomington, IN: Authorhouse, 2008.

TAL, David. *War in Palestine, 1948: Strategy and Diplomacy*. London: Routledge, 2004.

TARKHAN-MOURAVI, George e Sumbadze, Nana. "The Abkhazian-Georgian Conflict and the Issue of Internally Displaced Persons". *Innovation: The European Journal of Social Science Research* 19, n. 3-4, 2006, 283-302.

TAUBER, Eliezer. "The Army of Sacred Jihad: An Army or Bands?" *Israel Affairs* 14, n. 3, 2008, 419-45.

TERRILL, W.A. "The chemical warfare legacy of the Yemen war". *Comparative Strategy* 10, n. 2, 1991, 109-119.

THER, Philipp e Siljak, Ana. *Redrawing Nations: Ethnic Cleansing in East--Central Europe, 1944-1948*. Lanham, MD: Rowman and Littlefield, 2001.

TOBI, Joseph. *The Jews of Yemen: Studies in Their History and Culture*. Leiden: Brill, 1999.

TROEN, Ilan S. e Noah, Lucas. *Israel: The First Decade of Independence*. Albany: State University of New York Press, 1995.

TUATHAIL, Gearóid Ó. e O'Loughlin, John. "After Ethnic Cleansing: Return Outcomes in Bosnia-Herzegovina a Decade Beyond War". *Annals of the Association of American Geographers* 99, n. 5, 2009, 1045-53.

TULLBERG, Jan e Tullberg, Birgitta S.. "Separation or Unity? A Model for Solving Ethnic Conflicts". *Politics and the Life Sciences* 16, n. 2, 1997, 237-48.

VASILEVA, Darina. "Bulgarian Turkish Emigration and Return". *International Migration Review* 26, n. 2, 1992, 342.

WANANDI, Jusuf. *Shades of Grey: A Political Memoir of Modern Indonesia, 1965-1998*. Jakarta: Equinox, 2012.

WATT, W. Montgomery. *Muhammad at Mecca*. Oxford University Press, 1956.

WILSON, Mary C. *King Abdullah, Britain and the Making of Jordan*. Cambridge University Press, 1999.

WOLCZUK, Kataryna. "The Polish-Ukrainian Border: On the Receiving End of EU Enlargement". *Perspectives on European Politics and Society* 3, n. 2, 2002, 245-70.

WOLFF, Stefan e Cordell, Karl. *Routledge Handbook of Ethnic Conflict*. London: Routledge, 2015.

YAKIRA, Elhanan. *Post-Zionism, Post-Holocaust*. Cambridge: Cambridge University Press, 2010.

YAKOBSON, Alexander e Rubinstein, Amnon. *Israel and the Family of Nations: The Jewish Nation-State and Human Rights*. London: Routledge, 2010.

YITZHAK, Ronen. *Abdallah Al-Tall, Arab Legion Officer: Arab Nationalism and Opposition to the Hashemite Regime*. Brighton: Sussex Academic Press, 2012.

ZABLUDOFF, Sidney. "The Palestinian Refugee Issue: Rhetoric vs. Reality". *Jewish Political Studies Review* 20, n. 1-2, primavera, 2008.

ZETTER, Roger. "The Greek-Cypriot Refugees: Perceptions of Return under Conditions of Protracted Exile". *International Migration Review* 28, n. 2, 1994, 307.

ZIMMERMAN, John. *Radio Propaganda in the Arab-Israeli War, 1948*. London: Institute of Contemporary History, 1974.

NOTAS

[1] Robert Bernstein, "Rights Watchdog, Lost in the Mideast". The New York Times, 19 de outubro, 2009.

[2] Martin Gilbert, In Ishmael's House: A History of Jews in Muslim Lands. Yale University Press, 2011.

[3] John J. Mearsheimer e Stephen M. Walt, The Israel Lobby and U.S. Foreign Policy. New York, Farrar, Straus and Giroux, 2013, p. 5.

[4] Leslie H. Gelb, "Dual Loyalties,". The New York Times, 23 de setembro, 2007.

[5] Christopher Hitchens, "Overstating Jewish Power". Slate, 27 de março, 2006.

[6] Ilan Pappé, "Demons of the Nakbah,". Al-Ahram Weekly, 16 de maio, 2002.

[7] Benny Morris, "The Liar as Hero,". New Republic, 17 de março, 2011.

[8] Mearsheimer em um endosso de Rashid Khalidi, Brokers of Deceit: How the U.S. has Undermined Peace in the Middle East. Boston, Beacon Press, 2014. Mearsheimer expressou a mesma ideia em outras ocasiões também.

[9] John J. Mearsheimer, "The Future of Palestine: Righteous Jews vs. the New Afrikaners". In: Anthony Loewenstein e Ahmed Moor (eds.), After Zionism: One State for Israel and Palestine. London, Al Saqi, 2012, p. 135-53.

[10] Essa frase foi publicada no blog: "Right-Zionists Try to Silence Walt at the University of Montana". Informed Comment, 17 de setembro, 2007. Disponível em: https://www.juancole.com.

[11] Martin Kramer, "Radicals Strap Suicide Belt on MESA". Sandbox, 18 de fevereiro, 2015. Para uma discussão mais aprofundada, vide Martin S. Kramer, Ivory Towers on Sand: The Failure of Middle Eastern Studies in America. Washington, DC, Washington Institute for Near East Policy, 2002.

[12] Rania Khalek, "Israel-trained Police Occupy Missouri After Killing of Black Youth". Electronic Intifada, 15 de agosto, 2014.

[13] Matti Friedman, "An Insider's Guide to the Most Important Story on Earth". Tablet, 26 de agosto, 2014.

[14] Elliott Abrams, "What Now for Israel?". Mosaic, 1º de setembro, 2014; vide também David Hazony, "The Anti-Semitism We Never Talk About". The Tower, fevereiro, 2015.

[15] "Bill Clinton: Mideast Peace Would Undercut Terror". Jerusalem Post, 6 de outubro, 2010.

[16] Anthony Glees e Chris Pope, When Students Turn to Terror: Terrorist and Extremist Activity on British Campuses. London, Social Affairs Unit, 2005; "Saudi Time Bomb? —Interview: Vali Naser". PBS Frontline, 25 de outubro, 2001.

[17] "BBC poll: Germany Most Popular Country in the World". BBC, 23 de maio, 2013.

[18] Peter Beinart, "The Failure of the American Jewish Establishment". New York Review of Books, 10 de junho, 2010.

[19] Benjamin Netanyahu, *A Place Among the Nations*. New York, Bantam, 1993.
[20] "Address by PM Netanyahu at Bar-Ilan University". 14 de junho, 2009. Disponível em: http://mfa.gov.il/MFA/PressRoom/2009/Pages/Address_PM_Netanyahu_Bar-Ilan_University_14-Jun-2009.aspx.
[21] "We Believe the Establishment of a Palestinian State on the West Bank Would Be Destabilizing and Harmful to the Peace Process.". Vide "Republican Party Platform of 1980". The American Presidency Project, 15 de junho, 1980. Disponível em: http://www.presidency.ucsb.edu/ws/index.php?pid=25844.
[22] Disponível em: http://blog.unwatch.org/index.php/2012/12/27/this-years-tally-21-u-n--resolutions-on-israel- 4-on-rest-of-world-combined.
[23] Disponível em: http://www.unwatch.org/un-to-adopt-20-resolutions-against-israel--3-on-rest-of-the-world.
[24] Claudia Rosett, "Don't Let Iran on the Human Rights Council". Forbes, 11 de fevereiro, 2010.
[25] Hillel Neuer, "UN Condemns Israel 6 Times, Declares 'Year of Palestine'". Times of Israel, 27 de novembro, 2013.
[26] Disponível em: http://cifwatch.com/2012/01/08/the-guardians-continuing-obsession--with-israel-by-the- numbers.
[27] Disponível em: http://www.btselem.org/statistics/fatalities/after-cast-lead/by-date-of--event/wb- gaza/palestinians-killed-by-israeli-security-forces.
[28] Disponível em: http://graphics8.nytimes.com/packages/pdf/world/20120204_afghan_civilians_deaths. Pdf.
[29] Disponível em: https://docs.google.com/spreadsheet/ccc?key=0AonYZs4MzlZbcGhOdGozTG1E WkVPanRFU1JZNW8wZHc#gid=0.
[30] Um exemplo deste tipo de publicação: Max Blumenthal, *Goliath – Life and Loathing in Greater Israel*. New York, Nation Books, 2014.
[31] "After Escaping War, Asylum Seekers in Sweden Now Face Arson Attacks". Reuters, 2 de novembro, 2015.
[32] "Woman Who Defied 300 Neo-Nazis at Swedish Rally Speaks of Anger". The Guardian, 4 de maio, 2016.
[33] Para 2013, veja: http://www.votes-19.gov.il/nationalresults; 2015 vide http://www.votes20.gov.il.
[34] "Top UN Official Richard Falk Accuses Israel of Targeting Palestinians with 'Genocidal' Intent". UN Watch, 17 de dezembro, 2013. Disponível em: http://secure.unwatch.org/site/apps/nlnet/content2.aspx?c=bdKKISNqEmG&b=1316871&ct=13506731.
[35] "Palestinians Killed by Israeli Security Forces in the Occupied Territories, After Operation Cast Lead". B'Tselem. Disponível em: http://www.btselem.org/statistics/fatalities/after-cast-lead/by-date-of-event/wb- gaza/palestinians-killed-by-israeli-security-forces.
[36] Para exemplos de tais programas e análises na pesquisa do Instituto de Estratégias Sionistas, veja: Pós-Zionismo na Academia [em Hebreu]. Jerusalém, 2010. Disponível em: http://izsvideo.org/papers/PostZionismAcademia2010.pdf.
[37] Martin Kramer, "MESA Culpa". Middle East Quarterly 9, n. 4, outono de 2002, p. 81-90.
[38] Idem, Ivory Towers.

[39] Joel Fishman, "The Big Lie and the Media War Against Israel: From Inversion of the Truth to Inversion of Reality". Jewish Political Studies Review, 19, n. 1-2, primavera 5767/2007; Jeffrey Herf, "The 'Jewish War': Goebbels and the Anti-Semitic Campaigns of the Nazi Propaganda Ministry". Holocaust and Genocide Studies, 19, n. 1, 2005, p. 51-80.

[40] Os alemães exploraram um livro chamado Germany Must Perish! publicado em 1941 por um judeu, Theodore Kaufman, que clamava pela emasculação dos alemães para levar à paz mundial. Obviamente, não havia conexão entre esse judeu e qualquer instituição judaica.

[41] Joel Fishman, Op. cit.

[42] Manfred Gerstenfeld, "The Inversion of the Holocaust in Europe". Mida, 18 de abril, 2015.

[43] "Will Prince Charles, the 'Defender of Faiths', Stand up for Christians in Israel?". The Independent, 19 de dezembro, 2013.

[44] Disponível em: http://elderofziyon.blogspot.co.il/2013/12/outrageous-anti-israel-article-in.html#.Utr TmPTA6IU.

[45] Disponível em: http://www.camera.org; http://elderofziyon.blogspot.co.il; http://honestreporting.com; http://www.presspectiva.org.il; http://bbcwatch.org; and http://cifwatch.com.

[46] "Israel Government 'Tortures' Children by Keeping Them in Cages, Human Rights Group Says". The Independent, 1º de janeiro, 2014.

[47] Gabinete de Defensoria Pública, "Término da Manutenção de Presos em Gaiolas Após Intervenção do Gabinete de Defensoria Pública". 27 de dezembro, 2013 [em Hebraico]. Disponível em: http://index.justice.gov.il/Units/SanegoriaZiborit/News/Pages/Kluvim.aspx.

[48] "[...] a imprensa pertence aos judeus e seu poder é tão grande que as pessoas têm medo de criticá-los". Vide "Mahathir denies Bush rebuke". BBC, 26 de outubro, 2003.

[49] "Nakba" é a palavra árabe usada para descrever a "catástrofe" que ocorreu durante a Guerra da Independência de 1948, na qual muitos árabes do Mandato da Palestina se viram como refugiados fora das fronteiras de sua terra natal. O primeiro a usar o termo nesse contexto foi Constantin Zureiq em seu livro Ma'na a-Nakba [O Significado do Desastre], Beirute, 1948.

[50] George Antonius, The Arab Awakening: The Story of the Arab National Movement, New York, G.P. Putnam, 1979, p. 312.

[51] Sobre algumas das várias ondas de transferência, veja Talip Küçükcan, "Re-claiming Identity: Ethnicity, Religion and Politics Among Turkish-Muslims in Bulgaria and Greece". Journal of Muslim Minority Affairs, 19, n. 1, 1999, p. 49-68.

[52] "A Country Study: Bulgaria". Library of the Congress. Disponível em: http://www.nsaglam.com/Files/Links/Worldandislam/Countries/Europe/Bulgaria.html; sobre perseguições e conversões, consulte por exemplo as alegações de um website muçulmano: "Bulgaria: The Suffering of One Million Muslims". Islamweb. Disponível em: http://www.islamweb.net/emainpage/index.php?page=articles&id=136011; sobre as expulsões dos anos 1980 e dados adicionais sobre a minoria muçulmana na Bulgária, consulte as publicações dos estudiosos da Turquia e Bulgária: Kemal H Karpat, *The Turks of Bulgaria: The History, Culture and Political Fate of a Minority*. Istanbul, Isis Press, 1990; Darina Vasileva, "Bulgarian Turkish Emigration and Return". International Migration Review, 26, n. 2, 1992, p. 342.

⁵³ "Bulgaria MPs Move to Declare Reviving Process as Ethnic Cleansing". Novinite, 11 de fevereiro, 2010. Uma declaração oficial foi adotada pelo parlamento búlgaro em 2012 condenando o "processo de renascimento" como limpeza étnica, seguido por um pedido de desculpas do ex-primeiro-ministro e chefe do Partido Socialista Búlgaro Sergei Stanishev. Vide Dora Papadopulosz, "Traces of Violence and Transmission of Memory". MA thesis, Central European University, 2014. Disponível em: www.etd.ceu.hu/2014/papadopulosz_dora.pdf.

⁵⁴ *Justin McCarthy*, Death and Exile: The Ethnic Cleansing of Ottoman Muslims, 1821-1922. Princeton, NJ, Darwin Press, 2004.

⁵⁵ A seguir, uma lista parcial de fontes para os dados apresentados: Andrew Bell-Fialkoff, "A Brief History of Ethnic Cleansing". *Foreign Affairs*, 72, n. 3, 1993, p. 110; Robert Melson, *Revolution and Genocide: On the Origins of the Armenian Genocide and the Holocaust*. University of Chicago Press, 1996; Norman M. Naimark, *Fires of Hatred: Ethnic Cleansing in Twentieth-Century Europe*. Harvard University Press, 2002; Norman M. Naimark, "Ethnic Cleansing". *Encyclopedia of Genocide and Crimes Against Humanity*, Detroit, vol. 1, 2005, p. 301-04; Philipp Ther e Ana Siljak (eds.), *Redrawing Nations: Ethnic Cleansing in East-Central Europe, 1944-1948*. Rowman and Littlefield, 2001; Renata Dwan, *Building Security in Europe's New Borderlands: Subregional Cooperation in the Wider Europe*. London, Routledge, 2015.

⁵⁶ John A. Petropulos, "The Compulsory Exchange of Populations: Greek-Turkish Peacemaking, 1922-1930". Byzantine and Modern Greek Studies, 2, n. 1, 1976, p. 135-60. A citação é a seguinte: "dissolver a mistura das populações do Oriente Próximo tenderá a garantir a verdadeira pacificação no Oriente Próximo".

⁵⁷ C. Meindersma, "Population Exchanges: International Law and State Practice – Part 1". International Journal of Refugee Law, 9, n. 3, 1997, p. 335-64; Michael Barutciski, "Lausanne Revisited: Population Exchanges in International Law and Policy". In: Ed. Renée Hirschon, Crossing the Aegean: An Appraisal of the 1923 Compulsory Population Exchange between Greece and Turkey. Berghahn Books, 2010, p. 26; Michael L. Dockrill, "Britain and the Lausanne Conference". Turkish Yearbook of International Relations, vol. 23, 1993, p. 10.

⁵⁸ Estes números baseiam-se num relatório do ACNUR. Disponível em: http://balkansnet.org/refugees.html. Ele menciona 3.680.300 refugiados e/ou beneficiários de auxílio humanitário da ONU, um relatório no The New York Times, intitulado "Resettling Refugees: U.N. Facing New Burden", de 24 de novembro, 1995, no qual Ron Redmond, porta-voz do comitê que lidou com os refugiados de guerra, afirma: "esperamos que muitas pessoas queiram ir para áreas onde elas são a maioria étnica e não a minoria", bem como estimativas de Amir Pasic e Thomas G. Weiss em "The Politics of Rescue: Yugoslavia's Wars and the Humanitarian Impulse". *Ethics and International Affairs*, 11, 1997, p. 105-31. Em relação à dificuldade estatística de estimar o número de mortos nas guerras em geral e nos Bálcãs em particular, consulte Adam Roberts, "Lives and Statistics: Are 90% of War Victims Civilians?". *Survival*, 52, n. 3, 2010, p. 115-36.

⁵⁹ Drazen Petrovic, "Ethnic Cleansing – An Attempt at Methodology". *European Journal of International Law*, 5, n. 1, 1994, p. 342-59.

⁶⁰ Carole Rogel, "Sabrina P. Ramet. *Balkan Babel: The Disintegration of Yugoslavia from the Death of Tito to the War for Kosovo*. 3. ed. Boulder, Colorado, Westview Press, 1999", *Slovene

Studies Journal, 19, n. 1, 2002; Gearóid Ó. Tuathail e John O'Loughlin, "After Ethnic Cleansing: Return Outcomes in Bosnia-Herzegovina a Decade Beyond War". *Annals of the Association of American Geographers*, vol. 99, 2009, p. 1.045-53; Jan Zwierzchowski e Ewa Tabeau, "The 1992-95 War in Bosnia and Herzegovina: Census-Based Multiple System Estimation of Casualties". *Undercount*, 1º de fevereiro, 2010.

[61] Para uma lista geral de transferência de população nos Bálcãs, consulte Mike Haynes, "Theses on the Balkan War". International Socialism, 83, verão de 1999, Apêndice 2. Disponível em: http://www.marxists.org/history/etol/writers/haynes/1999/xx/balkans.htm.

[62] Bohdan Kordan, "Making Borders Stick: Population Transfer and Resettlement in the Trans-Curzon Territories, 1944-1949". *International Migration Review*, 31, n. 3, 1997, p. 704.

[63] Não foi implementada após o tratado de Versalhes, apesar de sua lógica, e a fronteira foi movida para o Leste. A linha foi atribuída ao ministro das Relações Exteriores britânico e acidentalmente leva seu nome. Confira James R. Hooker, "Lord Curzon and the 'Curzon Line'". *The Journal of Modern History*, 30, n. 2, 1958, p. 137-38.

[64] Ewa Siemaszko, "Bilans Zbrodni". *Biuletyn Instytutu Pamięci Narodowej*, 7-8, n. 116-17, julho-agosto, 2010, p. 77-94. Agradeço M. Weingast pela tradução do artigo em polonês.

[65] Mariusz Zajączkowski, "Polish-Ukrainian Historical Disputes over the Volhynian Massacres". *1943 Volhynia Massacres: Truth and Remembrance*. Disponível em: http://www.volhyniamassa cre.eu/zw2/controversies/183,Polish-Ukrainian-Historical-Disputes-over-the-Volhynian-Massacres.html; Kataryna Wolczuk, "The Polish-Ukrainian Border: On the Receiving End of EU enlargement". *Perspectives on European Politics and Society*, 3, n. 2, 2002, p. 245-70.

[66] Capítulo XII do Acordo de Potsdam: "Primary Resources: Berlin Potsdam Conference, 1945". Disponível em: http://www.pbs.org/wgbh/americanexperience/features/primary--resources/truman-potsdam. Em relação às discussões na Conferência, consulte Departamento de Estado dos EUA, Relações Exteriores dos Estados Unidos: "Diplomatic Papers: The Conference of Berlin (the Potsdam Conference), 1945", vol. 2, Washington DC, 1960.

[67] Sobre a origem dessas comunidades, consulte o primeiro capítulo de Alfred-Maurice de Zayas, *A Terrible Revenge: The Ethnic Cleansing of the East European Germans*. New York, Palgrave Macmillan, 2006.

[68] *Valdis O. Lumans*, Himmler's Auxiliaries: The Volksdeutsche Mittelstelle and the German National Minorities of Europe, 1933-1945, *University of North Carolina Press, 1993*.

[69] Alfred-Maurice de Zayas, Op. cit., p. 78-81.

[70] Para descrições de tais ações e seus efeitos sobre as populações alemãs, consulte Antony Beevor, *The Fall of Berlin 1945*. New York, Penguin Books, 2003.

[71] Veja a discussão sobre a historiografia da guerra em Robert G. Moeller, "Germans as Victims? Thoughts on a Post Cold War History of World War II's Legacies". *History and Memory*, 17, n. 1-2, 2005, p. 145-94.

[72] *R.M. Douglas*, Orderly and Humane: The Expulsion of the Germans After the Second World War, *Yale University Press, 2014, p. 65*.

[73] Ibidem, p. 5.

[74] Veja, por exemplo, a discussão de Alfred-Maurice de Zayas, especialmente no Capítulo 5. A citação foi tirada da p. 103. O autor retrata os expulsos como vítimas, "assim como os

oficiais poloneses na floresta de Katyn, ou os ciganos liquidados pelos esquadrões de assassinato nazistas, ou os judeus assassinados em Auschwitz" (p. 145).

[75] Sobre a influência de Iqbal no Paquistão, consulte Iqbal Singh Sevea, *The Political Philosophy of Muhammad Iqbal: Islam and Nationalism in Late Colonial India*, Cambridge University Press, 2012.

[76] Para um levantamento da literatura e estimativas sobre o número de refugiados e vítimas, consulte K. Hill et al., "The Demographic Impact of Partition in the Punjab in 1947". *Population Studies*, 62, n. 2, 2008, p. 155-70. Para mais informações sobre a partilha da Índia, consulte Barbara Daly Metcalf e Thomas R. Metcalf, *A Concise History of Modern India*. Cambridge University Press, 2012; Lawrence James, *Raj: The Making and Unmaking of British India*. London: Abacus, 2009.

[77] Prashant Bharadwaj; Asim I. Khwaja; Atif R. Mian, "The Big March: Migratory Flows After the Partition of India". Faculty Research Working Paper 08-029, John F. Kennedy School of Government, Harvard University, junho, 2008.

[78] Pervez Musharraf, ex-chefe de gabinete das forças armadas do Paquistão e ex-presidente do Paquistão, nasceu em Delhi. Manmohan Singh, ex-primeiro-ministro da Índia, nasceu em Gah, que agora faz parte do Paquistão.

[79] Mark R. Beissinger, *Nationalist Mobilization and the Collapse of the Soviet State*. Cambridge University Press, 2010; Vicken Cheterian, "The Origins and Trajectory of the Caucasian Conflicts". *Europe-Asia Studies*, 64, n. 9, 2012, p. 1.625-49.

[80] Moshe Gammer, The Lone Wolf and the Bear: Three Centuries of Chechen Defiance of Russian Rule. *University of Pittsburgh Press, 2006*.

[81] Para um levantamento detalhado da guerra e suas causas, consulte Thomas de Waal, *Black Garden: Armenia and Azerbaijan Through Peace and War*. New York University Press, 2013.

[82] Mooradian Moorad e Daniel Druckman. "Hurting Stalemate or Mediation? The Conflict over Nagorno-Karabakh, 1990-95". *Journal of Peace Research*, 36, n. 6, 1999, p. 709-27; De Waal, Op. cit., p. 285.

[83] Patricia Carley, *Nagorno-Karabakh: Searching for a Solution*. United States Institute of Peace Roundtable Report, Washington DC, 2008; Ron Redmond, "Conflict in the Caucasus". *Refugees Magazine*, 98, dezembro de 1994.

[84] Uma estimativa aceita na pesquisa fala de 1,1 milhão de refugiados – cerca de 350 mil cristãos armênios que se mudaram para áreas sob controle armênio e russo e cerca de 750 mil muçulmanos que se mudaram para áreas controladas pelo governo azeri. Veja De Waal, Op. cit., p. 285.

[85] Artak Ayunts, "Return and Its Alternatives: Perspectives from Armenia". Forced Displacement in the Nagorny Karabakh Conflict: Return and Its Alternatives, London, 2011, p. 13- 21.

[86] De Waal, Op. cit., p. 117-21.

[87] Cheterian, Op. cit., p. 217.

[88] De Waal, Op. cit., p. 22.

[89] "Georgia/Abkhazia: Violations of the Laws of War and Russia's Role in the Conflict". Human Rights Watch Arms Project – Human Rights Watch/Helsinki, vol. 7, n. 7, junho de 1995. Disponível em: https://www.hrw.org/reports/pdfs/g/georgia/georgia953.pdf.

⁹⁰ Erin D. Mooney, "Internal displacement and the conflict in Abkhazia". International Journal on Minority and Group Rights, 3, n. 3, 1995, p. 197-226; Alexei Zverev, "Ethnic Conflicts in the Caucasus 1988-1994". In: Ed. Bruno Coppieters, Contested Borders in the Caucasus. Brussels, VUB Press, 1996.

⁹¹ George Tarkhan-Mouravi e Nana Sumbadze, "The Abkhazian-Georgian Conflict and the Issue of Internally Displaced Persons". Innovation: The European Journal of Social Science Research, 19, n. 3-4, 2006, p. 283-302; Rick Fawn e Sally N. Cummings, "Interests Over Norms in Western Policy Towards the Caucasus: How Abkhazia is no one's Kosovo". European Security, 10, n. 3, 2001, p. 84-108.

⁹² Decisão 10708 da Assembleia Geral das Nações Unidas. Disponível em: http://www.un.org/press/en/2008/ga10708.doc.htm.

⁹³ "Darfur Crisis: A Selected Bibliography: Genocide". Cornell University Library. Disponível em: http://guides.library.cornell.edu/c.php?g=31717&p=200885. Veja também vários relatórios da ODH. Disponíveis em: https://www.hrw.org/reports/2004/sudan0404/3.htm e https://www.hrw.org/sites/default/files/features/darfur/fiveyearson/report4.html.

⁹⁴ Um deles é o Dr. Eric Reeves, um especialista no Sudão que trabalha há treze anos para conscientizar o Ocidente sobre o genocídio e a limpeza étnica que ocorrem em Darfur. Ver Eric Reeves, "Taking Human Displacement in Darfur Seriously". Sudan: Research, Analysis and Advocacy, 3 de junho, 2013. Disponível em: http://sudanreeves.org/2013/06/03/taking-human-displacement-in-darfur-seriously.

⁹⁵ Anita Fábos, "Migration: Refugee Women's Narratives: Sudan". In: Encyclopedia of Women and Islamic Cultures. Leiden, Brill, 2009.

⁹⁶ "Sudan – Complex Emergency". Reliefweb, 11 de dezembro, 2009, bem como um estudo quantitativo único que confirma dados da ONU sobre o número de deslocados e refugiados a partir de 2009: Ola Olsson, "After Janjaweed? Socioeconomic Impacts of the Conflict in Darfur". World Bank Economic Review, 24, n. 3, março, 2010, p. 386-411.

⁹⁷ "Displacement: The New 21st Century Challenge". UNHCR Global Trends 2012. Disponível em: http://www.unhcr.org/globaltrendsjune2013/UNHCR%20GLOBAL%20TRENDS%202012_V05.pdf.

⁹⁸ OCHA, Humanitarian Bulletin: South Sudan, 12-18 de agosto, 2013. Disponível em: https://reliefweb.int/sites/reliefweb.int/files/resources/OCHA%20South%20Sudan%20Weekly%20Humanitarian%20Bu 18%20August%202013.pdf.

⁹⁹ Dos quais 485 mil são refugiados em países fora do Sudão e os restantes são deslocados. Ver Thomas Lothar Weiss, "The Transition from Post-Conflict Assistance to Rehabilitation in Sudan – An IOM Contribution to State-Building and Reconstruction". In: Ed. Ulf Johansson Dahre, Predicaments in the Horn of Africa: 10 Years of SIRC Conferences in Lund on the Horn of Africa. Lund University, 2012, p. 189.

¹⁰⁰ Sobre a questão dos refugiados cipriotas, consulte Roger Zetter, "The Greek-Cypriot Refugees: Perceptions of Return under Conditions of Protracted Exile". International Migration Review, 28, n. 2, 1994, p. 307; Chaim D. Kaufmann, "When All Else Fails: Ethnic Population Transfers and Partitions in the Twentieth Century". International Security, 23, n. 2, 1998, p. 120.

[101] Decisão da Liga das Nações. Disponível em: http://avalon.law.yale.edu/20th_century/palmanda.asp. A decisão declara: "Considerando que as Principais Potências Aliadas também concordaram que o Mandatário deveria ser responsável por colocar em prática a declaração originalmente feita em 2 de novembro de 1917, pelo Governo de Sua Majestade Britânica, e adotada pelas referidas Potências, a favor do estabelecimento na Palestina de um lar nacional para o povo judeu, sendo claramente entendido que nada deveria ser feito que pudesse prejudicar os direitos civis e religiosos das comunidades não judaicas existentes na Palestina, ou os direitos e status político de que gozam os judeus em qualquer outro país".

[102] D. Sourdel, "Filas ṭīn". In: Encyclopaedia of Islam. 2. ed. Leiden, Brill, 2013.

[103] Começou a ser usado em termos políticos a partir do final do século XIX, especialmente entre um seleto grupo de intelectuais (em grande parte cristãos). Para uma abordagem mais expansiva, consulte Haim Gerber, "Zionism, Orientalism, and the Palestinians". Journal of Palestine Studies, 33, n. 1, 2003, p. 23-41.

[104] Disponível em: http://research.omicsgroup.org/index.php/Filastin_(newspaper).

[105] Efraim Karsh, "How many Palestinian Arab Refugees Were There?". Israel Affairs, 17, n. 2, 2011, p. 224-46.

[106] O número de 711 mil refugiados foi estabelecido por um Comitê da ONU em 23 de outubro de 1950. Disponível em: http://en.academic.ru/dic.nsf/enwiki/534110.

[107] Ver o relatório "The Human Rights Dimensions of Population Transfer", redigido para a Sub-Commission on Prevention of Discrimination and Protection of Minorities of the Economic and Social Council's Commission on Human Rights, UN Doc. E/CN.4/Sub.2/1993/17, 6 de julho, 1993, par. 12. Disponível em: http://hrlibrary.umn.edu/demo/PopulationTransferImplantation Settlers_AlKhasawneh.pdf.

[108] Transferência da Carélia. Disponível em: http://wwwedu.oulu.fi/tohtorikoulutus/jarjestettava_opetus/Alasuutari.

[109] Dominik J. Schaller e Jürgen Zimmerer, Late Ottoman Genocides: The Dissolution of the Ottoman Empire and Young Turkish Population and Extermination Policies. Hoboken, Taylor and Francis, 2013.

[110] Ferhad Ibrahim e Gülistan Gürbey, The Kurdish Conflict in Turkey: Obstacles and Chances for Peace and Democracy. Münster, LIT, 2000.

[111] "Christians, Targeted and Suffering, Flee Iraq". USA Today, 22 de março, 2003; "Iraq Refugees Chased from Home, Struggle to Cope". CNN, 21 de junho, 2007.

[112] "Egypt's Coptic Christians Fleeing Country after Islamist Takeover". The Telegraph, 13 de janeiro, 2013.

[113] Relatório da Anistia Internacional. Disponível em: https://www.amnesty.org/en/latest/news/2016/02/syrias-refugee-crisis-in-numbers.

[114] A única citação direta que a Comissão Peel decidiu usar entre as centenas de testemunhos reunidos foi a seguinte:
"P. Sua Eminência pensa que este país pode assimilar e digerir os 400 mil judeus que agora estão no país?
A. não.
P. Alguns deles teriam que ser removidos por um processo gentil ou doloroso, conforme o caso?

A. Devemos deixar tudo isso para o futuro".
Ver Palestine Royal Commission Report. London, 1937, p. 141. Disponível em: http://unispal.un.org/pdfs/Cmd5479.pdf.

[115] Sobre as posições sionistas em relação ao Plano Peel, consulte Benny Morris, One State, Two States: Resolving the Israel/Palestine Conflict. Yale Uniconsultesity Press, 2010, p. 66. Sobre as posições palestinas, consulte Sumantra Bose, Contested Lands: Israel-Palestine, Kashmir, Bosnia, Cyprus, and Sri Lanka. Harvard University Press, 2007, p. 223.

[116] O presidente da comissão, William Robert Peel, serviu como ministro britânico da Índia. Ao lado dele estavam o ex-embaixador, antigos funcionários civis coloniais e um professor de história de Oxford.

[117] Tom Segev, One Palestine, Complete: Jews and Arabs Under the British Mandate. New York, Henry Holt and Co., 2001.

[118] Houve muitos planos anteriores para dividir o país entre judeus e árabes em zonas autônomas: uma federação, cantões e até Estados independentes. Particularmente interessantes são dois desses planos, propostos por árabes da Palestina que serviram como altos funcionários públicos na administração do Mandato. Musa al-Alami, secretário privado do Alto Comissário, sugeriu a criação de um cantão judeu independente ao longo da costa de Tel Aviv a Atlit, que seria parte de um Estado palestino independente sob o patrocínio do Mandato. Naquele mesmo ano, o dr. Ahmad al-Khalidi, diretor adjunto do Departamento de Educação do Mandato e diretor do Colégio Árabe em Jerusalém, propôs expandir o cantão para incluir o Vale do Jezreel e a Galileia Oriental, e assegurar separação étnica entre os dois. Ver Gabriel Cohen, "Ra'ayon Halukat Eretz-Yisra'el Ve-Medinah Yehudit 1933-1935 (Bemaga'ei Italya, Memshelet Britaniyah, Ha-Tenu'ah Hatziyonit Ve-Hamanhigut Ha-Aravit)". *Hatziyonut*, 3, 1973, p. 386-91; Netanel Katzburg, "Ha'asor Hasheni Lemishtar Hamandat Be-Eretz Yisra'el, 1931-1939". In: Ed. Moshe Lissak, *Toldot Hayishuv Hayehudi Be-Eretz Yisrael Me'az Ha-Aliyah Harishonah: Tkufat Hamandat Habriti*, vol. 1, Jerusalem, 1993, p. 385; Susan, L. Hattis, *The Bi-National Idea in Palestine during Mandatory Times*. Haifa, 1970, p. 123-26.

[119] Palestine Royal Commission Report, p. 370.

[120] Segev, One Palestine, Complete, p. 326.

[121] Palestine Royal Commission Report, p. 141.

[122] Ibidem, p. 389.

[123] Morris, One State, Two States, p. 53.

[124] Ibidem, p. 53-54.

[125] Palestine Royal Commission Report, p. 390.

[126] Carlile A. Macartney, National States and National Minorities. Oxford, 1934.

[127] Ibidem, p. 422.

[128] Ibidem, p. 423.

[129] Greco-Bulgarian Communities, Advisory Opinion, 1930 P.C.I.J. (ser. B) n. 17, julho, 1931. Disponível em: http://www.worldcourts.com/pcij/eng/decisions/1930.07.31_greco--bulgarian.Htm.

[130] "al-Alami, Musa". In; Ed. Yaakov Shimoni, Lexicon Politi shel Ha'Olam Ha'Aravi. Jerusalém, 1991, p. 323.

[131] Cohen, "Ra'ayon Halukat Eretz-Yisra'el". p. 387.
[132] "al-Khalidi, Mishpahat". In: Shimoni, Lexicon Politi, p. 113.
[133] Cohen, "Ra'ayon Halukat Eretz-Yisra'el". p. 390; Weiner Reid Justus, "Israel-Arab Peace Negotiations: A Long and Winding Road". Jerusalem Center for Public Affairs, 1º de setembro, 1999, p. 4.
[134] Sobre sua vida e atividade, consulte Peter Sluglett, "Abd al-Ilah". In: Encyclopaedia of Islam, 2007.
[135] Benny Morris, The Birth of the Palestinian Refugee Problem Revisited Cambridge University Press, 2004, p. 58.
[136] Ibidem, p. 58.
[137] Ibidem, p. 57-58.
[138] Idem, The Road to Jerusalem: Glubb Pasha, Palestine and the Jews, London, I.B. Tauris, 2003, p. 71.
[139] Mary C. Wilson, King Abdullah, Britain and the Making of Jordan. Cambridge University Press, 1999, p. 122-23.
[140] Morris, Op. cit., 2004, p. 58.
[141] Wilson, King Abdullah, p. 256, n. 51.
[142] Morris, Op. cit., 2004, p. 58.
[143] Veja a crítica anti-hachemita em Ronen Yitzhak, Abdallah Al-Tall, Arab Legion Officer: Arab Nationalism and Opposition to the Hashemite Regime. Brighton, Sussex Academic Press, 2012.
[144] Benny Morris, "He'arot al Hahistoriyographiya Hatziyonit Vera'ayon Ha-Transfer Beshanim 1937-1944". In: Benny Morris, Tikun Ta'ut: Yehudim ve-'Aravim be-Erets-Yisra'el, 1936-1956. Tel Aviv, Am Oved, 2000, p. 43.
[145] Sa'id disse coisas semelhantes à Comissão de Conciliação da ONU em 18 de fevereiro de 1949, a um diplomata americano em 8 de março, a uma autoridade do Ministério das Relações Exteriores em agosto, a uma embaixada britânica em Bagdá em setembro e a representantes da ONU em setembro. Ver Ya'akov Meron, "Why Jews Fled the Arab Countries". Middle East Quarterly, 2, n. 3, setembro, 1995, p. 47-55.
[146] Avi Shlaim, "Husni Za'im and the Plan to Resettle Palestinian Refugees in Syria". Journal of Palestine Studies, 15, n. 4, 1986, p. 68-80.
[147] Para o debate sobre esta questão, consulte Itamar Rabinovitch, Hashalom Shechamak: Yahasei Yisrael-Arav 1949-1952. Tel Aviv, Keter, 1991, ch. 3; Moshe Maoz, Yisrael-Syria Sof Hasichsuch? Tel Aviv, Maariv, 1996, p. 28-34.
[148] Gilbert, In Ishmael's House, p. 247; Meron, "Why Jews Fled"; Sir Alec Kirkbride, From the Wings: Amman Memoirs, 1947-1951. London, Frank Cass, 1976, p. 115-16.
[149] Arif al-Arif, Al-Nakba, 1947-1955 Nakbat Falastin wal-Fardus al-Mafkud, vol. 4, Sidon and Beirut, 1953, p. 853.
[150] Arif relembra como ficou surpreso ao ouvir o som desses aviões (Ibidem, p. 894).
[151] Entre os Estados que apoiaram a adoção das recomendações do Plano Peel estavam Noruega, Letônia, Polônia, Tchecoslováquia, Romênia, Iugoslávia, México e Uruguai. Ver Shulamit Eliash, The Harp and the Shield of David. London, Routledge, 2007, p. 18.

¹⁵² Declaração do Governo de Sua Majestade no Reino Unido, em novembro de 1938: "O governo de Sua Majestade, depois de um cuidadoso estudo do relatório da Comissão de Partilha, chegou à conclusão de que esse estudo adicional mostrou que as dificuldades políticas, administrativas e financeiras envolvidas na proposta de criar os Estados árabe e judeu independentes dentro da Palestina, são grandes demais de modo que essa solução do problema é impraticável". Disponível em: https://web.archive.org/web/20131103061306/ http://unispal.un.org/UNISPAL.NSF/0/4941922311B4E3C585256D1700.

¹⁵³ Morris, Birth of the Palestinian Refugee Problem, p. 59: "Eles foram motivados principalmente pelo cálculo de que a partilha era a única solução sensata, finalmente viável e relativamente justa para a questão da Palestina, e que um acordo de partilha só seria duradouro se fosse acompanhado por uma transferência em massa de habitantes árabes para fora do Estado judeu porvir; uma minoria árabe grande e ressentida no futuro Estado judeu seria uma receita para a desestabilização e o desastre mais provavelmente instantâneos, e certamente futuros ".

¹⁵⁴ "Aqui também, a Palestina certamente é um caso – por motivos humanos e para promover um assentamento estável – para a transferência de população. Que os árabes sejam encorajados a sair, à medida que os judeus se mudam. Que eles sejam compensados por suas terras e que seu assentamento em outro local seja cuidadosamente organizado e generosamente financiado. Os árabes têm muitos territórios; eles não devem reivindicar a exclusão dos judeus desta pequena área da Palestina, que é menor do que a área do País de Gales." Ver Yosef Gorni, The British Labour Movement and Zionism, 1917-1948. London, Frank Cass, 1983, p. 178.

¹⁵⁵ Herbert Hoover e Hugh Gibson, The Problems of Lasting Peace. New York, Doubleday, Doran, and Co., Inc., 1943, p. 235-36.

¹⁵⁶ Clare Murphy, "WWII expulsions spectre lives on". BBC News, 2 de agosto, 2004; Jerry Z. Muller, "Us and Them: The Enduring Power of Ethnic Nationalism". Foreign Affairs, 87, n. 2, março-abril, 2008.

¹⁵⁷ Para uma longa lista de estadistas e filósofos que apoiaram a transferência, consulte Hayyim Simons, International Proposals to Transfer Arabs from Palestine: 1895-1947: A Historical Survey. Hoboken, NJ, Ktav Publishing House, 1988.

¹⁵⁸ Sobre o debate entre historiadores sobre a ideia de transferência no movimento sionista, consulte Efraim Karsh, "Resurrecting the Myth: Benny Morris, the Zionist Movement, and the 'Transfer' Idea". Israel Affairs, 11, n. 3, 2005, p. 469-90.

¹⁵⁹ Benny Morris, 1948: A History of the First Arab-Israeli War. Yale University Press, 2008, p. 408; Yosef Heller, "Transfer Ke-Obsessiya". Cathedra, 99 abril, 2001, p. 156.

¹⁶⁰ Derek J. Penslar, "Herzl and the Palestinian Arabs: Myth and Counter-Myth". Journal of Israeli History 24, n. 1, março, 2005, p. 65-77; Elhanan Oren, "From the Transfer Proposal of 1937-1938 to the 'de facto Transfer' of 1947-1948", Iyunim Bitkumat Israel 7, 1997, p. 75-85, at p. 80 [em hebraico].

¹⁶¹ Morris, 1948, p. 81; "Arabs walk out". The New York Times, 30 de novembro, 1947.

¹⁶² Yehoshua Freundlich, "Parshat Hakirata VeMaskenoteha shel Ve'adat UNSCOP Be-Eretz Yisra'el, 1947". Hatziyonut 13, 1988, p. 27-51.

163 Yuval Arnon-Ohana, Kav Haharish Veha'esh, Ahiasaf, 2013, p. 157.
164 Nazier Magally, "The Position of the Arab Representation vis-à-vis the Partition Plan: The Crime and Its Punishment". In: Ed. Ruth Gavison, The Two-State Solution: The UN Partition Resolution of Mandatory Palestine: Analysis and Sources. New York, Bloomsbury, 2013.
165 David G. Dalin e John F. Rothmann, Icon of Evil: Hitler's Mufti and the Rise of Radical Islam. New York, Random House, 2008, p. 5.
166 Resumo da Trigésima Primeira Reunião do Comitê Ad Hoc da Assembleia Geral da ONU sobre a questão palestina, UN Doc. A/AC.14/SR.31, 24 de novembro, 1947. Disponível em: https://unispal.un.org/DPA/DPR/unispal.nsf/0/FCFDBC89E49CB80A852573520053605D.
167 Shmuel Segev, Meahorei Hapargod. Tel Aviv, Ma'arachot, 1954, p. 77 (Edição em hebraico de um relatório oficial de um comitê parlamentar iraquiano sobre a guerra de 1948 publicado em setembro de 1949).
168 Ibidem.
169 David Barnett e Efraim Karsh, "Azzam's Genocidal Threat". Middle East Quarterly 18, outono, 2011, p. 85-88.
170 Este artigo foi publicado em Majlat al-Ah'uan al-Muslimun (o jornal Irmandade Muçulmana) 3 de novembro, 1945 sob a manchete "Espírito do Céu, Assopre!" que se refere ao canto dos guerreiros que chegam ao campo de batalha.
171 Sobre a atividade da Irmandade Muçulmana na Guerra de 1948, consulte Richard P. Mitchell, The Society of the Muslim Brothers. Oxford University Press, 1993 e os capítulos relevantes em Morris, 1948.
172 Morris, 1948, p. 81.
173 Mesmo no Líbano, que havia sido moderado sobre a questão palestina, o Mufti pediu uma jihad para libertar a Palestina dos judeus. Ver Guy N. Maayan, "Burning the Candle at Both Ends: Lebanon and the Palestine War 1947-1949". In: Eds. Eli Podeh e Asher Kaufman, Arab-Jewish Relations from Conflict to Resolution: Essays in Honour of Professor Moshe Ma'oz. Sussex, 2005, p. 155. Sobre a jihad na Arábia Saudita, consulte Madawi Al-Rasheed, "Saudi Arabia and the 1948 Palestine War: Beyond Official History". In: Eds. Eugene Rogan e Avi Shlaim, The War for Palestine: Rewriting the History of 1948. Cambridge, 2007, p. 240. Devemos notar que uma chamada para jihad de líderes religiosos do alto clero era sem precedentes na época; não houve chamadas semelhantes do alto clero na década de 1930 ou durante a Revolta Árabe.
174 Eliezer Tauber, "The Army of Sacred Jihad: An Army or Bands?". Israel Affairs 14, n. 3, 2008, p. 419-45, att. p. 430.
175 Morris, 1948, p. 65.
176 Idem, One State, Two States, p. 81.
177 Idem, 1948, p. 409.
178 Ibidem, 1948, p. 93.
179 "King Abdul Aziz Ibn Saud to President Truman", 26 de outubro, 1947, em Foreign Relations of the United States, 1947, vol. 5: The Near East and Africa. Washington DC, 1971, p. 1212. Disponível em: http://images.library.wisc.edu/FRUS/EFacs/1947v05/reference/frus.frus1947v05.i0016.pdf.

[180] Ilan Pappé, The Rise and Fall of a Palestinian Dynasty: The Husaynis 1700-1948. London, Saqi, 2010, p. 358-59.

[181] O historiador palestino Rashid Khalidi admite que, com a morte de Abd al-Qadir al-Husayni, "os palestinos perderam seu mais talentoso comandante militar e uma importante figura unificadora". Khalidi vincula sua queda aos processos que enterraram as habilidades dos palestinos de serem atores independentes. Veja Rashid Khalidi, The Iron Cage: The Story of the Palestinian Struggle for Statehood. London, Oneworld Publications, 2009, p. 133.

[182] Veja a tradução do seguinte documento: "Jews Displaced from Arab Countries: A Story of Collusion". Justice for Jews. Disponível em: http://www.justiceforjews.com/collusion.pdf.

[183] Esta decisão do Conselho da Liga Árabe veio contra o pano de fundo dos esforços para financiar a atividade militar semi-regular no Mandato da Palestina pelos palestinos locais. Na conferência do Comitê Político da Liga no Líbano, decidiu-se financiar a atividade civil com 2 milhões de liras egípcias e a atividade militar com outro milhão. Veja Segev, Meahorei Hapargod, p. 45, 50.

[184] Muito pouco foi escrito sobre este assunto. Além de Gilbert, consulte Michael R. Fischbach, Jewish Property Claims Against Arab Countries. Columbia University Press, 2008.

[185] Resumo da Trigésima Primeira Reunião do Comitê Ad Hoc da Assembleia Geral da ONU sobre a questão palestina, UN Doc. A/AC.14/SR.31, 24 de novembro, 1947. Disponível em: https://unispal.un.org/DPA/DPR/unispal.nsf/0/FCFDBC89E49CB80A852573520053605D.

[186] Meron, "Why Jews Fled".

[187] Morris, 1948, p. 394.

[188] Griffel Frank, "Apostasy". In: Encyclopaedia of Islam, 3. ed., Leiden, Brill, 2013.

[189] Segev, Meahorei Hapargod, p. 60-61.

[190] John Zimmerman, "Radio Propaganda in the Arab-Israeli War, 1948". Weiner Library Bulletin 30/31, 2-8. Disponível em: http://is-studies.org/misc/RadioBroadcasts/zimmerman.xhtml.

[191] Mustafa Kabha, Hapalastinim – Am Bezpurato. Ra'anana, Open University, 2010, p. 145.

[192] Idem, "Palestinians and the Partition Plan in the Two-State Solution". In: Ed. Ruth Gavison, The Two-State Solution: The UN Partition Resolution of Mandatory Palestine: Analysis and Sources. New York, Bloomsbury, 2013.

[193] Magally, "Position of the Arab Representation". p. 38.

[194] O professor Khalidi é considerado um dos mais proeminentes ativistas palestinos hoje e esteve envolvido nas atividades da OLP.

[195] Khalidi, The Iron Cage.

[196] Ver Avraham Sela, "Arab Historiography of the 1948 War: The Quest for Legitimacy". In: Ed. Laurence J. Silberstein, New Perspectives on Israeli History: The Early Years of the State. New York University Press, 1991, p. 124.

[197] Na sequência da divulgação de eventos em Deir Yassin, "o terror espalhou-se no coração das pessoas. Eles começaram a deixar suas casas levando consigo vários rumores das atrocidades arrepiantes cometidas pelos judeus". Arif, Al-Nakba, vol. 4, p. 173. Veja também Ahmad al-Shuqeiri, Arba'un Amman fi al-Hiya Wal-Duliyah. Beirut 1969, p. 289.

[198] Entre os dez membros do Comitê Superior Árabe, apenas três permaneceram no país. Críticas sobre este ponto foram levantadas pela figura religiosa palestina Mohammad Nimr al-Hatib, o cônsul egípcio em Jerusalém durante a guerra, e por Nimr al-Hawari, líder do movimento juvenil al-Najjada, que participou do esforço militar palestino. Hawari, que mais tarde retornou a Israel e serviu como juiz distrital, culpou o Mufti por seus vários fracassos. Ver Avraham Sela, "Ha-Aravim Ha- Palestinim BeMilhemet 1948". In: Eds. Moshe Maoz e B.Z. Kedar, Ha-Tenu'a Ha-Le'umit Ha- Palestinit: Me-Imut Le-Hashlama? Tel Aviv, Misrad Ha-Bitachon, 1996, p. 167.

[199] Segev, Meahorei Hapargod, p. 50.

[200] Avraham Sela, She'elat Eretz Yisra'el. Hebrew University of Jerusalem, 1986, p. 166-67.

[201] Sela, She'elat Eretz Yisra'el, p. 167.

[202] Ghada Karmi, "In Search of Fatima: Fateful Days in 1948". Journal of Palestine Studies 17, 2003, p. 9.

[203] O historiador palestino Walid Khalidi e muitos outros em seu caminho negam categoricamente a teoria das "ordens dos líderes árabes", alegando que não há evidências confiáveis para sustentá-la. Tais testemunhos que atestam as ordens são descartados com várias desculpas, como a ideia de que os sionistas plantaram tais expressões na mídia árabe por meio de colaboradores ou uma campanha de sussurros para encorajar a fuga em massa. Veja, por exemplo, Walid Khalidi, "Why Did the Palestinians Leave, Revisited". Journal of Palestine Studies 34, n. 2, inverno, 2005, p. 42-54; Simha Flapan, "The Palestinian Exodus of 1948". Journal of Palestine Studies 16, n. 4, verão, 1987, p. 3-26.

[204] Morris, The Birth of the Palestinian Refugee Problem, p. 174.

[205] Segev, Meahorei Hapargod, p. 62.

[206] Veja uma variedade de chamadas em Zimmerman, "Radio Propaganda".

[207] Tamir Goren, "Madu'a Azvu Hatoshavim Ha'Aravim et Haifa? Iyun Besugiya Hatzuyah". Cathedra 80, junho, 1996, p. 204.

[208] Robert John and Sami Hadawi, The Palestine Diary. Beirut, Palestine Research Center, 1970, p. 333.

[209] Khalid al-Azm, Madhcarat [Memórias], vol. 1, Beirut, Al-Dar al-Muttahida lil-Nashr, 1973, p. 386-87.

[210] Mitchell Geoffrey Bard, Myths and Facts: A Guide to the Arab-Israeli Conflict. Chevy Chase, MD, American-Israeli Cooperative Enterprise, 2006, p. 134.

[211] Para uma traducão do artigo original consulte Yitschak Ben Gad, Politics, Lies, and Videotape: 3,000 Questions and Answers on the Mideast Crisis. New York, Shapolsky Publishers, 1991, p. 305.

[212] Efraim Karsh, Palestine Betrayed. Yale University Press, 2011.

[213] Ezra Danin, Tziyoni Bechol Tnai, vol. 1. Jerusalem, Kidum, 1987, p. 395.

[214] Pela posição do Comitê Superior Árabe e sua reflexão sobre as palavras de Emil Ghouri, consulte Danin, Tziyoni Bechol Tnai, p. 311; Morris, 1948, p. 426-27; Yoav Gelber, Komemiyut Venakba. Dvir, 2004, p. 253; Arnon-Ohan, Kav Haharish Veha'esh, p. 409-10.

[215] Guy Maayan, Levanon, Hayishuv Hatziyoni/Medinat Yisra'el Ve-Ha'Olam Ha'Aravi: 1945- 1949, Hebrew University of Jerusalem, 1997, p. 66. (DIssertação de Mestrado)

[216] Gelber, Komemiyut VeNakba, p. 369-70.
[217] Meron Medzini, Golda Meir: A Political Biography. Walter de Gruyter, 2017, p. 136.
[218] Proclamação da Independência. Disponível em: https://www.knesset.gov.il/docs/eng/megilat_eng.htm.
[219] Ilan Pappé, A Limpeza Étnica da Palestina. São Paulo, Sundermann, 2016.
[220] Disponível em: http://en.jabotinsky.org/media/9747/the-iron-wall.pdf.
[221] Karsh, Palestine Betrayed, p. 25.
[222] Ibidem, p. 26.
[223] Ibidem, p. 28.
[224] David Ben-Gurion, "Al Darchei Mediniyuteinu". Ha-Mo'etza Ha-Olamit shel Ihud Po'alei Tziyon, Zurique, 29 de julho/7 de agosto, 1937.
[225] Oren, "From the Transfer Proposal". p. 80.
[226] Ilan Pappé, A History of Modern Palestine: One Land, Two Peoples. Cambridge University Press, 2004, p. 11.
[227] Le Soir, 29 de novembro, 1999. Disponível em: http://www.ee.bgu.ac.il/~censor/katz-directory/$99-11-29loos-pappe-interview.htm.
[228] Benny Morris, "The Liar as Hero". New Republic, 17 de março, 2011.
[229] Ibidem.
[230] Mordechai Bar-On, "Cleansing history of its content: Some critical comments on Ilan Pappé's The Ethnic Cleansing of Palestine". Journal of Israeli History 27, n. 2, 2008, p. 269-75; Seth J. Frantzman, "Flunking history: Ilan Pappé's The Ethnic Cleansing of Palestine". Middle East Quarterly 15, n. 2, primavera, 2008, p. 70-75; David Pryce-Jones, "Raus Mit Uns: The Ethnic Cleansing of Palestine by Ilan Pappé". Literary Review, 13 de novembro, 2006; Raphael Israeli, "Alice in Ethnic Cleansing Land". Jewish Political Studies Review 20, ns. 3-4, outono, 2008, p. 204-09.
[231] Morris descreve como, quando lecionou na Alemanha, um estudante apresentou um artigo baseado principalmente no A Limpeza Étnica da Palestina, de Pappé, que argumentava que os "crimes" de Israel em 1948 eram equivalentes ao Holocausto nazista. Morris lamenta que "é uma boa indicação da medida do sucesso de Pappé, do seu alcance poluente na historiografia do Oriente Médio em envenenar as mentes daqueles que superficialmente se interessam por ele". Ver Morris, "The Liar as Hero".
[232] Veja, por exemplo, um discurso de Mearsheimer em um evento de comemoração à Nakba em maio de 2010: Christina Pillsbury, "Palestine 'Catastrophes' Spur Talk from Khalidi, Mearsheimer". Chicago Maroon, 18 de maio, 2010.
[233] "American Academics Join Israeli Colleagues". Disponível em: https://www.indybay.org/news items/2003/01/30/15682691.php.
[234] John Mearsheimer e Stephen Van Evera, "When Peace Means War". New Republic, 18 de dezembro, 1995, p. 16-21.
[235] Michael Mann, The Dark Side of Democracy: Explaining Ethnic Cleansing. Cambridge, University Press, 2005.
[236] Mearsheimer e Walt, The Israel Lobby, p. 94-95.
[237] Morris. 1948, p. 408; Heller, "Transfer Ke-Obsessiya". p. 156.

238 Morris, Tikun Ta'ut, p. 57.
239 Os contatos de Ben-Gurion com figuras árabes, incluindo líderes palestinos, são detalhados em seu livro, Pgishot im Manhigim Araviyim. Tel Aviv, Am Oved, 1967. Para mais sobre tentativas sionistas de diálogo com o Movimento Nacional Árabe, consulte Neil Caplan, Futile Diplomacy. London, Frank Cass, 1983; Avraham Sela, "Sichot U-Maga'im Bein Manhigim Tziyoniim Le-Bein Manhigim Arviim-Palestinim". Hamizrah Hachadash 22, 1973, p. 401-23.
240 Gavriel Shefer, Moshe Sharett: Biography of a Political Moderate. Oxford University Press, 1996, p. 168. Sua declaração em favor de um Estado palestino no início de 1948 é citada em David Tal, War in Palestine, 1948: Strategy and Diplomacy. London, Routledge, 2004.
241 O par copia teorias da conspiração levantadas em Avi Shlaim's Collusion across the Jordan. Columbia University Press, 1988, que são totalmente refutadas por Yoav Gelber, Israeli-Jordanian Dialogue, 1948-1953 Cooperation, Conspiracy, or Collusion? Brighton, Sussex Academic Press, 2004.
242 Em uma reunião com Golda Meir em 11 de maio, o rei Abdallah recuou do acordo dizendo: "então eu era um e agora sou um dos cinco (cinco Estados árabes) e não posso. Não tenho escolha e não posso fazer o contrário." As últimas palavras do rei foram: "Sinto muito e todo o sangue e destruição em toda parte são uma pena". Meron, Golda Meir, p. 194-95. A partir de uma reunião de especialistas árabes, dois dias depois, descobriu-se que o rei tornara públicos os telégrafos enviados pelos representantes da Yishuv, torpedeando assim a iniciativa. A avaliação foi que ele não havia traído os entendimentos, mas também não se manteve fiel a eles, "mas algo no meio". "Yeshivat Ha-Agaf Ha-Aravi Shel Ha-Mehlaka Ha-Medinit Shel Ha-Sochnut Ha-Yehudit, 13 May 1948". In: Ed. Gedalia Yogev, Te'udot Mediniyot Ve-Diplomatiyot: December 1947-May 1948, Jerusalem, Israel State Archives, 1980, p. 789.
243 A alegação de "patrocínio britânico" parece acrescentar um contexto inexistente aos medos de conluio em Israel expressos em abril de 1948 a Sharett pelo líder dos arabistas da Agência Judaica Eliass Sasson (que, segundo o historiador Yoav Gelber, estava convencido de que "A Grã-Bretanha não pretendia evacuar a Palestina com seriedade e conspirou para voltar pela 'porta dos fundos', para salvaguardar seus interesses" — isto é, a Transjordânia e a Legião). Veja Gelber, Israeli-Jordanian Dialogue, p. 6.
244 Para dezenas de exemplos disso, especialmente nos primeiros capítulos, consulte Mordechai Bar-On, Mikol Mamlachot Ha-Goyim: Yahasei Yisrael Ve-Brittaniyah Ba-Asor Ha--Rishon Le-Ahar Tom Tekufat Ha-Mandat, Jerusalem, Ben-Tzvi, 2006.
245 Moti Golani, Israel in Search of a War: The Sinai Campaign, 1955-1956. Brighton, Sussex Academic Press, 1998.
246 Mearsheimer e Walt, The Israel Lobby, p. 95. Cf. Mearsheimer e Van Evera, "When Peace Means War". p. 52.
247 Ari Shavit, "Lydda, 1948". New Yorker, 21 de outubro, 2013.
248 O capítulo sobre Lydda foi criticado em detalhes por Dr. Martin Kramer, "What Happened at Lydda". Mosaic, 1º de julho, 2014. Disponível em: http://mosaicmagazine.com/essay/2014/07/what-happened-at-lydda, o que por sua vez provocou uma resposta de Benny

Morris, "Zionism's 'Black Boxes'". Mosaic, 13 de julho, 2014. Disponível em: http://mosaicmagazine.com/response/2014/07/zionisms-black-boxes, que também criticou Shavit. Este foi seguido pela resposta de Kramer, "Distortion and Defamation". Mosaic, 20 de julho, 2014. Disponível em: http://mosaicmagazine.com/response/2014/07/distortion-and-defamation.

[249] Disponível em: http://www.camera.org/index.asp?x_context=2&x_outlet=122&x_article=2572.

[250] Veja, por exemplo, Alon Kadish e Avraham Sela, "Myths and Historiography of the 1948 Palestine War Revisited: The Case of Lydda". The Middle East Journal 59, n. 4, 2005, p. 617-34. Veja também o ensaio de Mordechai Bar-On, "Behazara el Lod ve-Ramala". Cathedra 99, p. 166-70.

[251] Sobre as atrocidades que precedem os intercâmbios Turquia-Grécia, consulte Clarke Bruce, Twice a Stranger: How Mass Expulsion Forged Modern Greece. Harvard University Press, 2006. A Universidade Rutgers publicou um relato sucinto on-line. Disponível em: http://www.ncas.rutgers.edu/center-study-genocide-conflict-resolution-and-human-rights/genocide-ottoman-greeks-1914-1923.

[252] Timothy Snyder, "Yaroslav Isaevych (ed.), Volyn' i Kholmshchyna 1938-1947 rr.: Pols'ko--ukraïns'ke protystoyannya ta ioho vidlunnya: Doslidzhennya, dokumenty, spohady". Journal of Cold War Studies 8, n. 4, outono, 2006, p. 157-60.

[253] Artigo 40 do Tratado de Neuilly. 27 de novembro de 1919.

[254] Veja "Soviet Transit, Camp and Deportation Death Rates". University of Hawaii, n.d. Disponível em: http://www.hawaii.edu/powerkills/USSR.TAB1B.GIF

[255] Veja Robert M. Hayden, "Schindler's Fate: Genocide, Ethnic Cleansing, and Population Transfers". Slavic Review 55, n. 4, 1996, p. 727-48.

[256] Al-Arif, al-Nakba, vol. 6, p. 97.

[257] "Al-Nakba". publicado pela American Muslims for Palestine (AMP). Disponível em: https://www.ampalestine.org/sites/default/files/attachment/2016/03/FactSheetNakba.pdf.

[258] Uma força de voluntários ad hoc montada pela Liga Árabe, composta principalmente por sírios e libaneses, assim como alguns palestinos e iraquianos e outras nacionalidades, sob a liderança de Fawzi al-Qawuqji.

[259] Walid Khalidi, "Plan Dalet: Master Plan for the Conquest of Palestine". Journal of Palestine Studies 18, n. 1, 1988, p. 4-33; Pappé, Ethnic Cleansing, p. 86-126. Vale a pena notar que esse "plano mestre nefasto" foi publicado na íntegra pela imprensa do sistema sionista nos anos 1950, incluindo as cláusulas controversas. Para o texto completo do Plano, consulte http://www.jewishvirtuallibrary.org/jsource/History/Plan_Dalet.html.

[260] Morris, 1948, p. 164.

[261] Esse material estava originalmente no site oficial da Fatah, mas foi removido. Para uma pesquisa sobre essa questão, consulte Ami Isseroff, "The Palestinian Refugee Issue from a FATEH Perspective". MidEast Web, 2010. Disponível em: http://www.mideastweb.org/fatah_refugee_statement.htm.

[262] "The Palestinian Right of Return". Disponível em: http://www.palestineinformation.org/return.html.

[263] Disponível em: http://www.un.org/en/universal-declaration-human-rights.

²⁶⁴ Disponível em: http://www.ohchr.org/en/professionalinterest/pages/ccpr.aspx.

²⁶⁵ Disponível em: http://www.ohchr.org/EN/ProfessionalInterest/Pages/CERD.aspx.

²⁶⁶ Para o texto completo da Convenção sobre Refugiados de 1951, consulte http://www.ohchr.org/EN/ProfessionalInterest/Pages/StatusOfRefugees.aspx. Observe, em particular, o seguinte: "C. A presente Convenção deixará de ser aplicada a qualquer pessoa que se enquadre nos termos da seção A se: (1) Aceitou voluntariamente a proteção do país de sua nacionalidade; ou (2) Tendo perdido sua nacionalidade, ele voluntariamente a readquiriu; ou (3) Tendo adquirido uma nova nacionalidade desfruta da proteção do país de sua nova nacionalidade; ou (4) Se restabeleceu voluntariamente no país que deixou ou fora do qual onde permaneceu devido ao medo de perseguição; ou (5) Não pode mais, porque as circunstâncias em relação às quais ele foi reconhecido como um refugiado deixaram de existir, continua a recusar-se a valer-se da proteção do país de sua nacionalidade; Contanto que este parágrafo não se aplique a um refugiado abrangido pela seção A (1) deste artigo que possa invocar razões imperiosas resultantes de perseguições anteriores por se recusar a beneficiar da protecção do país de nacionalidade; (6) Ser uma pessoa que não tem nacionalidade é, devido às circunstâncias em relação às quais ele foi reconhecido como um refugiado deixaram de existir, capazes de retornar ao país de sua antiga residência habitual; Contanto que este parágrafo não se aplique a um refugiado abrangido pela seção A (1) deste artigo que possa invocar razões imperiosas decorrentes de perseguição prévia por se recusar a retornar ao país de sua antiga residência habitual".

²⁶⁷ Amnesty International, "Israel and the Occupied Territories/Palestinian Authority: The Right to Return: The Case of the Palestinians". 29 de março, 2001. Disponível em: https://www.amnesty.org/en/documents/MDE15/013/2001/en.

²⁶⁸ Ruth Lapidoth, "Legal Aspects of the Palestinian Refugee Question". Jerusalem Letter/Viewpoints, n. 485, Jerusalem Center of Public Affairs, 1º de setembro, 2002. Disponível em: http://www.jcpa.org/jl/vp485.htm.

²⁶⁹ Para a versão completa em inglês, consulte https://unispal.un.org/DPA/DPR/unispal.nsf/0/C758572B78D1CD0085256BCF0077E51A.

²⁷⁰ Kurt R. Radley, "The Palestinian Refugees: The Right to Return in International Law". American Journal of International Law 72, n. 3, 1978, p. 586-614.

²⁷¹ Resolução 393 da Assembleia Geral da ONU de 2 de dezembro de 1950: "A reintegração dos refugiados na vida econômica do Oriente Próximo, seja por repatriação ou reinstalação, é essencial [...] para a realização de condições de paz e estabilidade na área [...] Estabelecer um fundo de reintegração que será utilizado para projetos solicitados [...] ou o restabelecimento permanente de refugiados e sua remoção do auxílio".

²⁷² A Resolução 394, de 14 de dezembro de 1950, da Assembleia Geral da ONU convocou "os governos interessados a tomar medidas para assegurar que os refugiados, sejam repatriados ou reassentados, sejam tratados sem discriminação, seja na lei ou na realidade".

²⁷³ Resolução 513 (VI) da Assembleia Geral da ONU, de 26 de janeiro de 1952: Assistência aos Refugiados da Palestina: Relatórios do Diretor e da Comissão Assessora da Agência das Nações Unidas de Assistência aos Refugiados da Palestina no Oriente Próximo.
4. Convida a Agência de Auxílio e Trabalho das Nações Unidas a explorar, com os governos

envolvidos, os arranjos visando a sua administração presumida de projetos de reintegração o mais breve possível.

5. Solicita à UNRWA que explore com os governos envolvidos a transferência da administração do auxílio para esses governos o mais cedo possível [...] A UNRWA deve continuar a subsidiar os custos.

[274] Consulte a discussão sobre a rejeição árabe ao retorno, bem como Howard Adelman e Elazar Barkan, No Return, No Refuge: Rites and Rights in Minority Repatriation. Columbia University Press, 2011, p. 204. Sobre a "oferta de 100 mil" consulte Neil Caplan, The Lausanne Conference, 1949: A Case Study in Middle East Peacemaking. Tel Aviv University, Moshe Dayan Center, 1993, p. 91.

[275] Harris O. Schoenberg, A Mandate for Terror: The United Nations and the PLO. New York, Shapolsky Publishers, 1989, p. 239.

[276] Resolução adotada pela Conferência dos Refugiados Árabes em Horns, na Síria, de 11 a 12 de julho de 1957, publicada no Al-Massa (jornal de Beirute) em 15 de julho de 1957.

[277] Disponível em: http://www.unhcr.org/4cbc60ce6.pdf.

[278] Gabriel G. Tabarani, Israeli-Palestinian Conflict: From Balfour Promise to Bush Declaration: The Complications and the Road for a Lasting Peace. Bloomington IN, Authorhouse, 2008, p. 82.

[279] Danny Orbach, "The Dreadful and the Trivial: A Response to Paula Schmitt on Palestinian Refugees". +972 Magazine, 11 de fevereiro, 2014. Disponível em: http://972mag.com/the-dreadful-and-the-trivial-a- response-to-paula-schmitt-on-palestinian-refugees/87061.

[280] European Court of Human Rights (Fourth Section), "Decision as to the Admissibility of Application n. 47550/06 by Preussische Treuhand GmbH against Poland". 7 de outubro, 2008, ECHR Case Law. Disponível em: http://hudoc.echr.coe.int/eng#{"fulltext":["47550/06"]". appno":["47550/06"]".itemid": ["001-88871"]}.

[281] Eric Langenbacher, "Ethical Cleansing? The Expulsion of Germans from Central and Eastern Europe". In: Eds. Nicholas A. Robins e Adam Jones, Genocides by the Oppressed: Subaltern Genocide in Theory and Practice. Bloomington, Indiana University Press, 2009, p. 58-83.

[282] Ibidem, p. 56-66.

[283] Ron Redmond, porta-voz sênior das operações da Comissão nos Bálcãs: "Esperamos que muitas pessoas queiram ir para as áreas onde são a maioria étnica e não a minoria". Christopher S. Wren, "Resettling Refugees: U.N. Facing New Burden". The New York Times, 24 de novembro, 1995.

[284] Sobre "retorno da minoria", consulte Lisa D'Onofrio, "Welcome Home? Minority Return in South-Eastern Republika Srpska". Sussex Migration Working Paper, n. 19, University of Sussex, fevereiro, 2004; Adelman e Barkan, No Return, No Refuge, esp. ch. 1, 4, e 9.

[285] Observatório dos Diretos Humanos, "Croatia: A Decade of Disappointment". 5 de setembro, 2006. Disponível em: https://www.hrw.org/report/2006/09/04/croatia-decade-disappointment/continuing-obstacles-reintegration-serb-returnees.

[286] De acordo com a entrada do país no Factbook da CIA 2013. Disponível em: https://www.cia.gov/library/publications/the-world-factbook/geos/hr.html.

²⁸⁷ Vincent L. Morelli, "Cyprus: Reunification Proving Elusive". 15 de junho, 2017, Congressional Research Service 7-5700, R41136. Disponível em: https://fas.org/sgp/crs/row/R41136.pdf.
²⁸⁸ Para a versão completa do acordo, consulte http://www.globalsecurity.org/military/library/report/2004/annan-cyprus-problem_maps_26feb03.pdf.
²⁸⁹ Loizidou v. Turkey, 40/1993/435/514, Council of Europe: European Court of Human Rights, 28 de novembro, 1996. Disponível em: http://www.refworld.org/docid/43de104d4.html.
²⁹⁰ Demopoulos and Others v. Turkey, Application nos. 46113/99 et al., Council of Europe: European Court of Human Rights, 1º de março, 2010. Disponível em: http://hudoc.echr.coe.int/fre?i=001-97649.
²⁹¹ Ibidem, parags. 84 e 85 da decisão.
²⁹² Ibidem, par. 112.
²⁹³ Ibidem, par. 116.
²⁹⁴ Ibidem, par. 117.
²⁹⁵ Ibidem, par. 115.
²⁹⁶ Ibidem, par. 136.
²⁹⁷ Resolução 302 (IV) da Assembleia Geral da ONU: "Assistência aos Refugiados da Palestina", 8 de dezembro de 1949. Disponível em: http://www.unrwa.org/content/general-assembly-resolution-302.
²⁹⁸ Segundo a própria UNRWA, o número de refugiados tratados por eles aumentou de 750 mil em 1948 para 5 milhões. UNRWA, "Who We Are". http://www.unrwa.org/who-we-are?tid=93.
²⁹⁹ Alexander Joffe e Asaf Romirowsky, "Palestinian Refugees Forever?". Haaretz, 5 de junho, 2012.
³⁰⁰ Sobre os critérios de refugiados da UNRWA, consulte UNRWA, "Frequently Asked Questions". Disponível em: http://www.unrwa.org/who-we-are/frequently-asked-questions. Para críticas da UNRWA e fontes adicionais, consulte Arlene Kushner, "UNRWA's anti-Israel Bias". Middle East Quarterly 18, n. 3 (2011, p. 84-91. Disponível em: http://www.meforum.org/2996/unrwa-anti-israel-bias.
³⁰¹ Disponível em: http://www.unrwa.org/content/general-assembly-resolution-302.
³⁰² "Palestinian Refugees Make Chile their New Home". Khaleej Times, 2 de setembro, 2009.
³⁰³ Disponível em: http://www.unhcr.org/figures-at-a-glance.html.
³⁰⁴ "Darfur, Sudan: ICC-02/05-01/09 The Prosecutor v. Omar Hassan Ahmad Al Bashir". International Criminal Court. Disponível em: https://www.icc-cpi.int/darfur/albashir?ln=en.
³⁰⁵ "Arab Leaders Back 'Wanted' Bashir". BBC News, 30 de março, 2009.
³⁰⁶ Alexander H. Joffe e Asaf Romirowsky, "A Tale of Two Galloways: Notes on the Early History of UNRWA and Zionist Historiography". Middle Eastern Studies 46, n. 5, setembro, 2010, p. 655-75.
³⁰⁷ Veja mais sobre isso no capítulo sobre o Processo de Paz.
³⁰⁸ "Statement of Principles". assinado por Ami Ayalon e Sari Nusseibeh em 27 de julho, 2002. Disponível em: http://www.peacelobby.org/nusseibeh-ayalon_initiative.htm.
³⁰⁹ Para um levantamento parcial de opiniões, consulte Dan Leon, "The Right of Return: Different Approaches to a Crucial Issue". Palestine-Israel Journal, 8, n. 2, 2001, p. 86-96.

[310] O poema foi publicado no diário hebraico Davar em 19 de novembro de 1948. Disponível em: http://retro.education.gov.il/tochniyot_limudim/shira/sh_42.htm.

[311] Disponível em: http://www.mag.idf.il/SIP_STORAGE/files/7/777.pdf, p. 143.

[312] Disponível em: http://www.alma-ihl.org.il/ihlinart/alzotrimero52012.

[313] Disponível em: http://www.education.gov.il/tochniyot_limudim/shira/sh_42.htm.

[314] Yochai Oppenheimer, "Hegemony inside and out: Nathan Alterman and the Israeli Arabs". Israel Affairs 20, n. 2, 2014, p. 214-25.

[315] Por exemplo, o princípio de "pureza de armas" (a ser usado apenas contra combatentes e mesmo assim apenas quando necessário) e a definição das FDI de "ordem ilegal" no direito militar, que coloca a responsabilidade de desobedecer a tal ordem ilegal no soldado individual.

[316] Disponível em: http://answers.yahoo.com/question/index?qid=20081022123518AAdoiTI.

[317] Arun Gandhi, "Jewish Identity Can't Depend on Violence". Washington Post Blog, 9 de janeiro, 2008. Disponível em: http://www.faithstreet.com/onfaith/2008/01/07/jewish-identity-in-the-past/1618.

[318] Disponível em: http://www.arungandhi.org/5.html.

[319] Lev Grinberg, "Génocide Symbolique". La Libre, 29 de março, 2004. Disponível em: http://cosmos.ucc.ie/cs1064/jabowen/IPSC/archive/seanArchives/journal134/article0006453. Html.

[320] Hamid Dabashi, "Losing the Plot". Al Jazeera, 29 de novembro, 2012.

[321] Disponível em: http://medienkritik.typepad.com/blog/2004/12/page/2.

[322] Disponível em: http://www.gatestoneinstitute.org/2186/anti-semitism-germany.

[323] Para o resumo executivo e uma referência ao relatório completo, consulte http://antisemitism.org.il/article/68107/report-bundestag-fifth-germans-are-antisemites.

[324] Emanuele Ottolenghi, "Antisemitism and the Media in Italy". AXT Papers, novembro 2005, p. 3. Disponível em: http://www.claudiomoffa.it/pdf/Ottolenghi.pdf.

[325] Manfred Gerstenfeld e Orna Orvell, "The Norwegian Government: Antisemitism and Anti-Israel Policies (2005-2013)". Vidal Sassoon Center, Acta 37, 2015. Disponível em: http://sicsa.huji.ac.il/sites/default/files/sicsa/files/acta37.pdf.

[326] Andreas Zick et al., Intolerance, Prejudice and Discrimination: A European Report, Berlin, 2011, p. 57-58. Disponível em: http://library.fes.de/pdf-files/do/07908-20110311.pdf.

[327] Disponível em:http://www.worldpress.org/Americas/2706.cfm.

[328] Disponível em: http://www.globescan.com/images/images/pressreleases/bbc2012_country_ratings/2012_bbc_country rating final 080512.pdf.

[329] Disponível em: http://weepingskies.blogspot.co.il.

[330] Disponível em: http://peoplesgeography.com/2006/08/11/gods-chosen-people-by-jostein-gaarder.

[331] Os dados apresentados abaixo contam com uma grande série de estudos, incluindo:
(1) Disponível em: http://necrometrics.com/20c1m.htm;
(2) Disponível em: http://www.scaruffi.com/politics/massacre.html; e
(3) Disponível em: http://www.peri.umass.edu/fileadmin/pdf/dpe/modern_conflicts/death_tolls.pdf.

[332] Klaus J. Gantzel e Torsten Schwinghammer, Warfare since the Second World War. Transaction Publishers, 2000, p. 474.

333 Alistair Horne, A Savage War of Peace: Algeria, 1954-1962. New York, NYRB Classics, 2006. O autor postula uma estimativa de cerca de 700 mil.

334 Anthony James Joes, Urban Guerrilla Warfare. University Press of Kentucky, 2007, p. 67; "Harkis (Genocide and Crimes Against Humanity)". Disponível em: http://www.enotes.com/topics/harkis

335 Gantzel e Schwinghammer, Warfare since the Second World War, p. 474, postula um número entre meio milhão e 700 mil.

336 Disponível em: http://www.pbs.org/frontlineworld/stories/sudan/facts.html; "South Sudan—Complex Emergency". USAID, 25 de abril, 2013. Disponível em: http://www.usaid.gov/sites/default/files/documents/1866/04.25.13%20-%20USAID-DCHA%20South%20Sudan%20Complex%20Emergency%20Fact%20Sheet%20_3.pdf

337 Olivier Degomme e Debarati Guha-Sapir, "Patterns of mortality rates in Darfur conflict". The Lancet 375, n. 9.711, 2010, p. 294-300.

338 Sobre o envolvimento das forças aéreas árabes no genocídio de Biafra, consulte Herbert Ekwe-Ekwe, "The Biafra War and the Age of Pestilence". The Literary Encyclopedia. Disponível em: http://www.litencyc. com/theliterarymagazine/biafra.php. O autor escreve: "Pilotos egípcios (que sofreram com a derrota de Israel na recém-concluída Guerra dos Seis Dias) voaram em aviões de combate nigerianos e se envolveram no bombardeio e destruição de cidades e aldeias biafrenses – visando centros de refugiados, hospitais, escolas, igrejas, mercados, fazendas, trens, ônibus, carros, caminhões e infra-estrutura de comunicação." Na campanha aérea de Biafra, consulte Tom Cooper, "Civil War in Nigeria (Biafra), 1967-1970". Air Combat International Group Journal, 13 de novembro, 2003. Consulte também Stanley Diamond, "Who Killed Biafra?". Dialectical Anthropology 31, ns. 1-3, 2007, p. 339-62, p. 354.

339 Cooper, "Civil War in Nigeria".

340 Noor A. Khalidi, "Afghanistan: Demographic consequences of war, 1978-1987". Central Asian Survey 10, n. 3, 1991, p. 101-26.

341 Disponível em: http://watson.brown.edu/costsofwar/costs/human/civilians/afghan.

342 Francesco Checchi e Courtland Robinson, Mortality among Populations of Southern and Central Somalia Affected by Severe Food Insecurity and Famine during 2010-2012. Washington and Rome, 2013. Disponível em: http://www.fsnau.org/in-focus/study-report-mortality-among-populations- southern-and-central-somalia-affected-severe-food-insecurity-and-famine during-2010-2012.pdf.

343 "133,000 Somali children died in famine as Islamists cut off access". Boston Globe, 3 de maio, 2013.

344 Donald W. Beachler, "The politics of genocide scholarship: The case of Bangladesh". Patterns of Prejudice 41, n. 5, 2007, p. 467-92.

345 Jusuf Wanandi, Shades of Grey: A Political Memoir of Modern Indonesia, 1965-1998. Jakarta, Equinox Publishing, 2012. Para uma estimativa mais abrangente consulte Robert Cribb, "Unresolved Problems in the Indonesian Killings of 1965-1966". Asian Survey 42, n. 4, July-August 2002, p. 550-63.

346 "Who plotted the 1965 coup?". Inside Indonesia 57, janeiro-março 1999. Disponível em: http://www. insideindonesia.org/who-plotted-the-1965-coup.

[347] Disponível em: http://www.iraqbodycount.org.
[348] Gantzel e Schwinghammer, Warfare since the Second World War, p. 266, estimam números entre 150 mil e 14 mil, respectivamente.
[349] Barak A. Salmoni et al., "Regime and Periphery in Northern Yemen: The Huthi Phenomenon". National Defense Research Institute, 2010. Disponível em: https://www.rand.org/content/dam/rand/pubs/monographs/2010/RAND_MG962.pdf.
[350] Disponível em: https://www.theguardian.com/world/2017/jan/16/yemen-war-death-toll-has-reached-10000- un-says.
[351] Yosef Nevo, "Yarden: Ha-Hipus Ahar Zehut". Ra'anana, Open University, 2006, p. 173. O autor estima baixas em torno de 5.000.
[352] Disponível em: http://watson.brown.edu/costsofwar/costs/human/civilians/pakistani.
[353] Disponível em: http://www.jewishvirtuallibrary.org/jsource/History/casualtiestotal.html.
[354] No final de 1944 e início de 1945, a decisão dos dissidentes de abandonar a política de "contenção" do Yishuv (havlaga, em hebraico) – isto é, não desafiar a autoridade britânica enquanto durasse a guerra mundial – levou a um período de quatro meses de estação aberta" na Etzel (chamada de "A Temporada"), durante a qual o Yishuv e o Haganá ajudaram ativamente os britânicos a identificar, localizar, prender e interrogar membros-chave das duas organizações envolvidas em atos esporádicos de terrorismo e a refrear os insurgentes – uma tática que funcionou e pôs fim a esses atos esporádicos de terrorismo. Esses atos foram percebidos esmagadoramente pelos judeus da Palestina como imorais e que minavam a boa vontade britânica e o bom nome do empreendimento sionista.
[355] Al-Arif, Al-Nakba, vol. 6, p. 7-9.
[356] Uma curta campanha de sete dias pelas FDI em 1978 avançando até o desfiladeiro do rio Litani no Líbano, projetada para empurrar o enclave controlado pela OLP no sul do Líbano para longe da fronteira que estava sendo usada como uma área de concentração para realizar uma série de terríveis ataques terroristas contra civis israelenses. Após a chegada de uma força internacional de paz (UNIFIL), as FDI foram forçadas a recuar para a fronteira internacional com pouco ganho (suas posições foram entregues a uma milícia cristã libanesa local).
[357] Robert Fisk, Pity the Nation: The Abduction of Lebanon, Oxford, 1990, p. 255-57.
[358] Disponível em: http://www.refworld.org/docid/46558ed37.html.
[359] Ataques terroristas transfronteiriços de guerrilheiros palestinos contra civis israelenses e sabotagem de infraestrutura.
[360] Benny Morris, Milhamot Ha-Gvul Shel Yisrael. Tel Aviv, Am Oved, 1996, p. 445.
[361] Cited in the entry "First Lebanon War: Sabra and Shatila". Virtual Jewish Library. Disponível em: http://www.jewishvirtuallibrary.org/massacres-at-sabra-and-shatila.
[362] Testemunho do diretor de Inteligência Militar perante a Comissão de Inquérito Kahan, Report of the Commission of Inquiry into the events at the refugee camps in Beirut – 8 February 1983, p. 139-40, citado no website do Ministério da Relações Exteriores: http://www.mfa.gov.il/mfa/foreignpolicy/mfadocuments/yearbook6/pages/104%20report%20of%20the%20com mission%20of%20inquiry%20into%20the%20e.aspx.

363 Rex Brynen, "Sabra and Shatila: 30 Years On". Palestine Refugee Research Net. Disponível em: https://prrn blog.wordpress.com/2012/09/17/sabra-and-shatila-30-years-on.
364 Disponível em: http://www.btselem.org/statistics/first_intifada_tables.
365 Disponível em: http://www.btselem.org/statistics/fatalities/before-cast-lead/by-date-of-event.
366 Disponível em: http://www.btselem.org/statistics/fatalities/during-cast-lead/by-date-of-event.
367 Disponível em: http://www.btselem.org/statistics/fatalities/after-cast-lead/by-date-of-event.
368 Disponível em: http://ploughshares.ca/pl_armedconflict/israel-palestine-1948-first-combat-deaths.
369 Uma criança de doze anos que foi baleada e morta em fogo cruzado entre palestinos armados e forças israelenses no início da Segunda Intifada em setembro de 2000. Ele foi transformado em um ícone global da brutalidade israelense, embora seja altamente questionável se ele foi morto por fogo israelense.
370 Daniel Jonah Goldhagen, Worse Than War: Genocide, Eliminationism, and the Ongoing Assault on Humanity. New York, Public Affairs, 2009.
371 Anthony Howard, "Worse than War – Genocide, Eliminationism and the Ongoing Assault on Humanity by Daniel Jonah Goldhagen: Review". The Telegraph, 13 de outubro, 2010: "Surpreendentemente, nenhuma menção é feita ao comportamento de Israel, com excessiva frequência de expulsão para execução, dos palestinos. É uma lacuna reveladora e enfraquece o apelo desapaixonado da narrativa do autor. Tudo o resto parece estar presente".
372 Dan Clendenin, "Book Notes". The Journey with Jesus: "Eu teria preferido mais análises sobre os atos de eliminação de Israel, especialmente dada a sua insistência em que 'o Islã político' é a nossa maior ameaça de eliminação hoje". Disponível em: https://www.journeywithjesus.net/BookNotes/Daniel_Jonah_Goldhagen_Worse_Than_War.shtml
373 "Country Reports on Terrorism 2012". US State Department. Disponível em: http://www.state.gov/docu ments/organization/210288.pdf.
374 "Fatalities in Terrorist Violence in Pakistan". South Asia Terrorism Portal. Disponível em: http://www.satp.org/satporgtp/countries/pakistan/database/casualties.htm.
375 "Documented Civilian Deaths from Violence". Iraq Body Count. Disponível em: http://www.iraqbody count.org/database.
376 https://www.thereligionofpeace.com.
377 Disponível em: http://www.icrc.org/ihl/INTRO/380.
378 Disponível em: http://www.icrc.org/ihl/INTRO/470.
379 Peter Beinart, "The Real Problem with the American Studies Association's Boycott of Israel". The Daily Beast, 17 dezembro, 2013.
380 Juliette Hassine, "The Martyrdom of Sol Hachuel Ridda in Morocco in 1834". In: Michael Laskier e Yaacov Lev (eds.), The Convergence of Judaism and Islam. Gainesville, 2011, p. 109-21; J.E. Meakin, "The Jews of Morocco". Jewish Quarterly Review 4, n. 3, 1892, p. 369-96; Eugenio Maria Romero, The Jewish Heroine of the Nineteenth Century: A Tale Founded on Fact, Translated from the Spanish. London, 1839. Execução de Sol serviu como o tema para Alfred Dehodencq em "Execution of a Moroccan Jewess". Disponível em: http://juifs-du-maroc.com/?p=8070.

[381] George Antonius, um dos pais do nacionalismo árabe, argumentou que os judeus não sofreram perseguições sob o domínio esclarecido do Islã. Consulte Antonius, The Arab Awakening, p. 409-10. Em seu depoimento perante a Comissão Peel, o Mufti Hajj Amin al-Husseini declarou que os judeus só encontravam segurança e auxílio sob o domínio árabe, inclusive nos Estados árabes modernos. Zvi Elpeleg, The Grand Mufti: Haj Amin Al-Hussaini, Founder of the Palestinian National Movement. Routledge, 1993, p. 45-50. De fato, o mito originou-se entre os intelectuais judeus europeus do século XIX, que estavam frustrados com o ritmo lento da emancipação judaica na Europa. Consulte Mark R. Cohen, The "Golden Age" of Jewish-Muslim Relations: Myth and Reality., Princeton University Press, 2013.

[382] Uma extensa discussão do mito pode ser encontrada em Mark R. Cohen, Under Crescent and Cross: The Jews in the Middle Ages., Princeton University Press, 2008.

[383] Bernard Lewis, The Jews of Islam, Princeton University Press, 1984, p. 50-51.

[384] Adi Schwartz, "Tragedy Shrouded in Silence: The Destruction of the Arab World's Jewry". Azure 45, verão 2011; Albert Memmi, Jews and Arabs, Chicago, J.P. O'Hara, 1975, p. 31.

[385] A relação entre Maomé e os judeus da Península Arábica foi discutida no estudo clássico de W. Montgomery Watt, Muhammad at Mecca. Oxford University Press, 1956.

[386] Uri Rubin, "Jews and Judaism". In: Encyclopaedia of the Qur'an, vol. 3, p. 7-21.

[387] Norman A. Stillman, The Jews of Arab Lands: A History and Source Book. Philadelphia, Jewish Publication Society of America, 1979, p. 157.

[388] Cohen, Under Crescent and Cross, cap. 4.

[389] Lewis, The Jews of Islam, p. 30-31.

[390] Albert Hourani, A History of the Arab Peoples. Warner Books, 1991, p. 141.

[391] Barnett e Karsh, "Azzam's Genocidal Threat".

[392] Jeffrey Herf, "Convergence: The Classic Case Nazi Germany, Anti-Semitism and Anti--Zionism during World War II". Journal of Israeli History 25, n. 1, 2006, p. 63-83.

[393] Norman Stillman, "Frenchmen, Jews, or Arabs? The Jews of the Arab World between European Colonialism, Zionism, and Arab Nationalism". In: Benjamin H. Hary; John L. Hayes; Fred Astren (orgs.), Judaism and Islam: Boundaries, Communication, and Interaction: Essays in Honor of William M. Brinner. Boston, Brill, 2000, p. 123.

[394] Meron, "Why Jews Fled".

[395] Centésima e Vigésima Sexta Reunião Plenária da Assembleia Geral da ONU, 28 de novembro de 1947. Disponível em: https://unispal.un.org/DPA/DPR/unispal.nsf/0/93DCDF1CBC3F2C6685256CF3005723F2.

[396] "Aim to Oust Jews Pledged by Sheikh". The New York Times, 2 de agosto, 1948.

[397] Disponível em: http://www.justiceforjews.com/jjac.pdf.

[398] "Jews Displaced from Arab Countries: A Story of Collusion". Justice for Jews. Disponível em: http://www.justiceforjews.com/collusion.pdf.

[399] Sobre a prosperidade dos judeus espanhóis sob o domínio cristão durante a Reconquista, consulte Yom Tov Assis, Jewish Economy in the Medieval Crown of Aragon, 1213-1327: Money and Power. Brill, 1997.

[400] Lewis, The Jews of Islam, p. 4.

[401] Cohen, Under Crescent and Cross, p. 371.

[402] Haim Z. Hirshberg, "Ha'Kahina Ha-Berberit". Tarbitz 26, 1957, p. 370-83.

[403] Idem, A History of the Jews in North Africa, vol. 1 Leiden, Brill, 1974. Sobre as virgens judias, consulte "Morocco". Jewish Encyclopedia. Disponível em: http://www.jewishencyclopedia.com/articles/11020-morocco. Em relação às tribos berbere-judaicas, consulte Haim Z. Hirshberg, "The Problem of the Judaized Berbers". Journal of African History 4, n. 3, novembro 1963, p. 313.

[404] Joseph Tedghi, "Fez". In: Encyclopedia of Jews in the Islamic World. Brill, 2014.

[405] Maurice M. Roumani, The Case of the Jews from Arab Countries: A Neglected Issue. Tel Aviv, World Organization of Jews from Arab Countries, 1978, p. 26.

[406] Norman Dennis Roth, Jews, Visigoths and Muslims in Medieval Spain: Cooperation and Conflict. Brill, 1994, p. 113-15.

[407] Roumani, Jews from Arab Countries.

[408] Shalom Bar Asher, "Kavei Yesod Le-Toldot Yehudei Ha-Maghreb Ve-Aliyat Ha-Mercaz Be-Algier (1391-1492)". Peamim 31,, 1987, p. 26.

[409] Hirschberg, History of the Jews.

[410] "Morocco". Jewish Encyclopedia.

[411] Roumani, Jews from Arab Countries.

[412] Gilbert, In Ishmael's House, p. 133.

[413] David Littman, "Jews under Muslim Rule, II: Morocco 1903-1912". Wiener Library Bulletin 29, n. 37-38, 1976, p. 3-19.

[414] Ibidem, p. 16-19.

[415] Gilbert, In Ishmael's House.

[416] Reuven Kashani, "Yahadut Artzot Arav: Ha-Emet Ve-Ha'agada". Kivunim 5, outono, 1979, p. 144.

[417] Haim Saadoun, "Ha-Markiv Ha-Palestini Be-Hitzpartzut Alimut Bein Yehudim Le-Bein Muslemim Be-Artzot Ha-Islam". Peamim 63, primavera, 1995, p. 105-15. Para a lista completa de vítimas, consulte "Victims of Riots in Oujda and Jérada (Morocco): June 7 and 8, 1948". Sephardic Genealogy. Disponível em: http://www.sephardicgen.com/databases/oujdaDjeradaSrchFrm.html.

[418] Saadoun, "Ha-Markiv Ha-Palestini".

[419] Yaron Tsur, "Ha-Yehudim Ba-Tkufa Ha-Colonialit". In: Haim Saadoun (ed.), Morocco. Jerusalem, Ben-Tzvi, 2004, p. 75.

[420] Ibidem, p. 119.

[421] Renzo De Felice, Jews in an Arab Land: Libya, 1835-1970. University of Texas Press, 2014, p. 5.

[422] David Patterson, A Genealogy of Evil: Anti-Semitism from Nazism to Islamic Jihad. Cambridge University Press, 2010, p. 55. Patterson erra no nome do governador e na data. Consulte também Rachel Simon, "Khalfon, Abraham". In: Encyclopedia of Jews in the Islamic World. Brill, 2014; Gilbert, In Ishmael's House, p. 95.

[423] Rahel Simone, "It Could Have Happened There: The Jews of Libya during the Second World War". Africana Journal 16, 1994, p. 391-422.

[424] Rahel Simone, "Me-Hug Tziyon Le-Tziyonut Magshima: Aliyat Yehudei Luv". Shorashim Ba-Mizrach 3, 1991, p. 297-98; De Felice, Yehudim Be-Eretz Aravit, p. 219-35; Yaakov Hajaj-Liluf, "Ha-praot be-luv (1945, 1948, 1967)".

[425] Ibidem Consulte também De Felice, Jews in an Arab Land, p. 275.

[426] Yaakov Hajaj-Liluf, "Yovel La-Aliya Ha-Gdola Me-Luv",, 1999.

[427] Maurice Roumani, The Jews of Libya: Coexistence, Persecution, Resettlement, Brighton, Sussex Academic Press, 2009, p. 100-04.

[428] Giulia Boukhobza, "Justice for Jews from Arab nations". The New York Times, 1º de julho, 2003.

[429] Roumani, The Jews of Libya, p. 199-203.

[430] John O. Hunwick, "Al-Mahili and the Jews of Tuwat: The Demise of a Community". Studia Islamica, n. 61, 1985, p. 155-83; Jacob Oliel, "Tamentit". In: Encyclopedia of Jews in the Islamic World. Brill, 2014.

[431] Aomar Boum, "Timbuktu". In: Encyclopedia of Jews in the Islamic World. Brill, 2014.

[432] Norman Stillman, "Tlemcen". In: Encyclopedia of Jews in the Islamic World. Brill, 2014.

[433] Menachem Weinstein, "Ha-khilot ha-yehudiyut be-aljyra 1800-1830". Bar-Ilan University, 1974, p. 8-9. Disponível em: http://www.daat.ac.il/daat/vl/tohen.asp?id=516. (Tese de Doutorado)

[434] Roumani, The Case of the Jews, p. 26.

[435] W. Marçais, "Algeria". Jewish Encyclopedia; Daniel Schroeter, "Algeria". In: Encyclopedia of Jews in the Islamic World. Brill, 2014.

[436] Gita Amifaz-Zilber, "Yehudei Algeriya Beyemei Mishtar Vichy". Masu'ah 12,, 1984, p. 116-23; Gita Amifaz-Zilber, "Hayahasim bein Yehudim Le-Aravim Be-Algeriya shel Vichy". Masu'ah 15, 1987, p. 140-50; David Cohen, "Ha-Vaad Ha-Yehudi Ha-Algera'i Le-Mehkarim Hevratiyim Mul Ha-Antishemiyut Be-Algeriya". Peamim 91, 2002, p. 79-104; Michael Abutboul, "Yehudei Algeriya, Tunisiya Ve-Morocco 1940-1943". Peamim 28, 1986, p. 79-106; Yves-Claude Aouate, "Gezerot Ha-Hinuch Neged Ha-Yehudim Be-Algeriya 1940-1943". Shorashim Ba-Mizrach 1, 1986, p. 121-44.

[437] Bernard Lewis, Middle East and the West. Harper Collins, 1968, p. 104-05.

[438] Michael M. Laskier, Yisrael Ve-Ha'aliyah MiTzfon Africa. Sde Boker, Ben-Gurion Institute for the Study of Israel and Zionism, 2006, p. 293-308.

[439] Meron, "Why Jews Fled".

[440] Martin Evans, "Algeria's Jewish Question". History Today 62, n. 7 (2012, p. 10-16.

[441] Menahem Ben-Sasson, "Qayrawan". In: Encyclopedia of Jews in the Islamic World. Brill, 2014.

[442] Pesah Shin'ar, "Yahasei Yehudim Ve-Muslemim Be-Maghreb Ben Zemaneinu Bere'i Ha-Mehkar Ve-Hasifrut". Peamim 4, 1980, p. 15; David Corcos e Haim Saadoun, "Tunis, Tunisia". In: Encyclopaedia Judaica, disponível em Gale Virtual Reference Library.

[443] Haim Saadoun, "Tunisia". In: Encyclopedia of Jews in the Islamic World. Brill, 2014.

[444] Hirschberg, History of the Jews, vol. 2.

[445] Ibidem, p. 145 passim.

[446] Robert Attal e Claude Sitbon, "The Jewish Community of Tunis". Beit Hatfutsot Databases. Disponível em: https://www.bh.org.il/databases/databases.

447   Sobre os judeus da Tunísia na Segunda Guerra Mundial, consulte Robert B Satloff, Among the Righteous: Lost Stories from the Holocaust's Long Reach into Arab Lands. New York, Public Affairs, 2007.

448   Haaim Saadoun, "Bi-svac ne'emanuyot",, 1999. Disponível em: https://www.ybz.org.il/_Uploads/dbsAttachedFiles/mikedem.umimaaim.2.pdf.

449   Laskier, Yisrael Ve-Ha'Aliyah Mitzfon Africa, p. 343-44.

450   Gilbert, In Ishmael's House, p. 282; Laskier, Yisrael Ve-Ha'Aliyah Mitzfon Africa, p. 362-66.

451   Disponível em: http://www.israelmint.com/?section=646&product=3951&lineItem=2493.

452   Stillman, Jews of Arab Lands, p. 29.

453   Abraham Ben-Yaacob et al., "Iraq". In: Encyclopaedia Judaica, disponível em Gale Virtual Reference Library.

454   Stillman, Jews of Arab Lands, p. 167.

455   Edy Cohen, "The Farhoud Remembered". BESA Center Perspectives Paper. n. 484, Bar-Ilan University, 2 de junho, 2017.

456   Esther Meir-Glitzenstein, "Ha-Pra'ot Be-Yehudei Baghdad". Peamim 8, 1981, p. 21-37; Nissim Kazaz, "Doch Vaadat Ha-Hakirah Mitaam Memshelet Iraq al Me-ora'ot 1-2 June 1941". Peamim 8, 1981, p. 46-59; "Te'udot al Ha-Pra'ot Be-Baghdad velal Tguvat Ha-Yishuv Be-Eretz Yisrael". Peamim 8, 1981, p. 60-91.

457   Esther Meir, "Hasichsuch al Eretz Yisra'el Ve-yahasei Yehudim Muslemim Be-Iraq Beshnot Ha-Arba'im". Peamim 62, 1995, p. 111-31.

458   Itamar Levin, Locked Doors, Praeger, 2001; Dafna Tsimhoni, "Memshelet Iraq Ve-Ha'Aliyah Hagedolah shel Ha-Yehudim Le-Yisra'el". Peamim 39, 1989, p. 66-68.

459   Nissim Kazzaz, "Ha-Yehudim Be-Sevivatam". In: Haim Saadoun (ed.), Iraq. Jerusalem, Ben-Tzvi 2002, p. 26; Moshe Gat, The Jewish Exodus from Iraq, 1948-1951. Frank Cass, 1997, p. 38-41.

460   Há um relato de que a lei foi anulada em 1960. Disponível em: http://www.jta.org/1960/01/26/archive/iraq-cancels-law-abolishing-citizenship-for-jews-who-left-country. No entanto, isso não levou à restituição da propriedade e, na prática, os judeus não podem processar por sua propriedade, pois a nova lei de cidadania que entrou em vigor em 2006 efetivamente impede que os judeus obtenham cidadania, negando-lhes qualquer direito sobre os bens apreendidos. Disponível em: http://jewish refugees.blogspot.co.il/2010/10/can-israelis-of-iraqi-origin-recover.html.

461   Esther Meir-Glitzenstein, "Hidat Ha-Aliyah Ha-Gdolah Mi-Iraq". Peamim 71, 1997, p. 25-54.

462   Gat, The Jewish Exodus, p. 46.

463   Kirkbride, From the Wings, p. 115-16; Gat, The Jewish Exodus.

464   Meir-Glitzenstein, "Hidat Ha-Aliyah". p. 26-28. Quando a primeira bomba foi lançada, emissários israelenses nem haviam aberto as listas de imigração para Israel. Quando foi lançada outra bomba que causou muitos ferimentos e um grande alvoroço, a maioria dos judeus já havia se registrado para imigração para Israel, e os emissários não conseguiam atender aos pedidos.

465   Gilbert, In Ishmael's House, p. 295.

466   Ronald Florence, Blood Libel: The Damascus Affair of 1840. University of Wisconsin Press, 2004.

⁴⁶⁷ Jacob Landau and Moshe Maoz, "Yehudim Ve-Lo-Yehudim BeMitrzayim Ve-Suriya Ba-Me'ah Ha-Tsha-Esreh". Peamim 9, 1981, p. 7.
⁴⁶⁸ "The Arab Answer to Schindler's List". MEMRI Dispatch n. 190. Disponível em: https://www.memri.org/reports/arab-answer-schindlers-list.
⁴⁶⁹ O Códice desapareceu, depois ressurgiu em 1958, quando foi contrabandeado para Israel por um judeu sírio.
⁴⁷⁰ Michael Laskier, "Be-Tzel Hasichsuch Ha-Aravi-Yisraeli Ve-Ha-Le'umiyut Ha-Aravit: Yahasei Muslemim-Yehudim Be-Suriya Bashanim 1948-1970". Peamim 66, 1996, p. 77.
⁴⁷¹ Ibidem, p. 70-127.
⁴⁷² Ibidem, p. 77-78.
⁴⁷³ Ya'akov Meron, "Expulsion of Jews from Arab Countries". In: Malka Hillel Shulevitz (ed.), The Forgotten Millions: The Modern Jewish Exodus from Arab Lands. London e New York, Continuum, 1999.
⁴⁷⁴ Ibidem, p. 92.
⁴⁷⁵ Carta completa disponível no site do Dr. Mordechai Kedar: http://www.jewishpress.com/indepth/analysis/dr-mordechai-kedar/assads-grandfathers-1936-letter-predicts-muslim-slaughter-of-minorities-praises-zionists/2012/09/20/0.
⁴⁷⁶ Walter Yosef Fishel, "Ha-Yehudim Be-Iran Be-Me'ot 17-18: Hebetim Politiyim, Calcaliyim Ve- Kehilatiyim". Peamim 6, 1980, p. 5-31; Amnon Nezter, "Redifot U-Shmadot Be-Toldot Yehudei Iran Ba-Me'ah Ha-17". Peamim 6, 1980, p. 32-56.
⁴⁷⁷ Amnon Netzer, "Korot Anusei Mashad lefi Yaakov Dilmaniyan". Peamim 42, 1990, p. 127-56; Azaryah Levy, "Eduyot Ve-Te'udot Le-Toldot Yehudei Mashad". Peamim 6, 1980, p. 57-73.
⁴⁷⁸ Uma organização judaica fundada em 1860 em Paris, dedicada à defesa e à regeneração da vida judaica. É mais conhecida por sua rede de escolas que combina educação judaica e secular (Ocidental).
⁴⁷⁹ "The Jewish community in Shiraz". Beit Hatfutsot Databases. Disponível em: http://www.bh.org.il/jewish- community-shiraz.
⁴⁸⁰ David Menashri, "Ha-Yehudim Tahat Ha-Melucha Ha-Pahlavit Ve-Hamahapecha Ha-Islamist". In: Haim Saadoun (ed.), Iran. Ben-Tzvi, 2006, p. 56-57.
⁴⁸¹ Disponível em: http://www.daat.ac.il/daat/mahshevt/mekorot/teyman-2.htm.
⁴⁸² Joseph Tobi, "Hitaslemut Be-Kerev Yehudei Teiman Tahat Ha-Shilton Ha-Zaidi". Peamim 42, 1990, p. 105-26.
⁴⁸³ Joseph Tobi, The Jews of Yemen: Studies in Their History and Culture. Brill, 1999, p. 48; Gilbert, In Ishmael's House, p. 83.
⁴⁸⁴ Bat-Zion Eraqi-Klorman, "The Forced Conversion of Jewish Orphans in Yemen". International Journal of Middle East Studies 33, n. 1, 2001, p. 23-47.
⁴⁸⁵ Reuven Aharoni, Yehudei Aden: Kehilah She-Hayta. Tel Aviv, Afikim, 1991, p. 333-42; Saadoun, "Hamarkiv Ha-Palestini". p. 94-95.
⁴⁸⁶ Ed. Saadoun Haim, Teiman. Ben-Tzvi, 2002, p. 122.
⁴⁸⁷ Yahudiya Misriya (um pseudônimo anterior de Giselle Littman), Les juifs en Egypte: Aperçu sur 3000 ans d'histoire. Geneva, Éditions de l'Avenir, 1971, p. 33.
⁴⁸⁸ Landau and Maoz, "Yehudim Ve-Lo-Yehudim Be-Mitzrayim U-BeSuriya". p. 7.

[489] "Shlosha Yemei Pra'ot Be-Yehudei Mitzrayim". Davar, 4 de novembro, 1945.
[490] Gilbert, In Ishmael's House, p. 202.
[491] Hagai Ehrlich, "Mitzrayim Ve-Yehudeha". In: Nahem Ilan (ed.), Mitzrayim. Ben-Tzvi 2008, p. 22.
[492] Saadoun, "Ha-Markiv Ha-Palestini". p. 92.
[493] Disponível em: http://www.haaretz.com/jewish/features.premium-1.530917.
[494] Gordon Cramer, "Ha-Tziyonut Be-Mitzrayim, 1917-1948". Peamim 16, 1983, p. 107-27; Robert Tignor, "Yahadut Mitzrayim: Ha-Metahim Ba-Kehilah Ve-HaTziyonut". Peamim 16, 1983, p. 89-106.
[495] Gilbert, In Ishmael's House, p. 251-64.
[496] Levin, Locked Doors, ch. 3-8.
[497] Michael R. Fischbach, Records of Dispossession: Palestinian Refugee Property and the Arab-Israeli Conflict. New York, Columbia University Press, 2003, p. 172.
[498] Avraham Yaari, The Goodly Heritage. Jerusalem, Youth and Hechalutz, 1958; Tudor Parfitt, The Jews in Palestine 1800-1882. Royal Historical Society, 1987.
[499] Yaari, Goodly Heritage, p. 37; Sherman Liber, "Hitpatchuta shel Ha-Uchlusiya Ha-Yehudit Bi-Tzfat 1800-1839". Cathedra 46, p. 13-44.
[500] Yossef Bodansky, Islamic Anti-Semitism As a Political Instrument. Shaarei Tikva, Ariel Center, 1999, p. 23.
[501] Parfitt, Jews of Palestine, p. 168.
[502] Antes disso, os árabes de Gaza foram expulsos quando os britânicos se aproximaram. Os árabes de Jafa foram autorizados a voltar gradualmente, mas os judeus não.
[503] "Rescue in Palestine". Jerusalem Post, 16 de janeiro, 2016.
[504] Benny Morris, Righteous Victims: A History of the Zionist-Arab Conflict, 1881-2001, Vintage, 2001, p. 36; Daniel Pipes, "The Year the Arabs Discovered Palestine". Middle East Review 21, verão, 1989, p. 37-44. O primeiro Congresso enviou um telegrama à Conferência de Paz de Paris, exigindo a renúncia à Declaração Balfour e a inclusão da Palestina como "parte integrante do [...] Governo Árabe independente da Síria dentro de uma União Árabe, livre de qualquer influência estrangeira ou protecção." Consulte Adnan A. Musallam, From Wars to Nakbeh: Developments in Bethlehem, Palestine, 1917-1949. Disponível em: http://bethlehem-holy-land.net/Adnan/publications/From_Wars_to_Nakbeh.htm.
[505] Azmi Bishara, "There Is No Palestinian Nation and There Never Was". Disponível em: https://www.youtube.com/watch?v=P3n5-yG-6dU.
[506] Adi Schwartz, "A Tragedy Shrouded in Silence". Azure, n. 45, verão, 5771/2011.
[507] Efraim Karsh, "The Long Trail of Islamic Anti-Semitism". Israel Affairs 12, n. 1, 2006, p. 1-12.
[508] Filippo Pananti, Narrative of a Residence in Algiers. London, 1818, p. 157.
[509] Gilbert, In Ishmael's House, p. 104.
[510] Ibidem, p. 105.
[511] Ibidem, p. 106.
[512] Fischbach, Jewish Property Claims.
[513] Fischbach, Records of Dispossession, p. 175-77.

[514] Sidney Zabludoff, "The Palestinian Refugee Issue: Rhetoric Vs. Reality". Jewish Political Studies Review 20, n. 1-2, 2008.

[515] O seguinte grupo israelense-palestino, liderado pelo professor Gilbert Benhayoun, estima a propriedade palestina perdida entre 15 e 30 bilhões de dólares a preços de 2007. O grupo ignorou as perdas de judeus dos países árabes. Consulte Aix Group, Economic Dimensions of a Two-State Agreement between Israel and Palestine (2007). Disponível em: http://aix-group.org.

[516] Fischbach, Jewish Property Claims, p. 177.

[517] Adi Schwartz, "All I Wanted Was Justice". Haaretz, 3 de janeiro, 2008.

[518] Bronwen Manby, Citizenship Law in Africa: A Comparative Study, Open Society Foundations, 2010, p. 51: "A Liga Árabe emitiu um decreto que os palestinos, como forma de preservar sua identidade, não deveriam receber cidadania em outros países árabes". Disponível em: http://www.unhcr.org/4cbc60ce6.pdf.

[519] Yehoshafat Harkabi, "Ha-Palestinim Mi-Tardema Le-Hit'orerut". In: Maoz e Kedar, Ha- Tenu'a Ha-Le'umit Ha-Palestinit, p. 243-98. Harkabi examina os desenvolvimentos e publicações individuais sobre as décadas de 1950 e 1960, bem como o relatório de Ingrid e Johan Galtung, que trata mais sobre o sonho de retornar na sequência de uma visita à Faixa de Gaza em 1964.

[520] Ibidem, p. 250.

[521] Oroub El-Abed, Unprotected: Palestinians in Egypt since 1948. Washington, Institute for Palestine Studies, 2009, p. 11.

[522] Aryeh L. Avneri, The Claim of Dispossession: Jewish Land Settlement and the Arabs 1878-1948. New Brunswick, Transaction Books, 2009, p. 14. Consulte também Gideon M. Kressel e Reuven Aharoni, Egyptian Émigrés in the Levant of the 19th and 20th Centuries. Jerusalem Center for Public Affairs, 2013.

[523] Para mais informações sobre imigração egípcia na área do Mandato da Palestina. Disponível em: http://zionism ontheweb.org/Palestinian_Israel_Conflict/?tag=muhammad-ali

[524] https://unispal.un.org/DPA/DPR/unispal.nsf/0/8D26108AF518CE7E052565A6006E8948.

[525] Anúncio às Nações Unidas sobre a formação de um Governo Geeral da Palestina. Disponível em: https://unispal.un.org/DPA/DPR/unispal.nsf/0/62B1867E967323068025648E00 41673D.

[526] Avi Shlaim, "The Rise and Fall of the All-Palestine Government in Gaza". Journal of Palestine Studies 20, 1990/1991, p. 37-53.

[527] Relatório Geral de Progresso e Relatório Suplementar da Comissão de Conciliação das Nações Unidas para a Palestina, UN Doc. A/1367/Rev.1, 23 de outubro, 1950, cap. III, par. 26. Disponível em: https://unispal.un.org/DPA/DPR/unispal.nsf/0/93037E3B-939746DE8525610200567883.

[528] Disponível em: http://israelipalestinian.procon.org/view.answers.php?questionID=000551; Terence Prittie, "Middle East Refugees". In: Michael Curtis, Org., The Palestinians: People, History, Politics. Transaction Books, 1975, p. 52.

[529] Martha Gellhorn, "The Arabs of Palestine". The Atlantic, outubro, 1961. Disponível em: http://www.the atlantic.com/magazine/archive/1961/10/the-arabs-of-palestine/304203.

530 A citação aparece em um discurso do embaixador de Israel na ONU, Chaim Herzog, em 26 de março de 1976, par. 87. Disponível em: https://unispal.un.org/DPA/DPR/unispal.nsf/0/1F199DA24 F34E44C85256FCC00526624.

531 Sobre os regulamentos, ordens e métodos discriminatórios, consulte Ouroub El-Abed, Unprotected: Palestinians in Egypt since 1948. Beirut, Institute for Palestine Studies, 2009.

532 Disponível em: http://www.nationalityforall.org/egypt.

533 Asher Susser, Israel, Jordan, and Palestine: The Two-State Imperative. Brandeis University, 2012.

534 Morris, "Ledata shel beayat haplitim". p. 412.

535 Chaim Herzog, discurso de 26 de março, 1976, par. 95.

536 "World Directory of Minorities and Indigenous Peoples — Jordan: Palestinians". ACNUR, 2008. Disponível em: http://www.refworld.org/cgi-bin/texis/vtx/rwmain?page=topic&tocid=4565c2252&toid=.*4565c25f5f&docid=49749cfcc&skip=0.

537 Disponível em: http://rightsinexile.tumblr.com/post/30649500039/the-withdrawal-of--citizenship-from-jordanians-of.

538 Khaled Abu Toameh, "Amman revoking Palestinians' citizenship". Jerusalem Post, 20 de agosto, 2009.

539 Lei de cidadania n. 276, 1969. Disponível em: http://www.forcedmigration.org/research- resources/expert-guides/palestinian-refugees-in-syria/fmo017.pdf.

540 Disponível em: http://www.badil.org/en/component/k2/item/518-profiles-palestinian--refugees-in-syria. Html.

541 Ibidem.

542 "Palestinians Killed in Syria Mourned as Heroes". Daily Star, 30 de novembro, 2013.

543 Disponível em: https://www.unrwa.org/syria-crisis.

544 Sobre o Acordo do Cairo, consulte: http://prrn.mcgill.ca/research/papers/brynen2_09.htm.

545 "Socio-Economic Survey of Palestinian Refugees in Lebanon". American University of Beirut, dezembro 2010. Disponível em: http://www.unrwa.org/userfiles/2011012074253.pdf

546 Para mais detalhes, veja o estudo completo em http://archive.is/smcfg.

547 https://www.amnesty.org/en/documents/MDE18/010/2007/en.

548 Disponível em: http://www.irinnews.org/news/2010/08/30/palestinians-still-dissatisfied-despite-labour-law-changes.

549 Disponível em: http://classic-web.archive.org/web/20060905033027/http://web.amnesty.org/pages/369-270306-feature-eng.

550 Simon Haddad, "The Origins of Popular Opposition to Palestinian Resettlement in Lebanon". International Migration Review 38, n. 2, 2004, p. 470-92; Julie Peteet, "From Refugees to Minority: Palestinians in Post-War Lebanon". Middle East Report 200,, 1996; Qifa Nakbi, "Naturalizing the Palestinians". Qifa Nakbi: News and Commentary from the Levant. Disponível em: http://qifanabki.com/2009/11/19/naturalizing-the-palestinians; Sherifa Shafie, "Palestinian Refugees in Lebanon". Forced Migration Online. Disponível em: http://www.forcedmigration.org/guides/fmo018/fmo018.pdf.

551 Khaled Abu Toameh, "Who Called the Palestinians Trash?". Front Page Magazine, 19 de junho, 2011.

552 "Ain al-Hilweh wall nearly completed". Daily Star, 23 de fevereiro, 2017.

553 Hassan A. El-Najjar, The Gulf War: Overreaction and Excessiveness. Amazone Press, 2001, ch.10.

554 "A Million Expatriates to Benefit From New Citizenship Law". Arab News, 21 de outubro, 2004.

555 Shawa A. Salma, "Palestinians Expelled by Libya Stranded in Makeshift Camp". Washington Report on Middle East Affairs, 1996.

556 "Gaddafi's Torture Prison". Der Spiegel, 31 de julho, 2007.

557 Al Jazeera. Disponível em: http://elderofziyon.blogspot.com/2010/08/libya-imposing-restrictions-on-local.html.

558 Relatório do ACNUR sobre o "Protocolo de Casablanca". Disponível em: http://www.refworld.org/cgi-bin/texis/vtx/rwmain?page=country&category=&publisher=LAS&type=&coi=SDN&rid=456d621e2&docid=460a2b252&skip=0.

559 Joffe e Romirowsky, "A Tale of Two Galloways".

560 "The Militant Magician". The Guardian, 28 de dezembro, 2002.

561 Ran Hacohen, "Who Won World War II?". Antiwar.com, 27 de março, 2004. Disponível em: http://www.antiwar.com/hacohen/?articleid=2196.

562 Yitzhak Laor, "After Jenin". London Review of Books 24, n. 9, 9 de maio, 2002, p. 18.

563 Efraim Karsh, Arafat's War: The Man and His Battle for Israeli Conquest. New York, Grove Press, 2004, p. 44-45.

564 David Stone, "Has Israel damaged Palestinian health?". Fathom Journal, outono, 2014. Disponível em: http://fathomjournal.org/wp-content/uploads/2014/12/Has-Israel-damaged-Palestinian-health.pdf.

565 Ennab R. Wael, "Population and Demographic Developments in the West Bank and Gaza Strip until 1990". Doc. UNCTAD/ECDC/SEU/1, 28 de junho, 1994. Disponível em: http://unctad.org/en/docs/poecdcseud1.en.pdf.

566 Disponível em: http://data.worldbank.org/indicator/SP.DYN.IMRT.IN/countries/PS-XQ-XN?display=graph.

567 Disponível em: http://documents.worldbank.org/curated/en/561841468141888729/West-Bank-and-Gaza-Education-sector-analysis-impressive-achievements-under-harsh-conditions-and-the-way-forward-to-consolidate-a-quality-education-system.

568 Disponível em: http://data.worldbank.org/country/west-bank-and-gaza.

569 Patrick Clawson, "The Palestinians' Lost Marshall Plans". Jerusalem Post, 9 de agosto, 2002.

570 Relatório da Palestinian Media Watch (PMW). Disponível em: http://palwatch.org/STORAGE/special%20reports/4_reports_PA_salaries_to_terrorists_Feb_13_2013.pdf.

571 Chris Dyszynski, "Ten years of anti-Israel prejudice". Just Journalism, novembro, 2010.

572 "Arab-Israeli belts to #1 on 'The Voice Israel'". Jerusalem Post, 24 de março, 2013.

573 Sara Schulman, "Israel and Pinkwashing". The New York Times, 22 de novembro, 2011.

574 "Former President of Israel Is Convicted of Rape". The New York Times, 30 de dezembro, 2010.

575 "60 percent of Turks below poverty line". De Standaard, 16 de outubro, 2006.

576 UK Muslim Statistics Archive. Disponível em: https://muslimstatistics.wordpress.com/2012/12/14/uk-muslim-statistics-archive-pre-2003.

577 "Three in four Pakistani and Bangladeshi children in UK living in poverty at age 7". Centre for Longitudinal Studies, 15 de outubro, 2006.

578 Em 2007, apenas 20% das mulheres formadas no ensino médio no setor árabe trabalhavam, em comparação com 70% dos formados em universidades, e apenas 5% das mulheres árabes entre 55 e 67 anos fazem parte da força de trabalho. A educação, parece, é a chave para a integração das mulheres na sociedade. Consulte Knesset Data Report on Employment of Women in the Arab Sector [em hebraico], 2007. Disponível em: http://www.knesset.gov.il/mmm/data/pdf/m01711.pdf.

579 De acordo com uma pesquisa de 2012 sobre as percepções do tamanho desejado da família entre os israelenses judeus e os árabes israelenses, o número é de 3,7 filhos. Na prática, o tamanho total da família em 2012 era de 2,7 filhos para judeus e 3,7 para os árabes, mas continuou em uma trajetória de convergência. De acordo com um relatório de novembro de 2016 no Yedioth Ahronoth, Os dados do Gabinete Central de Estatística de 2015 mostram que a taxa de fecundidade dos dois grupos convergiu para 3,13 filhos por mulher (contra 4,3 em 2000 no setor árabe). Disponível em: http://www.ynet.co.il/articles/0,7340,L-4879385,00.html.

580 Consulte European Monitoring Centre on Racism and Xenophobia (EUMC), *Muslims in the European Union: Discrimination and Islamophobia*, 2006. Disponível em: http://fra.europa.eu/sites/default/files/fra_uploads/156-Manifestations_EN.pdf.

581 Os dados para a Grã-Bretanha são retirados do relatório do EUMC mencionado e dos dados recolhidos pelo Conselho Muçulmano da Grã-Bretanha. Disponível em: http://muslimstatistics.wordpress.com/2012/12/14/uk-muslim-statistics-archive-pre-2003. Consulte também "UK Black and Asian workers 'underpaid'". *BBC*, 12 de abril, 2002.

582 Uma ONG árabe-judaica que promove a igualdade. Para o relatório, consulte http://www.sikkuy.org.il/wp-content/uploads/2013/11/sikkuymadad_2006.pdf.

583 Baljinder Virk, "Combating labour market disadvantage among ethnic minority groups". University of Bristol School for Policy Studies, 2006. (Tese de Doutorado)

584 "Britain's coping classes at breaking point". *The Telegraph*, 10 de outubro, 2010.

585 "Country Profiles". Disponível em: http://www.euro-islam.info/country-profiles, que divide os dados por país, bem como os estudos citados.

586 O Programa Internacional de Avaliação de Alunos (PIAA) é um exame global de avaliação padronizada de estudantes feito por estudantes de 15 anos em ciências, leitura e matemática.

587 Os dados são do relatório do EUMC mencionado e "Islam and Identity in Germany". *Europe Report*, n. 181, 14 de março, 2007. Disponível em: https://www.files.ethz.ch/isn/29211/181_islam_in_germany.pdf.

588 Gabinete Central de Estatística, *Christmas 2012: Christians in Israel*. Disponível em: http://www.cbs.gov.il/reader/newhodaot/hodaa_template.html?hodaa=201211349.

589 Veja o estudo de Abraham Fund: "Pe'arim Hevratiyim Bein Aravim Lebein Yehudim".

590 Desde que a Lei de Educação Obrigatória entrou em vigor em 1949, o analfabetismo foi reduzido de 95% para 25%. O escopo do analfabetismo na comunidade beduína caiu para menos de 15%. O analfabetismo é comum entre as mulheres beduínas mais velhas, com 70,4% das mulheres entre 50 e 59 anos e 87% das pessoas com 60 anos ou mais sendo analfabetas (dados de 2010). Veja a publicação de junho de 2014 da Força-Tarefa entre Agências

sobre Assuntos Árabe-Israelenses, citando dados da *The Palestinians in Israel: Socio-Economic Survey, 2010 — Main Findings*. Shefar'am, Galilee Society — Arab National Society for Health Research and Services, maio, 2011, p. 213.

[591] Shawn Magin, "Illiteracy in the Arab Region: A Meta Study". Graduate Institute of Applied Linguistics, 2010. Disponível em: http://www.gial.edu/images/gialens/vol4-2/Magin-Arab-Illiteracy.pdf.

[592] Para dados comparativos sobre a Grã-Bretanha com base em pesquisas conduzidas pelo Gabinete de Estatísticas Nacionais, consulte "British Muslims are most deprived". 30 de outubro, 2004. Disponível em: http://underprogress.blogs.com/weblog/2004/10/british_muslims.html.

[593] US Census Bureau, "Income and Poverty in the United States: 2013". Disponível em: https://www.census.gov/content/dam/Census/library/publications/2014/demo/p60-249.pdf.

[594] Hege Storhaug, *Human Visas*. Kolofon, 2003. Disponível em: http://www.rights.no/in_english/hrs_06.00_030601_102.htm.

[595] No início do período muçulmano anterior às Cruzadas, havia um distrito que cobria parte do país conhecido como Jund Filastin, parte de Bila a-Sham, incluindo a Síria de hoje.

[596] O documento completo está disponível em: http://duncankennedy.net/documents/Is--Pal/First-Syllabus/Feisal-Weizmann%20Agreement.pdf

[597] Carta de Feisal para o juiz da Suprema Corte Americana Felix Frankfurter, 3 de março de 1919, reimpressa no The New York Times, 5 de março, 1919.

[598] https://en.wikipedia.org/wiki/San_Remo_conference

[599] Disponível em: http://avalon.law.yale.edu/20th_century/palmanda.asp

[600] Relatório completo: http://www.jewishvirtuallibrary.org/jsource/History/peel1.html

[601] Benny Morris, *One State, Two States*, p. 66.

[602] Para o Plano e mapas associados, consulte https://unispal.un.org/DPA/DPR/unispal.nsf/0/7F0AF2BD897689B785256C330061D253. Para o mapa oficial de Partições da ONU, consulte https://unispal.un.org/DPA/DPR/unispal.nsf/0/3CBE4EE1EF30169085256B98006F540D

[603] Barnett and Karsh, "Azzam's Genocidal Threat."

[604] Avi Shlaim, *The Iron Wall: Israel and the Arab World* (New York: Norton, 2001, p. 230.

[605] Walter Laqueur,The Road to War: The Origin and Aftermath of the Arab-Israeli Conflict, 1967/8. *Penguin Books, 1970, p. 59.*

[606] Disponível em: http://news.bbc.co.uk/onthisday/hi/dates/stories/may/30/newsid_2493000/2493177.stm

[607] Disponível em: http://self.gutenberg.org/articles/eng/Abdul_Rahman_Arif

[608] Moshe Shemesh, "Did Shuqayri Call to Throw the Jews into the Sea?". *Iyunim Bitkumat Israel* 11, 2001, p. 132 [em hebraico].

[609] W.A. Terrill, "The chemical warfare legacy of the Yemen war". *Comparative Strategy* 10, n. 2, 1991, p. 109-19.

[610] George Gruen, "The Refugees of Arab-Israeli Conflict". *American Jewish Committee*, March 1969.

[611] Disponível em: http://news.bbc.co.uk/onthisday/hi/dates/stories/june/13/newsid_3023000/3023159.stm

[612] Para os registros das reuniões governamentais relevantes (em hebraico), consulte http://www.archives.gov.il/search/?q=%2F%D7%AA%D7%95%D7%9B%D7%A0%D7%99%D7%A-A-%D7%94%D7%A9%D7%9C%D7%95%D7%9D-%D7%A9%D7%9C-%D7%9E%D7%9E%-D7%A9%D7%9C%D7%AA-%D7%99%D7%A9%D7%A8%D7%90%D7%9C-&search_type=all. Para informações em inglês, veja: http://www.sixdaywar.co.uk/gloria-report-6-day-war-&-peace-process.htm e http://israelsdocuments.blogspot.co.il/2012/10/reposting-19th-june-1967-israels-peace.html

[613] Disponível em: http://avalon.law.yale.edu/20th_century/khartoum.asp

[614] https://unispal.un.org/DPA/DPR/unispal.nsf/0/7D35E1F729DF491C5256EE700686136

[615] Disponível em: http://israelsdocuments.blogspot.co.il/2012/07/shamir-and-peres-disagree-on-london.html

[616] "Disengagement from the West Bank". publicação oficial da Jordânia, 31 de julho, 1988. Disponível em: http://www.kinghussein.gov.jo/his_periods9.html

[617] O massacre ocorreu em 26 de fevereiro de 1994. O terrorista judeu assassinou 29 palestinos.

[618] "Arafat letter to rejectionists". *Jerusalem Post*, 18 de novembro, 1994.

[619] *Maariv*, 7 de setembro, 1995.

[620] Jordan Television Network, 24 de setembro, 1993; *Jerusalem Post*, 17 de julho, 1994.

[621] Para vídeo, veja: http://www.palwatch.org/main.aspx?fi=711&fld_id=723&doc_id=486 Para texto, veja: http://www.textfiles.com/politics/arafat.txt

[622] Cal Thomas, "U.S. Deluding Itself About Arafat's Intent". *Washington Times*, 1º de março, 1996.

[623] Dani Naveh, "Palestinian Authority: The Involvement of Arafat and PA Officials in Terrorism against Israel". Disponível em: http://www.jewishvirtuallibrary.org/the-involve ment-of-arafat-and-pa-officials-in-terrorism-against-israel; Avraham Gur, "Palestinian Authority: Terror Organizations Camouflaged as Security Services". [em hebraico] Position Paper n. 154, Ariel Center for Policy Research. Disponível em: http://www.acpr.org.il/pp/pp154-Gur-H.pdf. Para documentos da PA capturados (em hebraico), consulte http://www.7th-day.co.il/mehumot/mismah.htm

[624] Yossi Melman, "Don't Confuse Us With Facts". *Haaretz*, 16 de agosto, 2002.

[625] Veja, por exemplo, os testemunhos em http://www.palwatch.org/main.aspx?fi=710

[626] https://www.youtube.com/watch?v=AmzmX-U7boQ e https://www.youtube.com/watch?v=f1AmL9Qoiek

[627] Para o texto completo do acordo, consulte http://www.mideastweb.org/beilinabumazen1.htm. Veja também os comentários de Dennis Ross sobre o acordo em Dennis Ross, *The Missing Peace: The Inside Story of the Fight for Middle East Peace* (New York: Farrar, Straus and Giroux, 2004, p. 208.

[628] Ari Shavit, "End of a Journey". entrevista com Shlomo Ben-Ami em *Haaretz*, 14 de setembro, 2001.

[629] Para os protocolos da reunião. Disponível em: http://www.peacelobby.org/clinton_parameters.htm. O site da OLP contém aproximadamente os mesmos parâmetros, com uma lista de explicações por que eles recusaram. Disponível em: http://nad-plo.org/print.php?id=76

[630] Os detalhes da proposta são tirados, palavra por palavra, do artigo de Ross, "Don't Play with Maps". The *New York Times*, 9 de janeiro, 2007, em resposta a declarações imprecisas

de Jimmy Carter sobre a proposta. Veja também o discurso de Bill Clinton de 7 de janeiro de 2001, detalhando os parâmetros. Disponível em: http://prrn.mcgill.ca/research/documents/clinton.htm. O mapa apresentado aqui foi reproduzido com permissão a partir do livro de Ross, *The Missing Peace*.

[631] Shavit, "End of a Journey."

[632] "The Prince". The *New Yorker*, 24 de março, 2003, p. 58.

[633] Disponível em: http://www.nad-plo.org/etemplate.php?id=98

[634] Para os mapas, as distorções de Carter e a resposta de Ross, consulte http://jpundit.typepad.com/jci/2006/12/carters_maps_wo.html

[635] Arafat conseguiu em parte. Israel se dividiu em grupos furiosos sobre se a paz era possível, que riscos deveriam ser tomados para alcançá-la, e se Israel era o responsável pelo fracasso em alcançá-la. Mas os israelenses não dabandaram em massa.

[636] Disponível em: http://www.saudiembassy.net/files/PDF/03-ST-Bandar-0324-NewYorker.pdf (removido do website). Em seu livro, *The Missing Peace*, Ross relata o seguinte: "Era uma noite fria de dezembro quando nos sentamos diante da lareira de Bandar, e ele disse algo que eu nunca esquecerei: 'Se Arafat não aceita o que está disponível agora, não será uma tragédia, será um crime.'" (p. 748).

[637] Veja a declaração do Ministério de Relações Exteriores de Israel de 31 de dezembro de 2000. Disponível em: http://www.mfa.gov.il/mfa/pressroom/2000/pages/pm%20barak-%20israel%20has%20proven%20its%20commitment%20to%20peac.aspx

[638] Veja, por exemplo, Rick Richman, "Walt, Mearsheimer and the Peace Process". *American Thinker*, 13 de janeiro, 2013.

[639] Veja o resumo (contestado) das conversas de Taba pelo Representante da UE Miguel Moratinos, publicado em Haaretz, 14 de fevereiro, 2002.. Disponível em: http://www.haaretz.com/news/eu-description-of-the-outcome-of-permanent-status-talks-at-taba-1.52973

[640] Disponível em: https://2009-2017.state.gov/secretary/20092013clinton/rm/2012/11/201343.htm

[641] Disponível em: http://www.politico.com/story/2016/05/bill-clinton-palestinians-israel-223176

[642] Disponível em: http://al-bab.com/albab-orig/albab/arab/docs/league/peace02.htm

[643] Disponível em: http://www.un.org/News/dh/mideast/roadmap122002.pdf

[644] Disponível em: http://www.jewishvirtuallibrary.org/jsource/Peace/road1.html

[645] "Israeli PM Olmert Addresses Congress". The *Washington Post*, 24 de maio, 2006.

[646] Marwan Muasher, "The Death of the Arab Peace Initiative?". *The Atlantic*, 23 de novembro, 2011.

[647] Fouad Ajami, "Arafat's War". The *Wall Street Journal*, 29 de março, 2002.

[648] David Makovsky, "Olmert's Unilateral Option: An Early Assessment". Policy Focus n. 55, Washington Institute, maio 2006.

[649] Disponível em: http://www.washingtontimes.com/news/2006/may/22/20060522-110411-3972r

[650] Condoleezza Rice, *No Higher Honor: A Memoir of My Years in Washington* (Simon and Schuster, 2012, p. 50.

[651] Aluf Benn, "PA Rejects Olmert's Offer to Withdraw From 93% of West Bank". *Haaretz*, 12 de agosto, 2008.

⁶⁵² *Al Jazeera* report, 27 de março, 2009. Disponível em: http://www.memri.org/report/en/0/0/0/0/0/0/3241.htm
⁶⁵³ Disponível em: http://www.memri.org/report/en/0/0/0/0/0/0/3413.htm
⁶⁵⁴ Jackson Diehl, "Abbas's Waiting Game". The *Washington Post*, 29 de maio, 2009.
⁶⁵⁵ "Abbas: the way out of current impasse". *Asharq Al-Awsat*, 22 de dezembro, 2009.
⁶⁵⁶ Disponível em: http://transparency.aljazeera.net/files/4240.pdf
⁶⁵⁷ Para a pesquisa completa consulte "The Palestine Papers and the Right of Return". Disponível em: http://www.israelbehindthenews.com/library/pdfs/Palestine_Papers_Right_of_return_memo.pdf, publicada pela Christians for Fair Witness on the Middle East— uma ONG de protestantes tradicionais e clero católico romano na América do Norte.
⁶⁵⁸ Ian Black e Seumas Milne, "Palestinians agreed only 10,000 refugees could return to Israel". The *Guardian*, 24 de janeiro, 2011.
⁶⁵⁹ "Abbas admits refugee return 'illogical,'" The *Guardian*, 24 de janeiro, 2011.
⁶⁶⁰ Disponível em: http://www.ajtransparency.com/files/4928.PDF
⁶⁶¹ Disponível em: http://transparency.aljazeera.net/files/2364.PDF
⁶⁶² Disponível em: http://www.memri.org/report/en/0/0/0/0/0/0/3413.htm
⁶⁶³ Ian Black e Seumas Milne. "Palestinian negotiators accept Jewish state, papers reveal". The *Guardian*, 24 de janeiro, 2011. Disponível em: http://www.guardian.co.uk/world/2011/jan/24/palestinian-negotiators-jewish-state-papers?intcmp=239
⁶⁶⁴ Disponível em: http://transparency.aljazeera.net/files/4555.pdf
⁶⁶⁵ Disponível em: http://www.maannews.net/eng/ViewDetails.aspx?ID=364221
⁶⁶⁶ Saeb Erekat, "The Returning Issue of Palestine's Refugees". The *Guardian*, 10 de dezembro, 2010.
⁶⁶⁷ Ian Black e Seumas Milne, "Papers reveal how Palestinian leaders gave up fight over refugees". The *Guardian*, 24 de dezembro, 2011.
⁶⁶⁸ Ehud Olmert, "Peace Now, or Never". *The New York Times*, 21 de setembro, 2011.
⁶⁶⁹ Disponível em: http://www.brookings.edu/~/media/events/2012/11/30-saban-forum/olmert-ignatius-uncorrected-transcript.pdf
⁶⁷⁰ Disponível em: http://www.ynet.co.il/articles/0,7340,L-3956698,00.html (em hebraico).
⁶⁷¹ Erik Bandar, "Beshelim Lehakara Ba-Medina Ha-Yehudit". *Maariv*, 12 de novembro, 2007.
⁶⁷² Disponível em: http://www.huffingtonpost.com/david-harris/palestinian-leaders--denyi_b_760067.html
⁶⁷³ Disponível em: http://en.wikisource.org/wiki/Constitution_of_Palestine_%282003%29
⁶⁷⁴ Sobre as várias formas de reconhecimento, ver http://blogs.timesofisrael.com/the-real-jewish-state-story
⁶⁷⁵ Akiva Eldar e David Landau, "A Jewish State? Definitely". *Haaretz*, 17 de junho, 2016.
⁶⁷⁶ O Fatah é a facção dominante na OLP, que assumiu o comando dos assuntos palestinos sob os Acordos de Oslo. Fundado por Yasser Arafat em 1959, o Fatah domina a matriz de poder da Palestina. Na prática, o Fatah é a Autoridade Palestina, o partido governante liderado primeiro por Arafat e hoje por Abbas.
⁶⁷⁷ Disponível em: http://www.memri.org/report/en/print3570.htm

[678] Disponível em: http://www.jewishvirtuallibrary.org/israeli-opinion-of-the-clinton-and-geneva-initia tive-parameters

[679] Disponível em: http://www.geneva-accord.org/mainmenu/english

[680] Sobre as objeções palestinas a Genebra, veja http://www.memri.org/report/en/0/0/0/0/0/0/1026.htm

[681] *Al Jazeera*, 23 de setembro, 2011. Disponível em: http://palwatch.org/main.aspx?fi=1003&fld_id=1003&doc_id=5758

[682] Disponível em: http://www.palwatch.org. Sobre Hitler e o nazismo: http://palwatch.org/main.aspx?fi=655. Para uma pesquisa extensa: http://www.palwatch.org/main.aspx?fi=950

[683] Disponível em: http://ngo-monitor.org/data/images/File/FINAL%20NGOs,%20Antisemitism%20and%20Government%20Funding-Report%20Global%20Forum%20on%20Antisemitism%202015.pdf

[684] https://electronicintifada.net/blogs/ali-abunimah/mahmoud-abbas-collaboration-israeli-army-secret-police-sacred 30 de maio, 2014.

[685] https://electronicintifada.net/content/israeli-jews-and-one-state-solution/8528, 10 de novembro, 2009.

[686] Disponível em: http://www.alhaq.org/about-al-haq/donors; http://www.ngo-monitor.org/ngos/al_haq

[687] https://bdsmovement.net/es/taxonomy/term/191/all/%3Ca%20href%3D

[688] Disponível em: http://www.ngo-monitor.org/ngos/ngo_development_center_ndc_0

[689] Disponível em: http://imemc.org/article/48134

[690] Disponível em: http://icahd.org/get-the-facts/boycotts-divestments-sanctions

[691] Disponível em: http://eeas.europa.eu/archives/delegations/israel/projects/list_of_projects/227846_en.htm

[692] Disponível em: http://www.ngo-monitor.org/funder/european_union

[693] Disponível em: http://www.youtube.com/watch?v=tnpilMYsRoI

[694] https://electronicintifada.net/blogs/ali-abunimah/yes-john-kerry-there-can-be-single-democratic-state-palestine

[695] Disponível em: http://www.nrg.co.il/online/1/ART2/541/277.html

[696] Ravid Barak, "The Secret Fruits of the Peace Talks: A Future Point of Departure". *Haaretz*, 5 de julho, 2014.

[697] Ben Birnbaum and Amir Tibon, "The Explosive, Inside Story of How John Kerry Built an Israel-Palestine Peace Plan". *New Republic*, 21 de julho, 2014.

[698] Nahum Barnea, "Netanyahu's mistake was trusting Abbas". *YNet*, 6 de março, 2015.

[699] Sara Roy, "Gaza: Abandoned in the Middle of Nowhere". *Georgetown Journal of International Affairs*. junho 2016.

[700] Elhanan Yakira, *Post-Zionism, Post Holocaust*. Cambridge University Press, 2010, p. 67.

[701] Ilan Pappé, "Demons of the Nakbah". *Al-Ahram Weekly*, 16 de maio, 2002.

[702] Joseph Massad, "Truths, facts and facts on the ground". *Al Jazeera*, 18 de novembro, 2011.

[703] "Full Transcript of Netanyahu Speech at UN General Assembly". *Haaretz*, 24 de setembro, 2011.

[704] Joseph Massad, "Truth, facts and facts on the ground". *Al Jazeera*, 18 de novembro, 2011.

705 Joseph Massad, "The last of the Semites". *Al Jazeera*, 21 de maio, 2013.
706 Lev Grinberg, "Génocide symbolique". *La Libre*, 29 de março, 2004.
707 William Cook, Org., The Plight of the Palestinians: A Long History of Destruction. *New York, Palgrave Macmillan, 2010).*
708 Um professor de inglês da Universidade de La Verne, no sul da Califórnia, cuja poesia inclui obras como "Os fantasmas de Terezin", nas quais ele descreve os campos de refugiados palestinos como uma "nova Terezin" — na verdade, "mais devastada que Terezin" (Campo de concentração de Theresienstadt) e israelenses como os novos nazistas.
709 A falecida expatriada e acadêmica israelense especialista em linguística, uma protegida de Noam Chomsky, conhecida por suas visões radicais e contra Israel e o ativismo contra o "apartheid israelense" e sua solidariedade aos palestinos.
710 Consulte o Capítulo 17.
711 Um filósofo e teórico político israelense pós-sionista na Universidade de Tel Aviv, cujo trabalho de 704 páginas sobre teoria moral publicado em 2005 pelo MIT, *The Order of Evils: Towards An Ontology of Morals*, argumenta que o mal é parte integrante do mundo, uma ordem socialmente estruturada de "males supérfluos". Enquanto o trabalho é principalmente uma discussão de textos filosóficos, o autor esclarece no prefácio que seu interesse na "questão do Mal" e "A construção das condições de produção e distribuição de males" foi motivada por... você adivinhou: Israel. Ofir ressalta que Israel foi um catalisador e pedra fundamental para escrever este trabalho, fornecendo "o mais claro exemplo das condições sob as quais o mal supérfluo é produzido". Israel é descrito por Ofir como um "suposto Estado democrático". A obra, diz ele, visa "romper a ideologia sionista contemporânea que dita o discurso moral em Israel hoje" (p. 23).
712 Disponível em: http://www.badil.org/en/press-releases/142-2012/3559-press-eng-29
713 A partir de 1º de janeiro de 2015. Disponível em: http://www.unrwa.org/sites/default/files/about_unrwa_2015.pdf
714 Disponível em: http://www.youtube.com/watch?v=A9mmOilcDA4
715 A citação aparece na íntegra em uma carta enviada pela Organização Sionista da América ao presidente da Universidade Northeastern. Disponível em: http://www.campus-watch.org/article/id/13436. A resposta da universidade foi enviada ao *Algemeiner*: Disponível em: http://www.algemeiner.com/wp-content/uploads/2013/10/Northeastern-University--STATEMENT-10.3.2013.pdf
716 Daniel Pipes, "Imperial Israel: The Nile-to-Euphrates Calumny". *Middle East Quarterly*, março, 1994.
717 "Libel: Israel seeks rule from Euphrates to Nile". Palestinian Media Watch. Disponível em: http://www.palwatch.org/main.aspx?fi=780
718 Disponível em: http://hurryupharry.org/2011/07/05/our-tolerance-of-extremism--will-do-for-us
719 Disponível em: http://www.israelwhat.com/2011/12/13/peace-researcher-exposed-prio--researcher-tu nander-suggests-israel-involved-in-227
720 "Pioneer of Global Peace Studies Hints at Link between Norway Massacre and Mossad". *Haaretz*, 30 de abril, 2012.

[721] Atalia Omer e Jason Springs, "Johan Galtung, Anti-Semitism, and the Protocols of the Elders of Zion: A Teachable Moment". 24 Peace Scholars: Conversations at the Intersection of Academia, New Media, and World Peace, 23 de maio, 2012.
[722] Disponível em: http://www.campus-watch.org/article/id/3142
[723] Disponível em: http://www.monabaker.com/DavidsonMESA.htm
[724] Gerald Steinberg, "The Lancet: How an Anti-Israel Propaganda Platform Was Turned Around". The Tower, agosto – setembro 2017. Disponível em: http://www.thetower.org/article/the-lancet-how-an-anti-israel-propaganda-platform-was-turned-around
[725] Jake Wallis Simons, "Lancet 'hijacked in anti-Israel campaign,'" Telegraph, 22 de setembro, 2014. Disponível em: http://www.telegraph.co.uk/news/health/news/11112930/Lancet-hijacked-in-anti-Israel-campaign.html
[726] A Universidade de West Chester dificilmente é uma das principais instituições acadêmicas, ocupando o 431º lugar na lista da Forbes America's Top Colleges 2017 e mais conhecida por seu curso de poesia.
[727] Disponível em: http://www.theguardian.com/world/2005/oct/18/books.highereducation
[728] John Lyons, "Across the divide: boycott shocks 'unity' professor Dan Avnon". The Australian, 8 de dezembro, 2012.
[729] Disponível em: http://www.khouse.org/enews_article/2009/1409
[730] Disponível em: http://www.israel-academia-monitor.com/index.php?type=large_advic&advice_id=8695&page_data%5Bid%5D=178&cookie_lang=en
[731] Charlotte Edwardes, "Fury as academics are sacked for being Israeli". Telegraph, 7 de julho, 2002.
[732] Disponível em: http://mondoweiss.net/2014/03/scholars-censorship-intimidation.html
[733] Um filósofo judeu vienense mentalmente torturado e suicida que escreveu um livro misógino e antissemita chamado Sexo e Caráter, converteu-se ao Cristianismo, e depois se suicidou aos 23 anos de idade. Após sua morte, o trabalho teve um breve apogeu e foi a sensação dos salões vienenses da época.
[734] Disponível em: http://blog.unwatch.org/index.php/2011/03/21/richard-falk-endorses--911-inside-job-theory-interviewed-in-his-official-un-capacity
[735] Disponível em: http://elderofziyon.blogspot.co.il/2011/02/richard-falks-defense-of-khomeini-1979.html#. Uwi_4_l_tK2
[736] "Palestinian writers, activists disavow racism, anti-Semitism of Gilad Atzmon". The Electronic Intifada, 13 de março, 2012.
[737] Jeffery Goldberg, "John Mearsheimer Endorses a Hitler Apologist and Holocaust Revisionist". The Atlantic, 23 de setembro, 2011.
[738] "Mearsheimer responds to Goldberg's latest smear". Foreign Policy, 26 de setembro, 2011.
[739] Citações extensas do livro estão disponíveis em Alan Dershowitz, "Why are John Mearsheimer and Richard Falk Endorsing a Blatantly Anti-Semitic Book?" New Republic, 4 de novembro, 2011.
[740] Parafraseando a canção de protesto de 1964 cantada por Pete Seeger (escrita por Tom Paxton) "What did you learn in school today." Veja https://www.youtube.com/watch?-v=Wf5Jn8O3soc

741 https://rabbibrant.com/2010/01/13/nurit-peled-elhanans-cry-from-the-heart
742 https://www.indybay.org/newsitems/2003/01/30/15682691.php
743 Disponível em: http://www.hartford-hwp.com/archives/51/253.html
744 John Miller, *Siding with the Oppressor: The Pro-Islamist Left*. One Law for All, 2013. Disponível em: http://www.onelawforall.org.uk/wp-content/uploads/SidingWithOpressor_Web.pdf
745 Ibidem, p. 9.
746 Jonathan Schanzer, "United in Hate: The Left's Romance with Tyranny and Terror". *Front Page Magazine*, 25 de janeiro, 2010.
747 "Hamas: Kill Christians and Jews to the last one". Palestinian Media Watch. Disponível em: http://www.youtube.com/watch?v=IrI8-qb9M9A
748 https://radicalarchives.org/2010/03/28/jbutler-on-hamas-hezbollah-israel-lobby
749 Para a Carta completa em inglês. Disponível em: http://avalon.law.yale.edu/20th_century/hamas.asp
750 Clip da MEMRI na al-Aqsa TV. Disponível em: http://www.memritv.org/clip/en/1877.htm
751 Clip da Palestinian Media Watch. Disponível em: http://www.palwatch.org/main.aspx?fi=1061&doc_id=528
752 Clip da MEMRI sobre o Hamas. Disponível em: https://www.youtube.com/watch?v=-QUVxxjuK-JI
753 Jonathan Dahoah-Halevi, "Calls for Genocide Doctrines Have Infiltrated Hamas Ideology". Centro de Jerusalém para Assuntos Públicos,19 de março, 2008.
754 Disponível em: http://www.youtube.com/watch?v=jwN2M6ZIIRU
755 A Palestinian Media Watch tem inúmeros clipes demonstrando isso. Disponível em: http://www.palwatch.org
756 Itamar Marcus e Barbara Crook, "Hamas Enacts Islamic Laws, Including: Amputation, Crucifixion, Lashes". *News Blaze*, 24 de dezembro, 2008.
757 Hazem Balousha, "Gazans Alarmed by Draft Law Including Islamic Punishments". *Al-Monitor*, 10 de maio, 2013.
758 O acordo foi assinado em 15 de novembro de 2005, alguns meses após a retirada. Disponível em: http://www.reut-institute.org/Publication.aspx?PublicationId=905
759 Sobre uma onda brutal de violência, caça à cabeças e arrastamento de corpos, veja Nidal al-Mughrabi, "Hamas gunmen hunt down Fatah rivals in Gaza Strip". *Reuters*, 14 de junho, 2007. Disponível em: http://www.reuters.com/article/2007/06/14/us-palestinian-reprisals-idUSL1474926320070614
760 Disponível em: http://www.gisha.org/UserFiles/File/publications/Rafah_Report_Eng.pdf
761 Disponível em: http://rabble.ca/news/robert-fisk-gaza-and-media
762 Robert Fisk, "Why do they hate the West so much". The *Independent*, 7 de janeiro, 2009.
763 Disponível em: http://www.terrorism-info.org.il/data/pdf/PDF_08_292_2.pdf
764 Gideon Levy, "The IDF Has No Mercy for the Children in Gaza Nursery Schools". *Haaretz*, 15 de janeiro, 2009.
765 Os atos de vingança organizados pela Brigada Judaica (uma brigada de voluntários judeus do Mandato da Palestina no Exército Britânico) eram esporádicos: a maioria visava um punhado de indivíduos específicos. Sim, houve uma tentativa de envenenar prisioneiros

de um campo de prisioneiros de guerra cheios de membros da SS (que só adoeceram), mas muito rapidamente o desejo de vingança foi canalizado para levar os judeus ao Mandato da Palestina em desafio aos britânicos, enquanto sobreviventes do Holocausto canalizaram suas energias para reconstruir suas vidas e recordações, não a vingança. Deve-se enfatizar que o tão elogiado plano do partidário Abba Kovner de envenenar os reservatórios de água de Hamburgo e Nuremberg nunca foi realizado.

[766] Naomi Klein, "Enough. It is time for a boycott of Israel". The *Guardian*, 10 de janeiro, 2009.

[767] Os chefes do BDS Omar Barghouti e Ali Abunimah disseram isso explicitamente. Disponível em: http://www.youtube.com/watch?v=tnpilMYsRoI

[768] Para o chamado para boicotar, veja http://www.inminds.co.uk/img/2006.10.22.qudday.9188.jpg

[769] Disponível em: http://www.zombietime.com/israeli_consulate_protest_july_13_2006

[770] Disponível em: http://electronicintifada.net/content/eu-poll-israel-poses-biggest-threat-world-peace/4860

[771] https://www.facebook.com/notes/the-islamic-university-of-gaza/lse-students-union-twins-with-islamic-university-of-gaza/196604850799

[772] Para o discurso de al-Astal's, veja: http://www.memritv.org/clip/en/1739.htm

[773] Para a entrevista com al-Astal: http://www.memritv.org/clip/en/2934.htm

[774] Para al-Astal na al-Aqsa TV: http://www.memritv.org/clip/en/2678.htm

[775] https://www.memri.org/tv/dr-subhi-al-yaziji-dean-koranic-studies-islamic-university-gaza-we-hope-conquer-andalusia-and

[776] Disponível em: http://www.youtube.com/watch?feature=player_embedded&v=E8IV-6ZnzoDY

[777] Disponível em: http://www.youtube.com/watch?v=cvsr4PyW2jI

[778] Um termo cunhado por Lênin para os pensadores superficiais do Ocidente que poderiam ser enganados no encaminhamento da causa dos comunistas. Disponível em: http://www.americanthinker.com/2006/08/islams_useful_idiots_1.html

[779] Disponível em: http://en.wikipedia.org/wiki/London_School_of_Economics_Gaddafi_links

[780] Em dezembro de 2010, Gaddafi participou de uma confusa e desconexa hora de perguntas e respostas por satélite para uma plateia lotada. Disponível em: http://www.youtube.com/watch?v=-vOVRLBQuDQ

[781] Disponível em: http://www.inminds.co.uk/boycott-fatwas.html

[782] Disponível em: http://www.jmhinternational.com/jmharticles/liberalarabs

[783] Citado em David Hersh, *Contemporary Left Antisemitism*. New York, Routledge, 2017.

[784] Disponível em: http://israelbehindthenews.com/nobel-peace-prize-laureate-mairead-corrigan-maguire-not-a-peaceful-woman/6710

[785] Disponível em: http://www.nytimes.com/2015/09/18/world/africa/un-boko-haram-mayhem-has-displaced-1-4-million-children.html

[786] Relatório sobre a educação de crianças do Hamas Disponível em: https://ivarfjeld.com/2009/08/13/hamas-trained-120-000-children-to-become-islamic-terrorists.

[787] Palestra do ministro do Interior do Hamas, Fathi Hamad, em 29 de fevereiro de 2008. Disponível em: http://www.youtube.com/watch?v=gowJXf2nt4Y

788 Consulte Jason Straziuso, "133,000 Somali children died in famine as Islamists cut off access". *Boston Globe*, 3 de maio, 2013. Disponível em: https://www.bostonglobe.com/news/world/2013/05/02/somalia-famine-child-deaths-reported/HWvlAdGRfTxA2Ap3RJoGZO/story.html

789 Khaybar foi uma batalha na qual Maomé aniquilou a comunidade judaica inimiga. Veja a transmissão da Al Jazeera no Mavi Marmara. Disponível em: http://www.youtube.com/watch?v=b3L7OV414Kk

790 Veja entrevista gravada do Canal 2. Disponível em: http://www.youtube.com/watch?v=GIodcvHAkdI

791 Disponível em: http://www.indymedia.ie/attachments/jan2009/ipsc.pdf

792 Disponível em: http://www.indymedia.ie/article/90701

793 Para o apelo de 2009, veja http://www.informationclearinghouse.info/article22138.htm

794 Disponível em: http://www.americanthinker.com/2010/06/smoking_gun_the_free_gaza_move.html

795 Disponível em: http://www.indymedia.ie/attachments/jan2009/ipsc.pdf

796 Henning Mankell, "Will the Real Henning Mankell Speak Up?" *Haaretz*, 5 de outubro, 2015.

797 "Stoppad av Apartheid". *Aftonbladet*, 2 de junho, 2009. O Aftonbladet é o jornal de maior circulação na Suécia.

798 A Humanitarian Relief Foundation da IHH é uma ONG turco-islâmica que é ativa em todo o mundo. Foi declarada uma organização terrorista islâmica por países como Israel e Holanda.

799 https://www.memri.org/reports/turkish-mavi-marmara-delegation-iran-we-are-here-today-longing-and-determination-build

800 https://www.memri.org/reports/turkish-mavi-marmara-delegation-iran-we-are-here-today-longing-and-determination-build#_edn2

801 Henning Mankell, " Stockholm bombing: We need action not just words to prevent it happening". The *Guardian*, 22 de dezembro, 2010.

802 Disponível em: http://www.jpost.com/Middle-East/Red-Cross-There-is-no-humanitarian-crisis-in-Gaza Para a história completa, veja http://blog.camera.org/archives/2011/04/there_is_no_humanitarian_crisi.html

803 Disponível em: http://www.jpost.com/Middle-East/Red-Cross-There-is-no-humanitarian-crisis-in-Gaza

804 Disponível em: https://www.youtube.com/watch?v=zeRlfcLAUII

805 Disponível em: http://www.dailymail.co.uk/news/article-3214507/Boarded-buildings--bullet-ridden-walls-Pictures-dark-underbelly-one-America-s-dangerous-cities.html

806 Disponível em: https://www.youtube.com/watch?v=uDOjtUBtiEU

807 Disponível em: http://www.al-monitor.com/pulse/originals/2013/02/israeli-goods--flood-gaza.html

808 Disponível em: http://www.channel4.com/news/articles/society/health/factcheck+-glasgow+worse+than +gaza/2320267.html

809 Para informações detalhadas sobre as flotilhas, veja http://www.discoverthenetworks.org/print groupProfile.asp?grpid=7457

[810] "Nonviolence, Recognition of Israel, and Acceptance of Previous Agreements". Declaração do Quarteto, 30 de janeiro, 2006. Disponível em: http://www.un.org/news/dh/infocus/middle_east/quartet-30jan2006.htm

[811] Resolução 1850 do Conselho de Segurança da ONU. Disponível em: http://database.ecf.org.il/issues/issue/131

[812] Consulte Adam Entous, "Palestinian govt must adhere Quartet demands: Abdullah". Reuters, 24 de fevereiro, 2007. Disponível em: http://www.reuters.com/article/2007/02/24/us-palestinians-jordan-idUSL2435714520070224; "Muslim states call on Hamas to recognize Quartet terms". *Jerusalem Post*, 20 de junho, 2011.

[813] Disponível em: http://www.nytimes.com/2007/06/14/world/middleeast/14mideast.html?_r=0

[814] Disponível em: http://www.palwatch.org/main.aspx?fi=157&doc_id=500

[815] Disponível em: http://www.upi.com/Top_News/2006/12/04/Gaza-group-warns-women-to-cover-heads/UPI-14121165234734

[816] Disponível em: https://www.youtube.com/watch?v=Rm7JEqdZ128

[817] Um termo cunhado pelo cientista social da Universidade Hebraica Yeheskel Dror em seu trabalho seminal de 1980, Crazy States. Os Estados loucos são entidades políticas que têm objetivos radicais, são agressivos em alcançá-los e ameaçam ou prejudicam os outros no processo, enquanto violam normas e convenções internacionais à vontade. Às vezes eles são chamados de "Estados párias". Exemplos incluem o Camboja sob Pol Pot, a Líbia sob Gaddafi e Uganda com Idi Amin. O Haaretz aplica o termo a Israel, juntamente com o epíteto de "Estado maligno". Em certo sentido, o termo também reflete a reivindicação da esquerda radical em Israel de que eles são o "campo sadio" (hamachane hashafu'i) e todo mundo é irracional.

[818] "Zehut Ve-Shivyon Ezrahi". editorial, *Haaretz*, 12 de fevereiro, 1996.

[819] Roni Schocken, "The Danger of Tzipi Livni". *Haaretz*, 31 de dezembro, 2012.

[820] Gideon Levy, "Dusty Trail to Death". *Haaretz*, 23 de dezembro, 2005.

[821] "On Apathy". editorial, *Haaretz*, 23 de dezembro, 2005.

[822] Cartas para o Editor, *Haaretz*, 27 de dezembro, 2005 [em hebraico].

[823] Amnon Dankner, "Mi Kan Ha-Behema". *Maariv*, 25 de janeiro, 2006. Consulte também http://www.camera.org/index.asp?x_context=2&x_outlet=55&x_article=1948.

[824] Jonathan Masters, "Targeted Killings". Conselho de Relações Exteriores, 23 de maio, 2013.

[825] Ironicamente, foi sob o governo Obama que os assassinatos seletivos, principalmente por meio de drones, aumentaram drasticamente. Essa tática israelense – originalmente denominada "execuções extrajudiciais" e criticada pela administração americana e outros governos estrangeiros como "excessiva" ou "pesada" – tornou-se uma prática aceita nas forças armadas americanas.

[826] Kamm, que serviu no escritório do Chefe do Comando Central durante seu serviço nacional, secretamente copiou milhares de documentos confidenciais e os compartilhou com o jornalista do Haaretz, Uri Blau, depois que ela passou para a reserva. Ela foi condenada a três anos de prisão por espionagem e fornecimento de informações confidenciais sem autorização.

827 Uri Blau, "License to Kill". *Haaretz*, 27 de novembro, 2008.

828 HCJ 769/02, *Israeli Committee Against Torture vs. the State of Israel, 2006*. Disponível em: http://elyon1.court.gov.il/Files/02/690/007/a34/02007690.a34.HTM

829 Solly Granatstein, "Bombing Afghanistan". segment, *60 Minutes*, CBS News, 28 de outubro, 2007. Disponível em: http://www.cbsnews.com/8301-18560_162-3411230.html

830 Bill Moyers (entrevistador) e Richard Goldstone (entrevistado), Bill Moyers Journal, 23 de outubro, 2009. Transcrição da entrevista disponível em http://www.pbs.org/moyers/journal/10232009/transcript1.html#part2

831 "US Drones Kill up to 80% Civilians—Pakistan Interior Minister". *RT*, 18 de outubro, 2012. Disponível em: http://rt.com/news/pakistan-civilian-victims-drones-695

832 David Kilcullen e Andrew McDonald Exum, "Death From Above, Outrage Down Below". The *New York Times*, 16 de maio, 2009.

833 Masters, "Targeted Killings."

834 Amos Harel, "Pinpoint Attacks on Gaza More Precise". *Haaretz*, 30 de dezembro, 2007.

835 O maior campo de refugiados palestinos no Líbano, na costa não muito longe da fronteira Norte de Israel.

836 Yitzhak Laor, "Lebanon War Was No Deception". *Haaretz*, 5 de junho, 2012.

837 Yishai Goldfalm, "Yeladim O Lohamim?". *Presspectiva*, 8 de julho, 2012.

838 O War of Deception foi publicado em inglês sob o título Israel's Lebanon War (New York: Simon and Schuster, 1984.

839 Yitzhak Laor, "After Jenin". *London Review of Books* 24, n. 9, 2002.

840 "Times Reporter Who Resigned Leaves Long Trail of Deception". The *New York Times*, 11 de maio, 2003. Disponível em: http://www.nytimes.com/2003/05/11/national/times-reporter-who-resigned-leaves-long-trail-of-deception.html

841 O primeiro artigo foi intitulado "Judaization of the Negev at any cost". *Haaretz*, 9 de janeiro, 2012. Veja também "Renounce Theft of Bedouin Land". editorial, *Haaretz*,12 de novembro, 2013; Uri Misgav, "Ha-Pa'am Ze Ba-Mishmeret Shelanu". *Haaretz*, 15 de novembro, 2013; "How Israel is Transplanting the Bedouins of Hiran". editorial, *Haaretz*, 16 de novembro, 2013.

842 Todos os fatos sobre os beduínos apresentados a partir deste ponto foram retirados das decisões judiciais israelenses.

843 Gideon Levy, "Most Israelis Support an Apartheid Regime". *Haaretz*, 23 de outubro, 2012. A manchete da edição da internet foi alterada para "Most Israelis Support Apartheid If Israel Annexes Territories". e mudou de novo para "Survey: Most Israeli Jews wouldn't give Palestinians vote if West Bank was annexed."

844 The *Guardian*, 23 de outubro, 2012.

845 https://www.timesofisrael.com/survey-highlights-anti-arab-attitudes-in-israel.

846 http://www.camera.org/index.asp?x_context=2&x_outlet=55&x_article=2311 and https://storify.com/avimayer/haaretz-and-apartheid-the-full-picture

847 Yishai Goldfalm, "Ha'aretz's Apartheid Campaign Against Israel". CAMERA, 25 de outubro, 2012.

848 Gideon Levy, "Apartheid Without Shame or Guilt". *Haaretz*, 23 de outubro, 2012.

[849] Oliver Wright, "Baroness Warsi: Fewer than One in Four People Believe Islam is Compatible with British Way of Life". The *Independent*, 24 de janeiro, 2013.

[850] Asher Arian, Tamar Hermann, Yuval Lebel, Michael Philippov, Hila Zaban, e Anna Knafelman, "Auditing Israeli Democracy – 2010". Israel Democracy Institute, novembro, 2010.

[851] A pesquisa foi publicada em uma conferência realizada em outubro de 2012. Veja https://drive.google.com/file/d/0B2XYV56qlacKWU1UT1pqTmJoWTFLaUNnVndLYostM-3VMMS1R/view?usp=sharing (em hebraico).

[852] Tamar Hermann, Nir Atmor, Ella Heller, e Yuval Lebel, *The Israeli Democracy Index 2012* (Jerusalem: Israel Democracy Institute, 2012, p. 34.

[853] Gideon Levy, "Errors and Omissions Excepted". *Haaretz*, 29 de outubro, 2012.

[854] "Malaysia defends speech on Jews". *BBC News*, 17 de outubro, 2003. Veja também http://www.youtube.com/watch?feature=player_embedded&v=UGWJ7tVr47o&noredirect=1#t=24

[855] Gideon Levy, "An Israeli in Malaysia". *Haaretz*, 29 de agosto, 2013.

[856] "If US Could Create 'Avatar,' It Could Fake 9/11 Attacks: Mahatir". *Jakarta Globe*, 21 de janeiro, 2010.

[857] Arsul Hadi Abdullah Sani, "Dr. M Says 9/11 Attacks Staged to Hit Muslim World". *Malaysia Today*, 21 de janeiro, 2010.

[858] "Dr M says glad to be called 'Antisemitic,'" Coordination Forum for Countering Antisemitism, 16 de setembro, 2012. Disponível em: http://antisemitism.org.il/article/74691/dr-m-says-glad-be-called-%E2%80%98antisemitic%E2%80%99

[859] Global Research, "State of Israel charged for 'crime of genocide' and war crimes". *Kuala Lumpur Tribunal*, 20 de agosto, 2013.

[860] Global Research, "Genocide tribunal against Israel fails Palestinian victims". 24 de agosto, 2013.

[861] "Israelis Can Be Angry". *Haaretz*, 8 de abril, 2012.

[862] Yitzhak Laor, "The Mistake of What's Left of the Left". *Haaretz*, 26 de abril, 2011.

[863] Akiva Eldar, "Time for Abbas to take to the streets". *Haaretz*, 23 de abril, 2012.

[864] Amira Hass, "The Inner Syntax of Palestinian Stone-Throwing". *Haaretz*, 3 de abril, 2013.

[865] Rafael Medoff, "Baltimore 'riot mom' needed in Jerusalem". Jewish News Service, 3 de maio, 2015. Disponível em: http://www.jns.org/latest-articles/2015/5/3/baltimore-riot--mom-needed-in-jerusalem#.VUmBPY6qqko=

[866] https://www.youtube.com/watch?v=C3QfwSsYksA

[867] "The Deadly Reality of Palestinian Rock Throwing". IDFblog.com, 24 de fevereiro, 2014.

[868] Gideon Levy, "One Day, Ramallah Will Rise Up". *Haaretz*, 4 de julho, 2013.

[869] Rogel Alpher, "An Apology to My Killer". *Haaretz*, 17 de outubro, 2015.

[870] Um libelo sem base que tem sido usado como um grito de guerra para atacar os judeus desde a década de 1920 (e foi usado para alavancar o status do Grande Mufti Haj Amin al-Husseini no mundo muçulmano). Veja Nadav Shragai, "Advocate of the 'Al-Aksa Is in Danger' Libel: Grand Mufti Haj Amin al-Husseini". Centro de Jerusalém para Assuntos Públicos, n.d.. Disponível em: http://jcpa.org/al-aksa-libel-advocate-mufti-haj-amin-al-husseini.

[871] Annick Cojean, *Gaddafi's Harem*. Grove Press 2013.

[872] Gideon Levy, "Israel Will Never Get a Better Deal Than the One It Rejected". *Haaretz*, 27 de janeiro, 2011.
[873] Zvi Barel, "Their Son of a Bitch". *Haaretz*, 24 de outubro, 2012.
[874] Zvi Barel, "A Good Jew Hates Arabs". *Haaretz*, 22 de agosto, 2012.
[875] Johann Hari, "Is Gideon Levy the most hated man in Israel or just the most heroic?". *The Independent*, 24 de setembro, 2010.
[876] Veja os estudos no site do IMPACT-SE em http://www.impact-se.org
[877] Yael Teff-Seker, "Peace, Tolerance and the Palestinian 'Other' in Israeli Textbooks". IMPACT-SE Report, junho 2012. Disponível em: http://www.impact-se.org/wp-content/uploads/2016/04/Israel2012.pdf
[878] Adi Schwartz, "The Palestinian Textbook Fiasco". *The Tower*, 2013 de junho. Veja também o relatório da Palestine Media Watch sobre educação (não apenas livros didáticos, mas também programas de televisão para crianças e outros aspectos da educação): Itamar Marcus, Nan Jacques Zilberdik, e Alona Burger, "Palestinian Authority Education: A Recipe for Hate and Terror". 21 de julho, 2015. Disponível em: http://www.palwatch.org/main.aspx?fi=157&doc_id=15364
[879] Johann Hari, "Is Gideon Levy the most hated."
[880] http://www.btselem.org/statistics/fatalities/after-cast-lead/by-date-of-event/wb-gaza/palestinians-killed-by-israeli-security-forces
[881] *Yedioth Ahronoth*, 12 de janeiro, 2009.
[882] *Yedioth Ahronoth*, 1º de janeiro, 2009.
[883] Isso depois que Arafat e seus associados da OLP foram autorizados por Israel a deixar seu quartel-general no Norte da África, a fim de estabelecer uma casa em Jericó ("Jericho First"), depois assumir o controle de outras áreas da Cisjordânia. Este movimento foi projetado para capacitá-los a estabelecer mecanismos de construção de Estado e promover o desenvolvimento de instituições cívicas. O período de 1993-1999 foi marcado por um número crescente de tiroteios, facadas e raptos contra civis e soldados e – a partir de outubro de 1994 (um ano após o famoso aperto de mão no gramado da Casa Branca) – por oito grandes atentados suicidas de alvos civis (ônibus lotados, mercados abertos, faixa de pedestres etc.). Trezentas pessoas foram assassinadas, 125 em atentados suicidas, e isso foi no auge do otimismo em relação ao processo de paz. Lamentavelmente, as recém-criadas áreas autônomas palestinas se tornaram áreas de planejamento e preparação para tais ataques e forneceram refúgio para os criminosos com prisões de "porta giratória".
[884] "A Jew Questions Zionist Extremism". *DavidDuke.com*, 16 de julho, 2006. Disponível em: http://davidduke.com/israeli-questions-zionist-extremism
[885] Eva Illouz, "47 Years a Slave: A New Perspective on the Occupation". *Haaretz*, 7 de fevereiro, 2014.
[886] Para um desafio às suas reivindicações, veja Ben-Dror Yemini, "Does Israel really practice slavery against Palestinians?". resposta fatual a Illouz, 13 de fevereiro, 2014, available at http://isra campus.org.il/third%20level%20pages/HebrewU%20-%20Eva%20Illouz%20-%20Caught%20Rewriting%20History%20Again.htm
[887] Uri Avnery, "Who is Winning?" *Haaretz*, 17 de julho, 2014.

888 Mati Golan, "Degel Hastiya bayashvan shel Haaretz". *Globes*, 8 de março, 2016. Disponível em: http://www.nrg.co.il/online/16/ART2/759/680.html?hp=16&cat=170&loc=12
889 Gideon Levy, "Israel Is an Evil State". *Haaretz*, 1º de agosto, 2016.
890 https://twitter.com/JeffreyGoldberg/status/760362237714395136?ref_src=twsrc%5Etfw
891 Veja, por exemplo,Tony Judt, "Israel: The Alternative". The *New York Review of Books*, 23 de outubro, 2003; Ian Lustick, "Two-State Illusion". The *New York Times*, 14 de setembro, 2013.
892 Atualmente, há dezoito parlamentares árabes no Knesset, incluindo um ministro árabe. O político druso Ayoob Kara, um MK do Likud e ex-vice-presidente do Knesset, atualmente é ministro das Comunicações.
893 Está ancorado nos preceitos judaicos sobre "como tratar o outro" e "o outro que peregrina com você". Os valores democráticos são quase parte do DNA judaico, refletido na ênfase no consentimento e na construção de consenso na organização interna das comunidades da diáspora, uma crença arraigada de que a democracia protege melhor as minorias e a própria estrutura do próprio movimento sionista que tinha partidos políticos antes de ter uma estrutura social.
894 Dos famosos 14 Pontos de Wilson, cinco lidam com a autodeterminação. Veja também Michael Mann, *The Dark Side of Democracy: Explaining Ethnic Cleansing*. Cambridge University Press, 2005, p. 66-67: "A limpeza por reassentamento – em parte, deportações voluntárias, mas principalmente coagidas – foi oficialmente ratificada pelos tratados de paz de 1918, implementando a doutrina de autodeterminação nacional de Woodrow Wilson. '[...] Os Poderes Ententes', disse ele, 'estavam lutando por 'democracia representativa' e por 'autodeterminação nacional' – a combinação significando, na prática, a democracia para cada nacionalidade majoritária".
895 Carta das Nações Unidas, Artigo 2, par. 1
896 "Holland's New Greeting for Immigrants". *Der Spiegel*, 24 de fevereiro, 2006; "Netherlands introduces Dutch language test for immigrants". Workpermit.com, 21 de fevereiro, 2006.
897 "Angela Merkel: German multiculturalism has utterly failed". The *Guardian*, 17 de outubro, 2010.
898 "State multiculturalism has failed, says David Cameron". *BBC*, 5 de fevereiro, 2011.
899 "Former Australian PM attacks multiculturalism". The *Telegraph*, 29 de setembro, 2010.
900 Para mais sobre isso, veja Alexander Yakobson, "God and Religion in Modern Democratic Constitutions". In: Anita Shapira, Yedidia Z. Stern, e Alexander Yakobson, Orgs., *The Nation-State and Religion: The Resurgence of Faith*, Contemporary Challenges to the Nation-State, vol. 2, Sussex Academic Press, 2013, p. 1-13.
901 "Palestine Basic Law". 29 de maio, 2002. Disponível em: http://www.mideastweb.org/basiclaw.htm
902 Em hebraico, Yisrael HaShlema é um termo que conota as fronteiras históricas/desejadas de Israel. Para a maioria dos adeptos, significa Israel incorporar dentro de suas fronteiras as Colinas de Golã e o coração da soberania judaica de outrora, a antiga Judeia e Samaria (a Cisjordânia). As aspirações por mais fronteiras "bíblicas" que incluam partes da Jordânia, que são frequentemente citadas como "prova" das aspirações expansionistas de Israel, são mantidas por apenas um punhado de extremistas muito vocais.

[903] Francis Fukuyama, *The End of History and the Last Man*. London, Penguin, 2012.
[904] "Freedom in the World — Population Trends". Disponível em: https://freedomhouse.org/sites/default/files/Population%20Trends%2C%20FIW%201980-2012.pdf
[905] Sobre a definição e características dos conflitos étnicos, veja John McGarry e Brendan O'Leary, "Introduction: The Macro-political Regulation of Ethnic Conflict". In: Eds. John McGarry e Brendan O'Leary, *The Politics of Ethnic Conflict Regulation: Case Studies of Protracted Ethnic Conflicts*. London, Routledge, 1993, p. 1-47.
[906] Ted R. Gurr, "Ethnic Warfare on the Wane".*Foreign Affairs* 79, n. 3, 2000, p. 52.
[907] Para uma contagem do número de estudos sobre o assunto que surgiram desde os anos 1990 e uma explicação para o fenômeno, veja Andreas Wimmer, "Introduction: Facing Ethnic Conflicts". In: Andreas Wimmer et al., Orgs., *Facing Ethnic Conflicts:. Towards a New Realism*. Boulder, 2004, p. 10-11.
[908] Para um levantamento da literatura, veja Brendan O'Leary, "Debating Partition".em Stefan Wolff e Karl Cordell, Orgs.,*Routledge Handbook of Ethnic Conflict*. Routledge, 2015, p. 140-57.
[909] John J. Mearsheimer, "Shrink Bosnia to Save It". The *New York Times*, 31 de março, 1993.
[910] John J. Mearsheimer and Stephen Van Evera, "When Peace Means War". *New Republic*, 18 de dezembro, 1995, p. 16-21.
[911] Ibidem, p. 21.
[912] John J. Mearsheimer e Robert A. Pape, "The Answer: A Partition Plan for Bosnia". *New Republic*, 14 de junho, 1993, p. 122-28; John J. Mearsheimer e Stephen Van Evera, "Hateful Neighbors". The *New York Times*, 24 setembro, 1996; John J. Mearsheimer, "The Only Exit from Bosnia". The *New York Times*, 7 de outubro, 1997; John J. Mearsheimer, "A Peace Agreement That's Bound to Fail". The *New York Times*, 19 de outubro, 1998; John J. Mearsheimer e Stephen Van Evera, "Redraw the Map, Stop the Killing". The *New York Times*, 19 de abril, 1999.
[913] John J. Mearsheimer, "The Case for Partitioning Kosovo". In: Ed. Ted G. Carpenter, *NATO's Empty Victory: A Postmortem on the Balkan War*. Cato Institute, 2000, p. 133-38.
[914] Ibidem, p. 137.
[915] *Cato Policy Report* 21, n. 4, julho/Agosto 1999.
[916] John J. Mearsheimer, "Remarks in *Policy Forum: The Balkan War: What Do We Do Now?*". *Cato Policy Report* 21, n. 4, julho/Agosto 1999, p. 5-8.
[917] Para uma explicação do dilema e outros conceitos nas relações internacionais, consulte o glossário em http://www.irtheory.com/know.htm. Sobre a relação do dilema da segurança com o conflito étnico, ver Barry R. Posen, "The Security Dilemma and Ethnic Conflict". *Survival* 35, n. 1, 1993, p. 27-47.
[918] Chaim Kaufmann, "Possible and Impossible Solutions to Ethnic Civil Wars".*International Security* 20, n. 4, 1996, p. 136; Chaim Kaufmann, "When All Else Fails: Ethnic Population Transfers and Partitions in the Twentieth Century". *International Security* 23, n. 2, 1998, p. 120-56; Chaim Kaufmann, "When All Else Fails: Evaluating Population Transfers and Partition as Solutions to Ethnic Conflict". In: Barbara F. Walter e Jack Snyder (eds.), *Civil Wars, Insecurity, and Intervention* (Columbia University Press, 1999, p. 221-60.
[919] Mia Bloom and Roy Licklider, "What's All the Shouting About?". *Security Studies* 13, n. 4, 2004, p. 227.

[920] Veja a discussão de Bloom e Licklider.
[921] *Bell-Fialkoff*, A Brief History of Ethnic Cleansing, *p. 121*.
[922] Jerry Z. Muller, "Us and Them: The Enduring Power of Ethnic Nationalism". *Foreign Affairs* 87, n. 2, 2008, p. 34; William Rose, "The Security Dilemma and Ethnic Conflict: Some New Hypotheses". *Security Studies* 9, n. 4, 2000, p. 50-51.
[923] Robert A. Pape, "Partition: An Exit Strategy for Bosnia". *Survival* 39, n. 4, 1997-1998, p. 25-28.
[924] Alexander B. Downes, "The Holy Land Divided: Defending Partition as a Solution to Ethnic Wars". *Security Studies* 10, n. 4, 2001, p. 71.
[925] Alexander B. Downes and Kathryn McNabb-Cochrane, "Targeting Civilians to Win? Assessing the Military Effectiveness of Civilian Victimization in Interstate War". In: Erica Chenoweth and Adria Lawrence(eds.), *Rethinking Violence: States and Non-State Actors in Conflict*. MIT Press, 2010, p. 23.
[926] Downes, "The Holy Land Divided". p. 49-61.
[927] Daniel L. Byman, "Divided They Stand: Lessons about Partition from Iraq and Lebanon". *Security Studies* 7, 1997, p. 1-29.
[928] Robert M, Hayden, "Schindler's Fate: Genocide, Ethnic Cleansing, and Population Transfers". *Slavic Review* 55, n. 4, inverno, 1996, p. 727-48.
[929] Christie J. Clive, "Partition, Separatism, and National Identity: A Reassessment". *Political Quarterly* 63, n. 1, 1992, p. 68-78.
[930] Stefan Wolff, "The Use of Ethnic Cleansing in the 'Resolution' of Self-Determination Conflicts: Learning the Lessons from Twentieth Century Europe?". *Princeton Encyclopedia of Self-Determination*, n.d.. Disponível em: https://pesd.princeton.edu/?q=node/273; Stefan Wolff, "Can Forced Population Transfers Resolve Self-Determination Conflicts? A European Perspective". *Journal of Contemporary European Studies* 12, n. 1, 2004, p. 11-29.
[931] Raheem Kassam, *No Go Zones: How Sharia Law Is Coming to a Neighborhood Near You. Regnery, 2017.*
[932] "Crime stops postmen in Malmo area". *Politiken*, 16 de janeiro, 2012.
[933] "In problematic areas, even the police fear". *Der Western*, 1º de agosto, 2011.
[934] "Atlas des Zones urbaines sensibles". Système D'information Géographique De La Politique De La Ville. Disponível em: http://sig.ville.gouv.fr/Atlas/ZUS
[935] "Most problematic Dutch neighbourhoods made public". Expatica, 26 de fevereiro, 2009.
[936] O que as maiorias podem fazer (e o que elas não podem fazer) para preservar sua cultura? Veja Liav Orgad, *The Cultural Defense of Nations: A Liberal Theory of Majority Rights*. Oxford University Press, 2015.
[937] "Dershowitz presents plan to restart peace talks". *Jerusalem Post*, 29 de fevereiro, 2013.
[938] "A Settlement Freeze Can Advance Israeli-Palestinian Peace". The *Wall Street Journal*, 3 de junho, 2012.
[939] Caroline B. Glick, *The Israeli Solution: A One-State Plan for Peace in the Middle East*. Crown Forum, 2014. Para uma resposta veja Peter Berkowitz, "A One-State Mideast Solution? It Won't Work". *Real Clear Politics*, 4 de abril, 2014. Berkowitz observa que os argumentos corretos de Glick, no entanto, não levam a sua conclusão de um Estado.

⁹⁴⁰ Alexander Yakobson e Amnon Rubinstein, Israel and the Family of Nations: The Jewish Nation-State and Human Rights. *Routledge, 2010.*
⁹⁴¹ David Goodhart, "Discomfort of strangers". The *Guardian*, 24 de fevereiro, 2004.
⁹⁴² Steffen Mau, "Ethnic Diversity and Welfare State Solidarity in Europe". Universidade de Bremen Graduate School of Social Sciences, 2007.
⁹⁴³ Disponível em: http://www.pol.ed.ac.uk/__data/assets/pdf_file/0009/10215/paper_midpoint_conference_project_3.pdf.
⁹⁴⁴ Um conceito que sustenta que identidades sociais e sistemas de opressão, dominação ou discriminação se sobrepõem e se cruzam, apoiando-se mutuamente. Opositores de um, devem, portanto, pela lógica, apoiar automaticamente a oposição a todas as outras manifestações do mesmo.
⁹⁴⁵ "Italian scholar: 'Shoot those bastard Zionists,'" *The Local*, 23 de julho, 2014.
⁹⁴⁶ "How to Properly Beat Your Wife, according to the PA Mufti in Gaza". Palestinian Media Watch, 15 de fevereiro, 2016. Disponível em: http://www.palwatch.org/main.aspx?fi=157&doc_id=17293
⁹⁴⁷ Naomi Klein, "Enough. It is time for a boycott of Israel". *The Guardian*, 10 de janeiro, 2009.
⁹⁴⁸ Disponível em: http://www.timesofisrael.com/critics-claim-irish-confab-on-israels-right-to-exist-uncorks-anti-semitism
⁹⁴⁹ Haroon Siddique, "University event questioning Israel's right to exist is cancelled". The *Guardian*, 31 de março, 2015.
⁹⁵⁰ https://www.bdssydney.org/wp-content/uploads/2017/07/Conference-programme-final-for-web.pdf
⁹⁵¹ https://www.bdssydney.org
⁹⁵² https://www.greenleft.org.au/content/sydney-university-host-bds-conference
⁹⁵³ "Luxury Alongside Poverty in the Palestinian Authority". Centro de Jerusalém para Assuntos Públicos, 5 de novembro, 2015. Disponível em: http://jcpa.org/pdf/luxury_poverty_in_the_pa_28jun2016.pdf
⁹⁵⁴ Citado em Deborah Danan, "Gaza's Millionaires and Billionaires—How Hamas's Leaders Got Rich Quick". *Algemeiner*, 28 de julho, 2014. Disponível em: https://www.algemeiner.com/2014/07/28/gazas-millionaires-and-billionaires-how-hamass-leaders-got-rich-quick.
⁹⁵⁵ Mark Twain, *The Innocents Abroad*. London, 1881.
⁹⁵⁶ Mais sobre Ahad Ha'am "Truth from Eretz Yisrael", 1891. Disponível em: https://muse.jhu.edu/article/14451
⁹⁵⁷ Para uma coletânea de testemunhos, veja http://www.eretzyisroel.org/~peters/depopulated.html
⁹⁵⁸ Fundo de Exploração da Palestina, Mapa da Palestina Ocidental, em 26 folhas [material cartográfico]: de pesquisas conduzidas para o Comitê do Fundo de Exploração da Palestina, 1880), MAP RM 1949. Disponível em: http://www.arcgis.com/home/item.html?id=027c390dcc20408baaddd88f8cc4a8f7
⁹⁵⁹ "First Photos of the Holy Land". Disponível em: http://www.eretzyisroel.org/~dhershkowitz/index2.html
⁹⁶⁰ James Finn, *Byways in Palestine*. Nisbet, 1877.

⁹⁶¹ Fred M. Gottheil, "The Population of Palestine, circa 1875". *Middle Eastern Studies* 15, n. 3, 1979, p. 310-21. Este artigo contém muitos outros testemunhos da subpopulação do país.

⁹⁶² Os direitos políticos à autodeterminação como uma política para os árabes foram garantidos em quatro entidades políticas, três mandatos da "Classe A" no Líbano, Síria e Iraque, e depois – a Transjordânia como uma entidade política árabe a Leste do Jordão, o Mandato original para a Palestina.

⁹⁶³ "Touching A Nerve—Palestinian Origins". CAMERA, 22 de dezembro, 2011. Disponível em: http://www.camera.org/index.asp?x_context=9999&x_article=2170

⁹⁶⁴ A entrevista original pode ser vista em https://www.youtube.com/watch?v=I9M9IiwP994 (7:30).

⁹⁶⁵ "Why Fran Korotzer stopped saying 'ethnic cleansing' and started saying 'genocide,'" *Mondoweiss*, 13 de março, 2013. Disponível em: http://mondoweiss.net/2013/03/korotzer-cleansing-genocide.html

⁹⁶⁶ "An Interview with Roger Waters". *CounterPunch*, 6 de dezembro, 2013.

⁹⁶⁷ Aqui estão alguns exemplos: Kenneth Levin, *The Oslo Syndrome: Delusions of a People*. Smith and Kraus Publishers, 2006; Daniel Jonah Goldhagen, *The Devil That Never Dies: The Rise and Threat of Global Antisemitism* (Little, Brown, 2013; Alain Finkielkraut, "In the Name of the Other: Reflections on the Coming Antisemitism". *Azure* 18, outono, 2004.

⁹⁶⁸ "NGO Forum at Durban Conference 2001". NGO Monitor, 7 de setembro, 2001. Disponível em: http://www.ngo-monitor.org/article/ngo_forum_at_durban_conference.

⁹⁶⁹ George E. Bisharat, "Land, Law, and Legitimacy in Israel". *American University Law Review* 43, n. 2, inverno, 1994, p. 473.

⁹⁷⁰ James Delingpole, "Divided Loyalties". The *Spectator*, 3 de agosto, 2006.

⁹⁷¹ Disponível em: https://www.youtube.com/watch?v=P3n5-yG-6dU

⁹⁷² Elhanan Yakira, "On Anti-Zionism and Anti-Israelism". Centro de Jerusalém para Assuntos Públicos, n.d.. Disponível em: http://jcpa.org/wp-content/uploads/2012/11/INCITEMENT_TO_TERROR_6.pdf

⁹⁷³ Disponível em: http://israel.agrisupportonline.com/news/csv/csvread.pl?show=409&mytemplate=tp2 (em hebraico).

⁹⁷⁴ Disponível em: https://philosproject.org/israeli-doctors-give-ethiopian-children-suffering-aids-fighting-chance

⁹⁷⁵ Seth M. Siegel, *Let There Be Water: Israel's Solution for a Water-Starved World*. Thomas Dunne Books, 2015; Vivian Furtan, "Tackling water scarcity: Israel's wastewater recycling as a model for the world's arid lands?". *Water Quality, Water Security*, 18 de março, 2013.

⁹⁷⁶ Ben-Dror Yemini, "Parade of Achievements". *Middle East Truth*, 30 de setembro, 2011. Disponível em: http://www.mideasttruth.com/forum/viewtopic.php?p=23891&sid=731ea-1530f03021dd211d4b7069bc246